Die betriebsverfassungsrechtliche Organisationseinheit als Gegenstand kollektiver Rechtsetzung

AF822157

Europäische Hochschulschriften

Publications Universitaires Européennes
European University Studies

Reihe II
Rechtswissenschaft

Série II Series II
Droit
Law

Bd./Vol. 3863

PETER LANG
Frankfurt am Main · Berlin · Bern · Bruxelles · New York · Oxford · Wien

Ronny Heinkel

Die betriebsverfassungsrechtliche Organisationseinheit als Gegenstand kollektiver Rechtsetzung

PETER LANG
Europäischer Verlag der Wissenschaften

Bibliografische Information Der Deutschen Bibliothek
Die Deutsche Bibliothek verzeichnet diese Publikation in der Deutschen Nationalbibliografie; detaillierte bibliografische Daten sind im Internet über <http://dnb.ddb.de> abrufbar.

Zugl.: Jena, Univ., Diss., 2003

27
ISSN 0531-7312
ISBN 3-631-52119-7

© Peter Lang GmbH
Europäischer Verlag der Wissenschaften
Frankfurt am Main 2004
Alle Rechte vorbehalten.

Das Werk einschließlich aller seiner Teile ist urheberrechtlich geschützt. Jede Verwertung außerhalb der engen Grenzen des Urheberrechtsgesetzes ist ohne Zustimmung des Verlages unzulässig und strafbar. Das gilt insbesondere für Vervielfältigungen, Übersetzungen, Mikroverfilmungen und die Einspeicherung und Verarbeitung in elektronischen Systemen.

www.peterlang.de

Vorwort

Die vorliegende Arbeit wurde von der Rechtswissenschaftlichen Fakultät der Friedrich-Schiller-Universität Jena im Sommersemester 2003 als Dissertation angenommen. Dem Manuskript liegt die Rechtsprechung und Literatur bis Mai 2003 zugrunde.

Danken möchte ich an erster Stelle Herrn Prof. Dr. Hartmut Oetker. Er gab mir die Möglichkeit, diese Arbeit anzufertigen. Durch seine bereitwillige Betreuung hat er maßgeblich zum Gelingen der Dissertation beigetragen.

Mein Dank gilt weiterhin Frau Prof. Dr. Monika Schlachter für die außerordentlich zügige Anfertigung des Zweitgutachtens.

Weiterhin danke ich Frau Dr. Karin Timme und Herrn Dr. Roland Köstler.

Besonderen Dank schulde ich aber meiner Familie und meinen Freunden, deren Rückhalt und fortwährende Unterstützung den Grundstock meiner Arbeit bilden.

Leipzig, im Herbst 2003 Ronny Heinkel

Inhaltsübersicht

Inhaltsverzeichnis

Abkürzungsverzeichnis

a.A.	andere Ansicht
aaO	am anderen Ort
ABl. EG	Amtsblatt der Europäischen Gemeinschaften
Abs.	Absatz
AcP	Archiv für die civilistische Praxis
a. E.	am Ende
a. F.	alte Fassung
AFG	Arbeitsförderungsgesetz (AFG) vom 25.6.1969 (BGBl. I S. 582)
AG	Amtsgericht
AGBG, AGB-Gesetz	Gesetz zur Regelung des Rechts der Allgemeinen Geschäftsbedingungen vom 9.12.1976 (BGBl. I S. 3317) i. d. F. der Bekanntmachung vom 29.6.2000 (BGBl. I S. 946)
AiB	Arbeitsrecht im Betrieb: Zeitschrift für Betriebsratsmitglieder
AktG	Aktiengesetz vom 6.9.1965 (BGBl. I S. 1089)
Alt.	Alternative
Anm.	Anmerkung
Anm. d. Verf.	Anmerkung des Verfassers
AöR	Archiv des öffentlichen Rechts
AP	Arbeitsrechtliche Praxis: Nachschlagewerk des Bundesarbeitsgerichts
ArbG	Arbeitsgericht
ArbGG	Arbeitsgerichtsgesetz vom 3.9.1953 (BGBl. I S. 1267) i. d. F. der Bekanntmachung vom 2.7.1979 (BGBl. I S. 853)
ArbRdGegw.	Das Arbeitsrecht der Gegenwart: Jahrbuch für das gesamte Arbeitsrecht und die Arbeitsgerichtsbarkeit; Nachschlagewerk für Wissenschaft und Praxis (ab Bd. 36 [1999] u. d. T. JbArbR)
ArbuR	Arbeit und Recht: Zeitschrift für Arbeitsrechtspraxis
ArbuSozR	Arbeits- und Sozialrecht: Mitteilungsblatt des Ministeriums für Arbeit, Gesundheit und Sozialordnung Baden-Württemberg
ArbZG	Arbeitszeitgesetz (ArbZG) vom 6.6.1994 (BGBl. I S. 1170)
ARS	Arbeitsrechts-Sammlung: Entscheidungen des Reichsarbeitsgerichts und des Reichsehrengerichtshofs, der Landesarbeitsgerichte, Arbeitsgerichte und Ehrengerichte
Art.	Artikel
ASAV	Verordnung über Ausnahmeregelungen für die Erteilung einer Arbeitserlaubnis an neueinreisende ausländische Arbeitnehmer (Anwerbestoppausnahme-Verordnung) vom 21.12.1990 (BGBl. I S. 3012)

ASiG	Gesetz über Betriebsärzte, Sicherheitsingenieure und andere Fachkräfte für Arbeitssicherheit vom 12.12.1973 (BGBl. I S. 1885)
AT-Angestellten	außertariflichen Angestellten
AtomG	Gesetz über die friedliche Verwendung der Kernenergie und den Schutz gegen ihre Gefahren (Atomgesetz) vom 31.10.1976 (BGBl. I S. 3053) i. d. F. der Bekanntmachung vom 15.7.1985 (BGBl. I S. 1565)
AuA	Arbeit und Arbeitsrecht: Monatsschrift für die betriebliche Praxis
AÜG	Gesetz zur Regelung der gewerbsmäßigen Arbeitnehmerüberlassung (Arbeitnehmerüberlassungsgesetz – AÜG) und zur Änderung anderer Gesetze vom 7.8.1972 (BGBl. I S. 1393) i. d. F. der Bekanntmachung vom 3.2.1995 (BGBl. I S. 158)
Aufl.	Auflage
AVR Caritasverband	Richtlinien für Arbeitsverträge in den Einrichtungen des Deutschen Caritasverbandes
AZO	Arbeitszeitordnung vom 30.4.1938 (RGBl. I S. 447)
AZO Kr	Verordnung über die Arbeitszeit in Krankenpflegeanstalten vom 13.2.1924 (RGBl. I S. 66)
BAG	Bundesarbeitsgericht
BAT	Bundes-Angestelltentarifvertrag
BAT-O	Bundes-Angestelltentarifvertrag in der für die neuen Länder geltenden Fassung
BAT SR 2l	Bundes-Angestelltentarifvertrag, Sonderregelungen für Angestellte als Lehrkräfte (SR 2l I) bzw. als Lehrkräfte an Musikschulen im Bereich der VKA (SR 2l II)
Bayer. VerfGH	Bayerischer Verfassungsgerichtshof
BayVerf	Verfassung des Freistaates Bayern vom 2.12.1946 (GVBl. S. 333)
BB	Betriebs-Berater: Zeitschrift für Recht und Wirtschaft
Bd.	Band
Bearb.	Bearbeitung, Bearbeiter
Begr.	Begründer
BeschFG	Gesetz über arbeitsrechtliche Vorschriften zur Beschäftigungsförderung vom 26.4.1985 (BGBl. I S. 710)
BetrAVG	Gesetz zur Verbesserung der betrieblichen Altersversorgung vom 19.12.1974 (BGBl. I S. 3610)
BetrR	Betriebsrat
BetrRWahl	Betriebsratswahl
BetrVG	Betriebsverfassungsgesetz vom 15.1.1972 (BGBl. I S. 13) i. d. F. der Bekanntmachung vom 25.9.2001 (BGBl. I S. 2518)
BGB	Bürgerliches Gesetzbuch vom 18.8.1896 (RGBl. S. 195)
BGBl.	Bundesgesetzblatt
BGH	Bundesgerichtshof
BImSchG	Gesetz zum Schutz vor schädlichen Umwelteinwirkungen

	durch Luftverunreinigungen, Geräusche, Erschütterungen und ähnliche Vorgänge (Bundes-Immissionsschutzgesetz – BImSchG) vom 15.3.1974 (BGBl. I S. 721) i. d. F. der Bekanntmachung vom 14.5.1990 (BGBl. I S. 880)
BlStSozArbR	Blätter für Steuerrecht, Sozialversicherung und Arbeitsrecht
BPersVG, PersVG	Bundespersonalvertretungsgesetz (BPersVG) vom 15.3.1974 (BGBl. I S. 693)
BrandenburgVerf	Verfassung des Landes Brandenburg vom 20.8.1992 (GVBl. I S. 298)
BR-Drucks.	Bundesrats-Drucksache
BremenVerf	Verfassung der Freien Hansestadt Bremen vom 21.10.1947 (GBl. S. 251)
BRG	Betriebsrätegesetz vom 4.2.1920 (RGBl. S. 147)
BT-Drucks.	Bundestags-Drucksache
BUrlG	Mindesturlaubsgesetz für Arbeitnehmer (Bundesurlaubsgesetz) vom 8.1.1963 (BGBl. I S. 2)
BVerfG	Bundesverfassungsgericht
BVerfGE	Entscheidungen des Bundesverfassungsgerichts
BVerwG	Bundesverwaltungsgericht
bzw.	beziehungsweise
DAG	Deutsche Angestellten-Gewerkschaft
DB	Der Betrieb: Wochenschrift für Betriebswirtschaft, Steuerrecht, Wirtschaftsrecht, Arbeitsrecht
DDR	Deutsche Demokratische Republik
ders.	derselbe
DGB	Deutscher Gewerkschaftsbund
d. h.	das heißt
Die AG	Die Aktiengesellschaft: Zeitschrift für das gesamte Aktienwesen
dies.	dieselbe(n)
Diss.	Dissertation
Dr.	Doktor
DStR	Deutsches Steuerrecht: Wochenschrift für Steuerrecht, Wirtschaftsrecht und Betriebswirtschaft
DVBl.	Deutsches Verwaltungsblatt
DZWiR	Deutsche Zeitschrift für Wirtschaftsrecht (ab 1999 u. d. T. Deutsche Zeitschrift für Wirtschafts- und Insolvenzrecht)
E	Entscheidungen des Bundesverfassungs-, Bundesverwaltungs-, Bundesarbeitsgerichts
EAG	Europäische Atomgemeinschaft
EBRG, EBR-Gesetz	Gesetz über Europäische Betriebsräte (Europäische Betriebsräte-Gesetz – EBRG) vom 28.10.1996 (BGBl. I S. 1548)
EFZG	Gesetz über die Zahlung des Arbeitsentgelts an Feiertagen und im Krankheitsfall (Entgeltfortzahlungsgesetz) vom 26.5.1994 (BGBl. I S. 1014)
EG	Europäische Gemeinschaft(en), Vertrag zur Gründung der Europäischen Gemeinschaft vom 25.3.1957 (BGBl. II

	S. 766) i. d. F. des Amsterdamer Vertrages vom 2.10.1997 (BGBl. 1998 II S. 387)
EGBGB	Einführungsgesetz zum Bürgerlichen Gesetzbuche i. d. F. der Bekanntmachung vom 21.9.1994 (BGBl. I S. 2494)
EGGVG	Einführungsgesetz zum Gerichtsverfassungsgesetz vom 27.1.1877 (RGBl. S. 77)
EGKS	Europäische Gemeinschaft für Kohle und Stahl
EGV, EG-Vertrag	Vertrag zur Gründung der Europäischen Gemeinschaft vom 25.3.1957 (BGBl. II S. 766)
EGZPO	Gesetz, betreffend die Einführung der Zivilprozeßordnung vom 30.1.1877 (RGBl. S. 244)
Einl.	Einleitung
ErbbauVO	Verordnung über das Erbbaurecht vom 15.1.1919 (RGBl. S. 72)
erhebl.	erhebliche
EuGRZ	Europäische Grundrechte-Zeitschrift
EMRK	Konvention zum Schutze der Menschenrechte und Grundfreiheiten vom 4.11.1950 (BGBl. 1952 II S. 685, 953)
Erg.Lfg.	Ergänzungslieferung
ESC	Europäische Sozialcharta vom 18.10.1961 (BGBl. 1964 II S. 1262)
EStG	Einkommenssteuergesetz (EStG) vom 16.4.1997 (BGBl. I S. 823)
EU	Vertrag über die Europäische Union vom 7.2.1992 (BGBl. II S. 1253) i. d. F. des Amsterdamer Vertrages vom 2.10.1997 (BGBl. 1998 II S. 387)
EuGH	Europäischer Gerichtshof
EUV, EU-Vertrag	Vertrag über die Europäische Union vom 7.2.1992 (BGBl. II S. 1253)
EzA	Entscheidungssammlung zum Arbeitsrecht
f., ff.	folgende
FA	Fachanwalt Arbeitsrecht: Zeitschrift für die beratende und gerichtliche Praxis
FeiertagslohnzG	Gesetz zur Regelung der Lohnfortzahlung an Feiertagen vom 2.8.1951 (BGBl. I S. 479)
FernAbsG	Fernabsatzgesetz (FernAbsG) vom 27.6.2000 (BGBl. I S. 897)
Fn.	Fußnote
FS	Festschrift
GBl.	Gesetzblatt
gem.	gemäß
GenTG	Gesetz zur Regelung der Gentechnik (Gentechnikgesetz – GenTG) vom 20.6.1990 (BGBl. I S. 1080) i. d. F. der Bekanntmachung vom 16.12.1993 (BGBl. I S. 2066)
GesGeb.	Gesetzgeber
GG	Grundgesetz für die Bundesrepublik Deutschland vom 23.5.1949 (BGBl. I S. 1)
GMH	Gewerkschaftliche Monatshefte

GOBT	Geschäftsordnung des Deutschen Bundestages vom 28.1.1952 (BGBl. II S. 389) i. d. F. der Bekanntmachung vom 2.7.1980 (BGBl. I S. 1237)
GS	Großer Senat
GVBl.	Gesetz- und Verordnungsblatt
GVG	Gerichtsverfassungsgesetz (GVG) vom 27.1.1877 (RGBl. S. 41) i. d. F. der Bekanntmachung vom 9.5.1975 (BGBl. I S. 1077)
h. A.	herrschende Ansicht
Habil.	Habilitation
HaftPflG	Haftpflichtgesetz vom 7.6.1871 (RGBl. S. 207) i. d. F. der Bekanntmachung vom 4.1.1978 (BGBl. I S. 145)
HausratsVO	Verordnung über die Behandlung der Ehewohnung und des Hausrats vom 21.10.1944 (RGBl. I S. 256)
HausTWG	Gesetz über den Widerruf von Haustürgeschäften und ähnlichen Geschäften vom 16.1.1986 (BGBl. I S. 122) i. d. F. der Bekanntmachung vom 29.6.2000 (BGBl. I S. 955)
Hervor. d. Verf.	Hervorhebung durch Verfasser
HessenVerf	Verfassung des Landes Hessen vom 1.12.1946 (GVBl. S. 229)
HGB	Handelsgesetzbuch vom 10.5.1897 (RGBl. S. 219)
HRG	Hochschulrahmengesetz (HRG) vom 9.4.1987 (BGBl. I S. 1170) i. d. F. der Bekanntmachung vom 19.1.1999 (BGBl. I S. 18)
Hrsg., Red. (niederländisch)	Herausgeber
HS	Halbsatz
i. d. F.	in der Fassung
i. E.	im Ergebnis
i. e. S.	im engeren Sinne
ILO	International Labour Organization (Internationale Arbeitsorganisation)
insbes.	insbesondere
InsO	Insolvenzordnung (InsO) vom 5.10.1994 (BGBl. I S. 2866)
i. S.	im Sinne
i. S. d.	im Sinne des
i. ü.	im übrigen
i. V. m.	in Verbindung mit
JA	Juristische Arbeitsblätter: Zeitschrift für Studenten und Referendare
JbArbR	Jahrbuch des Arbeitsrechts: Gesetzgebung, Rechtsprechung, Literatur; Nachschlagewerk für Wissenschaft und Praxis (bis Bd. 35 [1998] u. d. T. ArbRdGegw.)
JR	Juristische Rundschau
JuS	Juristische Schulung: Zeitschrift für Studium und praktische Ausbildung
JZ	Juristen-Zeitung

KG	Kommanditgesellschaft
KPD	Kommunistische Partei Deutschlands
KSchG	Kündigungsschutzgesetz (KSchG) vom 10.8.1951 (BGBl. I S. 499) i. d. F. der Bekanntmachung vom 25.8.1969 (BGBl. I S. 1317)
LAG	Landesarbeitsgericht
LAGE	Entscheidungen der Landesarbeitsgerichte
lit.	litera
Lfg.	Lieferung
MDR	Monatsschrift für deutsches Recht
MindArbBedG	Gesetz über die Festsetzung von Mindestarbeitsbedingungen vom 11.1.1952 (BGBl. I S. 17)
Mitbegr.	Mitbegründer
MitbestG	Gesetz über die Mitbestimmung der Arbeitnehmer (Mitbestimmungsgesetz – MitbestG) vom 4.5.1976 (BGBl. I S. 1153)
Mitverf.	Mitverfasser
m. w. N.	mit weiteren Nachweisen
Montan-MitbestErgG	Gesetz zur Ergänzung des Gesetzes über die Mitbestimmung der Arbeitnehmer in den Aufsichtsräten und Vorständen der Unternehmen des Bergbaus und der Eisen und Stahl erzeugenden Industrie vom 7.8. 1956 (BGBl. I S. 707)
Montan-MitbestG	Gesetz über die Mitbestimmung der Arbeitnehmer in den Aufsichtsräten und Vorständen der Unternehmen des Bergbaus und der Eisen und Stahl erzeugenden Industrie vom 21.5.1951 (BGBl. I S. 347)
n. F.	neue Fassung
NJW	Neue juristische Wochenschrift
Nr.	Nummer
n. v.	nicht veröffentlicht
NZA	Neue Zeitschrift für Arbeitsrecht: Zweiwochenschrift für die betriebliche Praxis
NZA-RR	NZA-Rechtsprechungs-Report Arbeitsrecht
öffentl.	öffentlichen
offensichtl.	offensichtlichen
o.g.	oben genannten
ProdHaftG	Gesetz über die Haftung für fehlerhafte Produkte (Produkthaftungsgesetz – ProdHaftG) vom 15.12.1989 (BGBl. I S. 2198)
PTNeuOG	Gesetz zur Neuordnung des Postwesens und der Telekommunikation (Postneuordnungsgesetz – PTNeuOG) vom 14.9.1994 (BGBl. I S. 2325)
RAG	Reichsarbeitsgericht
RdA	Recht der Arbeit: Zeitschrift für die Wissenschaft und Praxis des gesamten Arbeitsrechts
RegE	Regierungsentwurf
RGBl.	Reichsgesetzblatt

Rheinland-PfalzVerf	Verfassung des Landes Rheinland-Pfalz vom 18.5.1947 (GVBl. S. 209)
Rn.	Randnummer
S.	Seite
SachenRBerG	Gesetz zur Sachenrechtsbereinigung im Beitrittsgebiet (Sachenrechtsbereinigungsgesetz – SachenRBerG) vom 21.9.1994 (BGBl. I S. 2457)
Sachsen-AnhaltVerf	Verfassung des Landes Sachsen-Anhalt vom 16.7.1992 (GVBl. S. 600)
SAE	Sammlung arbeitsrechtlicher Entscheidungen
SächsVerf	Verfassung des Freistaates Sachsen vom 27.5.1992 (GVBl. S. 243)
SchuldRAnpG	Gesetz zur Anpassung schuldrechtlicher Nutzungsverhältnisse an Grundstücken im Beitrittsgebiet (Schuldrechtsanpassungsgesetz – SchuldRAnpG) vom 21.9.1994 (BGBl. I S. 2538)
SchwbG	Gesetz zur Sicherung der Eingliederung Schwerbehinderter in Arbeit, Beruf und Gesellschaft (Schwerbehindertengesetz – SchwbG) vom 16.6.1953 (BGBl. I S. 389) i. d. F. der Bekanntmachung vom 26.8.1986 (BGBl. I S. 1421)
SGB IX	Sozialgesetzbuch (SGB) Neuntes Buch (IX) – Rehabilitation und Teilhabe behinderter Menschen vom 19.6.2001 (BGBl. I S. 1046)
sog.	sogenannte(n,r,s)
Sparteneinzel-BR	Sparteneinzelbetriebsrat
SpartenGBR, Sparten-GBR	Spartengesamtbetriebsrat
SPD	Sozialdemokratische Partei Deutschlands
SprAuG	Gesetz über Sprecherausschüsse der leitenden Angestellten (Sprecherausschußgesetz – SprAuG) vom 20.12.1988 (BGBl. I S. 2312)
staatl.	staatliche(r)
StGB	Strafgesetzbuch vom 15.5.1871 (RGBl. S. 127) i. d. F. der Bekanntmachung vom 13.11.1998 (BGBl. I S. 3322)
st. Rspr.	ständige Rechtsprechung
ThürPersVG	Thüringer Personalvertretungsgesetz (ThürPersVG) vom 29.7.1993 (GVBl. S. 399)
ThürVerf	Verfassung des Freistaates Thüringen vom 25.10.1993 (GVBl. S. 625)
TOA	Tarifordnung für Angestellte im Öffentlichen Dienst
TV	Tarifvertrag
TVG	Tarifvertragsgesetz i. d. F. vom 25.8.1969 (BGBl. I S. 1323)
TVParteien	Tarifvertragsparteien
TVVO	Verordnung über Tarifverträge, Arbeiter- und Angestelltenausschüsse und Schlichtung von Arbeitsstreitigkeiten vom 23.12.1918 (RGBl. 1918 S. 1456)
TzBfG	Gesetz zur Teilzeitarbeit und befristete Arbeitsverträge

	(Teilzeit- und Befristungsgesetz – TzBfG) vom 21.12.2000 (BGBl. I S. 1966)
u. a.	und andere
u. d. T.	unter dem Titel
UmweltHG	Umwelthaftungsgesetz (UmweltHG) vom 10.12.1990 (BGBl. I S. 2634)
UmwG	Umwandlungsgesetz vom 28.10.1994 (BGBl. I S. 3210)
UN-interne	unternehmensinterne
u. U.	unter Umständen
v.	vor
VerbrKrG	Verbraucherkreditgesetz (VerbrKrG) vom 17.12.1990 (BGBl. I S. 2840) i. d. F. der Bekanntmachung vom 29.7.2000 (BGBl. I S. 940)
Verf.	Verfasser
VerfNRW	Verfassung des Landes Nordrhein-Westfalen vom 28.6.1950 (GVBl. S. 127)
vgl.	vergleiche
Vorb., Vorbem.	Vorbemerkungen
VVDStRL	Veröffentlichungen der Vereinigung der Deutschen Staatsrechtslehrer
wesentl.	wesentlichen
WHG	Gesetz zur Ordnung des Wasserhaushalts (Wasserhaushaltsgesetz – WHG) vom 23.9.1986 (BGBl. I S. 1529) i. d. F. der Bekanntmachung vom 12.11.1996 (BGBl. I S. 1695)
WSI Mitteilungen	Monatszeitschrift des Wirtschafts- und Sozialwissenschaftlichen Instituts in der Hans-Böckler-Stiftung
Z	Entscheidungen des Bundesgerichtshofes in Zivilsachen
z. B.	zum Beispiel
ZBVR	Zeitschrift für Betriebsverfassungsrecht
ZfA	Zeitschrift für Arbeitsrecht
ZfB	Zeitschrift für Betriebswirtschaft
ZG	Zeitschrift für Gesetzgebung: Vierteljahresschrift für staatliche und kommunale Rechtsetzung
ZGR	Zeitschrift für Unternehmens- und Gesellschaftsrecht
ZIAS	Zeitschrift für ausländisches und internationales Arbeits- und Sozialrecht
Ziff.	Ziffer
ZInsO	Zeitschrift für das gesamte Insolvenzrecht
ZIP	Zeitschrift für Wirtschaftsrecht
zit.	zitiert
ZPO	Zivilprozeßordnung vom 30.1.1877 (RGBl. S. 83) i. d. F. vom 12.9.1950 (BGBl. I S. 533)
ZRP	Zeitschrift für Rechtspolitik
z. T.	zum Teil
ZTR	Zeitschrift für Tarifrecht: Tarif-, Arbeits- und Sozialrecht des Öffentlichen Dienstes
zugl.	zugleich

Einleitung

Nahezu drei Jahrzehnte nach der letzten „großen“ Novelle im Jahre 1972 ist das Recht der betrieblichen Arbeitnehmervertretung, das in der Hauptsache im Betriebsverfassungsgesetz kodifiziert ist, mit Inkrafttreten des Betriebsverfassungs-Reformgesetzes am 28.7.2001[1] grundlegend reformiert worden. Die Verfasser des Regierungsentwurfes eines Gesetzes zur Reform des Betriebsverfassungsgesetzes[2] intendierten mit der Novellierung, zukunftsfähige Grundlagen für die Zusammenarbeit von Arbeitgeber und Betriebsrat, insbesondere verläßliche und tragfähige Organisationsstrukturen für die Bildung von Arbeitnehmervertretungen zu schaffen. Auch ging es ihnen darum, den Entscheidungsspielraum sowie die Mitsprache des einzelnen Arbeitnehmers gegenüber dem Betriebsrat zu erweitern.[3] Daneben soll der Betriebsrat in Zukunft vermehrt Informations- und Kommunikationstechniken im Betrieb nutzen und auf das Fachwissen und die Erfahrung der Arbeitnehmer zurückgreifen können.[4] Aufgrund der angespannten Situation am Arbeitsmarkt zielte die Neufassung weiterhin auf verbesserte Rechte des Betriebsrates bei der Qualifizierung der Arbeitnehmer sowie der Förderung und Sicherung der Beschäftigung ab.[5] Ein wesentlicher Teil der Reform befaßt sich mit der Neugestaltung des Organisationsrechts des Betriebsverfassungsgesetzes (§§ 1-59a BetrVG). In der betrieblichen Wirklichkeit offenbarte sich das Problem, daß betriebswirtschaftlich gerechtfertigte Umstrukturierungen in Unternehmen zum Verlust kompetenter und entscheidungsbefugter Verhandlungspartner des Betriebsrates auf Arbeitgeberseite führten.[6] Die betriebliche Arbeitnehmervertretung wurde zunehmend ineffizienter,[7] während die „weißen Flecken auf der Landkarte der betrieblichen Mitbestimmung“[8] größer wurden. So sank die Quote der Beschäftigten in Betrieben mit Betriebsrat stetig von 50,6 % im Jahre 1981 auf 39,5 % im Jahre 1994.[9]

---

1 BGBl. I S. 1852. Neubekanntmachung des Betriebsverfassungsgesetzes aufgrund Art. 13 des Betriebsverfassungs-Reformgesetzes am 25.9.2001, BGBl. I S. 2518.

2 Betriebsverfassungs-Reformgesetz, BT-Drucks. 14/5741.

3 Begründung zum RegE, BT-Drucks. 14/5741, S. 1.

4 Begründung zum RegE, BT-Drucks. 14/5741, S. 1.

5 Begründung zum RegE, BT-Drucks. 14/5741, S. 1.

6 Begründung zum RegE, BT-Drucks. 14/5741, S. 23.

7 Begründung zum RegE, BT-Drucks. 14/5741, S. 23.

8 So die Formulierung in der Begründung zum RegE, BT-Drucks. 14/5741, S. 23.

9 Vgl. Kommission Mitbestimmung, Mitbestimmung und neue Unternehmenskulturen, S. 50 f.; Begründung zum RegE, BT-Drucks. 14/5741, S. 23.

Zur Bewältigung dieser Probleme wäre die Neudefinition des Betriebsbegriffs ein denkbarer Weg gewesen. Diesen ist der Reformgesetzgeber ausweislich der Entwurfsbegründung[10] nicht gegangen. Statt dessen sollen durch eine grundlegende Neufassung des § 3 BetrVG die starre Anbindung des Betriebsrats an den Betrieb gelöst und die Gestaltungsmöglichkeiten der „Beteiligten vor Ort" ausgeweitet werden.[11] Zentraler Anknüpfungspunkt der Arbeitnehmervertretung ist für die Laufzeit des Kollektivvertrages nunmehr die betriebsverfassungsrechtliche Organisationseinheit, vgl. § 3 Abs. 5 BetrVG. Die den Tarifvertragsparteien eingeräumten Gestaltungsoptionen sind im Vergleich zu § 3 BetrVG a. F.[12] erheblich umfangreicher und vielfältiger. Darüber hinaus wird eine subsidiäre Regelungsbefugnis der Betriebsparteien begründet, vgl. § 3 Abs. 2 BetrVG.

Ziel der vorliegenden Arbeit ist es, die Neuregelung des § 3 BetrVG in ihren tatbestandlichen Voraussetzungen und Rechtsfolgen darzustellen. Hierzu soll zunächst untersucht werden, wer im Bereich der Betriebsverfassung, insbesondere des Organisationsrechts und hier wiederum speziell im Rahmen des § 3 BetrVG, Regelungsbefugnis hat und auf welche gesetzliche Grundlage diese gestützt werden kann. Insbesondere ist die Reichweite der Geltung der Kollektivverträge nach § 3 BetrVG in personeller Hinsicht zu klären. Einerseits ist zu berücksichtigen, daß eine Tarifbindung ohne Rücksichtnahme auf die Verbandsmitgliedschaft im Hinblick auf die negative Koalitionsfreiheit des Art. 9 Abs. 3 Satz 1 GG verfassungsrechtliche Probleme aufwirft. Andererseits scheint eine zweigeteilte Betriebsverfassung den Motiven der Entwurfsverfasser zuwider zu laufen. Daran anschließend sollen in einem Überblick die herkömmlichen betriebsverfassungsrechtlichen Organisationseinheiten aufgezeigt werden, die nach dem gesetzlichen Normalmodell bestehen und zugleich Ausgangspunkt der kollektivvertraglichen Gestaltungsmöglichkeiten sind (vgl. § 3 Abs. 1 Nr. 1, 2, Abs. 2 BetrVG). Auch sind die maßgeblichen Wertungskriterien des Betriebsverfassungsrechts zu entwickeln, an denen sich

---

10 Vgl. Begründung zum RegE des Betriebsverfassungs-Reformgesetzes, BT-Drucks. 14/5741, S. 26. Aus dem Schrifttum *Abeln* AuA 2001, S. 170, 171; *Dachrodt/Engelbert* § 3 BetrVG Rn. 4; *Giesen*, Tarifvertragliche Rechtsgestaltung, S. 336; *Kloppenburg* in: HaKo-BetrVG, § 3 BetrVG Rn. 1; *Meier* Personalführung 2001, Heft 2, S. 18, 18, 20; *Stege/Weinspach/Schiefer* § 3 BetrVG Rn. 1; *Trümner* in: Däubler/Kittner/Klebe, § 3 BetrVG Rn. 147; *Trümner* FA 2001, S. 133, 134; *Ulrich* FA 2001, S. 137, 138.

11 Begründung zum RegE, BT-Drucks. 14/5741, S. 33. Auch *Richardi* in: ders., § 3 BetrVG Rn. 3. Eine flexiblere Gestaltung der betriebsverfassungsrechtlichen Organisationsstrukturen forderte bereits *Birk*, FS Kraft, S. 11, 21.

12 Mit BetrVG a. F. wird hier und im folgenden das BetrVG 1972 i. d. F. bis zum Inkrafttreten des Betriebsverfassungs-Reformgesetzes am 28.7.2001 bezeichnet.

die Auslegung des Organisationsrechts des Betriebsverfassungsgesetzes orientieren muß.

Der Hauptteil der Arbeit widmet sich zum einen der Frage, wie die Gestaltungsvarianten der kollektivvertraglichen Betriebsverfassungsstruktur auszulegen sind. Zum anderen werden die sich aus § 3 BetrVG ergebenden tarifvertraglichen und betriebsverfassungsrechtlichen (Folge-)Probleme dargestellt. Die Arbeit befaßt sich daher zunächst mit den Tatbeständen des § 3 Abs. 1 Nr. 1 bis 3 BetrVG. Den Tarifvertrags- und Betriebsparteien soll eine Möglichkeit an die Hand gegeben werden, die die Norm des § 3 BetrVG in der betrieblichen Wirklichkeit anwendbar werden läßt. Hiernach sind Einzelprobleme des Inkraft- und Außerkrafttretens eines Organisationstarifvertrages bzw. einer Organisationsbetriebsvereinbarung, wie z. B. die Tarifkonkurrenz oder die Nachwirkung organisationsrechtlicher Kollektivnormen zu klären. Schließlich wendet sich der Verfasser den Rechtsfolgen der abweichenden Gestaltung der betrieblichen Organisationsverfassung durch Tarifvertrag oder Betriebsvereinbarung zu. Nach dem Gesetz gelten die aufgrund eines Kollektivvertrages nach Nr. 1 bis 3 gebildeten betriebsverfassungsrechtlichen Organisationseinheiten als Betriebe im Sinne des Betriebsverfassungsgesetzes und finden auf die in ihnen gebildeten Arbeitnehmervertretungen die Vorschriften über die Rechte und Pflichten des Betriebsrates und die Rechtsstellung seiner Mitglieder Anwendung, § 3 Abs. 5 BetrVG. Neben der Reichweite dieser Fiktion werden insbesondere die Konsequenzen darzustellen sein, die sich für die Beteiligten in der Betriebsverfassung aus der Nichtigkeit des Kollektivvertrages ergeben.

Teil 1

Die Einordnung des § 3 BetrVG in geltendes Verfassungsrecht und die Kriterien seiner Auslegung

§ 1 Ursprung und Reichweite kollektivvertraglicher Rechtsetzung in betriebsverfassungsrechtlichen Fragen

Das Organisationsrecht des Betriebsverfassungsgesetzes könnte durch den Staat zulässigerweise als zwingendes Recht mit Öffnungsklauseln zugunsten der Tarifvertragsparteien ausgestaltet worden und die Betriebsparteien ihrerseits nur subsidiär zu den Koalitionen regelungsbefugt sein. Wie Art. 74 Abs. 1 Nr. 12 GG und § 3 BetrVG zeigen, konkurrieren hinsichtlich der betriebsverfassungsrechtlichen Organisationsgrundlagen die Zuständigkeiten von Legislative, Tarifvertrags- und Betriebsparteien. Um die vielfältigen Regelungsbefugnisse zueinander ins Verhältnis setzen zu können, ist es notwendig, sich in einem ersten Schritt der Frage zuzuwenden, *warum* und *in welchem Umfang* die von den verschiedenen Normgebern verabschiedeten Regelungen für die Betroffenen Geltungskraft erlangen. Im Hinblick auf die Legislative kann sie sogleich beantwortet werden. Aus dem Demokratieprinzip des Art. 20 Abs. 2 Satz 1 GG folgt, daß hoheitliche Rechtsetzung begründungsbedürftig ist.[13] Gemäß Art. 38 Abs. 1 Satz 2 GG sind die Abgeordneten des Bundestages Vertreter des ganzen Volkes und die Gesetzgebung unmittelbar durch das gesamte Volk legitimiert.[14] Aufgrund der Zugehörigkeit des Einzelnen zu dem sozialen Gebilde „Staat" und dem unbedingten Geltungsanspruch der von der Legislative des Staates erlassenen Gesetze gelten sie für den Einzelnen.[15] Für die Tarifvertrags- und die Betriebsparteien stellt sich dies komplizierter dar. Da die Beantwortung dieser Fragen nur die theoretische Grundlegung zu den weiteren Teilen der Arbeit bilden soll, werden die im folgenden aufgeworfenen Probleme anhand der in Rechtsprechung und Literatur bereits entwickelten Modelle einer Lösung zugeführt, ohne dabei den Anspruch zu erheben, eigene neue Ansätze zu formulieren.

---

13 *Hänlein* RdA 2003, S. 26, 27.

14 Vgl. *Schleusener* ZTR 1998, S. 100, 102. Zur persönlichen und sachlichen Komponente der Legitimation siehe *Hänlein* RdA 2003, S. 26, 27.

15 Vgl. *Siebert*, FS Nipperdey 1955, S. 119, 120: „Gesetzesnormen erfassen grundsätzlich alle Arbeitsverhältnisse". Dies natürlich nur in ihrem persönlichen, betrieblichen und fachlichen Geltungsbereich, wobei „in jedem Fall [...] die Unterscheidung zwischen Organisierten und Nichtorganisierten [...] unerheblich" ist, vgl. *Siebert*, FS Nipperdey 1955, S. 119, 120 Fn. 1.

A. Der rechtstheoretische Ursprung der Regelungsbefugnis der Tarifvertragsparteien

Das Problem der Regelungsbefugnis der Tarifvertragsparteien setzt sich mit dem *Warum* der Geltung der Rechtsnormen eines Tarifvertrages für die Normunterworfenen auseinander. Die Frage nach dem Geltungsgrund eines Organisationstarifvertrages ist zum einen von der Begriffsbestimmung der Tarifautonomie zu unterscheiden.[16] Autonomie bezeichnet in rechtlicher Hinsicht den prinzipiellen Bereich, den der Staat nichtstaatlichen Stellen, hier den Koalitionen, zur Regelung ihrer eigenen Angelegenheiten beläßt.[17] Zum anderen ist die Problematik des Grundes der Rechtsnormenwirkung der Tarifverträge von der Geltungsart der Tarifvertragsnormen abzugrenzen. Diesbezüglich folgt aus den gesetzlichen Bestimmungen der §§ 1 Abs. 1, 3 Abs. 2, 4 Abs. 1 TVG, daß (betriebsverfassungsrechtliche) Normen eines Tarifvertrages Rechtsnormen sind.[18]

Die zu Beginn der Entwicklung des Tarifvertragsrechts verbreitete Ansicht einer privatautonom rechtsgeschäftlichen Selbstbindung[19] an den

---

16 *Lieb*, Rechtsnatur der Allgemeinverbindlicherklärung, S. 58 ff.; *Schnorr* JR 1966, S. 327, 328 f.; *Söllner* ArbuR 1966, S. 257, 260; *Söllner/Waltermann*, Arbeitsrecht, Rn. 343 f., 348 ff.; *Waltermann*, Rechtsetzung durch Betriebsvereinbarung, S. 54 ff.; *ders.*, FS Söllner, S. 1251, 1258 ff.; *ders.* ZfA 2000, S. 53, 55 ff. Vielfach wird diesbezüglich nicht hinreichend differenziert, siehe nur *Adomeit*, Rechtsquellenfragen, S. 146 Fn. 477; *Biedenkopf*, Grenzen der Tarifautonomie, S. 72; *H. Wiedemann* in: ders., Einleitung TVG Rn. 1; *Zöllner*, Rechtsnatur der Tarifnormen, S. 13 ff. Vgl. auch BAG 15.1.1955 E 1, 258, 264. Zur Frage der Grundlage der Tarifautonomie vgl. *Waltermann*, FS Söllner, S. 1251, 1260 f.; *ders.* ZfA 2000, S. 53, 58 ff.; *H. Wiedemann* in: ders., Einleitung TVG Rn. 91 ff.

17 Vgl. *Waltermann*, Rechtsetzung durch Betriebsvereinbarung, S. 56 m. w. N.; *ders.*, FS Söllner, S. 1251, 1259; *ders.* ZfA 2000, S. 53, 57.

18 *Biedenkopf*, Grenzen der Tarifautonomie, S. 9 ff., insbesondere S. 10 mit Fn. 39; *Giesen*, Tarifvertragliche Rechtsgestaltung, S. 127 ff., 133 m. w. N.; *A. Hueck/Nipperdey*, Arbeitsrecht II/1, § 15 I [S. 239 f.], § 18 III [S. 346 ff.]; *Kirchhof*, Private Rechtsetzung, S. 181 ff.; *Löwisch/Rieble* in: MüHdbArbR III, § 270 Rn. 19 ff.; *May*, Bindung von Außenseitern, S. 41 ff.; *Richardi*, Kollektivgewalt und Individualwille, S. 130 ff., 137 ff.; *Schmidt-Eriksen*, Tarifvertragliche Betriebsnormen, S. 123 f.; *Waltermann*, FS Söllner, S. 1251, 1263, 1269 ff.; *ders.* ZfA 2000, S. 53, 59 f.; *A. Wiedemann*, Bindung der Tarifnormen, S. 79 ff.; *H. Wiedemann* in: ders., § 1 TVG Rn. 40; *Zöllner* RdA 1964, S. 443, 444 ff. Ausführlich *Hinz*, Tarifhoheit und Verfassungsrecht, S. 93 ff. Zu abweichenden Erklärungsmodellen vgl. die Übersicht bei *Giesen*, Tarifvertragliche Rechtsgestaltung, S. 129 ff.

19 Mit unterschiedlichen Begründungen im Detail *Bötticher*, Gestaltungsrecht und Unterwerfung, S. 20 ff.; *Jacobi*, Grundlehren des Arbeitsrechts, S. 246 ff., insbesondere 272 ff.; *Lotmar*, Der Arbeitsvertrag, S. 775 ff.; *Ramm*, Arbeitskampf, S.

Tarifvertrag vermag nicht zu überzeugen und wird heute auch nicht mehr vertreten. Die Begründung der Wirkungen eines Tarifvertrages allein mit der bürgerlich-rechtlichen Rechtsgeschäftslehre kann weder die zwingende Wirkung von betrieblichen und betriebsverfassungsrechtlichen Normen, die unabhängig von der Mitgliedschaft des Arbeitnehmers im tarifschließenden Verband gelten, § 3 Abs. 2 TVG, noch die Weitergeltung des § 3 Abs. 3 TVG oder die Nachwirkung gem. § 4 Abs. 5 TVG befriedigend erklären.[20]

Eine in Rechtsprechung und Schrifttum vertretene zweite Ansicht erkennt demgegenüber den Charakter der Regelungen eines Tarifvertrages als Rechtsnormen an. Diese sog. mandatarische Theorie bezeichnet die Tarifautonomie als Recht zur „kollektiv ausgeübten Privatautonomie" und begründet die Geltung des Tarifvertrages gegenüber den Normunterworfenen mit privater Regelungsbefugnis.[21] Es wird im wesentlichen auf den freiwilligen Verbandsbeitritt und darauf verwiesen, daß die Tarifvertragsparteien nicht mit hoheitlichen Handlungsformen, sondern mit den Mitteln des Privatrechts agieren.

---

42 ff.; *ders.*, Parteien des Tarifvertrags, S. 84 ff.; *ders.* JZ 1962, S. 78, 81 ff.; *ders.* JZ 1964, S. 546, 548 f.; *ders.* JZ 1966, S. 214, 217 Fn. 20.

20 Vgl. zur Kritik statt vieler *H. Wiedemann* in: ders., § 1 TVG Rn. 41; *Zöllner*, Rechtsnatur der Tarifnormen, S. 10.

21 Vgl. BAG (4. Senat) 23.11.1994 AP Nr. 12 zu § 1 TVG Rückwirkung; BAG (7. Senat) 25.2.1998 AP Nr. 11 zu § 1 TVG Tarifverträge: Luftfahrt = JZ 1999, S. 200, 201 (mit Anmerkung *Möstl*); BAG (7. Senat) 11.3.1998 AP Nr. 8 zu § 59 BAT; BAG (7. Senat) 11.3.1998 AP Nr. 12 zu § 1 TVG Tarifverträge: Luftfahrt; BAG (7. Senat) 23.2.2000 AP Nr. 13 zu § 1 TVG Tarifverträge: Musiker; *Bruhn*, Tariffähigkeit, S. 118 ff.; *Canaris* ArbuR 1966, S. 129, 139; *Dieterich* in: ErfK, Art. 9 GG Rn. 56; *ders.*, FS Schaub, S. 117, 121; *Giesen*, Tarifvertragliche Rechtsgestaltung, S. 172 (der aber hinsichtlich der Tarifaußenseiter der sog. Delegationstheorie folgt, vgl. S. 189); *I. Natzel* ZfA 2003, S. 103, 110 f.; *Picker* NZA 2002, S. 761, 768 f.; *Richardi*, Kollektivgewalt und Individualwille, S. 164 f.; *ders.*, Betriebsverfassung und Privatautonomie, S. 8; *Rieble*, Arbeitsmarkt und Wettbewerb, Rn. 1108 ff. (nach dessen Ansicht sind Betriebsnormen gegenüber Außenseitern nur aufgrund Delegation denkbar, vgl. Rn. 1504; dem versucht er, durch eine einschränkende Auslegung der Betriebsnormen als nur vertragliche einseitige Bindung des Arbeitgebers zu begegnen, vgl. Rn. 1510); *ders.* ZfA 2000, S. 5, 12 ff., insbesondere 23 f.; *Schlachter*, FS Schaub, S. 651, 653 ff. (die für die unmittelbare und zwingende Wirkung der Tarifnormen eine staatliche Legitimation verlangt); *Schliemann*, FS Hanau, S. 577, 582 ff.; *Scholz* in: Maunz/Dürig, Art. 9 GG Rn. 301; *Singer* ZfA 1995, S. 611, 620; *Söllner* RdA 1989, S. 144, 149; *Wagenitz*, Tarifmacht, S. 74; *A. Wiedemann*, Bindung der Tarifnormen, S. 69 ff., insbesondere 75 ff.; *Zöllner*, Rechtsnatur der Tarifnormen, S. 36 f. („hart an der Grenze zur Privatautonomie"); *Zöllner/Loritz*, Arbeitsrecht, § 7 III [S. 102 f.]. Ausführlich zum mandatarischen Modell *Giesen*, Tarifvertragliche Rechtsgestaltung, S. 158 ff. Kritisch *Waltermann* ZfA 2000, S. 53, 66 ff.

Nach Auffassung der Vertreter einer, insbesondere im Zusammenhang mit § 3 BetrVG a. F. stehenden,[22] dritten Meinung beruht die Geltung der Tarifverträge auf staatlicher Delegation. Diese gründe sich auf die Koalitionsmittelgarantie des Art. 9 Abs. 3 Satz 1 GG.[23] Der Staat hat – so diese Ansicht – seine Rechtsetzungsbefugnis den Tarifvertragsparteien übertragen. Letztere nähmen diese wie staatliche Gewalt in eigenem Namen wahr. Der Mitgliedschaft im tarifschließenden Verband komme insbesondere hinsichtlich des Schutzumfangs der Grundrechte und des Rechtfertigungsbedarfs von Eingriffen in Grundrechte von Verbandsmitgliedern (sog. immanente Schranken der Tarifautonomie) Bedeutung zu.[24] Nach Auffassung des Bundesver-

---

22 Vgl. *Eich*, FS Weinspach, S. 17, 24 f. (zu § 3 BetrVG n. F.); *Picker* RdA 2001, Sonderbeilage Heft 4, S. 257, 283; *Reuter*, FS Schaub, S. 605, 619; *Richardi* [7. Aufl.] Einleitung BetrVG Rn. 139; *Richardi* in: ders., Einleitung BetrVG Rn. 141 (zu § 3 BetrVG n. F.). Wohl auch *Kraft* in: GK-BetrVG I, § 3 BetrVG Rn. 42. Aus der Rechtsprechung LAG Brandenburg 9.8.1996 LAGE § 3 BetrVG 1972 Nr. 2.

23 Vgl. BAG (1. Senat) 15.1.1955 AP Nr. 4 zu Art. 3 GG (mit kritischer Anmerkung *Beitzke*); BAG (1. Senat) 6.4.1955 AP Nr. 7 zu Art. 3 GG; BAG (1. Senat) 23.3.1957 AP Nr. 16 zu Art. 3 GG; BAG (1. Senat) 23.3.1957 AP Nr. 18 zu Art. 3 GG; BAG (1. Senat) 20.6.1958 AP Nr. 2 zu § 1 TVG Rückwirkung; BAG (1. Senat) 14.7.1961 AP Nr. 1 zu Art. 24 VerfNRW; BAG (3. Senat) 20.6.1995 AP Nr. 11 zu § 1 TVG Tarifverträge: Chemie; Bayer. VerfGH 6.5.1971 AP Nr. 19 zu § 1 TVG; *Adomeit*, Rechtsquellenfragen, S. 136 ff.; *Badura* ArbRdGegw. 15 (1978), S. 17, 20 f.; *Bakopoulos*, Zuständigkeitsverteilung, S. 33 ff.; *Feichtinger*, Regelungsbefugnis der Tarifvertragsparteien, S. 21 ff.; *Gießen*, Gewerkschaften, S. 116 ff.; *Hinz*, Tarifhoheit und Verfassungsrecht, S. 105 Fn. 24, 134 ff., insbesondere S. 138; *A. Hueck/Nipperdey*, Arbeitsrecht II/1, § 15 I [S. 239 f.], § 18 III [S. 346 ff.]; *Kreutz* ZfA 1975, S. 65, 69 f.; *Nikisch*, Arbeitsrecht II, § 60 I 2 [S. 45], § 61 II 1 [S. 68], § 69 II 4 [S. 216]; *Oetker*, Gemeinsame Anmerkung zu BAG vom 25.2.1998 – 7 AZR 641/96 und vom 11.3.1998 – 7 AZR 700/96 in: SAE 1999, S. 149, 151; *Peters/Ossenbühl*, Übertragung von öffentlich-rechtlichen Befugnissen, S. 13 ff.; *Säcker*, Grundprobleme, S. 74 f.; *ders.*, Gruppenautonomie, S. 243 ff.; *Söllner* NZA 1996, S. 897, 901 f. Nach *Lerche*, FS Steindorff, S. 897, 906 übernehmen die Tarifvertragsparteien ohne eigentliche Delegation „eine durch staatlichen Rückzug etablierte Möglichkeit privatautonomer Entfaltung“. *Scholz*, Koalitionsfreiheit, S. 59 sieht „nicht die Tarifpartner, sondern allein den [...] Tarifvertrag mit unmittelbar-verbindlicher Normwirkung“ beliehen. Kritisch zur sog. Delegationstheorie *Kirchhof*, Private Rechtsetzung, S. 163 ff.; *Waltermann* ZfA 2000, S. 53, 65; vertiefend *ders.*, Rechtsetzung durch Betriebsvereinbarung, S. 114 ff. Auch *H. Schneider*, FS Möhring, S. 521, 523 ff. (Nichterfüllung der Voraussetzungen des Art. 80 GG) und *Dürig* in: Maunz/Dürig, Art. 1 GG Rn. 116; *Richardi*, Kollektivgewalt und Individualwille, S. 147 ff. (Fehlen der Staatsaufsicht). Gegen den Einwand der fehlenden Staatsaufsicht *Hinz*, Tarifhoheit und Verfassungsrecht, S. 148 ff. Ausführlich zur sog. Delegationstheorie *Giesen*, Tarifvertragliche Rechtsgestaltung, S. 146 ff.

24 Dies verkennt *A. Wiedemann*, Bindung der Tarifnormen, S. 66 ff., der gegen die Delegationstheorie anführt, daß der Verbandsmitgliedschaft keinerlei Legitimationskraft zukomme.

fassungsgerichts[25] ist die Tarifautonomie Bestandteil der Koalitionsmittelgarantie des Art. 9 Abs. 3 Satz 1 GG. Die Regelungsbefugnis der Tarifvertragsparteien sei als integraler Bestandteil dieses Gewährleistungsinhaltes des Art. 9 Abs. 3 Satz 1 GG verfassungsrechtlich anerkannt und durch das Tarifvertragsgesetz ausgeformt.[26]

Einen eigenen Standpunkt vertritt *Herbert Wiedemann*[27]. Der Tarifvertrag verlasse die Legitimation der Normwirkung durch Verbandsbeitritt, da in einem mitgliederstarken Arbeitgeberverband und erst recht in einer Massengewerkschaft die Individual- und Minderheitsinteressen nicht ausreichend Berücksichtigung finden könnten.[28] Es überwögen die Elemente heteronomer Regelbildung.[29] Diese hätten aber nicht die Qualität

25 BVerfG 27.2.1973 E 34, 307, 316 f.; BVerfG 14.6.1983 E 64, 208, 215; BVerfG 3.4.2001 E 103, 293, 304. Im Sinne der sog. Delegationstheorie dagegen BVerfG 18.11.1954 E 4, 96, 108; BVerfG 15.7.1980 E 55, 7, 23 f. Unklar BVerfG 24.5.1977 E 44, 322 ff.: mandatarisches Modell einerseits (S. 340 f., 345), „Delegationstheorie" andererseits (S. 347, 348). Nicht eindeutig auch BVerfG 30.3.1999 NZA 1999, S. 816, 817: „durch Art. 9 Abs. 3 GG gewährleistetes" Normsetzungsrecht.

26 Dem folgend im Schrifttum (teilweise in Verbindung mit der sog. mandatarischen Theorie) *Bakopoulos*, Zuständigkeitsverteilung, S. 34; *Biedenkopf*, Grenzen der Tarifautonomie, S. 102 ff., 293 f.; *Däubler*, Tarifvertragsrecht, Rn. 19; *Galperin*, FS E. Molitor, S. 143, 156 f.; *Gamillscheg*, Kollektives Arbeitsrecht, § 15 III 2 b) [S. 557 f.]; *Herschel*, FS Bogs, S. 125, 130 f., 132; *Löwisch* JZ 1996, S. 812, 816; *W. Martens*, Öffentlich als Rechtsbegriff, S. 164; *Meier-Krenz* DB 1988, S. 2149, 2149; *Schnorr* JR 1966, S. 327, 329 f.; *Schwarze*, Betriebsrat, S. 76 ff.; *Singer* ZfA 1995, S. 611, 619; *Söllner* ArbuR 1966, S. 257, 260; *Waltermann*, Rechtsetzung durch Betriebsvereinbarung, S. 123; *ders.* ZfA 2000, S. 53, 74; *W. Weber*, Koalitionsfreiheit, S. 24. Nach *T. Wißmann*, Tarifvertragliche Gestaltung, S. 33 ist „die Befugnis der Tarifvertragsparteien zur Regelung betriebsverfassungsrechtlicher Fragen [...] im Rahmen der Tarifautonomie nach Art. 9 Abs. 3 GG grundsätzlich verfassungsrechtlich gewährleistet". Kritisch *Richardi* AöR 93 (1968), S. 243, 255 f. Gegen diesen Ansatz wird eingewandt, daß er weder der heteronom staatlichen, noch der autonom privaten Normsetzung eindeutig zuzuordnen sei. Aus diesem Grund sei er wenig aussagekräftig und gewähre zu wenige Gesichtspunkte für die Lösung der Folgeprobleme, vgl. *H. Wiedemann* in: ders., § 1 TVG Rn. 46.

27 *H. Wiedemann* in: ders., § 1 TVG Rn. 47 f.

28 *H. Wiedemann* in: ders., § 1 TVG Rn. 47. Vgl. zum Umschlagen einer autonomen Unterwerfung in eine heteronome Rechtsetzung *Reuter* ZfA 1978, S. 1, 22 f.; *Schüren* ArbuR 1988, S. 245, 246 f.; *Singer* ZfA 1995, S. 611, 627 ff.; *A. Wiedemann*, Bindung der Tarifnormen, S. 117 ff. Abweichend *Kempen* in: Kempen/Zachert, Grundlagen TVG Rn. 155; *Löwisch* in: Löwisch/Rieble, § 1 TVG Rn. 152; *Rieble*, Arbeitsmarkt und Wettbewerb, Rn. 1207.

29 *H. Wiedemann* in: ders., § 1 TVG Rn. 47. Er begründet dies weiterhin damit, daß die Koalitionen eine kollektivierte und damit qualitativ veränderte Angebots- und Nachfragestruktur schüfen, vgl. *H. Wiedemann* in: ders., § 1 TVG Rn. 47.

staatsrechtlicher Delegation. Sowohl der privatautonom mandatarische als auch der heteronom delegatarische Ansatz reiche jeweils für sich als Erklärungsmodell nicht aus.[30] Es handelt sich vielmehr, so *Herbert Wiedemann*, um eine Normsetzung sui generis auf verfassungsrechtlicher Grundlage.[31]

B. Der rechtstheoretische Ursprung der Regelungsbefugnis der Betriebsparteien

Gem. § 3 Abs. 2 BetrVG „kann die Regelung (des § 3 Abs. 1 Nr. 1, 2, 4 und 5 BetrVG, Anm. d. Verf.) durch Betriebsvereinbarung getroffen werden". Somit sind auch[32] die Betriebsparteien dazu berufen, vom Gesetz abweichende organisationsrechtliche Normenverträge in der Betriebsverfassung abzuschließen.

Nach der wohl überwiegenden Ansicht ist die Betriebsautonomie und die funktionelle Zuständigkeit der Betriebsparteien nicht verfassungsrechtlich verankert.[33] Ihre Regelungsbefugnis folge vielmehr aus der gesetzlichen Erteilung einer Autonomie-Ermächtigung.[34] Eine Betriebsvereinbarung könne

---

30 *H. Wiedemann* in: ders., § 1 TVG Rn. 47. Ähnlich *Möstl*, Anmerkung zu BAG vom 25.2.1998 – 7 AZR 641/96 in: JZ 1999, S. 202, 203, 204.

31 *H. Wiedemann* in: ders., § 1 TVG Rn. 47.

32 Im bisherigen Recht konnten Kollektivverträge im Bereich des § 3 BetrVG ausschließlich durch die Tarifvertragsparteien abgeschlossen werden. Positiv zur Vereinbarungsbefugnis der Betriebspartner bereits *Berger-Delhey* ZTR 2001, S. 108, 110; *Franzen* ZfA 2000, S. 285, 299; *Kort* ZfA 2000, S. 329, 353 f.; *Spinner*, Betriebsverfassung, S. 205. Ausdrücklich ablehnend hat sich *Pauli* ArbuR 2000, S. 411, 414 geäußert.

33 *Belling*, Günstigkeitsprinzip, S. 113, 157, 161; *Beuthien* ZfA 1983, S. 141, 164; *Biedenkopf*, Grenzen der Tarifautonomie, S. 294, 296; *Gragert*, Flexibilisierung von Tarifverträgen, S. 37 Fn. 2; *Heinze* NZA 1991, S. 329, 336; *ders.* DB 1996, S. 729, 732; *ders.* NZA 1997, S. 1, 5; *Joost* ZfA 1993, S. 257, 276; *Kissel* NZA 1995, S. 1, 3; *Kreutz*, Grenzen der Betriebsautonomie, S. 80; *Löwisch* JZ 1996, S. 812, 817; *ders.* NJW 1997, S. 905, 906; *Nebel*, Normen des Betriebsverbandes, S. 139 f.; *Neumann* RdA 1990, S. 257, 258 f.; *Peters/Ossenbühl*, Übertragung von öffentlich-rechtlichen Befugnissen, S. 89; *Richardi* in: ders., § 77 BetrVG Rn. 70; *Richardi*, FS Kehrmann, S. 263, 266; *Rieble* RdA 1996, S. 151, 152; *Säcker*, Gruppenautonomie, S. 342; *ders.* ZfA 1972, Sonderheft, S. 41, 45; *Scholz* in: Beuthien, Arbeitnehmer oder Arbeitsteilhaber, S. 163, 173; *Schwarze*, Betriebsrat, S. 105 ff.; *Söllner* RdA 1989, S. 144, 149; *Walker* ZfA 1996, S. 353, 355, 357; *Waltermann*, Rechtsetzung durch Betriebsvereinbarung, S. 59, 115, 260; *ders.* RdA 1996, S. 129, 132 f.; *Wank* RdA 1991, S. 129, 130; *ders.* NJW 1996, S. 2273, 2274; *Wiese* in: GK-BetrVG I, Einleitung BetrVG Rn. 48; *ders.*, FS Kissel, S. 1269, 1280. Sie beruht auch nicht auf dem Subsidiaritätsprinzip, vgl. *Hablitzel*, Verbands- und Betriebsratskompetenzen, S. 155.

34 *Fitting* § 77 BetrVG Rn. 13, 124 f.; *G. Hueck*, Betriebsvereinbarung, S. 27 ff.; *A. Hueck/Nipperdey*, Arbeitsrecht II/2, § 65 D VI [S. 1275 f.], Nachtrag [S. 1668 ff.]; *Konzen*, FS E. Wolf, S. 279, 285; *I. Natzel* ZfA 2003, S. 103, 113; *Nebel*, Normen des

nur abgeschlossen werden, wenn nach dem Gesetz die Zuständigkeit der Betriebsparteien vorliege.[35] Im Gegensatz hierzu sieht *Lambrich*[36], basierend auf der namentlich von *Reuter*[37] vertretenen sog. Lehre von der Verbandsbeziehung

---

Betriebsverbandes, S. 200 ff.; *Säcker*, Gruppenautonomie, S. 343 f.; *ders.* ZfA 1972, Sonderheft, S. 41, 50; *Strasser*, Betriebsvereinbarung, S. 149 f.; *Walker* ZfA 1996, S. 353, 357; *Waltermann*, Rechtsetzung durch Betriebsvereinbarung, S. 89. Kritisch dazu unter dem Aspekt des Vorbehalts des Gesetzes *Waltermann* NZA 1995, S. 1177, 1181; *ders.* NZA 1996, S. 357, 361 f.

35 BAG 18.8.1987 AP Nr. 23 zu § 77 BetrVG 1972; BAG (GS) 7.11.1989 AP Nr. 46 zu § 77 BetrVG 1972; BAG 9.4.1991 AP Nr. 1 zu § 77 BetrVG 1972 Tarifvorbehalt; *Beuthien* ZfA 1983, S. 141, 164; *ders.* ZfA 1984, S. 1, 8; *Biberacher*, Rechtssetzungsmacht, S. 57; *Düwell* in: HaKo-BetrVG, Einleitung BetrVG Rn. 87; *Fitting* § 77 BetrVG Rn. 45; *Heinze* NZA 1994, S. 580, 581; *Hess* in: Hess/Schlochauer/Glaubitz, § 77 BetrVG Rn. 15; *G. Hueck*, Betriebsvereinbarung, S. 65 ff.; *A. Hueck/Nipperdey*, Arbeitsrecht II/2, § 65 C III 1 [S. 1262]; *Kittner*, FS Schaub, S. 389, 406; *Konzen* BB 1977, S. 1307, 1307; *Löwisch* ArbuR 1978, S. 97, 100; *Matthes* in: MüHdbArbR III, § 327 Rn. 50 f.; *I. Natzel* ZfA 2003, S. 103, 113; *Nikisch*, Arbeitsrecht III, § 107 V 1 [S. 276]; *Peters/Ossenbühl*, Übertragung von öffentlich-rechtlichen Befugnissen, S. 89 f.; *Picker* NZA 2002, S. 761, 769; *Säcker*, Gruppenautonomie, S. 342 f., 357. Enger dagegen hinsichtlich einer Verpflichtungswirkung zu Lasten der Arbeitnehmer *Löwisch* in: Galperin II, § 77 BetrVG Rn. 24 ff.; *Waltermann*, Rechtsetzung durch Betriebsvereinbarung, S. 142 f., 151 ff.; *ders.* RdA 1996, S. 129, 134; *ders.* NZA 1996, S. 357, 360 f. Kritisch *Veit*, Zuständigkeit, S. 207 ff.

Ähnlich wie die wohl h. A. *Richardi* in: ders., § 77 BetrVG Rn. 70; *Richardi* in: MüHdbArbR III, § 241 Rn. 45; *ders.*, Gutachten 61. DJT, Bd. I, B 1, 27 (Betriebsverfassungsgesetz als Ausdruck einer Staatsintervention zur Verteilung von Regelungsmacht zwischen der Arbeitgeber- und Arbeitnehmerseite innerhalb der Arbeitsorganisation Unternehmen).

Wie die wohl h. A. auch *Kreutz* in: GK-BetrVG II, § 77 BetrVG Rn. 227; *ders.*, Grenzen der Betriebsautonomie, S. 110, der die Betriebsvereinbarung aber als privatheteronomes Rechtsgeschäft ansieht, vgl. *ders.* in: GK-BetrVG II, § 77 BetrVG Rn. 226; *ders.*, Grenzen der Betriebsautonomie, S. 109 f. Zustimmend *Canaris* JuS 1989, S. 161, 167; *H. Hanau*, Individualautonomie, S. 67 f.; *Hönn*, Vertragsparität, S. 213; *Nause*, Grenzen der Regelungsbefugnis, S. 92 ff.; *Schwarze*, Betriebsrat, S. 143.

36 *Lambrich*, Tarif- und Betriebsautonomie, S. 182 ff.

37 *Reuter*, Stellung des Arbeitsrechts, S. 25 f.; *ders.*, FS Schaub, S. 605, 627; *ders.*, Referat 61. DJT, Bd. II/1, K 35, 39 ff.; *ders.* RdA 1991, S. 193, 197, 199; *ders.* ZfA 1993, S. 221, 226 ff.; *ders.* RdA 1994, S. 152, 156 ff.; auch *Reuter* ZfA 1995, S. 1, 32 ff. Diesem folgend *Ehmann*, Diskussionsbeitrag 61. DJT, Bd. II/2, K 105, 109; *Lambrich*, Tarif- und Betriebsautonomie, S. 183 ff., 198; *Nebel*, Normen des Betriebsverbandes, S. 86 ff. Zuletzt in diese Richtung *Hänlein* RdA 2003, S. 26, 30 f. Positiv auch *Zöllner* ZfA 1988, S. 265, 289 f., der die Förderung des Unternehmenszwecks gegen Teilhabe an der Wertschöpfung des Unternehmens in den Mittelpunkt stellen will. Aus dem älteren Schrifttum *Adomeit*, Regelungsabrede, S. 54

zwischen Arbeitgeber und Arbeitnehmer,[38] die Betriebsautonomie als Ausfluß der Privatautonomie an. Seiner Auffassung nach stellt der Abschluß des Arbeitsvertrages, entgegen der überwiegenden Meinung,[39] einen privatautonomen Verbandsbeitritt dar.[40] Hieraus folge zum einen, daß es sich bei dem verfaßten Betrieb um einen auf Freiwilligkeit beruhenden und damit privatautonomen Verband i. S. d. Art. 9 Abs. 1 GG handele. Zum anderen sei

---

f., 100; *ders.* BB 1962, S. 1246, 1249; *Bogs* RdA 1956, S. 1, 5 f.; *Fabricius*, Relativität, S. 229; *Galperin* RdA 1959, S. 321, 324 ff.; *ders.* RdA 1962, S. 366, 368 f.; *ders.* ArbRdGegw. 1 (1964), S. 75, 81 ff.; *Grell*, Betriebsinhaberwechsel, S. 18; *Herschel* RdA 1948, S. 47, 49 (Betrieb als einheitlicher Arbeitsorganismus); *ders.* RdA 1956, S. 161, 164 (Betrieb als personenrechtlicher Organismus); *Siebert* BB 1952, S. 832, 833; *Thomanek*, Organstellung, S. 70 ff.

38 Diese wird im neueren Schrifttum nahezu einhellig abgelehnt, vgl. *Biberacher*, Rechtssetzungsmacht, S. 16 f.; *Jahnke*, Tarifautonomie, S. 118 f.; *Käppler*, FS Kissel, S. 475, 480 Fn. 24; *Kirchhof*, Private Rechtsetzung, S. 220; *Löwisch* JZ 1996, S. 812, 817; *Picker*, Gedächtnisschrift Knobbe-Keuk, S. 879, 923 f.; *Reichold*, Betriebsverfassung, S. 540 f.; *Richardi* in: ders., § 77 BetrVG Rn. 68; *Richardi* in: MüHdbArbR III, § 241 Rn. 49 f.; *ders.*, Kollektivgewalt und Individualwille, S. 309 f.; *ders.*, Gutachten 61. DJT, Bd. I, B 1, 29 ff.; *ders.* NZA 1992, S. 961, 965 f.; *Rieble*, Arbeitsmarkt und Wettbewerb, Rn. 911 f., 1413 ff.; *ders.* RdA 1996, S. 151, 152 f.; *Riester*, Deregulierung, S. 22; *von Stebut*, FS Kissel, S. 1135, 1147 f.; *Veit*, Zuständigkeit, S. 175 f.; *Walker*, FS Kissel, S. 1205, 1215 f.; *Waltermann*, Rechtsetzung durch Betriebsvereinbarung, S. 90; *ders.* NZA 1996, S. 357, 360; *ders.* RdA 1996, S. 129, 134; *Wank* NJW 1996, S. 2273, 2274; *Wiese* ZfA 1996, S. 439, 454.

39 *Belling*, Günstigkeitsprinzip, S. 114; *Biberacher*, Rechtssetzungsmacht, S. 18; *Canaris* ArbuR 1966, S. 129, 139; *Gragert*, Flexibilisierung von Tarifverträgen, S. 42 f.; *H. Hanau*, Individualautonomie, S. 60 ff.; *Heinze* ZfA 1988, S. 53, 63; *ders.* NZA 1994, S. 580, 581; *Hönn*, Vertragsparität, S. 212; *Käppler*, FS Kissel, S. 475, 480; *Konzen*, FS E. Wolf, S. 279, 284 f., 295; *Kreutz*, Grenzen der Betriebsautonomie, S. 64 ff.; *Küttner/Schlüpers Oehmen/Rebel* DB 1985, S. 172, 172; *Löwisch* JZ 1996, S. 812, 817; *K. Molitor*, FS Schaub, S. 487, 489 f.; *Ramm* JZ 1977, S. 1, 2; *Reichold*, Betriebsverfassung, S. 540 f.; *Richardi* in: MüHdbArbR III, § 240 Rn. 26; *ders.*, Kollektivgewalt und Individualwille, S. 317; *ders.*, Gutachten 61. DJT, Bd. I, B 1, 28, 32; *ders.* NZA 1988, S. 673, 676; *Rieble*, Arbeitsmarkt und Wettbewerb, Rn. 1411; *Säcker*, Gruppenautonomie, S. 344; *ders.* ZfA 1972, Sonderheft, S. 41, 50; *Schwarze*, Betriebsrat, S. 141 f.; *Staschik*, Grundfragen, S. 10 ff.; *Travlos-Tzanetatos*, Regelungsbefugnis, S. 69; *Veit*, Zuständigkeit, S. 174 ff., 185 ff.; *Walker* ZfA 1996, S. 353, 357; *Waltermann*, Rechtsetzung durch Betriebsvereinbarung, S. 89 ff.; *ders.*, FS Söllner, S. 1251, 1267; *ders.* NZA 1995, S. 1177, 1180; *ders.* NZA 1996, S. 357, 360; *ders.* RdA 1996, S. 129, 134.

40 *Lambrich*, Tarif- und Betriebsautonomie, S. 206 ff., 210 f. Ebenso *Nebel*, Normen des Betriebsverbandes, S. 124 ff. Auch *Jahnke*, Tarifautonomie, S. 110 ff., der zusätzlich noch die Wahl des Betriebsrates als Legitimationsgrundlage heranzieht. Positiv hierzu *Säcker*, Gruppenautonomie, S. 344; *Travlos-Tzanetatos*, Regelungsbefugnis, S. 70.

die Privatautonomie die Legitimationsgrundlage betriebsautonomer Rechtsetzung und die Betriebsautonomie Ausfluß der Art. 9 Abs. 1, 2 Abs. 1 i. V. m. 12 Abs. 1 GG.[41]

C. Ergebnisse zum rechtstheoretischen Ursprung kollektivvertraglicher Rechtsetzung in betriebsverfassungsrechtlichen Fragen

In Rechtsprechung und Wissenschaft bestehen unterschiedliche Ansichten zum rechtstheoretischen Ursprung der Regelungsbefugnisse der Tarifvertrags- und Betriebsparteien. Bei ersteren stehen sich im wesentlichen die Vorstellungen einer heteronom staatlichen und einer privatautonomen Normsetzung gegenüber.[42] Der Streit bei den Betriebsparteien wird von den Positionen einer aufgrund einfachgesetzlicher (d. h. betriebsverfassungsrechtlicher) Ermächtigung bestehenden Zuständigkeit und einer auf der Privatautonomie basierenden und durch Art. 9 Abs. 1, 2 Abs. 1 i. V. m. 12 Abs. 1 GG gewährleisteten Betriebsautonomie dominiert. Eine widerspruchsfreie und allgemein anerkannte Deutung ist bisher allerdings weder für den Tarifvertrag noch für die Betriebsvereinbarung gelungen.

Wird das geltende Recht daraufhin untersucht, welche Aussagen es zur Regelungsbefugnis im Bereich des Organisationsrechts der Betriebsverfassung enthält, kann Folgendes festgestellt werden: Verfassungsrechtlich erstreckt Art. 74 Abs. 1 Nr. 12 GG die konkurrierende Gesetzgebungskompetenz des Bundes auf „das Arbeitsrecht einschließlich der Betriebsverfassung". Ebenfalls das Grundgesetz gewährt dem Einzelnen das Recht, „zur Wahrung und Förderung

---

41 *Lambrich*, Tarif- und Betriebsautonomie, S. 182 ff., 224; *ders.*, Diskussionsbeitrag 61. DJT, Bd. II/2, K 160, 161. Ebenso *Bakopoulos*, Zuständigkeitsverteilung, S. 50 ff. (Gewährleistung durch Art. 2 Abs. 1, 20 Abs. 1, 28 Abs. 1 GG); *Blomeyer* NZA 1996, S. 337, 345; *Ehmann* ZRP 1996, S. 314, 317; *Ehmann/Lambrich* NZA 1996, S. 346, 351 f.; *Hablitzel*, Verbands- und Betriebsratskompetenzen, S. 69; *ders.* NZA 2001, S. 467, 470; *Jahnke* ZfA 1980, S. 863, 883 f.; *Reuter*, FS Schaub, S. 605, 627 f.; *ders.*, Referat 61. DJT, Bd. II/1, K 35, 44; *ders.*, Schlußanmerkung 61. DJT, Bd. II/2, K 181, 182; *Wiese* ZfA 1996, S. 439, 474 (die Betriebsautonomie sei als Verwirklichung des Vertragsprinzips die wichtigste Ausprägung der Privatautonomie). Für eine Ableitung der Betriebsautonomie aus Art. 9 Abs. 3 Satz 1 GG dagegen *Th. Schmidt*, Günstigkeitsprinzip, S. 74 Fn. 99, auch S. 113 f. unter Berufung auf BVerfG 1.3.1979 E 50, 290, 371. Ebenso *Sodan* JZ 1998, S. 421, 428 f. *Heinze* DB 1996, S. 729, 734 und *G. Müller*, Tarifautonomie, S. 184 ff.; *ders.* ArbuR 1992, S. 257, 257 f. greifen zwar auf das Verfassungsprinzip des Sozialstaates zurück. Nach *G. Müller*, Tarifautonomie, S. 186; *ders.* ArbuR 1992, S. 257, 258 ist dies gegenüber der sich aus Art. 9 Abs. 3 Satz 1 GG ergebenden Tarifautonomie aber eine „niedere" verfassungsrechtliche Fundierung. Diesem folgend *Walker* ZfA 1996, S. 353, 355 Fn. 6. Auch *Heinze* DB 1996, S. 729, 732, 734 mißt der Betriebsautonomie keine „verfassungsrechtliche Sonderstellung" bei.

42 So auch *Giesen*, Tarifvertragliche Rechtsgestaltung, S. 144.

der Arbeits- und Wirtschaftsbedingungen Vereinigungen zu bilden", Art. 9 Abs. 3 Satz 1 GG. Diese individuelle Koalitionsfreiheit setzt sich nach feststehender Rechtsprechung des Bundesverfassungsgerichts und herrschender Ansicht im Schrifttum in einem Freiheitsrecht der Koalitionen selbst fort (Doppelgrundrecht).[43] Als Kollektivgrundrecht gewährleistet Art. 9 Abs. 3 Satz 1 GG

---

43 Vgl. BVerfG, st. Rspr. seit BVerfG 18.11.1954 E 4, 96, 101, 106; BVerfG 1.3.1979 E 50, 290, 367; BVerfG 17.2.1981 E 57, 220, 245; zuletzt etwa BVerfG 26.6.1991 E 84, 212, 224; BVerfG 2.3.1993 E 88, 103, 114; BVerfG 25.10.1994 E 92, 26, 38; BVerfG 4.7.1995 E 92, 365, 393; BVerfG 14.11.1995 E 93, 352, 357; BVerfG 24.4.1996 E 94, 268, 282; BVerfG 24.2.1999 E 100, 214, 221; BVerfG 27.4.1999 NJW 1999, S. 3033, 3034; BVerfG 3.4.2001 E 103, 293, 304; BAG 2.8.1963 AP Nr. 5 zu Art. 9 GG; BAG 14.2.1967 AP Nr. 10 zu Art. 9 GG; BAG (GS) 29.11.1967 AP Nr. 13 zu Art. 9 GG; BAG 14.2.1978 AP Nr. 26 zu Art. 9 GG; BAG 8.12.1978 AP Nr. 28 zu Art. 9 GG; BAG 23.2.1979 AP Nr. 29 zu Art. 9 GG; BAG 23.9.1986 AP Nr. 45 zu Art. 9 GG; BAG 13.11.1991 AP Nr. 7 zu § 611 BGB Abmahnung; BGH 6.10.1964 Z 42, 210, 217.

Aus dem Schrifttum statt vieler *Badura*, Staatsrecht, C Rn. 98; *H. Bauer* in: Dreier, Art. 9 GG Rn. 64; *Däubler/Hege*, Koalitionsfreiheit, Rn. 58 ff.; *Dieterich* in: ErfK, Art. 9 GG Rn. 38; *Hesse*, Verfassungsrecht, Rn. 415; *Huber*, Wirtschaftsverwaltungsrecht II, § 91 III 1 b) [S. 381 f.]; *A. Hueck/Nipperdey*, Arbeitsrecht II/1, § 9 I [S. 134]; *Kannengießer* in: Schmidt-Bleibtreu/Fra. Klein, Art. 9 GG Rn. 12 f.; *Löwer* in: von Münch/Kunig, Art. 9 GG Rn. 68; *Löwisch/Rieble* in: MüHdbArbR III, § 244 Rn. 9; *von Münch* in: Bonner Kommentar, Art. 9 GG Rn. 114, 141; *Nikisch*, Arbeitsrecht II, § 60 II 2 [S. 54 f.]; *H. Otto* in: MüHdbArbR III, § 284 Rn. 36, 41; *Säcker*, Grundprobleme, S. 20 f., 37 f.; *ders.*, Gruppenautonomie, S. 237, 249 ff.; *Söllner/Waltermann*, Arbeitsrecht, Rn. 174; *E. Stein/Frank*, Staatsrecht, § 44 II 1 c) [S. 361]; *Stern*, Staatsrecht III/1, § 68 V 7 [S. 849]; *H. Wiedemann* in: ders., Einleitung TVG Rn. 90. Wohl auch *Schaub* in: ders., Arbeitsrechts-Handbuch, § 188 Rn. 13. Vgl. auch den 1. Leitsatz der Generellen Leitsätze zur Sozialunion des Gemeinsamen Protokolls über Leitsätze zum Vertrag über die Schaffung einer Währungs-, Wirtschafts- und Sozialunion, BGBl. 1990 II S. 537.

Gegen die herrschende Meinung mit unterschiedlicher Begründung *Isensee* in: HdbStR V, § 118 Rn. 65 f.; *Kemper* in: von Mangoldt/Fri. Klein/Chr. Starck, Art. 9 GG Rn. 221 f. (Schutz der Koalition über Art. 19 Abs. 3 i. V. m. 9 Abs. 3 Satz 1 GG); *Konzen* AcP 177 (1977), S. 473, 494 f.; *Lambrich*, Tarif- und Betriebsautonomie, S. 161 ff.; *Picker* ZfA 1986, S. 199, 201 ff.; *Richardi* in: ders., § 2 BetrVG Rn. 76; *Rieble*, Arbeitsmarkt und Wettbewerb, Rn. 1155; *ders.* ZfA 2000, S. 5, 23; *Scholz* in: Maunz/Dürig, Art. 9 GG Rn. 23 ff.; *ders.* in: HdbStR VI, § 151 Rn. 73 ff.; *Scholz/Konzen*, Aussperrung, S. 124; *Schwerdtner*, Anmerkung zu BAG vom 26.6.1973 – 1 ABR 24/72 in: JZ 1974, S. 455, 460; *Trappehl/Lambrich* NJW 1999, S. 3217, 3218 f.; *A. Wiedemann*, Bindung der Tarifnormen, S. 50 ff., 54; *Zöllner* AöR 98 (1973), S. 71, 77 ff.; *Zöllner/Loritz*, Arbeitsrecht, § 8 IV 4 e) [S. 119 f.]; ähnlich schon *Richardi* AöR 93 (1968), S. 243, 265 f. Abweichend auch *Seiter*, Streikrecht, S. 87 ff., 92 f., der für das Arbeitskampfrecht als Bestandteil des Rechts auf koalitionsmäßige Betätigung eine Kombination aus Art. 9 Abs. 3 Satz 1 GG und Art. 2 Abs. 1 GG vertritt, i. ü. aber der herrschenden Ansicht folgt, vgl. *ders.* AöR 109 (1984), S. 88, 94.

den Bestand und die Betätigung der Vereinigungen als solche. Die Betätigungsgarantie umfaßt das Recht der Koalitionen, die Arbeits- und Wirtschaftsbedingungen ihrer Mitglieder durch jede koalitionsspezifische[44] Verhaltensweise zu wahren und zu fördern.[45] Dies geschieht auch und gerade durch den Abschluß von Tarifverträgen – die Tarifautonomie ist wesentlicher Bestandteil der Koalitionsfreiheit.[46] Einfachgesetzlich bestimmt des weiteren § 1 Abs. 1 TVG im allgemeinen, daß der Tarifvertrag Rechtsnormen enthält, „die [...] betriebsverfassungsrechtliche Fragen ordnen können". Weiterhin besagt § 3 Abs. 1 BetrVG im besonderen, daß durch einen Tarifvertrag im Rahmen der dort enumerativ[47] aufgeführten Alternativen von der gesetzlichen Arbeitnehmervertretungsstruktur abgewichen werden kann. Ohne eine ins Detail gehende Auslegung vornehmen zu müssen, läßt sich hieraus schlußfolgern, *daß* die Koalitionen das Organisationsrecht der Betriebsverfassung im Rahmen von

---

44 BVerfG 14.11.1995 E 93, 352, 358 ff.; BVerfG 24.4.1996 E 94, 268, 283; BVerfG 24.2.1999 NZA 1999, S. 713, 714; BVerfG 3.4.2001 NZA 2001, S. 777, 778 in Abkehr von der sog. „Kernbereichsformel". Zu dieser siehe aus der zahlreichen Rechtsprechung nur BVerfG 14.4.1964 E 17, 319, 333; BVerfG 1.3.1979 E 50, 290, 368, 372; BVerfG 17.2.1981 E 57, 220, 246; BVerfG 20.10.1981 E 58, 233, 247; BVerfG 1.10.1987 E 77, 1, 63. Der „Abschied" von der Kernbereichsformel wird in der Literatur gebilligt, vgl. statt aller *H. Bauer* in: Dreier, Art. 9 GG Rn. 80; *Giesen*, Tarifvertragliche Rechtsgestaltung, S. 153 f.; *Höfling* in: Sachs, Art. 9 GG Rn. 71 ff.; *Jarass* in: Jarass/Pieroth, Art. 9 GG Rn. 26; *Kemper* in: von Mangoldt/Fri. Klein/Chr. Starck, Art. 9 GG Rn. 172; *Leibholz/Rinck/Hesselberger* Art. 9 GG Rn. 352; *Löwer* in: von Münch/Kunig, Art. 9 GG Rn. 59; *Waltermann* ZfA 2000, S. 53, 59; *A. Wiedemann*, Bindung der Tarifnormen, S. 60 f.; *H. Wiedemann* in: ders., Einleitung TVG Rn. 104 mit Darstellung der Entwicklung der Rechtsprechung des BVerfG. Kritisch bereits *Gröbing* ArbuR 1986, S. 297, 300 f.

45 BVerfG 14.4.1964 E 17, 319, 333; BVerfG 6.5.1964 E 18, 18, 26; BVerfG 30.11.1965 E 19, 303, 312; BVerfG 19.10.1966 E 20, 312, 320; BVerfG 26.5.1970 E 28, 295, 304; BVerfG 1.3.1979 E 50, 290, 367; BVerfG 26.6.1991 E 84, 212, 224; BVerfG 24.2.1999 E 100, 214, 221; BVerfG 27.4.1999 E 100, 271, 282; BVerfG 3.4.2001 E 103, 293, 304; *H. Wiedemann* in: ders., Einleitung TVG Rn. 91.

46 BVerfG, st. Rspr. seit BVerfG 18.11.1954 E 4, 96, 106; weiterhin BVerfG 1.3.1979 E 50, 290, 367; BVerfG 26.6.1991 E 84, 212, 224; BVerfG 2.3.1993 E 88, 103, 114 f.; BVerfG 25.10.1994 E 92, 26, 38, 45; BVerfG 4.7.1995 E 92, 365, 393 ff.; BVerfG 24.4.1996 E 94, 268, 283; BVerfG 27.4.1999 E 100, 271, 282; BVerfG 3.4.2001 E 103, 293, 304; *H. Bauer* in: Dreier, Art. 9 GG Rn. 78; *Dieterich* in: ErfK, Art. 9 GG Rn. 50, 52, 59; *Höfling* in: Sachs, Art. 9 GG Rn. 83 ff.; *Kemper* in: von Mangoldt/Fri. Klein/Chr. Starck, Art. 9 GG Rn. 205 f., 225 ff.; *Kittner/Schiek* in: AK-GG, Art. 9 Abs. 3 GG Rn. 124, 130; *Löwisch/Rieble* in: MüHdbArbR III, § 246 Rn. 50 ff.; *Meik*, Kernbereich der Tarifautonomie, S. 19, 41, 71 ff.; *Waltermann* ZfA 2000, S. 53, 58 ff.; *Weyand*, Tarifvertragliche Mitbestimmung, S. 66 f., 70 ff.; *H. Wiedemann* in: ders., Einleitung TVG Rn. 92.

47 *Eisemann* in: ErfK, § 3 BetrVG Rn. 1; *Plander* NZA 2002, S. 483, 485.

Tarifverträgen modifizieren können. Und schließlich folgt Entsprechendes aus § 3 Abs. 2 BetrVG für die Betriebsparteien. Unabhängig von den dort enthaltenen Beschränkungen steht ihnen grundsätzlich die Befugnis zu, Organisationsrecht zu schaffen. Ob dies allein in der gesetzlichen Anordnung der §§ 3 Abs. 2, 77 Abs. 4 Satz 1 BetrVG begründet ist oder aber die §§ 3 Abs. 2, 77 BetrVG als einfachgesetzliche Konkretisierung der verfassungsrechtlichen Garantie der Betriebsautonomie aus Art. 9 Abs. 1, 2 Abs. 1 i. V. m. 12 Abs. 1 GG anzusehen sind, ist hierbei unerheblich. Im Ergebnis kann der Streit um den rechtstheoretischen Ursprung der Regelungsbefugnisse der Tarifvertrags- und Betriebsparteien dahingestellt bleiben. Unabhängig von der Richtigkeit der einen oder anderen Ansicht folgt aus § 3 Abs. 1, 2 BetrVG jedenfalls, *daß*, vom Gesetzgeber anerkannt, durch Tarifvertrag und subsidiär durch Betriebsvereinbarung eine von der gesetzlichen Struktur abweichende Arbeitnehmervertretung errichtet werden kann.

D. Die Außenseiterbindung (unter besonderer Berücksichtigung des Wegfalls des staatlichen Genehmigungsvorbehalts des § 3 Abs. 2 BetrVG a. F.)

I. Die Außenseiterproblematik bei Abschluß einer Betriebsvereinbarung nach § 3 Abs. 2 BetrVG

Können die Kollektivvertragsparteien im Rahmen des § 3 Abs. 1, 2 BetrVG betriebsverfassungsrechtliche Organisationsregelungen treffen, stellt sich im weiteren die Frage nach der Reichweite ihrer Regelungsbefugnis. Wer sind mit anderen Worten die Normunterworfenen dieser Normgeber? Im Betriebsverfassungsrecht gilt der Grundsatz, daß eine Differenzierung der Belegschaft nach der Gewerkschaftszugehörigkeit ausgeschlossen ist, vgl. § 75 Abs. 1 Satz 1 BetrVG. Die Zuständigkeit des Betriebsrates (oder die des Gesamt- bzw. Konzernbetriebsrates) erstreckt sich auf alle Arbeitnehmer der von ihm repräsentierten betriebsverfassungsrechtlichen Organisationseinheit.[48] Anknüpfungspunkt für die Arbeitnehmerrepräsentation ist allein die Zugehörigkeit zur Belegschaft.[49] Zwar besteht nach neuem Recht die originäre Zuständigkeit des Gesamt- und Konzernbetriebsrates auch für betriebsratslose Betriebe, vgl. §§ 50 Abs. 1 Satz 1 2. HS, 58 Abs. 1 Satz 1 2. HS BetrVG.[50] Dies

---

48 *Buchner* DB 1985, S. 913, 918; *Düwell* in: HaKo-BetrVG, Einleitung BetrVG Rn. 87; *P. Hanau*, FS Kissel, S. 347, 358; *Küttner/Schlüpers Oehmen/Rebel* DB 1985, S. 172, 172 f.; *Siebert*, FS Nipperdey 1955, S. 119, 120; *Waltermann* NZA 1996, S. 357, 363.

49 *Friese*, Kollektive Koalitionsfreiheit, S. 61.

50 Dies war unter der Geltung des BetrVG a. F. umstritten. Zum Gesamtbetriebsrat bejahend *Fitting* [20. Aufl.] § 50 BetrVG Rn. 12 m. w. N.; *Richardi* [7. Aufl.] § 47 BetrVG Rn. 16, § 50 BetrVG Rn. 35 m. w. N.; *Trittin* in: Däubler/Kittner/Klebe [7. Aufl.], § 50 BetrVG Rn. 17 m. w. N.; verneinend BAG 16.8.1983 AP Nr. 5 zu § 50

ist aber eine unter dem Gesichtspunkt der Gleichbehandlung gerechtfertigte[51] eng begrenzte Ausnahme. Die im Tarifrecht bestehende Problematik der Außenseiterbindung stellt sich für die Betriebsparteien nicht. Der Betriebsrat ist befugt, in den Grenzen seiner Zuständigkeit normativ wirkende Regelungen für alle Arbeitnehmer des Betriebs abzuschließen. Im Schrifttum ist allerdings im Zusammenhang mit der Novellierung des § 3 BetrVG auf Probleme des Minderheitenschutzes hingewiesen worden.[52] Diese ergäben sich daraus, daß der Betriebsrat die Befugnisse des § 3 BetrVG dazu mißbrauchen könnte, sich eine seinen Wünschen entsprechende (Wahl-)Basis zu schaffen.[53] Hierzu ist anzumerken, daß der Betriebsrat nach dem Gesetz in Zusammenarbeit mit dem Vertragspartner auf Arbeitgeberseite im Rahmen der ihm durch § 3 Abs. 2 BetrVG eingeräumten Möglichkeiten Organisationsregelungen abschließen kann. Die Verletzung der Rechte einzelner Arbeitnehmer oder einer Minderheit von Arbeitnehmern durch die Normsetzung kann in einem gerichtlichen Verfahren (beispielsweise gem. § 23 Abs. 1 BetrVG i. V. m. §§ 2 Abs. 1, 75 Abs. 1 BetrVG) gerügt werden. Hieraus folgt aber keine Einschränkung der Regelungsbefugnis der Betriebsparteien. Die Normunterworfenen einer betrieblichen Kollektivvereinbarung sind im Ergebnis alle Arbeitnehmer der betriebsverfassungsrechtlichen Organisationseinheit, deren Arbeitnehmervertretung den Normenvertrag mit der Arbeitgeberseite abgeschlossen hat. Das Problem der Außenseiterbindung stellt sich nicht.

II. Die Außenseiterproblematik bei Abschluß eines Tarifvertrages nach § 3 Abs. 1 BetrVG

Anders ist die Rechtslage bei den Tarifvertragsparteien. Deren Rechtsetzungsmacht wird mit dem privatautonomen Verbandsbeitritt des Arbeitnehmers, mit staatlicher Delegation oder als eine Form sui generis

---

BetrVG 1972; *Kreutz* in: GK-BetrVG I [6. Aufl.], § 50 BetrVG Rn. 41 ff. m. w. N. Zum Konzernbetriebsrat vgl. *Kreutz* in: GK-BetrVG I [6. Aufl.], § 58 BetrVG Rn. 31 f. m. w. N.; *Richardi* [7. Aufl.] § 58 BetrVG Rn. 22; *Trittin* in: Däubler/Kittner/Klebe [7. Aufl.], § 58 BetrVG Rn. 14. Der Gesetzgeber hat dies ausdrücklich durch die mit dem Betriebsverfassungs-Reformgesetz vom 23.7.2001 (BGBl. I S. 1852) eingefügten §§ 50 Abs. 1 Satz 1 2. HS, 58 Abs. 1 Satz 1 2. HS BetrVG im positiven Sinne entschieden.

51 Vgl. die Begründung zum RegE, BT-Drucks. 14/5741, S. 42 f.: „[...], dass die dort beschäftigten Arbeitnehmer in überbetrieblichen Angelegenheiten mit Arbeitnehmern aus Betrieben mit einem Betriebsrat gleichbehandelt werden". Ebenso *Kreutz* in: GK-BetrVG I, § 50 BetrVG Rn. 46.

52 *Däubler* AiB 2001, S. 313, 316; *Konitzer* AiB 2001, S. 125, 125; siehe auch Deutscher Beamtenbund ZBVR 2001, S. 19, 19.

53 *Däubler* AiB 2001, S. 313, 316; *Konitzer* AiB 2001, S. 125, 125; *Richardi* NZA 2001, S. 346, 350; *Rieble* ZIP 2001, S. 133, 138.

erklärt.[54] Gemeinsam ist allen Ansichten, daß die Regelungsbefugnis der Tarifvertragsparteien grundsätzlich auf die Verbandsmitglieder begrenzt ist.[55]

1. Der Geltungsanspruch der Normen eines Organisationstarifvertrages gem. § 3 Abs. 2 TVG gegenüber Außenseiter-Arbeitnehmern als Eingriff in die negative Koalitionsfreiheit

Organisationsrechtliche Tarifverträge nach § 3 BetrVG könnten betriebsverfassungsrechtliche Normen i. S. d. § 3 Abs. 2 TVG enthalten und Geltung für nicht- oder andersorganisierte Arbeitnehmer beanspruchen. Als betriebsverfassungsrechtliche Tarifnormen werden herkömmlicherweise diejenigen Regelungen eines Tarifvertrages angesehen, die sich mit der Rechtsstellung der Arbeitnehmer im Betrieb einschließlich der Rechtsstellung ihrer Organe, mit deren Rechten und Pflichten und ihrer Beziehung zum Arbeitgeber befassen.[56] § 3 Abs. 1 BetrVG ermöglicht Modifizierungen der gesetzlichen Struktur der betrieblichen Arbeitnehmervertretung im Wege eines Tarifvertrages. Diese beinhalten Regelungen über die Rechtsstellung der tarifvertraglichen Vertretungsorgane und ihr Verhältnis zum Arbeitgeber. Eine auf die Koalitionsmitglieder der Belegschaft beschränkte Regelung hätte mehrere nicht vollständig übereinstimmende Organisationseinheiten zur Konsequenz. Für die Außenseiter-Arbeitnehmer wäre weiterhin das auf

---

54 Siehe vorstehend S. 6 ff.

55 Vgl. BVerfG 24.5.1977 E 44, 322, 347 f.; BVerfG 14.6.1983 E 64, 208, 215; BAG (GS) 29.11.1967 AP Nr. 13 zu Art. 9 GG; *Ingelfinger*, Arbeitsplatzgestaltung, S. 170; *Meier-Krenz* DB 1988, S. 2149, 2149; *Reiß*, Tarifautonomie, S. 57 f., 95; *Richardi* in: MüHdbArbR III, § 241 Rn. 17, 18 (für das mandatarische Modell); *ders.* NZA 1988, S. 673, 676; *H. Schneider*, FS Möhring, S. 521, 533; *Schüren* RdA 1988, S. 138, 138, 139 ff.; *Siebert*, FS Nipperdey 1955, S. 119, 120; *Spinner*, Betriebsverfassung, S. 117; *Wagenitz*, Tarifmacht, S. 74; *Waltermann* ZfA 2000, S. 53, 61, 81. Dies folgt im Grundsatz bereits aus §§ 3 Abs. 1, 4 Abs. 1 TVG.

56 BAG 18.8.1987 AP Nr. 23 zu § 77 BetrVG 1972 („das Verhältnis zwischen Arbeitgeber und Betriebsrat" regeln); BAG 23.2.1988 AP Nr. 17 zu § 1 BetrAVG Zusatzversorgungskassen; BAG 18.12.1997 AP Nr. 46 zu § 2 KSchG 1969 („die sich mit der Rechtsstellung der Arbeitnehmerschaft im Betrieb und der Organe beschäftigen"); *Beuthien* ZfA 1983, S. 141, 143; *Friese*, Kollektive Koalitionsfreiheit, S. 121; *Gamillscheg*, Kollektives Arbeitsrecht, § 15 VII 1 [S. 595]; *Löwisch* in: Löwisch/Rieble, § 1 TVG Rn. 100; *Löwisch/Rieble* in: MüHdbArbR III, § 261 Rn. 25; *Meik*, Kernbereich der Tarifautonomie, S. 146 ff.; *G. Müller*, Tarifautonomie, S. 133; *Oetker* in: H. Wiedemann, § 1 TVG Rn. 587, 593 ff.; *Richardi*, Kollektivgewalt und Individualwille, S. 244; *Schaub* in: ErfK, § 1 TVG Rn. 116; *Schaub* in: ders., Arbeitsrechts-Handbuch, § 202 Rn. 20; *Trümner* in: Däubler/Kittner/Klebe, § 3 BetrVG Rn. 9. Kritisch *Giesen*, Tarifvertragliche Rechtsgestaltung, S. 340 ff., der als betriebsverfassungsrechtliche Normen i. S. d. §§ 1 Abs. 1, 3 Abs. 2, 4 Abs. 1 Satz 2 TVG nur solche ansieht, deren Erlaß im Betriebsverfassungsgesetz und im Umwandlungsgesetz vorgesehen ist, vgl. S. 360 ff.

gesetzlicher, für die Gewerkschaftsmitglieder das auf tarifvertraglicher Grundlage gebildete Repräsentationsorgan zuständig.[57] Die Begrenzung der Geltung derartiger Tarifvertragsnormen auf die Verbandsmitglieder der tarifschließenden Gewerkschaft im Betrieb ist nicht sachgerecht.[58] Sie ist darüber hinaus schlechthin unmöglich, soll die Einheit der betrieblichen Arbeitnehmervertretung aufrecht erhalten werden.[59] Um die Interessen der Belegschaft effektiv wahrnehmen zu können, ist *eine einheitliche* Vertretung notwendig.[60] Das Betriebsverfassungsgesetz differenziert daher nicht nach der Koalitionszugehörigkeit, vgl. § 75 Abs. 1 Satz 1 BetrVG. Auch sieht es die Möglichkeit der Errichtung von Abteilungs- oder Hallenbetriebsräten nicht[61] und die Wahl von Betriebsräten in Betriebsteilen nur unter den Voraussetzungen des § 4 Abs. 1 BetrVG vor. Einen weiteren Anhaltspunkt bildet die Überlegung, daß die Betriebsratswahl als Verhältnis- bzw. Mehrheitswahl, vgl. § 14 Abs. 2 BetrVG, durchgeführt wird. Die Arbeitnehmervertretung ist somit für alle, d. h. auch für diejenigen Arbeitnehmer zuständig, die nicht oder nicht für die gewählten Repräsentanten abgestimmt haben. Von diesem Grundsatz kann durch einen Tarifvertrag nach § 3 BetrVG nicht abgewichen werden.[62] Ein organisationsrechtlicher Tarifvertrag muß aus diesen tatsächlichen Gründen notwendigerweise betriebseinheitlich gelten.[63] Eine Differenzierung nach der

---

57 Wie § 75 Abs. 1 Satz 1 BetrVG zeigt, dürfen Betriebsrat und Arbeitgeber gerade nicht nach der gewerkschaftlichen Betätigung oder Einstellung differenzieren.

58 *Meier-Krenz*, Erweiterung von Beteiligungsrechten, S. 73; *T. Wißmann*, Tarifvertragliche Gestaltung, S. 33.

59 *T. Wißmann*, Tarifvertragliche Gestaltung, S. 33.

60 Vgl. *Richardi* in: ders., § 1 BetrVG Rn. 13.

61 *Eisemann* in: ErfK, § 1 BetrVG Rn. 8.

62 Tarifverträge nach § 3 BetrVG müssen die tragenden Grundsätze des Betriebsverfassungsrechts einhalten, so auch die Wahlgrundsätze, vgl. *Eisemann* in: ErfK, § 3 BetrVG Rn. 6; *Fitting* § 3 BetrVG Rn. 54. Zu § 3 Abs. 1 Nr. 2 BetrVG a. F. *Eisemann* in: ErfK [2. Aufl.], § 3 BetrVG Rn. 3; *Fitting* [20. Aufl.] § 3 BetrVG Rn. 32; *Kraft* in: GK-BetrVG I [6. Aufl.], § 3 BetrVG Rn. 35; *Marienhagen* in: Galperin I, § 3 BetrVG Rn. 18; *Richardi* [7. Aufl.] § 3 BetrVG Rn. 30; *Trümner* in: Däubler/Kittner/Klebe [7. Aufl.], § 3 BetrVG Rn. 33. Allgemein zu betriebsverfassungsrechtlichen Normen *Jacobs*, Tarifeinheit, S. 116.

63 *Löwisch/Rieble* in: MüHdbArbR III, § 261 Rn. 28. Bezüglich dieses Kriteriums sind betriebliche und betriebsverfassungsrechtliche Normen vergleichbar, siehe zu betrieblichen Normen einerseits *H. Wiedemann* in: ders., § 1 TVG Rn. 569; zu betriebsverfassungsrechtlichen Normen andererseits *Oetker* in: H. Wiedemann, § 1 TVG Rn. 587 „Rechtsstellung der Arbeitnehmer im Betrieb". Weiterhin *Behrens/Hohenstatt* DB 1991, S. 1877, 1877; *Däubler*, Tarifvertragsrecht, Rn. 290; *Löwisch* in: Löwisch/Rieble, § 1 TVG Rn. 76 f., 80, 102; *Memminger*, Konkurrenz, S. 90; *Zachert* in: Kempen/Zachert, § 1 TVG Rn. 35. Hieraus ergibt sich auch die Zulässigkeit der Übertragung der Argumentation des BAG 26.4.1990 in AP Nr. 57 zu

Verbandszugehörigkeit auf Arbeitnehmerseite kann nicht vorgenommen werden.[64] Der personelle Geltungsbereich eines Tarifvertrages über die von der gesetzlichen Struktur abweichende betriebliche Arbeitnehmervertretung ist nicht auf die tarifgebundenen Arbeitnehmer beschränkbar. Organisationstarifverträge nach § 3 BetrVG enthalten betriebsverfassungsrechtliche Normen i. S. d. § 3 Abs. 2 TVG.[65] Sie gelten für Gewerkschaftsmitglieder wie für Außenseiter-Arbeitnehmer gleichermaßen.

Die Geltung der Organisationstarifverträge nach § 3 BetrVG für Außenseiter-Arbeitnehmer könnte verfassungswidrig sein. Im Schrifttum wird dies teilweise aufgrund des Wegfalls des staatlichen Genehmigungsvorbehalts im Hinblick auf die negative Koalitionsfreiheit gem. Art. 9 Abs. 3 Satz 1 GG bejaht.[66] Bei der Problematik der Erstreckung der Rechtswirkungen eines Organisationstarifvertrages nach § 3 BetrVG auf Nicht- oder Andersorganisierte brauchen Außenseiter-Arbeitgeber nicht in die Betrachtung einbezogen werden.[67] Ihnen gegenüber kommt eine Geltung der Tarifnormen nur in Betracht, wenn sie selbst Partei des Tarifvertrages oder aber Mitglied im tarifschließenden Verband sind, vgl. § 3 Abs. 1, 2 TVG. Aus diesem Grund gibt es keine Außenseiter-Arbeitgeber.

Art. 9 GG zur verfassungsrechtlichen Rechtfertigung betrieblicher Normen i. S. d. § 3 Abs. 2 TVG im Hinblick auf die negative Koalitionsfreiheit des Art. 9 Abs. 3 Satz 1 GG.

64 *T. Wißmann*, Tarifvertragliche Gestaltung, S. 33. Vgl. auch *Löwisch/Rieble* in: MüHdbArbR III, § 261 Rn. 28.

65 Vgl. nur BAG 18.8.1987 AP Nr. 23 zu § 77 BetrVG 1972; *Annuß* NZA 2002, S. 290, 293; *Eisemann* in: ErfK, § 3 BetrVG Rn. 1; *Fitting* § 3 BetrVG Rn. 4, 18; *Giesen*, Tarifvertragliche Rechtsgestaltung, S. 293; *ders.* BB 2002, S. 1480, 1482; *Oetker*, FS Schaub, S. 535, 536; *T. Wißmann*, Tarifvertragliche Gestaltung, S. 33; a. A. *Eich*, FS Weinspach, S. 17, 22, 25.

66 Verfassungsrechtliche Bedenken erheben *Biedenkopf*, Bundesrats-Plenarprotokoll 761, S. 127; *Eich*, FS Weinspach, S. 17, 32; *Franzen* ZfA 2001, S. 423, 426 f.; *Giesen* BB 2002, S. 1480, 1486; *P. Hanau* RdA 2001, S. 65, 66; *ders.* ZIP 2001, S. 1981, 1981 f.; *Kort* Die AG 2003, S. 13, 25; *Kraft* in: GK-BetrVG I, § 3 BetrVG Rn. 42; *Löwisch* BB 2001, S. 1734, 1736; *Picker* RdA 2001, Sonderbeilage Heft 4, S. 257, 282 ff.; *Richardi* in: ders., § 3 BetrVG Rn. 5 f.; *Richardi* NZA 2001, S. 346, 349; *Rieble* ZIP 2001, S. 133, 137 (im Hinblick auf § 3 Abs. 2 TVG); *Spinner*, Betriebsverfassung, S. 119 f. (zu § 3 BetrVG a. F.); *Stege/Weinspach/Schiefer* § 3 Rn. 5. Nach *Annuß* NZA 2002, S. 290, 291; *Fitting* § 3 BetrVG Rn. 4 sind die verfassungsrechtlichen Bedenken allerdings unbegründet. In diese Richtung bereits *Däubler*, Tarifvertragsrecht, Rn. 1055; *T. Wißmann*, Tarifvertragliche Gestaltung, S. 33 ff.

67 Vgl. auch *T. Wißmann*, Tarifvertragliche Gestaltung, S. 34.

2. Die Rechtfertigung der Außenseiterbindung außerhalb des § 3 BetrVG

Ein Verstoß gegen die negative Koalitionsfreiheit durch die Erstreckung der Tarifmacht auf Außenseiter-Arbeitnehmer wird nicht nur im Rahmen des § 3 BetrVG geltend gemacht. Auch § 3 Abs. 2 TVG[68] und § 5 TVG[69] sowie § 3 BetrVG a. F.[70] sind bzw. waren entsprechenden Vorwürfen ausgesetzt.

a) Der Geltungsgrund von allgemeinverbindlichen Tarifverträgen gegenüber Außenseiter-Arbeitnehmern

Die Rechtsnormen des Tarifvertrages wirken in den unter seinen Geltungsbereich fallenden Arbeitsverhältnissen grundsätzlich unmittelbar und zwingend, wenn Arbeitgeber und Arbeitnehmer tarifgebunden sind, § 3 Abs. 1, 4 Abs. 1 Satz 1 TVG. Durch das Rechtsinstitut der Allgemeinverbindlicherklärung[71] wird die Normgeltung des Tarifvertrages auf Außenseiter, d. h. auf nicht Tarifgebundene erstreckt, § 5 Abs. 4 TVG.[72] Ein solchermaßen für allgemeinverbindlich erklärter Tarifvertrag gilt für sämtliche Arbeitnehmer

---

68 Vgl. *Biedenkopf*, Grenzen der Tarifautonomie, S. 307 ff.; *Dieterich*, FS Däubler, S. 451, 456; *Lieb*, Arbeitsrecht, Rn. 539; *ders.* RdA 1967, S. 441, 442 f.; *Schleusener* ZTR 1998, S. 100, 103 ff.; *Scholz* in: Maunz/Dürig, Art. 9 GG Rn. 236; *Zöllner* RdA 1962, S. 453, 458 f.; *ders.* RdA 1964, S. 443, 446 f. Der Schluß auf die Verfassungswidrigkeit wird nur vereinzelt gezogen, vgl. *Buchner*, Tarifvertragsgesetz und Koalitionsfreiheit, S. 67 ff. (mit der Ausnahme betriebsverfassungsrechtlicher Normen nach § 20 Abs. 3 BetrVG 1952); *Buchner* RdA 1966, S. 208, 209.

69 Vgl. den Vorlagebeschluß des ArbG Solingen an das BVerfG, ArbG Solingen 26.7.1974 DB 1974, S. 1919, 1919 f.; *Braun/Jöckel* DB 1972, S. 1338, 1339 f.; ausführlich *May*, Bindung von Außenseitern, S. 33 ff.

70 *Spinner*, Betriebsverfassung, S. 119 ff.

71 Zur Allgemeinverbindlicherklärung siehe *Aigner* DB 1994, S. 2545 ff.; *Ansey/Koberski* ArbuR 1987, S. 230 ff.; *Badura* BlStSozArbR 1978, S. 353, 353 ff.; *Braun/Jöckel* DB 1972, S. 1338 ff.; *Dellmann*, Allgemeinverbindlicherklärung von Tarifverträgen; *Herschel* RdA 1983, S. 162 ff.; *Hofbauer*, Rechtscharakter der Tarifverträge, S. 55 ff.; *Koberski/Jotzies* AuA 1991, S. 193 ff.; *May*, Bindung von Außenseitern, S. 93 ff. Kritisch zur Allgemeinverbindlicherklärung *Reuter* DZWiR 1991, S. 221, 225 f.

72 Vgl. *A. Hueck/Nipperdey*, Arbeitsrecht II/1, § 34 II 3 [S. 662], § 34 IV 1 [S. 666]; *Koberski/Clasen/Menzel* § 5 TVG Rn. 152; *Koberski/Jotzies* AuA 1991, S. 193, 193; *Löwisch/Rieble* in: MüHdbArbR III, § 268 Rn. 13; *Nikisch*, Arbeitsrecht II, § 87 III 1, 2 [S. 499]; *Rieble* in: Löwisch/Rieble, § 5 TVG Rn. 14; *Schaub* in: ErfK, § 5 TVG Rn. 2; *Schaub* in: ders., Arbeitsrechts-Handbuch, § 207 Rn. 2, 21; *Wank* in: H. Wiedemann, § 5 TVG Rn. 127. Auch *Richardi*, Kollektivgewalt und Individualwille, S. 173 f.

und Arbeitgeber, die seinem persönlichen, räumlichen, fachlichen und betrieblichen Geltungsbereich unterliegen.[73]

Gegen die Allgemeinverbindlicherklärung gem. § 5 TVG sind verfassungsrechtliche Bedenken erhoben worden.[74] Im Hinblick auf die hier interessierende negative Koalitionsfreiheit der Nicht- und Andersorganisierten ist festzustellen, daß ein Zwang oder Druck, sich einer bestimmten Koalition anzuschließen, durch die Allgemeinverbindlicherklärung nicht ausgeübt wird.[75] Im Gegenteil – es sind auf ihrer Grundlage die Normen des Tarifvertrages in den Arbeitsverhältnissen der Außenseiter anzuwenden, so daß die Notwendigkeit eines Koalitionsbeitritts gerade nicht (mehr) besteht.[76] Unabhängig von der Rechtsnatur der Allgemeinverbindlicherklärung[77] beruht die Geltungserstreckung des Tarifvertrages auf diesem staatlichen Anerkennungsakt. Die

---

73 *Koberski/Clasen/Menzel* § 5 TVG Rn. 152; *Schaub* in: ders., Arbeitsrechts-Handbuch, § 207 Rn. 2, 21. Durch die Allgemeinverbindlicherklärung wird nur die Tarifgebundenheit ersetzt, nicht aber die sonstigen Voraussetzungen der Tarifvertragswirkung, vgl. *Herschel*, FS Bogs, S. 125, 133 (die Allgemeinverbindlicherklärung ist „in jeder Hinsicht akzessorisch zum Tarifvertrag"); *Schaub* in: ErfK, § 5 TVG Rn. 6, 11 f. Insbesondere muß das Arbeitsverhältnis in den Geltungsbereich des Tarifvertrages fallen, vgl. *Löwisch/Rieble* in: MüHdbArbR III, § 268 Rn. 15, 25; *Rieble* in: Löwisch/Rieble, § 5 TVG Rn. 26; *Schaub* in: ErfK, § 5 TVG Rn. 11; *Wank* in: H. Wiedemann, § 5 TVG Rn. 128.

74 Vgl. den Vorlagebeschluß des ArbG Solingen an das BVerfG, ArbG Solingen 26.7.1974 DB 1974, S. 1919, 1919 f.; *Braun/Jöckel* DB 1972, S. 1338, 1339 f. (Nichtigkeit des § 5 TVG wegen Verstoßes gegen Art. 80 Abs. 1 Satz 2 GG); ausführlich *May*, Bindung von Außenseitern, S. 33 ff. Zur Begründung der Verfassungsmäßigkeit vgl. BVerfG 24.5.1977 E 44, 322, 346 ff.; BVerfG 15.7.1980 E 55, 7, 21 ff. = AP Nr. 17 zu § 5 TVG (mit zustimmender Anmerkung *H. Wiedemann*); BVerfG 10.9.1991 ZTR 1992, S. 21, 22 f.; BVerfG 3.7.2000 NZA 2000, S. 947, 948; BAG 10.10.1973 AP Nr. 13 zu § 5 TVG; BAG 19.3.1975 AP Nr. 14 zu § 5 TVG; BAG 24.1.1979 AP Nr. 16 zu § 5 TVG; BAG 28.3.1990 AP Nr. 25 zu § 5 TVG; *Koberski/Clasen/Menzel* § 5 TVG Rn. 8 ff.; *Wank* in: H. Wiedemann, § 5 TVG Rn. 19 ff.; *Wonneberger*, Funktionen der Allgemeinverbindlicherklärung, S. 50 ff.

75 BVerfG15.7.1980 E 55, 7, 22; BVerfG 14.6.1983 E 64, 208, 214; BVerfG 8.1.1987 AP Nr. 8 zu § 4 TVG Gemeinsame Einrichtungen; BVerfG 3.7.2000 NZA 2000, S. 947, 948; *Kissel*, FS Hanau, S. 547, 549 ff.; *Koberski/Clasen/Menzel* § 5 TVG Rn. 14 f.; *Löwisch/Rieble* in: MüHdbArbR III, § 244 Rn. 3 ff., § 245 Rn. 40 f.; *Scholz* in: Maunz/Dürig, Art. 9 GG Rn. 238. Allgemein zum Eingriff in die negative Koalitionsfreiheit *Höfling* in: Sachs, Art. 9 GG Rn. 65.

76 Vgl. *Kempen* in: Kempen/Zachert, § 5 TVG Rn. 39; *Wank* in: H. Wiedemann, § 5 TVG Rn. 23; auch *H. Wiedemann*, Anmerkung zu BAG vom 24.1.1979 – 4 AZR 377/77 und BVerfG vom 15.7.1980 – 1 BvR 24/74, 439/79 in: AP Nr. 17 zu § 5 TVG.

77 Zu dieser BVerfG 24.5.1977 E 44, 322, 338 ff.; *Ansey/Koberski* ArbuR 1987, S. 230, 231 f.; *Giesen*, Tarifvertragliche Rechtsgestaltung, S. 176 ff.; *Schaub* in: ders., Arbeitsrechts-Handbuch, § 207 Rn. 17 ff.

Rechtsnormen eines Tarifvertrages, die auf die Arbeitsverhältnisse der beiderseits[78] Tarifgebundenen unmittelbare und zwingende Anwendung finden, §§ 3 Abs. 1, 4 Abs. 1 TVG, sind erst dann in den Außenseiter-Arbeitsverhältnissen zu beachten, wenn der Tarifvertrag für allgemeinverbindlich erklärt wurde. Legitimiert wird dies damit, daß der Staat durch die Allgemeinverbindlicherklärung die Tarifnormen in seinen Willen aufnimmt.[79] Die für die Ausdehnung der Tarifbindung auf die Außenseiter notwendige zusätzliche Rechtfertigung „findet sich in der Allgemeinverbindlicherklärung, die das Gesetz der zuständigen, parlamentarisch verantwortlichen Arbeitsbehörde, dem Bundesminister oder – im Fall des § 5 Abs. 3 TVG – der Bundesregierung, anvertraut hat“[80].

b) Die Rechtfertigung der Erstreckung von Tarifverträgen über betriebliche und betriebsverfassungsrechtliche Fragen auf Außenseiter-Arbeitnehmer

Wie bei § 5 TVG besteht auch für betriebliche und betriebsverfassungsrechtliche Normen insofern eine Ausnahme von dem Grundsatz beidseitiger Tarifgebundenheit, als nur der Arbeitgeber tarifgebunden sein muß, § 3 Abs. 2 TVG. Unter betrieblichen Tarifnormen werden Regelungen verstanden, die die Ordnung des Betriebs und das Verhalten der Arbeitnehmer im Betrieb sowie die Organisationsgewalt des Arbeitgebers betreffen.[81] Als

---

78 Mit einer Ausnahme in § 3 Abs. 2 TVG.

79 BVerfG 24.5.1977 E 44, 322, 348 f.; BVerfG 15.7.1980 E 55, 7, 24; *Dieterich*, FS Schaub, S. 117, 132; *Kissel*, FS Hanau, S. 547, 552; *Löwisch/Rieble* in: MüHdbArbR III, § 268 Rn. 14; *Rieble* in: Löwisch/Rieble, § 5 TVG Rn. 15; *Wagenitz*, Tarifmacht, S. 80 f.; *Zöllner*, Rechtsnatur der Tarifnormen, S. 20. Ähnlich *Koberski/Clasen/Menzel* § 5 TVG Rn. 1, 19.

80 BVerfG 24.5.1977 E 44, 322, 348. Zustimmend *Seiter* AöR 109 (1984), S. 88, 123. Ebenso *Biedenkopf*, Bundesrats-Plenarprotokoll 761, S. 127; *Dieterich* in: ErfK, Art. 9 GG Rn. 35; *G. Müller*, Tarifautonomie, S. 187.

81 BAG 21.1.1987 AP Nr. 46 zu Art. 9 GG; BAG 21.1.1987 AP Nr. 47 zu Art. 9 GG; BAG 27.4.1988 AP Nr. 4 zu § 1 BeschFG 1985; BAG 3.4.1990 AP Nr. 56 zu Art. 9 GG; BAG 7.11.1995 AP Nr. 1 zu § 3 TVG Betriebsnormen (mit diesbezüglich zustimmender Anmerkung *H. Hanau*); BAG 17.6.1997 AP Nr. 2 zu § 3 TVG Betriebsnormen (mit kritischer Anmerkung *H. Wiedemann*); *Beuthien* ZfA 1983, S. 141, 142 f.; *Meik*, Kernbereich der Tarifautonomie, S. 145 f.; *G. Müller*, Tarifautonomie, S. 131; *Schaub* in: ErfK, § 1 TVG Rn. 111; *Schaub* in: ders., Arbeitsrechts-Handbuch, § 202 Rn. 17; *Wagenitz*, Tarifmacht, S. 63 ff.; *H. Wiedemann* in: ders., § 1 TVG Rn. 565 ff. Siehe auch *Löwisch* in: Löwisch/Rieble, § 1 TVG Rn. 76; *Löwisch/Rieble* in: MüHdbArbR III, § 261 Rn. 1 („Gegenstände, deren Bedeutung über das einzelne Arbeitsverhältnis hinausgeht“). So auch die Formulierung in der Begründung zu § 3 Abs. 1 des sog. Lemgoer Entwurfes, abgedruckt bei *Oetker* in: H. Wiedemann, Geschichte TVG Rn. 23, worauf auch das BAG 26.4.1990 AP Nr. 57 zu Art. 9 GG hinweist.

betriebsverfassungsrechtliche Tarifnormen werden herkömmlicherweise diejenigen Normen eines Tarifvertrages angesehen, die sich mit der Rechtsstellung der Arbeitnehmer im Betrieb einschließlich der Rechtsstellung ihrer Organe, mit deren Rechten und Pflichten sowie ihrer Beziehung zum Arbeitgeber befassen.[82] In § 3 Abs. 2 TVG könnte ein staatlicher Anerkennungsakt gesehen werden, welcher die Erstreckung der Normwirkung des Tarifvertrages in betrieblichen und betriebsverfassungsrechtlichen Fragen auf Tarifaußenseiter rechtfertigt. Gegen diese Erweiterung auf Nicht- und Andersorganisierte werden aber verfassungsrechtliche Bedenken erhoben.

Im Schrifttum wird die Verfassungsmäßigkeit des § 3 Abs. 2 TVG insbesondere im Hinblick auf die negative Koalitionsfreiheit der Außenseiter problematisiert.[83] Während der Schluß auf die Verfassungswidrigkeit nur vereinzelt gezogen wird,[84] geht die überwiegende Anzahl der Vertreter[85],

---

82 Vgl. die Nachweise vorstehend in Fn. 56.

83 Vgl. *Biedenkopf*, Grenzen der Tarifautonomie, S. 307 ff.; *Buchner*, Tarifvertragsgesetz und Koalitionsfreiheit, S. 67 ff.; *ders.* RdA 1966, S. 208, 209; *Dieterich*, FS Däubler, S. 451, 452, 456; *Lieb*, Arbeitsrecht, Rn. 539; *ders.* RdA 1967, S. 441, 442 f.; *Reiß*, Tarifautonomie, S. 92 ff.; *Richardi*, Kollektivgewalt und Individualwille, S. 229 ff.; *Schleusener* ZTR 1998, S. 100, 103 ff.; *Scholz* in: Maunz/Dürig, Art. 9 GG Rn. 236; *Wlotzke*, Günstigkeitsprinzip, S. 30 (für die sog. Ordnungsnormen); *Zöllner* RdA 1962, S. 453, 458 f.; *ders.* RdA 1964, S. 443, 446 f. *H. Hanau* äußert zudem Bedenken im Hinblick auf die Berufsfreiheit, Art. 12 Abs. 1 GG, sowie das Rechtsstaats- und Demokratieprinzip, vgl. *H. Hanau* RdA 1996, S. 158, 160 ff., 176 ff.; *ders.*, Anmerkung zu BAG vom 7.11.1995 – 3 AZR 676/94 in: AP Nr. 1 zu § 3 TVG Betriebsnormen. Ebenso *Rieble* RdA 1993, S. 140, 142; *Schleusener* ZTR 1998, S. 100, 105 ff.

84 *Buchner*, Tarifvertragsgesetz und Koalitionsfreiheit, S. 67 ff. (mit der Ausnahme betriebsverfassungsrechtlicher Normen nach § 20 Abs. 3 BetrVG 1952); *ders.* RdA 1966, S. 208, 209.

85 Vgl. *Adomeit*, Rechtsquellenfragen, S. 157; *Badura* ArbRdGegw. 15 (1978), S. 17, 31; *Dieterich* in: ErfK, Art. 9 GG Rn. 35; *ders.*, Betriebliche Normen, S. 85 f.; *Gamillscheg*, Kollektives Arbeitsrecht, § 17 I 2 d) (2) [S. 719]; *ders.*, Gewerkschaftszugehörigkeit, S. 97; *ders.*, FS Kehrmann, S. 247, 248 ff.; *H. Hanau* RdA 1996, S. 158, 165 ff., 176 f. (bezüglich der Verletzung des Art. 12 Abs. 1 GG sowie des Rechtsstaats- und Demokratieprinzips); *A. Hueck/Nipperdey*, Arbeitsrecht II/1, § 23 B II [S. 482 Fn. 20a]; *Kempen* in: Kempen/Zachert, § 3 TVG Rn. 17 ff.; *Löwisch* in: Löwisch/Rieble, § 1 TVG Rn. 81; *Löwisch/Rieble* in: MüHdbArbR III, § 245 Rn. 46; *Oetker* in: H. Wiedemann, § 3 TVG Rn. 138; *Peters/Ossenbühl*, Übertragung von öffentlich-rechtlichen Befugnissen, S. 118 f.; *Rieble* in: Löwisch/Rieble, § 3 TVG Rn. 8; *Säcker*, Gruppenautonomie, S. 331 Fn. 268; *H. Schneider*, FS Möhring, S. 521, 533, 535; *A. Stein*, Tarifvertragsrecht, Rn. 162; *H. Wiedemann* in: ders., § 1 TVG Rn. 564; *H. Wiedemann* RdA 1969, S. 321, 323. Zur Rechtfertigung im Hinblick auf das Rechtsstaats- und Demokratieprinzip vgl. *Rieble* RdA 1993, S. 140, 142 ff.

zumeist unter Hinweis auf das tatbestandliche Erfordernis einer „notwendigerweise betriebseinheitlichen Geltung", von der Vereinbarkeit des § 3 Abs. 2 TVG mit Art. 9 Abs. 3 Satz 1 GG aus. Daneben gibt es Stimmen im Schrifttum, die verfassungsrechtlichen Bedenken mit einer tatbestandlichen Reduktion[86] oder einer verdichteten Rechtskontrolle[87] begegnen wollen.

Nachdem das Bundesarbeitsgericht lange Zeit keine Stellung zur Verfassungsmäßigkeit des § 3 Abs. 2 TVG nahm,[88] bejahte der 1. Senat die Verfassungskonformität ausdrücklich in einem Beschluß aus dem Jahre 1990.[89] Allerdings sei der Begriff der betrieblichen Tarifnormen restriktiv auszulegen.[90] Mit Rücksicht auf die negative Koalitionsfreiheit der Außenseiter sind nach der Ansicht des Gerichts lediglich Normen erfaßt, die aus rechtlichen oder tatsächlichen Gründen nur einheitlich im Betrieb gelten können.[91] Ein solcher tatsächlicher Grund[92] sei das Ausscheiden einer individualvertraglichen Regelung wegen deren evident sachlogischer Unzweckmäßigkeit.[93] Treffe dies

---

86 *Lieb*, Arbeitsrecht, Rn. 539 (nach *Lieb* sind unter den Begriff der betrieblichen Normen nur Solidarnormen, d. h. die Außenseiter begünstigende Normen, nicht dagegen Ordnungsnormen zu fassen); *ders.* RdA 1967, S. 441, 445 ff.; *Reiß*, Tarifautonomie, S. 98 ff.; *Reuter*, FS Schaub, S. 605, 614, 616 f.; *ders.* DZWiR 1995, S. 353, 357, 360 f.; *Richardi*, Kollektivgewalt und Individualwille, S. 229 ff., insbesondere 236 f.; *Zöllner* RdA 1962, S. 453, 458 f.; *Zöllner/Loritz*, Arbeitsrecht, § 36 II 3 [S. 397].

87 *Biedenkopf*, Grenzen der Tarifautonomie, S. 310 ff.

88 Vgl. BAG (GS) 29.11.1967 AP Nr. 13 zu Art. 9 GG.

89 BAG 26.4.1990 AP Nr. 57 zu Art. 9 GG.

90 BAG 26.4.1990 AP Nr. 57 zu Art. 9 GG. Ebenso BAG 27.4.1988 AP Nr. 4 zu § 1 BeschFG 1985.

91 BAG 21.1.1987 AP Nr. 46 zu Art. 9 GG; BAG 21.1.1987 AP Nr. 47 zu Art. 9 GG; BAG 27.4.1988 AP Nr. 4 zu § 1 BeschFG 1985; BAG 26.4.1990 AP Nr. 57 zu Art. 9 GG; BAG 7.11.1995 AP Nr. 1 zu § 3 TVG Betriebsnormen; BAG 17.6.1997 AP Nr. 2 zu § 3 TVG Betriebsnormen.

92 Nach *Oetker* in: H. Wiedemann, § 3 TVG Rn. 142 ist die „evident sachlogische Unzweckmäßigkeit" die Konkretisierung des „tatsächlichen Grundes". Zu prüfen ist mithin, ob die evident sachlogische Unzweckmäßigkeit auf der Ebene des Individualvertrages eine betriebseinheitliche Regelung auf Tarifebene erforderlich macht.

93 BAG 26.4.1990 AP Nr. 57 zu Art. 9 GG unter Verweis auf *Säcker/Oetker*, Tarifautonomie, S. 141 ff. Auch BAG 17.6.1997 AP Nr. 2 zu § 3 TVG Betriebsnormen.

zu, sei ein Verstoß des § 3 Abs. 2 TVG gegen die negative Koalitionsfreiheit zu verneinen.[94]

In der Judikatur des Bundesverfassungsgerichts finden sich keine ausdrücklichen Stellungnahmen zur Verfassungsmäßigkeit des § 3 Abs. 2 TVG. Allerdings beschränkt es den Schutzbereich der negativen Koalitionsfreiheit auf die Freiheit des Einzelnen, sich einer anderen oder keiner Koalition anzuschließen.[95] In diesem Zusammenhang führt das Gericht aus, daß diese Freiheit nicht generell dadurch verletzt wird, daß für das Arbeitsverhältnis Inhaltsregelungen fremder Verbände gelten.[96] Selbst wenn sich hierdurch ein gewisser Druck zum Koalitionsbeitritt ergebe, sei dieser nicht so erheblich, daß eine Verletzung der negativen Koalitionsfreiheit des Art. 9 Abs. 3 Satz 1 GG vorliege.[97] Diese Rechtsprechung hat das Bundesverfassungsgericht später bestätigt. Es stellte zugleich fest, daß der Druck, Mitglied einer Koalition zu werden, durch die Bindung des Außenseiters an ein einzelnes tarifvertragliches Element noch geringer sei.[98]

Aufgrund der „evident sachlogischen Unzweckmäßigkeit einer individualvertraglichen Regelung“ bzw. der „notwendigerweise betriebseinheitlichen Geltung“ als Voraussetzung des Vorliegens einer betrieblichen (und betriebsverfassungsrechtlichen) Tarifnorm ist es jedenfalls vertretbar, die Erstreckung dieser Normen auf Außenseiter-Arbeitnehmer zu rechtfertigen. Ob § 3 Abs. 2 TVG mit der Verfassung in Einklang steht und die Außenseiter-Arbeitnehmer zulässigerweise in den Geltungsbereich der Normen eines Tarifvertrages über betriebliche und betriebsverfassungsrechtliche Fragen einbezogen werden, kann daher an dieser Stelle dahinstehen.

c) Die Rechtfertigung der Erstreckung von Tarifverträgen nach § 3 BetrVG a. F. auf Außenseiter-Arbeitnehmer

Ebenso wie § 3 Abs. 2 und § 5 TVG war auch die Vorgängerregelung des § 3 BetrVG verfassungsrechtlicher Kritik ausgesetzt. Insbesondere wurde gerügt, daß § 3 BetrVG a. F. in die Rechte der Tarifaußenseiter aus Art. 9 Abs. 3

---

94 BAG 26.4.1990 AP Nr. 57 zu Art. 9 GG. Ebenso im Ergebnis BAG 7.11.1995 AP Nr. 1 zu § 3 TVG Betriebsnormen (mit Anmerkung *H. Hanau*); BAG 17.6.1997 AP Nr. 2 zu § 3 TVG Betriebsnormen (mit Anmerkung *H. Wiedemann*).

95 BVerfG 19.10.1966 E 20, 312, 321; BVerfG 20.7.1971 E 31, 297, 302; BVerfG 24.5.1977 E 44, 322, 352; BVerfG 1.3.1979 E 50, 290, 367; BVerfG 14.6.1983 E 64, 208, 213; BVerfG 26.6.1991 E 84, 212, 224; BVerfG 3.7.2000 NZA 2000, S. 947, 947 f.; BVerfG 18.7.2000 DB 2000, S. 1768, 1768.

96 BVerfG 24.5.1977 E 44, 322, 352.

97 BVerfG 15.7.1980 E 55, 7, 22.

98 BVerfG 14.6.1983 E 64, 208, 213 f.

Satz 1 GG eingreife.[99] Zur Rechtfertigung dieses Eingriffs standen sich im wesentlichen zwei Ansichten gegenüber.

Nach einer Ansicht beruhte die Rechtfertigung der Außenseiterbindung auf dem Mitwirkungsakt der obersten Arbeitsbehörde des Landes bzw. des Bundesministers für Arbeit und Sozialordnung. Die Genehmigung gem. § 3 Abs. 2 Satz 1 BetrVG a. F. wurde als staatlicher Anerkennungsakt und die Tarifsetzung im Rahmen des § 3 BetrVG a. F. als hoheitliche Rechtsetzung angesehen (sog. Theorie des hoheitlichen Rechtsetzungsaktes).[100] Die Tarifvertragsparteien nähmen insoweit eine besondere gesetzliche Ermächtigung wahr, welche die Delegation zur Rechtsetzung auf öffentlich-rechtlicher Grundlage enthalte.[101] In gleicher Weise ist nach *Löwisch/Rieble*[102] allgemein die Erstreckung der betrieblichen und betriebsverfassungsrechtlichen Normen auf Tarifaußenseiter gerechtfertigt. Vor benachteiligenden Änderungen würden diese geschützt: einmal dadurch, daß die materiellen Mitwirkungsrechte der Betriebsverfassung Mindestrechte seien, zum anderen durch das staatliche Genehmigungserfordernis des § 3 Abs. 2 BetrVG a. F. Diese Ansicht weist Parallelen zur Rechtfertigung der Außenseiterbindung bei § 5 TVG auf, welche auf dem staatlichen Akt der Allgemeinverbindlicherklärung beruht.[103]

Nach der gegenteiligen Ansicht folgt die Befugnis der Tarifvertragsparteien, im Rahmen des § 3 BetrVG a. F. Recht zu setzen, aus der Tarifautonomie des Art. 9 Abs. 3 Satz 1 GG.[104] Die Rechtfertigung der Bindung

---

99 *Spinner*, Betriebsverfassung, S. 119 ff.

100 *Link* AuA 1999, S. 406, 409; *ders.* AuA 2001 Sonderausgabe, S. 1, 79; *Picker* RdA 2001, Sonderbeilage Heft 4, S. 257, 282 f.; *Reuter*, FS Schaub, S. 605, 619; *Richardi* [7. Aufl.] Einleitung BetrVG Rn. 139; *Richardi* in: ders., Einleitung BetrVG Rn. 141. Ähnlich *Henssler*, Fortbildung des Arbeitsrechts, S. 53, 62. Siehe bereits *Herschel*, FS Bogs, S. 125, 133 f. zum BetrVG 1952, der eine relative (§ 3 Abs. 1 TVG), eine relative absolute (§ 3 Abs. 2 TVG) und eine absolute Tarifmacht (§ 20 Abs. 3 BetrVG 1952) unterscheidet. Letztere wird von Fall zu Fall auf Grund gesetzlicher Ermächtigung verliehen. Die Tarifvertragsparteien würden hierdurch eine „Sondertariffähigkeit" erhalten, vgl. *ders.*, FS Bogs, S. 125, 135.

101 *Link* AuA 1999, S. 406, 409; *Richardi* [7. Aufl.] Einleitung BetrVG Rn. 139; *Richardi* in: ders., Einleitung BetrVG Rn. 141.

102 *Löwisch/Rieble* in: MüHdbArbR III, § 245 Rn. 46; auch *Rieble* in: Löwisch/Rieble, § 3 TVG Rn. 10.

103 Vgl. *Herschel*, FS Bogs, S. 125, 134 f., 137, der sowohl § 20 Abs. 3 BetrVG 1952, als auch § 5 TVG als Verleihung einer „Sondertariffähigkeit" begreift; *Link* AuA 2001 Sonderausgabe, S. 1, 79.

104 *Schwarze*, Betriebsrat, S. 113; *T. Wißmann*, Tarifvertragliche Gestaltung, S. 33. In diese Richtung auch *Buchner*, Tarifvertragsgesetz und Koalitionsfreiheit, S. 58 ff. i. V. m. S. 79 ff.; *Wagenitz*, Tarifmacht, S. 46 ff., 67 f.

der Tarifaußenseiter an die Normen eines Organisationstarifvertrages ergebe sich unmittelbar aus Art. 9 Abs. 3 Satz 1 GG[105] oder aber aus § 3 Abs. 2 TVG[106], da Organisationsregelungen notwendigerweise einer betriebseinheitlichen Geltung bedürften. Dies liege „im Rahmen der Schranken der negativen Koalitionsfreiheit, die auch Außenseiter hinnehmen müssen."[107] Die staatlichen Vorgaben in Gestalt des zwingenden Organisationsrechts und die Mitwirkung des Staates nach § 3 Abs. 2 BetrVG a. F. seien keine Rechtfertigung der Außenseiterbindung, sondern vielmehr zu rechtfertigende Eingriffe des Staates in die positive Koalitionsfreiheit des Art. 9 Abs. 3 Satz 1 GG der tarifschließenden Verbände.[108] Wie insbesondere *Trümner*[109] nachgewiesen hat, diente der Genehmigungsvorbehalt nicht dem verfassungsrechtlichen Außenseiterschutz. Durch ihn sollte vielmehr sichergestellt werden, daß die Tarifvertragsparteien die zwingenden Grundprinzipien der Betriebsverfassung beachten.[110]

Im Ergebnis kann der Streit um die Rechtfertigung der Außenseiterbindung im Rahmen des § 3 BetrVG a. F. dahinstehen. Unabhängig von der Richtigkeit der einen oder anderen Ansicht war die Erstreckung des Geltungsbereiches eines Organisationstarifvertrages auf die gesamte Belegschaft und damit auf Außenseiter-Arbeitnehmer zulässig. Entweder wurde der staatliche Genehmigungsvorbehalt des § 3 Abs. 2 BetrVG a. F., vergleichbar zu § 5 TVG, als staatlicher Anerkennungsakt und die Tarifsetzung im Rahmen des § 3 BetrVG a. F. als hoheitliche Rechtsetzung aufgefaßt oder der Eingriff in die negative Koalitionsfreiheit der Tarifaußenseiter mit Art. 9 Abs. 3 Satz 1 GG bzw. § 3 Abs. 2 TVG gerechtfertigt.

---

105 *T. Wißmann*, Tarifvertragliche Gestaltung, S. 35 f.

106 *Schwarze*, Betriebsrat, S. 114.

107 *Wagenitz*, Tarifmacht, S. 68; ebenso *Buchner*, Tarifvertragsgesetz und Koalitionsfreiheit, S. 81 (zu § 20 Abs. 3 BetrVG 1952).

108 In diese Richtung LAG Sachsen-Anhalt 9.11.1999 – 11 (2) TaBV 10/99, n. v.; *Kittner/Schiek* in: AK-GG, Art. 9 Abs. 3 GG Rn. 127; *Pauli* ArbuR 2000, S. 411, 413; *Trümner* in: Däubler/Kittner/Klebe, § 3 BetrVG Rn. 13, 71; *T. Wißmann*, Tarifvertragliche Gestaltung, S. 52 ff. Siehe auch *Gamillscheg*, Kollektives Arbeitsrecht, § 15 VII 4 d) [S. 606].

109 *Trümner* JbArbR 36 (1999), S. 59, 61 ff.

110 *Fitting* [20. Aufl.] § 3 BetrVG Rn. 56; *Trümner* JbArbR 36 (1999), S. 59, 63 f. Ähnlich *T. Wißmann*, Tarifvertragliche Gestaltung, S. 235 f. Vgl. auch die Begründung des RegE zu § 3 BetrVG a. F., BR-Drucks. 715/70, S. 36; *Beuthien* ZfA 1986, S. 131, 135; *Dachrodt/Engelbert* § 3 BetrVG Rn. 4; *F. Müller*, Gewerkschaftsbegriff, S. 123 f. Anders aber *Biedenkopf*, Grenzen der Tarifautonomie, S. 298 (zu § 20 Abs. 3 BetrVG 1952); *P. Hanau*, FS Kissel, S. 347, 359.

3. Die Rechtfertigung der Erstreckung von Tarifverträgen nach § 3 BetrVG auf Außenseiter-Arbeitnehmer

Die Geltungserstreckung eines Organisationstarifvertrages auf Tarifaußenseiter könnte durch die kollektive Koalitionsfreiheit des Art. 9 Abs. 3 Satz 1 GG i. V. m. § 3 Abs. 2 TVG gerechtfertigt sein. Ein Verstoß des § 3 BetrVG gegen die negative Koalitionsfreiheit wäre zu verneinen und die Norm des § 3 BetrVG verfassungsgemäß. Bei der Lektüre des § 3 BetrVG ist festzustellen, daß bei diesem ein mit § 3 Abs. 2 BetrVG a. F. vergleichbarer staatlicher Genehmigungsvorbehalt nicht besteht.

> „Angesichts der Vielgestaltigkeit der zu regelnden Sachverhalte können die Vertragsparteien vor Ort die Sachgerechtigkeit von unternehmensspezifischen Arbeitnehmervertretungsstrukturen besser beurteilen als staatliche Stellen."[111]

Auch sei es den Tarifvertrags- und Betriebsparteien sehr viel schneller als mit einem zeitaufwendigen Genehmigungsverfahren möglich, auf Umstrukturierungen im Unternehmen oder Konzern zu reagieren.[112]

a) Organisationstarifverträge als hoheitliche Rechtsetzungsakte

Aus dem Fehlen des staatlichen Genehmigungsvorbehalts wird im Schrifttum verschiedentlich ein Verstoß des § 3 BetrVG gegen die negative Koalitionsfreiheit des Art. 9 Abs. 3 Satz 1 GG[113] und das Wesentlichkeitsprinzip[114] geschlußfolgert. Diese Ansicht begreift Organisationstarifverträge nach § 3 BetrVG als hoheitliche Rechtsetzungsakte. Die Tarifvertragsparteien würden, vergleichbar zu § 3 BetrVG a. F., nicht im Rahmen ihrer tarifautonomen Zuständigkeit tätig. Sie nähmen vielmehr eine besondere gesetzliche Ermächtigung wahr, die die Delegation zur Rechtsetzung auf öffentlich-rechtlicher Grundlage enthalte.[115] Als Legitimationsgrundlage der

---

111 Begründung zum RegE, BT-Drucks. 14/5741, S. 33.

112 Begründung zum RegE, BT-Drucks. 14/5741, S. 33.

113 Vgl. *Biedenkopf*, Bundesrats-Plenarprotokoll 761, S. 127; *Eich*, FS Weinspach, S. 17, 32; *Link* AuA 2001 Sonderausgabe, S. 1, 80; *Picker* RdA 2001, Sonderbeilage Heft 4, S. 257, 282 ff.; *Spinner*, Betriebsverfassung, S. 125 f.; *Wiedenfels*, Organisationsstruktur der Betriebsverfassung, S. 146. Auch *Kort* Die AG 2003, S. 13, 25; *Kraft* in: GK-BetrVG I, § 3 BetrVG Rn. 42, 45 machen „erhebliche verfassungsrechtliche Bedenken" geltend. Anders dagegen *Däubler* ArbuR 2001, S. 1, 2, der die Öffnung der betriebsverfassungsrechtlichen Strukturen als „ersichtlich sachgerecht" ansieht.

114 Vgl. *Giesen*, Tarifvertragliche Rechtsgestaltung, S. 309 f.; *ders.* BB 2002, S. 1480, 1485 f. Zur Ableitung des „Konkretheitserfordernisses" aus der Bergmannsversorgungsschein-Entscheidung des BVerfG vgl. *ders.*, Tarifvertragliche Rechtsgestaltung, S. 219 ff.

115 *Eich*, FS Weinspach, S. 17, 24 f.; *Kraft* in: GK-BetrVG I, § 3 BetrVG Rn. 42; *Reichold* NZA 2001, S. 857, 859; *ders.* NZA 2001, Sonderbeilage Heft 24, S. 32, 35;

Erstreckung der Tarifnormen eines Organisationstarifvertrages auf Außenseiter-Arbeitnehmer sahen die Vertreter dieser Meinung die staatliche Zustimmung nach § 3 Abs. 2 BetrVG a. F. an.[116] Da eine vergleichbare Regelung nunmehr fehle, sei § 3 BetrVG verfassungswidrig.

b) Organisationstarifverträge als Ausfluß der Tarifautonomie des Art. 9 Abs. 3 Satz 1 GG

Denkbar ist auch die gegenteilige Ansicht. Die Tarifvertragsparteien werden bei einer Regelung der betrieblichen Organisationsverfassung nach § 3 BetrVG im Rahmen ihrer Tarifautonomie tätig.[117] Geltungsgrundlage des Tarifvertrages ist Art. 9 Abs. 3 Satz 1 GG. So spricht *Jahnke*[118] davon, daß die

> „Koalitionen seit jeher im Wege des Tarifvertrages mitbestimmungsrechtliche Fragen geregelt haben. Entgegen einer gelegentlich geäußerten Auffassung[119] handelt es sich dabei nicht um eine neben der Tarifautonomie stehende, auf einfachgesetzlicher Ermächtigung (§§ 1 Abs. 1, 3 Abs. 2 TVG) beruhende Befugnis. Die Koalitionen bleiben vielmehr auch bei der Regelung betrieblicher und betriebsverfassungsrechtlicher (mitbestimmungsrechtlicher) Fragen durch Tarifvertrag im Bereich ihrer verfassungsrechtlich gewährleisteten Zuständigkeit."

Die Zulässigkeit der Geltungserstreckung auf Außenseiter-Arbeitnehmer folgt (vergleichbar zu § 3 BetrVG a. F.)[120] unmittelbar aus Art. 9 Abs. 3 Satz 1 GG oder aus § 3 Abs. 2 TVG.
So findet nach *Kloppenburg*[121] die

Richardi in: ders., Einleitung BetrVG Rn. 141. Ähnlich *Beuthien* Juristische Analysen 1970, S. 130, 141 allgemein zu betrieblichen und betriebsverfassungsrechtlichen Normen.

116 Insoweit ergibt sich eine Parallele zur Außenseiterproblematik bei § 5 TVG. Dort wird die Zulässigkeit der Bindung der Außenseiter aus dem staatlichen Akt der Allgemeinverbindlicherklärung geschlußfolgert.

117 Vgl. LAG Sachsen-Anhalt 9.11.1999 – 11 (2) TaBV 10/99, n. v.

118 *Jahnke*, Tarifautonomie, S. 31. Ähnlich *Herschel* AcP 170 (1970), S. 556, 558; *Meier-Krenz* DB 1988, S. 2149, 2149.

119 Vgl. *Beuthien* Juristische Analysen 1970, S. 130, 132, 141; *Biedenkopf*, Grenzen der Tarifautonomie, S. 310 ff., insbesondere S. 311 („gesonderte ‚*betriebsverfassungsrechtliche Zuständigkeit*'"); *A. Hueck/Nipperdey*, Arbeitsrecht II/1, § 23 B II [S. 482 Fn. 20a]; *Richardi*, Kollektivgewalt und Individualwille, S. 246. Dagegen *H. Wiedemann/Stumpf*, Einleitung TVG Rn. 165.

120 Siehe dazu vorstehend S. 27 f.

121 *Kloppenburg* in: HaKo-BetrVG, § 3 BetrVG Rn. 23. Vgl. auch *Dachrodt/Engelbert* § 3 BetrVG Rn. 4. Ebenso *Meier-Krenz* DB 1988, S. 2149, 2151 für die Erweiterung der Mitbestimmungsrechte des Betriebsrates durch Tarifvertrag.

> „Erstreckung der Rechtsnormen über betriebliche und betriebsverfassungsrechtliche Fragen auf Außenseiter [...] ihre verfassungsrechtliche Rechtfertigung in dem Umstand, daß es sich um Bestimmungen handelt, die in der sozialen Wirklichkeit aus tatsächlichen oder rechtlichen Gründen nur einheitlich gelten können".

Schwarze[122] definiert Arbeitsbedingungen i. S. d. Art. 9 Abs. 3 Satz 1 GG als Bedingungen, unter denen Arbeit geleistet wird. Hierzu gehören „grundsätzlich alle Bedingungen dieser Art, demnach auch das Betriebsverfassungs- bzw. Personalvertretungsrecht"[123]. Die Betriebsverfassung sei somit zumindest in bezug auf die Koalitionsmitglieder dem Begriff der Arbeitsbedingungen im Sinne von Art. 9 Abs. 3 Satz 1 GG zuzuordnen.[124] Gegenüber Außenseitern komme eine verfassungsrechtlich garantierte Normsetzungsbefugnis mit betriebsverfassungsrechtlichem Inhalt hingegen nur in Betracht, „um überhaupt eine sinnvolle Normsetzung in betriebsverfassungsrechtlichen Angelegenheiten zu ermöglichen. Besteht diese sachliche Notwendigkeit nicht [...] kann die Normsetzungsbefugnis gegenüber den Außenseitern nur auf der einfachgesetzlichen Grundlage des TVG beruhen."[125] Nach *Waltermann*[126] sind „Eingriffe in die Grundrechtspositionen der Außenseiter [...] von vornherein nur möglich, soweit diese durch § 3 Abs. 2 TVG gesetzlich hinreichend vorgezeichnet sind."[127]

c) Stellungnahme

Die Bindung der Außenseiter-Arbeitnehmer an Organisationstarifverträge nach § 3 BetrVG könnte gegen die negative Koalitionsfreiheit des Art. 9 Abs. 3 Satz 1 GG verstoßen und verfassungswidrig sein. Eine Stellungnahme hat von der Tatsache auszugehen, daß der in § 3 Abs. 2 BetrVG a. F. enthaltene staatliche Genehmigungsvorbehalt in § 3 BetrVG nicht übernommen wurde. Aus diesem Grund kann die zu § 3 BetrVG a. F. vertretene sog. Theorie des hoheitlichen Rechtsetzungsaktes bereits wegen der fehlenden staatlichen Mitwirkung nicht mehr zur Rechtfertigung der Außenseiterbindung herangezogen werden.[128] Unabhängig davon ist in der Sache zweifelhaft, ob der

---

122 *Schwarze*, Betriebsrat, S. 90. Eine ähnliche Argumentation findet sich bei *Spinner*, Betriebsverfassung, S. 117 ff.

123 *Schwarze*, Betriebsrat, S. 90.

124 *ders.*, Betriebsrat, S. 99.

125 *ders.*, Betriebsrat, S. 114.

126 *Waltermann* ZfA 2000, S. 53, 85.

127 *Waltermann* ZfA 2000, S. 53, 85. Er geht, entgegen *H. Hanau* RdA 1996, S. 158, 167, davon aus, daß § 3 Abs. 2 TVG dem Vorbehalt des Gesetzes genügt, vgl. *Waltermann* ZfA 2000, S. 53, 85.

128 Dies stellen auch *Picker* RdA 2001, Sonderbeilage Heft 4, S. 257, 282 f. und *Richardi* in: ders., § 3 BetrVG Rn. 6 fest.

Genehmigungsvorbehalt tatsächlich dem verfassungsrechtlichen Außenseiterschutz dienen sollte. Wie insbesondere *Trümner*[129] gezeigt hat, ergibt die teleologische Auslegung des § 3 Abs. 2 BetrVG a. F., daß die Beachtung der zwingenden Grundprinzipien des Betriebsverfassungsrechts durch die Tarifvertragsparteien gewährleistet werden sollte. Zur Rechtfertigung der Außenseiterbindung von Organisationstarifverträgen muß aufgrund des fehlenden staatlichen Mitwirkungsaktes in § 3 BetrVG eine andere Argumentation gefunden werden.

Ausgangs- und Kernpunkt ist die Verfassungsnorm des Art. 9 Abs. 3 Satz 1 GG. Diese gewährleistet neben der individuellen die kollektive Koalitionsfreiheit (sog. Lehre vom Doppelgrundrecht).[130] Letztere besteht aus den Teilgarantien der freien Bildung, des freien Bestandes und der freien Betätigung der Koalitionen.[131] Aus der freien Betätigung folgt insbesondere die Gewährleistung der Tarifautonomie, die sich vor allem in dem Abschluß von Tarifverträgen manifestiert, um in einem von staatlicher Rechtsetzung frei gelassenen Raum das Arbeitsleben der Koalitionsmitglieder in eigener Verantwortung und im wesentlichen ohne staatliche Einflußnahme sinnvoll zu ordnen.[132] „Soweit die Vereinbarungen zu Ergebnissen führen, ist es den Tarifvertragsparteien im übrigen schon von Verfassungs wegen möglich, diese in einer Gesamtvereinbarung in der Art des Tarifvertrages niederzulegen“.[133]

---

129 *Trümner* JbArbR 36 (1999), S. 59, 63 f. Vgl. auch die Begründung des RegE zu § 3 BetrVG a. F., BR-Drucks. 715/70, S. 36 und BT-Drucks. VI/1786, S. 36; *Beuthien* ZfA 1986, S. 131, 135; *Dachrodt/Engelbert* § 3 BetrVG Rn. 4; *Fitting* [20. Aufl.] § 3 BetrVG Rn. 56; *F. Müller*, Gewerkschaftsbegriff, S. 123 f. Anders aber *Biedenkopf*, Grenzen der Tarifautonomie, S. 298 (zu § 20 Abs. 3 BetrVG 1952); *P. Hanau*, FS Kissel, S. 347, 359.

130 Siehe vorstehend S. 13 f.

131 Siehe vorstehend S. 14 f.

132 BVerfG 18.11.1954 E 4, 96, 101 f., 106; BVerfG 6.5.1964 E 18, 18 26 ff.; BVerfG 30.11.1965 E 19, 303, 312; BVerfG 26.5.1970 E 28, 295, 304; BVerfG 27.2.1973 E 34, 307, 316; BVerfG 18.12.1974 E 38, 281, 305 f.; BVerfG 24.5.1977 E 44, 322, 340 f.; BVerfG 1.3.1979 E 50, 290, 367, 371; *Kannengießer* in: Schmidt-Bleibtreu/Fra. Klein, Art. 9 GG Rn. 12a; *Waltermann*, Rechtsetzung durch Betriebsvereinbarung, S. 59.

133 *Waltermann*, Rechtsetzung durch Betriebsvereinbarung, S. 117. Ebenso *ders.*, FS Söllner, S. 1251, 1271; *ders.* ZfA 2000, S. 53, 59 f. (Vereinbarungen der Tarifvertragsparteien im Bereich der Tarifautonomie haben die Wirkung von Gesetzen). Vgl. auch BVerfG 18.11.1954 E 4, 96, 106; BVerfG 24.5.1977 E 44, 322, 341; *Biedenkopf*, Grenzen der Tarifautonomie, S. 102 ff.; *Galperin*, FS E. Molitor, S. 143, 153, 157; *P. Hanau* RdA 1993, S. 1, 4 f.; *Höfling* in: Sachs, Art. 9 GG Rn. 67, 84; *Löwer* in: von Münch/Kunig, Art. 9 GG Rn. 80 (Stichwort „Tarifautonomie“); *Meik*, Kernbereich der Tarifautonomie, S. 171 f.; *Nikisch*, Arbeitsrecht II, § 60 III 3 [S. 61];

Dieser den Koalitionen „frei gelassene Raum" wird durch den spezifischen Koalitionszweck des Art. 9 Abs. 3 Satz 1 GG – Wahrung und Förderung der Arbeits- und Wirtschaftsbedingungen – definiert.[134]

Die Regelungen des betriebsverfassungsrechtlichen Organisationsrechts könnten unter die Wahrung und Förderung der Arbeits- und Wirtschaftsbedingungen[135] zu subsumieren sein. Das Bundesverfassungsgericht[136] lehnt seine Verfassungsinterpretation an § 77 Abs. 3 BetrVG und die dort genannten Regelungsbereiche der Arbeitsentgelte und sonstigen Arbeitsbedingungen[137] an. Im übrigen betont es eine an Herkommen und Üblichkeit orientierte Auslegung. Nach herrschender Ansicht im Schrifttum sind die Arbeits- und Wirtschaftsbedingungen kumulativ zu verstehen und bezeichnen die Gesamtheit der Bedingungen, unter denen der Arbeitnehmer abhängige Arbeit leistet und der Arbeitgeber Arbeitnehmer beschäftigen darf.[138]

Papier RdA 1989, S. 137, 141; *H. Schneider*, FS Möhring, S. 521, 533; *P. Wolff*, Kollision, S. 68. Auch *Richardi*, Kollektivgewalt und Individualwille, S. 89.

134 Vgl. ausdrücklich *Dieterich* in: ErfK, Art. 9 GG Rn. 70; *Waltermann* NZA 1991, S. 754, 756. Weiterhin BVerfG 18.11.1954 E 4, 96, 101; BVerfG 6.5.1964 E 18, 18, 26; BVerfG 27.2.1973 E 34, 307, 316; BVerfG 18.12.1974 E 38, 281, 305 f.; BVerfG 24.5.1977 E 44, 322, 340 f.; BVerfG 1.3.1979 E 50, 290, 367, 371; BVerfG 20.10.1981 E 58, 233, 246; *Butzer* RdA 1994, S. 375, 377; *Meik*, Kernbereich der Tarifautonomie, S. 73; *Säcker/Oetker*, Tarifautonomie, S. 34 f.; *Söllner* NZA 1996, S. 897, 898; *Waltermann* ZfA 2000, S. 53, 60; *T. Wißmann*, Tarifvertragliche Gestaltung, S. 24.

135 Hierzu *Dietz* in: Bettermann/Nipperdey/Scheuner, S. 417, 421 f.; *Säcker/Oetker*, Tarifautonomie, S. 40 ff. Weiterhin *Badura* ArbRdGegw. 15 (1978), S. 17, 27 f., 29; *Söllner* ArbRdGegw. 16 (1979), S. 19, 22 ff.; *Waltermann* NZA 1991, S. 754, 757 ff.; *H. Wiedemann*, FS Riesenfeld, S. 301 ff.; *ders.* RdA 1986, S. 231, 231 ff.

136 BVerfG 24.4.1996 E 94, 268, 283. Weiterhin BVerfG 18.11.1954 AP Nr. 1 zu Art. 9 GG; BVerfG 6.5.1964 AP Nr. 15 zu § 2 TVG; BVerfG 24.5.1977 AP Nr. 15 zu § 5 TVG; BVerfG 20.10.1981 AP Nr. 31 zu § 2 TVG.

137 Vgl. auch die generellen Leitsätze Nr. 1 und 3 zur Sozialunion des Gemeinsamen Protokolls über Leitsätze zum Vertrag über die Schaffung einer Währungs-, Wirtschafts- und Sozialunion, BGBl. 1990 II S. 537. Durch Nr. 1 wird zum einen das Recht garantiert, „zur Wahrung und Förderung der Arbeits- und Wirtschaftsbedingungen Vereinigungen zu bilden" und wird zum anderen die koalitionsmäßige Betätigung der Gewerkschaften und Arbeitgeberverbände geschützt. In Nr. 3 ist bestimmt, daß „Löhne und sonstige Arbeitsbedingungen [...] nicht vom Staat, sondern durch freie Vereinbarungen von Gewerkschaften, Arbeitgeberverbänden und Arbeitgebern festgelegt" werden.

138 *Badura* ArbRdGegw. 15 (1978), S. 17, 27; *Biedenkopf*, Gutachten 46. DJT, S. 97, 163; *Bleckmann*, Staatsrecht, § 30 Rn. 80; *Dieterich* in: ErfK, Art. 9 GG Rn. 23, 70 ff.; *Dütz* JA 1987, S. 405, 410; *Friese*, Kollektive Koalitionsfreiheit, S. 240; *Gamillscheg*, Kollektives Arbeitsrecht, § 6 II 1 b) (3) [S. 221]; *Kemper* in: von Mangoldt/Fri.

Hierunter ist auch die Betätigung der Tarifvertragsparteien in der Betriebsverfassung zu subsumieren,[139] wobei Fragen der unternehmerischen Zielsetzungen und Betätigungen des privaten Unternehmens wegen Art. 12 Abs. 1 GG ausgespart bleiben müssen[140]. Fragen der Organisation der Betriebsverfassung sind jedenfalls in dem Sinne Bedingungen, unter denen der

---

Klein/Chr. Starck, Art. 9 GG Rn. 178; *Konzen* ZfA 1980, S. 77, 90; *Löwisch/Rieble* in: MüHdbArbR III, § 243 Rn. 1; *Meier-Krenz* DB 1988, S. 2149, 2149; *Meik*, Kernbereich der Tarifautonomie, S. 75; *G. Müller*, Tarifautonomie, S. 38; *Rüthers*, Tarifmacht und Mitbestimmung in der Presse, S. 16 f.; *Säcker/Oetker*, Tarifautonomie, S. 50 ff., insbesondere S. 72 f.; *Schaub* in: ders., Arbeitsrechts-Handbuch, § 188 Rn. 3; *Scholz* in: Maunz/Dürig, Art. 9 GG Rn. 256; *ders.* ZfA 1990, S. 377, 395; *Söllner* ArbRdGegw. 16 (1979), S. 19, 24; *ders.* NZA 1996, S. 897, 898 f.; *Schwarze*, Betriebsrat, S. 90; *Waltermann*, Rechtsetzung durch Betriebsvereinbarung, S. 261; *ders.* NZA 1991, S. 754, 757 ff.; *ders.* ZfA 2000, S. 53, 61; *H. Wiedemann* in: ders., Einleitung TVG Rn. 99; *H. Wiedemann*, FS Riesenfeld, S. 301, 303, 305; *T. Wißmann*, Tarifvertragliche Gestaltung, S. 25. Auch *H. Bauer* in: Dreier, Art. 9 GG Rn. 70; *Höfling* in: Sachs, Art. 9 GG Rn. 54 f., 87; *Kempen* ArbuR 1980, S. 193, 195 f.; *Löwer* in: von Münch/Kunig, Art. 9 GG Rn. 69 f.; *Seiter*, Streikrecht, S. 492.

139 BVerfG 1.3.1979 E 50, 290, 372; BVerfG 24.2.1999 NZA 1999, S. 713, 714; *Eisemann* in: ErfK, § 3 BetrVG Rn. 1; *Friese*, Kollektive Koalitionsfreiheit, S. 240, 241; *Gamillscheg*, Kollektives Arbeitsrecht, § 15 VII 1 [S. 595]; *Herschel* AcP 170 (1970), S. 556, 558; *Höfling* in: Sachs, Art. 9 GG Rn. 88 (bezüglich des materiellen Teils der Betriebsverfassung); *Kraft* ZfA 1973, S. 243, 247 Fn. 18 (der hinsichtlich der Tatbestände der freiwilligen Mitbestimmung eine alleinige Zuständigkeit der im Gesetz genannten oder vom Gesetz zugelassenen Repräsentationsorgane annimmt, vgl. S. 251); *Löwer* in: von Münch/Kunig, Art. 9 GG Rn. 70, 80 (Stichwort „Betätigung"); *Löwisch/Rieble* in: MüHdbArbR III, § 243 Rn. 14; *Meier-Krenz*, Erweiterung von Beteiligungsrechten, S. 30 ff.; *ders.* DB 1988, S. 2149, 2149; *Richardi* in: MüHdbArbR III, § 241 Rn. 56 (anders aber für § 3 BetrVG im besonderen *Richardi* in: ders., Einleitung BetrVG Rn. 141; *Richardi* NZA 2001, S. 346, 349); *Säcker*, Grundprobleme, S. 60; *ders.*, Gruppenautonomie, S. 251; *Säcker/Oetker*, Tarifautonomie, S. 69 f., 78 ff.; *Schlachter* in: ErfK [2. Aufl.], Art. 9 GG Rn. 12; *Schwarze*, Betriebsrat, S. 90 f., 99, 101; *Söllner* NZA 1996, S. 897, 899; *Spinner*, Betriebsverfassung, S. 117; *Trümner* in: Däubler/Kittner/Klebe, § 3 BetrVG Rn. 11; *T. Wißmann*, Tarifvertragliche Gestaltung, S. 25 f., 29. Ähnlich *Däubler*, Tarifvertragsrecht, Rn. 1055; *Fitting* § 3 BetrVG Rn. 5; *Heither*, FS Schaub, S. 295, 297 f.; *G. Müller*, Tarifautonomie, S. 139. Anders dagegen *Biedenkopf*, Grenzen der Tarifautonomie, S. 298, 310; *ders.*, Gutachten 46. DJT, S. 97, 156, der dies aber mehr aus der dem Art. 9 Abs. 3 Satz 1 GG innewohnenden Beschränkung in personeller Hinsicht folgert; i. E. auch *Püttner* BB 1987, S. 1122, 1125; *Reuter*, FS G. Müller, S. 387, 390.

140 *Dieterich* in: ErfK, Art. 9 GG Rn. 23, 72; *H. Hanau*, Anmerkung zu BAG vom 7.11.1995 – 3 AZR 676/94 in: AP Nr. 1 zu § 3 TVG Betriebsnormen; *Löwer* in: von Münch/Kunig, Art. 9 GG Rn. 70; *Scholz* ZfA 1990, S. 377, 395; *H. Wiedemann*, FS Riesenfeld, S. 301, 302, 314 ff. Siehe auch *Friese*, Kollektive Koalitionsfreiheit, S. 123, 242 ff.; *Meik*, Kernbereich der Tarifautonomie, S. 75 ff.

Arbeitnehmer abhängige Arbeit leistet und der Arbeitgeber Arbeitnehmer beschäftigen darf, als sie die notwendige Voraussetzung und Grundlage für die Wahrnehmung der betriebsverfassungsrechtlichen Beteiligungsbefugnisse bilden. Organisationsrecht und materielle Beteiligungsrechte bedingen sich gegenseitig. Die entsprechend der Organisationsvorgaben des Betriebsverfassungsgesetzes errichteten Arbeitnehmervertretungen bestehen nicht um ihrer selbst Willen, sondern um die materiellen Beteiligungsrechte möglichst effektiv zu nutzen. Die effiziente Vertretung der Arbeitnehmerinteressen setzt ihrerseits eine Organisationsstruktur voraus, die den Zwecken der Betriebsverfassung (Arbeitnehmerschutz und Arbeitnehmerteilhabe)[141] gerecht wird und dementsprechend ausgestaltet ist. Sie muß sich daher an den Gegebenheiten und Besonderheiten des Unternehmens orientieren (Kriterien der Entscheidungs- und Belegschaftsnähe). Die Organisationsverfassung des Betriebsverfassungsgesetzes ist den Arbeits- und Wirtschaftsbedingungen im Sinne des Art. 9 Abs. 3 Satz 1 GG zuzuordnen. Als Zwischenergebnis bleibt festzuhalten, daß sich aus Art. 9 Abs. 3 Satz 1 GG das Recht der Tarifvertragsparteien ergibt, den Bereich der Betriebsverfassung zu normieren.[142]

Damit ist zunächst nur die Geltung der Tarifnormen in den Arbeitsverhältnissen der Verbandsmitglieder begründet.[143] Eine darüber hinausgehende Bindung der Tarifaußenseiter könnte die „Transmissionsnorm" des § 3 Abs. 2 TVG rechtfertigen. Diese erstreckt die Wirkungen der Rechtsnormen eines Tarifvertrages über betriebliche und betriebsverfassungsrechtliche Fragen auf die Arbeitsverhältnisse der Außenseiter-Arbeitnehmer, insoweit die Tarifgebundenheit des Arbeitgebers gegeben ist. Hier bedarf es einer Entscheidung des bisher offen gelassenen Streites[144] über die Verfassungsmäßigkeit des § 3 Abs. 2 TVG. Soweit eine Verletzung des Art. 12 Abs. 1 GG gerügt wird,[145] ist anzumerken, daß die Verfassungsgarantie der

141 Siehe hierzu ausführlich nachstehend S. 86 ff.

142 Siehe vorstehend die Nachweise in Fn. 139. Nach *Friese*, Kollektive Koalitionsfreiheit, S. 232 ff. kann damit aber nicht zugleich darauf geschlossen werden, daß die Verfassung die Möglichkeit einer unmittelbar und zwingend wirkenden Vereinbarung zur Regelung betriebsverfassungsrechtlicher Fragen fordert.

143 Vgl. auch *Kraft* ZfA 1973, S. 243, 249, 251; *Meier-Krenz* DB 1988, S. 2149, 2149, 2151; *H. Schneider*, FS Möhring, S. 521, 533; *Schwarze*, Betriebsrat, S. 99, 114, 151 f.; *Siebert*, FS Nipperdey 1955, S. 119, 120; *Spinner*, Betriebsverfassung, S. 117. Anders *Säcker/Oetker*, Tarifautonomie, S. 67 ff., 79 ff.; *T. Wißmann*, Tarifvertragliche Gestaltung, S. 35 f., welche aus Art. 9 Abs. 3 Satz 1 GG auf dem Gebiet der Betriebsverfassung auch eine Außenseiterbindung folgern.

144 Siehe zur Darstellung des Streitstandes vorstehend S. 24 ff.

145 Vgl. *H. Hanau* RdA 1996, S. 158, 160 ff.

Berufsfreiheit dem Normgeber bei Berufsausübungsregelungen einen weiten Gestaltungsspielraum beläßt. Da die Wahrung und Förderung der Arbeits- und Wirtschaftsbedingungen den Tarifvertragsparteien gerade in einem von staatlicher Rechtsetzung frei gelassenen Raum die sinnvolle Ordnung des Arbeitslebens ermöglichen soll, haben die Tarifvertragsparteien den zur Verbesserung der Arbeitsbedingungen notwendigen Regelungsbedarf in eigener Verantwortung abzuschätzen.[146] Im Hinblick auf die positive Koalitionsfreiheit des Art. 9 Abs. 3 Satz 1 GG ist festzustellen, daß die Ausdehnung der Tarifnormen auf Außenseiter-Arbeitnehmer in der Tendenz zu einem Mitgliederschwund der Gewerkschaften führen kann.[147] Eine Verletzung der positiven Koalitionsfreiheit stellt dies erst dann dar, wenn in erheblichem Umfang Tarifnormen für Außenseiter gelten.[148] Diese Grenze wird durch § 3 Abs. 2 TVG nicht erreicht.[149]

Von der Mehrheit der kritischen Stimmen zu § 3 Abs. 2 TVG wird eine Verletzung der negativen Koalitionsfreiheit des Art. 9 Abs. 3 Satz 1 GG gerügt. Dieser schützt nicht nur die positive individuelle und kollektive Koalitionsfreiheit, sondern beinhaltet nach wohl herrschender Ansicht, die insbesondere das Bundesverfassungsgericht vertritt, negativ das Recht, sich keiner Koalition anzuschließen oder aus ihr auszutreten[150]. Er gewährt aber

---

146 BAG 7.11.1995 AP Nr. 1 zu § 3 TVG Betriebsnormen (mit Anmerkung *H. Hanau*); *H. Wiedemann* in: ders., § 1 TVG Rn. 564. Auch *Spinner*, Betriebsverfassung, S. 120, 125 sieht die Berufsfreiheit nicht verletzt und verneint bezüglich der Arbeitnehmer sogar die Eröffnung des Schutzbereichs des Art. 12 Abs. 1 GG.

147 So *Kempen* in: Kempen/Zachert, § 3 TVG Rn. 19.

148 *Ders.* in: Kempen/Zachert, § 3 TVG Rn. 19.

149 *Ders.* in: Kempen/Zachert, § 3 TVG Rn. 19.

150 BVerfG 19.10.1966 E 20, 312, 321 f.; BVerfG 24.5.1977 E 44, 322, 352; BVerfG 1.3.1979 E 50, 290, 367; BVerfG 14.6.1983 E 64, 208, 213; BVerfG 26.6.1991 E 84, 212, 224; BVerfG 14.11.1995 E 93, 352, 357; BVerfG 3.7.2000 NZA 2000, S. 947, 947 f.; BVerfG 18.7.2000 DB 2000, S. 1768, 1768; BAG (GS) 29.11.1967 AP Nr. 13 zu Art. 9 GG; BAG 21.1.1987 AP Nr. 46 zu Art. 9 GG; BAG 21.1.1987 AP Nr. 47 zu Art. 9 GG; *Badura*, Staatsrecht, C Rn. 98; *H. Bauer* in: Dreier, Art. 9 GG Rn. 76; *Dieterich* in: ErfK, Art. 9 GG Rn. 32; *ders.*, FS Däubler, S. 451, 456; *Friese*, Kollektive Koalitionsfreiheit, S. 37; *Höfling* in: Sachs, Art. 9 GG Rn. 65; *Huber*, Wirtschaftsverwaltungsrecht II, § 91 III 1 b) [S. 381]; *Kannengießer* in: Schmidt-Bleibtreu/Fra. Klein, Art. 9 GG Rn. 12a; *Lambrich*, Tarif- und Betriebsautonomie, S. 170 ff.; *Löwer* in: von Münch/Kunig, Art. 9 GG Rn. 79; *Löwisch/Rieble* in: MüHdbArbR III, § 244 Rn. 3, § 245 Rn. 39 ff.; *Mayer-Maly* in: Däubler/Mayer-Maly, Negative Koalitionsfreiheit, S. 19 ff.; *von Münch* in: Bonner Kommentar, Art. 9 GG Rn. 140; *Neumann* RdA 1989, S. 243, 243, 245; *Nikisch*, Arbeitsrecht II, § 58 III [S. 28 ff.]; *Pieroth/Schlink* Rn. 736, 727; *Reiß*, Tarifautonomie, S. 93; *Richardi* in: Staudinger, Vorbem. zu §§ 611 ff. BGB Rn. 528 ff.; *Schaub* in: ders., Arbeitsrechts-Handbuch, § 188 Rn. 5; *Scholz* in: Maunz/Dürig, Art. 9 GG Rn. 221; *ders.* in: HdbStR

keinen Schutz vor jeder Lebensäußerung der Koalition.[151] Eine Verletzung des Art. 9 Abs. 3 Satz 1 GG ist gegeben, wenn ein sozial inadäquater Druck ausgeübt wird, einer Koalition beizutreten oder in ihr zu verbleiben.[152] Einer verbreiteten Ansicht im Schrifttum zufolge ist der Schutzbereich der negativen Koalitionsfreiheit demgegenüber extensiv auszulegen. Art. 9 Abs. 3 Satz 1 GG gewährleiste, von den Rechtswirkungen eines anderen Tarifvertrages nicht erfaßt zu werden.[153] Letzteres beruhe auf der Überlegung, daß die unmittelbare

---

VI, § 151 Rn. 82; *ders.*, Koalitionsfreiheit, S. 41 f.; *Spinner*, Betriebsverfassung, S. 119; *W. Weber*, Koalitionsfreiheit, S. 11; *H. Wiedemann* in: ders., Einleitung TVG Rn. 87; *H. Wiedemann* RdA 1969, S. 321, 330; *Zöllner* RdA 1962, S. 453, 458. Auch *Bötticher*, Gemeinsame Einrichtungen, S. 89, 91 f.; *Wagenitz*, Tarifmacht, S. 42 f., der „gute Gründe" für diese Ansicht erkennt, den Streit i. E. aber letztlich dahinstehen läßt, weil jedenfalls Art. 2 Abs. 1 GG eingreift (S. 44). Abweichend *Kemper* in: von Mangoldt/Fri. Klein/Chr. Starck, Art. 9 GG Rn. 219, der die positive und die negative Koalitionsfreiheit materiell nicht trennt und demzufolge eine eigenständige Anerkennung der negativen Koalitionsfreiheit als überflüssig erachtet.

Einer anderen Ansicht zufolge wird die negative Koalitionsfreiheit durch Art. 2 Abs. 1 GG bzw. Art. 9 Abs. 1 GG geschützt: *Biedenkopf*, Grenzen der Tarifautonomie, S. 93 Fn. 127; *ders.* JZ 1961, S. 346, 352; *Däubler* in: Däubler/Mayer-Maly, Negative Koalitionsfreiheit, S. 34 ff.; *Däubler/Hege*, Koalitionsfreiheit, Rn. 171 ff., insbesondere 174; *Galperin* DB 1970, S. 298, 302; *Gamillscheg*, Gewerkschaftszugehörigkeit, S. 53 ff.; *ders.*, Grundrechte im Arbeitsrecht, S. 102; *ders.*, Koalitionsfreiheit, S. 62 ff.; *A. Hueck/Nipperdey*, Arbeitsrecht II/1, § 10 II 2 a), b) [S. 156 ff.]; *Säcker*, Grundprobleme, S. 35 ff.; *ders.*, Gruppenautonomie, S. 249; *Söllner/Waltermann*, Arbeitsrecht, Rn. 191. Wohl auch *Galperin*, FS Bogs, S. 87, 92 f. Neuerdings offengelassen von AG Ahrensburg 12.4.1996 NJW 1996, S. 2516, 2517. Gegen die Verortung der negativen Koalitionsfreiheit in Art. 2 Abs. 1 GG ausführlich *Ingelfinger*, Arbeitsplatzgestaltung, S. 162 ff.

151 *Dieterich* in: ErfK, Art. 9 GG Rn. 34; *Spinner*, Betriebsverfassung, S. 119.

152 Vgl. BVerfG 19.10.1966 E 20, 312, 321 f.; BVerfG 20.7.1971 E 31, 297, 302; BVerfG 24.5.1977 E 44, 322, 352; BVerfG 15.7.1980 E 55, 7, 22; BVerfG 14.6.1983 E 64, 208, 213 f.; BVerfG 3.7.2000 NZA 2000, S. 947, 947 f.; BAG (GS) 29.11.1967 AP Nr. 13 zu Art. 9 GG; BAG 21.1.1987 AP Nr. 46 zu Art. 9 GG; BAG 21.1.1987 AP Nr. 47 zu Art. 9 GG (mit zustimmender Anmerkung *Scholz*; das BAG will dies in den beiden Entscheidungen anscheinend aus der Beschränkung des Schutzes auf einen Kernbereich folgern); *Dieterich* in: ErfK, Art. 9 GG Rn. 34 f.; *Gneiting* in: MAK-GG, Art. 9 Abs. 3 GG Rn. 109; *Löwer* in: von Münch/Kunig, Art. 9 GG Rn. 79 (Stichwort „negative Koalitionsfreiheit"); *Scholz* in: Maunz/Dürig, Art. 9 GG Rn. 227; *ders.* in: HdbStR VI, § 151 Rn. 85.

153 Zu diesem Aspekt der negativen Koalitionsfreiheit insbesondere *Buchner*, Tarifvertragsgesetz und Koalitionsfreiheit, S. 60 f.; *Dahlbender*, Austritt des Arbeitgebers, S. 23; *Feichtinger*, Regelungsbefugnis der Tarifvertragsparteien, S. 34 ff.; *Gragert*, Flexibilisierung von Tarifverträgen, S. 20 f.; *Hablitzel*, Verbands- und Betriebsratskompetenzen, S. 55; *Heinze* NZA 1995, S. 5, 7; *Henssler* ZfA 1994, S. 487, 498 f.; *Ingelfinger*, Arbeitsplatzgestaltung, S. 167 f., 169 ff.; *Lambrich*, Tarif-

und zwingende Wirkung des Tarifvertrages wesentliches Moment der Koalitionsmitgliedschaft sei. Umgekehrt müsse es tragendes Element der negativen Koalitionsfreiheit sein, nicht von den Rechtsnormen eines Tarifvertrages erfaßt zu werden und außerhalb des Rechtsetzungsbereiches der Koalitionen zu verbleiben.[154]

Ein Zwang oder unzulässiger Druck zum Koalitionsbeitritt wird von § 3 Abs. 2 TVG in keiner Weise errichtet.[155] Im Gegenteil wird durch die Erweiterung der Normwirkung eines Organisationstarifvertrages auf Außenseiter-Arbeitnehmer ein Koalitionsbeitritt für diese gerade entbehrlich.[156] Im Hinblick auf die in der Literatur vertretene extensive Schutzbereichsauslegung[157] ist die Geltungserstreckung eines Organisationstarifvertrages auf Tarifaußenseiter jedenfalls dann verfassungsrechtlich unbedenklich, soweit sie geeignet und erforderlich ist, die Arbeits- und Wirtschaftsbedingungen sinnvoll zu ordnen.[158] Organisationstarifverträge als betriebsverfassungsrechtliche Tarifnormen i. S. d. § 3 Abs. 2 TVG[159] sind aufgrund der durch sie geregelten Lebenssachverhalte zwingend auf eine

---

und Betriebsautonomie, S. 171 f.; *Reuter*, FS Schaub, S. 605, 611; *ders.*, Referat 61. DJT, Bd. II/1, K 35, 48; *Säcker/Oetker*, Tarifautonomie, S. 141 (anders aber *Säcker*, Grundprobleme, S. 36 f.); *Schleusener*, Zulässigkeit qualitativer Besetzungsregelungen, S. 74 ff.; *ders.* ZTR 1998, S. 100, 101; *Schlüter*, FS Lukes, S. 559, 561 f., 567 ff.; *Schüren* RdA 1988, S. 138, 139, 142; *Schwarze*, Betriebsrat, S. 195; *Wagenitz*, Tarifmacht, S. 44 f.; *Walker*, FS Kissel, S. 1205, 1220 f.; *ders.* ZfA 1996, S. 353, 365; *H. Wiedemann* RdA 1969, S. 321, 330; *Zöllner*, Rechtsnatur der Tarifnormen, S. 22 f.; *ders.* RdA 1962, S. 453, 458. Positiv zu diesem Ansatz auch *Oetker* in: H. Wiedemann, § 3 TVG Rn. 25.

Das BVerfG ist dem allerdings nicht gefolgt und beschränkt die negative Koalitionsfreiheit auf ein bloßes Fernbleiberecht, vgl. die Nachweise vorstehend in Fn. 150. Aus dem Schrifttum *Löwer* in: von Münch/Kunig, Art. 9 GG Rn. 80 (Stichwort „negative Koalitionsfreiheit"); kritisch auch *Biedenkopf*, Grenzen der Tarifautonomie, S. 99 ff.. Für die Ansicht des BVerfG mit ausführlicher Begründung *C. Schubert* RdA 2001, S. 199, 201 ff., 207. Vgl. auch den 1. Leitsatz der Generellen Leitsätze zur Sozialunion des Gemeinsamen Protokolls über Leitsätze zum Vertrag über die Schaffung einer Währungs-, Wirtschafts- und Sozialunion, BGBl. 1990 II S. 537.

154 *Buchner*, Tarifvertragsgesetz und Koalitionsfreiheit, S. 60; *Feichtinger*, Regelungsbefugnis der Tarifvertragsparteien, S. 35 f.; *Schleusener* ZTR 1998, S. 100, 101; *Schlüter*, FS Lukes, S. 559, 570 f.; *Schüren* RdA 1988, S. 138, 139; *Schwarze*, Betriebsrat, S. 194 f.; *Wagenitz*, Tarifmacht, S. 44 f.; *Zöllner* RdA 1962, S. 453, 458.

155 *Kempen* in: Kempen/Zachert, § 3 TVG Rn. 20; *Spinner*, Betriebsverfassung, S. 119 f.

156 *Kempen* in: Kempen/Zachert, § 3 TVG Rn. 20.

157 Siehe hierzu die Nachweise vorstehend Fn. 153.

158 *Oetker* in: H. Wiedemann, § 3 TVG Rn. 138.

159 Siehe vorstehend S. 18 ff.

betriebseinheitliche, d. h. nicht nach der Koalitionsmitgliedschaft der Arbeitnehmer differenzierende Geltung angelegt.[160] Insoweit müssen Tarifaußenseiter eine Einschränkung ihres Grundrechts aus Art. 9 Abs. 3 Satz 1 GG hinnehmen.[161] In der praktischen Konkordanz überwiegt die positive Koalitionsfreiheit der Tarifvertragsparteien. Eine sachgerechte Ausübung der Normsetzungsmacht für die Koalitionsmitglieder ist ihnen nur möglich, wenn davon auch betriebliche und betriebsverfassungsrechtliche Tarifnormen erfaßt sind. Wird den Tarifvertragsparteien eine entsprechende Befugnis abgesprochen, führt dies zu einer Negierung der Einbeziehung betrieblicher und betriebsverfassungsrechtlicher Regelungen in den Kanon zulässiger Tarifvertragsnormen und zu einer Verkürzung der Normsetzungsbefugnis der Koalitionen contra legem.[162] Im Ergebnis ist der Eingriff in die negative Koalitionsfreiheit gerechtfertigt und Art. 9 Abs. 3 Satz 1 GG nicht verletzt. § 3 Abs. 2 TVG ist verfassungsgemäß und taugliche „Transmissionsnorm“ für die Außenseiterbindung.

d) Ergebnis zur Rechtfertigung der Außenseiterbindung von Tarifverträgen nach § 3 BetrVG

Die Betätigung der Tarifvertragsparteien im Rahmen der Betriebsverfassung ist unter die Wahrung und Förderung der Arbeits- und Wirtschaftsbedingungen der Koalitionsmitglieder, Art. 9 Abs. 3 Satz 1 GG, zu subsumieren. Tarifnormen nach § 3 BetrVG erfüllen darüber hinaus die Tatbestandsvoraussetzungen des § 3 Abs. 2 TVG – eine nach der Gewerkschaftszugehörigkeit differenzierende Vereinbarung scheidet wegen evident sachlogischer Unzweckmäßigkeit aus, woraus sich die aus tatsächlichen Gründen notwendigerweise betriebseinheitliche Geltung ergibt. Organisationstarifverträge enthalten demzufolge betriebsverfassungsrechtliche Normen i. S. d. § 3 Abs. 2 TVG. Die über diese Vorschrift bewirkte Außenseiterbindung im Rahmen des § 3 BetrVG verstößt nicht gegen die negative Koalitionsfreiheit

---

160 *Kempen* in: Kempen/Zachert, § 3 TVG Rn. 12; *G. Müller*, Tarifautonomie, S. 191; *Oetker* in: H. Wiedemann, § 3 TVG Rn. 138; *Schmidt-Eriksen*, Tarifvertragliche Betriebsnormen, S. 196 f.: „nicht-differenzierungsfähige Arbeitsbedingungen“. Siehe auch vorstehend S. 15 ff.

161 *Oetker* in: H. Wiedemann, § 3 TVG Rn. 138.

162 *Ders.* in: H. Wiedemann, § 3 TVG Rn. 138; auch *Wagenitz*, Tarifmacht, S. 45 ff., 68 zu § 3 BetrVG a. F. Ähnlich *Meik*, Kernbereich der Tarifautonomie, S. 166; *Säcker/Oetker*, Tarifautonomie, S. 70 (in der praktischen Konkordanz überwiegt die kollektive Koalitionsfreiheit, die ansonsten zu einem „nudum ius“ verkümmern würde); *Schwarze*, Betriebsrat, S. 194 ff., 198. Vgl. auch BVerfG 24.2.1999 NZA 1999, S. 713, 714: „Auch im Rahmen der betrieblichen Mitbestimmung fördern die Gewerkschaften die Arbeits- und Wirtschaftsbedingungen ihrer Mitglieder und nehmen damit eine *verfassungsrechtlich geschützte Funktion* wahr.“ (Hervor. d. Verf.).

der Außenseiter-Arbeitnehmer. Ein sozial inadäquater Druck, der Gewerkschaft beizutreten oder in ihr zu verbleiben, ist nicht festzustellen. Selbst bei einem extensiven Schutzbereichsverständnis ist der Eingriff in Art. 9 Abs. 3 Satz 1 GG durch die positive Koalitionsfreiheit der tarifschließenden Verbände im Rahmen der in der Verhältnismäßigkeit herzustellenden praktischen Konkordanz gerechtfertigt. Auch das Argument des Verstoßes gegen das Wesentlichkeitsprinzip greift im Ergebnis nicht.[163] Wie aus Art. 9 Abs. 3 Satz 1 GG – Tarifautonomie – folgt, haben die Tarifvertragsparteien gerade im Bereich der Wahrung und Förderung der Arbeits- und Wirtschaftsbedingungen ein eigenverantwortliches Normsetzungsrecht, während der Staat seine Rechtsetzungsmacht weit zurückgenommen hat.[164] § 3 Abs. 1 Nr. 1 bis 3 BetrVG enthält zwar unbestimmte Rechtsbegriffe, so daß eine gewisse tatbestandliche Unschärfe nicht zu leugnen ist.[165] In der Ausübung ihrer Gestaltungsbefugnis sind die Tarifvertragsparteien aber nicht gänzlich frei, sondern durch die gesetzlichen Anforderungen des § 3 Abs. 1 Nr. 1 bis 3 BetrVG im wesentlichen vorbestimmt. Deren Einhaltung kann von den Arbeitsgerichten nachgeprüft werden.[166] Die Ansicht, daß § 3 BetrVG aufgrund des Wegfalls des staatlichen Genehmigungsvorbehalts verfassungswidrig ist, ist daher abzulehnen.

III. Ergebnis

Kollektivverträge nach § 3 BetrVG gelten in den Arbeitsverhältnissen aller Arbeitnehmer der betreffenden betriebsverfassungsrechtlichen Organisationseinheit. Bei einer Betriebsvereinbarung nach § 3 Abs. 2 BetrVG folgt dies aus den Grundsätzen der Betriebsverfassung; das Problem der Außenseiterbindung stellt sich hier nicht. Für einen Tarifvertrag nach § 3 Abs. 1 BetrVG ergibt sich entsprechendes aus Art. 9 Abs. 3 Satz 1 GG. Die Zulässigkeit der Geltung in den Arbeitsverhältnissen der Außenseiter-Arbeitnehmer beruht auf § 3 Abs. 2 TVG.

E. Das Verhältnis zwischen legislativer, tariflicher und betrieblicher Regelungsbefugnis

Unabhängig davon, welche Ansicht zum rechtstheoretischen Ursprung der tarifvertraglichen Rechtsetzung zu bevorzugen ist, ergibt sich aus § 3 Abs. 1

---

163 Vgl. *Annuß* NZA 2002, S. 290, 291 f. (zu § 3 Abs. 1 Nr. 3 BetrVG); a. A. *Giesen*, Tarifvertragliche Rechtsgestaltung, S. 222 f., 309 f. Dies gilt mit entsprechender Begründung auch für den Abschluß einer Betriebsvereinbarung nach § 3 Abs. 2 BetrVG.

164 Vgl. *Hirschmann*, Begrenzung tarifvertraglicher Normsetzungsbefugnisse, S. 126 ff.

165 *Annuß* NZA 2002, S. 290, 292; vgl. auch *Giesen*, Tarifvertragliche Rechtsgestaltung, S. 309 f.; *Trümner* in: Däubler/Kittner/Klebe, § 3 BetrVG Rn. 85.

166 Siehe hierzu nachstehend § 17 A [S. 321 ff.].

BetrVG, *daß* die Koalitionen im Bereich der Organisationsverfassung des Betriebsverfassungsgesetzes Recht setzen können. Gleiches folgt für die Betriebsparteien aus § 3 Abs. 2 BetrVG. Aber auch der Gesetzgeber beansprucht Rechtsetzungsmacht im Bereich des Arbeitsrechts einschließlich der Betriebsverfassung, Art. 74 Abs. 1 Nr. 12 GG. Es stellt sich daher die Frage, ob und wie die Zuständigkeiten von legislativem, tariflichem und betrieblichem Normgeber in Beziehung zueinander gesetzt werden können.

I. Das Verhältnis zwischen legislativer und tariflicher Regelungsbefugnis

Die Betrachtung des Verhältnisses zwischen legislativer und tariflicher Regelungsbefugnis hat bei Art. 74 Abs. 1 Nr. 12 GG und § 1 Abs. 1 MindArbBedG sowie dem Generellen Leitsatz Nr. 3 zur Sozialunion des Gemeinsamen Protokolls über Leitsätze zum Staatsvertrag über die Schaffung einer Währungs-, Wirtschafts- und Sozialunion[167] anzusetzen. Aus diesen ergibt sich unzweifelhaft, daß dem Staat die Gestaltung der Betriebsverfassung als solcher und den Koalitionen die Festlegung der Löhne und sonstigen Arbeitsbedingungen obliegt. Aus Art. 74 Abs. 1 Nr. 12 GG folgt, daß ein Normsetzungsmonopol der Koalitionen nicht besteht.[168] Allerdings gewährleistet die Verfassungsnorm des Art. 9 Abs. 3 Satz 1 GG die Tarifautonomie, d. h. das Recht der Koalitionen, in einem von staatlicher Rechtsetzung weitgehend freigelassenen Raum eigenverantwortlich die Arbeits- und Wirtschaftsbedingungen durch unabdingbare Gesamtvereinbarungen zu wahren und zu fördern.[169] Zunächst ist daher zu prüfen, ob sich aus der Verfassung, insbesondere aus Art. 9 Abs. 3 Satz 1 GG, eine zwingende Kompetenzverteilung zwischen Legislative und Tarifvertragsparteien ergibt.

1. Die Kompetenzverteilung des Art. 9 Abs. 3 Satz 1 GG

Art. 9 Abs. 3 Satz 1 GG gewährleistet den Bestand und jede koalitionsspezifische Betätigung der Koalitionen zur Wahrung und Förderung der Arbeits- und Wirtschaftsbedingungen.[170] Der Bereich der Organisationsverfassung des Betriebsverfassungsgesetzes ist den Arbeits- und

---

[167] BGBl. 1990 II S. 537; GBl. (DDR) 1990 I S. 340.

[168] BVerfG 24.4.1996 E 94, 268, 284; BVerfG 3.4.2001 E 103, 293, 306; *Friese*, Kollektive Koalitionsfreiheit, S. 250; *Henssler* ZfA 1998, S. 1, 20 f.; *Leibholz/Rinck/Hesselberger* Art. 9 GG Rn. 500; *Lieb*, Arbeitsrecht, Rn. 454; *Löwer* in: von Münch/Kunig, Art. 9 GG Rn. 58, 61 ff.; *Löwisch/Rieble* in: MüHdbArbR III, § 246 Rn. 56; *P. Wolff*, Kollision, S. 42. Auch *Säcker*, Grundprobleme, S. 50 (unter Rückgriff auf eine Auslegung des Art. 9 Abs. 3 GG).

[169] Vgl. die Nachweise hierzu vorstehend Fn. 132.

[170] Siehe zur Ableitung der kollektiven Koalitionsfreiheit vorstehend, S. 32 f.

Wirtschaftsbedingungen in diesem Sinne zuzuordnen.[171] Aus der verfassungsrechtlichen Gewährleistung der Betätigungsgarantie der Koalitionen auf dem Gebiet des betriebsverfassungsrechtlichen Organisationsrechts könnte sich eine Normsetzungsprärogative der Tarifvertragsparteien ergeben. So führt das Bundesarbeitsgericht in seinem Urteil vom 25.9.1987[172] aus:

> „Die TVParteien sind aufgrund der ihnen von der Verfassung (Art. 9 Abs. 3 GG) zugewiesenen Tarifautonomie in erster Linie berufen, die Arbeitsbedingungen ihrer Mitglieder zu regeln. Art. 9 Abs. 3 GG gewährleistet eine Ordnung des Arbeits- und Wirtschaftslebens, bei der der Staat seine Zuständigkeit zur Rechtsetzung weit zurückgenommen und die Bestimmung der regelungsbedürftigen Einzelheiten des Arbeitsvertrages grundsätzlich den Koalitionen überlassen hat. Diesen ist durch die genannte Verfassungsnorm die im öffentl. Interesse liegende Aufgabe zugewiesen und in einem Kernbereich garantiert, insbes. die materiellen Arbeitsbedingungen in einem von staatl. Rechtsetzung freien Raum in eigener Verantwortung und im wesentl. ohne staatl. Einflußnahme sinnvoll zu ordnen. Diese Normsetzungsprärogative der Koalitionen gilt allerdings nicht schrankenlos. Der subsidiär für die Ordnung des Arbeitslebens weiterhin zuständige staatliche GesGeb. kann die Betätigung der Koalitionen in einer den besonderen Erfordernissen des jeweiligen Sachgebiets entsprechenden Weise – in den Grenzen des Kernbereichs der Koalitionsfreiheit – näher regeln."

Nach Ansicht des Bundesverfassungsgerichts muß dem Gesetzgeber im Verhältnis zu den Tarifvertragsparteien eine eigene Regelungszuständigkeit auf dem Gebiet der Arbeits- und Wirtschaftsbedingungen zustehen.[173] Sowohl das Tarifvertragssystem als auch die Betätigungsmöglichkeiten der Koalitionen unterlägen in bestimmten Grenzen dem legislativen Ausgestaltungs- und Eingriffsermessen.[174] Dem ist unter dem Gesichtspunkt der Zuständigkeitsabgrenzung zwischen Gesetzgeber und Tarifvertragsparteien zuzustimmen. Die Betätigungsfreiheit der Koalitionen erfährt durch Art. 9 Abs. 3 Satz 1 GG keine absolute Garantie. Zwar fehlt in Art. 9 Abs. 3 Satz 1 GG ein einfacher oder qualifizierter Gesetzesvorbehalt. Doch auch die Ausübung der kollektiven Koalitionsfreiheit steht im Widerstreit zu Grundrechten Dritter oder mit

---

171 Siehe vorstehend S. 33 ff.

172 BAG 25.9.1987 AP Nr. 1 zu § 1 BeschFG 1985.

173 BVerfG 18.12.1974 E 38, 281, 303 f., 305 f.; BVerfG 24.5.1977 E 44, 322, 341 f.; BVerfG 24.4.1996 E 94, 268, 284; BVerfG 27.4.1999 E 100, 271, 283; BVerfG 3.4.2001 E 103, 293, 306.

174 BVerfG 18.11.1954 E 4, 96, 107 ff.; BVerfG 30.11.1965 E 19, 303, 321; BVerfG 19.10.1966 E 20, 312, 318; BVerfG 26.5.1970 E 28, 295, 306; BVerfG 26.5.1970 E 28, 310, 313; BVerfG 24.5.1977 E 44, 322, 341 f.; BVerfG 1.3.1979 E 50, 290, 368; BVerfG 17.2.1981 E 57, 220, 246; BVerfG 20.10.1981 E 58, 233, 248; BVerfG 26.6.1991 E 84, 212, 228; BVerfG 24.4.1996 E 94, 268, 284; BVerfG 27.4.1999 E 100, 271, 283; BVerfG 3.4.2001 E 103, 293, 306.

Verfassungsrang ausgestatteten Rechtsgütern und kann im Einzelfall durch diese verfassungsimmanenten Grenzen im Rahmen der Verhältnismäßigkeit eingeschränkt werden.[175] Neben diesem Schutz vor freiheitsbeschränkenden Eingriffen des Staates erfordert die kollektive Koalitionsfreiheit, daß den Tarifvertragsparteien zugleich die für die Zweckverfolgung notwendigen Mittel zur Verfügung stehen.[176] Der kollektive Gehalt des Art. 9 Abs. 3 Satz 1 GG setzt, im Unterschied zu den klassischen Freiheitsrechten, den Konflikt zwischen verschiedenen Grundrechtsträgern unmittelbar voraus.[177] Zusätzlich bietet das Grundrecht aufgrund seiner hohen Abstraktion keine hinreichende Handhabe und Rechtssicherheit für die Ausübung des gewährleisteten Freiheitsrechts.[178] Schließlich ist die kollektive Koalitionsfreiheit ein offener Grundrechtstatbestand, welcher aufgrund der sich wandelnden wirtschaftlichen und sozialen Rahmenbedingungen einem stetigen Bedürfnis nach Modifikation

---

175 BVerfG 26.6.1991 E 84, 212, 228; BVerfG 14.11.1995 E 93, 352, 358 f.; BVerfG 24.4.1996 E 94, 268, 284; BVerfG 3.4.2001 E 103, 293, 306. Aus dem Schrifttum *Butzer* RdA 1994, S. 375, 381 f.; *Dieterich* in: ErfK, Art. 9 GG Rn. 48, 84; *Dörner* NZA 1998, S. 561, 564; *Gneiting* in: MAK-GG, Art. 9 Abs. 3 GG Rn. 136; *Höfling*, Anmerkung zu BVerfG vom 27.4.1999 – 1 BvR 2203/93, 897/95 in: JZ 2000, S. 44, 45; *Kühling* ArbuR 1994, S. 126, 131; vgl. auch *Gröbing* ArbuR 1986, S. 297, 297, 302; kritisch *Kittner/Schiek* in: AK-GG, Art. 9 Abs. 3 GG Rn. 99. Wenn das BVerfG 27.4.1999 in E 100, 271, 283 und 3.4.2001 in E 103, 293, 306 auf „Gemeinwohlbelange [...], denen gleichermaßen verfassungsrechtlicher Rang gebührt" abstellt, meint es damit in der Sache nichts anderes als andere mit Verfassungsrang ausgestattete Rechte, vgl. BVerfG 3.4.2001 E 103, 293, 306. Siehe allgemein zu den Schranken vorbehaltloser Grundrechte BVerfG 26.5.1970 E 28, 243, 261; BVerfG 7.3.1990 E 81, 278, 292 ff.; BVerfG 27.11.1990 E 83, 130, 139; BVerfG 25.10.1994 E 92, 26, 41; BVerfG 24.2.1999 NZA 1999, S. 713, 714; *Badura*, Staatsrecht, C Rn. 25; *Dreier* in: Dreier, Vorb. GG Rn. 88 f.; *Hesse*, Verfassungsrecht, Rn. 312; *Jarass* in: Jarass/Pieroth, Vorb. vor Art. 1 GG Rn. 38 f., 45 ff.; *Kannengießer* in: Schmidt-Bleibtreu/Fra. Klein, Vorb. v. Art. 1 GG Rn. 19; *Lerche* in: HdbStR V, § 122 Rn. 14, 23 f.; *Chr. Starck* in: von Mangoldt/Fri. Klein/Chr. Starck, Art. 1 GG Rn. 232 ff.; *von Münch* in: von Münch/Kunig, Vorb. Art. 1-19 GG Rn. 56 f.; *Sachs* in: ders., Vor Art. 1 GG Rn. 120 ff.; *Stern* in: HdbStR V, § 109 Rn. 82. Kritisch *Bleckmann*, Staatsrecht, § 12 Rn. 87 ff.; *Isensee* in: HdbStR I, § 13 Rn. 142; *ders.* in: HdbStR III, § 57 Rn. 125 ff.; *Pieroth/Schlink* Rn. 259 f., 314 ff., insbesondere 330 ff.; ablehnend *Kriele* in: HdbStR V, § 110 Rn. 69 ff.

176 BVerfG 1.3.1979 E 50, 290, 368; BVerfG 20.10.1981 E 58, 233, 247; BVerfG 26.6.1991 E 84, 212, 224; *Dieterich* in: ErfK, Art. 9 GG Rn. 79 f.

177 *Friese*, Kollektive Koalitionsfreiheit, S. 216; *Gröbing* ArbuR 1986, S. 297, 299; *Scholz* ZfA 1990, S. 377, 382.

178 *Friese*, Kollektive Koalitionsfreiheit, S. 216; *Isensee* in: HdbStR V, § 115 Rn. 139 f. Allgemein *Jarass* AöR 110 (1985), S. 363, 394.

und Fortentwicklung ausgesetzt ist.[179] Daher ist die Legislative zum Tätigwerden aufgefordert; sie hat den Koalitionen ein wirksames Instrumentarium zur Wahrung und Förderung der Arbeits- und Wirtschaftsbedingungen zur Verfügung zu stellen.[180] Die kollektive Koalitionsfreiheit ist ein normgeprägtes Grundrecht.[181]

Allerdings läßt sich aus dem Wortlaut des Art. 9 Abs. 3 Satz 1 GG keine Aussage über die Zuständigkeitsabgrenzung zwischen Legislative und Tarifvertragsparteien ableiten. Dieser ist insofern unergiebig – er benennt nur die Bildung zweckgerichteter Vereinigungen als geschützte Betätigungsform.[182] Auch eine systematische Auslegung des Art. 9 Abs. 3 Satz 1 GG führt nicht weiter. Die Verortung des Art. 9 Abs. 3 Satz 1 GG im Grundrechtskatalog des Grundgesetzes entspricht seinem Charakter als Grundrecht. Wer für die Regelung konkreter Materien zuständig ist, bestimmen hingegen die Art. 70 ff. GG.[183] Ebenso folgt aus der teleologischen Auslegung des Art. 9 Abs. 3 Satz 1 GG kein zwingendes Argument für oder gegen eine Vorrangstellung der Koalitionen. Die Funktion der kollektiven Koalitionsfreiheit ist der Ausgleich bestehender Machtgefälle,[184] wobei die Anerkennung der Koalitionen und ihrer Zweckverfolgung eine Konsequenz der historischen Entwicklung ist[185]. Die Koalitionen wahren und fördern die Arbeits- und Wirtschaftsbedingungen ihrer Mitglieder. Die Gesetzgebungskompetenz und -verantwortung des Staates geht

---

179 BVerfG 1.3.1979 E 50, 290, 368; BVerfG 20.10.1981 E 58, 233, 247; *Friese*, Kollektive Koalitionsfreiheit, S. 217; *Isensee* in: HdbStR V, § 115 Rn. 140; *ders.*, Kolloquium der Walter-Raymond-Stiftung, S. 159, 167 f.

180 BVerfG 2.3.1993 E 88, 103, 115; BVerfG 25.10.1994 E 92, 26, 41; BVerfG 4.7.1995 E 92, 365, 394; *Butzer* RdA 1994, S. 375, 379; *Friese*, Kollektive Koalitionsfreiheit, S. 217; *Isensee* in: HdbStR V, § 115 Rn. 141; *Jahnke*, Tarifautonomie, S. 31; *Kannengießer* in: Schmidt-Bleibtreu/Fra. Klein, Art. 9 GG Rn. 12b; *Löwisch/Rieble* in: MüHdbArbR III, § 244 Rn. 16, 42 ff.; *Wank*, Anmerkung zu BVerfG vom 10.1.1995 – 1 BvF 1/90 u. a. in: AP Nr. 76 zu Art. 9 GG; *H. Wiedemann* in: ders., Einleitung TVG Rn. 130 f.

181 *Friese*, Kollektive Koalitionsfreiheit, S. 217; *Jarass* AöR 110 (1985), S. 363, 390, 393; *Ruck* AöR 117 (1992), S. 543, 548 f.; auch *Isensee*, Kolloquium der Walter-Raymond-Stiftung, S. 159, 166; *Stern*, Staatsrecht III/1, § 69 V 2 [S. 956]. Die Parallele zu Art. 14 Abs. 1 GG liegt nahe, vgl. *Isensee*, Kolloquium der Walter-Raymond-Stiftung, S. 159, 167. Allgemein *Nierhaus* AöR 116 (1991), S. 72, 80 f., 90 („rechtsgeprägte Grundrechte"); *Pieroth/Schlink* Rn. 209 ff.

182 *Friese*, Kollektive Koalitionsfreiheit, S. 249.

183 *Dies.*, Kollektive Koalitionsfreiheit, S. 249 f.

184 BVerfG 26.6.1991 E 84, 212, 229; BVerfG 4.7.1995 E 92, 365, 395; *Friese*, Kollektive Koalitionsfreiheit, S. 250.

185 *Friese*, Kollektive Koalitionsfreiheit, S. 250.

darüber hinaus. Art. 9 Abs. 3 Satz 1 GG ist kein genereller Verzicht des Gesetzgebers auf seine eigene Normsetzungsbefugnis zu entnehmen.[186] Die Koalitionen handeln vielmehr gleichrangig neben dem Staat.[187] So spricht das Bundesverfassungsgericht in seiner Entscheidung zum Hochschulrahmengesetz[188] davon, daß Art. 9 Abs. 3 Satz 1 GG den Tarifvertragsparteien zwar ein Normsetzungsrecht, aber kein Normsetzungsmonopol verleihe.[189] Im einzelnen führt es aus:

> „Die Koalitionsfreiheit ist zwar vorbehaltlos gewährleistet. Das bedeutet aber nicht, daß dem Gesetzgeber jede Regelung im Schutzbereich des Grundrechts verwehrt wäre. Soweit das Verhältnis der Tarifvertragsparteien zueinander berührt wird, die beide den Schutz des Art. 9 Abs. 3 GG genießen, bedarf die Koalitionsfreiheit der gesetzlichen Ausgestaltung (vgl. BVerfGE 84, 212 [228]). Aber auch im übrigen ist dem Gesetzgeber die Regelung von Fragen, die Gegenstand von Tarifverträgen sein können, nicht von vornherein entzogen. Art. 9 Abs. 3 GG verleiht den Tarifvertragsparteien in diesem Bereich zwar ein Normsetzungsrecht, aber kein Normsetzungsmonopol."[190]

Als Ergebnis läßt sich festhalten, daß die Verfassungsnorm des Art. 9 Abs. 3 Satz 1 GG keinen Anhaltspunkt für eine Vorrangstellung der Tarifvertragsparteien bei der Normierung des Arbeitslebens enthält.[191] Aus ihr folgt ein Normsetzungsrecht, aber keine Normsetzungsprärogative der Koalitionen. Die Koalitionen und die Legislative stehen gleichberechtigt nebeneinander.

---

186 *Friese*, Kollektive Koalitionsfreiheit, S. 251; *Oetker* ZG 1998, S. 155, 164. Ähnlich *Löwer* in: von Münch/Kunig, Art. 9 GG Rn. 61; *Meier-Krenz* DB 1988, S. 2149, 2150 („Kompetenz-Kompetenz" des Gesetzgebers), 2151 („das Verhältnis von Gesetzesrecht und Tarifrecht nicht in einer für den Gesetzgeber verbindlichen Weise generell geregelt").

187 *Friese*, Kollektive Koalitionsfreiheit, S. 251; *Schliemann*, FS Hanau, S. 577, 592; *T. Wißmann*, Tarifvertragliche Gestaltung, S. 45. Im Ergebnis so auch *P. Wolff*, Kollision, S. 42.

188 BVerfG 24.4.1996 E 94, 268 ff. = AP Nr. 2 zu § 57a HRG = EzA Art. 9 GG Nr. 61 (mit Anmerkung *Th. Müller/Thüsing*) = AR-Blattei, ES 1650 Nr. 17 (mit Anmerkung *Löwisch*) = SAE 1997, S. 129 ff. (mit zustimmender Anmerkung *Hufen*).

189 BVerfG 24.4.1996 E 94, 268, 284. Bestätigt durch BVerfG 3.4.2001 E 103, 293, 306. In diese Richtung läßt sich bereits die Entscheidung des BVerfG zum Mitbestimmungsgesetz verstehen. Dort führt das Gericht aus: „es ist vielmehr Sache des Gesetzgebers, die Tragweite der Koalitionsfreiheit dadurch zu bestimmen, daß er die Befugnisse der Koalitionen im einzelnen gestaltet und näher regelt", BVerfG 1.3.1979 E 50, 290, 386. Anders noch BVerfG 24.5.1977 E 44, 322, 341, wo von einer „Normsetzungsprärogative" der Koalitionen die Rede ist.

190 BVerfG 24.4.1996 E 94, 268, 284.

191 Ebenso *Hufen*, Anmerkung zu BVerfG vom 24.4.1996 – 1 BvR 712/86 in: SAE 1997, S. 137, 139; *Trümner* in: Däubler/Kittner/Klebe, § 3 BetrVG Rn. 11.

2. Die betriebliche Organisationsverfassung als grundsätzlich zwingendes Gesetzesrecht

Aus der Verfassung ergibt sich keine vorrangige Kompetenz der Legislative bzw. der Tarifvertragsparteien für den Bereich des Organisationsrechts der Betriebsverfassung. Eine solche könnte jedoch durch Auslegung des einfachen Rechts gewonnen werden. Sedes materie ist die Organisationsverfassung des Betriebsverfassungsgesetzes, insbesondere § 3 BetrVG. Aus der enumerativen[192] Öffnung des Betriebsverfassungsrechts für tarifvertragliche Regelungen im Bereich der Organisation, der Struktur und des Aufbaus der Betriebsverfassung kann per argumentum e contrario auf die abschließende und zwingende Wirkung der gesetzlichen Organisation der Betriebsverfassung geschlossen werden.[193] Die grundsätzlich zwingende Natur des Organisationsrechts der Betriebsverfassung wird zudem durch die Gesetzesmaterialien zum Betriebsverfassungsgesetz a. F. gestützt. Dort heißt es:

> „Die organisatorischen Vorschriften des Betriebsverfassungsgesetzes sind ihrer Natur nach zwingend. [...] Im Hinblick auf die grundsätzlich zwingende Natur von Organisationsvorschriften müssen jedoch solche Abweichungsmöglichkeiten ausdrücklich festgelegt und klar umschrieben werden.“[194]

Hieran wollte der Gesetzgeber mit Erlaß des Betriebsverfassungs-Reformgesetzes nichts ändern. Zum einen hat er an einer enumerativen[195], wenn auch inhaltlich erweiterten Aufzählung der den Koalitionen eingeräumten Abweichungsoptionen in § 3 BetrVG festgehalten.[196] Zum anderen sollen nach den Gesetzesmaterialien durch eine Kombination aus *gesetzlicher* und vertraglicher Lösung flexible Regelungen geschaffen werden, die tragfähig für die Zukunft sind.[197] Dies entspricht der weit überwiegenden Ansicht in

---

192 Vgl. neben § 3 BetrVG noch die §§ 21a Abs. 1 Satz 4, 38 Abs. 1 Satz 5, 47 Abs. 4 und Abs. 9, 55 Abs. 4, 72 Abs. 4 und Abs. 8, 73a Abs. 4, 76 Abs. 8, 76a Abs. 5, 86 und 117 Abs. 2 BetrVG.

193 BAG 16.2.1973 AP Nr. 1 zu § 19 BetrVG 1972 (mit zustimmender Anmerkung *B. Natzel*); *Beuthien* ZfA 1986, S. 131, 135; *Buchner*, AR-Blattei, 2001, Tarifvertrag V, Rn. 223; *Friese*, Kollektive Koalitionsfreiheit, S. 135 f.; *Giesen*, Tarifvertragliche Rechtsgestaltung, S. 344; *von Hoyningen-Huene/Meier-Krenz* ZfA 1988, S. 293, 307; *Säcker/Oetker*, Tarifautonomie, S. 197; *T. Wißmann*, Tarifvertragliche Gestaltung, S. 49.

194 Begründung zum RegE, BT-Drucks. VI/1786, S. 36 und BR-Drucks. 715/70, S. 36.

195 *Eisemann* in: ErfK, § 3 BetrVG Rn. 1; *Plander* NZA 2002, S. 483, 485.

196 Auch die anderen Öffnungsklauseln gelten weiterhin.

197 Vgl. Begründung zum RegE, BT-Drucks. 14/5741, S. 2, 26.

Rechtsprechung und Schrifttum,[198] die das Organisationsrecht der Betriebsverfassung grundsätzlich als ius cogens ansieht. Die Auslegung des einfachen Rechts ergibt somit eine Vorrangstellung der Legislative. Die Koalitionen können nur in den im Betriebsverfassungsgesetz enumerativ[199] aufgezählten Fällen tätig werden. Im Gegensatz hierzu folgt aus Art. 9 Abs. 3 Satz 1 GG, daß Legislative und Koalitionen bezüglich der Wahrung und Förderung der Arbeits- und Wirtschaftsbedingungen gleichberechtigt nebeneinander stehen.[200] Die Konkurrenztätigkeit des Staates, d. h. die Regelung von Arbeits- und Wirtschaftsbedingungen in Gestalt des zwingenden Gesetzesrechts, verkürzt die verfassungsrechtlich vorgegebene Freiheit der

---

198 Vgl. BAG 16.2.1973 AP Nr. 1 zu § 19 BetrVG 1972; BAG 19.2.1975 AP Nr. 9 zu § 5 BetrVG 1972; BAG 19.2.1975 AP Nr. 10 zu § 5 BetrVG 1972; BAG 10.2.1988 AP Nr. 53 zu § 99 BetrVG 1972; BAG 11.11.1998 AP Nr. 18 zu § 50 BetrVG 1972 (mit zustimmender Anmerkung *Jacobs*); BAG 19.6.2001 AP Nr. 3 zu § 3 BetrVG 1972; LAG Düsseldorf 21.1.2000 ZInsO 2000, S. 681, 683; *Adomeit* in: Hanau/Adomeit, Rn. 398 f.; *Däubler*, Tarifvertragsrecht, Rn. 1034; *Eisemann* in: ErfK, § 1 BetrVG Rn. 19, § 3 BetrVG Rn. 1; *Feichtinger*, Regelungsbefugnis der Tarifvertragsparteien, S. 90; *Fitting* § 1 BetrVG Rn. 143, § 3 BetrVG Rn. 1; *Friese*, Kollektive Koalitionsfreiheit, S. 135 f.; *Giesen*, Tarifvertragliche Rechtsgestaltung, S. 344; *Heither*, FS Schaub, S. 295, 307 f.; *Hess* in: Hess/Schlochauer/Glaubitz, § 3 BetrVG Rn. 1; *von Hoyningen-Huene* in: MüHdbArbR III, § 297 Rn. 93; *ders.*, Betriebsverfassungsrecht, § 2 IV a [S. 21 f.]; *von Hoyningen-Huene/Meier-Krenz* ZfA 1988, S. 293, 307; *A. Hueck/Nipperdey*, Arbeitsrecht II/1, § 15 V 1 [S. 295]; *dies.*, Arbeitsrecht II/2, § 63 D [S. 1222]; *Jahnke*, Tarifautonomie, S. 192; *Kort* Die AG 2003, S. 13, 13; *Kraft* in: GK-BetrVG I, § 1 BetrVG Rn. 57, § 3 BetrVG Rn. 5; *ders.* ZfA 1973, S. 243, 250; *Löwisch* in: Löwisch/Kaiser, Einleitung BetrVG Rn. 3, § 3 BetrVG Rn. 1; *ders.* ArbuR 1978, S. 97, 99; *Marienhagen* in: Galperin I, § 3 BetrVG Rn. 1; *Meier-Krenz* DB 1988, S. 2149, 2150; *Oetker* in: H. Wiedemann, § 1 TVG Rn. 596; *Richardi* in: ders., Einleitung BetrVG Rn. 141; *Rieble* RdA 1993, S. 140, 141; *Säcker/Oetker*, Tarifautonomie, S. 197; *Schwarze*, Betriebsrat, S. 174 ff.; *Trümner* in: Däubler/Kittner/Klebe, § 3 BetrVG Rn. 4; *Wagenitz*, Tarifmacht, S. 67; *Weyand* ArbuR 1989, S. 193, 199; *H. Wiedemann* in: ders., Einleitung TVG Rn. 361; *T. Wißmann*, Tarifvertragliche Gestaltung, S. 46 ff. A. A. aber *Gamillscheg*, Kollektives Arbeitsrecht, § 15 VII 5 [S. 607 ff.]; *ders.*, FS K. Molitor, S. 133, 133 f., 148 ff.; kritisch *Kittner/Schiek* in: AK-GG, Art. 9 Abs. 3 GG Rn. 127. Zum BetrVG 1952 im Sinne der herrschenden Ansicht bereits *Biedenkopf*, Grenzen der Tarifautonomie, S. 295 f.; *Huber*, Wirtschaftsverwaltungsrecht II, § 99 I 3 d) aa) [S. 540]. Die Unzulässigkeit der tarifvertraglichen Abweichung von der durch das Betriebsverfassungsgesetz vorgegebenen Organisation der Betriebsverfassung besteht unabhängig davon, wie die betriebsverfassungsrechtliche Normsetzungsbefugnis der Tarifvertragsparteien im einzelnen begründet wird, vgl. *Friese*, Kollektive Koalitionsfreiheit, S. 135.

199 So zu § 3 BetrVG im speziellen *Eisemann* in: ErfK, § 3 BetrVG Rn. 1; *Plander* NZA 2002, S. 483, 485.

200 Siehe vorstehend S. 41 ff.

Koalitionen. Der Vorrang der Legislative ist ein zu rechtfertigender Eingriff in Art. 9 Abs. 3 Satz 1 GG.[201]

3. Die Rechtfertigung der grundsätzlich zwingenden Natur des betrieblichen Organisationsrechts

Der grundsätzlich zwingende Charakter des betrieblichen Organisationsrechts könnte gerechtfertigt sein. Seinem Wortlaut nach ist Art. 9 Abs. 3 Satz 1 GG ein vorbehaltlos gewährleistetes Grundrecht.[202] Dies bedeutet jedoch nicht, daß dem Staat jeder Eingriff verwehrt wäre. Eine Rechtfertigung ist durch kollidierendes Verfassungsrecht möglich.[203] Der Staat müßte sich auf Grundrechte Dritter oder andere mit Verfassungsrang ausgestattete Rechte[204] berufen können. Ob darüber hinaus andere Drittinteressen oder das Gemeinwohl einen Eingriff zu legitimieren imstande sind, ist umstritten.[205] Die Ansicht, die

---

201 Vgl. *T. Wißmann*, Tarifvertragliche Gestaltung, S. 45, 52 f. Das LAG Sachsen-Anhalt 9.11.1999 – 11 (2) TaBV 10/99, n. v. folgert dies aus dem staatlichen Zustimmungsvorbehalt des § 3 Abs. 2 BetrVG a. F. Allgemein zur Definition von Eingriffsgesetzen *Boerner* ZTR 1996, S. 435, 443; *Dieterich* in: ErfK, Art. 9 GG Rn. 84; *Dörner* NZA 1998, S. 561, 564; *H. Wiedemann* in: ders., Einleitung TVG Rn. 133.

202 BVerfG 26.6.1991 E 84, 212, 228; BVerfG 10.1.1995 E 92, 26, 41; BVerfG 24.4.1996 E 94, 268, 284; BVerfG 24.2.1999 E 100, 214, 223; BVerfG 27.4.1999 E 100, 271, 283; BVerfG 3.4.2001 E 103, 293, 306; *Dieterich* in: ErfK, Art. 9 GG Rn. 47; *Gneiting* in: MAK-GG, Art. 9 Abs. 3 GG Rn. 136; *Höfling* in: Sachs, Art. 9 GG Rn. 126.

203 BVerfG 26.6.1991 E 84, 212, 228; BVerfG 10.1.1995 E 92, 26, 41; BVerfG 24.2.1999 E 100, 214, 223 f.; siehe auch *Dieterich* in: ErfK, Art. 9 GG Rn. 48; *Gneiting* in: MAK-GG, Art. 9 Abs. 3 GG Rn. 136; *Höfling* in: Sachs, Art. 9 GG Rn. 128; *ders.*, FS Friauf, S. 377, 387 ff.; *Hufen*, Anmerkung zu BVerfG vom 24.4.1996 – 1 BvR 712/86 in: SAE 1997, S. 137, 139; *Jacobs*, Tarifeinheit, S. 431 f.; *Kittner/Schiek* in: AK-GG, Art. 9 Abs. 3 GG Rn. 95 ff.; *Pieroth/Schlink* Rn. 756 ff.

204 BVerfG 26.6.1991 E 84, 212, 228; BVerfG 24.4.1996 E 94, 268, 284; BVerfG 3.4.2001 E 103, 293, 306. Aus dem Schrifttum *Butzer* RdA 1994, S. 375, 381 f.; *Dieterich* in: ErfK, Art. 9 GG Rn. 48, 84; *Dörner* NZA 1998, S. 561, 564; *Gneiting* in: MAK-GG, Art. 9 Abs. 3 GG Rn. 136; *Höfling*, Anmerkung zu BVerfG vom 27.4.1999 – 1 BvR 2203/93, 897/95 in: JZ 2000, S. 44, 45; *Jacobs*, Tarifeinheit, S. 431 f.; *Kühling* ArbuR 1994, S. 126, 131; kritisch *Kittner/Schiek* in: AK-GG, Art. 9 Abs. 3 GG Rn. 99. Wenn das BVerfG 27.4.1999 E 100, 271, 283; BVerfG 3.4.2001 E 103, 293, 306 auf „Gemeinwohlbelange [...], denen gleichermaßen verfassungsrechtlicher Rang gebührt" abstellt, meint es damit in der Sache nichts anderes als andere mit Verfassungsrang ausgestattete Rechte, vgl. BVerfG 3.4.2001 E 103, 293, 306.

205 Bejahend *Henssler* ZfA 1998, S. 1, 26 f.; *Löwer* in: von Münch/Kunig, Art. 9 GG Rn. 64 („Gemeinwohlgründe von genügendem Gewicht nach Maßgabe der skalierten Verhältnismäßigkeit"); *Löwisch* in: Löwisch/Rieble, Grundlagen TVG Rn. 22 ff.; *ders.*, Anmerkung zu BVerfG vom 24.4.1996 – 1 BvR712/86 in: AR-Blattei, ES 1650 Nr. 17; *Löwisch/Rieble* in: MüHdbArbR III, § 246 Rn. 57 f. (für Gegenstände, die nicht im Zentrum der tariflichen Regelungsmacht stehen, wie z. B. Lage der

einen entsprechenden einfachen Gesetzesvorbehalt befürwortet, differenziert zwischen den Regelungsgegenständen des Art. 9 Abs. 3 Satz 1 GG und plädiert für die Notwendigkeit der Anpassung der Schrankensystematik.[206] Der historische Gesetzgeber habe ursprünglich nur die individuelle Koalitionsfreiheit regeln wollen und diesbezüglich einen Gesetzesvorbehalt nicht normiert.[207] Im Bereich der kollektiven Koalitionsfreiheit bestehe hingegen ein ungeschriebener Grundrechtsvorbehalt.[208] Unabhängig davon, welcher Ansicht in der Sache zu folgen ist,[209] kann der Streit hier dahinstehen, wenn der Eingriff in die kollektive Koalitionsfreiheit des Art. 9 Abs. 3 Satz 1 GG durch kollidierendes Verfassungsrecht gerechtfertigt ist.

Die grundsätzlich zwingende Natur des betriebsverfassungsrechtlichen Organisationsrechts könnte durch das Sozialstaatsprinzip, Art. 20 Abs. 1, 28 Abs. 1 GG i. V. m.[210] der Menschenwürde und der freien Entfaltung der Persönlichkeit, Art. 1 Abs. 1, 2 Abs. 1 GG sowie der Berufsfreiheit der

---

Arbeitszeit, Lohnnebenleistungen oder Formvorschriften); *Wank*, Anmerkung zu BVerfG vom 14.11.1995 – 1 BvR 601/92 in: JZ 1996, S. 629, 631. Verneinend *Däubler*, Tarifvertragsrecht, Rn. 351; *Kempen* in: Kempen/Zachert, Grundlagen TVG Rn. 205, 208; *Oppolzer/Zachert* BB 1993, S. 1353, 1355; *Zachert* NZA 1994, S. 529, 533 f. Ausdrücklich offengelassen von BVerfG 26.6.1991 E 84, 212, 228; BVerfG 24.4.1996 E 94, 268, 284.

206 *Wank* in: H. Wiedemann, § 4 TVG Rn. 638; *ders.*, Anmerkung zu BVerfG vom 10.1.1995 – 1 BvF 1/90 u. a. in: AP Nr. 76 zu Art. 9 GG; *ders.*, Anmerkung zu BVerfG vom 14.11.1995 – 1 BvR 601/92 in: JZ 1996, S. 629, 631; ebenso *Butzer* RdA 1994, S. 375, 381; *Friauf* RdA 1986, S. 188, 191; *Kamanabrou* RdA 1997, S. 22, 33. Dagegen *Friese*, Kollektive Koalitionsfreiheit, S. 208.

207 *Boerner* ZTR 1996, S. 435, 444; *Butzer* RdA 1994, S. 375, 381; *Rupp* JZ 1998, S. 919, 922; *Schwerdtfeger*, Unternehmerische Mitbestimmung, S. 250; *Wank* in: H. Wiedemann, § 4 TVG Rn. 638; *ders.*, Anmerkung zu BVerfG vom 10.1.1995 – 1 BvF 1/90 u. a. in: AP Nr. 76 zu Art. 9 GG; *ders.*, Anmerkung zu BVerfG vom 14.11.1995 – 1 BvR 601/92 in: JZ 1996, S. 629, 631.

208 *Friauf* RdA 1986, S. 188, 190 f.; *Gamillscheg*, Kollektives Arbeitsrecht, § 3 2 a) (2) [S. 129 f.]; *Henssler* ZfA 1998, S. 1, 5 f., 12; *Kamanabrou* RdA 1997, S. 22, 33; *Schaub* in: ders., Arbeitsrechts-Handbuch, § 188 Rn. 19 (Anwendung der Schrankentrias des Art. 2 Abs. 1 GG); *Schwerdtfeger*, Unternehmerische Mitbestimmung, S. 250 f.; *Wank*, Anmerkung zu BVerfG vom 10.1.1995 – 1 BvF 1/90 u. a. in: AP Nr. 76 zu Art. 9 GG; *ders.*, Anmerkung zu BVerfG vom 14.11.1995 – 1 BvR 601/92 in: JZ 1996, S. 629, 631; a. A. ausdrücklich *Däubler*, Tarifvertragsrecht, Rn. 351; *Kempen* in: Kempen/Zachert, Grundlagen TVG Rn. 101, 105, 109; *ders.* RdA 1994, S. 140, 147; *Kittner/Schiek* in: AK-GG, Art. 9 Abs. 3 GG Rn. 95 f.

209 Zur Argumentation vgl. nur *Gneiting* in: MAK-GG, Art. 9 Abs. 3 GG Rn. 140.

210 Zur grundrechtlichen Fundamentierung der betrieblichen Mitbestimmung siehe auch nachstehend S. 86 ff.

Arbeitnehmer, Art. 12 Abs. 1 GG, gerechtfertigt sein.[211] Das Sozialstaatsprinzip enthält einen Gestaltungsauftrag an den Gesetzgeber[212] und ist als solches recht unbestimmt. Aus ihm folgt aber jedenfalls die Pflicht zur Schaffung eines arbeitsrechtlichen Mindestschutzes,[213] um soziale Ungleichheiten abzubauen, Chancengleichheit herzustellen, sozial und wirtschaftlich Schwächere zu schützen sowie die existentiellen Voraussetzungen für den Gebrauch rechtsstaatlicher Freiheiten zu schaffen, Art. 1 Abs. 1, 2 Abs. 1 GG[214]. Ausdruck dieses Gedankens ist die betriebliche Mitbestimmung der Arbeitnehmer.[215] Sie

---

211 Ebenso *T. Wißmann*, Tarifvertragliche Gestaltung, S. 54 ff.; allgemein *Hufen*, Anmerkung zu BVerfG vom 24.4.1996 – 1 BvR 712/86 in: SAE 1997, S. 137, 139 (Rechtfertigung durch Staatszielbestimmungen); *Gneiting* in: MAK-GG, Art. 9 Abs. 3 GG Rn. 139. Auch das BVerfG geht davon aus, daß das Sozialstaatsprinzip grundsätzlich zur Eingriffsrechtfertigung herangezogen werden kann, vgl. BVerfG 27.4.1999 E 100, 271, 284 ff.; BVerfG 3.4.2001 E 103, 293, 306 ff. Es ist aber nicht geeignet, Grundrechte unmittelbar, d. h. ohne nähere Konkretisierung durch den Gesetzgeber, zu beschränken, vgl. BVerfG 6.11.1979 E 52, 283, 298; BVerfG 13.1.1982 E 59, 231, 263. Ablehnend dagegen *Richardi* in: ders., Einleitung BetrVG Rn. 42. Kritisch zur Heranziehung des Sozialstaatsprinzips bei der Lösung des Konflikts zwischen staatlicher und tariflicher Rechtsetzung *Kempen* ArbuR 1980, S. 193, 201 f. *Peters/Ossenbühl*, Übertragung von öffentlich-rechtlichen Befugnissen, S. 21 f. entnehmen die Rechtfertigung einer staatlichen Eingriffsregelung dem Subsidiaritätsprinzip, da „die Zuständigkeit der unteren sozialen Einheit nur für solche Bereiche zu vermuten ist, die nicht übergreifende Interessen, insbesondere das Gemeinwohl berühren".

212 BVerfG 19.12.1978 E 50, 57, 108; BVerfG 27.4.1999 E 100, 271, 284. Siehe auch *Schwerdtfeger*, Unternehmerische Mitbestimmung, S. 162 ff.

213 *Richardi* in: ders., Einleitung BetrVG Rn. 40; *Schwarze*, Betriebsrat, S. 104; *T. Wißmann*, Tarifvertragliche Gestaltung, S. 55.

214 Vgl. BVerfG 18.7.1967 E 22, 180, 204; BVerfG 22.6.1977 E 45, 376, 387; BVerfG 27.4.1999 E 100, 271, 284; *Th. Blanke/Rose* AiB 2000, S. 491, 494, 496; *Butzer* RdA 1994, S. 375, 381 f.; *Gröbing* ArbuR 1986, S. 297, 297; *Hofmann* in: HdbStR I, § 7 Rn. 59; *Schwerdtfeger*, Unternehmerische Mitbestimmung, S. 161 f.; *T. Wißmann*, Tarifvertragliche Gestaltung, S. 54 f. Den Zusammenhang zwischen Koalitionsfreiheit und Sozialstaatsprinzip sehen bereits *Badura* ArbRdGegw. 15 (1978), S. 17, 34 f.; *B. Preis* ZfA 1972, S. 271, 293 ff.

215 BAG 13.3.1973 AP Nr. 1 zu § 87 BetrVG 1972 Werkmietwohnungen; BAG 5.3.1974 AP Nr. 1 zu § 87 BetrVG 1972 Kurzarbeit; BAG 22.1.1980 AP Nr. 3 zu § 87 BetrVG 1972 Lohngestaltung; BAG 17.12.1980 AP Nr. 4 zu § 87 BetrVG 1972 Lohngestaltung; BAG 18.4.1989 AP Nr. 18 zu § 87 BetrVG 1972 Tarifvorrang; BAG 4.7.1989 AP Nr. 20 zu § 87 BetrVG 1972 Tarifvorrang; *Bakopoulos*, Zuständigkeitsverteilung, S. 71; *Belling*, Günstigkeitsprinzip, S. 113; *ders.*, Haftung des Betriebsrats, S. 118, 325; *Biedenkopf*, Grenzen der Tarifautonomie, S. 293; *Canaris* ArbuR 1966, S. 129, 129; *Däubler* in: Däubler/Kittner/Klebe, Einleitung BetrVG Rn. 38 f., 66, 71; *Dütz/Schulin* ZfA 1975, S. 103, 112 ff.; *Eisemann* in: ErfK, § 1 BetrVG Rn. 1; *Fitting* § 1 BetrVG Rn. 1, 266; *Friese*, Kollektive

ist für den Arbeitnehmerschutz von zentraler Bedeutung, sichert sie doch zum einen die Chance auf Selbstbestimmung der Arbeitnehmer durch Begrenzung des Direktionsrechts des Arbeitgebers und zum anderen die Subjektstellung des Arbeitnehmers, vgl. § 75 Abs. 2 BetrVG. Sie beeinflußt zu einem wesentlichen Teil die Bedingungen, „unter denen die Arbeitnehmer namentlich ihr Grundrecht auf Berufsfreiheit wahrnehmen, das für alle sozialen Schichten von Bedeutung ist [...]“.[216]

Das Sozialstaatsprinzip i. V. m. der Menschenwürde und der freien Entfaltung der Persönlichkeit sowie der Berufsfreiheit rechtfertigen den Eingriff in die kollektive Koalitionsfreiheit, wenn dieser verhältnismäßig ist. Hierfür sind die widerstreitenden Grundrechte bzw. verfassungsmäßigen Rechte des Art. 9 Abs. 3 Satz 1 GG und der Art. 20 Abs. 1, 28 Abs. 1 GG i. V. m. Art. 1 Abs. 1, 2 Abs. 1, 12 Abs. 1 GG gegeneinander abzuwägen und im Wege der praktischen Konkordanz[217] in einen verhältnismäßigen Ausgleich mit dem Ziel ihrer Optimierung zu bringen[218]. Allerdings sind die Anforderungen, die an die den

---

Koalitionsfreiheit, S. 60; *Gamillscheg*, Arbeitsrecht II, S. 222 f.; *Gast*, Arbeitsvertrag und Direktion, S. 101 ff., 106; *Glaubitz* in: Hess/Schlochauer/Glaubitz, § 87 BetrVG Rn. 7; *A. Hueck/Nipperdey*, Arbeitsrecht I, § 7 V [S. 29]; *dies.*, Arbeitsrecht II/1, § 3 I [S. 25 f.]; *dies.*, Arbeitsrecht II/2, § 51 A II 1 [S. 1062 f.]; *Hurlebaus*, Fehlende Mitbestimmung, S. 26 ff., 57 ff., 72 ff.; *Isele* RdA 1962, S. 373, 373 f.; *Jahnke*, Tarifautonomie, S. 26, 113, 123 ff.; *ders.* ZfA 1980, S. 863, 882 f.; *Joost* ZfA 1993, S. 257, 266; *U. Koch* in: Schaub, Arbeitsrechts-Handbuch, § 210 Rn. 2; *Kreutz*, Grenzen der Betriebsautonomie, S. 153 ff., 201 ff.; *Lambrich*, Tarif- und Betriebsautonomie, S. 126, 128; *Löwisch* in: Galperin II, vor § 74 BetrVG Rn. 6; *Mertz* RdA 1971, S. 203, 203; *G. Müller* BB 1957, S. 409, 409 f.; *ders.* DB 1970, S. 1076, 1078; *Richardi* in: ders., § 87 BetrVG Rn. 8 (weitergehend Integration als primäre Funktion der Betriebsverfassung); *Richardi* ArbRdGegw. 13 (1976), S. 19, 21; *Rüthers*, Betriebsverfassungsrechtliches Mitbestimmungsrecht, S. 7, 14 f., 22 f., 24, 33 f.; *Säcker*, Gruppenautonomie, S. 352; *Siebert*, FS Nipperdey 1955, S. 119, 123; *Söllner* RdA 1968, S. 437, 437 ff.; *Söllner/Waltermann*, Arbeitsrecht, Rn. 557; *Soost* Forum Recht 2000, S. 98, 98; *Waltermann*, Rechtsetzung durch Betriebsvereinbarung, S. 84; *Wiese* in: GK-BetrVG I, Einleitung BetrVG Rn. 76; *ders.*, Initiativrecht, S. 11, 34; *ders.*, FS Kissel, S. 1269, 1277; *ders.*, FS 25 Jahre BAG, S. 661, 662 (zu § 87 BetrVG im besonderen); *ders.* ZfA 1989, S. 645, 650, 655 ff.; *ders.* ZfA 1996, S. 439, 473 f.; *ders.* ZfA 2000, S. 117, 117; *T. Wißmann*, Tarifvertragliche Gestaltung, S. 55; *Zöllner/Loritz*, Arbeitsrecht, § 44 III 4 [S. 494]. *G. Müller*, Tarifautonomie, S. 135 mißt dem Betriebsverfassungsrecht „große gesellschaftspolitische Bedeutung“ bei. Vgl. bereits den Bericht der Mitbestimmungskommission, BT-Drucks. VI/334, S. 64 f.

216 BVerfG 1.3.1979 E 50, 290, 349.

217 Siehe hierzu *Hesse*, Verfassungsrecht, Rn. 72, 317 ff.; *Stern*, Staatsrecht III/2, § 82 II 4 c) [S. 625 ff.], § 82 III 4 d) [S. 656 f.]. Weiterhin *Lerche* in: HdbStR V, § 122 Rn. 3 ff.; *ders.* Übermaß und Verfassungsrecht, S. 152 f.

218 Vgl. die Formulierung in BVerfG 7.3.1990 E 81, 278, 292 unter Bezugnahme von BVerfG 3.11.1987 E 77, 240, 253. Weiterhin BVerfG 25.2.1975 E 39, 1, 38; BAG

Eingriff rechtfertigenden Gründe zu stellen sind, nicht für alle koalitionsmäßigen Betätigungen gleich.[219] Die Wirkkraft des Art. 9 Abs. 3 Satz 1 GG nimmt vielmehr in dem Maße zu, in dem eine Materie aus Sachgründen am besten durch die Koalitionen geregelt werden kann, weil sie nach der Vorstellung des Grundgesetzes die gegenseitigen Interessen angemessener zum Ausgleich bringen können als der Staat.[220] Dies trifft vor allem für den Bereich der Arbeitsentgelte und materiellen Arbeitsbedingungen zu.[221]

Die Ausgestaltung des betrieblichen Organisationsrechts als grundsätzliches ius cogens müßte zur Sicherung eines arbeitsrechtlichen Mindestschutzes geeignet sein. Dies ist zu bejahen, wenn der gewünschte Erfolg gefördert werden kann, wobei die abstrakte Möglichkeit der Zweckerreichung genügt.[222] Dem Gesetzgeber steht auf dem Gebiet der Arbeitsmarkt-, Sozial- und Wirtschaftsordnung ein besonders weitgehender Einschätzungs- und Prognosevorrang zu.[223] Die grundsätzlich zwingende Natur des betrieblichen Organisationsrechts gewährleistet, daß in jeder betriebsverfassungsrechtlichen Organisationseinheit eine betriebliche Mitbestimmungsverfassung potentiell zur Verfügung steht, welche den Anforderungen des Sozialstaatsprinzips gerecht wird und die Chance auf Selbstbestimmung der Arbeitnehmer wahrt. Die Geeignetheit liegt vor.

Die grundsätzlich zwingende Natur der Organisationsverfassung müßte erforderlich sein. Die Erforderlichkeit liegt vor, wenn dem Gesetzgeber kein milderes Mittel zur Verfügung steht, welches den verfolgten Zweck gleichermaßen erfüllt.[224] Im Hinblick auf die Einschätzungsprärogative des Gesetzgebers kommt eine Alternativmaßnahme als milderes Mittel nur in

---

3.4.1990 AP Nr. 56 zu Art. 9 GG. Aus dem Schrifttum nur *Hesse*, Verfassungsrecht, Rn. 72, 318; *Stern*, Staatsrecht III/2, § 82 II 4 c) [S. 626].

219 BVerfG 24.4.1996 E 94, 268, 284 f.; BVerfG 27.4.1999 E 100, 271, 283.

220 BVerfG 24.4.1996 E 94, 268, 285; BVerfG 27.4.1999 E 100, 271, 283 f. Siehe auch *Leibholz/Rinck/Hesselberger* Art. 9 GG Rn. 500.

221 BVerfG 24.4.1996 E 94, 268, 285; BVerfG 27.4.1999 E 100, 271, 282, 284; BVerfG 3.4.2001 E 103, 293, 304.

222 BVerfG 27.1.1983 E 63, 88, 115; BVerfG 20.6.1984 E 67, 157, 175; BVerfG 10.4.1997 E 96, 10, 23; BVerfG 3.4.2001 E 103, 293, 307; *Boerner* ZTR 1996, S. 435, 445.

223 BVerfG 18.12.1968 E 25, 1, 19 f.; BVerfG 5.3.1974 E 37, 1, 20; BVerfG 1.3.1979 E 50, 290, 338; BVerfG 22.5.1979 E 51, 193, 208; BVerfG 6.10.1987 E 77, 84, 106 f.; BVerfG 17.11.1992 E 87, 363, 383; BVerfG 3.4.2001 E 103, 293, 307; *Boerner* ZTR 1996, S. 435, 445 zur gleichen Problematik im EFZG i. d. F. des Arbeitsrechtlichen Beschäftigungsförderungsgesetzes vom 25.9.1996, BGBl. I S. 1476.

224 Vgl. BVerfG 1.8.1978 E 49, 24, 58; BVerfG 18.12.1974 E 38, 281, 302; BVerfG 10.5.1972 E 33, 171, 187; BVerfG 27.1.1983 E 63, 88, 115.

Betracht, wenn sie sachlich eindeutig dasselbe leistet und die Koalitionsfreiheit des Art. 9 Abs. 3 Satz 1 GG weniger beschränkt.[225] Die Ausgestaltung der Organisationsverfassung als tarifvertragsdispositives Recht könnte ein milderes Mittel darstellen. Hierzu ist anzumerken, daß im Organisationsrecht der Betriebsverfassung Öffnungsklauseln vorhanden sind, die den Koalitionen enumerativ eine tarifvertragliche Abweichung von dem gesetzlichen Mitbestimmungsmodell erlauben.[226] Das Organisationsrecht ist bereits, wenn auch in den Grenzen dieser Öffnungsklauseln, tarifvertrags-„dispositiv".[227] Eine umfassende Dispositivität dergestalt, daß die gesetzliche Organisationsverfassung nur gilt, wenn die Tarifvertragsparteien nichts Abweichendes regeln,[228] wäre zwar ein milderes Mittel, welches nicht in gleichem Maße in die Koalitionsfreiheit des Art. 9 Abs. 3 Satz 1 GG eingreift. Zur Verneinung der Erforderlichkeit führt dies aber nur, wenn es den mit der grundsätzlich zwingenden Ausgestaltung des Organisationsrechts verfolgten Zweck ebenso effektiv erfüllt. Eine umfassende Dispositivität der Organisationsverfassung würde es den Koalitionen erlauben, von den Grundprinzipien der Betriebsverfassung, z. B. dem Grundsatz der geheimen und unmittelbaren Wahl, § 14 Abs. 1 BetrVG, oder dem Grundsatz der vertrauensvollen Zusammenarbeit, § 2 Abs. 1 BetrVG, abzuweichen. Insbesondere wäre die Errichtung einer gewerkschaftlichen Vertretung der Arbeitnehmer im Betrieb durch die Tarifvertragsparteien an Stelle des gesetzlich vorgesehenen Betriebsrates zulässig.[229] Die Vertretung der Arbeitnehmer ist aber historisch durch den Dualismus von tarifvertraglicher und betrieblicher Interessenvertretung, von Gewerkschaften und Betriebsräten geprägt.[230] Nach Auffassung des Bundesverfassungsgerichts[231] läßt sich Art. 9 Abs. 1 Satz 3 GG

---

225 Siehe BVerfG 18.12.1968 E 25, 1, 18 ff.; BVerfG 16.3.1971 E 30, 292, 316 ff., 319.

226 Vgl. neben § 3 BetrVG noch die §§ 21a Abs. 1 Satz 4, 38 Abs. 1 Satz 5, 47 Abs. 4 und Abs. 9, 55 Abs. 4, 72 Abs. 4 und Abs. 8, 73a Abs. 4, 76 Abs. 8, 76a Abs. 5, 86 und 117 Abs. 2 BetrVG.

227 Vgl. *Richardi* in: ders., § 3 BetrVG Rn. 2. *Löwisch/Rieble* in: MüHdbArbR III, § 259 Rn. 104 sprechen ausdrücklich von tarifvertragsdispositivem Recht.

228 Vgl. das Recht der Europäischen Betriebsräte im EBRG. Das gesetzliche Modell des Europäischen Betriebsrates greift nur ein, wenn sich die zentrale Leitung und das besondere Verhandlungsgremium nicht einigen können, § 21 EBRG.

229 Dies schließt § 3 BetrVG gerade aus, vgl. *Eisemann* in: ErfK, § 3 BetrVG Rn. 6.

230 Vgl. Kommission Mitbestimmung, Mitbestimmung und neue Unternehmenskulturen, S. 33, 87, 117 f. Weiterhin *Dieterich* RdA 2002, S. 1, 2; *Gamillscheg*, Mitbestimmung der Arbeitnehmer, S. 11, 15 ff.; *Kißler*, Mitbestimmung, S. 28 f.; *Kißler/Lasserre*, Tarifpolitik, S. 105, 143 f.; *Kittner/Schiek* in: AK-GG, Art. 9 Abs. 3 GG Rn. 127. Zum Vergleich mit anderen Staaten siehe ausführlich *Thelen/Turner*, German Codetermination, S. 24 ff.

231 BVerfG 1.3.1979 E 50, 290, 371.

„nicht dahin auslegen, daß er ein Tarifsystem als ausschließliche Form der Förderung der Arbeits- und Wirtschaftsbedingungen gewährleiste". Insbesondere stellt die betriebliche Interessenvertretung eine von den Koalitionen unabhängige Institution dar.[232] Dies zeigt sich beispielsweise darin, daß die Mitgliedschaft in einer Gewerkschaft für die Wahlberechtigung und die Wählbarkeit zum Betriebsrat irrelevant ist, §§ 7, 8 BetrVG, und auch bei der Zusammensetzung der Arbeitnehmervertretung, im Gegensatz zum Recht der Unternehmensmitbestimmung, vgl. § 7 Abs. 2 MitbestG, § 6 Abs. 1 Montan-MitbestErgG, keine Berücksichtigung findet, § 15 BetrVG. Weiterhin ist die betriebliche Arbeitnehmervertretung keine gewerkschaftsfinanzierte Institution, § 40 Abs. 1 BetrVG. Die Selbständigkeit von betrieblicher und koalitiver Interessenvertretung schließt es natürlich nicht aus, daß den Gewerkschaften im Rahmen der Betriebsverfassung bestimmte Beteiligungsrechte zuerkannt werden,[233] solange der Betriebsrat im Grundsatz unabhängig ist und bleibt.[234] Auch ist es Zweck der betrieblichen Mitbestimmung, in den Grenzen der §§ 1, 118, 130 BetrVG einheitlich[235] für alle Betriebe und damit für alle Arbeitnehmer eine Vertretung gegenüber dem Arbeitgeber potentiell zu ermöglichen und so einen sozialen Mindestschutz i. S. d. Sozialstaatsprinzips, Art. 20 Abs. 1, 28 Abs. 1 GG, der Menschenwürde sowie der freien Entfaltung der Persönlichkeit, Art. 1 Abs. 1, 2 Abs. 1 GG, zu gewähren.[236] Eine zweite, für die vorliegende Betrachtung unerhebliche Frage ist, ob die Arbeitnehmer von diesem Recht tatsächlich Gebrauch machen.[237] Wäre das Organisationsrecht der

---

232 *Richardi* in: ders., Einleitung BetrVG Rn. 44, 53.

233 Gewerkschaftliche Beteiligungsrechte finden sich unter anderem in § 2 Abs. 2 sowie in den §§ 3, 14 Abs. 3 und Abs. 5, 16 Abs. 1 Satz 6 und Abs. 2 Satz 1, 17 Abs. 3 und Abs. 4, 18 Abs. 1 und Abs. 2, 19 Abs. 2, 21a Abs. 1 Satz 4, 23 Abs. 1 Satz 1 und Abs. 3 Satz 1, 31, 35 Abs. 1, 37 Abs. 7, 38 Abs. 1 Satz 5, 43 Abs. 4, 46, 47 Abs. 4 und Abs. 9, 55 Abs. 4, 72 Abs. 4 und Abs. 8, 73a Abs. 4, 76 Abs. 8, 76a Abs. 5, 86, 117 Abs. 2, 119 Abs. 2 BetrVG.

234 Die Beteiligung der Koalitionen in der Betriebsverfassung ist im Hinblick auf Art. 9 Abs. 3 Satz 1 GG sogar nötig, vgl. *Löwisch* in: Löwisch/Kaiser, Einleitung BetrVG Rn. 3; *Richardi* in: ders., Einleitung BetrVG Rn. 46. Seinen Niederschlag findet die Koalitionsfreiheit insbesondere in den §§ 2 Abs. 3, 3 Abs. 2, 77 Abs. 3, 87 Abs. 1 Einleitungssatz BetrVG.

235 BAG 10.2.1988 AP Nr. 53 zu § 99 BetrVG 1972; *A. Hueck/Nipperdey*, Arbeitsrecht II/1, § 33 III 4 c) [S. 651]; *Jacobs*, Tarifeinheit, S. 248; *Richardi* in: ders., § 1 BetrVG Rn. 13; *T. Wißmann*, Tarifvertragliche Gestaltung, S. 58.

236 Siehe vorstehend S. 50 f.

237 Es besteht kein Errichtungszwang im Betriebsverfassungsrecht, sondern die Entscheidung liegt bei den Arbeitnehmern, vgl. *Richardi* in: ders., § 1 BetrVG Rn. 2. Anzumerken ist allerdings, daß ebenso kein Errichtungsmonopol der Arbeitnehmer besteht, da die Wahl auch auf Initiative der bestehenden Repräsentationsorgane oder

Betriebsverfassung umfassend dispositiv, könnten die Koalitionen zulässigerweise Tarifverträge abschließen, die die Grundprinzipien des Betriebsverfassungsrechts nicht beachten. Dies widerspräche der historisch begründeten Unabhängigkeit der betrieblichen Arbeitnehmervertretung gegenüber den Koalitionen und dem Zweck des Betriebsverfassungsrechts. Daher ist der Gesetzgeber verpflichtet, das Organisationsrecht so auszugestalten, daß die Grundprinzipien des Betriebsverfassungsrechts von den Tarifvertragsparteien zwingend zu beachten sind.[238] Eine umfassende Dispositivität des Organisationsrechts würde dem nicht ebenso effektiv gerecht werden. Es stellt kein milderes, gleich geeignetes Mittel dar. Die grundsätzlich zwingende Natur der betrieblichen Organisationsverfassung ist daher erforderlich.

Sie müßte schließlich verhältnismäßig i. e. S. sein. Dies ist der Fall, wenn der Eingriff in die Koalitionsfreiheit zum Zwecke der Sicherung eines sozialen Mindestschutzes der Arbeitnehmer nicht unangemessen ist. Die Koalitionsfreiheit des Art. 9 Abs. 3 Satz 1 GG beinhaltet die Tarifautonomie, d. h. das Recht der Koalitionen, in einem vom Staat im wesentlichen frei gelassenen Raum die Arbeits- und Wirtschaftsbedingungen in eigener Verantwortung sinnvoll zu wahren und zu fördern. Hierzu zählt auch die Organisation der Betriebsverfassung. Durch die Begründung eines betrieblichen Arbeitsverhältnisses steht der Arbeitnehmer in einer spezifischen rechtlichen und tatsächlichen Stellung im Betrieb. Entscheidend ist, daß er seine Dienstleistung in einem fremden Arbeits- und Lebensbereich – dem des Arbeitgebers – zu erbringen hat.[239] Die ihm hierbei vorgegebenen Charakteristika wie Zweck, Organisation, Arbeitsablauf und personelle Zusammensetzung des Betriebs führen zwangsläufig zu einer rechtlichen und sozialen Abhängigkeit des Arbeitnehmers von einer im wesentlichen kollektiv gestalteten Ordnung. Er wird Teil einer Fremdbestimmungsordnung. Das steht in einem Spannungsverhältnis zu seiner Menschenwürde und seinem Recht auf freie Persönlichkeitsentfaltung, Art. 1 Abs. 1, 2 Abs. 1 GG. Dieser Gegensatz muß beseitigt bzw. zumindest vermindert werden – dies ist Inhalt des Sozialstaatsprinzips, Art. 20 Abs. 1, 28 Abs. 1 GG, sowie Sinn und Zweck des

---

einer im Betrieb vertretenen Gewerkschaft eingeleitet werden kann, vgl. §§ 16, 17 BetrVG.

238 Nach wohl überwiegender Ansicht ist dem der Gesetzgeber in § 3 BetrVG auch nachgekommen, vgl. *Eisemann* in: ErfK, § 3 BetrVG Rn. 6; *Fitting* § 3 BetrVG Rn. 54. Zu § 3 Abs. 1 Nr. 2 BetrVG a. F. *Eisemann* in: ErfK [2. Aufl.], § 3 BetrVG Rn. 3; *Fitting* [20. Aufl.] § 3 BetrVG Rn. 32; *Kraft* in: GK-BetrVG I [6. Aufl.], § 3 BetrVG Rn. 35; *Marienhagen* in: Galperin I, § 3 BetrVG Rn. 18; *Richardi* [7. Aufl.] § 3 BetrVG Rn. 30; *Trümner* in: Däubler/Kittner/Klebe [7. Aufl.], § 3 BetrVG Rn. 33.

239 *Wiese* in: GK-BetrVG I, Einleitung Rn. 71; *ders.*, FS Kissel, S. 1269, 1273.

Betriebsverfassungsrechts als Teil des Arbeitnehmerschutzrechts.[240] Die grundsätzlich zwingende Natur des betriebsverfassungsrechtlichen Organisationsrechts ist verhältnismäßig i. e. S., wenn die Koalitionen diesen dem Sinn und Zweck des Betriebsverfassungsrechts entsprechenden, flächendeckenden Schutz der Arbeitnehmer nicht erreichen können oder wollen.[241] Von einem „Nicht-Wollen" der Tarifvertragsparteien kann nicht die Rede sein.[242] Problematisch ist aber das „Können" der Tarifvertragsparteien. Diese sind nicht umfassend und nicht immer in der Lage, eine Betriebsverfassung zu errichten, welche den oben dargestellten Anforderungen entspricht. Zum ersten gibt es Betriebe, in denen eine koalitive Repräsentation der Arbeitnehmer und Arbeitgeber aus der Sicht der Arbeitsvertragsparteien nicht erstrebenswert erscheint und deswegen nicht vorhanden ist. Als Stichworte seien der Bereich der „new economy" sowie die Mitgliedschaft ohne Tarifbindung und der Austritt aus dem Arbeitgeberverband genannt. Eine ausschließlich oder zu großen Teilen tarifvertraglich geregelte Betriebsverfassung würde wegen der Tarifbindungsabhängigkeit auf Arbeitgeberseite unter einem Regelungsdefizit zu Lasten der Arbeitnehmer leiden.[243] Das stellt zwar im Rahmen des § 3 BetrVG keinen allzu großen Nachteil dar, da in diesem Bereich vornehmlich der Abschluß von Firmentarifverträgen zu erwarten ist[244]. Insoweit ist der Arbeitgeber unabhängig von einer Koalitionsmitgliedschaft tariffähig, vgl. § 2 Abs. 1 TVG. Ein „Nicht-Können" liegt zum zweiten aber auch darin begründet, daß eine tarifvertragliche Regelung stets einen Vertragsschluß der Koalitionen voraussetzt. Der Tarifvertrag ist Ergebnis eines kontradiktorischen Verfahrens zur zeitweiligen Regelung der Arbeits- und Wirtschaftsbedingungen durch einen Kollektivvertrag. Er wird nur

---

240 Siehe vorstehend S. 50 f.

241 Ähnlich *Henssler* ZfA 1998, S. 1, 25; *Isensee*, Kolloquium der Walter-Raymond-Stiftung, S. 159, 184 f.; *T. Wißmann*, Tarifvertragliche Gestaltung, S. 56. Vgl. allgemein *Dieterich* in: ErfK, Art. 9 GG Rn. 84.

242 *T. Wißmann*, Tarifvertragliche Gestaltung, S. 56. So wurden beispielsweise im Bereich der Chemischen Industrie Organisationstarifverträge nach § 3 BetrVG abgeschlossen.

243 *Schwarze*, Betriebsrat, S. 104; *T. Wißmann*, Tarifvertragliche Gestaltung, S. 57. Siehe auch BVerfG 27.2.1973 E 34, 307, 316: „Dieses Prinzip (die Tarifautonomie des Art. 9 Abs. 3 GG, Anm. d. Verf.) setzt voraus, daß es ‚überall', wo [...] der Individualarbeitsvertrag ein unzureichendes Instrument zur Begründung eines sozial angemessenen Arbeitsverhältnisses darstellt, solche organisierten Tarifparteien gibt."

244 *Buchner* DB 2001, Beilage Nr. 9, S. 1, 3; *ders.* NZA 2001, S. 633, 635; *Engels/Trebinger/Löhr-Steinhaus* DB 2001, S. 532, 533; *Fitting* § 3 BetrVG Rn. 16; *Hohenstatt/Dzida* DB 2001, S. 2498, 2500; *Konzen* RdA 2001, S. 76, 86; *Stege/Weinspach/Schiefer* § 3 BetrVG Rn. 10. Sie stellen auch in der bisherigen Tarifpraxis zu § 3 BetrVG a. F. den Regelfall dar, vgl. *Trümner* in: Däubler/Kittner/Klebe, § 3 BetrVG Rn. 6.

abgeschlossen, wenn sich die Arbeitnehmer- und Arbeitgeberseite einigen und die Bereitschaft zu dieser Einigung notfalls durch Arbeitskampf herbeigeführt werden kann. Als Kollektivvertrag beruht sowohl der Verbands- wie der Firmentarifvertrag letztlich auf diesem Einigsein. In einem so wichtigen und zentralen Bereich des Arbeitnehmerschutzes wie der betrieblichen Mitbestimmung kann jedoch im Interesse einer möglichst umfassenden Arbeitnehmervertretung nicht abgewartet werden, bis die Tarifvertragsparteien entsprechende Regelungen erlassen.[245] Aus diesem Regelungsdefizit einerseits und dem Sozialstaatsauftrag andererseits ergibt sich für den Gesetzgeber die Notwendigkeit und Pflicht, ein gesetzliches Modell der betrieblichen Mitbestimmung bereit zu stellen, welches unabhängig von den dargestellten Defiziten, d. h. von dem Bestehen einer koalitiven Repräsentation und dem Vorliegen eines Vertragsschlusses, eingreift. Hierbei ist der Staat grundsätzlich befugt, auch abschließende Regelungen zu schaffen, weil er seine Verantwortung für die gesamte Arbeitsordnung unter Berücksichtigung der Interessen von Tarifaußenseitern nicht vollständig aufgeben darf.[246] Der Eingriff in das Grundrecht der Koalitionen aus Art. 9 Abs. 3 Satz 1 GG ist insofern nicht so intensiv, als das Betriebsverfassungsrecht gesetzliche Öffnungsklauseln enthält, deren wichtigste und weitreichendste § 3 BetrVG ist. Zudem stehen Regelungen nach § 3 BetrVG, im Gegensatz z. B. zu Tarifnormen über Löhne und Gehälter, nicht im Zentrum tarifautonomer Rechtsetzung.

In der Abwägung der kollidierenden Verfassungsgüter überwiegt das Sozialstaatsprinzip i. V. m. der Menschenwürde und der freien Entfaltung der Persönlichkeit sowie der Berufsfreiheit. Die mit dem betrieblichen Organisationsrecht verbundene Einschränkung der Koalitionsfreiheit des Art. 9 Abs. 3 Satz 1 GG ist von den Tarifvertragsparteien hinzunehmen. Der gesetzgeberische Eingriff ist verhältnismäßig und gerechtfertigt.[247] Zur Gewährleistung einer Mindestsicherung im Bereich der betrieblichen Mitbestimmung i. S. d. Sozialstaatsprinzips, Art. 20 Abs. 1, 28 Abs. 1 GG, ist die grundsätzlich zwingende Natur des betrieblichen Organisationsrechts zulässig.[248]

---

[245] *Schwarze*, Betriebsrat, S. 105; *T. Wißmann*, Tarifvertragliche Gestaltung, S. 57.

[246] *H. Wiedemann* in: ders., Einleitung TVG Rn. 143.

[247] Ähnlich *Schwarze*, Betriebsrat, S. 104 f.; *T. Wißmann*, Tarifvertragliche Gestaltung, S. 57. Vgl. auch *Söllner* NZA 1996, S. 897, 899 Fn. 17, der den im Betriebsverfassungsgesetz liegenden gesetzgeberischen Eingriff in die Tarifautonomie mit dem Sozialstaatsprinzip rechtfertigt.

[248] So auch *T. Wißmann*, Tarifvertragliche Gestaltung, S. 58.

4. Ergebnis

Die grundsätzlich zwingende Natur des betrieblichen Organisationsrechts ist gerechtfertigt und stellt keinen Verstoß gegen Art. 9 Abs. 3 Satz 1 GG dar. Die Legislative hat (ausnahmsweise) eine Normsetzungsprärogative und die Tarifvertragsparteien sind nur im Rahmen der gesetzlichen Öffnungsklauseln, deren wichtigste und weitreichendste § 3 BetrVG ist, zur Regelung der Organisation der Betriebsverfassung befugt.

II. Das Verhältnis zwischen tariflicher und betrieblicher Regelungsbefugnis – der Vorbehalt des § 3 Abs. 2 BetrVG

Im Verhältnis zwischen tariflicher und betrieblicher Regelungsbefugnis könnten die Betriebsparteien nur subsidiär zu den Tarifvertragsparteien für die vertragliche Gestaltung der Organisationsverfassung des Betriebsverfassungsgesetzes zuständig sein, § 3 Abs. 2 BetrVG. Gegen den Tarifvorbehalt des § 3 Abs. 2 BetrVG werden verfassungsrechtliche Bedenken erhoben. So wird von mehreren Stimmen im arbeitsrechtlichen Schrifttum ein erhebliches legitimatorisches Defizit des § 3 Abs. 2 BetrVG festgestellt.[249] Andere halten den Tarifvorbehalt eines Organisationstarifvertrages für akzeptabel,[250] erkennen aber keinen Sachgrund für den Vorrang eines jeden anderen Tarifvertrages[251]. *Hohenstatt/Dzida* sind der Ansicht, der Gesetzgeber sei „weit über das Ziel hinausgeschossen" [252]. Und nach *Franzen* ist ein derart weitgehender Tarifvorbehalt dem geltenden Recht „völlig fremd" [253]. Lediglich *Löwisch*[254] konkretisiert seine Bedenken und mißt dem § 3 Abs. 2 BetrVG den Charakter einer die Außenseiter erfassenden negativen betriebsverfassungsrechtlichen Sperrnorm zu, die gegen die negative Koalitionsfreiheit bzw. die Freiheit der Arbeitnehmer, ihre Vertretungsstrukturen zu gestalten, und die wirtschaftliche Entfaltungsfreiheit der Arbeitgeber verstößt, weil sie unverhältnismäßig ist. Ähnlich argumentiert *Richardi*,[255] der gleichfalls eine Verletzung des Art. 9 Abs. 3 Satz 1 GG annimmt.

---

249 *Leßmann/Liersch* DStR 2001, S. 1302, 1302; *Picker* RdA 2001, Sonderbeilage Heft 4, S. 257, 277 Fn. 148; *Richardi* in: ders., § 3 BetrVG Rn. 5; *Rieble* ZIP 2001, S. 133, 137; *Stege/Weinspach/Schiefer* § 3 BetrVG Rn. 5. Zweifelnd auch *Berger-Delhey* ZTR 2001, S. 108, 110; *I. Natzel* ZfA 2003, S. 103, 120 f.

250 *Konzen* RdA 2001, S. 76, 86.

251 *P. Hanau* AuA 2001, S. 211, 212; *ders.* RdA 2001, S. 65, 66; ähnlich *Bösche* AiB 2001, S. 110, 110 („kontraproduktiv"); *Konzen* RdA 2001, S. 76, 86.

252 *Hohenstatt/Dzida* DB 2001, S. 2498, 2501.

253 *Franzen* ZfA 2001, S. 423, 426.

254 *Löwisch* in: Löwisch/Kaiser, § 3 BetrVG Rn. 18; *ders.* BB 2001, S. 1734, 1736.

255 *Richardi* in: ders., § 3 BetrVG Rn. 6.

1. Verstoß gegen die positive Koalitionsfreiheit, Art. 9 Abs. 3 Satz 1 GG

Der Tarifvorbehalt des § 3 Abs. 2 BetrVG könnte gegen die positive Koalitionsfreiheit, Art. 9 Abs. 3 Satz 1 GG,[256] der Mitglieder einer anderen als der tarifschließenden Gewerkschaft, der Nicht-Gewerkschaftsmitglieder sowie anderer Koalitionen verstoßen.

Art. 9 Abs. 3 Satz 1 GG garantiert für jedermann und alle Berufe das Recht, zur Wahrung und Förderung der Arbeits- und Wirtschaftsbedingungen Vereinigungen zu bilden. Die Koalitionsfreiheit ist ein Doppelgrundrecht.[257] Als Individualgrundrecht besteht sein Gewährleistungsinhalt positiv in der Befugnis, eine Koalition zu bilden, ihr beizutreten, in ihr zu verbleiben sowie sich in und mit der Organisation zu betätigen.[258] Allerdings bliebe die durch Art. 9 Abs. 3 Satz 1 GG gewährte individuelle Koalitionsfreiheit für den Einzelnen ohne Nutzen und ein nudum ius, wären nicht auch die Zusammenschlüsse, d. h. die

---

[256] Völker- und gemeinschaftsrechtlich ist die Koalitionsfreiheit gewährleistet durch Art. 11 EMRK (BGBl. 1952 II S. 686, 953; BGBl. 1954 II S. 14) i. V. m. Art. 6 Abs. 2 EU (BGBl. 1998 II S. 387, 454), Teil I Nr. 5 ESC (BGBl. 1964 II S. 1261), Art. 11 Nr. 1 der Erklärung der Grundrechte und Grundfreiheiten des Europäischen Parlaments vom 12.4.1989 (EuGRZ 1989, S. 204, 206), Art. 11 ff. der Gemeinschaftscharta der sozialen Grundrechte der Arbeitnehmer vom 8./9.12.1989 (abgedruckt bei *Schulte* in: von der Groeben/Thiesing/Ehlermann, Vorbemerkung zu den Art. 117-127 und 129 EGV Rn. 47), ILO-Abkommen Nr. 87 (BGBl. 1956 II S. 2072; BGBl. 1958 II S. 113), Nr. 98 (BGBl. 1955 II S. 1122; BGBl. 1957 II S. 1231), Art. 23 Nr. 4 der Allgemeinen Erklärung der Menschenrechte vom 10.12.1948, Art. 8 des Internationalen Paktes über wirtschaftliche, soziale und kulturelle Rechte vom 19.12.1966 (BGBl. 1973 II S. 1569), Art. 22 des Internationalen Paktes über bürgerliche und politische Rechte vom 19.12.1966 (BGBl. 1973 II S. 1533). Auf Länderebene vgl. Art. 170 BayVerf, Art. 51 BrandenburgVerf, Art. 48 BremenVerf, Art. 36 HessenVerf, Art. 66 Rheinland-PfalzVerf, Art. 56 SaarlVerf, Art. 25 SächsVerf, Art. 13 Sachsen-AnhaltVerf, Art. 37 ThürVerf.

[257] Siehe die Nachweise vorstehend in Fn. 43.

[258] BVerfG 30.11.1965 E 19, 303, 312; BVerfG 26.5.1970 E 28, 295, 304; BVerfG 24.5.1977 E 44, 322, 351 f.; BVerfG 1.3.1979 E 50, 290, 367; BVerfG 27.3.1979 E 51, 77, 87 f.; BVerfG 15.7.1980 E 55, 7, 21; BVerfG 17.2.1981 E 57, 220, 245; BVerfG 14.6.1983 E 64, 208, 213; BVerfG 23.4.1986 E 73, 261, 270; BVerfG 26.6.1991 E 84, 212, 224; BVerfG 4.7.1995 E 92, 365, 393; BVerfG 14.11.1995 E 93, 352, 357; BAG (GS) 29.11.1967 AP Nr. 13 zu Art. 9 GG; *H. Bauer* in: Dreier, Art. 9 GG Rn. 76; *Dieterich* in: ErfK, Art. 9 GG Rn. 30; *Kannengießer* in: Schmidt-Bleibtreu/Fra. Klein, Art. 9 GG Rn. 12a; *Löwisch/Rieble* in: MüHdbArbR III, § 244 Rn. 2, § 245 Rn. 1 ff.; *von Münch* in: Bonner Kommentar, Art. 9 GG Rn. 114, 136 f.; *Pieroth/Schlink* Rn. 736; *Säcker*, Gruppenautonomie, S. 249; *Schaub* in: ders., Arbeitsrechts-Handbuch, § 188 Rn. 4, 11; *Scholz* in: Maunz/Dürig, Art. 9 GG Rn. 42, 222; *ders.* in: HdbStR VI, § 151 Rn. 80 f.; *H. Wiedemann* in: ders., Einleitung TVG Rn. 87.

Koalitionen als solche verfassungsrechtlich gewährleistet.[259] Als Kollektivgrundrecht schützt Art. 9 Abs. 3 Satz 1 GG zum einen Bildung, Bestand sowie autonome Regelung der Binnenorganisation und zum anderen jede spezifisch koalitionsmäßige Betätigung in Verfolgung der in Art. 9 Abs. 3 Satz 1 GG genannten Zwecke der Koalition selbst.[260] Insbesondere ist der Abschluß von Tarifverträgen als Ausdruck der Tarifautonomie Bestandteil der kollektiven Koalitionsbetätigungsgarantie.[261] Dagegen ist der Bestand der

---

259 BVerfG 14.4.1964 E 17, 319, 333; BVerfG 6.5.1964 E 18, 18, 26; auch BGH 6.10.1964 Z 42, 210, 217; BGH 11.7.1968 Z 50, 325, 331. Aus dem Schrifttum *A. Hueck/Nipperdey*, Arbeitsrecht II/1, § 9 I [S. 134]; *Lambrich*, Tarif- und Betriebsautonomie, S. 160; *Leibholz/Rinck/Hesselberger* Art. 9 GG Rn. 302; *G. Müller*, Tarifautonomie, S. 19; *Oetker* RdA 1999, S. 96, 97 f.; *Säcker*, Grundprobleme, S. 37; *Schaub* in: ders., Arbeitsrechts-Handbuch, § 188 Rn. 13; *Zöllner* AöR 98 (1973), S. 71, 78, 85 (der aber den Charakter des Art. 9 Abs. 3 Satz 1 GG als Doppelgrundrecht ablehnt). Ähnlich *H. Otto*, FS Zeuner, S. 121, 127.

260 BVerfG 26.5.1980 E 28, 295, 304; BVerfG 1.3.1979 E 50, 290, 367; BVerfG 26.6.1991 E 84, 212, 224; BVerfG 14.11.1995 E 93, 352, 357 ff.; BVerfG 24.4.1996 E 94, 268, 282 f.; BAG (GS) 29.11.1967 AP Nr. 13 zu Art. 9 GG; BAG 2.6.1987 AP Nr. 49 zu Art. 9 GG; *Badura*, Staatsrecht, C Rn. 99; *H. Bauer* in: Dreier, Art. 9 GG Rn. 64, 77; *Belling*, Günstigkeitsprinzip, S. 67; *Berg*, FS Kehrmann, S. 271, 277; *Biedenkopf*, Grenzen der Tarifautonomie, S. 102; *Dieterich* in: ErfK, Art. 9 GG Rn. 38; *A. Hueck/Nipperdey*, Arbeitsrecht II/1, § 9 [S. 134 ff.]; *Kannengießer* in: Schmidt-Bleibtreu/Fra. Klein, Art. 9 GG Rn. 12 f.; *Kissel* NZA 1995, S. 1, 1; *Lerche*, Zentralfragen des Arbeitskampfes, S. 25 f.; *Löwer* in: von Münch/Kunig, Art. 9 GG Rn. 57 f.; *Löwisch/Rieble* in: MüHdbArbR III, § 244 Rn. 9, § 246 Rn. 1 ff.; *Pfarr/Kittner* RdA 1974, S. 284, 290; *Pieroth/Schlink* Rn. 737; *Richardi*, FS G. Müller, S. 413, 416; *Säcker*, Gruppenautonomie, S. 249 f.; *Schaub* in: ders., Arbeitsrechts-Handbuch, § 188 Rn. 13, 18 f.; *Th. Schmidt*, Günstigkeitsprinzip, S. 55 ff.; *Walker* ZfA 1996, S. 353, 355; *Wank* NJW 1996, S. 2273, 2274; *H. Wiedemann* in: ders., Einleitung TVG Rn. 88 ff., 91 ff.

261 BVerfG 18.11.1954 E 4, 96, 106; BVerfG 6.5.1964 E 18, 18, 26, 28; BVerfG 24.5.1977 E 44, 322, 341; BVerfG 1.3.1979 E 50, 290, 367, 371; BVerfG 15.7.1980 E 55, 7, 23; BVerfG 26.6.1991 E 84, 212, 224; BVerfG 2.3.1993 E 88, 103, 114; BVerfG 25.10.1994 E 92, 26, 38; BVerfG 24.4.1996 E 94, 268, 283; BAG (GS) 29.11.1967 AP Nr. 13 zu Art. 9 GG; *Badura*, Staatsrecht, C Rn. 98; *ders.* RdA 1974, S. 129, 131; *H. Bauer* in: Dreier, Art. 9 GG Rn. 78; *Berg*, FS Kehrmann, S. 271, 277 f.; *Biedenkopf*, Grenzen der Tarifautonomie, S. 102; *Däubler/Hege*, Koalitionsfreiheit, Rn. 61, 205; *Dieterich* in: ErfK, Art. 9 GG Rn. 50, 52; *Ehmann* NZA 1991, S. 1, 2; *Ehmann/Lambrich* NZA 1996, S. 346, 348; *Hablitzel*, Verbands- und Betriebsratskompetenzen, S. 101; *Heinze* DB 1996, S. 729, 732; *A. Hueck/Nipperdey*, Arbeitsrecht II/1, § 9 II [S. 138]; *Jahnke*, Tarifautonomie, S. 29; *Junker* ZfA 1996, S. 383, 386, 388; *Kannengießer* in: Schmidt-Bleibtreu/Fra. Klein, Art. 9 GG Rn. 12a, 13; *Kempen* RdA 1994, S. 140, 144, 146; *Kissel* NZA 1995, S. 1, 1; *Konzen* NZA 1995, S. 913, 915; *Löwer* in: von Münch/Kunig, Art. 9 GG Rn. 58, 80; *Löwisch/Rieble* in: MüHdbArbR III, § 246 Rn. 50; *Nikisch*, Arbeitsrecht II, § 60 II 2 [S. 55], § 68 V 5 [S. 208]; *Richardi*, Kollektivgewalt und Individualwille, S. 89; *Rüthers* in: Brox/Rüthers,

Betriebsautonomie und die Betätigung des Einzelnen darin nicht Gewährleistungsinhalt des Art. 9 Abs. 3 Satz 1 GG. Das Recht der Betriebsverfassung wird nicht durch die Koalitionsfreiheit geschützt, insbesondere wird durch sie nicht der Abschluß einer Betriebsvereinbarung verfassungsrechtlich garantiert.[262]

§ 3 Abs. 2 BetrVG könnte das Recht der Mitglieder von Gewerkschaften, die den vorrangigen Tarifvertrag nicht abgeschlossen haben, verletzen, sich in ihrer Koalition zu betätigen, insbesondere eigene (Organisations-)Tarifverträge abzuschließen. Weiterhin ist der Schutzbereich bezüglich der Nicht-Gewerkschaftsmitglieder insoweit eröffnet, als ihnen durch Art. 9 Abs. 3 Satz 1

Arbeitskampfrecht, Rn. 83; *Säcker*, Grundprobleme, S. 72; *ders.*, Gruppenautonomie, S. 251; *Säcker/Oetker*, Tarifautonomie, S. 33; *Schaub* in: ders., Arbeitsrechts-Handbuch, § 198 Rn. 49; *Th. Schmidt*, Günstigkeitsprinzip, S. 55; *Scholz* in: Maunz/Dürig, Art. 9 GG Rn. 299 ff.; *ders.*, Koalitionsfreiheit, S. 361; *ders.*, FS Trinkner, S. 377, 378; *Waltermann*, Rechtsetzung durch Betriebsvereinbarung, S. 260; *H. Wiedemann* in: ders., Einleitung TVG Rn. 92. Kritisch *Reuter* RdA 1991, S. 193, 201.

262 *Belling*, Günstigkeitsprinzip, S. 157, 161; *Jahnke*, Tarifautonomie, S. 30 (der aber die Betätigung der Koalitionen im Rahmen der betrieblichen und der Unternehmensmitbestimmung durch Art. 9 Abs. 3 Satz 1 GG als gewährleistet ansieht, vgl. S. 30, 33); *Kissel* NZA 1986, S. 73, 74; *Kübler/W. Schmidt/Simitis*, Mitbestimmung, S. 41 ff. (deren Ausführungen zur Gewährleistung der Betriebsverfassung im Rahmen des Art. 9 Abs. 3 Satz 1 GG sich nur auf die Beteiligung der Gewerkschaften bezieht, vgl. S. 41); *Löwisch* JZ 1996, S. 812, 817; *Richardi*, FS G. Müller, S. 413, 420; *Säcker* ArbuR 1994, S. 1, 9; *Wank* in: H. Wiedemann, § 4 TVG Rn. 547; *ders.* NJW 1996, S. 2273, 2274 f. Ausführlich *Veit*, Zuständigkeit, S. 151 ff., 190. Ähnlich BVerfG 27.3.1979 E 51, 77, 88 f. sowie *Schlachter* in: ErfK [2. Aufl.], Art. 9 GG Rn. 16 bzgl. der Wahrnehmung eines Betriebs- bzw. Personalratsmandats. Kritisch, aber im Ergebnis ebenso *Ehmann/Lambrich* NZA 1996, 346, 349 f.; *Lambrich*, Tarif- und Betriebsautonomie, S. 178 ff., 182, die die Betriebsautonomie als Ausfluß der Privatautonomie verfassungsrechtlich garantiert sehen, vgl. *Ehmann/Lambrich* NZA 1996, S. 346, 351 f.: Ableitung aus Art. 2 Abs. 1 GG; *Lambrich*, Tarif- und Betriebsautonomie, S. 182 ff., 224: Ableitung aus Art. 9 Abs. 1, 2 Abs. 1 i. V. m. 12 Abs. 1 GG. Ähnlich *Bakopoulos*, Zuständigkeitsverteilung, S. 56: Ableitung aus Art. 2 Abs. 1 GG und dem Sozialstaatsprinzip, Art. 20 Abs. 1, 28 Abs. 1 GG. Für eine Ableitung der Betriebsautonomie aus Art. 9 Abs. 3 Satz 1 GG *Th. Schmidt*, Günstigkeitsprinzip, S. 74 Fn. 99, auch S. 113 f. unter Berufung auf BVerfG 1.3.1979 E 50, 290, 371; auch *von Langen*, Tarif- zur Betriebsautonomie, S. 102; *Sodan* JZ 1998, S. 421, 428 f. Da sich die Ausführungen des BVerfG im Mitbestimmungsurteil nur auf die Unternehmensmitbestimmung und darauf bezogen, wie die Rechte der Koalitionen am besten gewährleistet werden können, nicht aber darauf, ob sie durch die Betriebsautonomie eingeschränkt werden können, ergibt sich aus dem Mitbestimmungsurteil des BVerfG keine Aussage über die verfassungsrechtliche Gewährleistung der Betriebsautonomie, vgl. auch *Wank* NJW 1996, S. 2273, 2274.

GG das Recht garantiert wird, einer Koalition beizutreten und sich in und mit ihr zu betätigen. Dies geschieht unter anderem durch den Abschluß von Tarifverträgen. Und schließlich können sich die Gewerkschaften, welche nicht Tarifvertragspartei des in Frage stehenden vorrangigen Tarifvertrages sind, auf ihre kollektive Koalitionsfreiheit berufen, die ihnen insbesondere den Abschluß von Tarifverträgen garantiert.

Durch den Tarifvorbehalt des § 3 Abs. 2 BetrVG könnte in den Schutzbereich der positiven Koalitionsfreiheit des Art. 9 Abs. 3 Satz 1 GG eingegriffen werden. Regelungsinhalt des Tarifvorbehaltes des 3 Abs. 2 BetrVG ist der Ausschluß einer Betriebsvereinbarung. Die Betriebsautonomie und mit ihr das Recht, eine Betriebsvereinbarung abzuschließen, gehören nicht zum Schutzbereich der positiven Koalitionsfreiheit des Art. 9 Abs. 3 Satz 1 GG.[263] Insoweit scheidet ein Eingriff des § 3 Abs. 2 BetrVG in die positive Koalitionsfreiheit aus.

Der Abschluß eines Tarifvertrages mit anderen Regelungsinhalten oder mit abweichenden Organisationsregelungen, den die positive Koalitionsfreiheit des Art. 9 Abs. 3 Satz 1 GG garantiert,[264] wird durch § 3 Abs. 2 BetrVG in keiner Weise beeinträchtigt. Daß es in diesem Fall zu einer Tarifkonkurrenz kommen kann und ein Tarifvertrag im Ergebnis verdrängt wird,[265] ist nicht Gegenstand der Regelung des § 3 Abs. 2 BetrVG, sondern Rechtsfolge des allgemeinen Tarifrechts und daher nach diesem zu beurteilen. Jedenfalls besteht kein genereller und absoluter Vorrang eines bestimmten Organisationstarifvertrages. Den Nicht-Gewerkschaftsmitgliedern wird durch § 3 Abs. 2 BetrVG schließlich nicht die Möglichkeit verwehrt, in eine Koalition einzutreten bzw. eine eigene Koalition zu gründen und sich auf diesem Wege am Abschluß eines Tarifvertrages zu beteiligen.[266] Sollten das Bedürfnis und der Anreiz, sich als bisher nicht oder anders Organisierter mit anderen zu einer Koalition zusammenzuschließen oder der tarifschließenden Koalition beizutreten, infolge des Tarifvorbehaltes und seiner Rechtsfolgen vermindert werden, handelt es sich um faktische Auswirkungen, welche Art. 9 Abs. 3 Satz 1 GG nicht unmittelbar rechtlich treffen.[267] Der Tarifvorbehalt des § 3 Abs. 2 BetrVG greift nicht in die positive Koalitionsfreiheit der Mitglieder einer anderen als der tarifschließenden

---

263 Siehe vorstehend S. 60 f.

264 Siehe vorstehend S. 60.

265 Siehe zur Tarifkonkurrenz ausführlich nachstehend § 9 [S. 214 ff.].

266 Ähnlich *Richardi*, Kollektivgewalt und Individualwille, S. 325 zu § 59 BetrVG 1952, allerdings unter dem Gesichtspunkt der negativen Koalitionsfreiheit.

267 Vgl. zur Allgemeinverbindlicherklärung BVerfG 24.5.1977 E 44, 322, 352. Ähnlich BVerfG 19.10.1966 E 20, 312, 321 f.

Gewerkschaft, der Nicht-Gewerkschaftsmitglieder oder der anderen Koalitionen ein. Ein Verstoß gegen die positive Koalitionsfreiheit ist zu verneinen.

2. Verstoß gegen die negative Koalitionsfreiheit, Art. 9 Abs. 3 Satz 1 GG

Der Tarifvorbehalt des § 3 Abs. 2 BetrVG könnte gegen die negative Koalitionsfreiheit der Mitglieder einer anderen als der tarifschließenden Gewerkschaft und der Nicht-Gewerkschaftsmitglieder verstoßen. Art. 9 Abs. 3 Satz 1 GG schützt nicht nur die positive individuelle und kollektive Koalitionsfreiheit, sondern beinhaltet negativ das Recht, sich keiner Koalition anzuschließen oder aus ihr auszutreten.[268] Eine verbreitete Ansicht im Schrifttum versteht den Schutzbereich der negativen Koalitionsfreiheit darüber hinaus extensiv im Sinne einer Garantie, von den Rechtswirkungen eines anderen Tarifvertrages nicht erfaßt zu werden.[269] Letzteres beruht auf der Überlegung, daß wesentliches Moment der Koalitionsmitgliedschaft die unmittelbare und zwingende Wirkung des Tarifvertrages ist. Umgekehrt muß es wesentliches Element der negativen Koalitionsfreiheit sein, nicht von den Rechtsnormen eines Tarifvertrages erfaßt zu werden und außerhalb des Rechtsetzungsbereiches der Koalitionen zu verbleiben.[270]

Der Schutzbereich der negativen Koalitionsfreiheit ist insoweit eröffnet, als Mitglieder der Gewerkschaften, die den vorrangigen Tarifvertrag nicht abgeschlossen haben, und Nicht-Gewerkschaftsmitglieder geltend machen können, durch den Tarifvorbehalt werde ihnen die Gestaltung ihrer Arbeitsbedingungen in Form einer Betriebsvereinbarung unmöglich gemacht; sie seien auf die Regelung des Tarifvertrages[271] festgelegt, was einen unzulässigen Druck zum Koalitionsbeitritt darstelle und somit ihr Fernbleiberecht verletze. Wird mit einem Teil des Schrifttums der extensiven Auslegung des Schutzbereiches gefolgt, so können die Grundrechtsträger weiterhin geltend machen, in der Ausgestaltung ihrer Arbeitsverhältnisse nicht durch die Rechtswirkungen eines Organisations- oder eines anderen Tarifvertrages i. S. d. § 3 Abs. 2 BetrVG erfaßt zu werden.

Ein Eingriff in die negative Koalitionsfreiheit könnte zum einen in Gestalt des Tarifvorbehaltes bei Bestehen eines anderen Organisationstarifvertrages, § 3 Abs. 2 1. Alt. BetrVG, vorliegen. In den Schutzbereich der negativen Koalitionsfreiheit des Art. 9 Abs. 3 Satz 1 GG der Außenseiter, d. h. der

---

268 Siehe hierzu die Nachweise vorstehend Fn. 150.

269 Zu diesem Aspekt der negativen Koalitionsfreiheit vgl. die Nachweise vorstehend Fn. 153.

270 Siehe vorstehend die Nachweise in Fn. 154.

271 Beziehungsweise dessen Nichtregelung, falls die Alternative der Geltung eines anderen Tarifvertrages eingreift.

Mitglieder einer anderen als der tarifschließenden Gewerkschaft und der Nicht-Gewerkschaftsmitglieder, könnte in diesem Fall insoweit eingegriffen werden, als auf sie ein unzulässiger Druck zum Koalitionsbeitritt ausgeübt wird und sie den Rechtswirkungen eines Tarifvertrages unterworfen werden, den sie nicht durch ihre Verbandsmitgliedschaft legitimiert haben. Dies ist aber nicht Regelungsinhalt des § 3 Abs. 2 BetrVG, der lediglich den Vorrang der Tarif- vor der Betriebsautonomie sicherstellt und eine Gestaltung der Organisation der Betriebsverfassung im Wege einer Vereinbarung der Betriebsparteien ausschließt, sondern beruht vielmehr auf der Norm des § 3 Abs. 2 TVG. Hier stellt sich die allgemeine Problematik, daß Tarif-Außenseiter von den Rechtswirkungen eines Tarifvertrages erfaßt werden.[272] Wie bereits dargestellt wurde,[273] sind die Regelungen eines Organisationstarifvertrages betriebsverfassungsrechtliche Rechtsnormen, die aus tatsächlichen Gründen notwendigerweise einer betriebseinheitlichen Geltung[274] bedürfen. Die Anknüpfung an die Tarifbindung des Arbeitgebers und die damit verbundene Erstreckung der normativen Wirkung des Tarifvertrages auf Tarif-Außenseiter durch § 3 Abs. 2 TVG ist kein unzulässiger Eingriff in den Schutzbereich der negativen Koalitionsfreiheit. Selbst bei extensiver Auslegung des Schutzbereiches des Art. 9 Abs. 3 Satz 1 GG und einer Erweiterung auf die Freiheit vor tariflicher Normsetzung überwiegt in der praktischen Konkordanz die positive Koalitionsfreiheit der Verbände, den Regelungsbereich des § 1 TVG vollständig auszuschöpfen.[275] Die Koalitionen sind auf Regelungen über betriebliche und betriebsverfassungsrechtliche Fragen angewiesen, um die Normsetzungsmacht für die Koalitionsmitglieder sachgerecht ausüben zu können.[276] Ein Eingriff in die negative Koalitionsfreiheit durch § 3 Abs. 2 1. Alt. BetrVG ist zu verneinen.

---

272 Siehe die Darstellung vorstehend S. 23 ff.

273 Siehe vorstehend S. 18 ff.

274 Das Bundesarbeitsgericht stellt darauf ab, ob eine Regelung auf der Ebene des Individualvertrages aufgrund evident sachlogischer Unzweckmäßigkeit ausscheidet, vgl. BAG 26.4.1990 AP Nr. 57 zu Art. 9 GG; BAG 17.6.1997 AP Nr. 2 zu § 3 TVG Betriebsnormen (mit diesbezüglich kritischer Anmerkung *H. Wiedemann*) unter Berufung auf *Säcker/Oetker*, Tarifautonomie, S. 142 f. Müsse dies bejaht werden, sei Rechtsfolge hieraus die Erforderlichkeit einer einheitlichen Regelung auf betrieblicher Ebene, vgl. BAG 26.4.1990 AP Nr. 57 zu Art. 9 GG (Punkt V 2 b a. E. der Gründe).

275 *Oetker* in: H. Wiedemann, § 3 TVG Rn. 138; *Schlachter* in: ErfK [2. Aufl.], Art. 9 GG Rn. 20. I. E. auch BAG 18.8.1987 AP Nr. 23 zu § 77 BetrVG 1972 (mit diesbezüglich zustimmender Anmerkung *von Hoyningen-Huene*); ähnlich *von Hoyningen-Huene/Meier-Krenz* ZfA 1988, S. 293, 303, 309. Siehe ausführlich vorstehend S. 34.

276 *Gamillscheg*, Kollektives Arbeitsrecht, § 17 I 2 d) (3) [S. 720 f.]; *Oetker* in: H. Wiedemann, § 3 TVG Rn. 138; *Scholz*, FS G. Müller, S. 509, 535. Ähnlich *Ingelfinger*, Arbeitsplatzgestaltung, S. 191.

Zum anderen könnte durch die Regelung, daß jeder andere Tarifvertrag den Vorrang auslöst, § 3 Abs. 2 2. Alt. BetrVG, in die negative Koalitionsfreiheit eingegriffen werden. Handelt es sich bei diesem um einen Tarifvertrag, der Inhalts-, Abschluß- oder Beendigungsnormen enthält, werden allerdings die Arbeitsverhältnisse der Außenseiter-Arbeitnehmer durch die Rechtswirkungen dieses Tarifvertrages, anders als bei einem Organisationstarifvertrag aufgrund der Regelung des § 3 Abs. 2 TVG, nicht unmittelbar und zwingend erfaßt. Der Tarifvertrag gilt nur zwischen den beiderseits Tarifgebundenen, §§ 3 Abs. 1, 4 Abs. 1 TVG. Ein Eingriff in die negative Koalitionsfreiheit liegt nicht vor. Handelt es sich bei dem anderen Tarifvertrag um einen solchen, der betriebliche oder betriebsverfassungsrechtliche Normen enthält, stellt sich wiederum die Problematik des § 3 Abs. 2 1. Alt. BetrVG. Zwar werden die Tarifaußenseiter von den Rechtswirkungen dieses Tarifvertrages erfaßt. Dies beruht aber nicht auf § 3 Abs. 2 BetrVG, sondern auf § 3 Abs. 2 TVG. Ein Eingriff in die negative Koalitionsfreiheit durch § 3 Abs. 2 2. Alt. BetrVG ist auch diesbezüglich zu verneinen.

Mittelbar, als Reflexwirkung des § 3 Abs. 2 BetrVG, werden die Mitglieder einer anderen Gewerkschaft und die Nicht-Gewerkschaftsmitglieder von dem Tarifvertrag i. S. d. § 3 Abs. 2 BetrVG insoweit berührt, als ihnen der Abschluß einer Betriebsvereinbarung im Bereich des § 3 BetrVG verwehrt ist und sie auf eine Nichtregelung, jedenfalls bezüglich einer Betriebsvereinbarung, festgelegt sind. Der Abschluß einer Betriebsvereinbarung als solcher ist nicht Inhalt des Schutzbereiches der positiven Koalitionsfreiheit des Art. 9 Abs. 3 Satz 1 GG[277] und damit nicht Inhalt des Schutzbereiches der negativen Koalitionsfreiheit.[278] Die mittelbare Rechtswirkung des § 3 Abs. 2 BetrVG stellt keinen Eingriff in die negative Koalitionsfreiheit dar. Ergänzend sei darauf hingewiesen, daß die Mitglieder der tarifschließenden Gewerkschaft von der Verdrängung der Betriebsautonomie durch § 3 Abs. 2 BetrVG in gleichem Maße betroffen sind, so daß ein sozial inadäquater Druck, der tarifschließenden Gewerkschaft beizutreten, nicht besteht und ein unzulässiger Eingriff in die negative Koalitionsfreiheit auch insoweit zu verneinen wäre.

Im Ergebnis verstößt § 3 Abs. 2 BetrVG nicht gegen die negative Koalitionsfreiheit, Art. 9 Abs. 3 Satz 1 GG, der Mitglieder einer anderen als der tarifschließenden Gewerkschaft oder der Nicht-Gewerkschaftsmitglieder.

---

277 Siehe vorstehend S. 60 f.

278 Vgl. *Hablitzel*, Verbands- und Betriebsratskompetenzen, S. 156. Ähnlich *Richardi*, Kollektivgewalt und Individualwille, S. 268. Zum Spiegelbildlichkeitsargument bei der Auslegung des Art. 9 Abs. 3 Satz 1 GG siehe allgemein *C. Schubert* RdA 2001, S. 199, 201 f.

3. Verstoß gegen die Berufsfreiheit der Arbeitnehmer, Art. 12 Abs. 1 GG

Des weiteren könnte ein Verstoß gegen die Berufsfreiheit der Arbeitnehmer, Art. 12 Abs. 1 GG, vorliegen,[279] weil ihnen durch § 3 Abs. 2 BetrVG die Möglichkeit genommen wird, ihre betriebsverfassungsrechtlichen Vertretungsstrukturen und damit die Bedingungen, unter denen, und die Modalitäten, in denen sich ihre berufliche Tätigkeit vollzieht, selbst zu bestimmen.

a) Schutzbereich

Art. 12 Abs. 1 GG gewährleistet allen Deutschen das Recht, Beruf, Arbeitsplatz und Ausbildungsstätte frei zu wählen. Dieses Grundrecht beinhaltet einen einheitlichen Schutzbereich,[280] der sich auf den Wahl- und den Ausübungsaspekt erstreckt. Zur Konkretisierung des Schutzbereiches wird an die Begriffe Beruf, Arbeitsplatz und Ausbildungsstätte angeknüpft.[281] Art. 12 Abs. 1 GG gewährt dem Einzelnen das Recht, jede Tätigkeit, für die er sich geeignet glaubt, als Beruf zu ergreifen und zur Grundlage seiner Lebensführung zu machen. Er konkretisiert im Bereich der individuellen Leistung und Existenzerhaltung die Privatautonomie des Art. 2 Abs. 1 GG. Letztere beinhaltet die Selbstbestimmung des Einzelnen im Rechtsleben, insbesondere die Garantie, Verträge im Rahmen des zwingenden Zivilrechts nach seiner freien Wahl abzuschließen (Vertragsfreiheit).[282] Art. 12 Abs. 1 GG zielt auf eine möglichst

---

279 Die Prüfung des Art. 12 Abs. 1 GG liegt insbesondere dann nahe, wenn mit dem BVerfG der Schutzbereich der negativen Koalitionsfreiheit auf ein Fernbleiberecht beschränkt wird, vgl. *C. Schubert* RdA 2001, S. 199, 207. Ähnlich *Däubler*, Grundrecht auf Mitbestimmung, S. 288 (bezüglich Art. 2 Abs. 1 GG); *A. Wiedemann*, Bindung der Tarifnormen, S. 206 f.

280 BVerfG 11.6.1958 E 7, 377, 400 f., 402; *Breuer* in: HdbStR VI, § 147 Rn. 32 f.; *Dieterich* in: ErfK, Art. 12 GG Rn. 9; *Hirschmann*, Begrenzung tarifvertraglicher Normsetzungsbefugnisse, S. 171; *Pieroth/Schlink* Rn. 808; *Wieland* in: Dreier, Art. 12 GG Rn. 35, 56.

281 *Pieroth/Schlink* Rn. 809.

282 Vgl. BVerfG 12.11.1958 E 8, 274, 328; BVerfG 16.5.1961 E 12, 341, 347; BVerfG 4.6.1985 E 70, 115, 123; BVerfG 14.1.1987 E 74, 129, 151 f.; BVerfG 23.6.1993 E 89, 48, 61; BVerfG 10.10.1993 E 89, 214, 231; BVerfG 8.4.1997 E 95, 267, 303 f. Aus der verfassungsrechtlichen Kommentarliteratur *Kunig* in: von Münch/Kunig, Art. 2 GG Rn. 16; *Murswiek* in: Sachs, Art. 2 GG Rn. 54, 55a; *Chr. Starck* in: von Mangoldt/Fri. Klein/Chr. Starck, Art. 2 GG Rn. 136. Aus der zivilrechtlichen Kommentarliteratur *Bork* in: Staudinger, Vorbem. zu §§ 145 ff. BGB Rn. 12 ff.; *Dilcher* in: Staudinger [12. Bearb.], Einl. zu §§ 104-185 BGB Rn. 5 ff.; *Kramer* in: MüKo I, Vor § 145 BGB Rn. 2 ff.; *Löwisch* in: Staudinger, § 305 BGB Rn. 1; *Thode* in: MüKo II, § 305 BGB Rn. 1 ff.; *M. Wolf* in: Soergel I, Vor § 145 BGB Rn. 42 ff.; *ders.* in: Soergel II [12. Aufl.], Vor § 305 BGB Rn. 10 ff.

unreglementierte berufliche Betätigung ab.[283] In diesem Sinne ist der Berufsbegriff des Art. 12 Abs. 1 GG weit auszulegen[284] und umfaßt alle selbständigen und unselbständigen Tätigkeiten[285], die auf gewisse Dauer angelegt sind[286] und der Schaffung oder Erhaltung einer Lebensgrundlage dienen[287], soweit sie nicht verboten sind[288]. Durch § 3 Abs. 2 BetrVG sind alle Arbeitnehmer[289] i. S. d. § 5 BetrVG betroffen. Diese werden im Betrieb jeweils im Rahmen ihrer unselbständigen, auf Dauer angelegten Beschäftigung, die ihnen zur Schaffung oder Erhaltung einer Lebensgrundlage dient, tätig. Es handelt sich um die Ausübung eines Berufes i. S. d. Art. 12 Abs. 1 GG[290]; der Schutzbereich ist eröffnet.

---

283 BVerfG 30.4.1952 E 1, 264, 274; BVerfG 14.12.1965 E 19, 330, 336 f.; BVerfG 16.3.1971 E 30, 292, 334; BVerfG 1.2.1973 E 34, 252, 256; BVerfG 27.1.1982 E 59, 302, 315; BVerfG 5.5.1987 E 75, 284, 292; BVerfG 12.6.1990 E 82, 209, 223.

284 BVerfG 11.6.1958 E 7, 377, 397; BVerfG 17.7.1961 E 13, 97, 106; BVerfG 21.2.1962 E 14, 19, 22; *Hirschmann*, Begrenzung tarifvertraglicher Normsetzungsbefugnisse, S. 172; *Pieroth/Schlink* Rn. 810; *Schmidt-Bleibtreu* in: Schmidt-Bleibtreu/Fra. Klein, Art. 12 GG Rn. 6.

285 BVerfG 11.6.1958 E 7, 377, 398 f.; BVerfG 21.2.1962 E 14, 19, 22; BVerfG 18.6.1980 E 54, 301, 322; *Badura*, Staatsrecht, C Rn. 80; *ders.*, FS Herschel, S. 21, 25; *Breuer* in: HdbStR VI, § 147 Rn. 42; *Hirschmann*, Begrenzung tarifvertraglicher Normsetzungsbefugnisse, S. 172; *Pieroth/Schlink* Rn. 812; *Scholz* ZfA 1981, S. 265, 265.

286 BVerfG 28.7.1971 E 32, 1, 28 f.; BVerfG 17.2.1998 E 97, 228, 252 f.; BVerwG 10.5.1955 E 2, 85, 86; *Badura*, Staatsrecht, C Rn. 80; *Pieroth/Schlink* Rn. 812; *Scholz* ZfA 1981, S. 265, 265; *Wieland* in: Dreier, Art. 12 GG Rn. 49. Relativierend *Dieterich* in: ErfK, Art. 12 GG Rn. 6.

287 BVerfG 11.6.1958 E 7, 377, 397; BVerfG 18.6.1980 E 54, 301, 313; BVerfG 17.2.1998 E 97, 228, 252; BVerwG 10.5.1955 E 2, 85, 86; BVerwG 6.12.1989 E 84, 194, 197; *Badura*, Staatsrecht, C Rn. 80; *Dieterich* in: ErfK, Art. 12 GG Rn. 6; *Pieroth/Schlink* Rn. 812; *Scholz* ZfA 1981, S. 265, 265; *Wieland* in: Dreier, Art. 12 GG Rn. 50.

288 BVerfG 11.6.1958 E 7, 377, 397; BVerfG 17.7.1961 E 13, 97, 106; BVerfG 21.2.1962 E 14, 19, 22; BVerfG 8.2.1972 E 32, 311, 316; BVerfG 28.11.1984 E 68, 272, 281; BVerfG 14.11.1989 E 81, 70, 85; *Badura*, Staatsrecht, C Rn. 80; *Schmidt-Bleibtreu* in: Schmidt-Bleibtreu/Fra. Klein, Art. 12 GG Rn. 6; *Scholz* ZfA 1981, S. 265, 265. Kritisch *Breuer* in: HdbStR VI, § 147 Rn. 44; *Dieterich* in: ErfK, Art. 12 GG Rn. 6; *Wieland* in: Dreier, Art. 12 GG Rn. 51.

289 Mit der Einschränkung, daß Art. 12 Abs. 1 GG nur für deutsche Staatsangehörige gilt. Arbeitnehmer ohne deutsche Staatsangehörigkeit können sich auf Art. 2 Abs. 1 GG berufen.

290 Vgl. BVerfG 11.6.1958 E 7, 377, 398 („auch abhängige Arbeit kann als Beruf ausgeübt werden und wird es in der modernen Gesellschaft tatsächlich immer mehr"); *Badura*, Staatsrecht, C Rn. 92; *ders.*, FS Herschel, S. 21, 24 f.; *Breuer* in: HdbStR VI,

b) Eingriff

Durch den Tarifvorbehalt des § 3 Abs. 2 BetrVG könnte in die Berufsfreiheit der Arbeitnehmer eingegriffen werden, weil ihnen die Freiheit genommen wird, ihre betriebsverfassungsrechtlichen Vertretungsstrukturen und damit die Bedingungen, unter denen, und die Modalitäten, in denen sie abhängige Arbeit leisten, selbst zu bestimmen. Der Schutz der Berufsfreiheit richtet sich nicht gegen jedwede Beeinträchtigung. Art. 12 Abs. 1 GG entfaltet seine Schutzwirkung nur gegenüber solchen Normen, die sich entweder unmittelbar auf die Berufstätigkeit beziehen oder denen zumindest eine deutlich erkennbare objektiv berufsregelnde Tendenz zukommt.[291] § 3 Abs. 2 BetrVG legt für den Fall des Bestehens eines Organisationstarifvertrages oder irgendeines anderen Tarifvertrages die kollektivvertragliche Gestaltung der betriebsverfassungsrechtlichen Organisationsstruktur ausschließlich in die Hände der Tarifvertragsparteien und schließt eine Gestaltung durch Betriebsvereinbarung aus. Die Organisation der betrieblichen Arbeitnehmervertretung hat Auswirkungen auf die Art und Weise der Wahrnehmung der Beteiligungsrechte durch den Betriebsrat. Je nachdem, wie entscheidungs- und belegschaftsnah die Vertretung der Arbeitnehmer ist, können die Interessen der Belegschaft mehr oder weniger effektiv wahrgenommen werden. Die vom Betriebsrat mit dem Arbeitgeber abgeschlossenen Betriebsvereinbarungen gelten unmittelbar und zwingend in den Arbeitsverhältnissen der Arbeitnehmer, § 77 Abs. 4 Satz 1 BetrVG. Durch die Organisation der betrieblichen Vertretungsstrukturen wird die Wahrnehmung der materiellen Beteiligungsrechte beeinflußt und die Berufsausübung der Belegschaftsmitglieder reglementiert. Zweck der Organisationstarifverträge ist es, das Verhältnis zwischen Arbeitnehmervertretung und Arbeitgeber auszugestalten. Mittelbar beeinflußt dies die Beziehungen der Arbeitsvertragsparteien. § 3 Abs. 2 BetrVG betrifft im Schwerpunkt Tätigkeiten, die durch die Arbeitnehmer typischerweise beruflich ausgeübt werden und hat objektiv berufsregelnde Tendenz.

Durch die Tarifvorbehaltsregelung könnte der Ausübungsaspekt der beruflichen Tätigkeit betroffen sein. Eine Berufsausübungsregelung i. S. d. herkömmlichen Drei-Stufen-Lehre des Bundesverfassungsgerichtes ist eine

---

§ 147 Rn. 42; *G. Müller*, Tarifautonomie, S. 49; *Schleusener*, Zulässigkeit qualitativer Besetzungsregelungen, S. 114.

291 BVerfG 30.10.1961 E 13, 181, 185 f.; BVerfG 22.5.1963 E 16, 147, 162; BVerfG 29.11.1967 E 22, 380, 383 f.; BVerfG 18.7.1979 E 52, 42, 54; BVerfG 19.6.1985 E 70, 191, 214; BVerfG 8.4.1997 E 95, 267, 302; BVerfG 17.2.1998 E 97, 228, 253 f.; *Ingelfinger*, Arbeitsplatzgestaltung, S. 242 f.; *Pieroth/Schlink* Rn. 823. Ähnlich auch *Badura*, Staatsrecht, C Rn. 80. Ablehnend *Breuer* in: HdbStR VI, § 148 Rn. 31 f., der eine spezifisch wirkende Betroffenheit des Bürgers bei seiner beruflichen Tätigkeit fordert.

Normierung der Bedingungen, unter denen, und der Modalitäten, in denen die berufliche Tätigkeit ausgeübt wird, d. h. eine Regelung des Ausübungsaspektes („Wie") der Berufstätigkeit.[292] § 3 Abs. 2 BetrVG schließt die Gestaltung der betriebsverfassungsrechtlichen Organisationsstruktur durch Betriebsvereinbarung bei Bestehen eines Organisationstarifvertrages oder irgendeines anderen Tarifvertrages aus. Organisationstarifverträge nach § 3 BetrVG enthalten betriebsverfassungsrechtliche Tarifnormen und gelten unabhängig von der Mitgliedschaft der Arbeitnehmer im tarifschließenden Verband, § 3 Abs. 2 TVG. In ihrer ersten Alternative regelt die Tarifvorbehaltsklausel die Arbeitsleistung der Arbeitnehmer nicht. Die Fremdbestimmung der betriebsverfassungsrechtlichen Vertretungsstrukturen, unter denen die Arbeitnehmer tätig werden, beruht nicht auf der Norm des § 3 Abs. 2 BetrVG, sondern vielmehr auf der des § 3 Abs. 2 TVG. Es stellt sich wiederum das allgemeine Problem der Verfassungsmäßigkeit des § 3 Abs. 2 TVG.[293] Gilt ein anderer Tarifvertrag i. S. des § 3 Abs. 2 2. Alt. BetrVG, der Inhalts-, Abschluß- oder Beendigungsnormen enthält, werden von diesem nur die mitgliedschaftlich gebundenen Arbeitnehmer erfaßt. Mittelbar wird durch ihn jedoch eine Gestaltung der Betriebsverfassungsstruktur durch die Betriebsparteien ausgeschlossen. Die konkrete Arbeitnehmervertretungsstruktur hat aber Auswirkungen auf die Wahrnehmung der materiellen Beteiligungsrechte des Betriebsverfassungsgesetzes und damit auf die Arbeitsverhältnisse der Arbeitnehmer.[294] Dies ist eine Reglementierung ihrer freien beruflichen Betätigung. Ihnen ist es verwehrt, die betriebsverfassungsrechtlichen Vertretungsstrukturen und damit die Bedingungen, unter denen, und die Modalitäten, in denen sie abhängige Arbeit leisten, selbst zu bestimmen. Dies stellt einen Eingriff in den Ausübungsaspekt der Berufsfreiheit der Arbeitnehmer, Art. 12 Abs. 1 GG, dar.

c) Rechtfertigung

Der Eingriff in die Berufsfreiheit der Arbeitnehmer könnte gerechtfertigt sein. Art. 12 Abs. 1 Satz 2 GG enthält einen einfachen Gesetzesvorbehalt. Die Berufsfreiheit kann durch Gesetz oder aufgrund eines Gesetzes eingeschränkt

---

292 Vgl. BVerfG 11.6.1958 E 7, 377, 405 f.; BVerfG 17.3.1959 E 9, 213, 221 f.; BVerfG 17.11.1959 E 10, 185, 197; BVerfG 21.3.1961 E 12, 281, 294 f.; BVerfG 30.10.1961 E 13, 181, 185; BVerfG 16.2.1965 E 18, 353, 361; BVerfG 23.1.1968 E 23, 50, 56; BVerfG 16.3.1971 E 30, 292, 313; BVerfG 28.7.1971 E 32, 1, 34; BVerfG 9.5.1972 E 33, 125, 160, 163 f.; BVerfG 16.1.1980 E 53, 135, 143 ff.; BVerfG 12.6.1990 E 82, 209, 223 f., 228 ff.; BVerfG 17.11.1992 E 87, 363, 382. Weiterhin *Pieroth/Schlink* Rn. 834; *Schmidt-Bleibtreu* in: Schmidt-Bleibtreu/Fra. Klein, Art. 12 GG Rn. 18; *Wieland* in: Dreier, Art. 12 GG Rn. 78.

293 Siehe hierzu vorstehend S. 23 ff.

294 Siehe vorstehend S. 68 f.

werden. Als solches kommt § 3 Abs. 2 BetrVG in Betracht. Hierfür ist Voraussetzung, daß § 3 Abs. 2 BetrVG seinerseits verfassungsgemäß ist. Als Schranken-Schranke ist insbesondere der Verhältnismäßigkeitsgrundsatz in seiner besonderen Ausgestaltung durch die Rechtsprechung des Bundesverfassungsgerichts in Form der Drei-Stufen-Lehre[295] zu beachten. § 3 Abs. 2 BetrVG ist verhältnismäßig, wenn die Norm einen legitimen Zweck verfolgt und zur Erreichung dieses Zweckes geeignet, erforderlich und angemessen, d. h. verhältnismäßig i. e. S. ist.

Der Tarifvorbehalt als Berufsausübungsregelung[296] ist gerechtfertigt, wenn ihn vernünftige Erwägungen des Allgemeinwohls zweckmäßig erscheinen lassen[297]. Der Zweck des Tarifvorbehaltes des § 3 Abs. 2 BetrVG ist der Schutz der ausgeübten und aktualisierten Tarifautonomie[298] – er stellt eine

---

295 Zur Drei-Stufen-Lehre siehe BVerfG 11.6.1958 E 7, 377, 405 ff.; BVerfG 17.7.1961 E 13, 97, 104 ff.; BVerfG 30.10.1961 E 13, 181, 185 ff.; BVerfG 14.12.1965 E 19, 330, 336 ff.; BVerfG 9.5.1972 E 33, 125, 160 ff.; BVerfG 18.7.1972 E 33, 303, 337 f.; BVerfG 18.6.1980 E 54, 301, 313 ff.; BVerfG 12.6.1990 E 82, 209, 228 ff.; BVerfG 9.8.1995 E 93, 213, 235 ff.; *Badura*, Staatsrecht, C Rn. 80; *Breuer* in: HdbStR VI, § 148 Rn. 6 ff.; *Dieterich* in: ErfK, Art. 9 GG Rn. 26; *Wieland* in: Dreier, Art. 12 GG Rn. 101, 104.

296 Siehe vorstehend S. 69 f.

297 Siehe allgemein BVerfG 11.6.1958 E 7, 377, 405 f.; BVerfG 16.1.1980 E 53, 135, 144; BVerfG 26.5.1981 E 57, 139, 158; BVerfG 4.10.1983 E 65, 116, 125; BVerfG 14.5.1985 E 70, 1, 28; BVerfG 15.12.1987 E 77, 308, 332; BVerfG 10.5.1988 E 78, 155, 162; BVerfG 14.11.1989 E 81, 70, 84, 89; BVerfG 23.1.1990 E 81, 156, 188 f.; BVerfG 17.2.1998 E 97, 228, 255; BAG 26.4.1990 AP Nr. 57 zu Art. 9 GG; *Badura*, Staatsrecht, C Rn. 80; *Pieroth/Schlink* Rn. 855; *Schmidt-Bleibtreu* in: Schmidt-Bleibtreu/Fra. Klein, Art. 12 GG Rn. 12, 18; *Wieland* in: Dreier, Art. 12 GG Rn. 102 f., 112.

298 Vgl. die Begründung zum RegE, BT-Drucks. 14/5741, S. 33, 34. Zum Tarifvorbehalt des insoweit vergleichbaren § 77 Abs. 3 BetrVG BAG 22.5.1979 AP Nr. 13 zu § 118 BetrVG 1972; BAG 22.1.1980 AP Nr. 3 zu § 87 BetrVG 1972 Lohngestaltung; BAG 27.1.1987 AP Nr. 42 zu § 99 BetrVG 1972; BAG 24.2.1987 AP Nr. 21 zu § 77 BetrVG 1972; BAG 18.8.1987 AP Nr. 23 zu § 77 BetrVG 1972; BAG 9.4.1991 AP Nr. 1 zu § 77 BetrVG 1972 Tarifvorbehalt; BAG (GS) 3.12.1991 AP Nr. 51 zu § 87 BetrVG 1972 Lohngestaltung; BAG (GS) 3.12.1991 AP Nr. 52 zu § 87 BetrVG 1972 Lohngestaltung; *Bender* BB 1987, S. 1117, 1119 f.; *Dieterich* in: ErfK, Art. 9 GG Rn. 59 f.; *Fitting* § 77 BetrVG Rn. 67; *P. Hanau/Kania* in: ErfK, § 77 BetrVG Rn. 50; *Haug* BB 1986, S. 1921, 1922; *Heisig*, Arbeitsentgelt- und Arbeitszeitregelungen, S. 186 ff.; *von Hoyningen-Huene/Meier-Krenz* NZA 1987, S. 793, 794; *Kissel* NZA 1986, S. 73, 76; *Kreutz* in: GK-BetrVG II, § 77 BetrVG Rn. 78; *Neumann* RdA 1990, S. 257, 260; *Richardi* in: ders., § 77 BetrVG Rn. 244 (dieser bejaht den gleichen Zweck auch beim Tarifvorrang des § 87 Abs. 1 Einleitungssatz BetrVG, vgl. § 87 BetrVG Rn. 143); *Richardi*, Kollektivgewalt und Individualwille, S. 267 f.; *ders.*, FS Schaub, S. 639, 647; *Säcker* ZfA 1972, Sonderheft, S. 41, 43, 64; *Waltermann*,

einfachgesetzliche Ausgestaltungsregelung der Koalitionsfreiheit und der Tarifautonomie dar[299]. Dieser vom Gesetzgeber verfolgte Zweck ist eine vernünftige Erwägung des Allgemeinwohls und durch die Verfassung selbst vorgegeben. Art. 9 Abs. 3 Satz 1 GG gewährleistet neben der individuellen Koalitionsfreiheit auch eine Bestands- und Betätigungsgarantie der Koalitionen.[300] Diese sollen in einem Bereich, in dem der Staat seine Regelungszuständigkeit weit zurückgenommen hat, eigenverantwortlich und im wesentlichen frei von staatlicher Einflußnahme die Arbeits- und Wirtschaftsbedingungen wahren und fördern.[301] Der zentrale Bestandteil dieser Garantie ist die Tarifautonomie, d. h. der freie Abschluß von Tarifverträgen.[302] Der Staat ist jedoch dazu aufgerufen, die kollektive Koalitionsfreiheit in ihrem konkreten Inhalt auszugestalten.[303] Dabei sind ihm ungerechtfertigterweise eingreifende Regelungen verwehrt.[304] Er muß aber auch dazu beitragen, daß eine Wahrnehmung der Rechte aus Art. 9 Abs. 3 Satz 1 GG durch die Koalitionen, insbesondere der Abschluß von Tarifverträgen, möglich und die bereits ausgeübte und aktualisierte Tarifautonomie hinreichend geschützt ist (vgl. Art. 9

Rechtsetzung durch Betriebsvereinbarung, S. 267 f. Kritisch *Eickelberg*, Probleme der Betriebsvereinbarung, S. 131 f.; auch *Hablitzel*, Verbands- und Betriebsratskompetenzen, S. 102, 107.

299 So allgemein zu den Tarifvorbehalts- und -vorrangklauseln *Säcker* ArbuR 1994, S. 1, 10; *Zachert* ArbuR 1993, S. 97, 99 Zum insoweit vergleichbaren § 77 Abs. 3 BetrVG *Kempen* RdA 1994, S. 140, 147.

300 Siehe vorstehend S. 14 f.

301 BVerfG 6.5.1964 E 18, 18, 28; BVerfG 19.10.1966 E 20, 312, 317; BVerfG 24.5.1977 E 44, 322, 340 f.; BVerfG 1.3.1979 E 50, 290, 367; BVerfG 20.10.1981 E 58, 233, 246 f.; BVerfG 2.3.1993 E 88, 103, 114 f.; BAG 10.6.1980 AP Nr. 64 zu Art. 9 GG Arbeitskampf; BAG 12.9.1984 AP Nr. 81 zu Art. 9 GG Arbeitskampf; BAG 27.6.1989 AP Nr. 113 zu Art. 9 GG Arbeitskampf; *H. Bauer* in: Dreier, Art. 9 GG Rn. 78; *Dieterich* in: ErfK, Art. 9 GG Rn. 52; *Höfling* in: Sachs, Art. 9 GG Rn. 84.

302 Siehe vorstehend S. 15 m. w. N.

303 BVerfG 18.11.1954 E 4, 96, 107 ff.; BVerfG 6.5.1964 E 18, 18, 27; BVerfG 30.11.1965 E 19, 303, 321; BVerfG 19.10.1966 E 20, 312, 317 f.; BVerfG 24.5.1977 E 44, 322, 341 f.; BVerfG 1.3.1979 E 50, 290, 368 ff.; BVerfG 26.6.1991 E 84, 212, 228; BVerfG 2.3.1993 E 88, 103, 115; BVerfG 25.10.1994 E 92, 26, 41; BVerfG 4.7.1995 E 92, 365, 394; *Badura*, Staatsrecht, C Rn. 98; *Dieterich* in: ErfK, Art. 9 GG Rn. 41, 79 f.; *Löwisch/Rieble* in: MüHdbArbR III, § 244 Rn. 16. 37 ff.

304 BVerfG 18.11.1954 E 4, 96, 108; BVerfG 6.5.1964 E 18, 18, 27; BVerfG 1.3.1979 E 50, 290, 369; BVerfG 4.7.1995 E 92, 365, 394 ff.; *Badura*, Staatsrecht, C Rn. 99; *Dieterich* in: ErfK, Art. 9 GG Rn. 79, 81; *Löwisch/Rieble* in: MüHdbArbR III, § 244 Rn. 37 ff., insbesondere 42 ff.

Abs. 3 Satz 2 GG).[305] Bei der Erfüllung von Schutzpflichten hat der Staat einen weiten Gestaltungsspielraum.[306] „Bei Vorschriften, die grundrechtliche Schutzpflichten erfüllen sollen, ist das maßgebende Grundrecht dann verletzt, wenn ihre Auslegung und Anwendung den vom Grundrecht vorgezeichneten Schutzzweck grundlegend verfehlt“[307]. Dem Schutz der Tarifautonomie dient unter anderem der Tarifvorbehalt des § 3 Abs. 2 BetrVG.

Der Tarifvorbehalt müßte zur Erreichung dieses Zweckes geeignet sein. Ein Mittel ist geeignet, wenn mit seiner Hilfe der Erfolg gefördert werden kann.[308] Hierbei ist zu beachten, daß dem Gesetzgeber auf dem Gebiet der Arbeitsmarkt-, Sozial- und Wirtschaftsordnung eine Einschätzungsprärogative zuzugestehen ist,[309] welche die gerichtliche Nachprüfung auf eine Vertretbarkeitskontrolle beschränkt. Die Gestaltungsfreiheit des Gesetzgebers ist noch größer, wenn sich eine Regelung – wie hier – nicht unmittelbar auf die Berufstätigkeit bezieht.[310] § 3 Abs. 2 BetrVG erklärt eine Regelung durch Betriebsvereinbarung bei Bestehen einer tariflichen Organisationsregelung oder eines anderen Tarifvertrages für unzulässig. Damit gewährleistet diese Norm den Vorrang eines Tarifvertrages vor einer Betriebsvereinbarung und ist zur Erreichung des Schutzes der ausgeübten und aktualisierten Tarifautonomie jedenfalls nicht objektiv ungeeignet[311].

---

305 Vgl. BVerfG 18.11.1954 E 4, 96, 108 f.; BVerfG 4.7.1995 E 92, 365, 394 f.; BGH 6.10.1964 Z 42, 210, 217; *Kempen*, FS Gitter, S. 427, 430 f.; *Löwisch/Rieble* in: MüHdbArbR III, § 244 Rn. 62 ff., 205 ff., insbesondere 212 f.; *Schlachter* in: ErfK [2. Aufl.], Art. 9 GG Rn. 74. Ähnlich *Säcker* ArbuR 1994, S. 1, 10 f. Zur Schutzpflichtfunktion der Grundrechte auch BVerfG 18.7.1972 E 33, 303, 330 ff.; BVerfG 25.10.1994 E 92, 26, 46 (beide zu Art. 12 Abs. 1 GG); BVerfG 19.10.1993 E 89, 214, 231 f. (zu Art. 2 Abs. 1 GG); *Stern*, Staatsrecht III/1, § 67 V 2 [S. 728 ff.].

306 BVerfG 18.7.1972 E 33, 303, 331, 333 f.; BVerfG 6.10.1987 E 77, 84, 106; BVerfG 29.10.1987 E 77, 170, 214 f.; BVerfG 16.11.1993 E 89, 276, 286; BVerfG 25.10.1994 E 92, 26, 46; *Dieterich* in: ErfK, Einl. GG Rn. 33 ff., insbesondere 43; *Kempen*, FS Gitter, S. 427, 430; *Schlachter* in: ErfK [2. Aufl.], Art. 9 GG Rn. 74.

307 BVerfG 16.11.1993 E 89, 276, 286.

308 BVerfG 16.3.1971 E 30, 292, 316; BVerfG 19.3.1975 E 39, 210, 230; BVerfG 23.1.1990 E 81, 156, 192.

309 BVerfG 17.7.1961 E 13, 97, 107, 113; BVerfG 5.3.1974 E 37, 1, 20; BVerfG 19.3.1975 E 39, 210, 230 f.; BVerfG 12.10.1977 E 46, 146, 257; BVerfG 16.1.1980 E 53, 135, 145; BVerfG 6.10.1987 E 77, 84, 106 f.; BVerfG 23.1.1990 E 81, 156, 189; BVerfG 17.11.1992 E 87, 363, 383; *Breuer* in: HdbStR VI, § 148 Rn. 17; *Dieterich* in: ErfK, Art. 12 GG Rn. 25.

310 BVerfG 12.10.1977 E 46, 120, 145; BVerfG 26.5.1981 E 57, 139, 158 ff.; BVerfG 15.12.1987 E 77, 308, 332; BVerfG 23.1.1990 E 81, 156, 189.

311 Das BetrVG prüft lediglich, ob eine Regelung „offensichtlich ungeeignet“ bzw. „offensichtlich fehlsam“, vgl. BVerfG 17.7.1961 E 13, 97, 107, 113; BVerfG 5.3.1974

Der Tarifvorbehalt müßte zum Schutz der Tarifautonomie erforderlich sein. Eine Regelung ist erforderlich, wenn der Gesetzgeber nicht eine andere gleich wirksame, die Grundrechte der Betroffenen weniger einschränkende Maßnahme hätte wählen können.[312] § 3 Abs. 2 BetrVG ist zum Schutz der Tarifautonomie erforderlich, insbesondere ist kein milderes Mittel ersichtlich, welches den Vorrang des Tarifvertrages in gleich geeigneter Weise sicherstellt. Dies gilt auch für den Tarifvorbehalt bei Bestehen irgendeines anderen Tarifvertrages, § 3 Abs. 2 2. Alt. BetrVG, mit dem der Gesetzgeber die ausgeübte und aktualisierte Tarifautonomie umfassend schützen und den Arbeitgeber auf die Gewerkschaften als Verhandlungspartner beschränken will. Auch hier wirkt sich die dem Gesetzgeber zugestandene Einschätzungsprärogative aus.[313] Nur wenn eindeutig feststeht, daß dem Gesetzgeber ein gleich wirksames, aber den Freiheitsspielraum der Grundrechtsträger weniger einschränkendes Mittel zur Verfügung stand, ist die Erforderlichkeit zu verneinen.[314] Im vorliegenden Fall ist die Annahme der Erforderlichkeit durch den Gesetzgeber jedenfalls nicht unvertretbar.

Die Einschränkung der Berufsfreiheit der Arbeitnehmer müßte zum Schutz der ausgeübten und aktualisierten Tarifautonomie, welche ihrerseits durch Art. 9 Abs. 3 Satz 1 GG verfassungsrechtlich garantiert wird, auch angemessen sein. Es ist ein Ausgleich der beiden Verfassungsgüter im Wege praktischer Konkordanz dergestalt vorzunehmen, daß jedes Grundrecht in seiner praktischen Wirksamkeit möglichst optimal zur Geltung kommt. Je empfindlicher der Einzelne in seiner freien Betätigung im Beruf beeinträchtigt

---

E 37, 1, 20; BVerfG 23.1.1990 E 81, 156, 192 oder „objektiv untauglich" ist, vgl. BVerfG 22.5.1963 E 16, 147, 181; BVerfG 4.10.1983 E 65, 116, 126; BVerfG 23.1.1990 E 81, 156, 192. Ähnlich BVerfG 19.3.1975 E 39, 210, 230. An anderer Stelle lautet die Formulierung „objektiv ungeeignet", vgl. BVerfG 7.4.1964 E 17, 306, 317, „schlechthin ungeeignet", vgl. BVerfG 4.10.1983 E 65, 116, 126; BVerfG 1.7.1986 E 73, 301, 317 f., oder „generell ungeeignet", vgl. BVerfG 17.1.1978 E 47, 109, 117 ff.

312 BVerfG 16.3.1971 E 30, 292, 316; BVerfG 19.3.1975 E 39, 210, 230; BVerfG 4.10.1983 E 65, 116, 127; BVerfG 17.10.1984 E 68, 155, 172; BVerfG 31.10.1984 E 68, 193, 218 f.; BVerfG 28.11.1984 E 68, 272, 283; BVerfG 14.5.1985 E 70, 1, 29; BVerfG 1.7.1986 E 73, 301, 319; BVerfG 23.1.1990 E 81, 156, 192.

313 Vgl. allgemein BVerfG 5.3.1974 E 37, 1, 21; BVerfG 19.3.1975 E 39, 210, 231; BVerfG 17.1.1978 E 47, 109, 119; BVerfG 16.1.1980 E 53, 135, 145; BVerfG 6.10.1987 E 77, 84, 106; BVerfG 23.1.1990 E 81, 156, 193.

314 BVerfG 18.12.1968 E 25, 1, 19 f.; BVerfG 16.3.1971 E 30, 292, 319; BVerfG 5.3.1974 E 37, 1, 21; BVerfG 19.3.1975 E 39, 210, 231; BVerfG 6.10.1987 E 77, 84, 109; BVerfG 14.11.1989 E 81, 70, 91.

wird, desto stärker müssen dabei die Interessen des Gemeinwohls sein.[315] Auf der einen Seite kommt dem Schutz der Tarifautonomie in der Wertordnung des Grundgesetzes ein hoher Rang zu. Dies wird nicht zuletzt durch Art. 9 Abs. 3 Satz 2 GG bekräftigt, der, im Gegensatz zu sonstigen Grundrechten, eine unmittelbare Drittwirkung anordnet[316]. Zum Schutz der Tarifautonomie kann (und muß) der Gesetzgeber Regelungen treffen. Auf der anderen Seite berührt § 3 Abs. 2 2. Alt. BetrVG die Berufsfreiheit der Arbeitnehmer nicht in ihrem Kerngehalt – die Regelung der Essentialien des Individualvertrages bleibt den Arbeitsvertragsparteien vorbehalten. Er bewirkt lediglich mittelbar, daß die Arbeitnehmer auf die Vertretungsstrukturen, wie sie das Gesetz vorsieht, festgelegt sind. Der Tarifvorbehalt führt keineswegs dazu, daß die Arbeitnehmer ihre berufliche Tätigkeit nicht mehr ausüben können. Zudem sind Inhalt und Umfang der Regelungsbefugnisse der Betriebsparteien durch das Betriebsverfassungsgesetz festgelegt. Die Interessen des Einzelnen werden durch das Gesetz bereits hinreichend berücksichtigt, vgl. §§ 2 Abs. 1, 75 BetrVG, indem beispielsweise Individualrechte des Arbeitnehmers (§§ 81 ff. BetrVG) begründet werden. Die mit dem Tarifvorbehalt verbundene Reglementierung der freien beruflichen Betätigung der Arbeitnehmer wiegt nicht so schwer, als daß ihre Einschränkung zum Schutz der Tarifautonomie unangemessen wäre. Nichts anderes folgt aus dem Subsidiaritätsprinzip. Dieses besagt, daß es die (Vertrags-)Freiheit des Einzelnen ist, der grundsätzlich Vorrang gebührt, solange die öffentlichen Belange in der Abwägung nicht schwerer wiegen.[317] Die öffentlichen Belange, hier der Schutz der Tarifautonomie, Art. 9 Abs. 3 Satz 1 GG, wiegen im konkreten Fall aber schwerer, zumal die Parteien des Arbeitsvertrages im Bereich der Organisationsverfassung des Betriebsverfassungsgesetzes außerstande sind, eine sachgerechte Regelung, die notwendigerweise nur betriebseinheitlich gelten kann, zu treffen.[318]

---

315 BVerfG 23.3.1960 E 11, 30, 42 f.; BVerfG 17.7.1961 E 13, 97, 104 f.; BVerfG 13.2.1964 E 17, 232, 242; BVerfG 23.1.1968 E 23, 50, 56; BVerfG 25.7.1969 E 26, 259, 264; BVerfG 16.3.1971 E 30, 292, 316 f.; BVerfG 28.7.1971 E 32, 1, 34; BVerfG 2.10.1973 E 36, 47, 59; BVerfG 5.5.1987 E 75, 284, 298.

316 BVerfG 17.2.1981 E 57, 220, 245.

317 *Heinze* NZA 1991, S. 329, 330 f.; *ders.* DB 1996, S. 729, 731; *ders.* NZA 1997, S. 1, 7; *Oppermann* JuS 1996, S. 569, 571; *Richardi*, FS Kehrmann, S. 263, 269. Ähnlich *Ehmann/Lambrich* NZA 1996, S. 346, 349; *Ehmann/Th. Schmidt* NZA 1995, S. 193, 198 f.; *Heinze* NZA 1995, S. 5, 7 f.; *I. Natzel* ZfA 2003, S. 103, 131; *Trappehl/Lambrich* NJW 1999, S. 3217, 3220. Siehe auch *Sodan* JZ 1998, S. 421, 429.

318 Vgl. *Fitting* § 3 BetrVG Rn. 11. A. A. *Hablitzel* NZA 2001, S. 467, 470 f. zu § 77 Abs. 3 BetrVG.

d) Ergebnis

Der Tarifvorbehalt des § 3 Abs. 2 BetrVG stellt keinen Verstoß gegen die Berufsfreiheit der Arbeitnehmer gem. Art. 12 Abs. 1 GG dar und ist nicht verfassungswidrig.

4. Verstoß gegen die Berufsfreiheit des Arbeitgebers, Art. 12 Abs. 1 GG

Der Tarifvorbehalt des § 3 Abs. 2 BetrVG könnte gegen die wirtschaftliche Entfaltungsfreiheit der Arbeitgeber als Bestandteil ihrer Berufsfreiheit, Art. 12 Abs. 1 GG, verstoßen.

a) Schutzbereich

Art. 12 Abs. 1 GG schützt nicht nur die Berufsfreiheit der Arbeitnehmer, sondern auch die „Unternehmerfreiheit" im Sinne freier Gründung und Führung von Unternehmen und die „Unternehmensfreiheit".[319] Zu letzterer zählen insbesondere die Organisationsfreiheit[320], d. h. die Freiheit, im Rahmen einer gewählten Rechtsform die Einzelheiten der betrieblichen Organisation eigenverantwortlich zu gestalten, und die Dispositionsfreiheit[321] der Unternehmer, d. h. die Freiheit der unternehmerischen Planungen und Grundsatzentscheidungen. Eine weitere „Teilfreiheit" stellt die arbeitgeberische Leitungs- und Gestaltungsfreiheit[322] dar. Die Arbeitgeber werden vorliegend jeweils im Rahmen ihrer wirtschaftlichen Unternehmung tätig. Dies stellt eine selbständige, auf Dauer angelegte und der Schaffung bzw. Erhaltung der Lebensgrundlage dienende erlaubte Tätigkeit dar. Der Schutzbereich der

---

319 BVerfG 1.3.1979 E 50, 290, 362 ff.; BAG 3.4.1990 AP Nr. 56 zu Art. 9 GG; BAG 26.4.1990 AP Nr. 57 zu Art. 9 GG; *Breuer* in: HdbStR VI, § 147 Rn. 61; *Dieterich* in: ErfK, Art. 12 GG Rn. 14; *Ingelfinger*, Arbeitsplatzgestaltung, S. 235, 239 f.; *Chr. J. Müller*, Berufsfreiheit, S. 22 ff., 26 ff.; *Schmidt-Bleibtreu* in: Schmidt-Bleibtreu/Fra. Klein, Art. 12 GG Rn. 6; *Scholz* in: Maunz/Dürig, Art. 12 GG Rn. 124 f.; *Wieland* in: Dreier, Art. 12 GG Rn. 61. Allgemein zur Unternehmensautonomie *Beuthien* ZfA 1988, S. 1, 1 ff.; *Meik*, Kernbereich der Tarifautonomie, S. 91 ff. Die Berufsfreiheit juristischer Personen ergibt sich aus Art. 12 Abs. 1, 19 Abs. 3 GG.

320 *Breuer* in: HdbStR VI, § 147 Rn. 62; *Ingelfinger*, Arbeitsplatzgestaltung, S. 240; *Mestmäcker*, FS Westermann, S. 411, 415 ff. Wohl auch BVerfG 1.3.1979 E 50, 290, 364. Einschränkend *Scholz* in: Maunz/Dürig, Art. 12 GG Rn. 124, 185, der Art. 12 Abs. 1 GG nur insoweit als einschlägig ansieht, wie die Berufsfreiheit von einer bestimmten internen Unternehmensorganisation abhängt. Gegen die Organisationsfreiheit als Teilgewährleistung des Art. 12 Abs. 1 GG *Kübler/W. Schmidt/Simitis*, Mitbestimmung, S. 76 ff.

321 *Breuer* in: HdbStR VI, § 147 Rn. 63; *Ingelfinger*, Arbeitsplatzgestaltung, S. 240; *Scholz* in: Maunz/Dürig, Art. 12 GG Rn. 124.

322 *Breuer* in: HdbStR VI, § 147 Rn. 63.

Berufsfreiheit, auch in seiner Konkretisierung als Unternehmerfreiheit, ist eröffnet.

b) Eingriff

Der Tarifvorbehalt des § 3 Abs. 2 BetrVG und der durch ihn bewirkte Ausschluß einer Gestaltung der Organisation der Betriebsverfassung durch Betriebsvereinbarung könnten einen Eingriff in die Berufs- und Unternehmerfreiheit der Arbeitgeber, Art. 12 Abs. 1 GG darstellen. Die Bestimmungen des Betriebsverfassungsrechts[323] über die Errichtung und Ausgestaltung einer betrieblichen Arbeitnehmervertretung greifen in die unternehmerische Organisations-, Disposition- sowie Leitungs- und Gestaltungsfreiheit der Arbeitgeber ein. Diese werden durch die Ausgestaltung der Vertretungsstrukturen, welche die Wahrnehmung der Mitbestimmungsrechte nach dem Betriebsverfassungsgesetz vorbestimmt, in ihrer unternehmerischen Entscheidungsfreiheit insoweit beschränkt, als sie mit den ihnen durch Gesetz bzw. Tarifvertrag vorgegebenen betrieblichen Arbeitnehmervertretungsstrukturen im Rahmen des Betriebsverfassungsgesetzes kooperieren müssen (vgl. § 2 Abs. 1 BetrVG). § 3 Abs. 2 BetrVG betrifft im Schwerpunkt Tätigkeiten, die durch die Arbeitgeber typischerweise beruflich ausgeübt werden und hat objektiv berufsregelnde Tendenz.

Durch die Tarifvorbehaltsregelung könnte der Ausübungsaspekt der beruflichen Tätigkeit betroffen sein. Indem § 3 Abs. 2 BetrVG bei Bestehen eines Organisationstarifvertrages oder irgendeines anderen Tarifvertrages die Gestaltung der betriebsverfassungsrechtlichen Organisationsstruktur durch Betriebsvereinbarung ausschließt, bestimmt er verbindlich die Bedingungen, unter denen, und die Modalitäten, in denen die berufliche Tätigkeit der Arbeitgeber ausgeübt werden kann. Die Arbeitgeber werden auf die tarifliche Regelung festgelegt.[324] Der Tarifvorbehalt ist keine Berufswahlregelung. Er führt nicht dazu, daß die Arbeitgeber in aller Regel nicht mehr in der Lage sind, den gewählten „Beruf" ganz oder teilweise zur Grundlage ihrer unternehmerischen Erwerbstätigkeit zu machen. Der Tarifvorbehalt beschränkt aber die Organisations-, Dispositions- sowie Leitungs- und Gestaltungsfreiheit in ihren oben dargestellten Ausprägungen. Er regelt das „Wie" der beruflichen Betätigung für die Arbeitgeber und ist eine Berufsausübungsregelung.[325]

---

323 Vgl. allgemein zur Beschränkung der Unternehmerfreiheit durch das Betriebsverfassungsrecht *Breuer* in: HdbStR VI, § 147 Rn. 61 f., § 148 Rn. 24; *Papier* in: Benda/Maihofer/Vogel, HdbVerfR, § 18 Rn. 27 ff., 48 ff. (S. 811 f., 820 ff.); *ders.* VVDStRL 35 (1977), S. 55 ff.

324 Beziehungsweise auf eine Nichtregelung, falls die Alternative der Geltung eines anderen Tarifvertrages eingreift.

325 Vgl. BVerfG 1.3.1979 E 50, 290, 364 f. zur insoweit vergleichbaren Unternehmensmitbestimmung.

c) Rechtfertigung

Der Eingriff in die Berufsfreiheit der Arbeitgeber könnte gerechtfertigt sein. § 3 Abs. 2 BetrVG ist verhältnismäßig, wenn die Norm einen legitimen Zweck verfolgt und zur Erreichung dieses Zweckes geeignet, erforderlich und angemessen, d. h. verhältnismäßig i. e. S. ist.[326] Der Tarifvorbehalt des § 3 Abs. 2 BetrVG bezweckt den Schutz der ausgeübten und aktualisierten Tarifautonomie.[327] Zur Erreichung dieses Zweckes ist er geeignet und erforderlich.[328]

Die Einschränkung der Berufsfreiheit der Arbeitgeber müßte zum Schutz der ausgeübten und aktualisierten Tarifautonomie, welche ihrerseits durch Art. 9 Abs. 3 Satz 1 GG verfassungsrechtlich garantiert wird, angemessen sein. Das Grundgesetz räumt dem Schutz der Tarifautonomie einen hohen Stellenwert ein. Diesbezüglich kann (und muß) der Gesetzgeber Regelungen treffen. Die mit dem Tarifvorbehalt verbundene Einschränkung der Freiheit des Arbeitgebers, die in seinem Betrieb bestehenden Organisationsstrukturen der betrieblichen Arbeitnehmervertretung durch Betriebsvereinbarung zu gestalten, wiegt nicht so schwer, als daß ihre Einschränkung zum Schutz der Tarifautonomie unangemessen wäre. Folge des Tarifvorbehaltes des § 3 Abs. 2 BetrVG ist es nicht, daß die betroffenen Arbeitgeber in aller Regel wirtschaftlich nicht mehr in der Lage sind, den gewählten „Beruf" ganz oder teilweise zur Grundlage ihrer unternehmerischen Erwerbstätigkeit zu machen. Die Regelung des § 3 Abs. 2 BetrVG berührt die unternehmerische Entscheidungsfreiheit nicht in ihrem Kerngehalt. Die Gründung und Führung der Unternehmen sowie die zu treffenden betriebswirtschaftlichen Entscheidungen bleiben nach wie vor dem freien Ermessen der Arbeitgeber vorbehalten. Eine Einschränkung besteht nur am Rande und insoweit, als den Arbeitgebern in der Konsequenz des Tarifvorbehaltes nach § 3 Abs. 2 BetrVG das Gestaltungsmittel der Betriebsvereinbarung versagt wird. Hierbei ist zu bedenken, daß der Ausschluß einer Organisationsregelung durch Betriebsvereinbarung und die dadurch bewirkte Einschränkung der Berufsfreiheit des Arbeitgebers durch dessen eigenen Entschluß legitimiert ist.[329] Darin ist zwar kein Verzicht auf den verfassungsrechtlichen Schutz aus Art. 12 Abs. 1 GG zu sehen. Wird der Tarifvorbehalt durch einen Firmentarifvertrag ausgelöst, war der Arbeitgeber aber selbst als Tarifvertragspartei an dessen Abschluß beteiligt und muß sich dies entgegenhalten lassen. Er hat sein Grundrecht auf Berufsfreiheit in Gestalt der tariflichen Regelung aktiv wahrgenommen. Dies kann nicht gleichzeitig eine

---

326 Siehe vorstehend S. 70.

327 Siehe vorstehend S. 70 ff.

328 Siehe vorstehend S. 72 f.

329 Vgl. allgemein *Chr. J. Müller*, Berufsfreiheit, S. 113 ff.

unangemessene Einschränkung dieses Grundrechts sein. Ein Verbands-(Organisations-)tarifvertrag besteht im Betrieb des Arbeitgebers, wenn dieser selbst tarifgebunden ist, vgl. §§ 4 Abs. 1, 3 Abs. 1, 2 TVG. Die Tarifgebundenheit des Arbeitgebers setzt seine Mitgliedschaft im tarifschließenden Arbeitgeberverband voraus, § 3 Abs. 1 TVG. Damit hat es der Arbeitgeber in der Hand, den Tarifvorbehalt des § 3 Abs. 2 BetrVG auszulösen oder zu vermeiden. Der Eingriff in die Berufsfreiheit des Arbeitgebers beruht auf seinem eigenen, autonomen (Beitritts-)Entschluß, durch den er die Verbindlichkeit ordnungsgemäß zustande gekommener Verbandstarifverträge für sich anerkennt. Die mit der Norm des § 3 Abs. 2 BetrVG verbundene Einschränkung der Berufsausübungsfreiheit ist zum Schutz der Tarifautonomie nicht unzumutbar und damit nicht unverhältnismäßig. Daran vermag auch der Gesichtspunkt der Subsidiarität nichts zu ändern. Der Schutz der Tarifautonomie, Art. 9 Abs. 3 Satz 1 GG, wiegt im konkreten Fall schwerer, zumal die Parteien des Arbeitsvertrages im Bereich der Organisationsverfassung des Betriebsverfassungsgesetzes außerstande sind, eine gerechte Regelung, die notwendigerweise nur betriebseinheitlich gelten kann, zu treffen.[330] Der Eingriff in die Berufsfreiheit der Arbeitgeber ist gerechtfertigt.

d) Ergebnis

Der Tarifvorbehalt des § 3 Abs. 2 BetrVG verstößt nicht gegen die Berufsfreiheit der Arbeitgeber, Art. 12 Abs. 1 GG.

5. Verstoß gegen die Betriebsautonomie, Art. 2 Abs. 1 GG (Gesichtspunkt der Subsidiarität)

Aus dem Verfassungsprinzip der Subsidiarität könnte zu schlußfolgern sein, daß die Betriebsautonomie[331] gegenüber der Tarifautonomie vorrangig ist. Wenn dem so wäre, müßte ein Verstoß des § 3 Abs. 2 BetrVG gegen das Subsidiaritätsprinzip bejaht werden. Im arbeitsrechtlichen Schrifttum wird gelegentlich auf diesen Umstand hingewiesen, ohne daß er eine nähere Begründung erfährt.[332]

---

330 Siehe vorstehend S. 74 f.

331 Die Prüfung eines Verstoßes gegen die Privatautonomie, Art. 2 Abs. 1 GG, unter diesem Gesichtspunkt erübrigt sich. Insoweit ist Art. 12 Abs. 1 GG lex specialis. Zur Berücksichtigung des Subsidiaritätsprinzips im Rahmen der Verhältnismäßigkeitsprüfung siehe vorstehend S. 74 f., 78.

332 Vgl. *Reichold* NZA 2001, S. 857, 859; *ders.* NZA 2001, Sonderbeilage Heft 24, S. 32, 36. In diese Richtung auch *Leßmann/Liersch* DStR 2001, S. 1302, 1302; *Picker* RdA 2001, Sonderbeilage Heft 4, S. 257, 277 Fn. 148; *Rieble* ZIP 2001, S. 133, 137, die ein Legitimationsdefizit der Tarifvertragsparteien feststellen und somit wohl die Betriebsparteien aufgrund ihrer „Sachnähe" für regelungsbefugt halten.

a) Inhalt des Subsidiaritätsprinzips[333]

Einen gesetzlichen Niederschlag hat das Subsidiaritätsprinzip in Art. 5 Abs. 2 EG, 2 Abs. 2 EU, 23 Abs. 1 GG[334] erfahren. Es regelt das Verhältnis zwischen Europäischer Gemeinschaft und den Mitgliedstaaten auf dem Gebiet der Rechtsetzung und besagt, daß die größere Einheit, d. h. die Europäische Gemeinschaft nur zuständig ist, wenn ein Sachverhalt nicht auf mitgliedstaatlicher Ebene geregelt werden kann.[335] Allerdings ist das Prinzip des Vorranges der kleineren und sachnäheren Einheit nicht nur Baustein der Europäischen Gemeinschaft, sondern zählt auch zu den Bestandteilen des positiven innerstaatlichen Rechts.[336] Es ist eine verfassungsmäßige Grundentscheidung, ein Strukturprinzip des Grundgesetzes.[337] Ausdruck dieses Gedankens sind z. B. die Art. 6, 9 Abs. 3 Satz 1, 28 Abs. 2, 30, 70, 72, 83 ff., 92 GG.[338] Die Subsidiarität zwischen Staat und Gesellschaft ist originärer Inhalt des Subsidiaritätsprinzips.[339] Im Hinblick auf die Schutzpflichtfunktion der

---

333 Zum Subsidiaritätsprinzip allgemein *Bernzen*, Das Subsidiaritätsprinzip als Prinzip des deutschen Staatsrechts; *Isensee*, Subsidiaritätsprinzip und Verfassungsrecht; *Küchenhoff* DB 1963, S. 765 ff.; *Kuttenkeuler*, Subsidiaritätsprinzip; *Richardi*, FS Kehrmann, S. 263, 263 ff.; *Süsterhenn*, FS Nawiasky, S. 141 ff.; *Utz*, Das Subsidiaritätsprinzip.

334 Siehe weiterhin Präambel zum Vertrag über die Europäische Union, Art. 1 Abs. 2 EU, Art.94 und 95 i. V. m. 3 Abs. 1 h), 137, 149 ff., 157, 164, 308 EG und das „Protokoll über die Anwendung der Grundsätze der Subsidiarität und der Verhältnismäßigkeit“ (abgedruckt bei *von der Groeben/Thiesing/Ehlermann*, Annex S. 119 ff.).

335 Zum Subsidiaritätsprinzip im Gemeinschaftsrecht *H.-J. Blanke* in: Calliess/Ruffert, Art. 2 EU Rn. 18 f.; *Calliess* in: Calliess/Ruffert, Art. 1 EU Rn. 27 ff., Art. 5 EG Rn. 1 ff.; *Oppermann*, Europarecht, Rn. 513 ff.; *Pieper* DVBl. 1993, S. 705, 705 ff.; *Schweitzer/Hummer*, Europarecht, Rn. 892 ff.; *Zuleeg* in: von der Groeben/Thiesing/Ehlermann, Präambel EUV Rn. 15, Art. 3b EGV Rn. 17 ff.

336 *Hablitzel* NZA 2001, S. 467, 468; *Kuttenkeuler*, Subsidiaritätsprinzip, S. 164, 170.

337 *Ehmann/Lambrich* NZA 1996, S. 346, 352 („Verfassungsprinzip“); *Hablitzel*, Verbands- und Betriebsratskompetenzen, S. 65; *ders.* NZA 2001, S. 467, 469; *Henssler*, Fortbildung des Arbeitsrechts, S. 53, 57; *I. Natzel* ZfA 2003, S. 103, 110; *Richardi*, FS Kehrmann, S. 263, 263. Ebenso *Ehmann* ZRP 1996, S. 314, 318. *Kuttenkeuler*, Subsidiaritätsprinzip, S. 164, 170, folgert dies aus der Einreihung des Grundsatzes der Subsidiarität in Art. 23 Abs. 1 GG Seite an Seite mit fünf anderen Verfassungsgrundsätzen, an deren innerstaatlicher Rechtsgeltung kein Zweifel besteht. Ebenso *Kretschmer* ZRP 1994, S. 157, 158; *Oppermann* JuS 1996, S. 569, 571; ähnlich *Zachert* ArbuR 1993, S. 97, 100.

338 Vgl. *Küchenhoff* DB 1963, S. 765, 766; *G. Müller*, Tarifautonomie, S. 350 (zu Art. 9 Abs. 3 Satz 1 GG); *Oppermann* JuS 1996, S. 569, 570 f.; *Waltermann* NZA 1991, S. 754, 756 f. (zu Art. 9 Abs. 3 Satz 1 GG).

339 *Richardi*, FS Kehrmann, S. 263, 263. Vgl. hierzu *Dürig* JZ 1953, S. 193, 198; *Fechner* RdA 1955, S. 161, 161 ff.; *Küchenhoff* RdA 1959, S. 201, 201 f.; *Olbersdorf* ArbuR

Grundrechte folgt aus ihr gleichfalls eine innergesellschaftliche Subsidiarität.[340] Sie gilt auch im Arbeitsrecht und besagt, daß die Zuständigkeit des höheren Verbandes erst besteht, wenn der niedrigere zu einer Regelung nicht in der Lage ist.[341] Im Gesetz kommt dies in § 4 Abs. 3 TVG zum Ausdruck, der günstigeren Regelungen auf „niedrigerer" Ebene einen Vorrang gewährt.[342] Inhaltlich statuiert das Subsidiaritätsprinzip die Zuständigkeit der kleineren sozialen Einheit dann, wenn grundgesetzlich verankerte Regelungszuständigkeiten verschiedener Lebenskreise miteinander konkurrieren, ohne daß der Verfassung eine abschließende Kompetenzzuweisung zu entnehmen wäre.[343] Andere formulieren, die kleinere Einheit sei zuständig, es sei denn, die Zuständigkeit der größeren Einheit ist im Interesse des Gemeinwohls sinnvoll und notwendig.[344]

Einigkeit herrscht allerdings bezüglich des Charakters des Subsidiaritätsprinzips. Es ist eine Staatszielbestimmung[345] und hat keinen vollnormativen Charakter[346]. Es ist ein Rechtsprinzip[347], nicht Rechtssatz, d. h. ratio legis, nicht lex.[348] Damit muß auch der Charakter eines subjektiven Rechts des Einzelnen

---

1955, S. 129, 134 f.; *Süsterhenn*, FS Nawiasky, S. 141 ff. Kritisch *Scholz*, FS Trinkner, S. 377, 385.

340 *Richardi*, FS Kehrmann, S. 263, 264. Ähnlich *Ehmann/Lambrich* NZA 1996, S. 346, 352 f.; *Isensee*, Subsidiaritätsprinzip und Verfassungsrecht, S. 369 f.

341 *Ehmann* ZRP 1996, S. 314, 318; *Hablitzel*, Verbands- und Betriebsratskompetenzen, S. 66; *Henssler*, Fortbildung des Arbeitsrechts, S. 53, 57; *A. Hueck/Nipperdey*, Arbeitsrecht II/1, § 3 II 1 [S. 28], § 3 IV 3 b) γ) [S. 44]; *Küchenhoff* DB 1963, S. 765, 765 f.; *Richardi*, FS Kehrmann, S. 263, 264; *Söllner* ArbuR 1966, S. 257, 258.

342 *Hablitzel*, Verbands- und Betriebsratskompetenzen, S. 66 f.; *Heinze* NZA 1991, S. 329, 332; *Küchenhoff* DB 1963, S. 765, 766; *I. Natzel* ZfA 2003, S. 103, 116. Vgl. auch die Regelungen der § 1 Abs. 1, 2, § 8 Abs. 2 MindArbBedG sowie den 3. Leitsatz der Generellen Leitsätze zur Sozialunion des Gemeinsamen Protokolls über Leitsätze zum Vertrag über die Schaffung einer Währungs-, Wirtschafts- und Sozialunion, BGBl. 1990 II S. 537.

343 *Th. Schmidt*, Günstigkeitsprinzip, S. 73.

344 Vgl. *Kuttenkeuler*, Subsidiaritätsprinzip, S. 210. Ähnlich *Ehmann/Lambrich* NZA 1996, S. 346, 352; *I. Natzel* ZfA 2003, S. 103, 105.

345 So ausdrücklich *Hablitzel* NZA 2001, S. 467, 469. Ähnlich *ders.*, Verbands- und Betriebsratskompetenzen, S. 65; *Isensee*, Subsidiaritätsprinzip und Verfassungsrecht, S. 313 f., 373.

346 *Henssler*, Fortbildung des Arbeitsrechts, S. 53, 57 f.; *Isensee*, Subsidiaritätsprinzip und Verfassungsrecht, S. 313.

347 Zur Bedeutung von Rechtsprinzipien allgemein *Larenz/Canaris*, Methodenlehre, S. 302 ff.

348 *Isensee*, Subsidiaritätsprinzip und Verfassungsrecht, S. 373; *Kuttenkeuler*, Subsidiaritätsprinzip, S. 233; *I. Natzel* ZfA 2003, S. 103, 109 f.

verneint werden.[349] Es bindet zwar Legislative, Exekutive und Judikative.[350] Dies aber nur dergestalt, als es einen offenen, weiterer Konkretisierung bedürftigen Maßstab staatlichen Handelns darstellt, der Wertungen explizit macht, Entscheidungsmaßstäbe bietet und dem Ermessen normative Grenzen setzt.[351] Das Subsidiaritätsprinzip wirkt damit nur als Auslegungsmaßstab für Grundrechte und einfaches Recht und als Abwägungsmaßstab im Rahmen der praktischen Konkordanz zweier Verfassungsgüter.[352] Die primäre Interpretationskompetenz liegt bei Legislative und Exekutive, denen bezüglich der Ausgestaltung des Subsidiaritätsprinzips eine Einschätzungsprärogative zuzugestehen ist.[353]

b) Verstoß gegen die Betriebsautonomie

Wie gezeigt werden konnte, ist das Subsidiaritätsprinzip kein subjektives Recht oder gar ein Grundrecht. Es dient in seiner Eigenschaft als Staatszielbestimmung lediglich als Auslegungs- und Abwägungsmaßstab bei der Kollision zweier verfassungsrechtlich verankerter Rechtsgüter und kommt im Rahmen der praktischen Konkordanz zur Geltung. Die Koalitionen werden bei der Normierung betrieblicher Organisationsregelungen im Rahmen der ihnen durch Art. 9 Abs. 3 Satz 1 GG gewährleisteten Tarifautonomie tätig.[354] Die Betriebsparteien werden nach einer Ansicht auf einfachgesetzlicher (d. h. betriebsverfassungsrechtlicher) Grundlage tätig. Die gegenteilige Meinung stellt auf die Privatautonomie ab. Die Betriebsautonomie sei durch Art. 9 Abs. 1, 2 Abs. 1 i. V. m. 12 Abs. 1 GG verfassungsrechtlich garantiert.[355]

Gegen die Zurückführung der Betriebsautonomie auf die Privatautonomie spricht, daß sich der Arbeitnehmer der Rechtsetzung auf betrieblicher Ebene gerade nicht freiwillig unterwirft. Hierzu wäre ein von der Begründung des Arbeitsverhältnisses zu unterscheidender besonderer Unterwerfungsakt notwendig, wie er z. B. im Gewerkschaftsbeitritt liegt.[356] Der Abschluß des

---

349 *Isensee*, Subsidiaritätsprinzip und Verfassungsrecht, S. 315; *I. Natzel* ZfA 2003, S. 103, 110.

350 *Hablitzel* NZA 2001, S. 467, 469.

351 *Kuttenkeuler*, Subsidiaritätsprinzip, S. 233.

352 *Hablitzel*, Verbands- und Betriebsratskompetenzen, S. 65; *Isensee*, Subsidiaritätsprinzip und Verfassungsrecht, S. 313 f.

353 *Isensee*, Subsidiaritätsprinzip und Verfassungsrecht, S. 315. Ähnlich *Hablitzel*, Verbands- und Betriebsratskompetenzen, S. 70, welcher die Ansicht vertritt, der Gesetzgeber könne frei entscheiden, wann eine Gemeinschaft über- und wann untergeordnet ist.

354 Siehe vorstehend S. 32 ff.

355 Siehe vorstehend S. 10 ff.

356 *Walker* ZfA 1996, S. 353, 357.

Arbeitsvertrages vermag dies nicht zu begründen, er ist lediglich Geltungsvoraussetzung der Betriebsvereinbarung.[357] Den für ihre Legitimation entscheidenden Geltungsgrund stellt allein die inhaltliche Gestaltungsanordnung der Betriebspartner in Verbindung mit dem gesetzgeberischen Akt des § 77 Abs. 4 Satz 1 BetrVG dar.[358] Die Zuständigkeit der Betriebsparteien beruht auf der Zuweisung durch einfaches Gesetz (in Gestalt des Betriebsverfassungsgesetzes).[359] Der Betriebsautonomie kommt kein Verfassungsrang zu.[360] Somit vermag das Subsidiaritätsprinzip als Abwägungsmaßstab keinen Vorrang der Betriebsautonomie zu begründen,[361] da eine Abwägung zwischen der Tarif- und der Betriebsautonomie im Wege praktischer Konkordanz nicht vorzunehmen ist[362].

Weiterhin kann Art. 9 Abs. 3 Satz 1 GG in seiner Funktion als Schutzrecht entnommen werden, daß der Staat verpflichtet ist, die Tarifautonomie zu schützen.[363] Art. 9 Abs. 3 Satz 1 GG gewährleistet neben der

---

357 Vgl. die Nachweise vorstehend Fn. 39.

358 *Kreutz*, Grenzen der Betriebsautonomie, S. 66, 110. Ebenso *Biberacher*, Rechtssetzungsmacht, S. 42; *Walker* ZfA 1996, S. 353, 357; *Waltermann*, Rechtsetzung durch Betriebsvereinbarung, S. 89.

359 *Belling*, Günstigkeitsprinzip, S. 157; *Biedenkopf*, Grenzen der Tarifautonomie, S. 294; *Heinze* DB 1996, S. 729, 732; *Konzen* BB 1977, S. 1307, 1307; *Richardi*, Kollektivgewalt und Individualwille, S. 312; *Säcker* in: AR-Blattei, 1981, Tarifvertrag I, C VIII 2; *ders.* ZfA 1972, Sonderheft, S. 41, 45; *Walker* ZfA 1996, S. 353, 355; *Waltermann*, Rechtsetzung durch Betriebsvereinbarung, S. 59 f., 260; *Wank* NJW 1996, S. 2273, 2274. Ähnlich *Richardi*, FS Kehrmann, S. 263, 266. Siehe auch BVerfG 26.5.1970 AP Nr. 18 zu Art. 9 GG für das Personalvertretungsrecht.

360 Herrschende Ansicht, vgl. die Nachweise vorstehend Fn. 33. Nach anderer Ansicht ist die Betriebsautonomie auf verfassungsrechtlicher Grundlage gewährleistet, siehe hierzu *Ehmann/Lambrich* NZA 1996, S. 346, 350 ff.; *Hablitzel*, Verbands- und Betriebsratskompetenzen, S. 69; *ders.* NZA 2001, S. 467, 470 unter Berufung auf *Lambrich*, Tarif- und Betriebsautonomie, S. 224; *von Langen*, Tarif- zur Betriebsautonomie, S. 102; *Sodan* JZ 1998, S. 421, 428 f. *G. Müller*, Tarifautonomie, S. 184 ff.; *ders.* ArbuR 1992, S. 257, 257 f. sieht die Betriebsautonomie zwar durch das Sozialstaatsprinzip verfassungsrechtlich gewährleistet, die Tarifautonomie habe aber durch Art. 9 Abs. 3 Satz 1 GG eine „höhere verfassungsrechtliche Qualifikation" als jene. In diese Richtung auch *Heinze* DB 1996, S. 729, 734.

361 Ähnlich *Kempen* in: Kempen/Zachert, Grundlagen TVG Rn. 252: keine Geltung des Subsidiaritätsprinzips. Anders aber *Ehmann/Lambrich* NZA 1996, S. 346, 353; *von Langen*, Tarif- zur Betriebsautonomie, S. 102; *Sodan* JZ 1998, S. 421, 429.

362 Ausdrücklich anders aber *Ehmann/Lambrich* NZA 1996, S. 346, 350, 352.

363 *Dieterich* in: ErfK, Art. 9 GG Rn. 83; *Kempen*, FS Gitter, S. 427, 430 f.; *Schlachter* in: ErfK [2. Aufl.], Art. 9 GG Rn. 74. Ähnlich *Säcker* ArbuR 1994, S. 1, 10 f. Vgl. auch BGH 6.10.1964 Z 42, 210, 217.

positiven und negativen individuellen auch die kollektive Koalitionsfreiheit.[364] Hierzu zählt neben dem Schutz der Koalitionen selbst (Bestandsgarantie) auch das Recht, durch jede koalitionsspezifische Betätigung die in Art. 9 Abs. 3 Satz 1 GG genannten Ziele zu verfolgen (Betätigungsgarantie).[365] Wesentlicher Bestandteil der Betätigungsgarantie ist die Tarifautonomie.[366] Art. 9 Abs. 3 Satz 1 GG garantiert zwar kein Normsetzungsmonopol und keine konkrete Gestalt der kollektiven Koalitionsfreiheit.[367] Die Tarifautonomie wird nicht als ausschließliche Form der Arbeitnehmerbeteiligung geschützt.[368] Die Schutzpflichtfunktion der Koalitionsfreiheit erfordert es aber, daß die Tarifautonomie nicht völlig ausgeschaltet wird und leerläuft. Daher ist der Staat verpflichtet, sie in der Art und Weise auszugestalten, daß die Koalitionen ihr Grundrecht effektiv wahrnehmen können.[369] Er muß sicherstellen, daß die gesetzlich gestaltete Mitbestimmungsordnung nicht die Funktionsvoraussetzungen des Tarifvertragssystems beeinträchtigt.[370] Ansonsten verlöre der Tarifvertrag seine Ordnungskraft als Schutzinstrument zugunsten der Mitglieder der Tarifvertragsparteien. Diese Ordnungsaufgabe der Tarifvertragsparteien – in einem Bereich, in dem der Staat seine Regelungsbefugnis weit zurückgenommen hat, eigenverantwortlich und im wesentlichen frei von staatlicher Einflußnahme die Arbeits- und Wirtschaftsbedingungen ihrer

---

364 Siehe vorstehend S. 14 f.

365 Siehe vorstehend S. 15.

366 Siehe vorstehend S. 15.

367 Vgl. BVerfG 1.3.1979 E 50, 290, 368, 371; BVerfG 24.4.1996 E 94, 268, 284; BVerfG 3.4.2001 E 103, 293, 306; *Bakopoulos*, Zuständigkeitsverteilung, S. 46; *Feichtinger*, Regelungsbefugnis der Tarifvertragsparteien, S. 20 f.; *Löwisch* JZ 1996, S. 812, 816; *Wank* in: H. Wiedemann, § 4 TVG Rn. 547.

368 BVerfG 19.10.1966 E 20, 312, 317; BVerfG 1.3.1979 E 50, 290, 371; BVerfG 18.12.1985 AP Nr. 15 zu § 87 BetrVG 1972 Arbeitszeit; *Bakopoulos*, Zuständigkeitsverteilung, S. 55; *Beuthien* ZfA 1984, S. 1, 10; *Richardi*, FS Kehrmann, S. 263, 267.

369 BVerfG 10.1.1995 E 92, 26, 41; *Bakopoulos*, Zuständigkeitsverteilung, S. 46; *Dieterich* in: ErfK, Art. 9 GG Rn. 60; *Friese*, Kollektive Koalitionsfreiheit, S. 229; *P. Hanau* RdA 1993, S. 1, 5 f.; *Höfling* in: Sachs, Art. 9 GG Rn. 77; *Isensee* in: HdbStR V, § 115 Rn. 145; *Kissel* NZA 1995, S. 1, 4; *Löwer* in: von Münch/Kunig, Art. 9 GG Rn. 58; *Oetker* RdA 1999, S. 96, 98 f.; *Scholz* in: HdbStR VI, § 151 Rn. 17; *Schwarze*, Betriebsrat, S. 79 ff.; *Waltermann*, FS Söllner, S. 1251, 1270; *Wank* in: H. Wiedemann, § 4 TVG Rn. 547; *H. Wiedemann* in: ders., Einleitung TVG Rn. 135; *H. Wiedemann*, FS Stahlhacke, S. 675, 682 f. Ähnlich *Säcker/Oetker*, Tarifautonomie, S. 95.

370 BVerfG 1.3.1979 E 50, 290, 373, 376 f.; *Richardi*, FS Kehrmann, S. 263, 267; *Säcker* ArbuR 1994, S. 1, 10 f. Ähnlich *Kempen*, FS Gitter, S. 427, 431. Vgl. auch BGH 6.10.1964 Z 42, 210, 217.

Mitglieder zu wahren und zu fördern – ist verfassungsrechtlich in Art. 9 Abs. 3 Satz 1 GG verankert.[371] Dem Schutz der aktualisierten und ausgeübten Tarifautonomie dienen unter anderem die Tarifvorbehaltsklauseln des Betriebsverfassungsrechts (§§ 3 Abs. 2, 77 Abs. 3 BetrVG).[372]

Damit besteht zum einen in der Verfassung eine konkludente Kompetenzregelung für das Verhältnis zwischen Tarifvertrag und Betriebsvereinbarung. Die Koalitionsfreiheit verbietet es dem Gesetzgeber, die Unabdingbarkeit der Tarifnormen gegenüber den Betriebsparteien zu beseitigen[373] und dadurch das Grundrecht der Koalitionsfreiheit zu entwerten[374]. Zum anderen stehen sich nicht zwei grundgesetzlich verankerte Regelungszuständigkeiten gegenüber, so daß kein Ausgleich der widerstreitenden Interessen im Wege praktischer Konkordanz vorzunehmen ist. Der Tarifvorbehalt des § 3 Abs. 2 BetrVG verstößt nicht gegen die Betriebsautonomie.

c) Ergebnis

Im Ergebnis folgt aus dem Gesichtspunkt der Subsidiarität kein Vorrang der Betriebs- vor der Tarifautonomie. Ein Verfassungsverstoß des § 3 Abs. 2 BetrVG ist zu verneinen.

6. Ergebnis

Der Tarifvorbehalt des § 3 Abs. 2 BetrVG verstößt nicht gegen die positive und negative Koalitionsfreiheit, Art. 9 Abs. 3 Satz 1 GG, die Berufsfreiheit der Arbeitnehmer und Arbeitgeber, Art. 12 Abs. 1 GG, oder die Betriebsautonomie. Im Bereich der Organisation der Betriebsverfassung besteht ein Vorrang der tarifvertraglichen vor den betrieblichen Regelungen.[375]

---

371 BVerfG 6.5.1964 E 18, 18, 28; BVerfG 19.10.1966 E 20, 312, 317; BVerfG 24.5.1977 E 44, 322, 340 f.; BVerfG 1.3.1979 E 50, 290, 367; BVerfG 20.10.1981 E 58, 233, 246 f.; BVerfG 2.3.1993 E 88, 103, 114 f.; BAG 10.6.1980 AP Nr. 64 zu Art. 9 GG Arbeitskampf; BAG 12.9.1984 AP Nr. 81 zu Art. 9 GG Arbeitskampf; BAG 27.6.1989 AP Nr. 113 zu Art. 9 GG Arbeitskampf; *H. Bauer* in: Dreier, Art. 9 GG Rn. 78; *Dieterich* in: ErfK, Art. 9 GG Rn. 50, 52; *Höfling* in: Sachs, Art. 9 GG Rn. 84.

372 *Düwell* in: HaKo-BetrVG, Einleitung BetrVG Rn. 88; *Heinze* NZA 1995, S. 5, 6; *Kissel* NZA 1995, S. 1, 4; *Säcker/Oetker*, Tarifautonomie, S. 95 f.; *Waltermann*, Rechtsetzung durch Betriebsvereinbarung, S. 261. Ähnlich *Wank* in: Wiedemann, § 4 TVG Rn. 547. Anders aber *Reuter* RdA 1991, S. 193, 199 f.; *ders.* ZfA 1995, S. 1, 65 f.: § 77 Abs. 3 BetrVG ist kraft Gewohnheitsrecht derogiert; *ders.*, FS Schaub, S. 605, 633: § 77 Abs. 3 BetrVG ist verfassungswidrig. In diese Richtung auch *Zöllner* ZfA 1988, S. 265, 274 f.

373 *Richardi*, FS Kehrmann, S. 263, 268.

374 *ders.*, FS Kehrmann, S. 263, 269.

375 Dem entspricht es, daß nach fast einhelliger Ansicht der Tarifvertrag die höherrangige Rechtsquelle gegenüber der Betriebsvereinbarung ist, vgl. *Bakopoulos*,

Entsprechend § 3 Abs. 2 BetrVG sind die Betriebsparteien nur subsidiär zu den Koalitionen zuständig.

III. Das Verhältnis zwischen legislativer und betrieblicher Rechtsetzungsmacht

Das Verhältnis zwischen legislativer und betrieblicher Rechtsetzungsmacht ergibt sich bereits aus der Grundlage der Regelungsbefugnis der Betriebsparteien. Diese sind aufgrund einer auf einfachgesetzlicher (d. h. betriebsverfassungsrechtlicher) Ermächtigung bestehenden Zuständigkeit befugt, organisationsrechtliche Regelungen zu erlassen.[376] Die Betriebsparteien können stets nur in den Fällen tätig werden, in denen sie nach dem Gesetz hierzu ermächtigt sind. Zudem obliegt dem Staat die Gestaltung der Betriebsverfassung als solcher, vgl. Art. 74 Abs. 1 Nr. 12 GG. Eine funktionelle Grenze der staatlichen Regelungszuständigkeit besteht insoweit nicht.[377] Im Verhältnis zwischen Legislative und Betriebsparteien kommt dem staatlichen Gesetz der Vorrang vor einer Organisationsregelung der Betriebsparteien zu. Letztere sind ausschließlich in den gesetzlich bestimmten Fällen regelungsbefugt.

F. Ergebnis

Der Bund hat die konkurrierende Gesetzgebungskompetenz für das Arbeitsrecht einschließlich der Betriebsverfassung, Art. 74 Abs. 1 Nr. 12 GG. Die Koalitionen nehmen im Bereich des Organisationsrechts der Betriebsverfassung die ihnen durch Art. 9 Abs. 3 Satz 1 GG als Bestandteil der kollektiven Koalitionsfreiheit gewährleistete Betätigungsgarantie wahr. Die Regelungsbefugnis der Betriebsparteien beruht auf der staatlichen Zuweisung von Zuständigkeiten (§ 3 Abs. 2 BetrVG) – sie können nur in den gesetzlich angeordneten Fällen Betriebsvereinbarungen abschließen. Das Verhältnis zwischen Legislative und Tarifvertragsparteien wird durch den Vorrang der staatlichen Normen geprägt. Die betriebliche Organisationsverfassung ist zulässigerweise grundsätzlich zwingendes Recht. Die Tarifvertragsparteien können im Rahmen des § 3 BetrVG nur für die dort enumerativ[378] aufgezählten

---

Zuständigkeitsverteilung, S. 38; *Biedenkopf*, Grenzen der Tarifautonomie, S. 303 ff.; *Gast*, Tarifautonomie, S. 14; *G. Hueck*, FS E. Molitor, S. 203, 219, 220 f.; *Konzen* BB 1977, S. 1307, 1307 f.; *Löwisch* in: Galperin II, § 77 BetrVG Rn. 70; *ders.* ArbuR 1978, S. 97, 106; *ders.* JZ 1996, S. 812, 814; *Nikisch*, Arbeitsrecht III, § 105 I 2 [S. 231], § 107 VIII 9 [S. 295]; *Richardi*, Kollektivgewalt und Individualwille, S. 327 f.; *Travlos-Tzanetatos*, Regelungsbefugnis, S. 60 ff.; *Wiese* in: GK-BetrVG II, § 86 BetrVG Rn. 1; *Wlotzke*, Günstigkeitsprinzip, S. 105 f.

376 Siehe vorstehend S. 10 f., 81 ff.

377 *Waltermann*, Rechtsetzung durch Betriebsvereinbarung, S. 234.

378 *Eisemann* in: ErfK, § 3 BetrVG Rn. 1; *Plander* NZA 2002, S. 483, 485.

Abweichungsoptionen Regelungen treffen. Im Verhältnis zwischen den Koalitionen und den Betriebsparteien folgt aus § 3 Abs. 2 BetrVG die Subsidiarität der betrieblichen Vereinbarungen. In den Arbeitsverhältnissen der Außenseiter-Arbeitnehmer wirken Organisationstarifverträge unmittelbar und zwingend (§§ 3 Abs. 2, 4 Abs. 1 TVG). Daran ändert der Wegfall des staatlichen Genehmigungserfordernisses des § 3 Abs. 2 BetrVG a. F. nichts.

§ 2 Die Wertungs- und Auslegungskriterien zur Bestimmung der betriebsverfassungsrechtlichen Organisationseinheit

Das Ziel der vorliegenden Arbeit ist es, die Tatbestandsvoraussetzungen und Rechtsfolgen des § 3 BetrVG darzustellen. Dies kann nur mit Hilfe der Auslegung erreicht werden. Heranzuziehen sind zunächst der Wortlaut der Norm sowie deren Systematik. Daran anschließend ist die Norm unter teleologischen Gesichtspunkten zu betrachten und die Frage nach Sinn und Zweck des § 3 BetrVG zu stellen. Um diesen zu ermitteln, müssen zuvor die Wertungs- und Auslegungskriterien des Betriebsverfassungsrechts untersucht und festgestellt werden. Dabei darf nicht außer Betracht gelassen werden, daß die Organisationsverfassung des Betriebsverfassungsgesetzes das Fundament für die Wahrnehmung der materiellen Beteiligungsrechte der Arbeitnehmervertretung bildet. Die Festlegung der Struktur der betrieblichen Arbeitnehmervertretung hat aus diesem Grund im Hinblick auf den Sinn und Zweck der betrieblichen Mitbestimmung zu erfolgen.

A. Der Zweck der Mitbestimmung im Betrieb

Durch die Begründung eines betrieblichen Arbeitsverhältnisses steht der Arbeitnehmer in einer spezifischen rechtlichen und tatsächlichen Stellung im Betrieb. Er übernimmt eine lediglich allgemein umschriebene Aufgabe, die nach Inhalt und Modalitäten durch den Arbeitgeber konkretisiert werden muß.[379] Hierdurch ist das Arbeitsverhältnis allerdings keineswegs hinreichend typisiert, da die Weisungsgebundenheit in anderen Schuldverhältnissen, z. B. beim Auftrag, sogar weiter reichen kann.[380] Für den Arbeitnehmer ist spezifisch, daß er seine Dienstleistung in einem fremden Arbeits- und Lebensbereich, nämlich dem des Arbeitgebers, zu erbringen hat.[381] Die ihm hierbei vorgegebenen Charakteristika wie Zweck, Organisation, Arbeitsablauf und personelle Zusammensetzung des Betriebs führen zwangsläufig zu einer rechtlichen und

---

379 *Kreutz*, Grenzen der Betriebsautonomie, S. 173 f.; *Lambrich*, Tarif- und Betriebsautonomie, S. 126; *Wiese* in: GK-BetrVG I, Einleitung BetrVG Rn. 71; *ders.*, FS Kissel, S. 1269, 1273.

380 *Wiese* in: GK-BetrVG I, Einleitung BetrVG Rn. 71; *ders.*, FS Kissel, S. 1269, 1273.

381 *Ders.* in: GK-BetrVG I, Einleitung BetrVG Rn. 71; *ders.*, FS Kissel, S. 1269, 1273. In diesem Sinne auch *Zöllner*, FS Tomandl, S. 407, 408.

sozialen Abhängigkeit des Arbeitnehmers von einer im wesentlichen kollektiv gestalteten Ordnung.[382] Diese Fremdbestimmung des Arbeitnehmers konfligiert mit der vom Grundgesetz als höchstem Rechtswert[383] geschützten Menschenwürde und der freien menschlichen Persönlichkeit, Art. 1 GG, sowie der aus der Privatautonomie folgenden freien Entfaltung der Persönlichkeit, Art. 2 Abs. 1 GG und der Berufsfreiheit, Art. 12 Abs. 1 GG.[384] Das Ziel des Betriebsverfassungsgesetzes muß es sein, die rechtliche und soziale Abhängigkeit der Arbeitnehmer im Betrieb im Sinne grundgesetzlicher Wertentscheidungen zu begrenzen.[385] Dem würde eine Betriebsverfassung am ehesten gerecht, wenn sie dem einzelnen Arbeitnehmer soweit wie nur möglich Rechte zur selbständigen Wahrnehmung der eigenen Interessen gewährt.[386] Diesen Weg ist der Gesetzgeber mit dem Betriebsverfassungsrecht aus berechtigten Gründen[387] nicht gegangen. Er verfolgt einen Mittelweg, indem hinsichtlich der eigentlichen Beteiligungsrechte ausschließlich die Repräsentanten der Belegschaft zu deren Vertretung berufen sind. Hierbei haben sie zwar die Interessen einzelner Arbeitnehmer, aber ebenso die gemeinsamen Interessen der Belegschaft zu berücksichtigen. Individualrechte werden dem einzelnen Belegschaftsmitglied nur nach Maßgabe der §§ 81 ff. BetrVG zuerkannt.

I. Der Arbeitnehmerschutz

Die soeben aufgezeigten Grundgedanken des geltenden Betriebsverfassungsrechts belegen, daß die weitreichenden Beteiligungsbefugnisse der betrieblichen Arbeitnehmervertretung in der Betriebsverfassung nicht Selbstzweck sind und erst recht nicht zur Selbstverwirklichung der

---

382 *Kreutz*, Grenzen der Betriebsautonomie, S. 172 ff.; *Reuter* ZfA 1975, S. 85, 86 f.; *Richardi* in: ders., § 87 BetrVG Rn. 8; *Richardi*, Betriebsverfassung und Privatautonomie, S. 12; *Söllner* RdA 1968, S. 437, 437 f.; *Wiese* in: GK-BetrVG I, Einleitung BetrVG Rn. 71; *ders.*, FS Kissel, S. 1269, 1273 f. Vgl. auch den Bericht der Mitbestimmungskommission, BT-Drucks. VI/334, S. 58, 61 f.

383 Vgl. BVerfG 20.12.1960 E 12, 45, 51, 53.

384 Zur grundrechtlichen Fundamentierung so auch *Th. Blanke/Rose* AiB 2000, S. 491, 494, 496.

385 *Däubler* in: Däubler/Kittner/Klebe, Einleitung BetrVG Rn. 38 f.; *Eisemann* in: ErfK, § 1 BetrVG Rn. 1; *U. Koch* in: Schaub, Arbeitsrechts-Handbuch, § 210 Rn. 2; *Lambrich*, Tarif- und Betriebsautonomie, S. 128; *Wiese*, FS Kissel, S. 1269, 1274. Siehe auch den Bericht der Mitbestimmungskommission, BT-Drucks. VI/334, S. 56 sowie Kommission Mitbestimmung, Mitbestimmung und neue Unternehmenskulturen, S. 34.

386 So auch *Wiese*, FS Kissel, S. 1269, 1274 f.

387 Zu den Schwierigkeiten einer individuellen Lösung vgl. *Wiese*, FS Kissel, S. 1269, 1274.

Repräsentanten dienen.[388] Der Sinn des Betriebsverfassungsgesetzes ist es vielmehr, die rechtliche und tatsächliche Abhängigkeit des Arbeitnehmers, die sich aus seiner Zugehörigkeit zu einem Arbeitsverband ergibt, zu beseitigen oder jedenfalls abzumildern. Dem dienen die Beteiligungs-, insbesondere die Mitbestimmungsrechte des Betriebsrates.[389] Dementsprechend wird von der herrschenden Ansicht der Schutz des Arbeitnehmers als wesentlicher Zweck des Betriebsverfassungsrechts angesehen – es soll der Achtung des Arbeitnehmers als Persönlichkeit, seiner Würde und Persönlichkeitsentfaltung dienen.[390] Dieser Gedanke kommt z. B. in den §§ 80 Abs. 1 Nr. 1, 81 Abs. 1 Satz 2 und Abs. 2 Satz 2, 87 Abs. 1 Nr. 7, 88 Nr. 1, 89, 115 Abs. 7 Nr. 7 BetrVG (Schutz von Leben und Gesundheit); §§ 82 Abs. 2 1. HS, 87 Abs. 1 Nr. 3, 10 und 11, 99 ff., 111 ff. BetrVG (Schutz der materiellen Interessen) und §§ 75, 83 Abs. 1 Satz 1, 84, 85, 87 Abs. 1 Nr. 6, 90, 91 BetrVG (Schutz der ideellen Interessen) zum Ausdruck.

II. Die Arbeitnehmerteilhabe

Zwar ist der Arbeitnehmerschutz der wesentliche Baustein der betrieblichen Mitbestimmung. Er bleibt aber der Vorstellung verhaftet, daß der Arbeitnehmer nur Objekt des Schutzes durch Dritte, wenn auch durch seine eigene Interessenvertretung, ist.[391] Wird die Forderung nach Achtung der Persönlichkeit und Würde des Arbeitnehmers und seiner freien Persönlichkeitsentfaltung ernst genommen, kommt es entscheidend darauf an, den Einzelnen zu einem mitwirkenden Subjekt in der Betriebsverfassung zu machen. Dies findet seine Entsprechung in dem Gedanken gleichberechtigter Teilhabe, der verstärkt als Zweck der Betriebsverfassung neben den Arbeitnehmerschutz tritt.[392] Unmittelbar zeigt sich die Subjektstellung des

---

388 *Konzen*, FS E. Wolf, S. 279, 295; *Wiese* in: GK-BetrVG I, Einleitung BetrVG Rn. 76; *ders.*, FS Kissel, S. 1269, 1277; *ders.* ZfA 1989, S. 645, 650.

389 *Söllner/Waltermann*, Arbeitsrecht, Rn. 557; *Waltermann*, Rechtsetzung durch Betriebsvereinbarung, S. 84; *Wiese*, FS Kissel, S. 1269, 1277.

390 Siehe vorstehend die Nachweise in Fn. 215.

391 *Wiese* in: GK-BetrVG I, Einleitung BetrVG Rn. 78; *ders.*, FS Kissel, S. 1269, 1278; *ders.* ZfA 2000, S. 117, 121.

392 BAG 24.3.1981 AP Nr. 2 zu § 87 BetrVG 1972 Arbeitssicherheit; BAG 10.4.1984 AP Nr. 7 zu § 87 BetrVG 1972 Ordnung des Betriebes; BAG 23.10.1984 AP Nr. 8 zu § 87 BetrVG 1972 Ordnung des Betriebes; BAG 14.1.1986 AP Nr. 10 zu § 87 BetrVG 1972 Ordnung des Betriebes; BAG 18.4.1989 AP Nr. 18 zu § 87 BetrVG 1972 Tarifvorrang; BAG 4.7.1989 AP Nr. 20 zu § 87 BetrVG 1972 Tarifvorrang; BAG 8.8.1989 AP Nr. 3 zu § 87 BetrVG 1972 Initiativrecht; BAG 30.1.1990 AP Nr. 44 zu § 118 BetrVG 1972; BAG 13.2.1990 AP Nr. 45 zu § 118 BetrVG 1972; BAG 21.8.1990 AP Nr. 17 zu § 87 BetrVG 1972 Ordnung des Betriebes; BAG 20.9.1990 EzA § 80 BetrVG 1972 Nr. 39; BAG 6.11.1990 EzA § 87 BetrVG 1972 Nr. 15; BAG 20.11.1990 EzA § 77 BetrVG 1972 Nr. 37; BAG (GS) 3.12.1991 AP Nr. 51 zu § 87

Arbeitnehmers im Gesetz jedoch nur bei den Individualrechten der §§ 81 ff. BetrVG und den Befugnissen im Rahmen der Organisation der Betriebsverfassung (vgl. §§ 7, 8, 14a, 16 Abs. 2 Satz 2, 17 Abs. 2 und 3, 19 Abs. 2 BetrVG). Im übrigen wird die Arbeitnehmerteilhabe mittelbar durch die der betrieblichen Arbeitnehmervertretung zustehenden Beteiligungsrechte verwirklicht.[393] Dabei wird zwar nicht der einzelne Arbeitnehmer, wohl aber die Arbeitnehmerseite zum mitgestaltenden Subjekt der Betriebsverfassung.

BetrVG 1972 Lohngestaltung; BAG (GS) 3.12.1991 AP Nr. 52 zu § 87 BetrVG 1972 Lohngestaltung; BAG 10.11.1992 AP Nr. 58 zu § 87 BetrVG 1972 Lohngestaltung; BAG 14.12.1993 AP Nr. 65 zu § 87 BetrVG 1972 Lohngestaltung; LAG Berlin 22.1.1996 LAGE § 87 BetrVG 1972 Arbeitszeit Nr. 24; *Dütz/Schulin* ZfA 1975, S. 103, 113; *Friese*, Kollektive Koalitionsfreiheit, S. 60; *Gamillscheg*, Arbeitsrecht II, S. 223 ff.; *Glaubitz* in: Hess/Schlochauer/Glaubitz, § 87 BetrVG Rn. 7; *A. Hueck/Nipperdey*, Arbeitsrecht I, § 3 II 1 [S. 28]; *dies.*, Arbeitsrecht II/2, § 51 A II 2 [S. 1063 f.]; *U. Koch* in: Schaub, Arbeitsrechts-Handbuch, § 210 Rn. 2; *Löwisch* in: Galperin II, vor § 74 BetrVG Rn. 4; *Nikisch*, Arbeitsrecht III, § 111 I 2 [S. 338]; *Richardi* in: ders., § 87 BetrVG Rn. 8; *Richardi* ArbRdGegw. 13 (1976), S. 19, 21; *M. Starck*, Leistungspflichten, S. 78 f., 136 f.; *Waltermann*, Rechtsetzung durch Betriebsvereinbarung, S. 84; *Wiese* in: GK-BetrVG I, Einleitung BetrVG Rn. 78; *ders.* in: GK-BetrVG II, § 87 BetrVG Rn. 95; *ders.*, Initiativrecht, S. 11, 26, 34 f., 44; *ders.*, FS Kissel, S. 1269, 1278; *ders.*, FS 25 Jahre BAG, S. 661, 662 (zu § 87 BetrVG im besonderen); *ders.* ZfA 1989, S. 645, 650 ff.; *ders.* ZfA 1996, S. 439, 474; *ders.* ZfA 2000, S. 117, 121 ff.; *Zöllner/Loritz*, Arbeitsrecht, § 44 III 4 [S. 494]; ähnlich LAG Düsseldorf 17.7.1973 EzA § 87 BetrVG 1972 Initiativrecht Nr. 1. Vgl. auch Kommission Mitbestimmung, Mitbestimmung und neue Unternehmenskulturen, S. 34. Kritisch *Heinze* NZA 1997, S. 1, 5 f., der den Sinn der Betriebsverfassung nicht in der Schutzwahrnehmung von Individualinteressen, sondern der Interessenwahrnehmung des Gesamtbelegschaftsinteresses sieht.

Kritisch *Hammer*, Betriebsverfassungsrechtliche Schutzpflicht, S. 121 ff., 125; *Jahnke*, Tarifautonomie, S. 130; *ders.* ZfA 1980, S. 863, 882 ff. (die Abweichung beruht auf einem weiteren Verständnis des Schutzzwecks der Mitbestimmung *Jahnkes*); *Lambrich*, Tarif- und Betriebsautonomie, S. 129 f., die den Teilhabezweck in einem weit verstandenen Schutzzweck der Betriebsverfassung mit enthalten sehen. In diese Richtung scheint auch das BAG zu deuten, wenn es davon spricht, daß die notwendige Mitbestimmung in sozialen Angelegenheiten dem Schutz der Arbeitnehmer diene und *hierbei* insbesondere der gleichberechtigten Teilhabe an den sie betreffenden Entscheidungen, vgl. BAG 18.4.1989 AP Nr. 18 zu § 87 BetrVG 1972 Tarifvorrang; BAG 4.7.1989 AP Nr. 20 zu § 87 BetrVG 1972 Tarifvorrang; BAG 30.1.1990 AP Nr. 44 zu § 118 BetrVG 1972. Anders aber BAG 6.11.1990 AP Nr. 8 zu § 3 AZO Kr; BAG (GS) 3.12.1991 AP Nr. 51 zu § 87 BetrVG 1972 Lohngestaltung; BAG (GS) 3.12.1991 AP Nr. 52 zu § 87 BetrVG 1972 Lohngestaltung; BAG 14.12.1993 AP Nr. 65 zu § 87 BetrVG 1972 Lohngestaltung: Schutz der Arbeitnehmer *durch* gleichberechtigte Teilhabe.

393 *Wiese*, FS Kissel, S. 1269, 1279; *ders.* ZfA 1996, S. 439, 474; *ders.* ZfA 2000, S. 117, 121 f. Darauf, daß der Betriebsrat hierbei auf einer „Vorstufe“ zunächst die divergierenden Interessen innerhalb der Arbeitnehmer auszugleichen und „das“

Mit dem Teilhabegedanken eng verbunden ist der Partnerschaftsgedanke. Dieser ist nach Ansicht von *Alfred Hueck/Nipperdey*[394] das wichtigste Ziel der betrieblichen Mitbestimmung. Soweit mit ihm die gleichberechtigte Beteiligung der Belegschaft gemeint ist, geht er aber bei genauerer Betrachtung in dem Teilhabegedanken auf.[395] Von anderen[396] wird ferner der Integrationszweck als Ziel der Mitbestimmung genannt. Durch die betriebliche Mitbestimmung soll der Arbeitnehmer „in die Lage versetzt (werden), eigene Initiativen zur Wahrung seiner Interessen in dem Bereich zu entfalten, in dem nach arbeitsvertraglicher Regelung der Arbeitgeber allein entscheidet“[397]. Auch dieser Gesetzeszweck deckt sich im wesentlichen mit dem Teilhabegedanken und hat keine eigenständige Bedeutung bei der Auslegung des Betriebsverfassungsgesetzes.[398]

B. Die Kriterien für die Organisation der Betriebsverfassung

Aus den Zielen der betrieblichen Mitbestimmung – dem Arbeitnehmerschutz und der Arbeitnehmerteilhabe – ergeben sich Schlußfolgerungen für die Auslegung der Organisationsnormen der Betriebsverfassung. Schutz und Teilhabe können nur durch eine effiziente Mitbestimmung der Arbeitnehmer bzw. deren Repräsentanten im Betrieb (und darüber hinaus im Unternehmen und Konzern) erreicht werden.[399] Hierfür ist das Bestehen entsprechender leistungsfähiger Organisationsstrukturen unabdingbare Voraussetzung. Der formelle (organisatorische) und der materielle (die

---

gegenüber dem Arbeitgeber zu vertretende Belegschaftsinteresse zu ermitteln hat, weist *Wiese* ZfA 1996, S. 439, 474; *ders.* ZfA 2000, S. 117, 122 ff. hin. Ähnlich bereits *ders.*, FS Kissel, S. 1269, 1274.

394 *A. Hueck/Nipperdey*, Arbeitsrecht II/2, § 51 A II 3 [S. 1064 f.].

395 *Wiese* in: GK-BetrVG I, Einleitung BetrVG Rn. 82; *ders.*, FS Kissel, S. 1269, 1281. Ähnlich *Löwisch* in: Galperin II, vor § 74 BetrVG Rn. 5. Kritisch auch *Kreutz*, Grenzen der Betriebsautonomie, S. 29 f. Nach *Wiese* in: GK-BetrVG I, Einleitung BetrVG Rn. 82; *ders.*, FS Kissel, S. 1269, 1281 ist unter dem Partnerschaftsgedanken im engeren Sinne das Gebot zur vertrauensvollen Zusammenarbeit, vgl. § 2 Abs. 1 BetrVG, zu verstehen, welches aber nicht Primärzweck der Betriebsverfassung, sondern deren zentrales Leitprinzip bei der Durchführung des Gesetzes im Betrieb sei.

396 *Adomeit*, Regelungsabrede, S. 55 ff.; *Richardi* in: ders., § 87 BetrVG Rn. 8; *Richardi*, Festgabe von Lübtow, S. 755, 761 f.; *Siebert* RdA 1958, S. 161, 163.

397 *Richardi* in: ders., § 87 BetrVG Rn. 8 unter Verweis auf den auch hier wörtlich zitierten Bericht der sog. Mitbestimmungskommission, BT-Drucks. VI/334, S. 59.

398 *Glaubitz* in: Hess/Schlochauer/Glaubitz, § 87 BetrVG Rn. 8; *Hurlebaus*, Fehlende Mitbestimmung, S. 33 ff.; *Wiese* in: GK-BetrVG I, Einleitung BetrVG Rn. 83; *ders.*, FS Kissel, S. 1269, 1281 f.

399 Vgl. ArbG Berlin 23.2.1973 AP Nr. 1 zu § 4 BetrVG 1972; *W. Schneider/Wedde* in: Däubler/Kittner/Klebe, Einleitung BetrVG Rn. 101.

eigentlichen Beteiligungsrechte normierende) Teil des Betriebsverfassungsgesetzes beeinflussen sich gegenseitig. Ohne eine entsprechende Organisationsstruktur der Arbeitnehmervertretungen im Betrieb ist einerseits keine effiziente Mitbestimmung und damit auch keine effektive Vertretung und Wahrnehmung der Interessen der Arbeitnehmer möglich.[400] Die Organisationsverfassung der betrieblichen Mitbestimmung besteht nicht um ihrer selbst Willen, sondern wegen der Beteiligungsrechte der Arbeitnehmervertretungen. Sie hat insoweit eine dienende Funktion.[401] Andererseits erscheint die beste Organisationsverfassung ohne hinreichende materielle Beteiligungsrechte wenig sinnvoll. Erst diese machen den Charakter des Betriebsverfassungsrechts als Arbeitnehmerschutzrecht aus.[402] Zudem wären der Anreiz und der Nutzen für die Belegschaft, einen Betriebsrat zu wählen, sehr gering, würde sich der Betriebsrat nach der Wahl als, bildlich gesprochen, „zahnloser Tiger“ darstellen.

I. Das Kriterium der Entscheidungsnähe

Ein Ziel des Betriebsverfassungsrechtes ist es, den Arbeitnehmern eine effiziente Mitwirkung und Mitbestimmung an die Hand zu geben.[403] Hierfür hat das Gesetz mehrere, den herkömmlichen arbeitgeberseitigen Entscheidungs- und Leitungsstrukturen (Betrieb, Unternehmen, Konzern) entsprechende Institutionen der betrieblichen Mitbestimmung (Betriebsrat, Gesamtbetriebsrat, Konzernbetriebsrat) vorgesehen. Allerdings hat das Betriebsverfassungsrecht im Hinblick auf die grundsätzlich uneingeschränkte arbeitgeberische Organisationsfreiheit, Art. 12 Abs. 1 GG, die unternehmerischen Entscheidungen des Arbeitgebers zu respektieren. Die betriebliche Mitbestimmung kann deswegen nicht agieren, sondern nur reagieren. Zielt die Vertretung der Arbeitnehmer im Betrieb (und im Unternehmen bzw. Konzern) auf eine effiziente Mitwirkung und Mitbestimmung ab, muß sie daher dort angesiedelt werden, wo auf Arbeitgeberseite die beteiligungspflichtigen Entscheidungen getroffen werden (Kriterium der Entscheidungsnähe).[404] Nur

---

400 *U. Fischer* NZA 2000, S. 167, 169; *T. Wißmann*, Tarifvertragliche Gestaltung, S. 85.

401 Ebenso *U. Fischer* NZA 2000, S. 167, 169; *T. Wißmann*, Tarifvertragliche Gestaltung, S. 85.

402 *T. Wißmann*, Tarifvertragliche Gestaltung, S. 85.

403 Vgl. ArbG Berlin 23.2.1973 AP Nr. 1 zu § 4 BetrVG 1972; *W. Schneider/Wedde* in: Däubler/Kittner/Klebe, Einleitung BetrVG Rn. 101.

404 BAG 1.2.1963 AP Nr. 5 zu § 3 BetrVG; BAG 21.10.1980 E 34, 230, 235; BAG 30.10.1986 E 53, 287, 300; BAG 24.1.2001 AP Nr. 1 zu § 3 BetrVG 1972; ArbG Berlin 23.2.1973 AP Nr. 1 zu § 4 BetrVG 1972; *Birk*, FS Kraft, S. 11, 21; *Th. Blanke/Rose* AiB 2000, S. 491, 498; *Henssler*, Fortbildung des Arbeitsrechts, S. 53, 61 f.; *Konzen* ArbuR 1985, S. 341, 348; *Plander* NZA 2002, S. 483, 483; *Rancke*, Betriebsverfassung und Unternehmenswirklichkeit, S. 253 f.; *Säcker*, Wahlordnungen,

wenn sich auf Arbeitnehmerseite und auf Arbeitgeberseite Organe gegenüberstehen, deren Kompetenzen sich spiegelbildlich decken, können die der einzelnen Arbeitnehmervertretung zugewiesenen Rechte effizient ausgeübt werden.[405] Dies kommt z. B. in den §§ 3 Abs. 1 Nr. 2 und 3, 47, 54 BetrVG zum Ausdruck.

Die Entscheidungsnähe als ein maßgebliches Auslegungskriterium für die Organisationsverfassung des Betriebsverfassungsgesetzes sieht auch das Bundesarbeitsgericht, wenn es fordert, daß die „betriebliche Mitwirkung und Mitbestimmung dort ansetzen (müssen), wo (sich) die wesentliche betriebliche Leitungsmacht – insbesondere im sozialen, personellen und wirtschaftlichen Bereich – konkret entfaltet und ausgeübt wird"[406]. Ein prägnantes Beispiel für die Umsetzung dieses Gedankens ist die von Rechtsprechung und vorherrschender Ansicht im Schrifttum entwickelte Definition des Betriebs.[407] Er ist der zentrale Grundbegriff im Betriebsverfassungsrecht. Als entscheidendes Kriterium wird ein einheitlicher Leitungsapparat gefordert, der die maßgeblichen mitbestimmungspflichtigen Entscheidungen, insbesondere in sozialen und personellen Angelegenheiten, trifft.

II. Das Kriterium der Belegschaftsnähe

Ein wesentlicher Zweck des Betriebsverfassungsgesetzes ist der Schutz der Arbeitnehmer.[408] Als Mittel zur Erreichung dieses Zweckes fungieren unter anderem die im materiellen Teil der Betriebsverfassung dem Betriebsrat (und dem Gesamt- bzw. Konzernbetriebsrat) zugewiesenen Beteiligungsrechte.[409] Diese sind nicht Selbstzweck und dienen nicht der Selbstverwirklichung der Belegschaftsvertreter.[410] Um den Arbeitnehmerschutz in der Praxis effektiv zu verwirklichen, besteht die Notwendigkeit der Rückkoppelung zwischen Repräsentanten und Repräsentierten. Erstere müssen die Betriebs- und

---

Rn. 199; *W. Schneider/Wedde* in: Däubler/Kittner/Klebe, Einleitung BetrVG Rn. 101; *H. Wiedemann*, Anmerkung zu BAG vom 5.6.1964 – 1 ABR 11/63 in: AP Nr. 7 zu § 3 BetrVG; *T. Wißmann*, Tarifvertragliche Gestaltung, S. 86 f. Kritisch *Joost*, Betrieb und Unternehmen, S. 242 ff., 247 f.

405 *T. Wißmann*, Tarifvertragliche Gestaltung, S. 86.

406 Vgl. nur BAG 21.10.1980 E 34, 230, 235; BAG 30.10.1986 E 53, 287, 300; BAG 24.1.2001 AP Nr. 1 zu § 3 BetrVG 1972; BAG 24.1.2001 – 4 ABR 11/00, n. v.; BAG 24.1.2001 – 4 ABR 16/00, n. v.

407 Zu diesem siehe nachstehend S. 98 ff.

408 Siehe vorstehend S. 88.

409 *Söllner* RdA 1968, S. 437, 438 f.; *Söllner/Waltermann*, Arbeitsrecht, Rn. 557; *T. Wißmann*, Tarifvertragliche Gestaltung, S. 88.

410 *Wiese* in: GK-BetrVG I, Einleitung BetrVG Rn. 76; *ders.* ZfA 1989, S. 645, 650; *T. Wißmann*, Tarifvertragliche Gestaltung, S. 88.

Arbeitsbedingungen aus eigener Erfahrung und Sachkunde beurteilen können.[411] Nur wenn ihnen die Interessen und Probleme der Arbeitnehmer bekannt sind, können sie diese sachgerecht wahrnehmen und gegenüber dem Arbeitgeber effektiv vertreten. Darüber hinaus setzt die Wahl der Arbeitnehmervertreter eine idealerweise durch persönliche Zusammenarbeit erworbene Verbundenheit zur Belegschaft voraus.[412] Unumgängliche Voraussetzung hierfür ist ein enger Kontakt zwischen den Arbeitnehmern und der Arbeitnehmervertretung. Dies findet seinen Niederschlag in dem zweiten Auslegungskriterium, dem Kriterium der Belegschaftsnähe.[413] Gesetzlicher Ausdruck dieses Gedankens sind z. B. die §§ 1, 4, 8, 28, 28a, 38, 42 ff. BetrVG.

III. Die Ziele der Betriebsverfassungsrechts-Novelle

Der Anlaß für eine umfassende Reform des Betriebsverfassungsrechts nach nahezu 30 Jahren war ausweislich der Gesetzesmaterialien die Tatsache, daß unter anderem grundlegende Strukturveränderungen in Betrieben und Unternehmen, die Vergrößerung der „weißen Flecken" auf der Landkarte der betrieblichen Mitbestimmung sowie die Änderung der Belegschaftsstruktur zu erheblichem Anpassungsbedarf in den Betrieben geführt haben.[414] Generell war eine Dezentralisierung der Arbeitseinheiten festzustellen. Für die aufgrund von Um- und Restrukturierungen entstandenen neuen Organisationsformen (z. B. lean production, Outsourcing, Einrichtung von Profitcentern) hatte sich das bestehende Betriebsverfassungsgesetz als zu starr erwiesen.[415] Die Konsequenz dieser Entwicklung war zum einen, daß dem Betriebsrat häufig nicht mehr der Betriebs- oder Personalleiter *seines* Betriebs gegenüberstand und die Mitbestimmung in die Leere lief.[416] Zum anderen, so die Gesetzesmaterialien, war der Betriebsrat durch die Entwicklung neuer Beschäftigungsformen nicht mehr der Vertreter aller Arbeitnehmer.[417] Aufgrund dieser Ausgangslage war es

---

411 Vgl. BAG 1.2.1963 AP Nr. 5 zu § 3 BetrVG.

412 Vgl. BAG 1.2.1963 AP Nr. 5 zu § 3 BetrVG.

413 BAG 1.2.1963 AP Nr. 5 zu § 3 BetrVG; BAG 5.6.1964 AP Nr. 7 zu § 3 BetrVG; BAG 24.9.1968 AP Nr. 9 zu § 3 BetrVG; ArbG Berlin 23.2.1973 AP Nr. 1 zu § 4 BetrVG 1972; *Th. Blanke/Rose* AiB 2000, S. 491, 498; *Gamillscheg* ZfA 1975, S. 357, 370, 398 f.; *Henssler*, Fortbildung des Arbeitsrechts, S. 53, 61 f.; *Hess* in: Hess/Schlochauer/Glaubitz, § 1 BetrVG Rn. 2; *Joost*, Betrieb und Unternehmen, S. 232 ff., 243 f., 342; *Plander* NZA 2002, S. 483, 483; *Rancke*, Betriebsverfassung und Unternehmenswirklichkeit, S. 254 f.; *Richardi* in: MüHdbArbR I, § 31 Rn. 16; *ders.* ArbRdGegw. 13 (1976), S. 19, 46; *W. Schneider/Wedde* in: Däubler/Kittner/Klebe, Einleitung BetrVG Rn. 101; *T. Wißmann*, Tarifvertragliche Gestaltung, S. 87 ff.

414 Begründung zum RegE, BT-Drucks. 14/5741, S. 23 f.

415 Begründung zum RegE, BT-Drucks. 14/5741, S. 23.

416 Begründung zum RegE, BT-Drucks. 14/5741, S. 23.

417 Begründung zum RegE, BT-Drucks. 14/5741, S. 24.

das Ziel der Reform des Betriebsverfassungsrechts, die betriebliche Mitbestimmung dort zu sichern, „wo sie durch Umstrukturierungen und neue Organisationsformen in der Wirtschaft an Effizienz verloren hat. Vertragliche Lösungen sollen Arbeitgeber und Betriebsräte wieder dort zusammenführen, wo sie kompetent und verantwortungsvoll miteinander verhandeln und Entscheidungen treffen können.“[418] Hiermit war ersichtlich das Kriterium der Entscheidungsnähe angesprochen.[419] Durch die Gesetzesreform, insbesondere durch § 3 BetrVG,[420] sollte die Entscheidungsnähe der betrieblichen Arbeitnehmervertretung gefördert und dadurch die Effizienz der Mitbestimmung erhöht werden. Daneben sollten der einzelne Arbeitnehmer und neue Beschäftigungsformen stärker in die Betriebsverfassung einbezogen werden.[421] Dies kann mit dem Schlagwort der Belegschaftsnähe umschrieben werden,[422] welches vor allem in den §§ 28a, 75 Abs. 2 Satz 2, 80 Abs. 1 Nr. 3 und Abs. 2 Satz 3 BetrVG zum Ausdruck kommt. Wie die Motive der Entwurfsverfasser des Betriebsverfassungs-Reformgesetzes nahelegen, ist das neue Betriebsverfassungsrecht, insbesondere das Organisationsrecht, maßgeblich von den Kriterien der Entscheidungs- und der Belegschaftsnähe geprägt worden.

IV. Das Verhältnis der beiden Kriterien zueinander

Um die Interessen der Belegschaft umfassend und effektiv wahrnehmen und vertreten zu können, bedarf es einer möglichst entscheidungsnahen Arbeitnehmervertretung. Und allein die Nähe des Betriebsrates zu den Arbeitnehmern stellt sicher, daß dieser die richtigen, sprich die Interessen der von ihm repräsentierten Belegschaft wahrnimmt. In Verfolgung des Arbeitnehmerschutz- und des Arbeitnehmerteilhabegedankens sind beide Auslegungskriterien möglichst optimal zu verwirklichen. Es ist jedoch festzustellen, daß mit wachsender Entscheidungsnähe der Arbeitnehmervertretung ihre Belegschaftsnähe abnimmt.[423] So sind in der betrieblichen Wirklichkeit viele Betriebe in Unternehmen und diese wiederum in Konzerne eingegliedert. Die wirklich beteiligungsrelevanten Entscheidungen werden oftmals von der Konzern- oder Unternehmensleitung getroffen und die betriebliche Ebene verkümmert zu einem Exekutivorgan, welches die bereits

---

418 Begründung zum RegE, BT-Drucks. 14/5741, S. 25.

419 Begründung zum RegE, BT-Drucks. 14/5741, S. 1.

420 Begründung zum RegE, BT-Drucks. 14/5741, S. 26 f., 33.

421 Begründung zum RegE, BT-Drucks. 14/5741, S. 26, 27 f., 29 f.

422 Begründung zum RegE, BT-Drucks. 14/5741, S. 1.

423 *T. Wißmann*, Tarifvertragliche Gestaltung, S. 91. Vgl. auch *Rancke*, Betriebsverfassung und Unternehmenswirklichkeit, S. 256.

getroffenen Beschlüsse nur noch umzusetzen hat.[424] Konsequent wäre es, in diesen Fällen die Arbeitnehmervertretung auf die Unternehmens- oder sogar Konzernebene hochzustufen. Das würde sich aber negativ auf die Anbindung der Repräsentanten an die Belegschaft auswirken. Umgekehrt führt zunehmende Belegschaftsnähe zu sinkender Entscheidungsnähe.[425] Je basisnäher ein Betriebsrat ist, desto mehr beteiligungsrelevante Entscheidungen werden auf anderer, höherer Ebene (im Unternehmen oder Konzern) getroffen. Mit Recht sieht die gesetzliche Konzeption keinen Abteilungs- oder Hallenbetriebsrat vor[426] und können z. B. Aufgaben auf Arbeitsgruppen nur in Betrieben mit mehr als 100 Arbeitnehmern übertragen werden, vgl. § 28a Abs. 1 Satz 1 BetrVG. Die Entscheidungs- und die Belegschaftsnähe stehen in einem kontradiktorischen Spannungsverhältnis.[427] Dieses Spannungsverhältnis kann sinnvoll wiederum nur anhand von Sinn und Zweck der betrieblichen Mitbestimmung aufgelöst werden.[428]

Ein entscheidungsnaher Betriebsrat kann in gewissem Rahmen noch Entscheidungen treffen und die Interessen der Belegschaft effektiv wahrnehmen, auch wenn er nicht mehr belegschaftsnah ist. Dies kommt im Gesetz zum Ausdruck, wie die Existenz des Gesamtbetriebsrates und des Konzernbetriebsrates zeigen. Bei diesen bestand zwar nach altem Recht in jedem Fall ein mitbestimmungsrechtlicher Unterbau in Form der örtlichen Betriebsräte. Nunmehr sind der Gesamtbetriebsrat und der Konzernbetriebsrat aber auch für betriebsratslose Betriebe bzw. Unternehmen ohne Gesamtbetriebsrat originär zuständig, vgl. §§ 50 Abs. 1 Satz 1 2. HS, 58 Abs. 1 Satz 1 2. HS BetrVG. Weiterhin hat der Betriebsrat nach dem Gesetz seine Arbeit an den Interessen der Belegschaft auszurichten, vgl. §§ 2 Abs. 1, 75 BetrVG. Ein belegschaftsnaher Betriebsrat hingegen kann den Schutz- und den Teilhabegedanken des Betriebsverfassungsrechts nicht sinnvoll und vor allem nicht effektiv verwirklichen, wenn er nicht entscheidungsnah ist. Einfluß- und Durchsetzungsvermögen kann am besten diejenige Arbeitnehmervertretung entfalten, der auf Arbeitgeberseite ein sachkompetenter und vor allem

---

424 Das Gesetz reagiert hierauf mit der Einrichtung eines Gesamt- und eines Konzernbetriebsrates, §§ 47 ff., 54 ff. BetrVG.

425 *T. Wißmann*, Tarifvertragliche Gestaltung, S. 91. Vgl. auch *Rancke*, Betriebsverfassung und Unternehmenswirklichkeit, S. 256 f.

426 *Eisemann* in: ErfK, § 1 BetrVG Rn. 8.

427 *U. Preis*, RWS-Forum Arbeitsrecht 2001, S. 83, 92; *Rancke*, Betriebsverfassung und Unternehmenswirklichkeit, S. 256; *Säcker*, Wahlordnungen, Rn. 199; *T. Wißmann*, Tarifvertragliche Gestaltung, S. 91.

428 *T. Wißmann*, Tarifvertragliche Gestaltung, S. 92.

entscheidungsbefugter Verhandlungspartner gegenüber steht.[429] Und nur diese Arbeitnehmervertretung wird ausreichend über die unternehmerischen Vorstellungen und Entwicklungen informiert sein.[430] Ein belegschaftsnaher Betriebsrat wüßte zwar viel über die Interessen und Probleme der Arbeitnehmer, könnte diese aber nicht effektiv gegenüber dem Arbeitgeber durchsetzen. Seine Arbeit wäre für die Belegschaft von wenig Nutzen, ginge sie doch weitgehend in die Leere.

Auch von den Gesetzesmaterialien wird in erster Linie betont, daß die Betriebsverfassung zukunftsfähig gestaltet werden soll, damit sie den Umstrukturierungsprozessen in der Wirtschaft gerecht wird. Der Betriebsrat soll wieder dort errichtet werden, wo auf Arbeitgeberseite die beteiligungsrelevanten Entscheidungen getroffen werden.[431] Erst danach und „daneben" wird der Betriebsrat z. B. durch Einbeziehung neuer Arbeitnehmerformen und Ausweitung der Individualrechte der Arbeitnehmer wieder an die Belegschaft herangeführt.[432]

Das dargestellte Spannungsverhältnis ist nach der Maxime „Soviel Entscheidungsnähe wie nötig (um dem Zweck des Betriebsverfassungsrechts gerecht zu werden), soviel Belegschaftsnähe wie dabei noch möglich" aufzulösen,[433] soll der Sinn und Zweck des Betriebsverfassungsrechts nicht vernachlässigt werden.

C. Betrieb, Unternehmen und Konzern im Sinne des Betriebsverfassungsgesetzes

Unter Rückgriff auf die nun feststehenden Wertungs- und Auslegungskriterien können die betriebsverfassungsrechtlichen Organisationseinheiten des Betriebsverfassungsgesetzes bestimmt werden. Diese sind als Grundeinheiten des betriebsverfassungsrechtlichen Organisationsrechts Anknüpfungspunkt für die Vertretung der Arbeitnehmer. Sie bestimmen zum einen, wo die betriebsverfassungsrechtliche Interessenvertretung anzusiedeln ist, und zum anderen, von welchem Ort aus die betriebsverfassungsrechtlichen Rechte wahrgenommen werden. Im Rahmen des Organisationsrechts bilden sie zu Recht das Fundament der Betriebsverfassung. Herkömmlicherweise sieht das Gesetz eine dreistufige betriebsverfassungsrechtliche Repräsentation vor. Dreh-

---

429 *Rancke*, Betriebsverfassung und Unternehmenswirklichkeit, S. 257; *T. Wißmann*, Tarifvertragliche Gestaltung, S. 92.

430 *T. Wißmann*, Tarifvertragliche Gestaltung, S. 92.

431 Begründung zum RegE, BT-Drucks. 14/5741, S. 1, 25 ff.

432 Begründung zum RegE, BT-Drucks. 14/5741, S. 1, 26, 27 f., 29 f.

433 Vgl. BAG 24.1.2001 AP Nr. 1 zu § 3 BetrVG 1972; *U. Preis*, RWS-Forum Arbeitsrecht 2001, S. 83, 92, 105 f.; *T. Wißmann*, Tarifvertragliche Gestaltung, S. 93.

und Angelpunkt der betriebsverfassungsrechtlichen Vertretungsstrukturen ist[434] der Betrieb, vgl. §§ 1, 4 BetrVG. Diesem ordnet das Gesetz den Betriebsrat zu. Auf der nächst höheren Ebene ist das Unternehmen mit dem Gesamtbetriebsrat angesiedelt, § 47 Abs. 1 BetrVG. Über diesem ordnet das Gesetz den Konzern mit dem Konzernbetriebsrat ein, § 54 Abs. 1 BetrVG.[435] Dies soll eine Mitbestimmung auf der Ebene der arbeitgeberseitigen Organisationsstrukturen (Entscheidungsnähe) und damit ihre Effizienz gewährleisten.[436]

Ausweislich der Gesetzesmaterialien soll durch die Reform des Betriebsverfassungsrechts zwar keine Definition des Betriebsbegriffs vorgenommen, wohl aber die strikte Anknüpfung der betriebsverfassungsrechtlichen Vertretungsstrukturen an den Betrieb gelockert werden.[437] An dessen Stelle tritt die betriebsverfassungsrechtliche Organisationseinheit. Dies verdeutlicht insbesondere § 3 Abs. 5 Satz 1 BetrVG, der die betriebsverfassungsrechtliche Organisationseinheit als „Betrieb im Sinne dieses Gesetzes“ fingiert. Damit ist es auf der Grundlage eines Tarifvertrages und, außer im Fall des § 3 Abs. 1 Nr. 3 BetrVG, einer Betriebsvereinbarung möglich, eine andere Organisationseinheit als den Betrieb als Anknüpfungspunkt für die betriebliche Vertretungsstruktur zu wählen. Denkbare kollektivvertragliche Gestaltungen sind das Unternehmen, § 3 Abs. 1 Nr. 1a BetrVG, mehrere

---

434 Vgl. *Buchner* NZA 2001, S. 633, 634 („der [...] richtige Anknüpfungspunkt“); *Konzen* RdA 2001, S. 76, 79; *Kort* Die AG 2003, S. 13, 14; *Leßmann/Liersch* DStR 2001, S. 1302, 1302; *Ulrich* FA 2001, S. 137, 140. Gewisse Aufweichungen durch die Reform des Betriebsverfassungsrechts, insbesondere § 3 Abs. 5 BetrVG, sind jedoch nicht zu leugnen.

435 *Von Hoyningen-Huene*, FS Kissel, S. 387, 388 f. bezeichnet dies als „Führungspyramide“. Aus diesem „Stufenaufbau“ darf aber nicht gefolgert werden, daß der Konzernbetriebsrat dem Gesamtbetriebsrat und dieser wiederum dem Betriebsrat übergeordnet ist. Dem ist nicht so, vgl. §§ 50 Abs. 1 Satz 2, 58 Abs. 1 Satz 2 BetrVG. Aus der Rechtsprechung BAG 12.11.1997 AP Nr. 2 zu § 58 BetrVG 1972. Aus dem Schrifttum *Fabricius*, Anmerkung zu BAG vom 3.5.1984 – 6 ABR 68/81 in: AP Nr. 5 zu § 95 BetrVG 1972; *Fitting* § 50 BetrVG Rn. 5 ff., § 58 BetrVG Rn. 4. Siehe auch *Zöllner*, FS Tomandl, S. 407, 412 f., der für das Konzernarbeitsrecht ein Schalenmodell entwickelt.

436 Siehe BAG 21.10.1980 AP Nr. 1 zu § 54 BetrVG 1972; BAG 22.11.1995 AP Nr. 7 zu § 54 BetrVG 1972; *Fitting* § 1 BetrVG Rn. 149, § 47 BetrVG Rn. 1, § 54 BetrVG Rn. 3; *Joost* in: MüHdbArbR III, § 313 Rn. 1 ff., § 315 Rn. 1; *Richardi/Annuß* in: Richardi, Vorbemerkung zu § 54 BetrVG Rn. 1; *Wetzling*, Konzernbetriebsrat, S. 12 f., 28 f., 37 ff., 61.

437 Begründung zum RegE, BT-Drucks. 14/5741, S. 26, 33. Ebenso *Dachrodt/Engelbert* § 3 BetrVG Rn. 4; *Giesen*, Tarifvertragliche Rechtsgestaltung, S. 336; *Kloppenburg* in: HaKo-BetrVG, § 3 BetrVG Rn. 1; *Meier* Personalführung 2001, Heft 2, S. 18, 18, 20; *Stege/Weinspach/Schiefer* § 3 BetrVG Rn. 1; *Trümner* in: Däubler/Kittner/Klebe, § 3 BetrVG Rn. 147.

zusammengefaßte Betriebe, § 3 Abs. 1 Nr. 1b BetrVG, der produkt- oder projektbezogene Geschäftsbereich (Sparte), § 3 Abs. 1 Nr. 2 BetrVG, und die Organisationseinheit aufgrund anderer Arbeitnehmervertretungsstrukturen, § 3 Abs. 1 Nr. 3 BetrVG. Trotz dieser weitreichenden Gestaltungsmöglichkeiten bleibt die herkömmliche betriebliche Arbeitnehmervertretung weiterhin von maßgebender Bedeutung.[438] Erst vor dem Hintergrund der gesetzlichen dreistufigen Vertretungsstruktur erschließen sich Tragweite und Stellenwert der den Kollektivvertragsparteien in § 3 BetrVG eingeräumten Regelungsbefugnis vollständig. Daher ist es notwendig, zunächst die „herkömmlichen" betriebsverfassungsrechtlichen Organisationseinheiten Betrieb, Unternehmen und Konzern zu definieren, um auf dieser Grundlage im zweiten Teil der Arbeit die durch Kollektivvertrag regelbaren betriebsverfassungsrechtlichen Organisationseinheiten umfassend darstellen zu können. Die Bestimmung der herkömmlichen betriebsverfassungsrechtlichen Grundeinheiten soll sich hierbei nach den in Rechtsprechung und Literatur anerkannten Maßstäben richten und keine eigenen neuen Ansätze formulieren.

I. Der Betriebsbegriff des Betriebsverfassungsrechts

Sowohl das heutige Betriebsverfassungsgesetz als auch dessen Vorgänger, das Betriebsverfassungsgesetz von 1952 und 1972, enthalten keine Definition des Betriebsbegriffs, sondern setzen diesen voraus.[439] Ausgehend von der durch *Jacobi*[440] in den zwanziger Jahren des letzten Jahrhunderts aufgestellten

---

438 So auch *Kort* Die AG 2003, S. 13, 14; *Kraft* in: GK-BetrVG I, § 1 BetrVG Rn. 35, 38, § 3 BetrVG Rn. 9; anders *Giesen* BB 2002, S. 1480, 1480 f. Vgl. zum Beispiel § 3 Abs. 1 Nr. 1, 2 BetrVG, die „Unternehmen mit mehreren Betrieben" respektive „Unternehmen oder Konzerne" voraussetzen.

439 Vgl. ausdrücklich den Schriftlichen Bericht des Ausschusses für Arbeit zum Entwurf eines Gesetzes über die Neuordnung der Beziehungen von Arbeitnehmern und Arbeitgebern in den Betrieben (Betriebsverfassungsgesetz), BT-Drucks. I/3585, S. 3 und die Begründung zum RegE zum Betriebsverfassungs-Reformgesetz, BT-Drucks. 14/5741, S. 26. Weiterhin BAG 24.2.1976 AP Nr. 2 zu § 4 BetrVG 1972; *Abeln* AuA 2001, S. 170, 171; *Blank/H. Blanke/u. a.*, Arbeitnehmerschutz, S. 133; *Brockschmidt*, Unternehmensorganisation, S. 17; *Buchner* NZA 2001, S. 633, 634; *Däubler* AiB 2001, S. 313, 314; *ders.* ArbuR 2001, S. 1, 2; *ders.* WSI Mitteilungen 2001, S. 63, 63; *Eisemann* in: ErfK, § 1 BetrVG Rn. 7; *Fitting* [20. Aufl.] § 1 BetrVG Rn. 53; *Fitting* § 1 BetrVG Rn. 58; *Gamillscheg* ZfA 1975, S. 357, 359; *F. Hauck* in: Lorenz/F. Schneider, Das neue Betriebsverfassungsgesetz, S. 27, 27; *Konzen* ArbuR 1985, S. 341, 346; *ders.* RdA 2001, S. 76, 79; *Kort* Die AG 2003, S. 13, 13 f.; *Kraft* in: GK-BetrVG I, § 4 BetrVG Rn. 3; *Löwisch*, FS Kissel, S. 679, 679; *Richardi* in: ders., § 1 BetrVG Rn. 15; *Richardi* NZA 2001, S. 346, 348; *Richardi/Annuß* DB 2001, S. 41, 41; *Trümner* in: Däubler/Kittner/Klebe, § 1 BetrVG Rn. 31; *ders.* FA 2001, S. 133, 134; *Ulrich* FA 2001, S. 137, 138; *T. Wißmann*, Tarifvertragliche Gestaltung, S. 93.

440 *Jacobi*, Grundlehren des Arbeitsrechts, S. 286; *ders.*, FS Ehrenberg, S. 1, 9, 36 ff. Eine Weiterentwicklung der Definition von *Jacobi*, auf die sich auch das BAG stützt, nahm

allgemeinen Begriffsbestimmung des Arbeitsrechts wird der Betrieb heute von Rechtsprechung und Lehre überwiegend als „organisatorische Einheit, innerhalb derer der Arbeitgeber allein oder zusammen mit seinen Mitarbeitern mit Hilfe von sächlichen und immateriellen Mitteln bestimmte arbeitstechnische Zwecke fortgesetzt verfolgt, die sich nicht in der Befriedigung des Eigenbedarfs erschöpfen" definiert.[441] Die organisatorische Einheit ist maßgebendes Tatbestandsmerkmal und erfordert die Einheit der technischen Leitung.[442] Es muß ein einheitlicher Leitungsapparat vorhanden sein, welcher sich auf die Gesamtheit der für die Erreichung des arbeitstechnischen Zweckes eingesetzten Arbeitnehmer und sachlichen Mittel bezieht.[443] Ob ein einheitlicher Betrieb oder

---

bereits *A. Hueck* vor, vgl. *A. Hueck/Nipperdey*, Arbeitsrecht I, § 16 II [S. 93]. Zur Entwicklung des Betriebsbegriffs ausführlich *Joost*, Betrieb und Unternehmen, S. 46 ff.; *Konzen*, Unternehmensaufspaltungen, S. 22 ff.

441 BAG 3.12.1954 AP Nr. 1 zu § 88 BetrVG; BAG 13.7.1955 AP Nr. 1 zu § 81 BetrVG; BAG 24.9.1968 AP Nr. 9 zu § 3 BetrVG; BAG 17.2.1981 AP Nr. 9 zu § 111 BetrVG 1972; BAG 23.9.1982 AP Nr. 3 zu § 4 BetrVG 1972; BAG 7.8.1986 AP Nr. 5 zu § 1 BetrVG 1972; BAG 25.9.1986 AP Nr. 7 zu § 1 BetrVG 1972; BAG 29.1.1987 AP Nr. 6 zu § 1 BetrVG 1972; BAG 16.10.1987 AP Nr. 69 zu § 613a BGB; BAG 14.9.1988 AP Nr. 9 zu § 1 BetrVG 1972; BAG 18.1.1990 AP Nr. 9 zu § 23 KSchG 1969; BAG 29.5.1991 AP Nr. 5 zu § 4 BetrVG 1972; BAG 14.12.1994 AP Nr. 3 zu § 5 BetrVG 1972 Rotes Kreuz; BAG 27.6.1995 AP Nr. 7 zu § 4 BetrVG 1972; *Berscheid*, FS Stahlhacke, S. 15, 18; *Brockschmidt*, Unternehmensorganisation, S. 18; *Däubler*, Arbeitsrecht I, Rn. 750; *Eisemann* in: ErfK, § 1 BetrVG Rn. 7, 8; *Etzel* Rn. 1; *Fitting* § 1 BetrVG Rn. 63; *Galperin* ArbRdGegw. 1 (1964), S. 75, 75; *Giesen*, Tarifvertragliche Rechtsgestaltung, S. 336; *P. Hanau* ZfA 1990, S. 115, 117; *Hess* in: Hess/Schlochauer/Glaubitz, § 1 BetrVG Rn. 2; *von Hoyningen-Huene*, Betriebsverfassungsrecht, § 3 II 1 [S. 26]; *Kraft* in: GK-BetrVG I, § 4 BetrVG Rn. 5; *Löwisch* in: Galperin I, § 1 BetrVG Rn. 4 ff.; *ders.*, FS Kissel, S. 679, 679; *Nikisch*, Arbeitsrecht I, § 18 [S. 148 ff., insbesondere S. 150 f.]; *ders.*, Arbeitsrecht III, § 92 II 1, 2 [S. 34 f.]; *Richardi* in: ders., § 1 BetrVG Rn. 17; *Söllner/Waltermann*, Arbeitsrecht, Rn. 68; *Wiese*, FS D. Gaul 1992, S. 553, 559 m. w. N.; *T. Wißmann*, Tarifvertragliche Gestaltung, S. 94; *Zöllner/Loritz*, Arbeitsrecht, § 45 I 3 [S. 508]. Kritisch zu einer solchen Definition *Richardi* in: MüHdbArbR I, § 31 Rn. 14 ff.; *Trümner* in: Däubler/Kittner/Klebe, § 1 BetrVG Rn. 38 ff.

442 *Brockschmidt*, Unternehmensorganisation, S. 22 f., 25 f.; *Etzel* Rn. 1; *P. Hanau* ZfA 1990, S. 115, 117; *Kraft* in: GK-BetrVG I, § 4 BetrVG Rn. 16; *T. Wißmann*, Tarifvertragliche Gestaltung, S. 95.

443 BAG 23.9.1982 AP Nr. 3 zu § 4 BetrVG 1972; BAG 17.2.1983 AP Nr. 4 zu § 4 BetrVG 1972; BAG 7.8.1986 AP Nr. 5 zu § 1 BetrVG 1972; BAG 25.9.1986 AP Nr. 7 zu § 1 BetrVG 1972; BAG 29.1.1987 AP Nr. 6 zu § 1 BetrVG 1972; BAG 14.9.1988 AP Nr. 9 zu § 1 BetrVG 1972; *Dietz*, FS Nikisch, S. 23, 27 f., 30; *Eisemann* in: ErfK, § 1 BetrVG Rn. 9; *Etzel* Rn. 2; *Fitting* § 1 BetrVG Rn. 64, 71; *Giesen*, Tarifvertragliche Rechtsgestaltung, S. 336; *A. Hueck/Nipperdey*, Arbeitsrecht I, § 16 IV [S. 95]; *Kraft* in: GK-BetrVG I, § 4 BetrVG Rn. 16; *Löwisch* in: Galperin I, § 1 BetrVG Rn. 7; *Nikisch*, Arbeitsrecht I, § 18 III 1 [S. 154]; *ders.*, Arbeitsrecht III, § 92

mehrere getrennte Betriebe anzunehmen sind, richtet sich in erster Linie nach der Leitungsstruktur des Unternehmens.[444] Durch die hierbei relevante Bezugnahme auf die Einheit der Entscheidungen in betriebsverfassungsrechtlichen Angelegenheiten wird erkennbar eine Anlehnung an das Auslegungskriterium der Entscheidungsnähe vorgenommen. Dies gewährleistet, daß dem Betriebsrat ein kompetenter und entscheidungsbefugter Vertragspartner auf Arbeitgeberseite gegenübersteht.[445] Nach dem Bundesarbeitsgericht kommt es weniger auf die Entscheidungsbefugnis in wirtschaftlichen Angelegenheiten, als vielmehr auf den Bereich der sozialen und personellen Beteiligungstatbestände an.[446] Hinter dem Merkmal der einheitlichen Leitung tritt dasjenige der räumlichen Einheit und Nähe zurück.[447] Hierfür sprechen die gesetzlichen Zuordnungskriterien des § 4 Abs. 1 BetrVG.

II 2 [S. 34 f.]; *Richardi* in: ders., § 1 BetrVG Rn. 27; *T. Wißmann*, Tarifvertragliche Gestaltung, S. 95. Ähnlich *Brockschmidt*, Unternehmensorganisation, S. 23, 25 f.; *Stege/Weinspach/Schiefer* § 1 BetrVG Rn. 6. *Löwisch*, FS Kissel, S. 679, 680 ff. stellt daneben wesentlich auf eine einheitliche und eigenständige Arbeitsorganisation ab.

444 *Eisemann* in: ErfK, § 1 BetrVG Rn. 10; *U. Preis* RdA 2000, S. 257, 259 f.; *Richardi* in: ders., § 1 BetrVG Rn. 28; *Richardi* in: MüHdbArbR I, § 31 Rn. 9; *T. Wißmann*, Tarifvertragliche Gestaltung, S. 95.

445 Vgl. *Eisemann* in: ErfK, § 1 BetrVG Rn. 8; *Konzen* ArbuR 1985, S. 341, 348; *Löwisch*, FS Kissel, S. 679, 679; *U. Preis*, RWS-Forum Arbeitsrecht 2001, S. 83, 91 f.; *Säcker*, Wahlordnungen, Rn. 199. Zum Kriterium der Entscheidungsnähe siehe ausführlich vorstehend S. 83 f.

446 BAG 23.9.1982 AP Nr. 3 zu § 4 BetrVG 1972. Dem folgend *Blank/H. Blanke/u. a.*, Arbeitnehmerschutz, S. 133, 135; *Eisemann* in: ErfK, § 1 BetrVG Rn. 10; *P. Hanau* ZfA 1990, S. 115, 117; *Konzen*, Unternehmensaufspaltungen, S. 81 ff.; *ders.* ArbuR 1985, 341, 347 f.; *Richardi* in: ders., § 1 BetrVG Rn. 28 f.; bereits schon *Dietz*, FS Nikisch, S. 23, 30 f. Auch auf die wirtschaftlichen Angelegenheiten abstellend *Kraft* in: GK-BetrVG I, § 4 BetrVG Rn. 20. Kritisch gegenüber dem Bundesarbeitsgericht *Trümner* in: Däubler/Kittner/Klebe, § 1 BetrVG Rn. 46 f.

447 BAG 23.9.1982 AP Nr. 3 zu § 4 BetrVG 1972; *Brockschmidt*, Unternehmensorganisation, S. 21; *Eisemann* in: ErfK, § 1 BetrVG Rn. 11; *Fitting* § 1 BetrVG Rn. 74; *P. Hanau* ZfA 1990, S. 115, 118; *Konzen*, Unternehmensaufspaltungen, S. 87; *Kraft* in: GK-BetrVG I, § 4 BetrVG Rn. 17; *Löwisch* in: Galperin I, § 1 BetrVG Rn. 6; *U. Preis* RdA 2000, S. 257, 269; *Richardi* in: ders., § 1 BetrVG Rn. 32 („kein betriebskonstituierendes Kriterium"); *Richardi* in: MüHdbArbR I, § 31 Rn. 8; *T. Wißmann*, Tarifvertragliche Gestaltung, S. 96 f. Anders aber *Gamillscheg* ZfA 1975, S. 357, 399; *Joost*, Betrieb und Unternehmen, S. 112 ff., 232 ff., 241 ff., 265; auch *Blank/H. Blanke/u. a.*, Arbeitnehmerschutz, S. 135 f.; *Wendeling-Schröder*, Divisionalisierung, S. 120, 125.

II. Der Unternehmensbegriff des Betriebsverfassungsrechts

Neben dem Betrieb ist das Unternehmen als betriebsverfassungsrechtliche Organisationseinheit und zweite Repräsentationsstufe[448] bedeutsam. So ist obligatorisch ein Gesamtbetriebsrat zu errichten, wenn in einem Unternehmen mehrere Betriebsräte bestehen, § 47 Abs. 1 BetrVG. Außerdem knüpfen die Beteiligungsrechte in wirtschaftlichen Angelegenheiten an das Unternehmen an, vgl. §§ 106 ff., 111 ff. BetrVG. Ebenso wie beim Betriebsbegriff kennt das Gesetz keine selbständige Legaldefinition des Unternehmens, sondern setzt diese voraus.[449] In Rechtsprechung und Literatur anerkannt ist die Definition des Unternehmens als „organisatorische Einheit, mit der ein Unternehmer seine hinter dem technischen Betriebszweck liegenden wirtschaftlichen oder ideellen Zwecke verfolgt“[450]. Der Unterschied zum Betrieb besteht hauptsächlich darin, daß dieser arbeitstechnischen, das Unternehmen den dahinter liegenden wirtschaftlichen oder ideellen Zwecken dient.[451] Die organisatorische Einheit *Unternehmen* setzt einen einheitlichen Rechtsträger voraus.[452] Dies ist das

---

448 Vgl. *Joost* in: MüHdbArbR III, § 313 Rn. 6. Ähnlich *ders.*, Betrieb und Unternehmen, S. 208 ff., 216 ff.; *Richardi* in: ders., § 1 BetrVG Rn. 52; *Richardi/Annuß* in: Richardi, § 47 BetrVG Rn. 5; *T. Wißmann*, Tarifvertragliche Gestaltung, S. 114.

449 BAG 5.12.1975 AP Nr. 1 zu § 47 BetrVG 1972; BAG 11.12.1987 AP Nr. 7 zu § 47 BetrVG 1972; *Berscheid*, FS Stahlhacke, S. 15, 21; *Blank/H. Blanke/u. a.*, Arbeitnehmerschutz, S. 137; *Eisemann* in: ErfK, § 1 BetrVG Rn. 7; *Fitting* § 1 BetrVG Rn. 145; *Kort* Die AG 2003, S. 13, 14; *Kraft* in: GK-BetrVG I, § 4 BetrVG Rn. 7; *Kreutz* in: GK-BetrVG I, § 47 BetrVG Rn. 11; *Richardi* in: ders., § 1 BetrVG Rn. 51; *Richardi/Annuß* in: Richardi, § 47 BetrVG Rn. 5; *W. Schneider* in: Däubler/Kittner/Klebe, Einleitung BetrVG Rn. 103; *Wendeling-Schröder*, Divisionalisierung, S. 132; *T. Wißmann*, Tarifvertragliche Gestaltung, S. 114. Vgl. zum Unternehmensbegriff auch *Trittin* in: Däubler/Kittner/Klebe, § 47 BetrVG Rn. 12.

450 BAG 23.9.1980 AP Nr. 4 zu § 47 BetrVG 1972; BAG 5.3.1987 AP Nr. 30 zu § 15 KSchG 1969; *Berscheid*, FS Stahlhacke, S. 15, 21; *Blank/H. Blanke/u. a.*, Arbeitnehmerschutz, S. 137; *Däubler*, Arbeitsrecht I, Rn. 750; *Eisemann* in: ErfK, § 1 BetrVG Rn. 7; *Fitting* § 1 BetrVG Rn. 145; *Joost* in: MüHdbArbR III, § 313 Rn. 11; *Kort* Die AG 2003, S. 13, 14; *Kraft* in: GK-BetrVG I, § 4 BetrVG Rn. 7; *Kreutz* in: GK-BetrVG I, § 47 BetrVG Rn. 12; *Richardi* in: MüHdbArbR I, § 31 Rn. 6, 20; *W. Schneider* in: Däubler/Kittner/Klebe, Einleitung BetrVG Rn. 103; *Söllner/Waltermann*, Arbeitsrecht, Rn. 68; *T. Wißmann*, Tarifvertragliche Gestaltung, S. 115. Kritisch hierzu *Trittin* in: Däubler/Kittner/Klebe, § 47 BetrVG Rn. 12 ff.

451 Vgl. *Eisemann* in: ErfK, § 1 BetrVG Rn. 9; *Trittin* in: Däubler/Kittner/Klebe, § 47 BetrVG Rn. 12 unter Darstellung der Rechtsprechung des Bundesarbeitsgerichts; *T. Wißmann*, Tarifvertragliche Gestaltung, S. 115.

452 BAG 5.12.1975 AP Nr. 1 zu § 47 BetrVG 1972; BAG 23.9.1980 AP Nr. 4 zu § 47 BetrVG 1972; BAG 11.12.1987 AP Nr. 7 zu § 47 BetrVG 1972; BAG 23.8.1989 AP Nr. 7 zu § 106 BetrVG 1972; BAG 29.11.1989 AP Nr. 3 zu § 10 ArbGG 1979; *Blank/H. Blanke/u. a.*, Arbeitnehmerschutz, S. 137; *Eisemann* in: ErfK, § 1 BetrVG

wesentliche Erfordernis[453] und bedeutet, daß die Betriebe derselben rechtlich selbständigen Person zuzuordnen sein müssen[454]. In der Konsequenz kann eine Personen- oder Kapitalgesellschaft, anders als eine natürliche Person,[455] nur ein Unternehmen betreiben[456]. Der so verstandene Unternehmensbegriff ist mit dem gesamten geschäftlichen Tätigkeitsbereich des Arbeitgebers identisch.[457]

III. Der Konzernbegriff des Betriebsverfassungsrechts

Auch für den Konzernbegriff des Betriebsverfassungsrechts gibt das Gesetz keine Legaldefinition vor, verweist aber in § 54 Abs. 1 Satz 1 BetrVG

Rn. 7; *Fitting* § 1 BetrVG Rn. 146, § 47 BetrVG Rn. 10; *Glaubitz* in: Hess/Schlochauer/Glaubitz, § 47 BetrVG Rn. 8; *Kort* Die AG 2003, S. 13, 14; *Kreutz* in: GK-BetrVG I, § 47 BetrVG Rn. 13, 15; *Marienhagen* in: Galperin I, § 47 BetrVG Rn. 6; *Richardi* in: ders., § 1 BetrVG Rn. 53; *Richardi/Annuß* in: Richardi, § 47 BetrVG Rn. 6; *Trittin* in: Däubler/Kittner/Klebe, § 47 BetrVG Rn. 12, 15; *T. Wißmann*, Tarifvertragliche Gestaltung, S. 115.

453 BAG 5.12.1975 AP Nr. 1 zu § 47 BetrVG 1972; BAG 23.8.1989 AP Nr. 7 zu § 106 BetrVG 1972; *Eisemann* in: ErfK, § 1 BetrVG Rn. 7; *Fitting* § 1 BetrVG Rn. 146, § 47 BetrVG Rn. 10; *Kort* Die AG 2003, S. 13, 14; *Kreutz* in: GK-BetrVG I, § 47 BetrVG Rn. 13, 15, 18; *Richardi* in: ders., § 1 BetrVG Rn. 53; *Richardi/Annuß* in: Richardi, § 47 BetrVG Rn. 6; *Trittin* in: Däubler/Kittner/Klebe, § 47 BetrVG Rn. 12, 15; *T. Wißmann*, Tarifvertragliche Gestaltung, S. 115.

454 BAG 5.12.1975 AP Nr. 1 zu § 47 BetrVG 1972; *Blank/H. Blanke/u. a.*, Arbeitnehmerschutz, S. 137; *Fitting* § 47 BetrVG Rn. 10; *Glaubitz* in: Hess/Schlochauer/Glaubitz, § 47 BetrVG Rn. 8; *Marienhagen* in: Galperin I, § 47 BetrVG Rn. 6; *Kreutz* in: GK-BetrVG I, § 47 BetrVG Rn. 15; *Trittin* in: Däubler/Kittner/Klebe, § 47 BetrVG Rn. 15; *Wendeling-Schröder*, Divisionalisierung, S. 134; *T. Wißmann*, Tarifvertragliche Gestaltung, S. 115.

455 Abweichend *Joost* in: MüHdbArbR III, § 313 Rn. 20; *ders.*, Betrieb und Unternehmen, S. 218 ff.; *Konzen*, Unternehmensaufspaltungen, S. 93; *Kreutz* in: GK-BetrVG I, § 47 BetrVG Rn. 19; *Richardi/Annuß* in: Richardi, § 47 BetrVG Rn. 9; *Umnuß*, Organisation der Betriebsverfassung, S. 146.

456 BAG 5.12.1975 AP Nr. 1 zu § 47 BetrVG 1972; BAG 11.12.1987 AP Nr. 7 zu § 47 BetrVG 1972; BAG 29.11.1989 AP Nr. 3 zu § 10 ArbGG 1979; *Fitting* § 1 BetrVG Rn. 146, § 47 BetrVG Rn. 13; *Kort* Die AG 2003, S. 13, 14; *Richardi* in: ders., § 1 BetrVG Rn. 52; *Richardi* in: MüHdbArbR I, § 31 Rn. 21; *Richardi/Annuß* in: Richardi, § 47 BetrVG Rn. 8; *Trittin* in: Däubler/Kittner/Klebe, § 47 BetrVG Rn. 17; *Wendeling-Schröder*, Divisionalisierung, S. 134; *T. Wißmann*, Tarifvertragliche Gestaltung, S. 115.

457 *P. Hanau* ZfA 1990, S. 115, 126; *Joost* in: MüHdbArbR III, § 313 Rn. 14, 20; *ders.*, Betrieb und Unternehmen, S. 220, 231; *Kreutz* in: GK-BetrVG I, § 47 BetrVG Rn. 15; *Richardi* in: ders., § 1 BetrVG Rn. 51; *T. Wißmann*, Tarifvertragliche Gestaltung, S. 115.

auf den aktienrechtlichen Konzernbegriff in § 18 Abs. 1 AktG[458]. Das Konzernrecht differenziert in § 18 AktG zwischen dem Unterordnungskonzern, Absatz 1, und dem Gleichordnungskonzern, Absatz 2. Bei letzterem ist die Errichtung eines Konzernbetriebsrates auf der Grundlage der §§ 54 ff. BetrVG unzulässig.[459] Ein Unterordnungskonzern liegt vor, wenn ein herrschendes und ein oder mehrere abhängige, aber rechtlich selbständige Unternehmen unter der einheitlichen Leitung des herrschenden Unternehmens zusammengefaßt sind, vgl. § 18 Abs. 1 AktG.[460] Das Tatbestandsmerkmal der Abhängigkeit ist erfüllt, wenn rechtlich selbständige Unternehmen vorliegen, auf die ein anderes Unternehmen unmittelbar oder mittelbar einen beherrschenden Einfluß ausüben kann, § 17 Abs. 1 AktG. Die Einflußmöglichkeit muß dabei gesellschaftsrechtlich vermittelt sein. Externe Abhängigkeiten durch vertragliche Austauschbeziehungen genügen nicht.[461] In anderen betriebsverfassungsrechtlichen Vorschriften als § 54 BetrVG wird teilweise auf § 18 Abs. 1 AktG verwiesen (vgl. §§ 8 Abs. 1 Satz 2, 73a Abs. 1 Satz 1 BetrVG), teilweise der Begriff des Konzerns ohne einen solchen Klammerzusatz verwendet (vgl. §§ 3 Abs. 1 Nr. 2 und 3, 18a Abs. 3 Satz 2, 58 Abs. 1 Satz 1, 87 Abs. 1 Nr. 8, 88 Nr. 2 BetrVG). Bei letzteren ist durch teleologische Auslegung der Norm zu

---

458 Zur „Definitionsverweisung" des § 54 Abs. 1 Satz 1 BetrVG siehe ausführlich *Oetker* ZfA 1986, S. 177, 180 ff.

459 Allgemeine Ansicht, vgl. BAG 22.11.1995 AP Nr. 7 zu § 54 BetrVG 1972; *Fitting* § 54 BetrVG Rn. 9; *Glaubitz* in: Hess/Schlochauer/Glaubitz, § 54 BetrVG Rn. 9; *Joost* in: MüHdbArbR III, § 315 Rn. 22; *Kreutz* in: GK-BetrVG I, § 54 BetrVG Rn. 8; *Marienhagen* in: Galperin I, § 54 BetrVG Rn. 5; *Kl.-P. Martens* ZfA 1973, S. 297, 301; *Richardi*, Konzernzugehörigkeit, S. 13; *Richardi/Annuß* in: Richardi, § 54 BetrVG Rn. 3; *Trittin* in: Däubler/Kittner/Klebe, Vor § 54 BetrVG Rn. 4, § 54 BetrVG Rn. 13; *Windbichler*, Arbeitsrecht im Konzern, S. 306; *T. Wißmann*, Tarifvertragliche Gestaltung, S. 116. Auch *Richardi* in: ders., § 1 BetrVG Rn. 97. Zu denken ist aber an einen Organisationstarifvertrag nach § 3 Abs. 1 Nr. 3 BetrVG, vgl. Begründung zum RegE, BT-Drucks. 14/5741, S. 34.

460 Zu § 18 Abs. 1 AktG vgl. *Bayer* in: MüKo AktG, § 18 AktG Rn. 2, 26 ff.; *Fitting* § 54 BetrVG Rn. 10; *Hüffer* § 18 AktG Rn. 6; *Joost* in: MüHdbArbR III, § 315 Rn. 18; *Kreutz* in: GK-BetrVG I, § 54 BetrVG Rn. 14, 16 ff.; *Richardi/Annuß* in: Richardi, § 54 BetrVG Rn. 3; *K. Schmidt*, Gesellschaftsrecht, § 31 II 3 c) aa) [S. 944 f.]; *T. Wißmann*, Tarifvertragliche Gestaltung, S. 117.

461 BGH 26.3.1984 Z 90, 381, 395 f.; *Bayer* in: MüKo AktG, § 17 AktG Rn. 28, 29; *Hüffer* § 17 AktG Rn. 8; *Koppensteiner* in: Kölner Kommentar, § 17 AktG Rn. 50; *ders.*, FS Stimpel, S. 811, 811 ff.; *Kreutz* in: GK-BetrVG I, § 54 BetrVG Rn. 18 f.; *K. Schmidt*, Gesellschaftsrecht, § 31 II 3 b) [S. 942]; *Ulmer* ZGR 1978, S. 457, 465 ff., insbesondere 471 f. (der aber die externen Beherrschungsmittel bei der Beurteilung interner Einflußmöglichkeiten berücksichtigt, vgl. S. 473 f.); *T. Wißmann*, Tarifvertragliche Gestaltung, S. 117.

ermitteln, welchen Konzernbegriff das Gesetz jeweils verwendet und ob der Gleichordnungskonzern einbezogen ist.[462]

D. Ergebnis

Wie gezeigt werden konnte, sind die maßgeblichen Auslegungskriterien der Organisationsverfassung des Betriebsverfassungsgesetzes, abgeleitet aus dem Sinn und Zweck der Mitbestimmung (Arbeitnehmerschutz und -teilhabe), die Entscheidungsnähe und die Belegschaftsnähe. Sie fanden ausweislich der Gesetzesmaterialien bei der Reform des Betriebsverfassungsgesetzes Berücksichtigung. Die Auslegung des § 3 BetrVG hat diese Kriterien daher in besonderem Maße zu berücksichtigen, wobei der Entscheidungsnähe eine Prärogative zukommt. Als Leitlinie muß festgehalten werden, daß soviel Entscheidungsnähe wie nötig und soviel Belegschaftsnähe wie hierbei möglich zu verwirklichen ist.

---

462 In diese Richtung wohl auch *Fitting* § 1 BetrVG Rn. 183. Anders aber *Richardi* in: ders., § 1 BetrVG Rn. 97; *Richardi/Annuß* in: Richardi, § 54 BetrVG Rn. 3.

Teil 2
Die betriebsverfassungsrechtliche Organisationseinheit kraft Kollektivvertrag

Die Kollektivvertragsparteien können abweichend von der gesetzlichen Betriebsverfassungsstruktur für Unternehmen mit mehreren Betrieben einen unternehmenseinheitlichen Betriebsrat bilden oder Betriebe zusammenfassen, § 3 Abs. 1 Nr. 1 BetrVG, sowie für produkt- oder projektbezogene Geschäftsbereiche in Unternehmen und Konzernen Betriebsräte in den Sparten vorsehen, § 3 Abs. 1 Nr. 2 BetrVG.[463] Den Tarifvertragsparteien ist es darüber hinaus möglich, eine andere Arbeitnehmervertretungsstruktur zu errichten, § 3 Abs. 1 Nr. 3 BetrVG.[464]

§ 3 Die unternehmensbezogene Betriebsverfassungsstruktur, § 3 Abs. 1 Nr. 1 BetrVG

In seiner Nr. 1 ermöglicht der § 3 Abs. 1 BetrVG in Unternehmen mit mehreren Betrieben die Bildung eines unternehmenseinheitlichen Betriebsrates (lit. a) und die Zusammenfassung von Betrieben (lit. b) durch einen Kollektivvertrag, wenn dies die Bildung von Betriebsräten erleichtert oder der sachgerechten Wahrnehmung der Interessen der Arbeitnehmer dient.

A. Überblick zur früheren Rechtslage

Die Möglichkeit der Zusammenfassung von Betrieben, § 3 Abs. 1 Nr. 1b BetrVG, ist nicht neu. Bereits die Vorläuferregelung in Gestalt des § 3 Abs. 1 Nr. 3 BetrVG a. F. gab den Tarifvertragsparteien die Rechtsmacht, Hauptbetrieben abweichend von § 4 BetrVG a. F. Betriebsteile und Nebenbetriebe zuzuordnen, soweit dadurch die Bildung von Vertretungen der Arbeitnehmer erleichtert wurde. Inhaltlich konnten somit Betriebsteile auch bei Nichtvorliegen der Voraussetzungen des § 4 Satz 1 BetrVG a. F. zu

---

463 Daneben sieht § 3 Abs. 1 Nr. 4, 5 BetrVG die Bildung zusätzlicher betriebsverfassungsrechtlicher Gremien und Vertretungen der Arbeitnehmer vor. Diese sollen nicht Gegenstand der vorliegenden Arbeit sein, da sie keine Mitbestimmungsorgane sind, vgl. argumentum e contrario zu § 3 Abs. 5 BetrVG (herrschende Ansicht, siehe nur *Dachrodt/Engelbert* § 3 BetrVG Rn. 9; *Dimitriadis/Ilbertz/Kallenberg/u. a.* ZBVR 2001, S. 170, 173; *Diringer* AuA 2001, S. 172, 172; *Fitting* § 3 BetrVG Rn. 59, 68; *P. Hanau* RdA 2001, S. 65, 66; *Löwisch* in: Löwisch/Kaiser, § 3 BetrVG Rn. 28; *ders.* BB 2001, S. 1734, 1735 f.; *Richardi* in: ders., § 3 BetrVG Rn. 26 [zu Nr. 4]; *Richardi*, Neue Betriebsverfassung, § 3 Rn. 17 [zu Nr. 4]; *Trümner* in: Däubler/Kittner/Klebe, § 3 BetrVG Rn. 2, 87, 97).

464 Eine Betriebsvereinbarung nach § 3 Abs. 1 Nr. 3 BetrVG ist unzulässig, vgl. § 3 Abs. 2 BetrVG.

selbständigen betriebsratsfähigen Betrieben erklärt[465] sowie entgegen den Feststellungen des § 4 Satz 1 BetrVG a. F. einer anderen Arbeitsstätte zugeordnet[466] werden. Zweite Alternative war die Zuordnung an sich betriebsratsfähiger Nebenbetriebe zu einem Hauptbetrieb in Abweichung von § 4 Satz 2 BetrVG a. F.[467]

Umstritten war, ob durch einen Tarifvertrag nach § 3 Abs. 1 Nr. 3 BetrVG a. F. auch die Zusammenfassung selbständiger (insbesondere nicht betriebsratsfähiger Kleinst-)[468] Betriebe zu einer betriebsverfassungsrechtlichen Einheit zulässig war.[469] Eine Ansicht[470] verneinte dies. Durch den Verweis in § 3 Abs. 1 Nr. 3 BetrVG a. F. auf § 4 BetrVG a. F. käme hinreichend klar zum Ausdruck, daß eine anderweitige Zuordnung nur im Hinblick auf Betriebsteile und Nebenbetriebe möglich sei.[471] Die Gegenansicht[472] sah in der durch die

---

465 *Heither*, FS Schaub, S. 295, 303; *Kraft* in: GK-BetrVG I [6. Aufl.], § 3 BetrVG Rn. 25; *Richardi* [7. Aufl.] § 3 BetrVG Rn. 40; *Trümner* in: Däubler/Kittner/Klebe [7. Aufl.], § 3 BetrVG Rn. 39; *T. Wißmann*, Tarifvertragliche Gestaltung, S. 182.

466 *Fitting* [20. Aufl.] § 3 BetrVG Rn. 42; *Richardi* [7. Aufl.] § 3 BetrVG Rn. 40; *T. Wißmann*, Tarifvertragliche Gestaltung, S. 183. Nach *Heither*, FS Schaub, S. 295, 303; *Trümner* in: Däubler/Kittner/Klebe [7. Aufl.], § 3 BetrVG Rn. 39 ist die Zuordnung zu einem Hauptbetrieb zulässig.

467 *Kraft* in: GK-BetrVG I [6. Aufl.], § 3 BetrVG Rn. 25; *Richardi* [7. Aufl.] § 3 BetrVG Rn. 40; *Trümner* in: Däubler/Kittner/Klebe [7. Aufl.], § 3 BetrVG Rn. 39; *T. Wißmann*, Tarifvertragliche Gestaltung, S. 186. Weitergehend *Heither*, FS Schaub, S. 295, 303, der die Bestimmung eines an sich einem Hauptbetrieb zuzuordnenden Nebenbetriebs als selbständige betriebsverfassungsrechtliche Einheit für zulässig erachtet.

468 Unter den Begriff der *Kleinst*betriebe fallen Organisationseinheiten mit in der Regel einem bis zu vier Arbeitnehmern, §§ 1 Abs. 1 Satz 1, 4 Abs. 2 BetrVG. Nicht zu verwechseln sind diese mit den *Klein*betrieben i. S. d. § 14a BetrVG. Entsprechend dieser gesetzlichen Differenzierung werden die Begriffe im folgenden gebraucht.

469 Die Zusammenfassung von Betrieben ist nunmehr gerade zentraler Regelungsgehalt des § 3 Abs. 1 Nr. 1b BetrVG, vgl. auch *Dachrodt/Engelbert* § 3 BetrVG Rn. 6; *Trümner* in: Däubler/Kittner/Klebe, § 3 BetrVG Rn. 25.

470 LAG Hamburg 7.12.1995 LAGE § 3 BetrVG 1972 Nr. 1; *Brockschmidt*, Unternehmensorganisation, S. 118 f.; *Eisemann* in: ErfK [2. Aufl.], § 3 BetrVG Rn. 4; *Kraft* in: GK-BetrVG I [6. Aufl.], § 3 BetrVG Rn. 25; *Marienhagen* in: Galperin I, § 3 BetrVG Rn. 25.

471 *Brockschmidt*, Unternehmensorganisation, S. 118 f.; *Eisemann* in: ErfK [2. Aufl.], § 3 BetrVG Rn. 4; *Kraft* in: GK-BetrVG I [6. Aufl.], § 3 BetrVG Rn. 25.

472 Vgl. *Blank/H. Blanke/u. a.*, Arbeitnehmerschutz, S. 175 f.; *Däubler*, Tarifvertragsrecht, Rn. 1041; *Gamillscheg*, Kollektives Arbeitsrecht, § 15 VII 4 c) (1) [S. 604]; *ders.*, FS K. Molitor, S. 133, 144; *ders.* ZfA 1975, S. 357, 385; *Kempen*, FS Schaub, S. 357, 368; *Richardi* [7. Aufl.] § 3 BetrVG Rn. 41; *Trümner* in: Däubler/Kittner/Klebe [7. Aufl.], § 3 BetrVG Rn. 40 f.; *Zachert* in: Kempen/Zachert, §

Zugehörigkeit zu einem gemeinsamen Unternehmen vermittelten organisatorischen Verbundenheit[473] einen hinreichenden Grund, der eine Zusammenfassung von Kleinstbetrieben rechtfertige. Auch regele § 3 Abs. 1 Nr. 3 BetrVG a. F. die Zuordnung von Nebenbetrieben. Bei einem solchen, so diese Ansicht, handelt es sich aber stets um einen vollwertigen Betrieb, der sich (für die Abgrenzung wenig plausibel) lediglich in dem verfolgten arbeitstechnischen Zweck vom Hauptbetrieb unterscheidet[474]. Zudem könne zwischen Betrieb und Betriebsteil nicht zuverlässig differenziert werden. Aus diesen Gründen müsse erst recht eine Zusammenfassung selbständiger Betriebe möglich sein.[475] Unzulässig war es nach herrschender Auffassung und dem insoweit eindeutigen Wortlaut der Vorschrift dagegen, einen einheitlichen Betrieb in mehrere betriebsratsfähige Einheiten aufzuspalten.[476] Ebenso versperrt war der Weg einer unternehmensübergreifenden Zuordnung.[477]

---

1 TVG Rn. 278. Ebenso BAG 3.12.1985 AP Nr. 28 zu § 99 BetrVG 1972 für den Fall, daß in allen Betrieben der gleiche arbeitstechnische Zweck verfolgt wird. Für eine analoge Anwendung des § 3 Abs. 1 Nr. 3 BetrVG a. F. BAG 24.1.2001 AP Nr. 1 zu § 3 BetrVG 1972 (insbesondere für gem. § 4 Satz 1 Nr. 1, 2 BetrVG a. F. als selbständige Betriebe geltende Betriebsteile); BAG 24.1.2001 – 4 ABR 11/00, n. v.; BAG 24.1.2001 – 4 ABR 16/00, n. v.; *Fitting* [20. Aufl.] § 3 BetrVG Rn. 44; *Heither*, FS Schaub, S. 295, 304 f.; *H. Otto*, Anmerkung zu BAG vom 3.12.1985 – 1 ABR 29/84 in: AP Nr. 28 zu § 99 BetrVG 1972.

473 *Blank/H. Blanke/u. a.*, Arbeitnehmerschutz, S. 175; *Richardi* [7. Aufl.] § 3 BetrVG Rn. 41.

474 Vgl. BAG 24.2.1976 AP Nr. 2 zu § 4 BetrVG 1972; BAG 3.12.1985 AP Nr. 28 zu § 99 BetrVG 1972.

475 BAG 3.12.1985 AP Nr. 28 zu § 99 BetrVG 1972 (mit i. E. zustimmender Anmerkung *H. Otto*); *Däubler*, Tarifvertragsrecht, Rn. 1041; *Gamillscheg*, Kollektives Arbeitsrecht, § 15 VII 4 c) (1) [S. 604]; *ders.*, FS K. Molitor, S. 133, 144; *ders.* ZfA 1975, S. 357, 385; *Schlachter* RdA 1993, S. 313, 319; *Trümner* in: Däubler/Kittner/Klebe [7. Aufl.], § 3 BetrVG Rn. 41. Ähnlich *Fitting* [20. Aufl.] § 3 BetrVG Rn. 44; *Heither*, FS Schaub, S. 295, 304 f. sowie i. E. BAG 24.1.2001 AP Nr. 1 zu § 3 BetrVG 1972, die § 3 Abs. 1 Nr. 3 BetrVG a. F. entsprechend anwenden wollten. Diesen i. E. folgend *T. Wißmann*, Tarifvertragliche Gestaltung, S. 197.

476 *Fitting* [20. Aufl.] § 3 BetrVG Rn. 45; *Kraft* in: GK-BetrVG I [6. Aufl.], § 3 BetrVG Rn. 25; *Marienhagen* in: Galperin I, § 3 BetrVG Rn. 25; *Richardi* [7. Aufl.] § 3 BetrVG Rn. 42; a. A. *Trümner* in: Däubler/Kittner/Klebe [7. Aufl.], § 3 BetrVG Rn. 40; ähnlich *Zachert* in: Kempen/Zachert, § 1 TVG Rn. 278.

477 LAG Düsseldorf 21.1.2000 ZInsO 2000, S. 681, 683; *Blank/H. Blanke/u. a.*, Arbeitnehmerschutz, S. 176; *Kraft* in: GK-BetrVG I [6. Aufl.], § 3 BetrVG Rn. 25; *Richardi* [7. Aufl.] § 3 BetrVG Rn. 41; *T. Wißmann*, Tarifvertragliche Gestaltung, S. 198 f.; a. A. *Trümner* in: Däubler/Kittner/Klebe [7. Aufl.], § 3 BetrVG Rn. 40, 42; *Fitting* [20. Aufl.] § 3 BetrVG Rn. 46, wenn (in Parallele zum sog. Gemeinschaftsbetrieb) eine gemeinsame Führung mehrerer Unternehmen besteht.

Weiterhin mußte die Bildung von Arbeitnehmervertretungen (auch solchen nach § 3 Abs. 1 Nr. 2 BetrVG a. F.)[478] durch die abweichende Zuordnung erleichtert werden. Eine tarifvertragliche Regelung sollte die Realisierung der betrieblichen Mitbestimmung effektiver gestalten. Dieser Sinn und Zweck war erfüllt, wenn z. B. aus tatsächlichen Gründen bestehende Zweifel an der Betriebsratsfähigkeit von Nebenbetrieben oder Betriebsteilen beseitigt wurden oder wenn in bisher vertretungslosen Betriebsteilen oder Nebenbetrieben eine Arbeitnehmervertretung gebildet wurde.[479] Die „Erleichterung der Bildung" konnte sich jedoch sowohl auf die Wahl als auch auf die Funktionsfähigkeit der Betriebsverfassung nach der Wahl beziehen.[480] Dieses Tatbestandsmerkmal des § 3 Abs. 1 Nr. 3 BetrVG a. F. war somit ebenfalls erfüllt, wenn dem Betriebsrat eine optimale Wahrnehmung der gesetzlichen Mitwirkungs- und Mitbestimmungsrechte praktisch deshalb nicht möglich oder wesentlich erschwert war, weil die mitbestimmungsrelevanten Entscheidungen auf Arbeitgeberseite an anderer Stelle getroffen wurden[481] und sich demzufolge durch den Tarifvertrag die Effizienz der betrieblichen

---

478 *Fitting* [20. Aufl.] § 3 BetrVG Rn. 48; *Marienhagen* in: Galperin I, § 3 BetrVG Rn. 23; weitergehend *Trümner* in: Däubler/Kittner/Klebe [7. Aufl.], § 3 BetrVG Rn. 37 (auch andere und zusätzliche Arbeitnehmervertretungen nach § 3 Abs. 1 Nr. 2, 3 BetrVG a. F., Jugend- und Auszubildendenvertretung, Gesamt- oder Konzernbetriebsrat).

479 Vgl. die Entscheidungen des BAG 24.1.2001 AP Nr. 1 zu § 3 BetrVG 1972; BAG 24.1.2001 - 4 ABR 11/00, n. v.; BAG 24.1.2001 - 4 ABR 16/00, n. v. Weiterhin *Eisemann* in: ErfK [2. Aufl.], § 3 BetrVG Rn. 4; *Fitting* [20. Aufl.] § 3 BetrVG Rn. 49; *Kraft* in: GK-BetrVG I [6. Aufl.], § 3 BetrVG Rn. 26; *Richardi* [7. Aufl.] § 3 BetrVG Rn. 43; *Trümner* in: Däubler/Kittner/Klebe [7. Aufl.], § 3 BetrVG Rn. 36; *T. Wißmann*, Tarifvertragliche Gestaltung, S. 181.

480 *Blank/H. Blanke/u. a.*, Arbeitnehmerschutz, S. 172 f.; *Fitting* [20. Aufl.] § 3 BetrVG Rn. 49; *Gamillscheg*, Kollektives Arbeitsrecht, § 15 VII 4 c) (5) [S. 605]; *Richardi* [7. Aufl.] § 3 BetrVG Rn. 43; *T. Wißmann*, Tarifvertragliche Gestaltung, S. 180 unter Heranziehung der Auslegung des Begriffes der „Errichtung" in § 3 Abs. 1 Nr. 2 BetrVG a. F. Zu letzterem ebenso *Blank/H. Blanke/u. a.*, Arbeitnehmerschutz, S. 172; *Gamillscheg*, Kollektives Arbeitsrecht, § 15 VII 4 b) (1) [S. 603]; *Konzen*, Unternehmensaufspaltungen, S. 124; *Wendeling-Schröder*, Divisionalisierung, S. 153. Vgl. auch BAG 24.1.2001 AP Nr. 1 zu § 3 BetrVG 1972, das von der optimalen Wahrnehmung der Beteiligungsrechte und der größtmöglichen Betreuung der Arbeitnehmer spricht.

481 *Eisemann* in: ErfK [2. Aufl.], § 3 BetrVG Rn. 4; *Fitting* [20. Aufl.] § 3 BetrVG Rn. 49; *Kraft* in: GK-BetrVG I [6. Aufl.], § 3 BetrVG Rn. 26; *H. Weber*, Anmerkung zu BAG vom 24.1.2001 - 4 ABR 4/00 in: SAE 2002, S. 92, 93. Vgl. auch BAG 24.1.2001 AP Nr. 1 zu § 3 BetrVG 1972, wonach „betriebliche Mitwirkung und Mitbestimmung dort ansetzen (müssen), wo die wesentliche betriebliche Leitungsmacht [...] konkret entfaltet und ausgeübt wird [...]".

Mitbestimmung verbesserte[482]. Nicht ausreichend war es hingegen, wenn der Tarifvertrag lediglich die Arbeit bestehender, funktionierender Betriebsräte erleichterte.[483]

Die Norm des § 3 Abs. 1 Nr. 1a BetrVG hat, im Gegensatz zur Nr. 1b, keine Vorgängerregelung im Betriebsverfassungsrecht. Allerdings weist sie strukturelle Gemeinsamkeiten mit § 20 Abs. 1 SprAuG auf.[484] Letztere Vorschrift sieht für den Bereich der leitenden Angestellten die Errichtung eines Unternehmenssprecherausschusses vor, wenn dies die Mehrheit der leitenden Angestellten im Unternehmen verlangt.[485] Charakteristikum des § 20 SprAuG ist das hierfür bestehende Initiativmonopol der leitenden Angestellten.

B. Tatbestandsmerkmal *Unternehmen mit mehreren Betrieben*

Wie sich aus § 3 Abs. 1 Nr. 1 Einleitungssatz BetrVG ergibt, ist Voraussetzung einer unternehmensbezogenen Betriebsverfassungsstruktur kraft Kollektivvertrag das Bestehen eines Unternehmens mit mehreren Betrieben. Der Begriff des *Unternehmens* ist anhand der herkömmlichen betriebsverfassungsrechtlichen Definition zu bestimmen.[486]

I. Konzern mit mehreren Betrieben

Die unternehmensbezogene Betriebsverfassungsstruktur ist nur innerhalb eines Unternehmens, nicht dagegen unternehmensübergreifend im Konzern möglich.[487] Dies ergibt sich bereits aus der grammatikalischen Auslegung, denn § 3 Abs. 1 Nr. 1 Einleitungssatz BetrVG enthält nur das Tatbestandsmerkmal Unternehmen. Zudem sieht das Gesetz die Möglichkeit eines *konzern*einheitlichen Betriebsrates nicht vor. Die Wortlautauslegung wird von folgendem systematischen Argument gestützt. Während § 3 Abs. 1 Nr. 2

---

482 *Eisemann* in: ErfK [2. Aufl.], § 3 BetrVG Rn. 4; *Fitting* [20. Aufl.] § 3 BetrVG Rn. 49; *Kraft* in: GK-BetrVG I [6. Aufl.], § 3 BetrVG Rn. 26; *Marienhagen* in: Galperin I, § 3 BetrVG Rn. 24; *T. Wißmann*, Tarifvertragliche Gestaltung, S. 180.

483 *Eisemann* in: ErfK [2. Aufl.], § 3 BetrVG Rn. 4; *Fitting* [20. Aufl.] § 3 BetrVG Rn. 49; *Kraft* in: GK-BetrVG I [6. Aufl.], § 3 BetrVG Rn. 26; *Marienhagen* in: Galperin I, § 3 BetrVG Rn. 24; anders aber *T. Wißmann*, Tarifvertragliche Gestaltung, S. 180.

484 *Buchner* NZA 2001, S. 633, 634; *Kort* Die AG 2003, S. 13, 18; *Löwisch* in: Löwisch/Kaiser, § 3 BetrVG Rn. 4; *Trümner* in: Däubler/Kittner/Klebe, § 3 BetrVG Rn. 23.

485 Zu den Einzelheiten vgl. *Joost* in: MüHdbArbR III, § 323 Rn. 161 ff.; *Löwisch*, Sprecherausschußgesetz, § 20 SprAuG Rn. 1 ff.

486 Siehe hierzu vorstehend S. 101 ff.

487 Ebenso *Däubler* AiB 2001, S. 313, 315; *Eisemann* in: ErfK, § 3 BetrVG Rn. 4; *Fitting* § 3 BetrVG Rn. 33; *Kort* Die AG 2003, S. 13, 17 f.; *Trümner* in: Däubler/Kittner/Klebe, § 3 BetrVG Rn. 21, 27; *Stege/Weinspach/Schiefer* § 3 BetrVG Rn. 21.

BetrVG ausdrücklich das Unternehmen und alternativ den Konzern nennt, ist dies bei § 3 Abs. 1 Nr. 1 Einleitungssatz BetrVG nicht der Fall. Wollte der Gesetzgeber den Konzern auch hier einbeziehen, hätte er dies im Gesetz zum Ausdruck gebracht. Da er dies unterließ, ist argumentum e contrario eine unternehmensübergreifende Betriebszusammenfassung[488] oder ein konzerneinheitlicher Betriebsrat nicht zulässig. Die Beschränkung auf das Unternehmen geht zudem mit der vorherrschenden Auslegung[489] zur Vorläuferregelung des § 3 Abs. 1 Nr. 3 BetrVG a. F. konform, die ebenso nur vom Unternehmen sprach. Eine kollektivvertragliche Regelung nach § 3 Abs. 1 Nr. 1 BetrVG ist nur innerhalb eines Unternehmens zulässig.

II. Der Betrieb i. S. d. § 3 Abs. 1 Nr. 1 Einleitungssatz BetrVG

Das Tatbestandsmerkmal des *Betriebs* wird eindeutig von den gem. § 1 Abs. 1 Satz 1 BetrVG betriebsratsfähigen Betrieben[490] und den gem. § 4 Abs. 1 BetrVG als Betriebe geltenden sog. betriebsratsfähigen Betriebsteilen[491] erfüllt.

Darüber hinaus könnte unter den Begriff des Betriebs i. S. d. § 3 Abs. 1 Nr. 1 Einleitungssatz BetrVG der Kleinstbetrieb i. S. d. § 4 Abs. 2 BetrVG zu subsumieren sein. Als Beispiel hierfür mag ein bundesweit tätiges Unternehmen mit Filialen, in denen jeweils nur bis zu vier Arbeitnehmer beschäftigt sind, dienen. Nach der gesetzlichen Bestimmung des § 4 Abs. 2 BetrVG sind Kleinstbetriebe dem Hauptbetrieb zuzuordnen, so daß betriebsverfassungsrechtlich nur eine Organisationseinheit im Unternehmen vorhanden ist und die nach den Vorstellungen der Reformverfasser dem § 3 Abs. 1 Nr. 1 Einleitungssatz BetrVG typischerweise zugrunde liegende Konstellation an sich nicht besteht. Es ließe sich daher die Ansicht vertreten, daß ein Kleinstbetrieb kein Betrieb i. S. d. § 3 Abs. 1 Nr. 1 Einleitungssatz BetrVG ist. Hiergegen sprechen grammatikalische, systematische und teleologische Gründe.

§ 3 Abs. 1 Nr. 1 Einleitungssatz BetrVG verwendet lediglich den Begriff Betrieb, nicht dagegen *Hauptbetrieb* oder *Betrieb i. S. d. § 1 Abs. 1 Satz 1 BetrVG*. Ein Betrieb, d. h. eine Zusammenfassung personeller und sächlicher Mittel zur fortgesetzten Verfolgung eines arbeitstechnischen Zweckes i. S. d. oben genannten Betriebsdefinition[492] ist auch der Kleinstbetrieb. Das grammatikalische Argument wird durch folgende systematische Überlegung gestützt: Das Betriebsverfassungsgesetz unterscheidet zwischen Betrieben im

---

488 *Trümner* in: Däubler/Kittner/Klebe, § 3 BetrVG Rn. 27.

489 Siehe vorstehend S. 107.

490 *Kort* Die AG 2003, S. 13, 17; *Trümner* in: Däubler/Kittner/Klebe, § 3 BetrVG Rn. 21.

491 So ausdrücklich *Engels/Trebinger/Löhr-Steinhaus* DB 2001, S. 532, 533; *Fitting* § 3 BetrVG Rn. 25; *Trümner* in: Däubler/Kittner/Klebe, § 3 BetrVG Rn. 22.

492 Siehe vorstehend S. 99.

Sinne der Betriebs-Definition und betriebsratsfähigen Betrieben. Jede Organisationseinheit im Arbeitsleben ist ein Betrieb i. S. d. Betriebsverfassung, wenn sie die Definitionsmerkmale des Betriebsbegriffs erfüllt. Das ist eine notwendige, aber keineswegs die hinreichende Bedingung der Betriebsratsfähigkeit dieser Organisationseinheit, wie § 1 Abs. 1 Satz 1 BetrVG zeigt. Erfüllt ein Betrieb dessen tatbestandliche Voraussetzungen, ist er (vorbehaltlich der Regelung des § 4 Abs. 1 BetrVG) betriebsratsfähiger Betrieb. Scheitert ein Betrieb dagegen an den quantitativen Anforderungen des § 1 Abs. 1 Satz 1 BetrVG, ist er „nur" Kleinstbetrieb, aber dennoch Betrieb im betriebsverfassungsrechtlichen Sinne. Er wird gem. § 4 Abs. 2 BetrVG einem Hauptbetrieb zugeordnet. Aufgrund der Systematik des Betriebsverfassungsgesetzes sind Kleinstbetriebe unter das Tatbestandsmerkmal Betrieb des § 3 Abs. 1 Nr. 1 Einleitungssatz BetrVG subsumierbar.

Und schließlich sprechen auch teleologische Gesichtspunkte für dieses Ergebnis. Der Sinn und Zweck des Betriebsverfassungsrechts ist eine Interessenvertretung der Arbeitnehmer auf betrieblicher Ebene, welche den Schutz- und den Teilhabegedanken des Betriebsverfassungsrechts[493] effektiv verwirklicht. Ausweislich der Gesetzesmaterialien[494] ist es eines der Hauptziele der Reform gewesen, diese Interessenvertretung weiter zu stärken, indem z. B. die „weißen Flecken auf der Landkarte der Betriebsverfassung"[495] beseitigt werden. Dieses Ziel wäre konterkariert, würde für § 3 Abs. 1 Nr. 1 Einleitungssatz BetrVG das Vorhandensein betriebsratsfähiger Betriebe gefordert. Gerade in den Fällen, in denen aufgrund der vom Unternehmer (bewußt oder unbewußt) gewählten Organisationsstruktur kein betriebsratsfähiger Betrieb existiert, muß den Arbeitnehmern die Möglichkeit gegeben werden, an einer Interessenvertretung auf betrieblicher Ebene zu partizipieren. Daher kann es den Kollektivvertragsparteien im o.g. Beispiel nicht verwehrt sein, die verschiedenen, jeweils nicht betriebsratsfähigen Filialen eines bundesweit tätigen Unternehmens zu regionalen betriebsverfassungsrechtlichen Organisationseinheiten zusammenzufassen und in diesen die quantitativen Voraussetzungen für die Wahl eines Betriebsrates herbeizuführen. Der Kleinstbetrieb ist ein nur wegen nicht ausreichender Arbeitnehmerzahl nicht betriebsratsfähiger, im übrigen aber vollwertiger Betrieb.[496] Dem Sinn und Zweck des § 3 BetrVG entspricht es zudem, wenn eine aufgrund der großen Entfernung zwischen Haupt- und Kleinstbetrieb nicht zweckmäßige Zuordnung des letzteren durch Kollektivvertrag anderweitig vorgenommen wird. Nur so

---

493 Siehe vorstehend S. 88 ff.

494 Vgl. Begründung zum RegE, BT-Drucks. 14/5741, S. 1, 25. Siehe auch *Trümner* in: Däubler/Kittner/Klebe, § 3 BetrVG Rn. 4.

495 Vgl. Begründung zum RegE, BT-Drucks. 14/5741, S. 23.

496 *Trümner* in: Däubler/Kittner/Klebe, § 3 BetrVG Rn. 22.

kann die Anpassung der betrieblichen Vertretungsstrukturen an die geänderten Unternehmensstrukturen[497] wirksam durchgesetzt werden.

Die Gesetzesmaterialien scheinen auf den ersten Blick davon auszugehen, daß der Kleinstbetrieb von § 3 Abs. 1 Nr. 1 Einleitungssatz BetrVG nicht erfaßt ist. Bei der Begründung zu Nr. 1a werden „mehrere betriebsratsfähige Betriebe oder als selbständige Betriebe geltende Betriebsteile"[498] erwähnt. Bei genauerer Analyse ist dies aber nur ein Beispiel, in dem bereits bestehende Betriebsräte durch den unternehmenseinheitlichen Betriebsrat ersetzt werden. Damit ist keine Aussage über das Vorliegen des Tatbestandsmerkmals des Unternehmens mit mehreren Betrieben verbunden. Auch wird für § 3 Abs. 1 Nr. 1b BetrVG – Zusammenfassung von Betrieben – ausdrücklich das Beispiel des Unternehmens mit bundesweitem Filialnetz angeführt.[499] Ein weiteres Argument folgt aus der Kollektivvertragsdispositivität der gesetzlichen Zuordnungsentscheidung des § 4 Abs. 2 BetrVG.[500] Da durch die Novelle des Betriebsverfassungsgesetzes keine Einschränkungen der bislang nach § 3 Abs. 1 Nr. 3 BetrVG a. F. gegebenen Zuordnungsmöglichkeiten vorgenommen werden sollten,[501] wurde auch im Gesetzgebungsverfahren davon ausgegangen, daß der Kleinstbetrieb als Betrieb i. S. d. § 3 Abs. 1 Nr. 1 Einleitungssatz BetrVG anzusehen ist.[502] Als Zwischenergebnis ist festzuhalten, daß das Tatbestandsmerkmal des Betriebs von einem Kleinstbetrieb i. S. d. § 4 Abs. 2 BetrVG erfüllt wird. Die Betriebsratsfähigkeit ist keine Voraussetzung des Betriebs i. S. d. § 3 Abs. 1 Nr. 1 Einleitungssatz BetrVG.[503]

Weiterhin könnte eine betriebsverfassungsrechtliche Organisationseinheit nach § 3 Abs. 5 BetrVG ein Betrieb i. S. d. § 3 Abs. 1 Nr. 1 Einleitungssatz

---

497 Begründung zum RegE, BT-Drucks. 14/5741, S. 25, 26 f. Vgl. auch *Fitting* § 3 BetrVG Rn. 2; *Trümner* in: Däubler/Kittner/Klebe, § 3 BetrVG Rn. 4 sowie BAG 24.1.2001 AP Nr. 1 zu § 3 BetrVG 1972 (zu § 3 Abs. 1 Nr. 3 BetrVG a. F.).

498 Begründung zum RegE, BT-Drucks. 14/5741, S. 33 f.

499 Vgl. Begründung zum RegE, BT-Drucks. 14/5741, S. 34.

500 Begründung zum RegE, BT-Drucks. 14/5741, S. 35.

501 Begründung zum RegE, BT-Drucks. 14/5741, S. 35. Anders aber in der Begründung zu § 3 Abs. 1 Nr. 1a BetrVG, vgl. BT-Drucks. 14/5741, S. 33 f., wo nur von betriebsratsfähigen Betrieben und Betriebsteilen i. S. d. § 4 Abs. 1 Satz 1 BetrVG die Rede ist.

502 Ebenso *Trümner* in: Däubler/Kittner/Klebe, § 3 BetrVG Rn. 22.

503 So auch *ders.* in: Däubler/Kittner/Klebe, § 3 BetrVG Rn. 22. Nicht ganz eindeutig *Engels/Trebinger/Löhr-Steinhaus* DB 2001, S. 532, 533; *F. Hauck* in: Lorenz/F. Schneider, Das neue Betriebsverfassungsgesetz, S. 27, 29; *Leßmann/Liersch* DStR 2001, S. 1302, 1302: „Unternehmen mit mehreren Betrieben, *unabhängig davon, ob es dort Betriebsräte gibt* [...]" (Hervor. d. Verf.). Anders *Kort* Die AG 2003, S. 13, 17.

BetrVG sein. Diese gilt aufgrund der Fiktion des § 3 Abs. 5 Satz 1 BetrVG als „Betrieb im Sinne dieses Gesetzes". Bei einer solchen Auslegung wäre es z. B. zulässig, in Kombination mit der Bildung unternehmenseinheitlicher Betriebsräte in drei Unternehmen eines Konzerns zwei dieser nunmehr als Betriebe fingierten Unternehmen durch Kollektivvertrag nach § 3 Abs. 1 Nr. 1b BetrVG zusammenzufassen. Dies entspräche zum einen einer konzernweiten Zusammenfassung von Betrieben, die § 3 Abs. 1 Nr. 1 BetrVG rechtlich gerade nicht ermöglicht.[504] Außerdem setzen sich die betriebsverfassungsrechtlichen Organisationseinheiten i. S. d. § 3 Abs. 5 BetrVG ihrerseits aus betriebsratsfähigen Betrieben i. S. d. § 1 Abs. 1 Satz 1 BetrVG, selbständigen Betriebsteilen i. S. d. § 4 Abs. 1 BetrVG oder Kleinstbetrieben i. S. d. § 4 Abs. 2 BetrVG zusammen. Da diese ausnahmslos unter den Begriff des Betriebs i. S. d. § 3 Abs. 1 Nr. 1 Einleitungssatz BetrVG fallen,[505] besteht zum anderen tatsächlich kein Bedürfnis, die betriebsverfassungsrechtliche Organisationseinheit als Betrieb i. S. d. § 3 Abs. 1 Nr. 1 Einleitungssatz BetrVG zu behandeln. Eine betriebsverfassungsrechtliche Organisationseinheit nach § 3 Abs. 5 BetrVG ist kein Betrieb i. S. d. § 3 Abs. 1 Nr. 1 Einleitungssatz BetrVG. In der Konsequenz folgt hieraus die Unzulässigkeit der Kombination kollektivvertraglicher Regelungen nach § 3 Abs. 1 Nr. 1, 2, 3 BetrVG mit solchen nach Nr. 1a oder 1b. So können z. B. die auf der Grundlage einer anderen Arbeitnehmervertretungsstruktur gem. § 3 Abs. 5 Satz 1 BetrVG als Betriebe fingierten betriebsverfassungsrechtlichen Organisationseinheiten nicht ihrerseits durch einen Kollektivvertrag zusammengefaßt werden. Dem Bedürfnis nach einer derartigen Regelung kann Genüge getan werden, indem die erstrebte Gestaltung anhand der nach dem Gesetz bestimmten (ursprünglichen) Betriebe vorgenommen wird und die jeweils zu einer Organisationseinheit zählenden einzelnen Betriebe zusammengefaßt werden. Ist diese Regelung entlang der ursprünglichen Betriebsgrenzen nicht möglich,[506] bleibt als zweite Alternative der Abschluß eines neuen Tarifvertrages nach § 3 Abs. 1 Nr. 3 BetrVG.

III. Unternehmen mit mehreren Betrieben

§ 3 Abs. 1 Nr. 1 Einleitungssatz BetrVG verlangt das Vorliegen eines Unternehmens mit *mehreren*, d. h. mindestens zwei Betrieben.[507] Darüber hinaus könnten weitergehende Restriktionen erforderlich sein. Setzt sich ein Unternehmen aus nur zwei Betrieben zusammen, entspricht die (allein mögliche) Zusammenfassung der beiden Betriebe nach § 3 Abs. 1 Nr. 1b

---

504 Vgl. vorstehend S. 109.

505 Siehe vorstehend S. 110 ff.

506 Das ist der Fall, wenn sich die andere Arbeitnehmervertretungsstruktur auf Teile verschiedener Betriebe bezieht und diese nunmehr zusammengefaßt werden sollen.

507 *Kort* Die AG 2003, S. 13, 17.

BetrVG der Bildung eines unternehmenseinheitlichen Betriebsrates. Ein entsprechender Kollektivvertrag ist unter lit. a zu subsumieren. Aus dem systematischen Zusammenhang der lit. a und lit. b folgt daher, daß bei § 3 Abs. 1 Nr. 1b BetrVG nicht nur zwei, sondern mindestens drei Betriebe (A, B und C) in dem Unternehmen bestehen müssen. Nach Nr. 1b können beispielsweise die Betriebe A und B, B und C oder A und C zusammengefaßt werden. Aber auch für § 3 Abs. 1 Nr. 1a BetrVG ist eine Einschränkung vorzunehmen. Sind in einem Unternehmen nur *ein* Hauptbetrieb i. S. d. § 4 Abs. 2 BetrVG und ein oder mehrere Kleinstbetriebe oder *kein* Hauptbetrieb und nur Kleinstbetriebe vorhanden, ist das Erfordernis des Unternehmens mit mehreren Betrieben grundsätzlich erfüllt. Die Kleinstbetriebe werden jedoch gem. § 4 Abs. 2 BetrVG dem Hauptbetrieb zugeordnet.[508] Durch die kollektivvertragliche Errichtung des unternehmenseinheitlichen Betriebsrates könnte für diesen Fall nichts anderes als die gesetzlich bereits bestehende Vertretungsstruktur (nach-)gebildet werden. Dies widerspricht dem Sinn und Zweck des § 3 BetrVG, der auf eine Optimierung der gesetzlichen Betriebsverfassungsstruktur ausgerichtet ist. Gleiches gilt, wenn bei Fehlen eines Hauptbetriebs i. S. d. § 4 Abs. 2 BetrVG die Kleinstbetriebe in ihrer Gesamtheit *eine* betriebsratsfähige Organisationseinheit[509] bilden. § 3 Abs. 1 Nr. 1a BetrVG erfordert eine Organisationsstruktur im Unternehmen, die sich aus mindestens zwei betriebsratsfähigen Einheiten zusammensetzt. Diese können ihrerseits aus einem betriebsratsfähigen Betrieb i. S. d. § 1 Abs. 1 Satz 1 BetrVG oder einem selbständigen Betriebsteil gem. § 4 Abs. 1 BetrVG oder aus einem Hauptbetrieb i. S. d. § 4 Abs. 2 BetrVG[510] und diesem zugeordneten Kleinstbetrieben oder nur aus Kleinstbetrieben bestehen. Insofern ist der Regelungsbereich der Nr. 1a für Kleinstbetriebe eingeschränkt, obwohl sie Betriebe i. S. d. § 3 Abs. 1 Nr. 1

508 Wobei strittig ist, wie der Hauptbetrieb zu bestimmen ist. Auf die arbeitstechnische Zuordnung (Hilfsfunktion gegenüber dem Hauptbetrieb) kann nicht mehr abgestellt werden, vgl. *Fitting* § 1 BetrVG Rn. 104; *Richardi* in: ders., § 4 BetrVG Rn. 43. Letzterer sieht als Hauptbetrieb den räumlich nächstgelegenen betriebsratsfähigen Betrieb oder selbständigen Betriebsteil an, vgl. *Richardi* in: ders., § 4 BetrVG Rn. 43. *Eisemann* in: ErfK, § 4 BetrVG Rn. 6 und *Fitting* § 1 BetrVG Rn. 105 f. stellen auf den Betrieb ab, in dem die zuständige Leitung zur Wahrnehmung der Arbeitgeberfunktionen in sozialen und personellen Angelegenheiten angesiedelt ist und ziehen nur hilfsweise die räumliche Nähe heran.

509 Siehe zur Zusammenfassung von Kleinstbetrieben *Eisemann* in: ErfK, § 4 BetrVG Rn. 6; *Richardi* in: ders., § 4 BetrVG Rn. 44. Ähnlich *Fitting* § 1 BetrVG Rn. 106: Zusammenfassung der „räumlich oder arbeitstechnisch zusammenhängenden Betriebe".

510 Folgt man bei der Bestimmung des Hauptbetriebs der Ansicht von *Kaiser/Heither/Engels/Ingrid Schmidt*, muß dieser nicht zwingend ein betriebsratsfähiger Betrieb i. S. d. § 1 Abs. 1 Satz 1 BetrVG oder ein selbständiger Betriebsteil gem. § 4 Abs. 1 BetrVG sein, vgl. *Fitting* § 1 BetrVG Rn. 106.

Einleitungssatz BetrVG sind.[511] In dem obigen Beispiel des bundesweit tätigen Unternehmens mit Filialnetz käme, wenn alle Filialen zusammen einen betriebsratsfähigen Betrieb bilden, dementsprechend allein die Zusammenfassung der Filialen zu mehreren betriebsverfassungsrechtlichen Organisationseinheiten gem. § 3 Abs. 1 Nr. 1b BetrVG in Betracht.

IV. Ergebnis

Unter den Begriff des Betriebs i. S. d. § 3 Abs. 1 Nr. 1 Einleitungssatz BetrVG sind sowohl betriebsratsfähige Betriebe gem. § 1 Abs. 1 Satz 1 BetrVG und selbständige Betriebsteile gem. § 4 Abs. 1 BetrVG als auch Kleinstbetriebe gem. § 4 Abs. 2 BetrVG zu subsumieren. Einschränkend muß sich bei lit. a das Unternehmen aus mindestens zwei betriebsratsfähigen Einheiten zusammensetzen, wobei diese aus einem betriebsratsfähigen Betrieb i. S. d. § 1 Abs. 1 Satz 1 BetrVG oder einem selbständigen Betriebsteil gem. § 4 Abs. 1 BetrVG oder aus einem Hauptbetrieb und diesem zugeordneten Kleinstbetrieben oder nur aus Kleinstbetrieben bestehen können. Ferner ist ein Kollektivvertrag nach lit. b nur in einem Unternehmen mit mindestens drei Betrieben zulässig. Eine konzernweite Zusammenfassung der Betriebe über die Unternehmensgrenzen hinweg ist nicht möglich.

C. Tatbestandsmerkmal *Erleichterung der Bildung von Betriebsräten*

Die unternehmensbezogene Betriebsverfassungsstruktur muß gem. § 3 Abs. 1 Nr. 1 2. HS 1. Alt. BetrVG die Bildung von Betriebsräten erleichtern. Dies ist ein unbestimmter Rechtsbegriff, der den Kollektivvertragsparteien einen erheblichen Beurteilungsspielraum gewährt.[512]

I. Erleichterung der Bildung

Bildung bedeutet nach dem überkommenen Sprachgebrauch Entstehung,[513] d. h. Neuschaffung bzw. Realisierung von etwas noch nicht

---

511 Hiermit ließe sich auch der „Widerspruch“ in der Begründung des Regierungsentwurfes erklären, wo zu § 4 Abs. 2 BetrVG gesagt wird, daß keine Einschränkungen der bislang nach § 3 Abs. 1 Nr. 3 BetrVG a. F. gegebenen Zuordnungsmöglichkeiten vorgenommen werden sollten, vgl. Begründung zum RegE, BT-Drucks. 14/5741, S. 35. Bei § 3 Abs. 1 Nr. 1a BetrVG ist demgegenüber nur von betriebsratsfähigen Betrieben und Betriebsteilen i. S. d. § 4 Abs. 1 Satz 1 BetrVG die Rede, vgl. BT-Drucks. 14/5741, S. 33 f.

512 Für die Tarifvertragsparteien *Fitting* § 3 BetrVG Rn. 2. Zu den hieraus folgenden Konsequenzen bei der gerichtlichen Überprüfung von Organisationskollektivverträgen siehe nachstehend S. 324 ff., 330 ff.

513 Vgl. Duden, Bd. 10, S. 218 Stichwort „Bildung“. Siehe auch Etymologisches Wörterbuch des Deutschen, S. 137 f. Stichwort „bilden“; *Kluge*, Etymologisches Wörterbuch, S. 123 Stichwort „bilden“.

Existierendem. Die Entstehung von Betriebsräten vollzieht sich in Gestalt eines Wahlaktes gemäß den Vorschriften des Betriebsverfassungsgesetzes. Dieser beginnt mit der Bestellung des Wahlvorstandes und endet, wenn das Wahlergebnis festgestellt ist. Ein Kollektivvertrag nach § 3 Abs. 1 Nr. 1 BetrVG muß die Wahl erleichtern bzw. überhaupt erst ermöglichen, indem z. B. die quantitativen Voraussetzungen des § 1 Abs. 1 Satz 1 BetrVG erfüllt werden. Hierbei ist zu beachten, daß lediglich eine Erleichterung durch die kollektivvertragliche Zusammenfassung von bestimmten Betrieben des Unternehmens oder die Bildung eines unternehmenseinheitlichen Betriebsrates eintreten muß. Den Arbeitnehmern muß die Vorbereitung und Durchführung der Wahl des Betriebsrates durch die Neuabgrenzung der betriebsverfassungsrechtlichen Organisationseinheit in höherem Maße möglich sein. Nicht erforderlich ist es, zu einer optimalen Gestaltung der betriebsverfassungsrechtlichen Organisationseinheiten zu gelangen, welche die effizienteste Bildung von Betriebsräten erlaubt. Durch die tarifvertragliche Gestaltung muß ein Schritt in Richtung des Optimums getan, nicht jedoch das Optimum selbst erreicht werden.[514]

Die Erleichterung der Bildung von Betriebsräten könnte sich neben dem Wahlakt selbst auch auf die Funktionsfähigkeit des Betriebsrates nach der Wahl beziehen.[515] Erforderlich wäre in diesem Fall eine effizientere Mitbestimmung während der Amtsperiode. Letzteres könnte gesetzessystematisch ebenso unter die 2. Alternative des § 3 Abs. 1 Nr. 1 2. HS BetrVG – sachgerechte Wahrnehmung der Interessen der Arbeitnehmer – zu subsumieren sein. Die betriebliche Arbeitnehmervertretung und die dieser zustehenden Beteiligungs-, insbesondere Mitbestimmungsrechte bestehen nicht um ihrer selbst willen, sondern um die Interessen der Arbeitnehmer gegenüber dem Arbeitgeber zu artikulieren und zu vertreten.[516] § 3 Abs. 1 Nr. 1 2. HS 2. Alt. BetrVG konkretisiert dies dahingehend, daß die Interessen der Arbeitnehmer sachgerecht wahrgenommen werden müssen. Dies ist bei einer Erhöhung der Effizienz der betrieblichen Mitbestimmung während der Amtsperiode erfüllt, indem z. B. betriebsbezogene Schwellenwerte der §§ 27 ff., 38 BetrVG überschritten

---

514 LAG Düsseldorf 11.11.1999 LAGE § 3 BetrVG 1972 Nr. 4 (zu § 3 Abs. 1 Nr. 3 BetrVG a. F.). Ähnlich bereits *M. Weiss/Weyand* § 3 BetrVG Rn. 12. Dies spiegelt sich in der gerichtlichen Kontrolle der Kollektivverträge wider, vgl. nachstehend S. 325 f., 331.

515 Siehe die Auslegung zum vergleichbaren Tatbestandsmerkmal der „Erleichterung der Bildung von Vertretungen der Arbeitnehmer" in § 3 Abs. 1 Nr. 3 BetrVG a. F. vorstehend S. 108 f.

516 Vgl. *Trümner* in: Däubler/Kittner/Klebe, § 3 BetrVG Rn. 32. Siehe bereits vorstehend S. 88.

werden.[517] Je besser die betriebliche Mitbestimmung funktioniert, desto sachgerechter können Arbeitnehmerinteressen wahrgenommen werden. Die zu § 3 Abs. 1 Nr. 3 BetrVG a. F. herrschende Auslegung, welche mit der Erleichterung der Bildung sowohl den Zeitraum während als auch nach der Wahl erfaßte,[518] wird verständlich, wenn beachtet wird, daß das Tatbestandsmerkmal der sachgerechten Wahrnehmung der Interessen der Arbeitnehmer erst durch die Novelle des Betriebsverfassungsgesetzes eingefügt wurde. Soll § 3 Abs. 1 Nr. 1 2. HS 2. Alt. BetrVG nicht sinnentleert und neben der 1. Alternative als überflüssig erscheinen, muß ihm nunmehr ein eigener Bedeutungsgehalt zugemessen werden. Eine andere Lösung widerspräche auch dem Willen des Gesetzgebers, der im gegenteiligen Fall nicht zwei Alternativen selbständig nebeneinander in das Gesetz aufgenommen hätte. Als Zwischenergebnis der systematischen Auslegung ist festzuhalten, daß sich die 1. Alternative auf die Zeit während der Wahl des Betriebsrates bezieht, die 2. Alternative dagegen auf den Zeitraum nach der Feststellung des Wahlergebnisses.[519] Unter „Erleichterung der Bildung" von Betriebsräten i. S. d. § 3 Abs. 1 Nr. 1 2. HS 1. Alt. BetrVG ist die effizientere Realisierung, hingegen nicht die effizientere Ausübung der betrieblichen Mitbestimmung während der Amtsperiode des Betriebsrates zu verstehen.

Unter teleologischen Aspekten soll ein Kollektivvertrag gem. § 3 Abs. 1 Nr. 1 BetrVG betriebsverfassungsrechtliche Organisationseinheiten schaffen, die eine optimale Wahrnehmung der Beteiligungsrechte des Betriebsrates und eine größtmögliche Betreuung der Arbeitnehmer ermöglichen.[520] Dies leitet sich aus dem Schutz- und dem Teilhabegedanken des Betriebsverfassungsrechts[521] ab. Dementsprechend ist das Tatbestandsmerkmal der Erleichterung der Bildung von Betriebsräten auszulegen. Die Belegschaft soll eine wirksame Interessenvertretung auf betrieblicher Ebene erhalten, welche ihre Interessen schützt und die ohne Mitbestimmung bestehenden individualrechtlichen

---

517 *Eisemann* in: ErfK, § 3 BetrVG Rn. 4; *Kort* Die AG 2003, S. 13, 18; *Trümner* in: Däubler/Kittner/Klebe, § 3 BetrVG Rn. 32.

518 Vgl. vorstehend S. 108 f.

519 Ähnlich *Fitting* § 3 BetrVG Rn. 31: die Bildung der Arbeitnehmervertretungen wird erleichtert, wenn bisher keine Betriebsräte gebildet worden sind; die Interessen werden sachgerecht wahrgenommen, wenn zwar Betriebsräte bestehen, diesen jedoch eine optimale Wahrnehmung der gesetzlichen Rechte erschwert ist.

520 Ähnlich *Fitting* § 3 BetrVG Rn. 2; *Trümner* in: Däubler/Kittner/Klebe, § 3 BetrVG Rn. 4. Zur Vorgängerregelung des § 3 Abs. 1 Nr. 3 BetrVG a. F. BAG 24.1.2001 AP Nr. 1 zu § 3 BetrVG 1972; BAG 24.1.2001 – 4 ABR 11/00, n. v.; BAG 24.1.2001 – 4 ABR 16/00, n. v.; LAG Düsseldorf 11.11.1999 LAGE § 3 BetrVG 1972 Nr. 4; *Fitting* [20. Aufl.] § 3 BetrVG Rn. 49.

521 Siehe vorstehend S. 88 ff.

Gestaltungsmöglichkeiten des Arbeitgebers durch kollektive betriebliche Regelungen ersetzt.[522] Damit eng verbunden ist der Gedanke der Teilhabe, welcher der Objektstellung der Arbeitnehmer im Organisationsgefüge des Betriebs entgegenwirkt und sie zu mitwirkenden Subjekten macht.[523] Schließlich dient die betriebliche Arbeitnehmervertretung dazu, im Einzelfall konfligierende Interessen innerhalb der Belegschaft zu einem Ausgleich zu bringen und als einheitliche kollektive Position gegenüber dem Arbeitgeber zu vertreten.[524] Dem wird unzweifelhaft ein solcher Kollektivvertrag nicht gerecht, der Betriebe zu einer betriebsverfassungsrechtlichen Organisationseinheit zusammenfaßt, die ihrerseits nicht betriebsratsfähig ist und damit die Bildung eines Betriebsrates von vornherein ausschließt.[525]

Die mit der gesetzlichen Regelung verfolgte Zielsetzung kann zum einen dadurch erreicht werden, daß die Realisierung der betrieblichen Mitbestimmung erleichtert wird. Dies bezieht sich auf den Zeitraum während der Wahl des Betriebsrates. Hiermit sind all diejenigen Sachverhalte erfaßt, in denen bisher vertretungslose betriebsverfassungsrechtliche Organisationseinheiten nunmehr der Mitbestimmung nach dem Betriebsverfassungsgesetz unterfallen.[526] Dies ist z. B. dort der Fall, wo mehrere an sich nicht betriebsratsfähige (Kleinst-)Betriebe zu einer betriebsratsfähigen Organisationseinheit zusammengefaßt werden, für die nunmehr ein Betriebsrat gewählt werden kann. Weiterhin ist an Kollektivverträge zu denken, durch die tatsächliche Zweifel an der Betriebsratsfähigkeit von Betriebsteilen oder Kleinstbetrieben ausgeräumt werden.[527] Ein weiteres Beispiel ist die Situation, daß durch die Zusammenfassung von Betrieben die Organisation und Durchführung der Wahl eines Betriebsrates erleichtert wird. Zum anderen könnte, entgegen der systematischen Auslegung, auch die verbesserte Ausübung der betrieblichen Mitbestimmung nach der Wahl die Bildung von Betriebsräten erleichtern und dem Sinn und Zweck des § 3 Abs. 1 Nr. 1 BetrVG entsprechen. Der Betriebsrat

---

522 Siehe vorstehend S. 88.

523 Siehe vorstehend S. 88 ff.

524 Siehe vorstehend S. 87 f.

525 Ähnlich *Trümner* in: Däubler/Kittner/Klebe, § 3 BetrVG Rn. 31. Hieraus können sich Einschränkungen insbesondere für einen Kollektivvertrag nach § 3 Abs. 1 Nr. 1b BetrVG ergeben, wenn in dem Unternehmen nur ein Hauptbetrieb und mehrere Kleinstbetriebe oder nur Kleinstbetriebe bestehen.

526 Vgl. *Eisemann* in: ErfK, § 3 BetrVG Rn. 4; *Fitting* § 3 BetrVG Rn. 26; *Kort* Die AG 2003, S. 13, 18; *Trümner* in: Däubler/Kittner/Klebe, § 3 BetrVG Rn. 29. Auch BAG 24.1.2001 – 4 ABR 11/00, n. v.; BAG 24.1.2001 – 4 ABR 16/00, n. v. zu § 3 Abs. 1 Nr. 3 BetrVG a. F.

527 *Eisemann* in: ErfK, § 3 BetrVG Rn. 4; *Trümner* in: Däubler/Kittner/Klebe, § 3 BetrVG Rn. 29.

und die diesem zustehenden Mitbestimmungsrechte in der Betriebsverfassung bestehen nicht um ihrer selbst willen, sondern um die Interessen der Arbeitnehmer gegenüber dem Arbeitgeber zu artikulieren und zu vertreten. Das Ziel der Zusammenfassung bestimmter Betriebe des Unternehmens oder der Bildung eines unternehmenseinheitlichen Betriebsrates muß es sein, solche betriebsverfassungsrechtlichen Organisationseinheiten zu schaffen, die eine möglichst optimale Wahrnehmung der Beteiligungsrechte des Betriebsrates sowie eine damit einher gehende größtmögliche Beachtung der Interessen der Arbeitnehmer[528], folglich eine effizientere Mitbestimmungsausübung erlauben.[529]

Aus der Entwurfsbegründung des Betriebsverfassungs-Reformgesetzes lassen sich keine Rückschlüsse für die Auslegung des Tatbestandsmerkmals *Bildung von Betriebsräten erleichtern* ziehen. Das Zwischenergebnis der teleologischen Überlegungen wird aber durch die Auslegung des § 3 Abs. 1 Nr. 3 BetrVG a. F. unterstützt[530], welcher die Erleichterung der Bildung von Vertretungen der Arbeitnehmer zur Voraussetzung hatte. Hierzu ging die herrschende Meinung davon aus, daß dies dann bejaht werden kann, wenn der Tarifvertrag die Realisierung der betrieblichen Mitbestimmung erleichtert oder ihre Effizienz verbessert.[531] Damit wurde sowohl auf die Wahl selbst als auch auf die Funktionsfähigkeit der Arbeitnehmervertretung nach der Wahl Bezug genommen.[532]

In der Gesamtabwägung[533] aller Auslegungskriterien ist es nicht mehr zulässig (und auch nicht mehr erforderlich), die Verbesserung der Effizienz betrieblicher Mitbestimmungsausübung unter die Erleichterung der Bildung von Betriebsräten zu subsumieren. Gegen die unter teleologischen und historischen

---

528 Vgl. BAG 24.1.2001 AP Nr. 1 zu § 3 BetrVG 1972; BAG 24.1.2001 – 4 ABR 11/00, n. v.; BAG 24.1.2001 – 4 ABR 16/00, n. v.; *Fitting* [20. Aufl.] § 3 BetrVG Rn. 50 zur Vorgängerregelung des § 3 Abs. 1 Nr. 3 BetrVG a. F.

529 Vgl. *Kort* Die AG 2003, S. 13, 18.

530 Dazu, daß nach der heute überwiegend vertretenen objektiven Auslegung den Regelungsabsichten und Normvorstellungen des historischen Gesetzgebers nur Unterstützungsfunktion innerhalb der Gesamtabwägung der Auslegungsergebnisse zukommt, siehe *Larenz/Canaris*, Methodenlehre, S. 139, 165 sowie EuGH 24.1.2002 BB 2002, S. 624, 626 Portugaia Construções Lda.

531 Siehe vorstehend S. 108 f.

532 Vgl. die Nachweise vorstehend in Fn. 480.

533 Dazu, daß Gesetze unter Abwägung der Ergebnisse aller Auslegungskriterien und nicht nach einer bestimmten Auslegungsmethode auszulegen sind, vgl. *Larenz/Canaris*, Methodenlehre, S. 140, 163. Zur Gewichtung der Auslegungsmethoden innerhalb der Gesamtabwägung vgl. *dies.*, Methodenlehre, S. 165.

Gesichtspunkten zu rechtfertigende Auslegung des § 3 Abs. 1 Nr. 1 2. HS 1. Alt. BetrVG spricht der gesetzessystematische Zusammenhang mit der 2. Alternative des § 3 Abs. 1 Nr. 1 2. HS BetrVG. Wie gezeigt wurde, ist die Verbesserung der Effizienz der betrieblichen Mitbestimmung während der Amtsperiode nicht Inhalt der 1. Alternative, sondern der 2. Alternative des § 3 Abs. 1 Nr. 1 2. HS BetrVG, soll letztere nicht überflüssig sein. Hierfür spricht auch die grammatikalische Auslegung, die nach allgemeiner Ansicht die Grenze der Auslegung bildet.[534] Wenn § 3 Abs. 1 Nr. 1 2. HS 1. Alt. BetrVG die Erleichterung der Bildung voraussetzt, geht es um die Neuschaffung einer Arbeitnehmervertretung, d. h. um die Erleichterung der Vorbereitung und Durchführung der Wahl.[535] Die Verbesserung der Effizienz der betrieblichen Mitbestimmung während der Amtsperiode ist dagegen nicht mit der Erleichterung bei der Neuschaffung der betrieblichen Arbeitnehmervertretung gleichzusetzen, sondern bezieht sich auf die Funktionsfähigkeit nach der Wahl einer solchen. Als Beurteilungsmaßstab für die Erleichterung der Einleitung und Durchführung der Wahl kommen die entsprechenden Vorschriften des Betriebsverfassungsgesetzes in Betracht (§§ 1, 7 ff. BetrVG).

II. Betriebsräte

Nach dem Wortlaut des § 3 Abs. 1 Nr. 1 2. HS 1. Alt. BetrVG muß die Bildung von *Betriebsräten* erleichtert werden. Nicht ausreichend ist es, wenn nur die Arbeit bereits bestehender und funktionierender Betriebsräte erleichtert wird,[536] weil sich durch die Zusammenfassung bestimmter Betriebe des Unternehmens oder die Bildung eines unternehmenseinheitlichen Betriebsrates z. B. die Anzahl der Mitglieder oder freizustellenden Mitglieder des amtierenden Betriebsrates erhöhen würde.[537] Mit dem Begriff des Betriebsrates nimmt das Gesetz hier nicht auf den bestehenden Betriebsrat in concreto, sondern den „Betriebsrat nach dem Betriebsverfassungsgesetz" Bezug. Es müssen die Voraussetzungen der Betriebsratsfähigkeit herbeigeführt oder die Wahl des Betriebsrates nach dem Betriebsverfassungsgesetz erleichtert werden. Aus dem Tatbestandsmerkmal der Betriebsräte folgt jedoch insoweit eine Restriktion, als hiermit nur die unterste Ebene der betrieblichen Mitbestimmungsordnung erfaßt wird. Nicht zulässig ist es, wenn der Kollektivvertrag lediglich die erleichterte Bildung eines Gesamt- oder Konzernbetriebsrates, einer Jugend- und

---

534 *Dies.*, Methodenlehre, S. 143, 145, 163, 166.

535 Siehe vorstehend S. 116.

536 So bereits die herrschende Meinung zu § 3 Abs. 1 Nr. 3 BetrVG a. F., vgl. vorstehend S. 109.

537 Dies wird durch die Auslegung der „Erleichterung der Bildung" bestätigt, die sich nicht auf die Funktionsfähigkeit des Betriebsrates nach der Wahl bezieht, vgl. vorstehend S. 115 ff.

Auszubildendenvertretung oder einer Schwerbehindertenvertretung zum Gegenstand hat.[538]

III. Ergebnis

Ein Tarifvertrag dient der Erleichterung der Bildung von Betriebsräten, wenn er die Realisierung der betrieblichen Mitbestimmung dadurch fördert, daß in bisher vertretungslosen Betrieben die quantitativen Voraussetzungen zur Bildung eines Betriebsrates erfüllt werden. Ein weiteres Beispiel ist die Erleichterung der Einleitung und Durchführung seiner Wahl. § 3 Abs. 1 Nr. 1 2. HS 1. Alt. BetrVG bezieht sich auf die Zeit der Durchführung der Wahl eines Betriebsrates, während sich die 2. Alternative auf die Funktionsfähigkeit der Arbeitnehmervertretung danach bezieht.[539] Die Verbesserung der Effizienz der betrieblichen Mitbestimmung während der Amtsperiode ist nicht unter die 1. Alternative des § 3 Abs. 1 Nr. 1 2. HS BetrVG zu subsumieren.

D. Tatbestandsmerkmal *sachgerechte Wahrnehmung der Interessen der Arbeitnehmer*

Erleichtert ein Tarifvertrag nach § 3 Abs. 1 Nr. 1 BetrVG die Bildung von Betriebsräten nicht, muß er alternativ der sachgerechten Wahrnehmung der Interessen der Arbeitnehmer dienen, um den Anforderungen des Gesetzes gerecht zu werden. Die Sachgerechtigkeit ist ein unbestimmter Rechtsbegriff.[540]

Die *Wahrnehmung der Interessen der Arbeitnehmer* bedeutet für den Betriebsrat die Erfüllung des ihm von der Belegschaft erteilten Mandates. Dies geschieht in der Hauptsache durch die Wahrnehmung der dem Betriebsrat nach dem Betriebsverfassungsgesetz zustehenden Rechte und Pflichten, insbesondere der Beteiligungsrechte gegenüber dem Arbeitgeber. Eine *sachgerechte* Wahrnehmung ist zu bejahen, wenn der Betriebsrat die Interessen der Arbeitnehmer effizient und den Umständen nach angemessen vertritt, d. h. „der Sache gerecht“ wird. Anhaltspunkte für das Vorliegen der Sachgerechtigkeit bieten die Anforderungen der §§ 2 Abs. 1, 75 BetrVG und die Gesichtspunkte der möglichst umfassenden Belegschaftsrepräsentation (vgl. §§ 3 Abs. 1 Nr. 1, 4, 50 Abs. 1 Satz 1 2. HS, 58 Abs. 1 Satz 1 2. HS BetrVG), der Entscheidungs- (vgl. §§ 3 Abs. 1 Nr. 2 und 3, 47, 54 BetrVG) und Belegschaftsnähe (vgl. §§ 1, 4, 8, 28, 28a, 38, 42 ff. BetrVG), der klaren Funktionsabgrenzung zwischen den Vertretungsorganen (vgl. §§ 50, 58 BetrVG) und der Effektivierung durch Spezialisierung und Freistellung (vgl. §§ 28, 28a, 38 BetrVG).

---

538 So auch *Kort* Die AG 2003, S. 13, 19; *Trümner* in: Däubler/Kittner/Klebe, § 3 BetrVG Rn. 31 (Aufgabe der noch in der Vorauflage vertretenen Ansicht unter Hinweis auf den differierenden Wortlaut).

539 Ebenso *Fitting* § 3 BetrVG Rn. 31.

540 Zu den hieraus folgenden Konsequenzen für die arbeitsgerichtliche Kontrolle der Kollektivverträge vgl. nachstehend § 17 A [S. 321 ff.].

§ 3 Abs. 1 BetrVG enthält zum einen das Tatbestandsmerkmal der sachgerechten Wahrnehmung der Interessen der Arbeitnehmer (Nr. 1), zum anderen das der sachgerechten Wahrnehmung der Aufgaben des Betriebsrates (Nr. 2). Diese unterschiedliche Wortwahl deutet zunächst auch systematisch auf einen unterschiedlichen Bedeutungsgehalt hin.[541] Ein weiterer gesetzessystematischer Gesichtspunkt ist die Unterscheidung zwischen der Verbesserung der Effizienz der betrieblichen Mitbestimmung während der Amtsperiode, welche der 2. Alternative des § 3 Abs. 1 Nr. 1 2. HS BetrVG zuzuordnen ist, und der Erleichterung der Realisierung der betrieblichen Mitbestimmung. Letzteres beinhaltet die 1. Alternative dieser Norm.[542]

§ 3 BetrVG dient der Schaffung einer verläßlichen und tragfähigen Organisationsgrundlage für den Betriebsrat.[543] Durch das Tatbestandsmerkmal der sachgerechten Wahrnehmung der Interessen der Arbeitnehmer soll hierbei gewährleistet werden, daß ein Kollektivvertrag nach § 3 BetrVG den Zielen der Betriebsverfassung gerecht wird. Diese Ziele lassen sich in den Gedanken des Arbeitnehmerschutzes und der Arbeitnehmerteilhabe zusammenfassen und werden durch die Kriterien der Entscheidungs- und Belegschaftsnähe konkretisiert.[544] Sinn und Zweck des § 3 Abs. 1 Nr. 1 2. HS 2. Alt. BetrVG ist es zunächst, die Belegschaftsnähe des Betriebsrates sicherzustellen. Wenn der Betriebsrat möglichst nahe an und mit den Arbeitnehmern arbeitet, kann er die Probleme der Belegschaft erfahren und daraus deren wahrzunehmende Interessen ableiten. Nur wenn der Betriebsrat die individuellen Interessen der Arbeitnehmer kennt, ist ihm ein Ausgleich dieser Interessen und eine Bündelung zu einem kollektiven Interesse möglich, welches gegenüber dem Arbeitgeber zu vertreten ist. Die sachgerechte Wahrnehmung der Interessen der Arbeitnehmer erfordert einen belegschaftsnahen Betriebsrat.[545]

Die Entscheidungsnähe könnte daneben als Sinn und Zweck des § 3 Abs. 1 Nr. 1 2. HS 2. Alt. BetrVG ausscheiden. Sie wird von der Begründung zum Regierungsentwurf des Betriebsverfassungs-Reformgesetzes im Zusammenhang mit der sachgerechten Wahrnehmung der Aufgaben des Betriebsrates gem. § 3 Abs. 1 Nr. 2 BetrVG genannt.[546] Die Gesetzessystematik deutet aber auf einen unterschiedlichen Bedeutungsinhalt der Tatbestandsmerkmale der sachgerechten Wahrnehmung der Interessen der Arbeitnehmer und der sachgerechten

541 Ebenso *Trümner* in: Däubler/Kittner/Klebe, § 3 BetrVG Rn. 32.

542 Siehe vorstehend S. 115 ff.

543 *Fitting* § 3 BetrVG Rn. 2; *Trümner* in: Däubler/Kittner/Klebe, § 3 BetrVG Rn. 4.

544 Siehe vorstehend S. 88 ff., 91 ff.

545 Ebenso *Fitting* § 3 BetrVG Rn. 32.

546 Vgl. BT-Drucks. 14/5741, S. 34.

Wahrnehmung der Aufgaben des Betriebsrates hin.[547] Eine solche Überlegung ginge dennoch fehl. Würden die Interessen der Arbeitnehmer ausschließlich an der Belegschaftsnähe des Betriebsrates ausgerichtet, könnte ein entsprechender Kollektivvertrag den Schutz- und den Teilhabegedanken der Betriebsverfassung nicht im erforderlichen Umfang verwirklichen.[548] Die Beteiligungs- und Mitwirkungsrechte des Betriebsrates sind zwar nur die notwendige Konsequenz, sollen die Interessen der Arbeitnehmer wahrgenommen werden, und bestehen nicht um ihrer selbst willen. Aber erst durch die Ausübung der Beteiligungsrechte können die Interessen der Arbeitnehmer gegenüber dem Arbeitgeber artikuliert und zur Geltung gebracht werden. Eine sachgerechte Wahrnehmung der Interessen der Arbeitnehmer ist nur möglich, wenn der Betriebsrat die ihm gegenüber dem Arbeitgeber zustehenden Rechte effektiv wahrnehmen kann und auch wahrnimmt. Ein Kollektivvertrag, welcher der sachgerechten Wahrnehmung der Interessen der Arbeitnehmer dienen soll, muß zur Verbesserung der Effizienz der betrieblichen Mitbestimmung während der Amtsperiode beitragen, indem z. B. betriebsbezogene Schwellenwerte der §§ 27 ff., 38 BetrVG überschritten werden.[549] Eine verbesserte Effizienz erfordert auch und gerade die Entscheidungsnähe des Betriebsrates.[550] Erst wenn der Betriebsrat dort angesiedelt ist, wo auf Arbeitgeberseite die mitbestimmungsrelevanten Entscheidungen getroffen werden, kann er die Interessen der Arbeitnehmer optimal und damit sachgerecht wahrnehmen. Auch ist daran zu denken, daß die Zusammenfassung bestimmter Betriebe des Unternehmens oder die Bildung eines unternehmenseinheitlichen Betriebsrates die Wahl von Vertretungsorganen in einer Größenordnung erlaubt, die ein Mindestmaß an Professionalisierung (insbesondere durch Freistellungen nach § 38 BetrVG) möglich macht.[551] Entsprechend dem oben[552] dargestellten Zielkonflikt zwischen Entscheidungs- und Belegschaftsnähe kommt ersterer eine Prärogative zu.

Als Zwischenergebnis ist festzuhalten, daß es nach dem Sinn und Zweck des Tatbestandsmerkmals der sachgerechten Wahrnehmung der Interessen der Arbeitnehmer Ziel eines Kollektivvertrages nach § 3 Abs. 1 Nr. 1 BetrVG sein muß, durch die Zusammenfassung von bestimmten Betrieben des Unternehmens oder die Bildung eines unternehmenseinheitlichen Betriebsrates eine optimale Entscheidungsnähe und die dabei (noch) größtmögliche Belegschaftsnähe zu

---

547 Siehe vorstehend S. 122.

548 Siehe vorstehend S. 96.

549 Siehe vorstehend S. 117.

550 Vgl. *Kort* Die AG 2003, S. 13, 18.

551 *Ders.* Die AG 2003, S. 13, 19; *Trümner* in: Däubler/Kittner/Klebe, § 3 BetrVG Rn. 32.

552 Siehe S. 95 ff.

erreichen.[553] Dies ist z. B. dann erfüllt, wenn auf die Festlegung des Arbeitgebers reagiert wird, die mitbestimmungsrelevanten Entscheidungen für mehrere Betriebe einheitlich durch ein eigenständiges, regional zuständiges Organ treffen zu lassen. Die Wahrnehmung der Belegschaftsinteressen durch den unternehmenseinheitlichen oder den Betriebsrat der zusammengefaßten Betriebe (letzterer in Zusammenarbeit mit dem Gesamtbetriebsrat) kann in diesem Unternehmen sachgerechter sein als die Mitbestimmung durch Betriebsräte und Gesamtbetriebsräte. Nicht ausreichend ist es für die 2. Alternative des § 3 Abs. 1 Nr. 1 2. HS BetrVG, und insoweit kann auf die Auslegung der 1. Alternative verwiesen werden,[554] wenn durch den Kollektivvertrag eine betriebsverfassungsrechtliche Organisationseinheit geschaffen wird, die ihrerseits nicht betriebsratsfähig ist. Dann wäre überhaupt keine Wahrnehmung der Interessen durch den Betriebsrat mehr möglich. Hierdurch wird die oben vertretene Auffassung[555] bestätigt, daß in Unternehmen mit *einem* Hauptbetrieb und *einem* Kleinstbetrieb der Abschluß eines Kollektivvertrages nach § 3 Abs. 1 Nr. 1b BetrVG nicht zulässig ist. Dieser könnte, da die Zusammenfassung des Kleinstbetriebes mit dem Hauptbetrieb dem Tatbestand des § 3 Abs. 1 Nr. 1a BetrVG entsprechen würde, nur die Regelung enthalten, daß der Kleinstbetrieb abweichend von § 4 Abs. 2 BetrVG nicht dem Hauptbetrieb zugeordnet werden soll. Dies erleichtert weder die Bildung eines Betriebsrates, noch dient es der sachgerechten Wahrnehmung der Arbeitnehmerinteressen. Weil der verselbständigte Kleinstbetrieb die Voraussetzungen des § 1 Abs. 1 Satz 1 BetrVG nicht erfüllt, würden im Gegenteil die Arbeitnehmer sogar vertretungslos werden.

Aus der Historie der Vorschrift lassen sich keine Auslegungsargumente herleiten, da das Tatbestandsmerkmal der sachgerechten Wahrnehmung der Interessen der Arbeitnehmer in den Vorgängerregelungen der §§ 20 BetrVG 1952, 3 BetrVG a. F. nicht enthalten war.

Im Ergebnis dient ein Kollektivvertrag der sachgerechten Wahrnehmung der Interessen der Arbeitnehmer, wenn er zur Verbesserung der Effizienz der betrieblichen Mitbestimmungsausübung beiträgt und die nötige Entscheidungsnähe der Arbeitnehmervertretung garantiert, ohne die dabei noch mögliche Belegschaftsnähe vermissen zu lassen. Als Beurteilungsmaßstab kommen hierfür die §§ 47, 54 BetrVG und die §§ 1, 4, 8, 28, 28a, 38, 42 ff. BetrVG sowie die betriebsverfassungsrechtlichen Grundgedanken der möglichst

---

553 *Fitting* § 3 BetrVG Rn. 32. Vgl. zur Vorgängerregelung des § 3 Abs. 1 Nr. 3 BetrVG a. F. BAG 24.1.2001 AP Nr. 1 zu § 3 BetrVG 1972; BAG 24.1.2001 – 4 ABR 11/00, n. v.; BAG 24.1.2001 – 4 ABR 16/00, n. v.

554 Siehe vorstehend S. 118.

555 Vgl. vorstehend S. 113 f. zur Einschränkung, wenn nur zwei Betriebe in dem Unternehmen bestehen.

umfassenden Belegschaftsrepräsentation (vgl. §§ 3 Abs. 1 Nr. 1, 4, 50 Abs. 1 Satz 1 2. HS, 58 Abs. 1 Satz 1 2. HS BetrVG), der klaren Funktionsabgrenzung zwischen den Vertretungsorganen (vgl. §§ 50, 58 BetrVG) und der Effektivierung durch Spezialisierung und Freistellung (vgl. §§ 28, 28a, 38 BetrVG) in Betracht.

E. Der unternehmenseinheitliche Betriebsrat, § 3 Abs. 1 Nr. 1a BetrVG

Gem. § 3 Abs. 1 Nr. 1a BetrVG kann durch Kollektivvertrag ein unternehmenseinheitlicher Betriebsrat in Unternehmen mit mehreren Betrieben gebildet werden. Zweifelhaft erscheint allenfalls, ob die Anforderungen des § 3 Abs. 1 Nr. 1 2. HS BetrVG (Erleichterung der Bildung von Betriebsräten oder sachgerechte Wahrnehmung der Arbeitnehmerinteressen) auch hier gelten. Der Wortlaut des Gesetzes spricht für die Geltung des § 3 Abs. 1 Nr. 1 2. HS BetrVG.[556] Die Nr. 1 des § 3 Abs. 1 BetrVG formuliert, daß in einem Unternehmen mit mehreren Betrieben die Regelungsmöglichkeiten a) des unternehmenseinheitlichen Betriebsrates oder b) der Zusammenfassung von Betrieben ergriffen werden können, wenn die alternativ zu erfüllenden Voraussetzungen des 2. Halbsatzes gegeben sind. Gesetzessystematisch ist der 2. Halbsatz des § 3 Abs. 1 Nr. 1 BetrVG sowohl lit. a als auch lit. b zuzuordnen. Hätte der Gesetzgeber etwas anderes beabsichtigt, wären durch ihn die Voraussetzungen der Erleichterung der Bildung des Betriebsrates oder der sachgerechten Wahrnehmung der Interessen der Arbeitnehmer eindeutig ausschließlich dem § 3 Abs. 1 Nr. 1b BetrVG zugeordnet worden. Dies wäre z. B. in der Art und Weise denkbar, daß der jetzige 2. Halbsatz des § 3 Abs. 1 Nr. 1 BetrVG als Nebensatz zu Nr. 1b formuliert wird. Nichts anderes ergibt eine teleologische Auslegung. Die Anforderungen des § 3 Abs. 1 Nr. 1 2. HS BetrVG bestehen gerade aus dem Grund, nur solche Kollektivverträge zuzulassen, die dem Sinn und Zweck des § 3 Abs. 1 Nr. 1a BetrVG, eine effiziente, insbesondere entscheidungsnahe Arbeitnehmervertretung zu errichten,[557] gerecht werden. Die historische Auslegung bestätigt die Geltung des § 3 Abs. 1 Nr. 1 2. HS BetrVG bei der Nummer 1a. In der Begründung des Regierungsentwurfes zum Betriebsverfassungs-Reformgesetz ist davon die Rede, daß „derartige Tarifverträge" die Bildung von Betriebsräten erleichtern oder der sachgerechten Wahrnehmung der Arbeitnehmerinteressen dienen müssen.[558] Der verwendete Plural bezieht sich auf die unmittelbar davor enthaltenen Ausführungen. Diese betreffen „zum einen" die Zusammenfassung von Betrieben, „zum anderen" aber den unternehmenseinheitlichen

---

[556] *Richardi* in: ders., § 3 BetrVG Rn. 11.

[557] Begründung zum RegE, BT-Drucks. 14/5741, S. 34.

[558] BT-Drucks. 14/5741, S. 34.

Betriebsrat.[559] Die Errichtung des unternehmenseinheitlichen Betriebsrates muß der Erleichterung der Bildung von Betriebsräten oder der sachgerechten Wahrnehmung der Arbeitnehmerinteressen dienen, § 3 Abs. 1 Nr. 1 2. HS BetrVG.[560] Erforderlich ist hiernach, daß die Realisierung der betrieblichen Mitbestimmung erleichtert oder ihre Effizienz verbessert wird. Besonders deutlich tritt dies bei der Bildung eines unternehmenseinheitlichen Betriebsrates hervor, da die Maßgeblichkeit der Unternehmensebene für die betriebsverfassungsrechtlichen Schwellenwerte[561] in der Regel eine Effektivierung der Mitbestimmung nach sich zieht.[562]

Durch einen Kollektivvertrag gem. § 3 Abs. 1 Nr. 1a BetrVG wird ein unternehmenseinheitlicher Betriebsrat, d. h. eine einstufige Vertretungsorganisation der Arbeitnehmer im Unternehmen gebildet. Es wird eine betriebsverfassungsrechtliche Vertretungslage erzielt, „als ob"[563] alle Betriebe des Unternehmens nach § 3 Abs. 1 Nr. 1b BetrVG zusammengefaßt wären und das Unternehmen tatsächlich nur einen Betrieb haben würde.[564] Dies bedeutet, daß der unternehmenseinheitliche Betriebsrat, wie bereits die Bezeichnung unternehmens-„einheitlich" nahelegt, die Arbeitnehmer aller Betriebe des Unternehmens vertritt.[565] Nicht zulässig ist es, die zentrale Arbeitnehmervertretung auf Unternehmensebene nur für einige Betriebe des Unternehmens zu errichten, während es für die anderen bei der zweistufigen Vertretungsorganisation aus Einzelbetriebsrat und Gesamtbetriebsrat verbleibt.[566] Der unternehmenseinheitliche Betriebsrat ist jedoch kein Gesamtbetriebsrat. Er setzt sich nicht aus den entsandten Vertretern der Einzelbetriebsräte zusammen, sondern wird als zentrales Vertretungsorgan von der Gesamtbelegschaft des Unternehmens gewählt.[567] Er nimmt aber gem. § 54 Abs. 2 BetrVG in einem Konzern die Aufgaben des Gesamtbetriebsrates nach den §§ 54-59a BetrVG für seine Organisationseinheit wahr.

---

559 Begründung zum RegE, BT-Drucks. 14/5741, S. 33 f.

560 Ebenso *Diringer* AuA 2001, S. 172, 173 ohne weitere Begründung; *Richardi* in: ders., § 3 BetrVG Rn. 11; *Rieble*, RWS-Forum Arbeitsrecht 2001, S. 25, 30.

561 Vgl. *Konzen* RdA 2001, S. 76, 86.

562 *Trümner* in: Däubler/Kittner/Klebe, § 3 BetrVG Rn. 23.

563 Vgl. die Formulierung von *Kort* Die AG 2003, S. 13, 18. Weiterhin *Eich*, FS Weinspach, S. 17, 22.

564 *Trümner* in: Däubler/Kittner/Klebe, § 3 BetrVG Rn. 23; ähnlich *Dachrodt/Engelbert* § 3 BetrVG Rn. 5, die von einem für das „gesamte Unternehmen" zuständigen Betriebsrat sprechen.

565 *Kraft* in: GK-BetrVG I, § 3 BetrVG Rn. 9.

566 *Ders.* in: GK-BetrVG I, § 3 BetrVG Rn. 9.

567 *Leßmann/Liersch* DStR 2001, S. 1302, 1302.

F. Die Zusammenfassung von Betrieben, § 3 Abs. 1 Nr. 1b BetrVG

I. Allgemeines

Den Kollektivvertragsparteien steht gem. § 3 Abs. 1 Nr. 1b BetrVG die Regelungsvariante offen, Betriebe[568] zu eigenständigen betriebsverfassungsrechtlichen Organisationseinheiten zusammenzufassen, wenn dies die Bildung von Betriebsräten erleichtert oder der sachgerechten Wahrnehmung der Interessen der Arbeitnehmer dient. Der Gesetzeswortlaut ist insofern ungenau, als es nicht um die Zusammenfassung der Betriebe, sondern um die Zusammenfassung ihrer betriebsverfassungsrechtlichen Repräsentationsorgane geht.[569] Rechtsfolge eines Kollektivvertrages nach § 3 Abs. 1 Nr. 1b BetrVG ist nicht *ein* Betrieb, sondern die Wahl *eines* Betriebsrates für mehrere (weiterhin selbständige) Betriebe. Zulässig ist z. B. ein Kollektivvertrag, der die Zusammenfassung der Betriebsräte der regional naheliegenden Betriebe A und B sowie C und D eines Unternehmens bestimmt. Zu beachten ist, daß, im Gegensatz zum unternehmenseinheitlichen Betriebsrat, nach § 3 Abs. 1 Nr. 1b BetrVG nicht alle, sondern nur die Betriebsräte einiger Betriebe des Unternehmens zum Vertretungsorgan einer betriebsverfassungsrechtlichen Organisationseinheit zusammengefaßt werden dürfen und müssen.[570] Wie bereits die Vorläuferregelung des § 3 Abs. 1 Nr. 3 BetrVG a. F.[571] ist auch § 3 Abs. 1 Nr. 1b BetrVG keine gesetzliche Grundlage für die Spaltung von Betrieben in mehrere selbständige betriebsverfassungsrechtliche Organisationseinheiten.[572] Dies ergibt sich aus dem insoweit eindeutigen Wortlaut der Norm. Nicht zulässig wäre z. B. die Wahl mehrerer Betriebsräte durch Zusammenfassung der Abteilungen A-1 und B-1 sowie A-2 und B-2 der Betriebe A und B.[573]

---

568 Die Zusammenfassung selbständiger Betriebe war nach § 3 Abs. 1 Nr. 3 BetrVG a. F. umstritten (siehe vorstehend S. 106 f.) und wurde durch den Gesetzgeber nunmehr im positiven Sinne entschieden, vgl. *Dachrodt/Engelbert* § 3 BetrVG Rn. 6; *Engels/Trebinger/Löhr-Steinhaus* DB 2001, S. 532, 533; *Trümner* in: Däubler/Kittner/Klebe, § 3 BetrVG Rn. 25.

569 *Buchner* NZA 2001, S. 633, 634. Siehe zur vergleichbaren Problematik bei Nr. 1a vorstehend S. 126 f. („als ob").

570 Vgl. *Kraft* in: GK-BetrVG I, § 3 BetrVG Rn. 9; *Trümner* in: Däubler/Kittner/Klebe, § 3 BetrVG Rn. 25, 30.

571 Siehe vorstehend S. 107.

572 *Eisemann* in: ErfK, § 3 BetrVG Rn. 4; *Fitting* § 3 BetrVG Rn. 34; *Kort* Die AG 2003, S. 13, 19; *Rieble*, RWS-Forum Arbeitsrecht 2001, S. 25, 29; *Trümner* in: Däubler/Kittner/Klebe, § 3 BetrVG Rn. 34, der aber verschiedene Beispiele aufzählt, in denen bereits nach dem Betriebsverfassungsgesetz die Spaltung einer betriebsverfassungsrechtlichen Organisationseinheit stattfindet, vgl. Rn. 35 f.

573 In diesen Fällen ist aber an eine Regelung nach § 3 Abs. 1 Nr. 2, 3 BetrVG zu denken.

II. Die Zusammenfassung von Kleinstbetrieben

Ebenso wie bei § 3 Abs. 1 Nr. 3 BetrVG a. F.[574] ist im Rahmen des § 3 Abs. 1 Nr. 1b BetrVG zweifelhaft, ob durch einen Kollektivvertrag Kleinstbetriebe „zusammengefaßt" oder einem Hauptbetrieb abweichend von § 4 Abs. 2 BetrVG zugeordnet werden können.[575] Unter den Begriff der Kleinstbetriebe sind nach der Novelle des Betriebsverfassungsgesetzes auch die sog. Nebenbetriebe i. S. d. § 4 Satz 2 BetrVG a. F. zu subsumieren, sofern sie nicht selbständige betriebsratsfähige Betriebe und als solche einer Zusammenfassung nach Nr. 1b zugänglich sind.[576] Ein Nebenbetrieb i. S. d. § 4 Satz 2 BetrVG a. F. wurde definiert als arbeitstechnische Einheit, die den Betriebsbegriff voll erfüllt, in ihrer Zwecksetzung jedoch auf eine Hilfsfunktion für den arbeitstechnischen Zweck eines anderen Betriebs des Unternehmens ausgerichtet ist.[577]

Bei einer grammatikalischen Auslegung ist festzustellen, daß § 3 Abs. 1 Nr. 1b BetrVG, wie auch § 3 Abs. 1 Nr. 1 Einleitungssatz BetrVG, lediglich das Vorhandensein eines *Betriebs* erfordert. Diese nach der oben[578] genannten Definition bestimmte Zusammenfassung personeller und sächlicher Mittel zur fortgesetzten Verfolgung eines arbeitstechnischen Zweckes umfaßt neben den

---

574 Siehe vorstehend S. 106 f.

575 Dafür *Eisemann* in: ErfK, § 4 BetrVG Rn. 1; *Kraft* in: GK-BetrVG I, § 3 BetrVG Rn. 9, § 4 BetrVG Rn. 49; *Löwisch* in: Löwisch/Kaiser, § 3 BetrVG Rn. 6; *Trümner* in: Däubler/Kittner/Klebe, § 3 BetrVG Rn. 22. Die abweichende Zuordnung eines Kleinstbetriebes ist keine Spaltung der Organisationseinheit „Betrieb", bestehend aus Hauptbetrieb und zugeordnetem Kleinstbetrieb. Der Kleinstbetrieb wird gerade als eigenständiger Betrieb i. S. d. § 3 Abs. 1 Nr. 1b BetrVG behandelt.

576 Vgl. die Begründung zum RegE, BT-Drucks. 14/5741, S. 35.

577 Vgl. nur BAG 5.3.1958 AP Nr. 8 zu § 4 TVG Geltungsbereich; BAG 5.6.1964 AP Nr. 7 zu § 3 BetrVG; BAG 24.9.1968 AP Nr. 9 zu § 3 BetrVG; BAG 24.2.1976 AP Nr. 2 zu § 4 BetrVG 1972; BAG 17.1.1978 AP Nr. 1 zu § 1 BetrVG 1972; BAG 17.2.1983 AP Nr. 4 zu § 4 BetrVG 1972; BAG 3.12.1985 AP Nr. 28 zu § 99 BetrVG 1972; BAG 25.9.1986 AP Nr. 7 zu § 1 BetrVG 1972; BAG 29.5.1991 AP Nr. 5 zu § 4 BetrVG 1972; BAG 29.1.1992 AP Nr. 1 zu § 7 BetrVG 1972; BAG 25.4.1995 AP Nr. 5 zu § 1 TVG Tarifverträge: Land- und Forstwirtschaft; LAG Düsseldorf 11.11.1965 DB 1966, S. 305, 305; ArbG Berlin 23.2.1973 AP Nr. 1 zu § 4 BetrVG 1972; *Berscheid*, FS Stahlhacke, S. 15, 20; *U. Koch* in: Schaub, Arbeitsrechts-Handbuch, § 214 Rn. 10; *Kraft* in: GK-BetrVG I [6. Aufl.], § 4 BetrVG Rn. 46; *Marienhagen* in: Galperin I, § 4 BetrVG Rn. 5; *Nikisch*, Arbeitsrecht III, § 92 II 4 [S. 36]; *Richardi* in: ders., § 4 BetrVG Rn. 6; *Richardi* in: MüHdbArbR I, § 31 Rn. 23; *Schaub* in: ders., Arbeitsrechts-Handbuch, § 18 Rn. 6; *Stege/Weinspach/Schiefer* § 4 BetrVG Rn. 4.

578 Siehe S. 99.

betriebsratsfähigen Betrieben i. S. d. § 1 Abs. 1 Satz 1 BetrVG auch die Kleinstbetriebe.[579]

Gesetzessystematisch unterscheidet das Betriebsverfassungsgesetz zwischen Betrieben i. S. der soeben genannten Definition als Oberbegriff, betriebsratsfähigen Betrieben i. S. d. § 1 Abs. 1 Satz 1 BetrVG, Kleinstbetrieben i. S. d. § 4 Abs. 2 BetrVG und Betriebsteilen nach § 4 Abs. 1 BetrVG. Wenn der Gesetzgeber bei § 3 Abs. 1 Nr. 1b BetrVG nur betriebsratsfähige Betriebe erfassen wollte, hätte er dies zum Ausdruck bringen müssen. Da der allgemeinere Begriff des *Betriebs* Verwendung findet, ist argumentum e contrario auch die Zusammenfassung der Betriebsräte von Kleinstbetrieben zulässig.[580]

Aus teleologischer Sicht ist anzumerken, daß es Sinn und Zweck des Betriebsverfassungsrechts ist, den Schutz- und Teilhabegedanken durch eine effiziente Mitbestimmung der Arbeitnehmer auf betrieblicher Ebene zu verwirklichen. Dementsprechend war eines der Hauptziele der Reform die weitere Stärkung der betrieblichen Mitbestimmung z. B. durch die Verminderung der „weißen Flecken auf der Landkarte der Betriebsverfassung“[581]. Diesem Telos des Betriebsverfassungsrechts entspricht es geradezu, die „Zusammenfassung“ nicht betriebsratsfähiger und daher bisher vertretungsloser Kleinstbetriebe zu einer betriebsverfassungsrechtlichen Organisationseinheit zuzulassen, von der die quantitativen Voraussetzungen des § 1 Abs. 1 Satz 1 BetrVG erfüllt werden.[582]

Unterstützung findet diese Argumentation in dem Umstand, daß in § 3 Abs. 1 Nr. 1b BetrVG nicht mehr die Zuordnung von Betriebsteilen und Nebenbetrieben,[583] sondern die Zusammenfassung von Betrieben geregelt ist. Durch die Anknüpfung an den allgemeineren Begriff des Betriebs kommt der Wille des Gesetzgebers zum Ausdruck, möglichst umfassend die Gestaltung der betriebsverfassungsrechtlichen Organisationseinheit durch Kollektivvertrag zuzulassen, wenn dies die Bildung von Betriebsräten erleichtert oder der sachgerechten Wahrnehmung der Interessen der Arbeitnehmer dient. Dem entspricht die Einbeziehung der Kleinstbetriebe in den Regelungsgehalt des § 3 Abs. 1 Nr. 1b BetrVG. Diese Auslegung bestätigen auch die Gesetzesmaterialien. „Sollte diese gesetzliche Zuordnung (des Kleinstbetriebes nach § 4

---

579 Ebenso *Trümner* in: Däubler/Kittner/Klebe, § 3 BetrVG Rn. 22.

580 Ähnlich *H. Otto*, Anmerkung zu BAG vom 3.12.1985 – 1 ABR 29/84 in: AP Nr. 28 zu § 99 BetrVG 1972 zu § 4 Satz 2 BetrVG a. F.

581 Begründung zum RegE, BT-Drucks. 14/5741, S. 1, 23, 25.

582 Vgl. auch *H. Otto*, Anmerkung zu BAG vom 3.12.1985 – 1 ABR 29/84 in: AP Nr. 28 zu § 99 BetrVG 1972.

583 So noch § 3 Abs. 1 Nr. 3 BetrVG a. F.

Abs. 2 BetrVG, Anm. d. Verf.) zum Hauptbetrieb im Einzelnen nicht sinnvoll erscheinen, kann eine anderweitige Zuordnung wie bisher schon nach geltendem Recht durch Tarifvertrag oder künftig auch durch Betriebsvereinbarung erfolgen."[584]

Als Ergebnis ist festzuhalten, daß im Rahmen eines Kollektivvertrages nach § 3 Abs. 1 Nr. 1b BetrVG die „Zusammenfassung" mehrerer Kleinstbetriebe eines Unternehmens zu einer betriebsverfassungsrechtlichen Organisationseinheit oder eine abweichende Zuordnung eines Kleinstbetriebes innerhalb des Unternehmens zulässig ist.[585] Möglich ist z. B. die Bildung eines Betriebsrates durch „Zusammenfassung" der Kleinstbetriebe A und B, aber auch die Zuordnung des Kleinstbetriebes A zum betriebsratsfähigen Betrieb C eines Unternehmens. Das entspricht der Judikatur des Bundesarbeitsgerichts zur Zuordnung nicht betriebsratsfähiger Kleinstbetriebe zu Hauptbetrieben.[586] Diese ist von dem Bestreben gekennzeichnet, möglichst viele Betriebe dem Anwendungsbereich des Betriebsverfassungsgesetzes zu unterstellen. Lediglich Kleinunternehmen mit nur einem Betrieb sollen nicht von der betrieblichen Mitbestimmung nach dem Betriebsverfassungsgesetz erfaßt werden.[587] Deren Herausnahme aus dem Anwendungsbereich der betrieblichen Mitbestimmung sei gerechtfertigt, da sich in diesen Arbeitnehmer und Arbeitgeber so nahe stünden, daß ein Vermittlungsorgan (der Betriebsrat) entbehrlich erscheine.[588] Das Bundesarbeitsgericht bejahte im Rahmen dieser Rechtsprechung auch die Zusammenfassung mehrerer Kleinstbetriebe zu einem betriebsratsfähigen Betrieb.[589]

III. Die Zusammenfassung von Betriebsteilen

Im Zusammenhang mit § 3 Abs. 1 Nr. 1b BetrVG stellt sich die Frage, ob durch diesen nur die Zusammenfassung der Betriebsräte von Betrieben oder auch von Betriebsteilen kollektivvertraglich regelbar ist. Ein Betriebsteil ist nach herrschender Definition ein in die Organisation des Hauptbetriebs eingegliederter Teil eines Betriebs, der räumlich und/oder organisatorisch

---

584 Begründung zum RegE, BT-Drucks. 14/5741, S. 35.

585 Hierbei sind natürlich die vorstehend entwickelten Einschränkungen zu beachten, vgl. S. 124.

586 Vgl. BAG 3.12.1985 AP Nr. 28 zu § 99 BetrVG 1972.

587 BAG 3.12.1985 AP Nr. 28 zu § 99 BetrVG 1972; kritisch *Kraft* in: GK-BetrVG I [6. Aufl.], § 4 BetrVG Rn. 52.

588 BAG 3.12.1985 AP Nr. 28 zu § 99 BetrVG 1972.

589 BAG 3.12.1985 AP Nr. 28 zu § 99 BetrVG 1972; ebenso *Trümner* in: Däubler/Kittner/Klebe [7. Aufl.], § 4 BetrVG Rn. 54, 66. Kritisch *Kraft* in: GK-BetrVG I [6. Aufl.], § 4 BetrVG Rn. 53.

abgegrenzt werden kann (relative Selbständigkeit).[590] Nach dem Wortlaut des § 3 Abs. 1 Nr. 1b BetrVG ist lediglich die Zusammenfassung von Betrieben möglich. Das Gesetz unterscheidet aber terminologisch zwischen Betrieb und Betriebsteil, vgl. § 4 Abs. 1 BetrVG. Im Regelungszusammenhang mit § 4 Abs. 1 BetrVG ergeben sich folgende Möglichkeiten: Gilt ein Betriebsteil als selbständiger Betrieb (§ 4 Abs. 1 Satz 1 BetrVG, sog. betriebsratsfähiger Betriebsteil), ist er Betrieb i. S. d. Betriebsverfassungsgesetzes und unterfällt als solcher dem § 3 Abs. 1 Nr. 1b BetrVG.[591] Erfüllt er die Voraussetzungen des § 4 Abs. 1 Satz 1 BetrVG nicht, ist er ein sog. einfacher Betriebsteil. Er wird dem Hauptbetrieb zugeordnet und ist eine bloße Abteilung dieses Betriebs. Der sog. einfache Betriebsteil ist als Bestandteil des (Haupt-)Betriebs einer Regelung nach § 3 Abs. 1 Nr. 1b BetrVG zugänglich, insoweit der Betriebsrat des Hauptbetriebs mit anderen zusammengefaßt wird.[592] Das Erfassungsproblem des Betriebsteils stellt sich als ein Scheinproblem dar und wird durch das Gesetz bereits hinreichend gelöst. Im Anwendungsbereich des § 3 Abs. 1 Nr. 1b BetrVG können auch Betriebsteile[593] zu betriebsverfassungsrechtlichen Organisationseinheiten „zusammengefaßt“ werden.[594] Nicht möglich ist es allerdings, bei Vorliegen eines betriebsratsfähigen (Haupt-)Betriebs und eines zugeordneten sog. einfachen Betriebsteiles letzteren vom Hauptbetrieb abzuspalten und als eigenständige betriebsverfassungsrechtliche Organisationseinheit zu definieren oder anderweitig zuzuordnen. Die Spaltung von Betrieben ist nach dem eindeutigen Wortlaut der Norm nicht Regelungsgehalt des § 3 Abs. 1 Nr. 1b BetrVG.[595]

---

590 Vgl. nur BAG 23.9.1960 AP Nr. 4 zu § 3 BetrVG; BAG 1.2.1963 AP Nr. 5 zu § 3 BetrVG; BAG 25.9.1986 AP Nr. 7 zu § 1 BetrVG 1972; BAG 29.5.1991 AP Nr. 5 zu § 4 BetrVG 1972; BAG 29.1.1992 AP Nr. 1 zu § 7 BetrVG 1972; BAG 20.6.1995 AP Nr. 8 zu § 4 BetrVG 1972; *Berscheid*, FS Stahlhacke, S. 15, 19; *Dietz*, FS Nikisch, S. 23, 24 f.; *Etzel* Rn. 12; *Fitting* § 4 BetrVG Rn. 8 f.; *U. Koch* in: Schaub, Arbeitsrechts-Handbuch, § 214 Rn. 11; *Kraft* in: GK-BetrVG I, § 4 BetrVG Rn. 46, 52; *Löwisch*, FS Kissel, S. 679, 684; *Richardi* in: ders., § 4 BetrVG Rn. 8; *Schaub* in: ders., Arbeitsrechts-Handbuch, § 18 Rn. 7; *Stege/Weinspach/Schiefer* § 4 BetrVG Rn. 5.

591 Ebenso *Engels/Trebinger/Löhr-Steinhaus* DB 2001, S. 532, 533; *Fitting* § 3 BetrVG Rn. 28; *Kloppenburg* in: HaKo-BetrVG, § 3 BetrVG Rn. 15; *Löwisch* in: Löwisch/Kaiser, § 3 BetrVG Rn. 5.

592 In diesem Sinne kann auch *Kloppenburg* in: HaKo-BetrVG, § 3 BetrVG Rn. 15 verstanden werden.

593 Die sog. betriebsratsfähigen Betriebsteile als solche, die sog. einfachen über eine Zusammenfassung des Hauptbetriebs.

594 So auch *Engels/Trebinger/Löhr-Steinhaus* DB 2001, S. 532, 533; *Leßmann/Liersch* DStR 2001, S. 1302, 1302.

595 Siehe die Nachweise vorstehend Fn. 572. Die Unzulässigkeit einer derartigen Gestaltung ergibt sich zudem daraus, daß der sog. einfache Betriebsteil als solcher

G. Das Verhältnis des § 3 Abs. 1 Nr. 1a BetrVG zu § 3 Abs. 1 Nr. 1b BetrVG

§ 3 Abs. 1 Nr. 1a BetrVG könnte lex specialis zu § 3 Abs. 1 Nr. 1b BetrVG sein. Nach letzterer Vorschrift können in einem Unternehmen Betriebe „zusammengefaßt" werden. Bei Nr. 1a wird ein unternehmenseinheitlicher Betriebsrat gebildet. Dieser stellt die unterste Vertretungsstufe aller unternehmensangehörigen Betriebe dar. Es wird eine Organisationsstruktur geschaffen, „als ob" aufgrund eines Kollektivvertrages nach Nr. 1b die Betriebsräte sämtlicher Betriebe zusammengefaßt würden.[596] Insoweit ist lit. a lex specialis zu lit. b.[597]

Hieraus folgt als Konsequenz die Unzulässigkeit der Kombination einer kollektivvertraglichen Regelung nach § 3 Abs. 1 Nr. 1a BetrVG mit einer solchen nach Nr. 1b.[598] Existiert in einem Unternehmen ein unternehmenseinheitlicher Betriebsrat, ist eine weitergehende Zusammenfassung nicht möglich. Es liegt bereits eine Organisationsstruktur vor, die der Zusammenfassung aller Betriebsräte entspricht. Zwar gilt die Organisationseinheit „Unternehmen" gem. § 3 Abs. 5 Satz 1 BetrVG als Betrieb, so daß in einem Konzern die Zusammenlegung der als Betriebe fingierten Unternehmen möglich erscheint. Dies stellt jedoch eine unternehmensübergreifende Verbindung dar, welche § 3 Abs. 1 Nr. 1b BetrVG gerade nicht erlaubt.[599] Nicht ausgeschlossen ist es natürlich, im zeitlichen Anschluß an eine Regelung nach lit. a eine solche nach lit. b vorzunehmen, welche sich auf die „Zusammenfassung" der ursprünglichen Betriebe des Unternehmens bezieht und beispielsweise, anstatt einen unternehmenseinheitlichen Betriebsrat zu errichten, nunmehr die Betriebsräte der Betriebe A und B sowie C und D zusammenfaßt.

Ist die Bildung eines unternehmenseinheitlichen Betriebsrates gem. Nr. 1a für die nach § 3 Abs. 1 Nr. 1b BetrVG „zusammengefaßten" Betriebe beabsichtigt, stellt sich eine vergleichbare Problematik nicht. Zwar kann ein Kollektivvertrag nach Nr. 1 mit einem Kollektivvertrag nach § 3 Abs. 1 Nr. 1 bis 3 BetrVG nicht kombiniert werden.[600] Es erschiene aber als bloße Förmelei,

---

nicht betriebsratsfähig ist und der Kollektivvertrag somit weder die Bildung von Betriebsräten erleichtert noch der sachgerechten Wahrnehmung der Interessen der Arbeitnehmer dient, vgl. vorstehend. S. 118, 124.

596 Vgl. *Rieble*, RWS-Forum Arbeitsrecht 2001, S. 25, 31.

597 *Rieble*, RWS-Forum Arbeitsrecht 2001, S. 25, 31 folgert dies aus der tatbestandlichen Abfolge der Nr. 1a und 1b sowie daraus, daß ein unternehmenseinheitlicher Betriebsrat Ungleichbehandlungen vermeidet.

598 Siehe bereits vorstehend S. 113.

599 Siehe vorstehend S. 109 f.

600 Siehe vorstehend S. 113.

in dem obigen Beispiel einen unternehmenseinheitlichen Betriebsrat für die beiden betriebsverfassungsrechtlichen Organisationseinheiten A/B und C/D zu untersagen, kann dies doch inhaltlich als Errichtung eines unternehmenseinheitlichen Betriebsrates für die Betriebe A bis D angesehen werden. Ob die Kollektivvertragsparteien die Regelung als „unternehmenseinheitlichen Betriebsrat der Betriebe A bis D" oder als „unternehmenseinheitlichen Betriebsrat der Betriebe A/B und C/D" bezeichnen, ist nicht entscheidend.

H. Das Schicksal bestehender Betriebsräte bei unternehmensbezogener Betriebsverfassungsstruktur kraft Kollektivvertrag

Klärungsbedürftig ist im Rahmen des § 3 Abs. 1 Nr. 1 BetrVG das Verhältnis der in der Konsequenz eines Kollektivvertrages für die „zusammengefaßten" Betriebe zu bildenden Vertretungsorgane bzw. des unternehmenseinheitlichen Betriebsrates zu den gesetzlich vorgesehenen Repräsentationsorganen Betriebsrat, Gesamtbetriebsrat und Konzernbetriebsrat.

Der Wortlaut des § 3 Abs. 1 Nr. 1a und b BetrVG bietet für die Beantwortung dieser Frage keine Anhaltspunkte. Aus ihm läßt sich nur entnehmen, daß aufgrund eines Kollektivvertrages Betriebsräte mehrerer Betriebe zusammengefaßt werden können oder ein unternehmenseinheitlicher Betriebsrat gebildet werden kann. Eine weitergehende Aussage zum Konkurrenzverhältnis zwischen kollektivvertraglichem und gesetzlichem Vertretungsorgan enthält die Norm nicht. Aus diesem Grund hilft auch ein systematischer Vergleich zu § 3 Abs. 1 Nr. 4, 5 BetrVG nicht weiter. Der Gesetzgeber hat bei diesen kollektivvertraglichen Regelungsmöglichkeiten seinem Willen Ausdruck verliehen, die *„zusätzlichen* betriebsverfassungsrechtlichen Gremien bzw. Vertretungen der Arbeitnehmer" nicht alternativ, sondern kumulativ zu dem gesetzlichen Modell der Betriebsverfassung vorzusehen.[601] § 3 Abs. 1 Nr. 1 BetrVG bietet demgegenüber gerade keine Anhaltspunkte für die eine oder andere Auslegung, so daß trotz der fehlenden Charakterisierung als zusätzliche Repräsentationsorgane eine Kumulation möglich erschiene.

Einen Anhaltspunkt könnte § 3 Abs. 4 Satz 2 BetrVG bieten. Nach dieser Norm „endet die Amtszeit bestehender Betriebsräte, die durch die Regelungen nach Absatz 1 Nr. 1 bis 3 *entfallen*, mit Bekanntgabe des Wahlergebnisses". Zwar bringt der Gesetzgeber mit dieser Norm unmittelbar nur zum Ausdruck, wann die Amtszeit endet. Mittelbar ergibt sich hieraus aber, daß es nach seiner Vorstellung Betriebsräte geben kann, die als Konsequenz eines

601 *Trümner* in: Däubler/Kittner/Klebe, § 3 BetrVG Rn. 55, 66. Kritisch *Kort* Die AG 2003, S. 13, 17.

Kollektivvertrages nach § 3 Abs. 1 Nr. 1 bis 3 BetrVG entfallen. Welche das sind, obliegt allerdings der Vereinbarung der Kollektivvertragsparteien,[602] es sei denn, aus der Natur und teleologischen Auslegung des Regelungstatbestandes des § 3 Abs. 1 BetrVG folgt zwingend die Alternativität bzw. Kumulation.

Der Sinn und Zweck des § 3 Abs. 1 BetrVG ist die Harmonisierung der betriebsverfassungsrechtlichen Vertretungsstrukturen mit den Gegebenheiten des konkreten Unternehmens.[603] Daher soll das kollektivvertragliche Vertretungsorgan in der Betriebs- bzw. Unternehmenshierarchie dort gebildet werden, wo ihm ein kompetenter Ansprechpartner auf Arbeitgeberseite gegenübersteht und es entsprechend dem Arbeitnehmerschutz- und dem Arbeitnehmerteilhabegedanken die Interessen der Belegschaft effektiv wahrnehmen kann. Für den unternehmenseinheitlichen Betriebsrat ist dies nach der gesetzlichen Vorstellung das Unternehmen. So soll nach der Begründung zum Regierungsentwurf des Betriebsverfassungs-Reformgesetzes z. B. für Unternehmen mit flacher Unternehmensstruktur, bei denen die mitbestimmungsrelevanten Entscheidungen zentral auf Unternehmensebene getroffen werden, der Betriebsrat auch auf dieser Ebene angesiedelt werden.[604] Das maßgebliche Kriterium des unternehmenseinheitlichen Betriebsrates ist seine Entscheidungsnähe.[605] Im Gesetz findet dies seinen Ausdruck darin, daß ein Kollektivvertrag nach § 3 Abs. 1 Nr. 1a BetrVG nur rechtswirksam abgeschlossen werden kann, wenn er die Bildung von Betriebsräten erleichtert oder der sachgerechten Wahrnehmung der Aufgaben des Betriebsrates dient. Diese Tatbestandsmerkmale sind erfüllt, wenn die mitbestimmungsrelevanten Entscheidungen arbeitgeberseitig auf Unternehmensebene getroffen werden und der Kollektivvertrag dies in der Struktur der Vertretungsorgane der

602 Vgl. Begründung zum RegE, BT-Drucks. 14/5741, S. 25 f.: „Die Tarifvertrags- bzw. Betriebsparteien sollen einvernehmlich festlegen können, auf welcher Ebene Betriebsräte anzusiedeln sind, um schnelle und effiziente Mitbestimmungsstrukturen entsprechend den vielfältigen Betriebs- und Unternehmensstrukturen zu schaffen. Deren Sachnähe und -kenntnis gewährleisten optimale Regelungen und notwendige Anpassungen für die Zukunft."

603 Begründung zum RegE, BT-Drucks. 14/5741, S. 25, 26 f. Vgl. auch *Fitting* § 3 BetrVG Rn. 2; *Trümner* in: Däubler/Kittner/Klebe, § 3 BetrVG Rn. 4 sowie BAG 24.1.2001 AP Nr. 1 zu § 3 BetrVG 1972 zu § 3 Abs. 1 Nr. 3 BetrVG a. F.

604 Begründung zum RegE, BT-Drucks. 14/5741, S. 34. Vgl. auch *Fitting* § 3 BetrVG Rn. 27; *Trümner* in: Däubler/Kittner/Klebe, § 3 BetrVG Rn. 23.

605 Ähnlich *Kort* Die AG 2003, S. 13, 18; *Trümner* in: Däubler/Kittner/Klebe, § 3 BetrVG Rn. 23. In *Fitting* § 3 BetrVG Rn. 27 wird die Entscheidungsnähe als „durchgängiger Grundsatz der Betriebsverfassung" bezeichnet.

Arbeitnehmer nachbildet.[606] Folglich kann nur das auf dieser Ebene gebildete Repräsentationsorgan durch seine Entscheidungsnähe den Schutz und die Teilhabe der Arbeitnehmer effektiv durchsetzen. Die gesetzlichen Betriebsräte auf der Ebene der einzelnen unternehmenszugehörigen Betriebe sind dazu nicht (mehr) in der Lage. Sie sind unter teleologischen Gesichtspunkten neben dem unternehmenseinheitlichen Betriebsrat entbehrlich. Als Zwischenergebnis der teleologischen Auslegung ist festzuhalten, daß der unternehmenseinheitliche Betriebsrat die bisherigen gesetzlichen Betriebsräte verdrängt. Unterstützt wird diese Argumentation durch die Gesetzesmaterialien. Wenn dort die Rede davon ist, daß „*anstelle von* mehreren Betriebsräten und einem Gesamtbetriebsrat ein unternehmenseinheitlicher Betriebsrat gewählt werden kann“[607], spricht dies für die Alternativität von kollektivvertraglichem und gesetzlichem Vertretungsorgan.

Bei einem Kollektivvertrag nach § 3 Abs. 1 Nr. 1b BetrVG treten die durch diesen vorgesehenen betriebsverfassungsrechtlichen Organisationseinheiten für die Belange der betrieblichen Mitbestimmung an die Stelle der bestehenden Betriebe i. S. d. Betriebsverfassungsgesetzes.[608] Werden in einem Unternehmen z. B. die Betriebsräte der Betriebe A und B sowie C und D zusammengefaßt, knüpft die betriebliche Organisationsstruktur nunmehr an die Einheiten A/B (statt der Betriebe A und B) und C/D (statt der Betriebe C und D) an. Grundsätzlich ist das Amt des Betriebsrates an das Bestehen seines „Wahlkreises“, d. h. das Fortbestehen der betriebsverfassungsrechtlichen Organisationseinheit, für die er gewählt wurde, gebunden, §§ 1, 4 BetrVG.[609] Legt der Arbeitgeber z. B. einen Betrieb nicht nur vorübergehend still, entfällt vorbehaltlich des § 21b BetrVG – Restmandat – der Betriebsrat. Wird der Betrieb im Zuge von Unternehmensumstrukturierungen gespalten, endet vorbehaltlich der Regelung des § 21a BetrVG zum Übergangsmandat auch hier das Amt des bisherigen Betriebsrates. Übertragen auf § 3 Abs. 1 Nr. 1b BetrVG

---

606 Dies ist gerade Grund der Regelung des § 3 Abs. 1 Nr. 1a BetrVG, wie die Begründung zum RegE zeigt, vgl. BT-Drucks. 14/5741, S. 34. Ebenso *Fitting* § 3 BetrVG Rn. 27; *Trümner* in: Däubler/Kittner/Klebe, § 3 BetrVG Rn. 23.

607 Begründung zum RegE, BT-Drucks. 14/5741, S. 34. So auch *Dachrodt/Engelbert* § 3 BetrVG Rn. 5; *Engels/Trebinger/Löhr-Steinhaus* DB 2001, S. 532, 533.

608 Vgl. LAG Düsseldorf 11.11.1999 LAGE § 3 BetrVG 1972 Nr. 4 (zu § 3 Abs. 1 Nr. 3 BetrVG a. F.); *T. Wißmann*, Tarifvertragliche Gestaltung, S. 202 zur Vorgängerregelung des § 3 Abs. 1 Nr. 3 BetrVG a. F.

609 Vgl. BAG 28.9.1988 EzA § 95 BetrVG 1972 Nr. 14; BAG 23.11.1988 EzA § 102 BetrVG 1972 Nr. 72; BAG 5.2.1991 AP Nr. 89 zu § 613a BGB; BAG 11.10.1995 NZA 1996, S. 495, 495; ähnlich BAG 24.1.2001 AP Nr. 1 zu § 3 BetrVG 1972; LAG Berlin 8.1.1996 AiB 1997, S. 356, 356; *Buschmann* in: Däubler/Kittner/Klebe [7. Aufl.], § 21 BetrVG Rn. 36; *Richardi/Thüsing* in: Richardi, § 21 BetrVG Rn. 27; *Schiefer* NJW 1998, S. 1817, 1822; *Thüsing* DB 2002, S. 738, 738.

sprechen diese Überlegungen für ein Entfallen der bisherigen Betriebsräte. In dem anhand des § 3 Abs. 4 BetrVG zu ermittelnden Zeitpunkt sind Betriebsräte für die nach den Vorgaben des Kollektivvertrages gemäß § 3 Abs. 1 Nr. 1b BetrVG zu bildenden Organisationseinheiten zu wählen. Diese ersetzen die bisher in den einzelnen Betrieben bestehenden Betriebsräte.[610] Sie sind deren Funktionsnachfolger und als solche zur Wahrnehmung der diesen zustehenden Rechte und Pflichten befugt.[611]

Nach der teleologischen Auslegung treten die in der Konsequenz eines Kollektivvertrages gem. § 3 Abs. 1 Nr. 1 BetrVG neu zu bildenden Betriebsräte an die Stelle der bisherigen Betriebsräte. Unterstützung[612] findet dies für lit. a in den Gesetzesmaterialien. Die Alternativität von kollektivvertraglichem und gesetzlichem Betriebsrat widerspricht auch nicht dem Wortlaut des § 3 Abs. 1 Nr. 1 BetrVG. Dieser ist insoweit offen. Im Ergebnis der Gesamtabwägung[613] der Auslegungskriterien werden die bisherigen Betriebsräte verdrängt, soweit Betriebe „zusammengefaßt" (lit. b) bzw. der unternehmenseinheitliche Betriebsrat gebildet werden (lit. a).

Bei einem Kollektivvertrag nach § 3 Abs. 1 Nr. 1a BetrVG betrifft dies alle Betriebe des Unternehmens.[614] Der unternehmenseinheitliche Betriebsrat stellt nunmehr die unterste Vertretungsstufe im Gefüge der Betriebsverfassung dar. Da es bei seiner Errichtung im Unternehmen nur noch einen einzigen

---

610 Vgl. auch *Eich*, FS Weinspach, S. 17, 19; *Eisemann* in: ErfK, § 3 BetrVG Rn. 1; *Kort* Die AG 2003, S. 13, 19; *Löwisch* in: Löwisch/Kaiser, § 3 BetrVG Rn. 1; *Richardi/Thüsing* in: Richardi, § 21 BetrVG Rn. 22. Zur Vorgängerregelung des § 3 Abs. 1 Nr. 3 BetrVG a. F. BAG 24.1.2001 AP Nr. 1 zu § 3 BetrVG 1972; BAG 24.1.2001 – 4 ABR 11/00, n. v.; BAG 24.1.2001 – 4 ABR 16/00, n. v.; BAG 19.6.2001 AP Nr. 1 zu § 87 BetrVG 1972 Leiharbeitnehmer; LAG Sachsen-Anhalt 9.11.1999 – 11 (2) TaBV 10/99, n. v. Die Betriebsräte in den nicht zusammengefaßten Betrieben bleiben hiervon unberührt, vgl. *Kort* Die AG 2003, S. 13, 18.

611 Vgl. BAG 25.4.1978 AP Nr. 11 zu § 80 BetrVG 1972; BAG 19.6.2001 AP Nr. 1 zu § 87 BetrVG Leiharbeitnehmer; *Kraft*, Anmerkung zu BAG vom 19.6.2001 – 1 ABR 43/00 in: SAE 2002, S. 45, 45.

612 Nach der heute überwiegend vertretenen objektiven Auslegung kommt den Regelungsabsichten und Normvorstellungen des historischen Gesetzgebers nur Unterstützungsfunktion innerhalb der Gesamtabwägung der Auslegungsergebnisse zu, siehe *Larenz/Canaris*, Methodenlehre, S. 139, 165; auch EuGH 24.1.2002 BB 2002, S. 624, 626 Portugaia Construções Lda.

613 Dazu, daß Gesetze unter Abwägung der Ergebnisse aller Auslegungskriterien und nicht nach einer bestimmten Auslegungsmethode auszulegen sind, vgl. *Larenz/Canaris*, Methodenlehre, S. 140, 163. Zur Gewichtung der Auslegungsmethoden innerhalb der Gesamtabwägung vgl. *dies.*, Methodenlehre, S. 165.

614 Vgl. vorstehend S. 126.

Betriebsrat gibt, der auf Unternehmensebene besteht, ist die Bildung eines Gesamtbetriebsrates nicht mehr möglich, vgl. § 47 Abs. 1 BetrVG.[615] Der unternehmenseinheitliche Betriebsrat ist seinerseits jedoch kein Gesamtbetriebsrat.[616] Die Bildung eines Konzernbetriebsrates als Überbau zu den Gesamtbetriebsräten und unternehmenseinheitlichen Betriebsräten des Konzerns bleibt durch einen Kollektivvertrag nach § 3 Abs. 1 Nr. 1a BetrVG unberührt. Lediglich die Zusammensetzung des Konzernbetriebsrates ändert sich insoweit, als nunmehr Vertreter des unternehmenseinheitlichen Betriebsrates ihren „Betrieb" repräsentieren.[617] Dies folgt aus § 54 Abs. 2 BetrVG, nach dem in einem Konzernunternehmen mit nur einem (hier dem unternehmenseinheitlichen) Betriebsrat dieser die Aufgaben des Gesamtbetriebsrates nach den Vorschriften der §§ 54-59a BetrVG wahrnimmt.

Da bei einem Kollektivvertrag gemäß § 3 Abs. 1 Nr. 1b BetrVG innerhalb des Unternehmens mindestens zwei selbständige betriebsverfassungsrechtliche Organisationseinheiten (Betriebe, selbständige Betriebsteile oder zusammengefaßte Betriebe nach § 3 Abs. 1 Nr. 1b BetrVG) mit Betriebsrat bestehen,[618] bleibt es weiterhin bei der gesetzlichen Pflicht, einen Gesamtbetriebsrat zu bilden.[619] Die zweistufige Vertretungsorganisation durch Einzelbetriebsräte und Gesamtbetriebsrat wird hier nicht aufgegeben. Ebenso folgt die Errichtung eines Konzernbetriebsrates den gesetzlichen Vorschriften der §§ 54 ff. BetrVG.

Im Ergebnis entfallen bei einem Kollektivvertrag nach § 3 Abs. 1 Nr. 1b BetrVG die Betriebsräte aller zusammengefaßten Betriebe. An ihre Stelle treten die Betriebsräte der neuen betriebsverfassungsrechtlichen Organisations-

---

615 Ebenso *Engels/Trebinger/Löhr-Steinhaus* DB 2001, S. 532, 533; *Kort* Die AG 2003, S. 13, 18; *Kraft* in: GK-BetrVG I, § 3 BetrVG Rn. 9; *Richardi* in: ders., § 3 BetrVG Rn. 9; *Richardi*, Neue Betriebsverfassung, § 3 Rn. 7; *Richardi/Annuß* in: Richardi, § 47 BetrVG Rn. 4; *Stege/Weinspach/Schiefer* § 3 BetrVG Rn. 24; *Trümner* in: Däubler/Kittner/Klebe, § 3 BetrVG Rn. 2, 23. Vgl. auch die Begründung zum RegE, BT-Drucks. 14/5741, S. 34: „anstelle von mehreren Betriebsräten und *einem Gesamtbetriebsrat* (kann) ein unternehmenseinheitlicher Betriebsrat" errichtet werden.

616 Siehe vorstehend S. 127.

617 *Trümner* in: Däubler/Kittner/Klebe, § 3 BetrVG Rn. 23.

618 Die Zusammenfassung aller Betriebe zu einer Organisationseinheit unterfällt dem Tatbestand der Nr. 1a, vgl. vorstehend S. 126. Die Zusammenfassung von Betrieben zu Organisationseinheiten, die ihrerseits nicht betriebsratsfähig sind, erleichtert weder die Bildung von Betriebsräten, noch dient sie der sachgerechten Wahrnehmung der Interessen der Arbeitnehmer, vgl. S. 118, 124.

619 *Hohenstatt/Dzida* DB 2001, S. 2498, 2499; *Kort* Die AG 2003, S. 13, 18; *Kraft* in: GK-BetrVG I, § 3 BetrVG Rn. 9; *Trümner* in: Däubler/Kittner/Klebe, § 3 BetrVG Rn. 2, 25; ähnlich *Stege/Weinspach/Schiefer* § 3 BetrVG Rn. 25.

einheiten. Ein Gesamtbetriebsrat ist nach den §§ 47 ff. BetrVG zu errichten. Durch den unternehmenseinheitlichen Betriebsrat werden demgegenüber sowohl die Betriebsräte aller unternehmensangehörigen Betriebe als auch der Gesamtbetriebsrat ersetzt. Der Konzernbetriebsrat bleibt bei lit. a und lit. b in seiner Stellung unberührt.

§ 4 Die spartenbezogene Betriebsverfassungsstruktur, § 3 Abs. 1 Nr. 2 BetrVG

§ 3 Abs. 1 Nr. 2 BetrVG, der keine Vorgängerregelung im Betriebsverfassungsgesetz 1952 oder in § 3 BetrVG a. F. hat, eröffnet den Kollektivvertragsparteien die Möglichkeit der Bildung von Betriebsräten in den Sparten (Spartenbetriebsräte). Die Bildung ist in Unternehmen und Konzernen zulässig, soweit sie nach produkt- oder projektbezogenen Geschäftsbereichen (Sparten) organisiert sind und die Spartenleitung auch Entscheidungen in beteiligungspflichtigen Angelegenheiten trifft. Die Bildung des Spartenbetriebsrates muß der sachgerechten Wahrnehmung der Aufgaben des Betriebsrates dienen.

A. Tatbestandsmerkmal *Unternehmen und Konzerne*

Die spartenbezogene Betriebsverfassungsstruktur setzt ein Unternehmen oder einen Konzern voraus. Bei der Auslegung das Tatbestandsmerkmals *Unternehmen* kann auf die oben[620] entwickelte Definition des Betriebsverfassungsrechts zurückgegriffen werden.[621] In Ermangelung einer eigenständigen betriebsverfassungsrechtlichen Begriffsbestimmung zum *Konzern* sind die Vorschriften des Aktienrechts in Bezug zu nehmen.[622] § 3 Abs. 1 Nr. 2 BetrVG könnte sowohl den Unterordnungs- als auch den Gleichordnungskonzern erfassen.[623]

Der Wortlaut des § 3 Abs. 1 Nr. 2 BetrVG fordert einen Konzern. Er unterscheidet nicht zwischen Gleichordnungs- und Unterordnungskonzern und enthält im Gegensatz zu § 54 Abs. 1 Satz 1 BetrVG keine Verweisung auf § 18

620 Siehe S. 101.

621 *Friese* RdA 2003, S. 92, 94; *Kort* Die AG 2003, S. 13, 15.

622 *Friese* RdA 2003, S. 92, 94; *Kort* Die AG 2003, S. 13, 15; *Richardi/Annuß* in: Richardi, § 54 BetrVG Rn. 3 ff.; *Windbichler*, Arbeitsrecht im Konzern, S. 304 ff. Zum Umfang der Verweisung siehe *Oetker* ZfA 1986, S. 177, 177 ff.

623 Bejahend *Diringer* AuA 2001, S. 172, 174; *Friese* RdA 2003, S. 92, 94; *Löwisch* in: Löwisch/Kaiser, § 3 BetrVG Rn. 9; *Trümner* in: Däubler/Kittner/Klebe, § 3 BetrVG Rn. 41; *ders.* FA 2001, S. 133, 135 Fn. 32. Verneinend *Eisemann* in: ErfK, § 3 BetrVG Rn. 5; *Fitting* § 3 BetrVG Rn. 43; *Kort* Die AG 2003, S. 13, 16; *Richardi* in: ders., § 3 BetrVG Rn. 16; *Richardi* NZA 2001, S. 346, 350.

Abs. 1 AktG oder § 18 Abs. 2 AktG[624]. Obwohl sich § 3 Abs. 1 Nr. 2 BetrVG ebensowenig ausdrücklich auf § 18 AktG insgesamt bezieht, spricht doch die nicht differenzierende Verwendung des allgemeinen Begriffs Konzern für eine Erstreckung auf beide Arten der Unternehmensverbindung. § 3 Abs. 1 Nr. 2 BetrVG ist extensiv auszulegen. Das bestätigt § 109a Abs. 1 BetrVG des Referentenentwurfs zum Betriebsverfassungs-Reformgesetz. Diese Vorschrift sah noch einen obligatorischen Konzern-Wirtschaftsausschuß vor[625] und enthielt ausdrücklich den Hinweis auf § 18 Abs. 1 AktG. Lagen bei der Novellierung des Betriebsverfassungsrechts zugleich konzernrechtliche Normen mit und ohne Bezugnahme des Unterordnungskonzerns vor, ist die fehlende Verweisung auf § 18 Abs. 1 AktG in § 3 Abs. 1 Nr. 2 BetrVG nicht als bloßes Redaktionsversehen, sondern vielmehr als beredtes Schweigen des Gesetzgebers anzusehen.[626]

Systematisch ist § 3 Abs. 1 Nr. 2 BetrVG im Zusammenhang mit weiteren Normen des Betriebsverfassungsgesetzes auszulegen, die Regelungen zum Konzern enthalten. Hier sind zunächst die §§ 8 Abs. 1 Satz 2, 54 Abs. 1 Satz 1, 73a Abs. 1 Satz 1 BetrVG zu nennen. Sie verweisen ausdrücklich auf § 18 Abs. 1 AktG und erfassen nur den Unterordnungskonzern. § 3 Abs. 1 Nr. 2 BetrVG enthält weder eine vergleichbare Bezugsregelung noch eine eigene Definition des Konzernbegriffs. Aus letzterem schlußfolgern einige Vertreter im Schrifttum, daß § 3 Abs. 1 Nr. 2 BetrVG wie die §§ 56, 76a, 87 Abs. 1 Nr. 8 BetrVG den Konzernbegriff enthält, der auch sonst im Betriebsverfassungsgesetz Verwendung findet. Dies sei der Begriff des Unterordnungskonzerns i. S. d. § 18 Abs. 1 AktG.[627] Im Gegenteil spricht aber gerade die fehlende Verweisung in § 3 Abs. 1 Nr. 2 BetrVG dafür, daß sich diese Norm auf den Unterordnungs- und den Gleichordnungskonzern bezieht. So verwendet § 18a Abs. 3 Satz 2 BetrVG den allgemeinen Begriff des Konzerns und erfaßt beide Arten eines Unternehmensverbundes.[628] Daß § 18a

---

624 Ebenso *Diringer* AuA 2001, S. 172, 174; *Löwisch* in: Löwisch/Kaiser, § 3 BetrVG Rn. 9. Auch *Richardi* in: ders., § 3 BetrVG Rn. 16 weist auf den „offenen Gesetzestext" hin.

625 Der Referentenentwurf ist abgedruckt z. B. bei *Schiefer/Korte* NZA 2001, S. 71, 72 ff.

626 *Trümner* in: Däubler/Kittner/Klebe, § 3 BetrVG Rn. 41.

627 *Eich*, FS Weinspach, S. 17, 21 Fn. 9; *Giesen* BB 2002, S. 1480, 1481; *Kort* Die AG 2003, S. 13, 16; *Richardi* in: ders., § 3 BetrVG Rn. 16; *Richardi/Annuß* in: Richardi, § 54 BetrVG Rn. 3; *dies.* DB 2001, S. 41, 42; *Rieble*, RWS-Forum Arbeitsrecht 2001, S. 25, 35, die § 54 Abs. 1 Satz 1 BetrVG als Legaldefinition des Konzernbegriffs für das Betriebsverfassungsgesetz ansehen. Wohl auch *Fitting* § 3 BetrVG Rn. 43. Zur methodischen Einordnung des Klammerzusatzes in § 54 Abs. 1 Satz 1 BetrVG vgl. *Oetker* ZfA 1986, S. 177, 180 ff.

628 Allgemeine Ansicht, vgl. *J.-H. Bauer*, Sprecherausschußgesetz, § 18a BetrVG Anm. V, S. 136; *Fitting* § 1 BetrVG Rn. 183, § 18a BetrVG Rn. 46; *Hromadka*,

Abs. 3 Satz 2 BetrVG nicht lediglich ein Redaktionsversehen ist, wird bei Hinzuziehung der Regelung des § 21 Abs. 1 SprAuG deutlich.[629] Diese wurde zugleich[630] mit § 18a Abs. 3 Satz 2 BetrVG geschaffen und enthält einen ausdrücklichen Verweis auf § 18 Abs. 1 AktG. Weil § 3 Abs. 1 Nr. 2 BetrVG ebenso nur allgemein den Konzern nennt, während die §§ 8 Abs. 1 Satz 2, 54 Abs. 1 Satz 1, 73a Abs. 1 BetrVG explizit auf § 18 Abs. 1 AktG verweisen, folgt argumentum e contrario, daß § 3 Abs. 1 Nr. 2 BetrVG nicht nur den Unterordnungskonzern erfaßt.[631] Den Umkehrschluß vermögen die §§ 56, 76a, 87 Abs. 1 Nr. 8 BetrVG nicht zu entkräften.[632] Diese enthalten ebenso wie § 3 Abs. 1 Nr. 2 BetrVG keinen ausdrücklichen Verweis auf den Unterordnungskonzern nach § 18 Abs. 1 AktG. Sie sind in ihrem Anwendungsbereich dennoch auf diesen beschränkt. Das ergibt sich aus ihrem Sachzusammenhang mit den Mitbestimmungsrechten des Konzernbetriebsrates, welcher nur im Unterordnungskonzern errichtet werden kann, § 54 Abs. 1 Satz 1 BetrVG.[633] Insoweit ist der Wortlaut der §§ 56, 76a, 87 Abs. 1 Nr. 8 BetrVG teleologisch zu reduzieren.

Sprecherausschußgesetz, § 18a BetrVG Rn. 9; *Kaiser* in: Löwisch/Kaiser, § 18a BetrVG Rn. 7 (unter ausdrücklichem Verweis auf § 3 Abs. 1 Nr. 2 BetrVG); *Kreutz* in: GK-BetrVG I, § 18a BetrVG Rn. 58; *Trümner* in: Däubler/Kittner/Klebe, § 18a BetrVG Rn. 56; auch *Richardi/Thüsing* in: Richardi, § 18a BetrVG Rn. 39. Dies verkennt *Kort* Die AG 2003, S. 13, 16, der bei seiner Argumentation die sonstigen Vorschriften des Betriebsverfassungsgesetzes und deren Sinn und Zweck nicht berücksichtigt.

629 *Kreutz* in: GK-BetrVG I, § 18a BetrVG Rn. 58.

630 Beide Normen wurden durch die Betriebsverfassungs-Novelle vom 20.12.1988, BGBl. I S. 2312 eingefügt.

631 Ebenso *Diringer* AuA 2001, S. 172, 174; *Löwisch* in: Löwisch/Kaiser, § 3 BetrVG Rn. 9 (i. E.); *Trümner* in: Däubler/Kittner/Klebe, § 3 BetrVG Rn. 41; *ders.* FA 2001, S. 133, 135 Fn. 32.

632 Auch §§ 112 Abs. 5 Nr. 2 Satz 2, 112a Abs. 2 Satz 2 BetrVG stehen dem nicht entgegen. Für eine Einbeziehung des Gleichordnungskonzerns *Däubler* in: Däubler/Kittner/Klebe, §§ 112, 112a BetrVG Rn. 70; dagegen *Annuß* in: Richardi, § 112 BetrVG Rn. 155; *Richardi/Annuß* in: Richardi, § 112a BetrVG Rn. 19. Letztere wollen, unabhängig von einer teleologischen Auslegung, bei allen Normen mit Konzernbezug den „allgemeinen Begriff des Konzerns, wie er von § 54 Abs. 1 Satz 1 BetrVG bestimmt wird" verwenden, vgl. *Richardi/Annuß* in: Richardi, § 54 BetrVG Rn. 3.

633 Zu §§ 76a, 87 Abs. 1 Nr. 8 BetrVG vgl. *Fitting* § 1 BetrVG Rn. 183 (anders aber in § 87 BetrVG Rn. 346); *Glaubitz* in: Hess/Schlochauer/Glaubitz, § 87 BetrVG Rn. 398; *P. Hanau/Kania* in: ErfK, § 87 BetrVG Rn. 70; *Löwisch* in: Galperin II, § 87 BetrVG Rn. 179; *ders.* in: Löwisch/Kaiser, § 87 BetrVG Rn. 131; *Richardi* in: ders., § 87 BetrVG Rn. 613; *Wiese* in: GK-BetrVG II, § 87 BetrVG Rn. 698.

Bei § 3 Abs. 1 Nr. 2 BetrVG ist demgegenüber eine teleologische Reduktion nicht angezeigt. Sinn und Zweck des Betriebsverfassungsrechts ist es, den Schutz- und den Teilhabegedanken durch eine effiziente Mitbestimmung der Arbeitnehmer auf betrieblicher Ebene zu verwirklichen. Hierzu trägt § 3 Abs. 1 Nr. 2 BetrVG insofern bei, als den Kollektivvertragsparteien die Möglichkeit der Schaffung einer verläßlichen und tragfähigen Organisationsgrundlage[634] gegeben wird, um auf eine Bündelung der Arbeitgeberfunktionen auf Spartenebene zu reagieren und den Betriebsrat ebendort anzusiedeln. Entscheidendes Kriterium des Spartenbetriebsrates ist seine Entscheidungsnähe.[635] Eine Organisation nach produkt- oder projektbezogenen Geschäftsbereichen ist im Unterordnungs- und im Gleichordnungskonzern denkbar. Hier wie dort können sich die einzelnen Unternehmen, ohne Rücksicht darauf, ob es abhängige Unternehmen sind oder nicht, nach Sparten organisieren. Damit ist nicht auszuschließen, daß in beiden Arten der Unternehmensverbindung die Spartenleitung „auch Entscheidungen in beteiligungspflichtigen Angelegenheiten trifft". Bei beiden Konzernorganisationen kann das Bedürfnis bestehen, den Betriebsrat auf der Ebene der Spartenleitung anzusiedeln, um eine entscheidungsnahe und dem Sinn und Zweck der Betriebsverfassung gerecht werdende Betriebsratsarbeit zu ermöglichen. Steht dies fest, kommt es auf die Art des vorliegenden Konzerns nicht mehr an.[636] Zudem wollte der Gesetzgeber in § 3 BetrVG gerade Abweichungen von der insoweit engeren gesetzlichen Normalbetriebsverfassung (vgl. § 54 Abs. 1 BetrVG) zulassen.[637] Somit erfordert der Sinn und Zweck der Regelung des § 3 Abs. 1 Nr. 2 BetrVG, anders als bei den §§ 56, 76a, 87 Abs. 1 Nr. 8 BetrVG,[638] keine einschränkende Auslegung der Norm.[639]

Aus den Gesetzesmaterialien zu § 3 Abs. 1 Nr. 2 BetrVG lassen sich unmittelbar keine Argumente herleiten. Allerdings gilt es zu beachten, daß die Entwurfsbegründung zu § 3 Abs. 1 Nr. 3 BetrVG den Gleichordnungskonzern

---

634 Vgl. Begründung zum RegE, BT-Drucks. 14/5741, S. 26; auch *Fitting* § 3 BetrVG Rn. 2; *Trümner* in: Däubler/Kittner/Klebe, § 3 BetrVG Rn. 4.

635 Vgl. Begründung zum RegE, BT-Drucks. 14/5741, S. 34.

636 Auch *Friese* RdA 2003, S. 92, 94 begründet die Einbeziehung des Gleichordnungskonzerns mit dem Sinn und Zweck der Norm.

637 Vgl. Begründung zum RegE, BT-Drucks. 14/5741, S. 25 f., 33 f.

638 Die Einschränkung auf den Unterordnungskonzern entgegen dem Wortlaut der Normen ergibt sich aus dem Zusammenhang mit den Mitbestimmungsrechten des Konzernbetriebsrates, der nur im Unterordnungskonzern errichtet werden kann, § 54 Abs. 1 Satz 1 BetrVG, vgl. die Nachweise vorstehend Fn. 459.

639 Ebenso *Friese* RdA 2003, S. 92, 94.

ausdrücklich nennt.[640] Der Gesetzeswortlaut der Nr. 3 enthält in Parallele zu Nr. 2 den allgemeinen Begriff der *Konzern*(-organisation). Hier wäre es nur konsequent, bei § 3 Abs. 1 Nr. 2 BetrVG den Gleichordnungskonzern einzubeziehen,[641] zumal § 3 Abs. 1 Nr. 2 BetrVG ein Spezialfall der Generalklausel der Nr. 3 ist[642].

Sowohl der Wortlaut als auch die Systematik und der Sinn und Zweck des Gesetzes sprechen für eine Einbeziehung des Unterordnungs- und des Gleichordnungskonzerns in den Regelungsbereich des § 3 Abs. 1 Nr. 2 BetrVG. Hätte der Gesetzgeber den Konzernbegriff eng fassen wollen, wäre ihm dies durch eine ausdrückliche Verweisung auf § 18 Abs. 1 AktG möglich gewesen. Dieses Ergebnis wird durch die historische Auslegung unterstützt[643]. Der Begriff des Konzerns i. S. d. § 3 Abs. 1 Nr. 2 BetrVG ist weit auszulegen und erfaßt den Unterordnungs- sowie den Gleichordnungskonzern.

B. Tatbestandsmerkmal *Organisation nach produkt- oder projektbezogenen Geschäftsbereichen (Sparten)*

Gem. § 3 Abs. 1 Nr. 2 BetrVG muß das Unternehmen oder der Konzern „nach produkt- oder projektbezogenen Geschäftsbereichen (Sparten) organisiert“ sein. Im Schrifttum wird zumeist nur auf dieses Tatbestandsmerkmal hingewiesen, ohne seinen materiellen Gehalt näher zu erläutern.[644] *Trümner* ist der Ansicht, daß andere Kriterien als die der Produkte oder Projekte, wie z. B. die Ausrichtung auf bestimmte Kundengruppen, Vertriebswege oder Absatzregionen, für die Errichtung von Spartenbetriebsräten unzureichend sind.[645] Nicht erfaßt sei weiterhin die sog. funktionale Divisionalisierung, d. h. die Bildung von Sparten anhand der Bereiche

---

640 Begründung zum RegE, BT-Drucks. 14/5741, S. 34. Ebenso *Däubler* ArbuR 2001, S. 285, 288.

641 Ebenso *Trümner* in: Däubler/Kittner/Klebe, § 3 BetrVG Rn. 41. Auch *Diringer* AuA 2001, S. 172, 174, der allerdings keine Parallele, sondern direkt die Gesetzesmaterialien zu § 3 Abs. 1 Nr. 3 BetrVG heranzieht.

642 Begründung zum RegE, BT-Drucks. 14/5741, S. 34; *Annuß* NZA 2002, S. 290, 292 Fn. 28; *Däubler* ArbuR 2001, S. 285, 288.

643 Nach der heute überwiegend vertretenen objektiven Auslegung kommt den Regelungsabsichten und Normvorstellungen des historischen Gesetzgebers nur Unterstützungsfunktion innerhalb der Gesamtabwägung der Auslegungsergebnisse zu, siehe *Larenz/Canaris*, Methodenlehre, S. 139, 165.

644 Vgl. z. B. *Fitting* § 3 BetrVG Rn. 38; *Rieble*, RWS-Forum Arbeitsrecht 2001, S. 25, 33 (der lediglich annimmt, daß eine „spartenbezogene Arbeitsorganisation“ neben derjenigen des klassischen Betriebs bestehen muß); *Stege/Weinspach/Schiefer* § 3 BetrVG Rn. 26.

645 *Trümner* in: Däubler/Kittner/Klebe, § 3 BetrVG Rn. 38. Dem folgend *Eisemann* in: ErfK, § 3 BetrVG Rn. 5.

Produktion, Vertrieb und Kundenservice.[646] Den *Produkt*bezug bejaht *Trümner* auch für den Dienstleistungssektor. Hierfür spreche zudem die Einbeziehung der projektbezogenen Geschäftsbereiche in den Regelungsgehalt des § 3 Abs. 1 Nr. 2 BetrVG, womit z. B. die Projektarbeit in größeren Forschungseinrichtungen gemeint sei.[647] Schließlich könne die Norm auf eine Spartenbildung entlang von Produktgruppen angewendet werden, die durch artspezifische Gegebenheiten eine Nähe zueinander aufweisen. Als Beispiel nennt *Trümner* die Sparten Wasser-, Braunkohle- und Kernkraftwerk innerhalb eines Energieerzeugungs-unternehmens bzw. -konzerns.[648]

Nach *Friese* hat der Gesetzgeber mit § 3 Abs. 1 Nr. 2 BetrVG mangels einer existenten betriebsverfassungsrechtlichen Begriffsbildung auf die betriebswirtschaftliche Definition der Sparte abstellen wollen.[649] Allerdings stehe mit letzterem der projektbezogene Geschäftsbereich nicht in Einklang.[650] Denkbar sei nun zum einen, daß § 3 Abs. 1 Nr. 2 BetrVG einen über den betriebswirtschaftlichen Spartenbegriff hinausgehenden Aussagegehalt habe. Zum anderen könne die Gegenüberstellung aber auch nur verdeutlichen, daß eine Divisionalisierung nicht allein nach Produkten, sondern ebenso nach bestimmten Kundengruppen oder Regionen möglich sei.[651]

Das Charakteristikum divisionalisierter Unternehmen oder Konzerne ist die Determinierung ihrer Entscheidungsstrukturen durch die betriebswirtschaftlich definierten Sparten anstelle der gesellschaftsrechtlich definierten Begriffe des Unternehmens oder Konzerns.[652] Demgemäß liegt der Schluß nahe, daß sich das Gesetz mit dem in der Klammer verwendeten Begriff *Sparte*, welcher im Betriebsverfassungsrecht bisher nicht vorzufinden war, an dessen betriebswirtschaftliche Definition anlehnt. In der Betriebswirtschaftslehre wird bei den der obersten Leitungsebene unmittelbar nachgeordneten Organisationseinheiten (zweite Hierarchieebene) zwischen einer Organisation nach Verrichtungen, nach Objekten oder nach Projekten unterschieden. Die Verrichtungsgliederung (sog. funktionale Organisation) bestimmt sich nach den Aufgaben, die als Folgen der Zwecksetzung des

646 *Trümner* in: Däubler/Kittner/Klebe, § 3 BetrVG Rn. 38.

647 *Ders.* in: Däubler/Kittner/Klebe, § 3 BetrVG Rn. 38.

648 *Ders.* in: Däubler/Kittner/Klebe, § 3 BetrVG Rn. 38.

649 *Friese* RdA 2003, S. 92, 93.

650 *Dies.* RdA 2003, S. 92, 93.

651 *Dies.* RdA 2003, S. 92, 93.

652 Vgl. *T. Wißmann*, Tarifvertragliche Gestaltung, S. 161. Ähnlich *Kort* Die AG 2003, S. 13, 16.

Unternehmens zu erfüllen sind.[653] Typischerweise sind dies Beschaffung/Einkauf, Forschung & Entwicklung, Produktion, Absatz/Marketing und Verwaltung.[654] Die Objektgliederung (sog. Divisionalisierung bzw. Sparten- oder Geschäftsbereichsorganisation) bezieht sich auf gleichartige Produkte bzw. Produktgruppen, Kundengruppen oder geographische Merkmale (Absatzmärkte),[655] wobei die einzelnen Organisationseinheiten (Divisionen/Sparten) autonom in bezug auf Leistungserstellung, -gestaltung und -abgabe sind[656]. Diese Autonomie zieht eine Erfolgsverantwortung nach sich.[657] Eine Division muß daher zumindest über so viele Sachfunktionen disponieren können, daß ein Gewinn bzw. Verlust bewirkt und zugerechnet werden kann.[658] Die Projektgliederung der zweiten Hierarchieebene schließlich zeichnet sich durch Komplexität und Singularität sowie ihre zeitliche Befristung aus.[659] In der betrieblichen Wirklichkeit finden sich idealtypische, ausschließlich spartenorganisierte Unternehmen oder Konzerne selten. Zumeist bestehen Mischformen zwischen der Verrichtungs-, der Objekt- und der

---

653 Siehe hierzu *Frese*, Organisation, S. 409 ff.; *Jost*, Organisation, S. 459; *Laux/Liermann*, Organisation, S. 181 f., 289 f.; *Ringlstetter*, Organisation, S. 69 ff.; *Schertler*, Unternehmensorganisation, S. 33 f.; *Schreyögg*, Organisation, S. 130 f.; *Thommen*, Betriebswirtschaftslehre, S. 1068 ff.

654 *Jost*, Organisation, S. 460; *Laux/Liermann*, Organisation, S. 182, 289 f.; *Schertler*, Unternehmensorganisation, S. 33 f.; *Schreyögg*, Organisation, S. 130 f.

655 *Jost*, Organisation, S. 474 ff. (produkt-, technologie-, regional- und kundenorientierte Gliederung); *Jung*, Betriebswirtschaftslehre, S. 265; *Laux/Liermann*, Organisation, S. 181 f., 290; *Ringlstetter*, Organisation, S. 73; *Schreyögg*, Organisation, S. 132 ff., der eine Gliederung nach Produkten, Märkten, d. h. Inland und Ausland, Gütern, d. h. Dienstleistungen, zentralen Abnehmergruppen und Regionen, d. h. lokalen Märkten als zulässig ansieht; *Thommen*, Betriebswirtschaftslehre, S. 1071. Abweichend *Schertler*, Unternehmensorganisation, S. 34 f., der als Objekte nur Produkte bzw. Produktgruppen auffaßt und die Gliederung nach Marktbereichen oder Regionen nicht als Sparten bezeichnet, vgl. *ders.*, Unternehmensorganisation, S. 36. Ebenso *Frese*, Organisation, S. 425 ff., 464 ff.

656 *Frese*, Organisation, S. 427, 430; *Jost*, Organisation, S. 478 f.; *Jung*, Betriebswirtschaftslehre, S. 265; *Laux/Liermann*, Organisation, S. 290 f.

657 Im Sinne eines Profitcenters wie ein Unternehmen im Unternehmen, vgl. *Laux/Liermann*, Organisation, S. 291; *Schreyögg*, Organisation, S. 133. *Jost*, Organisation, S. 478 f. differenziert demgegenüber zwischen sog. Cost-Centern (Verantwortung für Kosten), Profit-Centern (daneben Verantwortung für Gewinn/Erlös) und Investment-Centern (zusätzlich Verantwortung für Investitionen).

658 *Schreyögg*, Organisation, S. 133.

659 *Frese*, Organisation, S. 500 ff.; *Jung*, Betriebswirtschaftslehre, S. 269; *Schertler*, Unternehmensorganisation, S. 38; *Thommen*, Betriebswirtschaftslehre, S. 1083 ff. Ausführlich *Schwager/Haar*, Projekt- und prozeßorientierte Unternehmensgestaltung.

Projektgliederung.[660] Dies leitet sich vor allem von dem Umstand her, daß neben den einzelnen Sparten sog. Zentralbereiche existieren, die Querschnittsfunktionen bündeln, für alle Sparten Dienstleistungen erbringen und die Gesamtleitung unterstützen.[661] Typisch sind z. B. Rechtsabteilungen, Personalwesen, Steuern & Versicherung, Grundlagenforschung, Controlling, Finanzen oder Öffentlichkeitsarbeit.[662] Da im Unternehmen aber nicht nur permanente Aufgaben zu erledigen sind, für die sich die bisherigen Organisationsformen anbieten, sondern auch innovative Aufgaben, die zeitlich begrenzt sind und sich aufgrund ihrer höheren Komplexität und Dynamik nicht einordnen lassen, müssen für letztere andere Organisationsformen gefunden werden.[663] Hier bietet sich die Projektorganisation an.[664] Der betriebswirtschaftliche Begriff der Sparte umfaßt nur die Objektgliederung, dagegen nicht die Verrichtungs- und die Projektgliederung.[665] Objekte können Produkte bzw. Produktgruppen, Kundengruppen oder geographische Merkmale (Absatzmärkte) sein. § 3 Abs. 1 Nr. 2 BetrVG erfaßt produkt- oder projektbezogene Geschäftsbereiche und verwendet hierfür den Begriff der *Sparte*. Nach dem Wortlaut ist die Vorschrift auf der einen Seite enger als die betriebswirtschaftliche Sparte, weil nur vom Produktbezug die Rede ist. Auf der anderen Seite ist ein Projektbezug ausreichend, was in der Betriebswirtschaftslehre nicht der Fall ist. Dies legt es entgegen der obigen Schlußfolgerung nahe, von einem eigenständigen betriebsverfassungsrechtlichen, gegenüber der betriebswirtschaftlichen Definition erweiterten Begriffsverständnis auszugehen.

Für einen eigenständigen Spartenbegriff spricht folgendes: im Mittelpunkt des § 3 Abs. 1 Nr. 2 BetrVG steht der produkt- oder projektbezogene Geschäftsbereich, der als Sparte definiert wird.[666] Würde das Betriebsverfassungsgesetz an die betriebswirtschaftliche „Sparte" anknüpfen,

---

660 *Frese*, Organisation, S. 450 ff.; *Jost*, Organisation, S. 481; *Laux/Liermann*, Organisation, S. 291; *Schreyögg*, Organisation, S. 132.

661 *Jost*, Organisation, S. 482; *Jung*, Betriebswirtschaftslehre, S. 265; *Laux/Liermann*, Organisation, S. 291 f.; *Schreyögg*, Organisation, S. 135; *Thommen*, Betriebswirtschaftslehre, S. 1071 f. Vgl. zu den Zentralbereichen ausführlich *Frese*, Organisation, S. 490 ff.

662 *Jost*, Organisation, S. 482; *Schreyögg*, Organisation, S. 135.

663 *Jost*, Organisation, S. 496 ff.

664 *Ders.*, Organisation, S. 501.

665 Vgl. die Begriffsbestimmungen bei *Jost*, Organisation, S. 459 ff.; *Jung*, Betriebswirtschaftslehre, S. 265 ff.; *Schertler*, Unternehmensorganisation, S. 33 ff.; *Schreyögg*, Organisation, S. 130 ff.; *Thommen*, Betriebswirtschaftslehre, S. 1071.

666 Vgl. *Kort* Die AG 2003, S. 13, 16: „Definition" der Sparte als produkt- oder projektbezogener Geschäftsbereich. Auch *Friese* RdA 2003, S. 92, 93.

hätte die Bezeichnung als objektbezogener Geschäftsbereich näher gelegen, wobei der Objektbezug in Hinsicht auf Produkte bzw. Produktgruppen, Kundengruppen oder geographische Merkmale (Absatzmärkte) bestehen kann. Für ein betriebswirtschaftliches Verständnis, welches den Begriff der Sparte in den Mittelpunkt stellt, spricht der Sinn und Zweck der Norm. Sie soll das Betriebsverfassungssystem flexibel gestalten, um auf Umstrukturierungen im Unternehmen oder Konzern reagieren und die Organisation der Arbeitnehmervertretung anpassen zu können. Der Grund für die Regelung des § 3 Abs. 1 Nr. 2 BetrVG sind die in der betrieblichen Wirklichkeit bestehenden vielfältigen, mit der Normalbetriebsverfassung nicht korrespondierenden divisionalisierten Organisationsstrukturen in Unternehmen und Konzernen. Läge dem § 3 Abs. 1 Nr. 2 BetrVG ein solches Normverständnis zugrunde, müßte der Wortlaut der Nr. 2 um das Merkmal des projektbezogenen Geschäftsbereiches teleologisch reduziert werden. Hierfür spräche auch, daß die projektbezogene Organisation in der Betriebswirtschaftslehre als eine befristete Aufgabenerledigung definiert wird. Dies steht in Widerspruch zum Sinn und Zweck der Organisation des Betriebsverfassungsgesetzes, eine verläßliche und tragfähige Grundlage für die Wahrnehmung der Beteiligungsrechte des Betriebsrates zu schaffen.[667] Allerdings darf nicht verkannt werden, daß auch bei einer befristeten Aufgabenstellung die Notwendigkeit der Mitbestimmung gegenüber der Projektleitung bestehen kann, insbesondere wenn diese Personalverantwortung hat.

Wie gezeigt wurde, kann betriebswirtschaftlich der Objektbezug der Sparte hinsichtlich von Produkten bzw. Produktgruppen, Kundengruppen und geographischen Merkmalen (Absatzmärkten) bestehen.[668] Selbst wenn der Wortlaut der Nr. 2 teleologisch im oben genannten Sinn reduziert und nur auf den Produktbezug abgestellt würde, bestünde keine Übereinstimmung zwischen dem Spartenverständnis im Betriebsverfassungsrecht und in der Betriebswirtschaftslehre.[669] Auf eine derartige teleologische Reduktion könnte verzichtet werden, wenn ein Begriffsverständnis des § 3 Abs. 1 Nr. 2 BetrVG zugrunde gelegt würde, welches davon ausgeht, daß die Gegenüberstellung von produkt- und projektbezogenen Geschäftsbereichen nur verdeutlichen soll, daß eine divisionale Organisation nicht nur bei Unternehmen oder Konzernen vorliegt, die nach Produkten bzw. Produktgruppen gegliedert sind, sondern auch bei einer Gliederung nach Kundengruppen oder Absatzmärkten.[670] Der „Projekt"-Bezug wäre hierbei die Kundengruppe oder die geographische Einteilung. Dies läßt

---

667 Vgl. Begründung zum RegE, BT-Drucks. 14/5741, S. 1, 26.

668 Siehe vorstehend S. 144 f.

669 Lediglich *Frese*, Organisation, S. 425 ff. und *Schertler*, Unternehmensorganisation, S. 34 f. beschränken die Spartenorganisation auf Produkte und Produktgruppen.

670 Vgl. *Friese* RdA 2003, S. 92, 93.

aber außer Betracht, daß in der Betriebswirtschaftslehre streng zwischen Objektbezug (Sparte) und Projektbezug differenziert wird und der Projektbezug keine Sparte darstellt. Es liegt daher näher, den Wortlaut des § 3 Abs. 1 Nr. 2 BetrVG als maßgebend anzusehen und von einem eigenständigen Begriffsverständnis im Betriebsverfassungsrecht auszugehen. Ausschlaggebend ist das Vorliegen produkt- oder projektbezogener Geschäftsbereiche in einem Unternehmen oder Konzern, welche das Gesetz als *Sparten* bezeichnet. Zur Bestimmung des Produkt- oder Projektbezuges kann auf das betriebswirtschaftliche Begriffsverständnis abgestellt werden. Die nicht von § 3 Abs. 1 Nr. 2 BetrVG erfaßten Sachverhalte (insbesondere nach Verrichtungen, Kundengruppen oder geographischen Merkmalen gegliederte Unternehmen bzw. Konzerne) können kollektivvertraglich über § 3 Abs. 1 Nr. 3 BetrVG geregelt werden.[671]

C. Tatbestandsmerkmal *Entscheidungen in beteiligungspflichtigen Angelegenheiten durch die Spartenleitung*

I. Bisherige Stellungnahmen in der Literatur

Nach *Riebles* Ansicht muß die spartenbezogene Leitungsmacht in mitbestimmungspflichtigen Angelegenheiten die Betriebe der Sparte zu einer „irgend gearteten Einheit" verbinden.[672] Dies könne jedoch nicht so intensiv sein, daß ein einheitlicher Betrieb anzunehmen sei. § 3 Abs. 1 Nr. 2 BetrVG setze daher eine relative Leitungsmacht voraus.[673] Nach *Friese* erfordert die Norm in dem Unternehmen eine dezentralisierte Entscheidungsstruktur.[674] Würden sämtliche mitbestimmungspflichtigen Entscheidungen durch die Unternehmensleitung getroffen, entspreche dies der gesetzlichen Normalvorstellung und eine kollektivvertragliche Abweichung sei überflüssig.[675] Die Spartenleitung müsse aber keineswegs die ausschließliche oder maßgebliche Entscheidungsbefugnis besitzen.[676] Wäre dem so, würden die Schwierigkeiten bei der Bestimmung des Vorliegens eines Betriebs, dessen zentrales Merkmal die maßgebliche Entscheidungskompetenz in sozialen und personellen Angelegenheiten ist, in die Norm des § 3 Abs. 1 Nr. 2 BetrVG hineingetragen.[677] Dies sollte, so *Friese*, durch die Erweiterung des § 3 BetrVG

---

671 *Trümner* in: Däubler/Kittner/Klebe, § 3 BetrVG Rn. 40a, 67.

672 *Rieble*, RWS-Forum Arbeitsrecht 2001, S. 25, 33.

673 *Ders.*, RWS-Forum Arbeitsrecht 2001, S. 25, 34.

674 *Friese* RdA 2003, S. 92, 93.

675 *Dies.* RdA 2003, S. 92, 93.

676 *Dies.* RdA 2003, S. 92, 94.

677 *Dies.* RdA 2003, S. 92, 94.

gerade vermieden werden.[678] *Trümner* fordert, daß die Spartenleitung tatsächlich auch Entscheidungen in beteiligungspflichtigen Angelegenheiten trifft, wobei diese keineswegs den wesentlichen Kern der sozialen und personellen Mitbestimmung ausmachen müssen.[679] Andernfalls würde die Spartenleitung selbst zum Kristallisationspunkt eines einheitlichen Betriebs.[680] Die Intensität der Beteiligung des Betriebsrates sei unerheblich. Entscheidungen der Spartenleitung in *Mitbestimmungs*fragen seien nicht erforderlich; *beteiligungs*-pflichtige Angelegenheiten würden genügen.[681] *Kaiser/Heither/Engels/Ingrid Schmidt* sprechen von besonders „starken" und selbständigen Spartenleitungen, die Entscheidungen in eigener Verantwortung treffen.[682] Ähnlich formuliert *Eisemann*, daß die Spartenleitung ihre Entscheidungen so selbständig treffen muß, daß sie als kompetenter Ansprechpartner des Betriebsrates in Frage kommt.[683] Die Leitungsmacht müsse so umfassend sein, daß die Wahl eines gesetzlichen Betriebsrates nicht erforderlich sei.[684]

II. Qualität der beteiligungspflichtigen Angelegenheiten

Die Leitung der Sparte muß Entscheidungen in *beteiligungspflichtigen Angelegenheiten* treffen, § 3 Abs. 1 Nr. 2 BetrVG. Der Wortlaut des Gesetzes gibt insofern einen Anhaltspunkt, als beteiligungs*pflichtige* Angelegenheiten erforderlich sind. Es muß eine Pflicht des Arbeitgebers bestehen, den Betriebsrat zu beteiligen. Es genügt nicht, wenn die Mitwirkung des Betriebsrates für den Arbeitgeber freiwillig ist. Die Beteiligungspflicht kann sich aus dem Betriebsverfassungsgesetz ergeben.[685] Als ausreichend ist ebenso eine Pflicht aufgrund Tarifvertrag oder Betriebsvereinbarung anzusehen.[686] Die

---

678 *Dies.* RdA 2003, S. 92, 94. Vgl. auch die Begründung zum RegE, BT-Drucks. 14/5741, S. 26.

679 *Trümner* in: Däubler/Kittner/Klebe, § 3 BetrVG Rn. 45.

680 *Ders.* in: Däubler/Kittner/Klebe, § 3 BetrVG Rn. 45.

681 *Ders.* in: Däubler/Kittner/Klebe, § 3 BetrVG Rn. 46.

682 *Fitting* § 3 BetrVG Rn. 39.

683 *Eisemann* in: ErfK, § 3 BetrVG Rn. 5.

684 *Ders.* in: ErfK, § 3 BetrVG Rn. 5.

685 Vgl. zum Begriff und zur Einteilung der Beteiligungsrechte *U. Koch* in: Schaub, Arbeitsrechts-Handbuch, § 230 Rn. 1 ff. Diese Einteilung wird auch den folgenden Ausführungen zugrunde gelegt. Die Kosten-, Gewinn- oder Investitionsverantwortlichkeit des produkt- oder projektbezogenen Geschäftsbereichs ist bereits Voraussetzung für sein Vorliegen, vgl. vorstehend S. 144 f., hat bei den beteiligungspflichtigen Angelegenheiten aber keine Relevanz.

686 Auf den Streitstand der Zulässigkeit der Erweiterung der Beteiligungsrechte des Betriebsrates durch Kollektivvertrag soll im Rahmen dieser Arbeit nicht eingegangen werden. Die herrschende Ansicht bejaht dies, vgl. hierzu BAG 18.8.1987 AP Nr. 23 zu

grammatikalische Auslegung findet in den Gesetzesmaterialien eine Bestätigung. Dort wird von Angelegenheiten gesprochen, in denen der Betriebsrat „zu beteiligen *ist*“[687]. Aus welchem Grund (z. B. Weisung der Konzernobergesellschaft, Auftrag des jeweiligen Spartenunternehmens, im eigenen Namen oder berechtigterweise mit wirksamer Vollmacht) die Entscheidungen von der Spartenleitung getroffen werden, besitzt keine Relevanz. Es kommt allein darauf an, daß dies tatsächlich der Fall ist.[688]

Darüber hinaus könnte § 3 Abs. 1 Nr. 2 BetrVG restriktiv ausgelegt und gefordert werden, daß Beteiligungsrechte bestimmter Qualität, z. B. Mitbestimmungsrechte, nicht aber bloße Informationsrechte, vorliegen müssen und die Spartenleitung beispielsweise Entscheidungen in den Kernbereichen der betrieblichen Mitbestimmung nach § 87 BetrVG – soziale Mitbestimmung – treffen muß.[689] Hiergegen streitet bereits der Wortlaut der Norm. Wenn § 3 Abs. 1 Nr. 2 BetrVG von *beteiligungspflichtigen Angelegenheiten* spricht, ist es notwendige, aber auch hinreichende Voraussetzung, daß es sich um Sachverhalte handelt, bei denen der Betriebsrat zu beteiligen ist. Wie diese Beteiligung vom Gesetz qualitativ ausgestaltet wird, ob als bloßes Informationsrecht (z. B. §§ 80, 81, 89 Abs. 4 und 5 BetrVG), als Anhörungsrecht (z. B. § 102 BetrVG) oder als Mitbestimmungsrecht (z. B. §§ 87, 103 BetrVG), ist irrelevant. Der Sinn und Zweck der Norm, die Entscheidungsnähe des Betriebsrates zu gewährleisten, spricht ebenfalls gegen eine tatbestandliche Reduktion. Selbst wenn die Entscheidungen der Spartenleitung Beteiligungsrechte des Betriebsrates berühren, deren Intensität geringer ist (z. B. bloßes Anhörungsrecht und kein Mitbestimmungsrecht), kann die Einrichtung eines Spartenbetriebsrates teleologisch gerechtfertigt sein. Dies ist beispielsweise der Fall, wenn die Spartenleitung in einer Vielzahl beteiligungspflichtiger Angelegenheiten entscheidet, bei denen dem Betriebsrat nur Anhörungsrechte zustehen. Um durch eine entscheidungsnahe

---

§ 77 BetrVG 1972; *Däubler*, Tarifvertragsrecht, Rn. 1053 ff.; *Fabricius* in: GK-BetrVG II [6. Aufl.], vor § 106 BetrVG Rn. 82 ff.; *Fitting* § 1 BetrVG Rn. 245 ff.; *Giesen*, Tarifvertragliche Rechtsgestaltung, S. 364 ff.; *von Hoyningen-Huene* in: MüHdbArbR III, § 297 Rn. 100 ff.; *Kraft* in: GK-BetrVG II, vor § 92 BetrVG Rn. 10 ff.; *Richardi* [7. Aufl.] Einleitung BetrVG Rn. 134 ff., 140 ff.; *Oetker* in: GK-BetrVG II, vor § 106 BetrVG Rn. 11 ff.; *ders.* in: H. Wiedemann, § 1 TVG Rn. 598 ff.; *Wiese* in: GK-BetrVG I, Einleitung BetrVG Rn. 103; *ders.* in: GK-BetrVG II, § 87 BetrVG Rn. 7 ff., vor § 90 BetrVG Rn. 10. Ausführlich *Meier-Krenz*, Erweiterung von Beteiligungsrechten.

687 Vgl. Begründung zum RegE, BT-Drucks. 14/5741, S. 34.

688 *Trümner* in: Däubler/Kittner/Klebe, § 3 BetrVG Rn. 45. Vgl. auch schon *Konzen*, Unternehmensaufspaltungen, S. 100 f.

689 In diese Richtung deutet die Formulierung von *Löwisch* in: Löwisch/Kaiser, § 3 BetrVG Rn. 8. Anders aber *Trümner* in: Däubler/Kittner/Klebe, § 3 BetrVG Rn. 46.

Betriebsratsarbeit den Arbeitnehmerschutz- und den Arbeitnehmerteilhabegedanken des Betriebsverfassungsrechts effektiv zu verwirklichen, kann es sachgerecht sein, einen Spartenbetriebsrat z. B. dort zu errichten, wo die Spartenleitung lediglich zu Kündigungen ermächtigt ist und damit „nur" das Anhörungsrecht des § 102 BetrVG auslöst. Gerade in dem Bereich der personellen Einzelmaßnahmen sind die Arbeitnehmer an einer effizienten Mitbestimmung interessiert, berühren sie doch unmittelbar den Bestand des einzelnen Arbeitsverhältnisses.

Mit den *beteiligungspflichtigen Angelegenheiten* i. S. d. § 3 Abs. 1 Nr. 2 BetrVG sind alle Tatbestände angesprochen, die eine Beteiligungspflicht des Arbeitgebers und ein damit korrespondierendes Beteiligungsrecht des Betriebsrates, gleich welcher Qualität, auslösen.[690]

III. Quantität der beteiligungspflichtigen Angelegenheiten

Die Spartenleitung muß gem. § 3 Abs. 1 Nr. 2 BetrVG *auch* Entscheidungen in beteiligungspflichtigen Angelegenheiten treffen. Dies ist der Fall, sobald ihr Kompetenzkatalog Entscheidungen umfaßt, die betriebsverfassungsrechtlich relevant sind und Beteiligungsrechte des Betriebsrates auslösen. Die Anforderungen sind allerdings nicht sehr hoch.[691] Keineswegs muß die Spartenleitung mit ausschließlichen oder maßgeblichen Entscheidungskompetenzen in beteiligungspflichtigen Angelegenheiten ausgestattet sein, wie dies für den betriebskonstituierenden einheitlichen Leitungsapparat nötig ist,[692] der den wesentlichen Kern der Mitbestimmungsrechte in sozialen und personellen Angelegenheiten wahrnehmen muß.[693] Hätte die Spartenleitung solch umfangreiche Befugnisse, wäre die Sparte als Betrieb i. S. d. § 1 BetrVG anzusehen. Ein Regelungsspielraum für einen Kollektivvertrag nach § 3 Abs. 1 Nr. 2 BetrVG

---

690 Ebenso *Trümner* in: Däubler/Kittner/Klebe, § 3 BetrVG Rn. 46.

691 Ähnlich *P. Hanau* NJW 2001, S. 2513, 2513. Anders *Richardi* in: ders., § 3 BetrVG Rn. 18, 20; *Richardi*, Neue Betriebsverfassung, § 3 Rn. 12, 14, der neben einer rechtlichen Verbundenheit der Unternehmen fordert, daß die Spartenleitung „*alle* Entscheidungen in betriebspflichtigen Angelegenheiten" trifft. Hieraus folgert er auch eine Doppelstruktur für die Fälle, in denen die Spartenleitung nicht alle diese Entscheidungen trifft, vgl. *Richardi* in: ders., § 3 BetrVG Rn. 20 a. E.; *Richardi*, Neue Betriebsverfassung, § 3 Rn. 14 a. E., vgl. auch nachstehend Fn. 750. *Kaiser/Heither/Engels/Ingrid Schmidt* gehen davon aus, daß es sich wohl um „besonders ‚starke' und selbständige Spartenleitungen" handeln muß, vgl. *Fitting* § 3 BetrVG Rn. 39.

692 Vgl. hierzu vorstehend S. 99 f.

693 *P. Hanau* NJW 2001, S. 2513, 2513; *Friese* RdA 2003, S. 92, 94; *Trümner* in: Däubler/Kittner/Klebe, § 3 BetrVG Rn. 45.

verbliebe nicht.[694] Zudem würden die Schwierigkeiten bei der Bestimmung des Betriebs in die Norm des § 3 Abs. 1 Nr. 2 BetrVG hineingetragen. Dies wollte der Gesetzgeber durch die Öffnungsklauseln des § 3 BetrVG für Kollektivverträge gerade vermeiden.[695] Die Spartenleitung trifft auch Entscheidungen in beteiligungspflichtigen Angelegenheiten, wenn sie eine relative Leitungsmacht[696] besitzt. Der Umfang muß zwischen den Extrema, daß die Spartenleitung keinerlei Entschlüsse in beteiligungspflichtigen Angelegenheiten trifft und dem Bestehen der ausschließlichen bzw. maßgeblichen Befugnis hierin, liegen. Eine weitergehende Konkretisierung dieses Tatbestandsmerkmals kann aufgrund des insoweit offenen Wortlautes nicht vorgenommen werden.

D. Tatbestandsmerkmal *sachgerechte Wahrnehmung der Aufgaben des Betriebsrates*

Die kollektivvertragliche Bildung eines Betriebsrates in den Sparten ist nur zulässig, wenn dies der sachgerechten Wahrnehmung der Aufgaben des Betriebsrates dient, § 3 Abs. 1 Nr. 2 BetrVG. Dies ist ein unbestimmter Rechtsbegriff, der den Kollektivvertragsparteien einen erheblichen Beurteilungsspielraum einräumt.[697]

Nach dem Wortlaut der Vorschrift muß die kollektivvertragliche Gestaltung der Wahrnehmung der Aufgaben des Betriebsrates dienen. Unter *Aufgaben des Betriebsrates* können sowohl die Rechte als auch die Pflichten nach dem Betriebsverfassungsgesetz (oder aufgrund eines Tarifvertrages bzw. einer Betriebsvereinbarung)[698] verstanden werden. Der Tarifvertrag muß einer *sachgerechten* Wahrnehmung dienen. Damit kommt, vergleichbar zu § 3 Abs. 1 Nr. 1 2. HS 2. Alt. BetrVG, zum Ausdruck, daß eine effiziente und den Umständen nach angemessene, eine „der Sache gerecht" werdende Tätigkeit des Betriebsrates verfolgt werden muß. Wie bereits oben dargestellt,[699] legt der gesetzessystematische Vergleich mit § 3 Abs. 1 Nr. 1 2. HS 2. Alt. BetrVG den Schluß nahe, daß die Vorschriften einen unterschiedlichen Bedeutungsgehalt haben.

---

694 *Friese* RdA 2003, S. 92, 93; *Trümner* in: Däubler/Kittner/Klebe, § 3 BetrVG Rn. 45. Auch *Konzen* RdA 2001, S. 76, 87.

695 *Friese* RdA 2003, S. 92, 94. Vgl. auch die Begründung zum RegE, BT-Drucks. 14/5741, S. 26 und *Trümner* in: Däubler/Kittner/Klebe, § 3 BetrVG Rn. 47.

696 Vgl. *Rieble*, RWS-Forum Arbeitsrecht 2001, S. 25, 34.

697 *Fitting* § 3 BetrVG Rn. 2; *Trümner* in: Däubler/Kittner/Klebe, § 3 BetrVG Rn. 49. Zu den hieraus folgenden Konsequenzen bei der gerichtlichen Überprüfung von Organisationskollektivverträgen siehe nachstehend S. 324 ff., 330 ff.

698 Vgl. vorstehend S. 149.

699 Siehe S. 122.

Durch das Erfordernis der sachgerechten Wahrnehmung der Aufgaben des Betriebsrates soll gewährleistet werden, daß ein Tarifvertrag nach § 3 Abs. 1 Nr. 2 BetrVG dem Sinn und Zweck dieser Norm gerecht wird. Das Ziel des § 3 BetrVG ist es, eine verläßliche und tragfähige Organisationsgrundlage für den Betriebsrat zu schaffen.[700] Dem Regelungsziel der Norm entsprechend muß es sich um die sachgerechte Aufgabenwahrnehmung gerade durch den Spartenbetriebsrat handeln, um dessen Errichtung es in § 3 Abs. 1 Nr. 2 BetrVG geht.[701] Sinn und Zweck dieses Spartenbetriebsrates ist die Entscheidungsnähe der betrieblichen Arbeitnehmervertretung,[702] wie auch die Gesetzesmaterialien[703] verdeutlichen. Das Betriebsverfassungsrecht kann auf wirtschaftliche Entscheidungen des Unternehmens- oder Konzernträgers nicht aktiv einwirken, sondern nur reagieren. Demzufolge muß es ein Instrumentarium bereitstellen, mit dem auf Um- und Restrukturierungsentscheidungen der Arbeitgeberseite reagiert werden kann, soll die betriebliche Mitbestimmung nicht leerlaufen. Dies insbesondere in den Fällen der nach Geschäftsbereichen organisierten Unternehmen oder Konzerne, da sich in diesen die Entscheidungsstrukturen nicht an den gesellschaftsrechtlich definierten Begriffen des Unternehmens oder Konzerns, sondern an den Sparten orientieren, welche auf die betriebswirtschaftlich definierten produkt- oder projektbezogenen Geschäftsbereiche Bezug nehmen.[704] Ein Instrument ist hierbei die Errichtung eines Spartenbetriebsrates aufgrund eines Kollektivvertrages. Damit soll der Betriebsrat auf der Spartenebene des Unternehmens bzw. Konzerns angesiedelt werden, wenn arbeitgeberseitig die Spartenleitung auch mitbestimmungsrelevante Entscheidungen trifft. Der Spartenbetriebsrat soll entscheidungsnah ausgestaltet werden. Hierdurch wird gewährleistet, daß die dem Betriebsrat zustehenden Beteiligungsrechte nicht leerlaufen, weil kein korrespondierender kompetenter Entscheidungsträger des Arbeitgebers vorhanden ist. Ein Kollektivvertrag dient der sachgerechten Wahrnehmung der Aufgaben des Betriebsrates und wird dem Sinn und Zweck der Vorschrift gerecht, wenn die Interessenvertretung durch den Spartenbetriebsrat (wieder) effektiv erfolgen kann, weil diesem ein kompetenter Ansprechpartner und Entscheidungsträger auf Arbeitgeberseite zur Verfügung steht.

---

700 *Fitting* § 3 BetrVG Rn. 2; *Trümner* in: Däubler/Kittner/Klebe, § 3 BetrVG Rn. 4.

701 *Kort* Die AG 2003, S. 13, 21; *Kraft* in: GK-BetrVG I, § 3 BetrVG Rn. 12; *Trümner* in: Däubler/Kittner/Klebe, § 3 BetrVG Rn. 48.

702 *Fitting* § 3 BetrVG Rn. 40; auch *Trümner* in: Däubler/Kittner/Klebe, § 3 BetrVG Rn. 49.

703 Begründung zum RegE, BT-Drucks. 14/5741, S. 34.

704 Siehe vorstehend S. 142 ff.

An diesem Punkt der Betrachtung stehenzubleiben, verbietet sich allerdings aus teleologischen Gründen. Zwar weist das Betriebsverfassungsgesetz allein dem Betriebsrat (und dem Gesamt- sowie Konzernbetriebsrat) die Wahrnehmung der Beteiligungsrechte gegenüber dem Arbeitgeber zu. Hieraus darf jedoch nicht der Schluß gezogen werden, daß diese Repräsentationsorgane um ihrer selbst willen bestehen.[705] Die betriebsverfassungsrechtlichen Vertretungsorgane haben die Funktion, die Interessen der Belegschaft des Betriebs wahrzunehmen. Nur aus diesem Grund sind dem Betriebsrat Beteiligungsrechte zugewiesen. Dies ergibt sich aus Gesamtzusammenhang sowie Sinn und Zweck des Betriebsverfassungsrechts, wie sie insbesondere in den §§ 2 Abs. 1, 75, 80 BetrVG zum Ausdruck kommen. Das Erfordernis des § 3 Abs. 1 Nr. 2 BetrVG nach der sachgerechten Wahrnehmung der Aufgaben des Betriebsrates verlangt nicht nur eine effiziente Betriebsratsarbeit, welche durch die Entscheidungsnähe gewährleistet wird. Auch die Interessen der Arbeitnehmer des Betriebs müssen Berücksichtigung finden. Den Arbeitnehmern wäre wenig geholfen, wenn der Spartenbetriebsrat zwar entscheidungsnah ausgestaltet wäre, er hierdurch aber den Kontakt zur Belegschaft verliert. Es widerspräche dem Schutz- und dem Teilhabegedanken als zentralen Leitmotiven der Betriebsverfassung, wenn der Betriebsrat zwar seine Beteiligungsrechte effektiv wahrnehmen könnte, aber nicht wüßte, welche Individualinteressen die Arbeitnehmer verfolgen und welches kollektive Interesse daraus abzuleiten ist. Die Konsequenz wäre ein „Betriebsrat ohne Belegschaft". Inhalt der sachgerechten Wahrnehmung der Aufgaben des Betriebsrates ist damit auch eine belegschaftsnahe Betriebsratsarbeit. Als Zwischenergebnis der teleologischen Auslegung gilt entsprechend dem oben[706] dargestellten Zielkonflikt zwischen der Entscheidungs- und der Belegschaftsnähe für den Spartenbetriebsrat nach § 3 Abs. 1 Nr. 2 BetrVG ebenso die Maxime: „Soviel Entscheidungsnähe wie nötig, soviel Belegschaftsnähe wie dabei noch möglich".[707] Sie kann mit Hilfe der Kriterien Qualität und Quantität der der Spartenleitung zustehenden Entscheidungsbefugnisse in beteiligungspflichtigen Angelegenheiten konkretisiert werden.[708] Je mehr betriebsverfassungsrechtlich relevante Entscheidungen die Spartenleitung trifft und je intensiver (i. S. der üblichen Abstufung)[709] die dabei

---

705 Siehe vorstehend S. 88.

706 Siehe S. 95 ff.

707 Vgl. auch *Friese* RdA 2003, S. 92, 100.

708 *Dies.* RdA 2003, S. 92, 100; auch *Buchner* NZA 2001, S. 633, 634; *Kort* Die AG 2003, S. 13, 21. Dies war für das Tatbestandsmerkmal „auch Entscheidungen in beteiligungspflichtigen Angelegenheiten treffen" nicht möglich, vgl. vorstehend S. 147 ff.

709 Vgl. hierzu *U. Koch* in: Schaub, Arbeitsrechts-Handbuch, § 230 Rn. 1 ff.

betroffenen Beteiligungsrechte des Betriebsrates sind, desto eher wird eine sachgerechte Wahrnehmung der Aufgaben des Betriebsrates durch die sich an den bestehenden Sparten orientierende kollektivvertragliche Regelung zu bejahen sein. Auf der anderen Seite kann eine nur (qualitativ und/oder quantitativ) marginal mit betriebsverfassungsrechtlich relevanten Entscheidungen befaßte Spartenleitung häufiger zu einem „unfruchtbaren Nebeneinander“[710] verschiedener Arbeitnehmervertretungen führen, was Zweifel an der sachgerechten Wahrnehmung der Aufgaben des Betriebsrates aufkommen läßt. Gänzlich zu verneinen ist die Sachgerechtigkeit der kollektivvertraglichen Regelung, wenn sie zu i. S. d. § 1 Abs. 1 Satz 1 BetrVG nicht betriebsratsfähigen betriebsverfassungsrechtlichen Organisationseinheiten führt. Diese werden gem. § 3 Abs. 5 Satz 1 BetrVG als Betriebe fingiert; die Errichtung der Spartenbetriebsräte bestimmt sich nach den Vorschriften des Betriebsverfassungsgesetzes. Das ist insbesondere bei der beabsichtigten Bildung mehrerer Betriebsräte in einer Sparte zu beachten.

Die Begründung des Regierungsentwurfes zum Betriebsverfassungs-Reformgesetz sieht das Tatbestandsmerkmal der sachgerechten Wahrnehmung der Aufgaben des Betriebsrates vor allem dann als gegeben an, wenn der Betriebsrat dort errichtet werden soll, wo ihm ein kompetenter Ansprechpartner und Entscheidungsträger gegenübersteht.[711] Hiernach verfolgt dieses Tatbestandsmerkmal eindeutig die Gewährleistung der Entscheidungsnähe und bestätigt das Ergebnis der systematischen und teleologischen Auslegung.

In der Gesamtabwägung aller Auslegungskriterien dient ein Kollektivvertrag der sachgerechten Wahrnehmung der Aufgaben des Betriebsrates, wenn er eine effiziente Mitbestimmung der Arbeitnehmer ermöglicht, indem er den Spartenbetriebsrat so entscheidungsnah wie nötig ausgestaltet, ohne die dabei noch mögliche Belegschaftsnähe vermissen zu lassen. Als Beurteilungsmaßstab kommen die §§ 47, 54 BetrVG und die §§ 1, 4, 8, 28, 28a, 38, 42 ff. BetrVG sowie die betriebsverfassungsrechtlichen Grundgedanken der möglichst umfassenden Belegschaftsrepräsentation (vgl. §§ 3 Abs. 1 Nr. 1, 4, 50 Abs. 1 Satz 1 2. HS, 58 Abs. 1 Satz 1 2. HS BetrVG), der klaren Funktionsabgrenzung zwischen den Vertretungsorganen (vgl. §§ 50, 58 BetrVG) sowie der Effektivierung durch Spezialisierung und Freistellung (vgl. §§ 28, 28a, 38 BetrVG) in Betracht. Für die Sachgerechtigkeit der kollektivvertraglichen Regelung werden insbesondere Qualität und Quantität der der Spartenleitung zustehenden Entscheidungsbefugnisse in beteiligungspflichtigen Angelegenheiten von Bedeutung sein.

---

710 Vgl. die Formulierung von BAG 1.2.1963 AP Nr. 5 zu § 3 BetrVG.

711 BT-Drucks. 14/5741, S. 34.

E. Die Bildung von Betriebsräten in den Sparten als Regelungsmöglichkeit

I. Allgemeines

Als Regelungsmöglichkeit sieht § 3 Abs. 1 Nr. 2 BetrVG die Errichtung von Betriebsräten in den Sparten vor. Wie sich aus den Gesetzesmaterialien[712] ergibt, wird den Kollektivvertragsparteien hiermit ein großes Gestaltungspotential eingeräumt. Die vielfältigen Formen divisional organisierter Unternehmen und Konzerne setzen sich zwangsläufig auf der Ebene der betriebsverfassungsrechtlichen Organisationsstruktur fort. So ist es möglich, je nach Ausgestaltung der Sparte ein oder mehrere Betriebsräte je Sparte,[713] betriebsübergreifende Spartenbetriebsräte[714] oder aber mehrere Spartenbetriebsräte für eine als Betrieb anzusehende Produktionsstätte (betriebsinterne Spartenbetriebsräte)[715] vorzusehen.[716] Setzt sich eine Sparte aus mehreren Betrieben verschiedener Unternehmen oder mehreren Unternehmen zusammen, können durch den Tarifvertrag unternehmensübergreifend Spartenbetriebsräte errichtet werden.[717] Entsprechendes soll nach der Regierungsbegründung zum Betriebsverfassungs-Reformgesetz für einen nach Sparten organisierten Konzern gelten.[718] Die Errichtung von Spartenbetriebsräten ist nur innerhalb eines Konzerns möglich, wie der Gesetzeswortlaut („für Unternehmen und Konzerne") und die Gesetzesmaterialien[719] verdeutlichen. Die betroffenen Unternehmen müssen in

712 Begründung zum RegE, BT-Drucks. 14/5741, S. 34.

713 Hierbei ist insbesondere zu beachten, daß im Hinblick auf die Sachgerechtigkeit des Kollektivvertrages die einzelnen betriebsverfassungsrechtlichen Organisationseinheiten betriebsratsfähig i. S. d. § 1 Abs. 1 Satz 1 BetrVG sind.

714 Vgl. *Fitting* § 3 BetrVG Rn. 37; *Löwisch* in: Löwisch/Kaiser, § 3 BetrVG Rn. 8; *Richardi* in: ders., § 3 BetrVG Rn. 14; *Richardi*, Neue Betriebsverfassung, § 3 Rn. 10; *Trümner* in: Däubler/Kittner/Klebe, § 3 BetrVG Rn. 40.

715 Hierzu *Fitting* § 3 BetrVG Rn. 45; *Richardi* in: ders., § 3 BetrVG Rn. 14; *Richardi*, Neue Betriebsverfassung, § 3 Rn. 10; *Trümner* in: Däubler/Kittner/Klebe, § 3 BetrVG Rn. 39. Ablehnend *Löwisch* in: Löwisch/Kaiser, § 3 BetrVG Rn. 10. Bei § 3 Abs. 1 Nr. 1 BetrVG ist die Bildung mehrerer Betriebsräte in einem Betrieb unzulässig. Hieraus folgt im Umkehrschluß nicht, daß dies generell ausgeschlossen ist, vgl. *Friese* RdA 2003, S. 92, 97.

716 Begründung zum RegE, BT-Drucks. 14/5741, S. 34.

717 Begründung zum RegE, BT-Drucks. 14/5741, S. 34; *Fitting* § 3 BetrVG Rn. 43; *Löwisch* in: Löwisch/Kaiser, § 3 BetrVG Rn. 9; *Trümner* in: Däubler/Kittner/Klebe, § 3 BetrVG Rn. 42.

718 BT-Drucks. 14/5741, S. 34.

719 Vgl. Begründung zum RegE, BT-Drucks. 14/5741, S. 34 „für *einen* [...] Konzern".

einer (gesellschaftsrechtlichen) Konzernverbindung stehen,[720] wobei dies ein Unterordnungs- oder ein Gleichordnungskonzern sein kann[721]. Eine spartenübergreifende Bildung von Betriebsräten ist nach dem Wortlaut des § 3 Abs. 1 Nr. 2 BetrVG nicht zulässig – die Norm ermöglicht nur die Bildung von Betriebsräten *in den Sparten.*[722]

Spartenbetriebsräte müssen nicht für alle Teile eines Betriebs oder alle Betriebe eines Unternehmens errichtet werden.[723] Zum einen kann der Geltungsbereich des Kollektivvertrages auf bestimmte Betriebe des Unternehmens beschränkt sein. Zum anderen sind nicht notwendig alle Teile eines Betriebs oder alle Betriebe des Unternehmens in einen produkt- oder projektbezogenen Geschäftsbereich integriert. Dies trifft insbesondere für die sog. Zentralbereiche zu. In der betrieblichen Praxis finden sich in der Regel Mischformen der Organisation nach Verrichtungen, Objekten und Projekten.[724] Nur *soweit* produkt- oder projektbezogene Geschäftsbereiche bestehen und die Spartenleitung auch Entscheidungen in beteiligungspflichtigen Angelegenheiten trifft, ist die Errichtung eines Spartenbetriebsrates möglich, wie der Wortlaut des § 3 Abs. 1 Nr. 2 BetrVG verdeutlicht.[725] Bei einer solchen Mischorganisation ist es nicht ausgeschlossen, daß die Leitung der sog. Zentralbereiche beteiligungspflichtige Entscheidungen bezüglich der Spartenbelegschaft trifft. Problematisch ist in diesem Fall, wie und durch wen die betriebsverfassungsrechtlichen Beteiligungsrechte wahrgenommen werden.

II. Die Bildung von Spartengesamtbetriebsräten

Nach der Begründung zum Regierungsentwurf des Betriebsverfassungs-Reformgesetzes, nicht aber nach dem Gesetz selbst, ist auch die Errichtung eines Spartengesamtbetriebsrates zulässig, wenn einer Sparte mehrere Unternehmen angehören.[726] Dies soll ein oberhalb der Unternehmensebene liegendes Vertretungsorgan sein. Hiergegen spricht sich *Trümner*[727] aus. Er will die Möglichkeit der Errichtung von Spartenbetriebsräten auf die erste Ebene der betriebsverfassungsrechtlichen Repräsentationsstruktur beschränken. § 3

---

720 So auch *Richardi* in: ders., § 3 BetrVG Rn. 16.

721 Zur Frage, welcher Art die Konzernverbindung sein muß, vgl. vorstehend S. 138 ff.

722 *Friese* RdA 2003, S. 92, 95.

723 *Friese* RdA 2003, S. 92, 95; anders *Fitting* § 3 BetrVG Rn. 41.

724 Vgl. die Nachweise vorstehend Fn. 660.

725 Vgl. *Friese* RdA 2003, S. 92, 95; *Kort* Die AG 2003, S. 13, 19; *Trümner* in: Däubler/Kittner/Klebe, § 3 BetrVG Rn. 40a.

726 BT-Drucks. 14/5741, S. 34.

727 *Trümner* in: Däubler/Kittner/Klebe, § 3 BetrVG Rn. 51 ff. Ähnlich *Giesen* BB 2002, S. 1480, 1481.

BetrVG sei in seiner Gesamtkonzeption auf die Anpassung der Organisationseinheiten der Betriebsräte im engeren Sinn zugeschnitten. Dies zeige die Regelung des § 3 Abs. 5 BetrVG, die sich auf die Bildung eines Basisvertretungsorgans beziehe.[728] Auch werde in § 3 Abs. 4 Satz 2 BetrVG ein Amtszeitende für bestehende Betriebsräte festgelegt. Eine Amtszeit sieht das Gesetz, so *Trümner*, aber nur für den Betriebsrat vor, während Gesamt- und Konzernbetriebsrat Dauerorgane sind, die nur bei einem Wegfall ihrer Errichtungsvoraussetzungen enden.[729] Zudem existiere der Begriff des Spartengesamtbetriebsrates bisher nicht als gefestigter Gesetzesbegriff.[730] Auch *Löwisch*[731] ist der Ansicht, daß das Gesetz die Möglichkeit der Errichtung eines besonderen „SpartenGBR“, der neben die eigentlichen Gesamtbetriebsräte treten müßte, nicht vorsieht. Nach *Konzen*[732] geht es bei § 3 Abs. 1 Nr. 2 BetrVG „nur um *zusätzliche* Spartenbetriebsräte (‚Teilgesamtbetriebsräte’, Teilkonzernbetriebsräte) unterhalb des Unternehmens bzw. der Konzernspitze“. *Kaiser/Heither/Engels/Ingrid Schmidt*[733] sehen die Bildung eines Spartenbetriebsrates auf der Konzernebene als zulässig an.

Das Argument, daß sich § 3 BetrVG auf die Anpassung der Organisationseinheiten der Betriebsräte im engeren Sinn beziehe, vermag nicht vollständig zu überzeugen. § 3 Abs. 1 Nr. 3 BetrVG läßt gerade Modifikationen der gesetzlichen Betriebsverfassungsstruktur auf allen Organisationsebenen (Betrieb, Unternehmen und Konzern) zu. Demzufolge kann die Schlußfolgerung *Trümners* aus § 3 Abs. 4 Satz 2, Abs. 5 BetrVG auch für § 3 Abs. 1 Nr. 2 BetrVG nicht zwingend sein.[734] Die Verwendung des Begriffes „Betriebsrat“ in § 3 Abs. 1 Nr. 2 BetrVG deutet zwar darauf hin, daß hiermit gemeint ist, was das Gesetz auch sonst als Betriebsrat bezeichnet.[735] Der Gesamt*betriebsrat* und der Konzern*betriebsrat* sind aber grammatikalisch Betriebsräte im weiteren

---

728 *Trümner* in: Däubler/Kittner/Klebe, § 3 BetrVG Rn. 52.

729 *Ders.* in: Däubler/Kittner/Klebe, § 3 BetrVG Rn. 52.

730 *Ders.* in: Däubler/Kittner/Klebe, § 3 BetrVG Rn. 51.

731 *Löwisch* in: Löwisch/Kaiser, § 3 BetrVG Rn. 9.

732 *Konzen* RdA 2001, S. 76, 87.

733 *Fitting* § 3 BetrVG Rn. 44. Vgl. auch *Hohenstatt/Dzida* DB 2001, S. 2498, 2499: „Nach der Gesetzesbegründung [...] Bildung eines Spartengesamtbetriebsrats und wohl auch eines Spartenkonzernbetriebsrats zulässig [...]“.

734 *Friese* RdA 2003, S. 92, 95. Auch *Trümner* in: Däubler/Kittner/Klebe, § 3 BetrVG Rn. 76 kommt nicht umhin, die Errichtung eines Spartengesamtbetriebsrates nach § 3 Abs. 1 Nr. 3 BetrVG zuzulassen.

735 *Friese* RdA 2003, S. 92, 95. Diesen Schluß zieht *Trümner* in: Däubler/Kittner/Klebe, § 3 BetrVG Rn. 43.

Sinn.[736] Der Gesetzgeber konnte die Begriffe „Gesamt- und Konzernbetriebsrat“ im Rahmen des § 3 Abs. 1 Nr. 2 BetrVG nicht ohne weiteres verwenden, hätte dies doch zu nicht geringeren Unsicherheiten geführt als der Verzicht auf sie.[737] Bei § 3 Abs. 1 Nr. 2 BetrVG geht es nicht um die Errichtung von Gesamt- oder Konzernbetriebsräten i. S. d. §§ 47, 54 BetrVG, sondern um die Bildung von Gesamtspartenräten und Konzernspartenräten in der Funktion von Unternehmensteil- und Konzernteilbetriebsräten.[738]

Die Gesetzesmaterialien sprechen gegen die Beschränkung der Regelungsbefugnis der Kollektivvertragsparteien auf die unterste Ebene der betriebsverfassungsrechtlichen Repräsentation.[739]

> „Die Tarifvertrags- bzw. Betriebsparteien sollen einvernehmlich festlegen können, auf welcher Ebene Betriebsräte anzusiedeln sind, um schnelle und effiziente Mitbestimmungsstrukturen entsprechend den vielfältigen Betriebs- und Unternehmensstrukturen zu schaffen. Deren Sachnähe und -kenntnis gewährleisten optimale Regelungen und notwendige Anpassungen für die Zukunft.“[740]

Trümner mißt der beispielhaften Erwähnung des Spartengesamtbetriebsrates keine Bedeutung bei, weil dann nicht verständlich sei, „warum ein Sparten-GBR als UN-interne Zusammenfassung von Sparteneinzel-BR nicht möglich sein sollte“[741]. Letzteres ergebe sich aus dem Umstand, daß bei bloß betriebsübergreifender Spartenstruktur die Bildung eines Spartengesamtbetriebsrates in der Begründung zum Regierungsentwurf des Betriebsverfassungs-Reformgesetzes nicht angeführt wurde.[742] Warum die beispielhafte Aufzählung in den Gesetzesmaterialien abschließend und gleichzeitig die Verwendung des Begriffes des Spartengesamtbetriebsrates nicht gewollt ist, begründet *Trümner* nicht.[743]

§ 3 Abs. 1 Nr. 3 BetrVG ist systematisch gegenüber Nr. 2 als Auffangtatbestand konzipiert. Er soll die Möglichkeit eröffnen, „über die in Nummer 1 und 2 genannten speziellen Fälle hinaus auch dort eine wirksame und zweckmäßige Interessenvertretung der Arbeitnehmer zu errichten, wo dies aufgrund von Sonderformen der Betriebs-, Unternehmens- oder

---

736 *Friese* RdA 2003, S. 92, 95.

737 *Dies.* RdA 2003, S. 92, 95.

738 *Dies.* RdA 2003, S. 92, 95.

739 Vgl. Begründung zum RegE, BT-Drucks. 14/5741, S. 34.

740 Begründung zum RegE, BT-Drucks. 14/5741, S. 25 f.

741 *Trümner* in: Däubler/Kittner/Klebe, § 3 BetrVG Rn. 52.

742 *Ders.* in: Däubler/Kittner/Klebe, § 3 BetrVG Rn. 51.

743 Kritik an diesem Argument *Trümners* äußert auch *Friese* RdA 2003, S. 92, 95 f.

Konzernorganisation [...] mit besonderen Schwierigkeiten verbunden ist“[744]. Die produkt- oder projektbezogene Geschäftsbereichsorganisation eines Unternehmens oder Konzerns ist keine Sonderform in diesem Sinne, denn andernfalls wäre der Regelungstatbestand der Nr. 2 überflüssig. Dies spricht dafür, die Norm des § 3 Abs. 1 Nr. 2 BetrVG nicht auf die unterste Ebene der betriebsverfassungsrechtlichen Arbeitnehmervertretungsstruktur zu beschränken, sondern als umfassenden Regelungstatbestand für spartenorganisierte Unternehmen und Konzerne zu begreifen.[745] Bedenken gegen die Sachgerechtigkeit einer entsprechenden Betriebsverfassungsstruktur ist im Rahmen der Prüfung dieses Tatbestandsmerkmals Rechnung zu tragen, ohne voreilig den Tatbestand der Nr. 2 zu reduzieren.[746]

Die Bildung von Spartenbetriebsräten in produkt- oder projektbezogenen Geschäftsbereichen bezieht sich umfassend auf die Bestimmung der Vertretungen der Arbeitnehmer auf allen betriebsverfassungsrechtlichen Repräsentationsstufen.

III. Das Verhältnis des Spartenbetriebsrates zum gesetzlichen Betriebsrat

Durch § 3 Abs. 1 Nr. 2 BetrVG wird den Kollektivvertragsparteien die Rechtsetzungsmacht zu weitreichenden Regelungen der Organisation der Betriebsverfassung gegeben, die stark von dem gesetzlich vorgesehenen Modell der Anknüpfung an den Betrieb abweichen können. Hier ist es daher um so wichtiger, eine Antwort auf die Frage zu geben, in welchem Verhältnis der Spartenbetriebsrat zum gesetzlichen Betriebsrat steht. Denkbar ist zum einen, daß der Spartenbetriebsrat neben den gesetzlichen Betriebsrat tritt (Doppelstruktur). Zum anderen könnte letzterer durch den Spartenbetriebsrat verdrängt werden. Zu beachten ist, daß sich das Konkurrenzproblem nur innerhalb der Spartenorganisation stellt. Für die nicht zur Sparte zählenden Betriebe und Unternehmen bleibt der gesetzliche Betriebsrat als Interessenvertretung der Belegschaft unberührt.[747]

---

744 Begründung zum RegE, BT-Drucks. 14/5741, S. 34.

745 *Friese* RdA 2003, S. 92, 96.

746 *Dies.* RdA 2003, S. 92, 96.

747 So auch *Dachrodt/Engelbert* § 3 BetrVG Rn. 7; *Eisemann* in: ErfK, § 3 BetrVG Rn. 1; *Friese* RdA 2003, S. 92, 96 Fn. 54; *Kraft* in: GK-BetrVG I, § 3 BetrVG Rn. 11; *Löwisch* in: Löwisch/Kaiser, § 3 BetrVG Rn. 8; *Richardi* in: ders., § 3 BetrVG Rn. 14; *Richardi*, Neue Betriebsverfassung, § 3 Rn. 14; *Trümner* in: Däubler/Kittner/Klebe, § 3 BetrVG Rn. 40a. Weitergehend aber *Richardi* in: ders., § 3 BetrVG Rn. 20; *Richardi*, Neue Betriebsverfassung, § 3 Rn. 14 a. E.: „Betriebsrat auch sogar für die Arbeitnehmer, die einen Spartenbetriebsrat bilden, in den Angelegenheiten [...] zuständig, in denen [...] nicht die Leitung der Sparte die Entscheidungen trifft“.

1. Bisherige Stellungnahmen in der Literatur

Für eine Doppelstruktur von Sparten- und gesetzlichem Betriebsrat spricht sich *Däubler*[748] aus. Er schlußfolgert dies daraus, daß (überall) dort mitbestimmt werden muß, wo betriebsverfassungsrechtlich relevante Angelegenheiten entschieden werden. Da die Spartenleitung nach § 3 Abs. 1 Nr. 2 BetrVG lediglich *auch* beteiligungsrelevante Entscheidungen treffen müsse, gäbe es nach wie vor Sachverhalte, die auf Betriebsebene zu entscheiden seien. Bei einer Verdrängung des gesetzlichen Betriebsrates würden sowohl vor als auch nach Inkrafttreten des Kollektivvertrages die Arbeitnehmer- und die Arbeitgeberebene der betrieblichen Mitbestimmung nicht korrespondieren. Nach *Kort*[749] ist es entgegen erstem Anschein nicht so, daß der Spartenbetriebsrat andere Repräsentationsorgane ersetzen muß; er tritt vielmehr „häufig" neben sie.

Eine Mehrheit der Stellungnahmen im Schrifttum, die sich mit dem Problem des Verhältnisses zwischen Sparten- und gesetzlichem Betriebsrat befassen, sieht letzteren als durch den Spartenbetriebsrat verdrängt an.[750] Zumeist wird dies mit § 3 Abs. 5 BetrVG begründet. Da § 3 Abs. 5 Satz 1 BetrVG die gebildeten Sparten als Betriebe fingiere und § 3 Abs. 5 Satz 2 BetrVG den Spartenbetriebsräten die Rechte und Pflichten des Betriebsrates zuweise, verdränge der Spartenbetriebsrat den gesetzlichen Betriebsrat.[751]

---

748 *Däubler* AiB 2001, S. 313, 315; *ders.* ArbuR 2001, S. 1, 2; *ders.* ArbuR 2001, S. 285, 288. Ähnlich *Buchner* NZA 2001, S. 633, 634; *Konzen* RdA 2001, S. 76, 87 („*zusätzliche* Spartenbetriebsräte").

749 *Kort* Die AG 2003, S. 13, 19.

750 *Diringer* AuA 2001, S. 172, 174; *Eich*, FS Weinspach, S. 17, 19 (anders aber auf S. 27); *Eisemann* in: ErfK, § 3 BetrVG Rn. 1; *Fitting* § 3 BetrVG Rn. 46; *Kraft* in: GK-BetrVG I, § 3 BetrVG Rn. 11; *Leßmann/Liersch* DStR 2001, S. 1302, 1303; *Löwisch* in: Löwisch/Kaiser, § 3 BetrVG Rn. 1, 8; *ders.* BB 2001, S. 1734, 1735; *Stege/Weinspach/Schiefer* § 3 BetrVG Rn. 26; *Trümner* FA 2001, S. 133, 135. *Hohenstatt/Dzida* DB 2001, S. 2498, 2498 sprechen von einer „alternativen Struktur". Für eine Verdrängung wohl auch *Picker* RdA 2001, Sonderbeilage Heft 4, S. 257, 278 und *Trümner* in: Däubler/Kittner/Klebe, § 3 BetrVG Rn. 56, 62, der aber zumindest die Möglichkeit, komplementäre Vertretungsorgane im Rahmen der Nr. 2 zu schaffen, nicht ausschließen will. Unklar dagegen *Richardi* in: ders., § 3 BetrVG Rn. 13, 20 (Verdrängung), § 3 BetrVG Rn. 20 a. E. (Doppelstruktur), dazu auch vorstehend Fn. 691. Siehe schon *Kreßel* AuA 1998, S. 145, 148, der eine Ersetzung bejaht, insoweit dem Vereinbarungsgremium Zuständigkeiten des Betriebsrates übertragen werden. Dem Gedanken eines unfruchtbaren Nebeneinanders mehrerer Gremien, auf den *Gnade/Kehrmann/W. Schneider/Klebe/Ratayczak* § 3 BetrVG Rn. 2, 4 abstellen, ist bereits *Konzen*, Unternehmensaufspaltungen, S. 101 nachgegangen, der aus § 50 BetrVG a. F. folgerte, daß das Gesetz ein „Neben- oder gar Gegeneinander zu vermeiden versucht".

751 *Löwisch* BB 2001, S. 1734, 1735; *Trümner* in: Däubler/Kittner/Klebe, § 3 BetrVG Rn. 56 f.; *ders.* FA 2001, S. 133, 135. Ähnlich auch *Kreßel* AuA 1998, S. 145, 148, der

Diringer[752], *Picker*[753] und auch *Kaiser/Heither/Engels/Ingrid Schmidt*[754] wollen mit einem argumentum e contrario zu § 3 Abs. 1 Nr. 4, 5 BetrVG die Alternativität von Sparten- und gesetzlichem Betriebsrat begründen. In den Fällen der betriebsverfassungsrechtlichen Gremien und Vertretungen der Arbeitnehmer, in denen der Gesetzgeber eine Kumulation von gesetzlichen und tarifvertraglichen Gremien wollte, bringe er dies durch den Wortlaut („zusätzliche") klar zum Ausdruck. Da dies bei § 3 Abs. 1 Nr. 2 BetrVG nicht der Fall sei, verdränge der Spartenbetriebsrat den gesetzlich vorgesehenen Betriebsrat. *Leßmann/Liersch*[755] ziehen als Argument für eine Verdrängung die Gesetzesmaterialien heran. Aus dem Hinweis der Entwurfsverfasser, mehrstufige Interessenvertretungen vermeiden zu wollen, folge die Alternativität von Sparten- und gesetzlichem Betriebsrat.

2. Eigene Stellungnahme

Die Vorschrift des § 3 Abs. 1 Nr. 2 BetrVG enthält keinerlei Aussagen über das Konkurrenzverhältnis zwischen dem Sparten- und dem gesetzlichen Betriebsrat. Nach dem Wortlaut soll der Spartenbetriebsrat errichtet werden, wenn es der sachgerechten *Wahrnehmung der Aufgaben des Betriebsrates* dient. Dies erweckt zunächst den Eindruck, der Spartenbetriebsrat unterstütze die Arbeit der gesetzlichen Betriebsräte der Sparte. Konsequenz dieser Überlegung wäre eine Doppelstruktur aus Sparten- und gesetzlichem Betriebsrat. Hiergegen läßt sich aber anführen, daß, wenn der Spartenbetriebsrat tatsächlich der Unterstützung des gesetzlichen Betriebsrates dienen sollte, die Formulierung sachgerechte Wahrnehmung der Aufgaben *durch* den Betriebsrat angemessener wäre und den Willen des Gesetzgebers, eine Doppelstruktur zu ermöglichen, deutlicher zum Ausdruck bringen würde. Da dies nicht so ist, läßt sich aus dem Wortlaut des § 3 Abs. 1 Nr. 2 BetrVG jedenfalls kein zwingendes Argument für eine Doppelstruktur ableiten. Auch hat die Auslegung des Tatbestandsmerkmals sachgerechte Wahrnehmung der Aufgaben des *Betriebsrates* ergeben, daß hiermit die Betriebsräte in den Sparten gemeint sind, welchen die Rechte und Pflichten eines Betriebsrates zustehen, § 3 Abs. 5 Satz 2 BetrVG.[756]

---

gesetzliche Betriebsratsstrukturen ersetzen will, soweit den Vereinbarungsgremien Zuständigkeiten des Betriebsrates, des Gesamtbetriebsrates oder des Konzernbetriebsrates übertragen werden.

752 *Diringer* AuA 2001, S. 172, 174.

753 *Picker* RdA 2001, Sonderbeilage Heft 4, S. 257, 278.

754 *Fitting* § 3 BetrVG Rn. 46.

755 *Leßmann/Liersch* DStR 2001, S. 1302, 1303.

756 Siehe vorstehend S. 152 f.

Gegen das Wortlautargument, aus dem eine Unterstützungsfunktion des Sparten- für den gesetzlichen Betriebsrat hergeleitet wurde, spricht zudem § 3 Abs. 1 Nr. 4, 5 BetrVG. Die Betriebsratsarbeit ist grundsätzlich so zu gestalten, daß sie den Zielkonflikt zwischen der Entscheidungsnähe und der Belegschaftsnähe möglichst optimal im Interesse der Arbeitnehmer zum Ausgleich bringt und den Schutz- sowie den Teilhabegedanken der Betriebsverfassung effektiv verwirklicht. Wird diese Aufgabe durch die bestehende betriebsverfassungsrechtliche Vertretungsstruktur nur unzureichend gelöst, bietet die Bildung zusätzlicher betriebsverfassungsrechtlicher Vertretungen der Arbeitnehmer nach § 3 Abs. 1 Nr. 5 BetrVG und zusätzlicher betriebsverfassungsrechtlicher Gremien nach § 3 Abs. 1 Nr. 4 BetrVG den Kollektivvertragsparteien die Möglichkeit, bestehende Arbeitnehmervertretungen zu unterstützen. Die Errichtung zusätzlicher Spartenbetriebsräte ist daher nicht notwendig.

Die Vertreter, welche sich für eine Verdrängung des gesetzlichen Betriebsrates aussprechen, folgern dies gesetzessystematisch mit einem Umkehrschluß zu § 3 Abs. 1 Nr. 4, 5 BetrVG.[757] In diesen Normen äußere der Gesetzgeber durch die Verwendung des Wortes „zusätzliche" ausdrücklich seinen Willen, die Einrichtungen neben der bestehenden Vertretungsstruktur zuzulassen. Da dies bei § 3 Abs. 1 Nr. 2 BetrVG nicht so sei, verdränge der Spartenbetriebsrat den gesetzlichen Betriebsrat. Dieses Argument vermag nicht zu überzeugen. Zwar ist zuzugeben, daß der Gesetzgeber seinem Willen zur Kumulation durch die Verwendung des Wortes „zusätzliche" in § 3 Abs. 1 Nr. 4, 5 BetrVG Ausdruck verleiht.[758] Dies rechtfertigt aber keineswegs das argumentum e contrario, aus dem Schweigen des Gesetzgebers in § 3 Abs. 1 Nr. 2 BetrVG auf die strikte Alternativität der spartenbezogenen Betriebsverfassungsstruktur zu schließen. § 3 Abs. 1 Nr. 2 BetrVG bietet gerade keine Anhaltspunkte für die eine oder andere Auslegung, so daß trotz der fehlenden Charakterisierung als zusätzliche Repräsentationsorgane eine Kumulation möglich erscheint. Ein systematischer Vergleich mit § 3 Abs. 1 Nr. 4, 5 BetrVG hilft nicht weiter.

Nach *Bösche*[759] ist die Beschränkung des § 3 Abs. 1 Nr. 3 BetrVG auf eine Regelung durch Tarifvertrag richtig, „weil es hier um die Ersetzung des Betriebsrats geht". Ob hieraus der Umkehrschluß zu ziehen ist, daß die anderen Regelungsvarianten des § 3 Abs. 1 BetrVG, die gleichermaßen durch Betriebsvereinbarung getroffen werden können, die gesetzliche Betriebsverfassungsstruktur stets ergänzen, bleibt offen. Ein solcher

[757] Siehe vorstehend S. 161. Kritisch hierzu *Kort* Die AG 2003, S. 13, 17.

[758] So auch *Trümner* in: Däubler/Kittner/Klebe, § 3 BetrVG Rn. 55.

[759] *Bösche* AiB 2001, S. 110, 111.

Umkehrschluß wäre unzulässig, da zum einen der unternehmenseinheitliche und der Betriebsrat der zusammengefaßten Betriebe den gesetzlichen Betriebsrat verdrängen[760]. Zum anderen ist die strikte Alternativität von gesetzlichem Betriebsrat und anderer Arbeitnehmervertretungsstruktur keinesfalls so zwingend wie von *Bösche* angenommen[761].

Ein systematischer Anhaltspunkt ergibt sich insofern, als die betriebsverfassungsrechtlichen Gremien und Vertretungen der Arbeitnehmer nach § 3 Abs. 1 Nr. 4, 5 BetrVG, welche nach herrschendem Verständnis keine Organe der Mitbestimmung sind,[762] zusätzlich zur bestehenden Vertretungsstruktur errichtet werden können. Demgegenüber ersetzen der unternehmenseinheitliche und der Betriebsrat der zusammengefaßten Betriebe, denen die Rechte und Pflichten eines Betriebsrates zuerkannt werden, § 3 Abs. 5 BetrVG, und die echte Mitbestimmungsorgane sind, die gesetzliche Vertretungsstruktur. Da § 3 Abs. 5 BetrVG daneben den Spartenbetriebsrat in Bezug nimmt, spricht dies gesetzessystematisch für die Zulässigkeit der Verdrängung des gesetzlichen Betriebsrates.[763] Ein weiterer Anhaltspunkt folgt aus § 3 Abs. 4 Satz 2 BetrVG.[764] Er bestimmt, daß die „Amtszeit bestehender Betriebsräte, die durch die Regelungen nach Absatz 1 Nr. 1 bis 3 *entfallen* (Hervor. d. Verf.), mit Bekanntgabe des Wahlergebnisses“ endet. Damit zeigt sich, daß der Gesetzgeber für den § 3 Abs. 1 Nr. 1 bis 3 BetrVG, also auch für den Spartenbetriebsrat, davon ausgeht, daß bestehende Arbeitnehmervertretungen entfallen *können.*[765]

Sinn und Zweck der Errichtung eines Spartenbetriebsrates ist es, wie die Begründung zum Regierungsentwurf des Betriebsverfassungs-Reformgesetzes klar zum Ausdruck bringt,[766] die Arbeitnehmervertretung dort zu installieren, wo

---

760 Siehe vorstehend S. 136 f.

761 Vgl. zum Verhältnis zwischen gesetzlichem Betriebsrat und anderer Arbeitnehmervertretung nach § 3 Abs. 1 Nr. 3 BetrVG nachstehend S. 187 ff.

762 *Dimitriadis/Ilbertz/Kallenberg/u. a.* ZBVR 2001, S. 170, 173; *Diringer* AuA 2001, S. 172, 172; *Fitting* § 3 BetrVG Rn. 59, 68; *Löwisch* in: Löwisch/Kaiser, § 3 BetrVG Rn. 28; *ders.* BB 2001, S. 1734, 1735; *Richardi* in: ders., § 3 BetrVG Rn. 26 (zu Nr. 4); *Richardi*, Neue Betriebsverfassung, § 3 Rn. 17 (zu Nr. 4); *Trümner* in: Däubler/Kittner/Klebe, § 3 BetrVG Rn. 2. Ähnlich *P. Hanau* RdA 2001, S. 65, 66.

763 Kritisch zu diesem Argument *Friese* RdA 2003, S. 92, 96; *Kort* Die AG 2003, S. 13, 17.

764 *Kraft* in: GK-BetrVG I, § 3 BetrVG Rn. 11; *Richardi* in: ders., § 3 BetrVG Rn. 20; *Trümner* in: Däubler/Kittner/Klebe, § 3 BetrVG Rn. 56.

765 *Friese* RdA 2003, S. 92, 96. Weitergehend *Trümner* in: Däubler/Kittner/Klebe, § 3 BetrVG Rn. 56, der aus § 3 Abs. 4 Satz 2 BetrVG die grundsätzliche Verdrängung der gesetzlichen Betriebsräte folgert.

766 BT-Drucks. 14/5741, S. 34.

ihr ein kompetenter Ansprechpartner und Entscheidungsträger auf Arbeitgeberseite gegenübersteht. Vorrangiges Kriterium des § 3 Abs. 1 Nr. 2 BetrVG ist die Entscheidungsnähe. Wie bereits oben mehrfach festgestellt,[767] bestehen der Betriebsrat und mit ihm die Beteiligungsrechte nicht um ihrer selbst willen. Letztlich dienen sie zur Bündelung der individuellen Arbeitnehmerinteressen in einem gemeinsamen kollektiven Interesse, welches gegenüber dem Arbeitgeber zu vertreten ist. Zwar ist hierfür die Entscheidungsnähe unabdingbare Voraussetzung. Dennoch darf die Belegschaftsnähe nicht vernachlässigt werden. Ein entscheidungsnaher Betriebsrat kann dem Schutz- und dem Teilhabegedanken der Betriebsverfassung nicht gerecht werden, wenn er die Interessen der Arbeitnehmer, die er vertreten soll, nicht kennt. Der Maßstab muß sein, eine Vertretungsstruktur mit der nötigen Entscheidungsnähe zu errichten, die die dabei noch mögliche Belegschaftsnähe verwirklicht. Dem kann dergestalt Rechnung getragen werden, daß der gesetzliche Betriebsrat neben dem Spartenbetriebsrat als Anbindung an die Belegschaft erhalten bleibt. Das Kriterium der Belegschaftsnähe spricht für die Zulässigkeit einer Doppelstruktur.

Werden beteiligungspflichtige Entscheidungen auf Spartenebene getroffen, wie es Voraussetzung des § 3 Abs. 1 Nr. 2 BetrVG ist, geht die Arbeit des gesetzlichen Betriebsrates in die Leere, denn ihm steht kein kompetenter Ansprechpartner und Entscheidungsträger gegenüber. Ist der Sinn und Zweck des § 3 Abs. 1 Nr. 2 BetrVG maßgeblich die Entscheidungsnähe und wird der gesetzliche Betriebsrat dieser Anforderung nicht gerecht, spricht dies zunächst für eine Verdrängung durch den Spartenbetriebsrat. Allerdings muß die Spartenleitung lediglich *auch* Entscheidungen in beteiligungspflichtigen Angelegenheiten treffen. Damit kann nicht ausgeschlossen werden, daß zumindest ein Teil der beteiligungsrelevanten Entscheidungen weiterhin auf betrieblicher Ebene verbleibt. Wird eine Doppelstruktur von Sparten- und gesetzlichem Betriebsrat verneint, kommt es wiederum zu einer Disharmonie zwischen arbeitnehmer- und arbeitgeberseitiger Entscheidungsebene.[768] Während vor Inkrafttreten des Kollektivvertrages bestimmte Sachverhalte auf die Ebene der Spartenleitung abgewandert waren, werden nach dessen Inkrafttreten dennoch einige beteiligungsrelevante Entscheidungen auf Betriebsebene getroffen. Hier wie dort fehlt bezüglich eines Teils der beteiligungsrelevanten Angelegenheiten eine Vertretung auf Arbeitnehmerseite. In der Konsequenz dieser Überlegungen und vor dem Hintergrund, daß das

---

767 Siehe S. 88, 91, 116 f., 153.

768 So auch *Däubler* AiB 2001, S. 313, 315; *ders.* ArbuR 2001, S. 1, 2; *ders.* ArbuR 2001, S. 285, 288. In diese Richtung gehen auch die Überlegungen von *Friese* RdA 2003, S. 92, 96; *Trümner* in: Däubler/Kittner/Klebe, § 3 BetrVG Rn. 60 ff.

Betriebsverfassungsgesetz eine möglichst effiziente Mitbestimmung fordert, wäre eine Doppelstruktur von Sparten- und gesetzlichem Betriebsrat als zulässig anzusehen. Wird das Erfordernis der Entscheidungsnähe ernst genommen, so wie es auch in den Gesetzesmaterialien zu § 3 Abs. 1 Nr. 2 BetrVG angeführt wird,[769] und die Überlegung berücksichtigt, daß die Spartenleitung lediglich auch Entscheidungen in beteiligungspflichtigen Angelegenheiten trifft, während die restlichen auf Betriebsebene verbleiben, ist eine Doppelstruktur die notwendige Konsequenz.[770] Erst wenn sowohl der gesetzliche Betriebsrat auf Betriebsebene als auch der Spartenbetriebsrat auf Spartenebene vorhanden sind, besteht in allen Fällen der betriebsverfassungsrechtlichen Mitbestimmung ein Vertretungsorgan auf Arbeitnehmerseite. Somit spricht der Sinn und Zweck des § 3 Abs. 1 Nr. 2 BetrVG für eine Doppelstruktur aus Spartenbetriebsrat und gesetzlichem Betriebsrat.

Aus der Historie der Norm des § 3 Abs. 1 Nr. 2 BetrVG lassen sich keine Argumente ziehen, da diese keine Vorgängerregelung hat. Das Argument von *Leßmann/Liersch*, aus dem Hinweis in den Gesetzesmaterialien auf die Vermeidung mehrstufiger Interessenvertretungen lasse sich auf die Alternativität von Sparten- und gesetzlichem Betriebsrat schließen,[771] geht fehl. Die von *Leßmann/Liersch* zitierte Stelle in der Begründung zum Regierungsentwurf findet sich bei § 3 Abs. 1 Nr. 3 BetrVG, nicht bei § 3 Abs. 1 Nr. 2 BetrVG. Dennoch sind die Gesetzesmaterialien hilfreich. Zum einen heißt es in der Begründung zum Regierungsentwurf, daß die Einführung des Spartenbetriebsrates der sachgerechten Wahrnehmung der Aufgaben von Betriebsrät*en* dienen muß.[772] Hier wird der Plural verwendet und nicht auf einen vorhandenen konkreten Betriebsrat abgestellt. Dies spricht für eine Verdrängung. Zum anderen nennt die Begründung als Beispiel für § 3 Abs. 1 Nr. 2 BetrVG den Fall, daß der Spartenbetriebsrat dort errichtet werden soll, wo ihm ein kompetenter Ansprechpartner und Entscheidungsträger auf Arbeitgeberseite gegenüber steht.[773] Durch § 3 Abs. 1 Nr. 2 BetrVG wird erkennbar auf die Entscheidungsnähe der betrieblichen Arbeitnehmervertretung abgestellt. Allerdings hat dies, wie die teleologische Auslegung gezeigt hat, nicht zwangsläufig zur Konsequenz, daß der gesetzliche Betriebsrat überflüssig ist und dem Sinn und Zweck des Betriebsverfassungsrechts nicht gerecht wird.

---

769 Begründung zum RegE, BT-Drucks. 14/5741, S. 34.

770 So auch *Däubler* AiB 2001, S. 313, 315. Vgl. auch *Trümner* in: Däubler/Kittner/Klebe, § 3 BetrVG Rn. 62, der die Möglichkeit komplementärer Vertretungsorgane im Rahmen der Nr. 2 jedenfalls nicht ausschließen will.

771 Siehe vorstehend S. 161.

772 BT-Drucks. 14/5741, S. 34.

773 Begründung zum RegE, BT-Drucks. 14/5741, S. 34.

Die Spartenleitung muß lediglich auch Entscheidungen in beteiligungsrelevanten Angelegenheiten treffen, so daß es sachgerecht sein kann, den gesetzlichen Betriebsrat beizubehalten.

In der Gesamtabwägung[774] der einzelnen Auslegungsergebnisse läßt sich für die gegensätzlichen Positionen zur Frage des Verhältnisses zwischen Sparten- und gesetzlichem Betriebsrat jeweils ein aussagekräftiges Argument anführen. Nach der systematischen Auslegung ist die Verdrängung des gesetzlichen Betriebsrates zulässig. Die teleologische Auslegung kommt im Ergebnis zu einer Doppelstruktur. Wird das Erfordernis der Entscheidungsnähe ernst genommen, können im Einzelfall der Spartenbetriebsrat und der gesetzliche Betriebsrat für eine effiziente betriebliche Mitbestimmung notwendig sein, weil die Spartenleitung nur auch beteiligungspflichtige Entscheidungen trifft.

Das Ziel der Gesetzesreform war die Harmonisierung der betrieblichen Vertretungsstrukturen mit den gegebenen Unternehmens- oder Konzernstrukturen[775] und die Sicherung der betriebsverfassungsrechtlichen Mitbestimmung. Die betriebliche Arbeitnehmervertretung soll dort errichtet werden, wo auf Arbeitgeberseite beteiligungspflichtige Entscheidungen getroffen werden.[776] Die zwingende Verdrängung des gesetzlichen Betriebsrates würde dem nicht in jedem Fall gerecht. Wenn, wie in der Regel, in den Unternehmen oder Konzernen Mischformen der Organisation nach Verrichtungen, Objekten und Projekten bestehen, sind beteiligungspflichtige Entscheidungen auf Betriebs- wie auf Spartenebene denkbar, da die Spartenleitung diese nur auch treffen muß. Die Verdrängung der gesetzlichen Betriebsräte hätte erneute Repräsentationsdefizite aufgrund der besonderen Struktur des Unternehmens oder Konzerns zur Folge, die durch einen Kollektivvertrag nach § 3 Abs. 1 Nr. 2 BetrVG gerade beseitigt werden sollen. Kommt es hingegen zu einer Doppelstruktur, können Kompetenzüberschreitungen zwischen gesetzlichem und Spartenbetriebsrat nicht ausgeschlossen werden.[777] In § 3 Abs. 1 Nr. 2 BetrVG fehlt aber eine Zuständigkeitskollisionsregelung. Konsequenz des unfruchtbaren Nebeneinanders wäre keinesfalls eine Stärkung der betriebsverfas-

---

774 Dazu, daß Gesetze unter Abwägung der Ergebnisse aller Auslegungskriterien, und nicht nach einer bestimmten Auslegungsmethode auszulegen sind, vgl. *Larenz/Canaris*, Methodenlehre, S. 140, 163. Zur Gewichtung der Auslegungsmethoden innerhalb der Gesamtabwägung vgl. *dies.*, Methodenlehre, S. 165.

775 Begründung zum RegE, BT-Drucks. 14/5741, S. 2, 25.

776 Ausdrücklich für den Fall des § 3 Abs. 1 Nr. 2 BetrVG siehe Begründung zum RegE, BT-Drucks. 14/5741, S. 34.

777 Vgl. *Diringer* AuA 2001, S. 170, 174 f.; *Kort* Die AG 2003, S. 13, 20.

sungsrechtlichen Mitbestimmung, sondern im Gegenteil ihre Schwächung. Der Spartenbetriebsrat und der gesetzliche Betriebsrat würden, statt sich der inhaltlichen Arbeit zu widmen, um Kompetenzen streiten. Auch die Arbeitgeberseite hätte keine Rechtssicherheit darüber, wen sie im konkreten Einzelfall zu beteiligen hat.[778] Eine Möglichkeit wäre hier zwar, den Spartenbetriebsrat auf bestimmte Angelegenheiten zu beschränken. Dies ist aber mit dem Gesetz nicht vereinbar, welches in § 3 Abs. 5 Satz 2 BetrVG dem Spartenbetriebsrat die Rechte und Pflichten eines Betriebsrates zuweist.

Wie die Frage nach dem Konkurrenzverhältnis zwischen Sparten- und gesetzlichem Betriebsrat zu beantworten ist, hängt im Einzelfall von der Ausgestaltung der Kollektivvereinbarung nach § 3 Abs. 1 Nr. 2 BetrVG ab.[779] Diese kann die Verdrängung der gesetzlichen Vertretungsorgane vorsehen. Ebenso kann sie von deren Fortbestand ausgehen.

> „Die Tarifvertrags- bzw. Betriebsparteien sollen einvernehmlich festlegen können, auf welcher Ebene Betriebsräte anzusiedeln sind, um schnelle und effiziente Mitbestimmungsstrukturen entsprechend den vielfältigen Betriebs- und Unternehmensstrukturen zu schaffen. Deren Sachnähe und -kenntnis gewährleisten optimale Regelungen und notwendige Anpassungen für die Zukunft.“[780]

Für die Maßgeblichkeit der kollektivvertraglichen Regelung spricht auch § 3 Abs. 4 Satz 2 BetrVG. Durch die Formulierung „endet die Amtszeit bestehender Betriebsräte, die durch die Regelungen nach Absatz 1 Nr. 1 bis 3 *entfallen* (Hervor. d. Verf.) [...]“ kommt zum Ausdruck, daß der Gesetzgeber davon ausgeht, daß bestehende Betriebsräte entfallen *können*. Welche das sind, überläßt er der Bestimmung der Kollektivvertragsparteien, es sei denn, aus der Natur und Teleologie des Regelungstatbestandes des § 3 Abs. 1 BetrVG ergibt sich zwingend die Alternativität oder Kumulation[781]. Ausschlaggebend ist, ob die Entscheidungsstruktur innerhalb der Sparte bei der Spartenleitung zentralisiert oder auf verschiedene Organe innerhalb oder auch außerhalb der Sparte (z. B. auf die sog. Zentralbereiche) verteilt ist. Die Möglichkeit der Kombination gesetzlicher und kollektivvertraglicher Vertretungsorgane und die Möglichkeit ein- bzw. mehrstufiger Repräsentationsstrukturen in der Sparte begründen für die Tarifvertrags- und Betriebsparteien die Notwendigkeit, eine

---

778 Siehe das Beispiel von *Diringer* AuA 2001, S. 170, 175.

779 So i. E. auch *Friese* RdA 2003, S. 92, 97; *Trümner* in: Däubler/Kittner/Klebe, § 3 BetrVG Rn. 62. Ähnlich *P. Hanau* NJW 2001, S. 2513, 2513 f.; *ders.* ZIP 2001, S. 1981, 1982; *Plander* NZA 2002, S. 483, 485.

780 Begründung zum RegE, BT-Drucks. 14/5741, S. 25 f.

781 Dies ist bei § 3 Abs. 1 Nr. 1 BetrVG der Fall, vgl. vorstehend S. 134 ff. Aus der Bildung eines unternehmenseinheitlichen Betriebsrates oder der Zusammenfassung von Betrieben folgt zwingend, daß die bestehenden Betriebsräte entfallen.

Funktions- und Kompetenzzuweisung vorzunehmen.[782] Die Einordnung als Spartenrat, Unternehmensteil- oder Konzernteilbetriebsrat zieht die Kompetenzen entsprechend der §§ 50, 58 BetrVG nach sich.[783] Bei mehreren Vertretungsorganen auf einer Ebene ist eine eindeutige Kompetenzabgrenzung in räumlicher und gegenständlicher Hinsicht erforderlich. Ob der Kollektivvertrag in seiner konkreten Ausgestaltung der sachgerechten Wahrnehmung der Aufgaben des Betriebsrates dient, ist im Einzelfall anhand der Eckpunkte „fortbestehende Repräsentationsdefizite" und „unfruchtbares Nebeneinander mehrerer Betriebsverfassungsorgane" zu entscheiden.[784] Enthält er keine Funktions- und Kompetenzregelung und ergibt sich eine solche auch nicht durch ergänzende Auslegung, spricht dies gegen die Sachgerechtigkeit der kollektivvertraglichen Vereinbarung.[785]

3. Ergebnis

Das Verhältnis des Spartenbetriebsrates zum gesetzlichen Betriebsrat bestimmt sich nach der kollektivvertraglichen Regelung. Diese kann sowohl eine Verdrängung als auch eine Kumulation der beiden Repräsentationsorgane vorsehen. Ob dies einer sachgerechten Wahrnehmung der Aufgaben des Betriebsrates dient, ist im Einzelfall anhand dieses Tatbestandsmerkmals festzustellen[786].

IV. Die Konkretisierung zulässiger Gestaltungsvarianten

1. Die Bildung einer unternehmensbezogenen Spartenbetriebsverfassung

Ausgehend von den Ergebnissen unter I bis III ist nunmehr eine Konkretisierung der Regelungsmöglichkeiten der Tarifvertrags- und Betriebsparteien möglich.[787] Aufgrund der vielfältigen Gestaltungsmöglichkeiten kann und soll ein Anspruch auf Vollständigkeit nicht erhoben werden. Die Errichtung von Betriebsräten in den Sparten ist innerhalb eines Unternehmens zulässig. Umfassen die in dem Unternehmen bestehenden Sparten jeweils nur einen Betrieb (Identität von Betriebs- und Spartenleitung) und soll in diesen für die Sparte/den Betrieb ein Spartenbetriebsrat errichtet

---

782 *Friese* RdA 2003, S. 92, 97; *Trümner* in: Däubler/Kittner/Klebe, § 3 BetrVG Rn. 63. In diese Richtung auch *Kort* Die AG 2003, S. 13, 21.

783 *Friese* RdA 2003, S. 92, 97; *Trümner* in: Däubler/Kittner/Klebe, § 3 BetrVG Rn. 63. Überlegungen in diese Richtung auch bei *Kort* Die AG 2003, S. 13, 21.

784 *Friese* RdA 2003, S. 92, 97.

785 *Dies.* RdA 2003, S. 92, 97.

786 Zum Beurteilungsmaßstab siehe vorstehend S. 151 ff.

787 Vgl. zum folgenden auch *Friese* RdA 2003, S. 92, 97 ff.

werden, ist ein Kollektivvertrag nach § 3 Abs. 1 Nr. 2 BetrVG nicht zulässig.[788] Dieser hätte keine andere als die bereits bestehende gesetzliche Vertretungsstruktur zur Folge, so daß eine höhere Sachgerechtigkeit der Aufgabenwahrnehmung des Betriebsrates ausgeschlossen ist.[789] Die in dem Unternehmen U für die Sparten A und B, welche mit den Betrieben A und B übereinstimmen, zu errichtenden Spartenbetriebsräte 1 und 2 entsprächen den Betriebsräten 1 und 2. Sieht der Kollektivvertrag dagegen für die einzelnen Sparten/Betriebe mehrere Spartenbetriebsräte vor (Spartenbetriebsräte 1 und 2 in der Sparte A und 3 und 4 in der Sparte B), richtet sich deren Zulässigkeit nach der Entscheidungsstruktur in den Sparten. Liegen die Kompetenzen in betriebsverfassungsrechtlich relevanten Entscheidungen zentral bei der Spartenleitung/Betriebsleitung, fehlt den einzelnen Spartenbetriebsräten der korrespondierende Ansprechpartner auf Arbeitgeberseite. Der Tarifvertrag dient nicht der sachgerechten Wahrnehmung der Aufgaben des Betriebsrates. Sind dagegen Entscheidungskompetenzen bei Gremien unterhalb der Spartenleitung/Betriebsleitung angesiedelt, ist die Aufgliederung der Sparte/des Betriebs in mehrere Organisationseinheiten und die Bildung von Spartenbetriebsräten in diesen möglich.[790] Im Hinblick auf die Sachgerechtigkeit sollte der Kollektivvertrag die Ersetzung der gesetzlichen Betriebsräte auf der Ebene der Spartenleitung/Betriebsleitung vorsehen, da diesen kein kompetenter Ansprechpartner auf Arbeitgeberseite gegenübersteht. Die Spartenbetriebsräte 1 bis 4 in dem gewählten Beispiel haben die Funktion und Kompetenzen von Betriebsräten bezogen auf die Belegschaft der (Teil-)Sparte. Darüber hinaus kann ein Betriebsrat für die gesamte Sparte (Spartengesamtbetriebsräte A und B in den Sparten/den Betrieben A und B) errichtet werden.[791] Dies wird insbesondere dann sachgerecht sein, wenn die Entscheidungskompetenzen zwischen der Spartenleitung und den Gremien unterhalb dieser aufgeteilt sind. Der Spartengesamtbetriebsrat hat die Funktion eines Unternehmensteilbetriebsrates. Er repräsentiert die Arbeitnehmer mehrerer, aber nicht notwendig aller Betriebe des Unternehmens. Ein Kollektivvertrag sollte die Ersetzung der gesetzlichen Betriebsräte auf der Ebene der Spartenleitung/Betriebsleitung durch den jeweiligen Spartengesamtbetriebsrat vorsehen, da andernfalls ein „unfruchtbares Nebeneinander“ mehrerer Vertretungsorgane besteht und die Sachgerechtigkeit des Kollektivvertrages in Zweifel zu ziehen ist. Auf der

---

788 *Friese* RdA 2003, S. 92, 97.

789 *Dies.* RdA 2003, S. 92, 97.

790 Dem steht § 3 Abs. 1 Nr. 1 BetrVG nicht entgegen, vgl. vorstehend Fn. 715.

791 Sieht der Kollektivvertrag statt der Errichtung von Spartengesamtbetriebsräten das Weiterbestehen der gesetzlichen Betriebsräte auf der Ebene der Spartenleitung/Betriebsleitung vor, kommt ihnen nunmehr die Funktion eines Unternehmensteilbetriebsrates zu.

Ebene des Unternehmens ist gem. §§ 47 ff. BetrVG ein Gesamtbetriebsrat zu errichten.[792] In diesen entsenden gem. § 47 Abs. 2 BetrVG die einzelnen Spartenbetriebsräte Mitglieder, nicht dagegen die Spartengesamtbetriebsräte. Letztere haben nicht die Funktion und Kompetenzen eines Betriebsrates, d. h. eines Vertretungsorgans auf der untersten Ebene. Zudem würde ihre Beteiligung zu einer doppelten Repräsentation der Spartenbelegschaft (vermittelt durch den einzelnen Spartenbetriebsrat sowie den Spartengesamtbetriebsrat) führen. Die Errichtung eines Gesamtbetriebsrates gem. § 3 Abs. 1 Nr. 2 BetrVG ist unzulässig, da die Norm nur die Errichtung von Betriebsräten *in* den Sparten zuläßt.

Umfassen die Sparten jeweils mehrere Betriebe des Unternehmens, ohne daß ein Betrieb zu verschiedenen Sparten gehört, und soll in jeder Sparte ein Betriebsrat gebildet werden, ist ein Kollektivvertrag nach § 3 Abs. 1 Nr. 1b BetrVG in Betracht zu ziehen.[793] Dieser könnte in dem Unternehmen U jeweils die Betriebsräte der Betriebe A und B, welche zur Sparte 1 gehören, und der Betriebe C und D, welche die Sparte 2 bilden, zusammenfassen. Die in den einzelnen Betrieben A bis D bestehenden Betriebsräte werden durch die Betriebsräte der zusammengefaßten Betriebe A/B und C/D ersetzt.[794] Sollen diese dagegen bestehen bleiben und soll zusätzlich für die Sparten ein Betriebsrat errichtet werden, ist Nr. 2 einschlägig. Der in den Sparten 1 und 2 jeweils bestehende Spartenbetriebsrat hat die Funktion eines Unternehmensteilbetriebsrates. In den Gesamtbetriebsrat auf Unternehmensebene entsenden die weiterhin bestehenden Betriebsräte gem. § 47 Abs. 2 BetrVG Mitglieder.

Der eigentliche Anwendungsbereich des § 3 Abs. 1 Nr. 2 BetrVG sind dagegen produkt- oder projektbezogene Geschäftsbereiche über Betriebsgrenzen hinweg.[795] Orientiert sich die Spartenstruktur nicht an der herkömmlichen Organisationseinheit Betrieb, ist eine Vereinbarung nach § 3 Abs. 1 Nr. 1 BetrVG ausgeschlossen, da diese die Aufgliederung von Betrieben nicht erlaubt.[796] Bestehen die Betriebe des Unternehmens U aus je zwei Abteilungen, wobei jeweils eine Abteilung der Sparte A und eine der Sparte B angehört, können nach Nr. 2 für die Sparten A und B Spartenbetriebsräte errichtet werden, welche die Funktion und Kompetenzen eines Betriebsrates haben. Alternativ ist

792 Dies auch für den Fall, daß in einem Unternehmen mit einem Betrieb, welcher sich aus verschiedenen Sparten zusammensetzt, mehrere Spartenbetriebsräte gewählt wurden. Gem. § 3 Abs. 5 Satz 1 BetrVG besteht dieses Unternehmen nunmehr aus mehreren Betrieben mit dem jeweiligen (Sparten-)Betriebsrat.

793 *Friese* RdA 2003, S. 92, 98.

794 Siehe vorstehend S. 136 f.

795 *Friese* RdA 2003, S. 92, 98.

796 Siehe vorstehend S. 127 f.

die Bildung mehrerer Spartenbetriebsräte in den einzelnen Sparten und eines Spartengesamtbetriebsrates für die ganze Sparte denkbar. Die Spartenbetriebsräte 1 und 2 der Sparte A sowie 3 und 4 der Sparte B haben die Funktion und die Kompetenzen eines Betriebsrates, die Spartengesamtbetriebsräte A und B die eines Unternehmensteilbetriebsrates.[797] Der Kollektivvertrag sollte die Ersetzung der gesetzlichen Betriebsräte vorsehen, um sachgerecht zu sein. Betrifft eine Maßnahme des Arbeitgebers alle Arbeitnehmer eines (ehemaligen) Betriebs, für die demgemäß die Zuständigkeit des gesetzlichen Betriebsrates gegeben wäre, fällt sie nun, da dieser Betrieb auf mehrere Sparten aufgeteilt wurde, in die Zuständigkeit mehrerer Spartenbetriebsräte oder aber des Gesamtbetriebsrates, falls die Voraussetzungen des § 50 BetrVG gegeben sind und ein Gesamtbetriebsrat besteht. Auf der Grundlage des § 3 Abs. 1 Nr. 2 BetrVG ist die Bildung eines Gesamtbetriebsrates nicht möglich. Die Norm erlaubt nur Betriebsräte *in* den Sparten, der Gesamtbetriebsrat repräsentiert notwendig die ganze Belegschaft des Unternehmens über die Spartengrenzen hinweg. Ein Gesamtbetriebsrat nach §§ 47 ff. BetrVG bleibt dagegen zulässig. In diesen entsenden die einzelnen Spartenbetriebsräte 1 bis 4 ihre Mitglieder, dagegen nicht die Spartengesamtbetriebsräte A und B. Diese haben nicht die Funktion und Kompetenzen eines Betriebsrates.

2. Die Bildung einer konzernbezogenen Spartenbetriebsverfassung

Im Gesellschaftsrecht bleibt die Sparte im Konzern trotz intensiver Konzernverbundenheit der Unternehmen ein bei den einzelnen Unternehmen anzusiedelndes Phänomen.[798] Bei den produkt- oder projektbezogenen Geschäftsbereichen innerhalb eines Konzerns vervielfältigen sich daher die unter 1. dargestellten Möglichkeiten[799] und mit ihnen die auftretenden Probleme. Umfassen die in dem Konzern K bestehenden Unternehmen jeweils nur eine oder mehrere Sparten, handelt es sich um eine Spartenorganisation innerhalb eines Unternehmens[800] und es gelten die Ausführungen zu unternehmensbezogenen Spartenbetriebsverfassung. Ein Konzernspartenbetriebsrat auf der Ebene des Konzerns ist aufgrund eines Kollektivvertrages nach § 3 Abs. 1 Nr. 2 BetrVG unzulässig.[801] Nach dieser Norm sind nur Betriebsräte *in* den Sparten möglich, der Konzernspartenbetriebsrat repräsentiert aber notwendigerweise alle Arbeitnehmer des Konzerns über die Spartengrenzen hinweg. Unberührt bleiben hiervon die §§ 54 ff. BetrVG. Handelt es sich um

---

797 *Friese* RdA 2003, S. 92, 98.

798 Vgl. *Kort* Die AG 2003, S. 13, 19.

799 *Friese* RdA 2003, S. 92, 98.

800 *Dies.* RdA 2003, S. 92, 98.

801 *Dies.* RdA 2003, S. 92, 98.

einen Unterordnungskonzern, kann gem. § 54 BetrVG ein Konzernbetriebsrat errichtet werden.[802] Problematisch ist, wer Mitglieder in den Konzernbetriebsrat entsendet. Gem. § 55 Abs. 1 BetrVG sind dies die Gesamtbetriebsräte, d. h. diejenigen Vertretungsorgane, die die Gesamtbelegschaft des Unternehmens repräsentieren. Die Vertretungsorgane mit der Funktion eines Betriebsrates, d. h. die weiterhin bestehenden gesetzlichen Betriebsräte oder die Spartenbetriebsräte, scheiden aus, da sie kein Gesamtbetriebsrat in diesem Sinne sind. Allein in dem Fall, daß in einem Unternehmen nur ein Betriebsrat besteht, nimmt dieser die Aufgaben des Gesamtbetriebsrates wahr, § 54 Abs. 2 BetrVG. Dies ist bei einem Spartenbetriebsrat ausgeschlossen, weil bei einem Kollektivvertrag nach § 3 Abs. 1 Nr. 2 BetrVG entsprechend der obigen Ausführungen immer mindestens zwei Spartenbetriebsräte in dem Unternehmen bestehen. Die Vertretungsorgane mit der Funktion eines Unternehmensteilbetriebsrates (Spartenbetriebsrat oder Spartengesamtbetriebsrat) repräsentieren nicht die Gesamtheit der Arbeitnehmer des Unternehmens, sondern allenfalls den Teil der Unternehmensbelegschaft, der in der Sparte des Unternehmensteilbetriebsrates beschäftigt ist. Auch sie sind kein Gesamtbetriebsrat i. S. d. § 55 Abs. 1 BetrVG. Der Konzernbetriebsrat wird aus den Mitgliedern der Gesamtbetriebsräte gebildet, die entsprechend der obigen Ausführungen unter 1. zu errichten sind.[803]

Umfassen die Sparten des Konzerns mehrere Unternehmen, ohne daß ein Unternehmen verschiedenen Sparten angehört, ist entsprechend der Anforderungen der konkreten Struktur der produkt- oder projektbezogenen Geschäftsbereiche eine ein-, zwei- oder dreistufige Ausgestaltung der sparteninternen betriebsverfassungsrechtlichen Arbeitnehmervertretungsstruktur denkbar.[804] Bestehen in dem Konzern K die Sparte A mit den Unternehmen 1 und 2 sowie die Sparte B mit den Unternehmen 3 und 4, kann eine einstufige Interessenvertretung in Form der die gesamte Spartenbelegschaft repräsentierenden Spartenbetriebsräte A und B an Stelle der gesetzlichen Betriebsräte und Gesamtbetriebsräte gebildet werden.[805] Ein Konzernbetriebsrat auf der Grundlage eines Kollektivvertrages nach § 3 Abs. 1 Nr. 2 BetrVG ist nicht

---

802 *Dies.* RdA 2003, S. 92, 98. Für den Gleichordnungskonzern verbleibt der „Ausweg“ der Generalklausel des § 3 Abs. 1 Nr. 3 BetrVG, vgl. die Begründung zum RegE, BT-Drucks. 14/5741, S. 34 sowie *Annuß* NZA 2002, S. 290, 292 (der zwar den Begriff des Konzerns in Nr. 3 auf den Unterordnungskonzern beschränkt, den Gleichordnungskonzern aber zu den „anderen Formen der Zusammenarbeit von Unternehmen“ rechnet); *Däubler* ArbuR 2001, S. 285, 288; *Friese* RdA 2003, S. 92, 98; *Trümner* in: Däubler/Kittner/Klebe, § 3 BetrVG Rn. 71, 77.

803 *Friese* RdA 2003, S. 92, 98.

804 *Friese* RdA 2003, S. 92, 98.

805 *Dies.* RdA 2003, S. 92, 98.

möglich, weil die Norm lediglich Betriebsräte *in* den Sparten erlaubt. Im Hinblick auf den gem. §§ 54 ff. BetrVG zulässigen Konzernbetriebsrat nehmen die Spartenbetriebsräte die Aufgaben des Gesamtbetriebsrates wahr, § 54 Abs. 2 BetrVG. Denkbar ist aber auch eine zweistufige Vertretungsstruktur aus den Spartenbetriebsräten 1 und 2 in der Sparte A sowie 3 und 4 in der Sparte B sowie den Spartengesamtbetriebsräten A und B. Die Spartenbetriebsräte nehmen die Funktion und Kompetenzen eines Betriebsrates wahr, die Spartengesamtbetriebsräte die eines Konzernteilbetriebsrates.[806] Gleichzeitig kommen den Spartengesamtbetriebsräten in dieser Fallgestaltung die Funktion und Kompetenzen eines Gesamtbetriebsrates für ihre Sparte/ihr Unternehmen zu, denn sie repräsentieren die Gesamtheit der Belegschaft in den Sparten/Unternehmen und vereinigen die Funktionen der Gesamtbetriebsräte auf sich. Dementsprechend entsenden sie gem. § 55 Abs. 1 BetrVG Mitglieder in den Konzernbetriebsrat.[807] Eine dreistufige Interessenvertretung in der Sparte besteht, wenn die gesetzlichen Betriebsräte und Gesamtbetriebsräte bestehen bleiben und für die Sparten A und B jeweils ein Spartenbetriebsrat errichtet wird. Dieser hat die Funktion eines Konzernteilbetriebsrates.[808] Möglich ist aber auch eine kollektivvertragliche Gestaltung, welche die gesetzlichen Betriebsräte und/oder Gesamtbetriebsräte durch spartenspezifische Vertretungsorgane ersetzt. Umfassen die Sparten eines Konzerns mehrere Unternehmen und gehören ein oder mehrere Unternehmen verschiedenen Sparten an, so daß die Grenzen der produkt- oder projektbezogenen Geschäftsbereiche nicht mit den Unternehmensgrenzen übereinstimmen, bestehen entsprechende Regelungsmöglichkeiten der Kollektivvertragsparteien.

3. Die Bildung von Spartenbetriebsräten bei Mischformen der Organisation

Die Errichtung der Spartenbetriebsverfassung ist nur zulässig, *soweit* das Unternehmen bzw. der Konzern nach produkt- oder projektbezogenen Geschäftsbereichen organisiert ist.[809] Insbesondere die sog. Zentralbereiche verbleiben konsequenterweise außerhalb der Gestaltungsbefugnisse im Rahmen des § 3 Abs. 1 Nr. 2 BetrVG. Dies ist insofern problematisch, als in der betrieblichen Praxis Mischformen der Organisation die Regel sind. Zur Lösung ist § 1 BetrVG heranzuziehen. Die Spartenbetriebsräte repräsentieren nur die Belegschaft der Sparten und können an Entscheidungen der sog. Zentralbereiche nicht mitwirken. Umgekehrt gilt gleiches für den in dem sog. Zentralbereich

---

806 *Dies.* RdA 2003, S. 92, 99.

807 *Dies.* RdA 2003, S. 92, 99.

808 *Dies.* RdA 2003, S. 92, 99.

809 Vgl. vorstehend S. 156.

unter den Voraussetzungen des § 1 BetrVG bestehenden Betriebsrat.[810] In den Fällen, in denen der sog. Zentralbereich die maßgeblichen Entscheidungen in sozialen und personellen Angelegenheiten auch bezüglich der Spartenbelegschaft trifft und ein einheitlicher Betrieb i. S. d. § 1 Abs. 1 Satz 1 BetrVG, bestehend aus dem sog. Zentralbereich und den Sparten, vorliegt, kann der in diesem Betrieb gebildete Betriebsrat neben den Spartenbetriebsräten bestehen bleiben.[811] Die Gestaltung entspricht der betriebsinternen Spartenbetriebsverfassung mit der Maßgabe, daß neben dem Spartenbereich noch der sog. Zentralbereich dem Betrieb angehört. Die Spartenbetriebsräte haben die Funktion von Teilbetriebsräten und repräsentieren einen Teil der Betriebsbelegschaft.

Problematisch sind Organisationsstrukturen, in denen nicht nur ein, sondern mehrere sog. Zentralbereiche vorhanden sind. Die Vorstellung mehrerer einheitlicher Betriebe, jeweils bestehend aus einem sog. Zentralbereich und den Sparten, verbietet sich. Eine Organisationseinheit kann immer nur einem Betrieb i. S. d. Betriebsverfassungsgesetzes zugehörig sein. Auch ist zweifelhaft, ob in diesen Fällen die sog. Zentralbereiche die maßgeblichen Entscheidungen in sozialen und personellen Angelegenheiten treffen und mehrere einheitliche Betriebe vorliegen. Weiterhin werden die sog. Zentralbereiche zumeist nicht im Unternehmen, sondern unternehmensübergreifend im Konzern angesiedelt sein. Hier könnte zwar von einem gemeinsamen Betrieb i. S. d. § 1 Abs. 1 Satz 2, Abs. 2 BetrVG ausgegangen werden.[812] Dies würde aber die bestehenden Probleme bei der näheren Bestimmung des Begriffs des gemeinsamen Betriebs in die Norm des § 3 BetrVG hineintragen, was der Gesetzgeber mit der Möglichkeit der kollektivvertraglichen Anpassung der gesetzlichen Repräsentationsstrukturen gerade ausschließen wollte.[813] Vollends unbestimmt sind Sachverhalte, in denen weder den Spartenleitungen noch der Leitung des sog. Zentralbereiches das Schwergewicht der Entscheidungen in beteiligungspflichtigen Angelegenheiten zusteht. Hier kann weder ein einheitlicher noch ein gemeinsamer Betrieb angenommen werden und die Vorschrift des § 3 Abs. 1 Nr. 2 BetrVG geht in die Leere.[814] Letztlich bleibt den Kollektivvertragsparteien nur ein Ausweichen auf die Generalklausel des § 3 Abs. 1 Nr. 3 BetrVG,[815] wovon die Betriebsparteien ausgeschlossen sind.

---

810 *Friese* RdA 2003, S. 92, 99.

811 *Dies.* RdA 2003, S. 92, 99.

812 *Friese* RdA 2003, S. 92, 99.

813 *Dies.* RdA 2003, S. 92, 99.

814 *Dies.* RdA 2003, S. 92, 99.

815 *Dies.* RdA 2003, S. 92, 99; *Trümner* in: Däubler/Kittner/Klebe, § 3 BetrVG Rn. 40a.

§ 5 Die andere Betriebsverfassungsstruktur, § 3 Abs. 1 Nr. 3 BetrVG

Mit § 3 Abs. 1 Nr. 3 BetrVG wird vom Gesetzgeber die Möglichkeit geschaffen, eine andere Arbeitnehmervertretungsstruktur zu errichten. Diese sehr weitreichende Gestaltungsbefugnis[816] kann zu einer gänzlich abweichenden Struktur der betrieblichen Organisationsverfassung führen, wenn dies insbesondere aufgrund der Betriebs-, Unternehmens- oder Konzernorganisation oder aufgrund anderer Formen der Zusammenarbeit von Unternehmen einer wirksamen und zweckmäßigen Interessenvertretung der Arbeitnehmer dient. § 3 Abs. 1 Nr. 3 BetrVG stellt eine Generalklausel dar,[817] die über die in den Nummern 1 und 2 genannten speziellen Fälle hinaus eine Arbeitnehmervertretung dort ermöglicht, wo ihre Errichtung in rechtlicher oder tatsächlicher Hinsicht generell mit besonderen Schwierigkeiten verbunden ist.[818] Wie § 3 Abs. 2 BetrVG eindeutig belegt, können nur die Tarifvertragsparteien, nicht aber die Betriebsparteien kollektiv-, d. h. tarifvertraglich eine andere Arbeitnehmervertretungsstruktur bilden.[819]

A. Überblick zur früheren Rechtslage (§ 3 Abs. 1 Nr. 2 BetrVG a. F.)

Die Schaffung einer anderen Arbeitnehmervertretung durch einen Tarifvertrag ist nicht neu. Bereits § 20 Abs. 3 BetrVG 1952 und auch § 3 Abs. 1 Nr. 2 BetrVG a. F. enthielten eine Regelung zur Bildung einer anderen Vertretung der Arbeitnehmer für Betriebe, bei denen wegen ihrer Eigenart der Errichtung von Betriebsräten besondere Schwierigkeiten entgegenstanden.

Erste Voraussetzung war das Vorhandensein eines betriebsratsfähigen Betriebs i. S. d. § 1 BetrVG, weil die andere Arbeitnehmervertretung „an Stelle" eines Betriebsrates errichtet wurde.[820] Auch mußte das Nichtbestehen eines

---

816 *Dachrodt/Engelbert* § 3 BetrVG Rn. 8; *Fitting* § 3 BetrVG Rn. 48; *Trümner* in: Däubler/Kittner/Klebe, § 3 BetrVG Rn. 65. *Richardi* in: ders., § 3 BetrVG Rn. 23; *Richardi*, Neue Betriebsverfassung, § 3 Rn. 16 spricht gar von einem „Freibrief" für die Tarifvertragsparteien und macht Bedenken aus Art. 9 Abs. 3 Satz 1 GG geltend.

817 *Annuß* NZA 2002, S. 290, 292; *Däubler* ArbuR 2001, S. 285, 288; *Kloppenburg* in: HaKo-BetrVG, § 3 BetrVG Rn. 18; *Richardi* in: ders., § 3 BetrVG Rn. 21; *Richardi*, Neue Betriebsverfassung, § 3 Rn. 15; *Trümner* in: Däubler/Kittner/Klebe, § 3 BetrVG Rn. 64. In diese Richtung auch *Fitting* § 3 BetrVG Rn. 47; *Stege/Weinspach/Schiefer* § 3 BetrVG Rn. 28.

818 Begründung zum RegE, BT-Drucks. 14/5741, S. 34.

819 *Fitting* § 3 BetrVG Rn. 76; *Stege/Weinspach/Schiefer* § 3 BetrVG Rn. 30; *Trümner* in: Däubler/Kittner/Klebe, § 3 BetrVG Rn. 64.

820 *Eisemann* in: ErfK [2. Aufl.], § 3 BetrVG Rn. 3; *Fitting* [20. Aufl.] § 3 BetrVG Rn. 28; *Hess* in: Hess/Schlochauer/Glaubitz, § 3 BetrVG Rn. 4; *Kraft* in: GK-BetrVG I [6. Aufl.], § 3 BetrVG Rn. 19; *Richardi* [7. Aufl.] § 3 BetrVG Rn. 27; *Schaub*, Arbeitsrechts-Handbuch [9. Aufl.], § 216 Rn. 11; *Trümner* in: Däubler/Kittner/Klebe

Betriebsrates in den besonderen Schwierigkeiten des § 3 Abs. 1 Nr. 2 BetrVG a. F. begründet sein und nicht in der fehlenden Betriebsratsfähigkeit.[821] Diese besonderen Schwierigkeiten bei der Errichtung waren gegeben, wenn das gesetzliche Modell der Arbeitnehmervertretung eine funktionsfähige Betriebsverfassung nicht oder nur in sehr begrenztem Maße ermöglichte.[822] *Errichtung* sollte dabei sowohl die Wahl des Betriebsrates, als auch dessen Funktionsfähigkeit nach der Wahl umfassen.[823]

Die Errichtung von Betriebsräten mußte wegen der *Eigenart der betroffenen Betriebe* besondere Schwierigkeiten bereiten. Über dieses Tatbestandsmerkmal bestand insofern Streit, als die Eigenart der Betriebe entweder branchenspezifisch[824] oder betriebsspezifisch[825] ausgelegt wurde. Nach der Ansicht, welche die Schwierigkeiten branchenspezifisch bestimmte, mußten diese in der Eigenart der betrieblichen Organisation und der Art des Gewerbes begründet sein.[826] Die Meinung stützte sich unter anderem auf den Gesetzeswortlaut und die Gesetzesbegründung, welche von der Eigenart der Betriebe sprachen.[827] Die andere Ansicht bestimmte die Schwierigkeiten betriebsspezifisch, da die branchenspezifische Anknüpfung im Gesetzeswortlaut

---

[7. Aufl.], § 3 BetrVG Rn. 32. In diese Richtung auch *Marienhagen* in: Galperin I, § 3 BetrVG Rn. 22; *Stege/Weinspach* [8. Aufl.] § 3 BetrVG Rn. 7; *M. Weiss/Weyand* § 3 BetrVG Rn. 7. Nicht erforderlich war aber, daß tatsächlich ein Betriebsrat bestand, vgl. *T. Wißmann*, Tarifvertragliche Gestaltung, S. 68.

821 *Richardi* [7. Aufl.] § 3 BetrVG Rn. 27.

822 *T. Wißmann*, Tarifvertragliche Gestaltung, S. 149.

823 *Blank/H. Blanke/u. a.*, Arbeitnehmerschutz, S. 172 f.; *Däubler*, Tarifvertragsrecht, Rn. 1040; *Gamillscheg*, Kollektives Arbeitsrecht, § 15 VII 4 b) (1) [S. 603]; *Konzen*, Unternehmensaufspaltungen, S. 123 f.; *T. Wißmann*, Tarifvertragliche Gestaltung, S. 148. In diese Richtung auch *Wendeling-Schröder*, Divisionalisierung, S. 153.

824 So *Eisemann* in: ErfK [2. Aufl.], § 3 BetrVG Rn. 3; *Fitting* [20. Aufl.] § 3 BetrVG Rn. 29; *Hess* in: Hess/Schlochauer/Glaubitz, § 3 BetrVG Rn. 4; *Kraft* in: GK-BetrVG I [6. Aufl.], § 3 BetrVG Rn. 21; *Nikisch*, Arbeitsrecht III, § 95 III 3 [S. 72 Fn. 35]; *Richardi* [7. Aufl.] § 3 BetrVG Rn. 23; *Schaub*, Arbeitsrechts-Handbuch [9. Aufl.], § 216 Rn. 12; *Stege/Weinspach* [8. Aufl.] § 3 BetrVG Rn. 7; *M. Weiss/Weyand* § 3 BetrVG Rn. 8.

825 *Blank/H. Blanke/u. a.*, Arbeitnehmerschutz, S. 171; *Däubler*, Tarifvertragsrecht, Rn. 1038; *Gamillscheg*, Kollektives Arbeitsrecht, § 15 VII 4 b) (1) [S. 602 f.]; *ders.*, FS K. Molitor, S. 133, 142; *Heither*, FS Schaub, S. 295, 302 f.; *Kempen*, FS Schaub, S. 357, 367 f.; *Marienhagen* in: Galperin I, § 3 BetrVG Rn. 16; *Trümner* in: Däubler/Kittner/Klebe [7. Aufl.], § 3 BetrVG Rn. 30; *Zachert* in: Kempen/Zachert, § 1 TVG Rn. 277.

826 *Kraft* in: GK-BetrVG I [6. Aufl.], § 3 BetrVG Rn. 21.

827 *Ders.* in: GK-BetrVG I [6. Aufl.], § 3 BetrVG Rn. 21.

nirgends zum Ausdruck komme[828]. Die Vertreter dieser Meinung argumentierten weiterhin, daß der Gesetzgeber, hätte er der branchenspezifischen Auffassung den Vorzug gegeben, eine Regelung durch Firmentarifvertrag ausgeschlossen hätte. Da dies nicht so sei, seien die Schwierigkeiten argumentum e contrario betriebsspezifisch zu bestimmen.[829] Außerdem sei es Sinn und Zweck des § 3 BetrVG a. F., eine möglichst umfassende Errichtung von betrieblichen Arbeitnehmervertretungen zuzulassen. Dann aber könne das Tatbestandsmerkmal *Eigenart der Betriebe* des § 3 Abs. 1 Nr. 2 BetrVG a. F. nicht eng, d. h. branchenspezifisch ausgelegt werden.[830] Schließlich mußte es sich um eine Vertretung der Arbeitnehmer handeln. Die Bildung eines Sprecherausschusses für leitende Angestellte konnte nicht auf die Norm des § 3 Abs. 1 Nr. 2 BetrVG a. F. gestützt werden.[831]

B. Tatbestandsmerkmal *wirksame und zweckmäßige Interessenvertretung der Arbeitnehmer*

Die andere Arbeitnehmervertretungsstruktur muß einer *wirksamen und zweckmäßigen Interessenvertretung der Arbeitnehmer* dienen, § 3 Abs. 1 Nr. 3 BetrVG. Aufgrund dieser unbestimmten Rechtsbegriffe kommt den Tarifvertragsparteien ein erheblicher Beurteilungsspielraum bei der Errichtung einer anderen Arbeitnehmervertretungsstruktur zu.[832]

Der Wortlaut der Norm gibt zunächst wenig Anhaltspunkte. Er stellt lediglich klar, daß es um die Vertretung der Interessen der Arbeitnehmer geht. Diese muß wirksam und zweckmäßig erfolgen. Das besagt zunächst nichts weiter als die Selbstverständlichkeit, daß die beabsichtigte tarifvertragliche Arbeitnehmervertretung dem Sinn und Zweck des Betriebsverfassungsrechts, eine effiziente Mitbestimmung zu gewährleisten, entsprechen muß. Systematisch bietet sich ein Vergleich mit der sachgerechten Wahrnehmung der Interessen der Arbeitnehmer, § 3 Abs. 1 Nr. 1 BetrVG, und der sachgerechten Wahrnehmung der Aufgaben des Betriebsrates, § 3 Abs. 1 Nr. 2 BetrVG, an.

---

828 *Däubler*, Tarifvertragsrecht, Rn. 1038; *Heither*, FS Schaub, S. 295, 303; *Marienhagen* in: Galperin I, § 3 BetrVG Rn. 16; *T. Wißmann*, Tarifvertragliche Gestaltung, S. 145.

829 *Däubler*, Tarifvertragsrecht, Rn. 1038; *Trümner* in: Däubler/Kittner/Klebe [7. Aufl.], § 3 BetrVG Rn. 30; *T. Wißmann*, Tarifvertragliche Gestaltung, S. 146.

830 *Däubler*, Tarifvertragsrecht, Rn. 1038; *T. Wißmann*, Tarifvertragliche Gestaltung, S. 146. Ähnlich *Heither*, FS Schaub, S. 295, 303, der die „Eigenart" für einen Firmentarifvertrag betriebs-, für einen Branchentarifvertrag aber branchenspezifisch bestimmen will.

831 *Kraft* in: GK-BetrVG I [6. Aufl.], § 3 BetrVG Rn. 20.

832 *Fitting* § 3 BetrVG Rn. 2, 48; *Trümner* in: Däubler/Kittner/Klebe, § 3 BetrVG Rn. 85. Zu den hieraus folgenden Konsequenzen bei der gerichtlichen Überprüfung von Organisationstarifverträgen siehe nachstehend S. 324 ff.

Wie bereits gezeigt wurde, ist eine sachgerechte Wahrnehmung der Interessen der Arbeitnehmer dann gegeben, wenn die Effizienz der betrieblichen Mitbestimmung verbessert wird.[833] Der sachgerechten Wahrnehmung der Aufgaben des Betriebsrates dient eine tarifvertragliche Regelung dann, wenn der Spartenbetriebsrat entscheidungs-, aber auch belegschaftsnah errichtet wird.[834] Letztlich geht es auch hier um die Effizienz der Mitbestimmung der Arbeitnehmer.[835] Da vom Gesetzgeber in § 3 Abs. 1 Nr. 3 BetrVG ein anderer Wortlaut gewählt wurde, deutet dies zunächst auf einen anderen Bedeutungsinhalt hin. Im gegenteiligen Fall hätte der Gesetzgeber in § 3 Abs. 1 Nr. 1, 2 und 3 BetrVG identische Formulierungen verwendet.

Der Sinn und Zweck einer anderen Arbeitnehmervertretungsstruktur ist es, eine betriebsverfassungsrechtliche Mitbestimmung auch dort zu ermöglichen, wo effiziente gesetzliche Vertretungsstrukturen insbesondere aufgrund der Besonderheiten der Organisation oder anderer Formen der Unternehmenszusammenarbeit nicht realisierbar sind.[836] Aus den Gesetzesmaterialien ergibt sich weiterhin, daß es den Tarifvertragsparteien durch § 3 Abs. 1 Nr. 3 BetrVG ermöglicht werden soll, auf zukünftige neue Entwicklungen von Unternehmensstrukturen in Produktion und Dienstleistung angemessen zu reagieren, ohne auf ein Tätigwerden des Gesetzgebers angewiesen zu sein.[837] § 3 Abs. 1 Nr. 3 BetrVG bezweckt die Stärkung der betrieblichen Mitbestimmung in Bereichen, in denen bereits heute keine effektive gesetzliche Vertretungsstruktur möglich ist oder in denen dies zukünftig der Fall sein wird. Eine solche Effektivierung ist zu bejahen, wenn die tarifvertragliche andere Arbeitnehmervertretung dem Schutz- und Teilhabegedanken der Betriebsverfassung in größerem Maße gerecht werden kann als die bisherige Interessenvertretungsstruktur. Beurteilungskriterien bilden wiederum die Entscheidungs- und Belegschaftsnähe. Das Tatbestandsmerkmal der wirksamen und zweckmäßigen Interessenvertretung der Arbeitnehmer ist dementsprechend auszulegen. Erforderlich ist eine Stärkung der Mitbestimmung und damit eine Verbesserung ihrer Effizienz.[838] Dies kann zum einen z. B. dadurch geschehen, daß in Bereichen, in denen gesetzliche Vertretungsstrukturen nicht realisierbar sind, die Organisation der

---

833 Siehe vorstehend S. 125.

834 Siehe vorstehend S. 151 ff.

835 Siehe vorstehend S. 154 f.

836 Begründung zum RegE, BT-Drucks. 14/5741, S. 34.

837 Begründung zum RegE, BT-Drucks. 14/5741, S. 34. Vgl. auch *Fitting* § 3 BetrVG Rn. 2; *Trümner* in: Däubler/Kittner/Klebe, § 3 BetrVG Rn. 65.

838 Vgl. die von *Trümner* in: Däubler/Kittner/Klebe, § 3 BetrVG Rn. 85 aufgestellten Kriterien.

Betriebsverfassung an die Gegebenheiten angepaßt und die Errichtung einer Arbeitnehmervertretung ermöglicht wird. Zum anderen trifft dies beispielsweise auch dort zu, wo zwar eine gesetzliche Arbeitnehmervertretung existiert, diese aber aufgrund von Unternehmensum- bzw. Unternehmensrestrukturierungen oder aufgrund besonderer Formen der Zusammenarbeit zwischen Unternehmen ihre Wirkkraft eingebüßt hat. Letztlich eröffnet die wirksame und zweckmäßige Interessenvertretung der Arbeitnehmer einen weiten Gestaltungsspielraum.[839] Sie ist immer dann zu bejahen, wenn die Mitbestimmung nach dem Betriebsverfassungsgesetz in irgendeiner Art und Weise gestärkt wird. Der Gestaltungsspielraum der Tarifvertragsparteien wird zudem in den Gesetzesmaterialien anerkannt. Wie die Begründung zeigt, ist § 3 Abs. 1 Nr. 3 BetrVG nach der Intention der Entwurfsverfasser eine Generalklausel, die einen Tarifabschluß auch dann ermöglichen soll, wenn der Gesetzgeber nicht tätig wird.[840]

Die Vorgängerregelung des § 3 Abs. 1 Nr. 2 BetrVG a. F. enthielt noch die Anforderung, daß der Errichtung von Betriebsräten besondere Schwierigkeiten entgegenstehen müssen. Dies scheint zunächst von der jetzigen Formulierung in § 3 Abs. 1 Nr. 3 BetrVG nicht nur vom Wortlaut, sondern auch inhaltlich abzuweichen. Wie die Begründung zum Regierungsentwurf zeigt, sollen aber von § 3 Abs. 1 Nr. 3 BetrVG alle Fälle erfaßt werden, in denen die Errichtung einer Interessenvertretung der Arbeitnehmer in rechtlicher oder tatsächlicher Hinsicht generell mit besonderen Schwierigkeiten verbunden ist.[841] Damit zielen beide Regelungen letztlich auf ein und dasselbe ab – die Verbesserung der Effizienz und die Stärkung der betrieblichen Mitbestimmung in Betrieben, Unternehmen oder Konzernen, in denen aufgrund ihrer besonderen Organisationsstruktur die Errichtung der gesetzlichen Vertretungsstrukturen erschwert oder gänzlich unmöglich ist.

Das Tatbestandsmerkmal der *wirksamen und zweckmäßigen Interessenvertretung der Arbeitnehmer* ist nach der grammatikalischen und teleologischen Auslegung, welche durch den in den Materialien zum Ausdruck kommenden Willen des Gesetzgebers bestätigt wird, dann erfüllt, wenn es zu einer Stärkung der betrieblichen Mitbestimmung, zu einer Verbesserung ihrer Effizienz im Zuge der Einführung der tarifvertraglichen Vertretungsstruktur kommt. Die Kriterien hierfür sind die Entscheidungs- und die Belegschaftsnähe (vgl. §§ 47, 54 BetrVG und §§ 1, 4, 8, 28, 28a, 38, 42 ff. BetrVG) sowie die

---

[839] *Fitting* § 3 BetrVG Rn. 2, 48; *Trümner* in: Däubler/Kittner/Klebe, § 3 BetrVG Rn. 85.

[840] Begründung zum RegE, BT-Drucks. 14/5741, S. 34; *Trümner* in: Däubler/Kittner/Klebe, § 3 BetrVG Rn. 64 f. Kritisch *Richardi* in: ders., § 3 BetrVG Rn. 23; *Richardi*, Neue Betriebsverfassung, § 3 Rn. 16: „Freibrief" für die Tarifvertragsparteien.

[841] BT-Drucks. 14/5741, S. 34.

betriebsverfassungsrechtlichen Grundgedanken der möglichst umfassenden Belegschaftsrepräsentation (vgl. §§ 3 Abs. 1 Nr. 1, 4, 50 Abs. 1 Satz 1 2. HS, 58 Abs. 1 Satz 1 2. HS BetrVG), der klaren Funktionsabgrenzung zwischen den Vertretungsorganen (vgl. §§ 50, 58 BetrVG) sowie der Effektivierung durch Spezialisierung und Freistellung (vgl. §§ 28, 28a, 38 BetrVG).[842] Die Erleichterungs- und Dienlichkeitsklauseln der Nr. 1 bis 3 des § 3 Abs. 1 BetrVG sind im Ergebnis gleich auszulegen[843].

C. Die Betriebs-, Unternehmens- oder Konzernorganisation und die anderen Formen der Zusammenarbeit von Unternehmen als Beispielsfälle einer anderen Betriebsverfassungsstruktur nach § 3 Abs. 1 Nr. 3 BetrVG

Die einzige Voraussetzung für die Errichtung einer anderen Betriebsverfassungsstruktur nach § 3 Abs. 1 Nr. 3 BetrVG ist, daß der Tarifvertrag der wirksamen und zweckmäßigen Interessenvertretung der Arbeitnehmer dient.[844] Die Notwendigkeit einer anderen Arbeitnehmervertretungsstruktur soll nach der Begründung des Regierungsentwurfes zum Betriebsverfassungs-Reformgesetz[845] überall dort gegeben sein, wo eine effiziente Mitbestimmung der Belegschaft in „rechtlicher oder tatsächlicher Hinsicht mit besonderen Schwierigkeiten verbunden ist". Den Tarifvertragsparteien wird durch § 3 Abs. 1 Nr. 3 BetrVG die Möglichkeit eröffnet, auf zukünftige neue Entwicklungen von Unternehmensstrukturen in Produktion und Dienstleistung angemessen reagieren zu können, ohne auf ein Tätigwerden des Gesetzgebers angewiesen zu sein.[846] Dies ist mit einem weiten Gestaltungsspielraum verbunden, der gerichtlich nur in engen Grenzen überprüft werden kann, soll der Vorwurf der Tarifzensur vermieden werden.[847] *Diringer*[848] ist der Ansicht, daß die Tarifvertragsparteien sogar die Voraussetzungen für die Schaffung neuartiger Arbeitnehmervertretungen selbst bestimmen können. Dies trifft allerdings nicht in vollem Umfang zu. *Diringer*[849] bezieht das

---

842 Vgl. *Trümner* in: Däubler/Kittner/Klebe, § 3 BetrVG Rn. 85.

843 Vgl. auch *Plander* NZA 2002, S. 483, 487, der den Verdacht äußert, daß „die Zielsetzungen der ersten drei Nummern im Wesentlichen dasselbe meinen". Ähnlich *Kort* Die AG 2003, S. 13, 21.

844 *Fitting* § 3 BetrVG Rn. 48; *Rieble*, RWS-Forum Arbeitsrecht 2001, S. 25, 38.

845 BT-Drucks. 14/5741, S. 34.

846 Vgl. Begründung zum RegE, BT-Drucks. 14/5741, S. 34; *Fitting* § 3 BetrVG Rn. 2; *Trümner* in: Däubler/Kittner/Klebe, § 3 BetrVG Rn. 65.

847 *Fitting* § 3 BetrVG Rn. 2; *Trümner* in: Däubler/Kittner/Klebe, § 3 BetrVG Rn. 85. Zur gerichtlichen Überprüfung von Organisationstarifverträgen siehe nachstehend § 17 A I [S. 321 ff.].

848 *Diringer* AuA 2001, S. 172, 175.

849 *Ders.* AuA 2001, S. 172, 175.

„insbesondere“ auf die wirksame und zweckmäßige Interessenvertretung. Aus dem Wortlaut der Norm des § 3 Abs. 1 Nr. 3 BetrVG folgt, daß sich das „insbesondere“ auf die Betriebs-, Unternehmens- oder Konzernorganisation oder die anderen Formen der Zusammenarbeit von Unternehmen bezieht.[850] *Diringers* Einwand geht daher fehl.

Durch die Neufassung der Norm ist der zu § 3 Abs. 1 Nr. 2 BetrVG a. F. bestehende Streit, ob die besonderen Schwierigkeiten der Errichtung von Betriebsräten branchen- oder betriebsspezifisch bestimmt werden müssen, entschieden.[851] § 3 Abs. 1 Nr. 3 BetrVG nennt zwei Beispiele für die Errichtung einer anderen Arbeitnehmervertretungsstruktur – die Betriebs-, Unternehmens- oder Konzernorganisation und andere Formen der Zusammenarbeit von Unternehmen. Wie der Wortlaut zeigt, stellt das Gesetz auf die jeweils in concreto betroffenen Betriebe, Unternehmen oder Konzerne ab. Ob die besondere Organisation oder die anderen Formen der Zusammenarbeit in der gesamten Branche bestehen, ist unerheblich.[852] Bei der Errichtung einer anderen Arbeitnehmervertretungsstruktur ist auf den jeweils betroffenen Betrieb, das Unternehmen oder den Konzern abzustellen. Aus den beiden gesetzlichen Beispielen kann jedoch geschlußfolgert werden, daß die besonderen Schwierigkeiten der Errichtung einer Interessenvertretung der Arbeitnehmer ihren Grund in den (betriebswirtschaftlichen) Organisationsentscheidungen des Arbeitgebers,[853] nicht dagegen lediglich in der fehlenden Bereitschaft der Arbeitnehmer, einen Betriebsrat zu wählen, haben müssen.

Beispielhaft („insbesondere“) und damit keineswegs abschließend[854] nennt das Gesetz die Betriebs-, Unternehmens- oder Konzernorganisation und andere Formen der Zusammenarbeit von Unternehmen. Aufgrund des systematischen Zusammenhangs zwischen § 3 Abs. 1 Nr. 2 BetrVG und § 3 Abs. 1 Nr. 3 BetrVG ist die Organisation nach produkt- oder projektbezogenen Geschäftsbereichen nicht als besondere Betriebs-, Unternehmens- oder Konzernorganisation i. S. der Generalklausel der Nr. 3 anzusehen, soll die Regelung der Nr. 2 nicht überflüssig werden.

Besonderheiten in der betrieblichen Organisation liegen beispielsweise vor, wenn in personeller Hinsicht einer relativ kleinen Zahl von Stammarbeitnehmern eine wesentlich größere Zahl nur vorübergehend

---

850 *Trümner* in: Däubler/Kittner/Klebe, § 3 BetrVG Rn. 85.

851 *Ders.* in: Däubler/Kittner/Klebe, § 3 BetrVG Rn. 72.

852 Ebenso *ders.* in: Däubler/Kittner/Klebe, § 3 BetrVG Rn. 72. Vgl. auch die Begründung zum RegE, BT-Drucks. 14/5741, S. 27, wo auf die das einzelne Unternehmen betreffenden Besonderheiten abgestellt wird.

853 *Fitting* § 3 BetrVG Rn. 48.

854 Vgl. *Rieble*, RWS-Forum Arbeitsrecht 2001, S. 25, 38.

Beschäftigter gegenübersteht (z. B. Beschäftigungsförderungs- und Qualifizierungsgesellschaften sowie reine Ausbildungsbetriebe) oder es sich um Betriebe mit kontinuierlichem Personalwechsel bzw. mit ständig wechselnden Betriebsstätten handelt.[855] Denkbar sind Regelungen nach § 3 Abs. 1 Nr. 3 BetrVG aber beispielsweise auch in betriebsverfassungsrechtlichen Organisationseinheiten mit weit verstreuten Arbeitsstätten.[856]

Unter die besondere Unternehmensorganisation können unter anderem Spartenstrukturen subsumiert werden, die nicht nach produkt- oder projektbezogenen Geschäftsbereichen gegliedert sind.[857]

Mit den Besonderheiten der Konzernorganisation ist z. B. an mittelständische Konzerne mit wenigen kleinen Konzernunternehmen gedacht, in denen statt einer dreistufigen eine zwei- oder nur eine einstufige Interessenvertretung vorgesehen ist.[858] Weiterhin soll auch in einem Gleichordnungskonzern, entgegen § 54 Abs. 1 BetrVG, ein Konzernbetriebsrat errichtet werden können.[859] Der in § 3 Abs. 1 Nr. 3 BetrVG verwendete Konzernbegriff schließt den Gleichordnungskonzern mit ein.[860] Als besondere Form der Organisation ist weiterhin ein sog. fraktales[861] Unternehmen vorstellbar. Die Besonderheit der Arbeitsorganisation ist die Selbstähnlichkeit der Fraktale – jedes Bruchstück des Ganzen enthält die

---

855 *Fitting* § 3 BetrVG Rn. 49; *Kort* Die AG 2003, S. 13, 21; *Trümner* in: Däubler/Kittner/Klebe, § 3 BetrVG Rn. 75.

856 *Fitting* § 3 BetrVG Rn. 49.

857 *Kort* Die AG 2003, S. 13, 21; *Trümner* in: Däubler/Kittner/Klebe, § 3 BetrVG Rn. 67, 76.

858 *Engels/Trebinger/Löhr-Steinhaus* DB 2001, S. 532, 533; *Trümner* in: Däubler/Kittner/Klebe, § 3 BetrVG Rn. 77. Vgl. auch Begründung zum RegE, BT-Drucks. 14/5741, S. 34.

859 *Fitting* § 3 BetrVG Rn. 49; *Trümner* in: Däubler/Kittner/Klebe, § 3 BetrVG Rn. 71, 77. Vgl. auch Begründung zum RegE, BT-Drucks. 14/5741, S. 34. Anders aber ausdrücklich *Stege/Weinspach/Schiefer* § 3 BetrVG Rn. 29.

860 *Eisemann* in: ErfK, § 3 BetrVG Rn. 6; *Engels/Trebinger/Löhr-Steinhaus* DB 2001, S. 532, 533; *Löwisch* in: Löwisch/Kaiser, § 3 BetrVG Rn. 9; *Rieble*, RWS-Forum Arbeitsrecht 2001, S. 25, 35; *Trümner* in: Däubler/Kittner/Klebe, § 3 BetrVG Rn. 71; „möglicherweise" auch *Eich*, FS Weinspach, S. 17, 21 Fn. 9, 28; a. A. *Kort* Die AG 2003, S. 13, 16, 21; *Richardi* NZA 2001, S. 346, 350; *Richardi/Annuß* DB 2001, S. 41, 42; *Stege/Weinspach/Schiefer* § 3 BetrVG Rn. 29.

861 Vgl. Begründung zum RegE, BT-Drucks. 14/5741, S. 34. Zu dieser Organisationsform ausführlich *Warnecke*, Fraktale Fabrik.

Gesamtstruktur des Ganzen.[862] Die Fraktale arbeiten als eigenständige und eigenverantwortliche Unternehmenseinheiten.[863]

Das zweite Beispiel des § 3 Abs. 1 Nr. 3 BetrVG sind „andere Formen der Zusammenarbeit von Unternehmen".[864] Mit dieser Bezeichnung macht das Gesetz klar, daß es sich, im Gegensatz zu den Besonderheiten in der Betriebs-, Unternehmens- oder Konzernorganisation, nicht um organisationsvertragliche Formen handeln muß, sondern wesentlich losere Arten wie z. B. just-in-time- und shop-in-shop-Konzepte, Inhouse-Produktionen oder sog. Unternehmensnetzwerke einer Unternehmenskooperation zugrunde liegen können.[865] Insbesondere müssen die Unternehmen nicht in einer Konzernverbindung zueinander stehen. Es reicht eine *andere* Form der Zusammenarbeit als die der bisher in Nr. 1 bis 3 genannten Konzernverbindung aus.[866] Allerdings setzt die *Zusammenarbeit* eine längerfristige Unternehmenskooperation voraus, so daß Kontakte im Rahmen schuldrechtlicher, auf einmaligen Leistungsaustausch gerichteter Verträge nicht ausreichen dürften.[867]

Das just-in-time-Konzept ist ein kostenreduzierendes Logistikkonzept im Rahmen des Managements der sog. lean production.[868] Hierbei kann sowohl

---

862 *Kort* Die AG 2003, S. 13, 22; *Warnecke*, Fraktale Fabrik, S. 144 ff.; *Zahn/Bullinger/Gagsch* in: Bullinger/Warnecke/Westkämper, Neue Organisationsformen, S. 261 f.

863 *Kort* Die AG 2003, S. 13, 22; *Warnecke*, Fraktale Fabrik, S. 148 ff.; *Zahn/Bullinger/Gagsch* in: Bullinger/Warnecke/Westkämper, Neue Organisationsformen, S. 262.

864 Kritisch hierzu *Richardi* in: ders., § 3 BetrVG Rn. 25: „schränkt die unternehmerische Wettbewerbsfreiheit in verfassungsrechtlich unzulässiger Weise ein". Ebenso *Biedenkopf*, Bundesrats-Plenarprotokoll 761, S. 127 f.; *Picker* RdA 2001, Sonderbeilage Heft 4, S. 257, 288 f.; *Reichold* NZA 2001, S. 857, 859; *Rieble* ZIP 2001, S. 133, 138 f.; *Stege/Weinspach/Schiefer* § 3 BetrVG Rn. 31.

865 Vgl. die in den Gesetzesmaterialien, Begründung zum RegE, BT-Drucks. 14/5741, S. 34 genannten Beispiele. Weiterhin *Kort* Die AG 2003, S. 13, 22; *Trümner* in: Däubler/Kittner/Klebe, § 3 BetrVG Rn. 81 ff. Kritisch zur fraktalen Fabrik und zum shop-in-shop *Giesen* BB 2002, S. 1480, 1481.

866 *Trümner* in: Däubler/Kittner/Klebe, § 3 BetrVG Rn. 79.

867 Wohl auch *Giesen* BB 2002, S. 1480, 1481; *Kort* Die AG 2003, S. 13, 22 f. Nicht eindeutig dagegen *Trümner* in: Däubler/Kittner/Klebe, § 3 BetrVG Rn. 80. Die schuldvertragliche Unternehmenskooperation kann sich aber aufgrund ihrer langfristigen Perspektive ausreichend verfestigen, z. B. bei Miet- oder Franchiseverträgen im Rahmen von shop-in-shop-Konzepten.

868 *Kort* Die AG 2003, S. 13, 22; *Kulms*, Schuldrechtliche Organisationsverträge, S. 119; *Nagel/Riess/Theis*, Neue Konzernstrukturen, S. 26 f.; *Teufel* in: Bullinger/Warnecke/Westkämper, Neue Organisationsformen, S. 515.

eine besondere Form der Unternehmensorganisation i. S. d. § 3 Abs. 1 Nr. 3 1. Alt. BetrVG, als auch eine Zusammenarbeit von Unternehmen vorliegen.[869] Letzteres setzt eine langfristige Beziehung zwischen den beteiligten Unternehmen voraus.[870] Probleme könnten sich hierbei aus der Majorisierung der Belegschaft der kleineren (oftmals Zuliefer-)Unternehmen durch die Vertretungsorgane des größeren (zumeist Abnehmer-)Unternehmens ergeben.[871] Shop-in-shop-Konzepte[872] sind in größeren Einzelhandelshäusern vielfach anzutreffen. Hierbei werden innerbetriebliche Verkaufsflächen Herstellern oder Großhändlern zur eigenständigen Präsentation von Waren oder zum Betreiben von Verkaufsständen im Rahmen von Mietverträgen überlassen. Auch Agentur- oder Depot- und Franchisesysteme sind anzutreffen.[873] Bei einer Inhouse-Produktion montieren mehrere Zulieferer unter Gesamtaufsicht und Leitung des Unternehmens in einer Betriebsstätte ein komplettes Produkt.[874] Dies kann eine Zusammenarbeit von Unternehmen i. S. d. § 3 Abs. 1 Nr. 3 BetrVG darstellen.[875] Gleiches gilt für sog. Unternehmensnetzwerke. Hierunter wird in den Wirtschaftswissenschaften ganz allgemein eine langfristige, relativ stabile Beziehung zwischen rechtlich selbständigen, aber wirtschaftlich voneinander abhängigen Unternehmen verstanden.[876] Solche Netzwerke entstehen durch Quasi-Internalisierung (z. B. Joint Venture, strategische Allianz[877], Franchise- oder Subunternehmersystem) oder Quasi-Externalisierung (z. B. Ausgründung, Ausgliederung, Unternehmens- oder Betriebsaufspaltung).[878] Eine besondere

869 Wenn beispielsweise das Zulieferunternehmen in die just-in-time-Produktion eingebunden ist, vgl. *Kort* Die AG 2003, S. 13, 22. Dazu *Birk*, FS Kraft, S. 11, 14 f.

870 *Giesen* BB 2002, S. 1480, 1481; *Kort* Die AG 2003, S. 13, 22.

871 In diese Richtung *Buchner* NZA 2001, S. 633, 634 f.; *Kort* Die AG 2003, S. 13, 22 f.; *Kl. Schmidt*, FS Weinspach, S. 131, 134 f. Siehe auch *Nagel/Riess/Theis*, Neue Konzernstrukturen, S. 50 f.

872 Vgl. hierzu aus betriebswirtschaftlicher Sicht detailliert *Medla*, Shop-in-the-Shop.

873 *Kort* Die AG 2003, S. 13, 23; *Kulms*, Schuldrechtliche Organisationsverträge, S. 111; *Medla*, Shop-in-the-Shop, S. 99 ff.; *Skaupy* DB 1982, S. 2446, 2450.

874 Vgl. die Beispiele bei *Birk*, FS Kraft, S. 11, 15; *Kort* Die AG 2003, S. 13, 23; *Lange* BB 1998, S. 1165, 1165.

875 *Kort* Die AG 2003, S. 13, 23.

876 *Ders.* Die AG 2003, S. 13, 23; *Sydow/Wirth* in: Müller-Jentsch, Konfliktpartnerschaft, S. 157, 158 f.; *Wojda/Waldner* in: Wojda, Innovative Organisationsformen, S. 36. Siehe zu Unternehmensnetzwerken auch *Picot/Reichwald* ZfB 1994, S. 547, 547 ff.

877 Vgl. hierzu *Moerman/Commandeur/Langerak* in: Bullinger/Warnecke/Westkämper, Neue Organisationsformen, S. 598 ff.; *Nagel/Riess/Theis*, Neue Konzernstrukturen, S. 24 ff., zur Mitbestimmung in diesen Fällen S. 49 f.

878 Vgl. *Kort* Die AG 2003, S. 13, 23 f.; *Sydow/Wirth* in: Müller-Jentsch, Konfliktpartnerschaft, S. 157, 160.

Ausprägung von Unternehmensnetzwerken sind virtuelle Unternehmen und sog. Cluster. Unter virtuellen Unternehmen[879] werden temporäre Netzwerke unabhängiger Unternehmen verstanden, die der komplexen und singulären Problemlösung dienen und sich variablen Aufgabenstellungen flexibel anzupassen wissen.[880] Sog. Cluster sind regionale Ansammlungen von Unternehmen bestimmter Wirtschaftszweige mit entsprechender Versorgungsarchitektur (Zulieferunternehmen, Infrastruktur mit sozialen und politischen Beziehungen, Forschungsinstitute und Universitäten).[881]

D. Die andere Arbeitnehmervertretung als Regelungsmöglichkeit

§ 3 Abs. 1 Nr. 3 BetrVG gibt den Tarifvertragsparteien die Möglichkeit der Errichtung einer anderen Arbeitnehmervertretungsstruktur, in deren konkreter Ausgestaltung sie frei sind und die sich (im Gegensatz zu § 3 Abs. 1 Nr. 1 BetrVG) auf alle Ebenen beziehen kann, auf denen nach der gesetzlichen Vorstellung Arbeitnehmervertretungen gebildet werden[882]. Als Richtlinie können die Grundgedanken des Organisationsrechts der Betriebsverfassung dienen, die durch den Tarifvertrag einzuhalten sind.[883] So muß eine Wahl der anderen Arbeitnehmervertretung stattfinden und sie muß den Grundsätzen der

---

879 Vgl. hierzu im Überblick *Birk*, FS Kraft, S. 11, 16, 20 f.; *Lange* BB 1998, S. 1165, 1165 ff.; *Schuh/Kurr/Friedli* in: Bullinger/Warnecke/Westkämper, Neue Organisationsformen, S. 627 ff.; *Wojda/Waldner* in: Wojda, Innovative Organisationsformen, S. 38 ff.; *Wolmerath*, FS Däubler, S. 717, 718 f. Zu den Auswirkungen auf das Betriebsverfassungsrecht siehe *ders.*, FS Däubler, S. 717, 724 ff., 728 f.

880 *S. Bauer* in: Bullinger/Warnecke/Westkämper, Neue Organisationsformen, S. 115; *Kort* Die AG 2003, S. 13, 23; *Lange* BB 1998, S. 1165, 1165; *Picot/Reichwald/Wigand*, Grenzenlose Unternehmung, S. 422 ff.; *Schuh/Kurr/Friedli* in: Bullinger/Warnecke/Westkämper, Neue Organisationsformen, S. 631; *Wojda/Waldner* in: Wojda, Innovative Organisationsformen, S. 39. Diese Organisationsform läßt sich mit der Projektgliederung (siehe vorstehend S. 145) vergleichen. Eine Subsumtion unter § 3 Abs. 1 Nr. 3 2. Alt. BetrVG ist trotz der ad definitionem zeitlichen Begrenztheit des virtuellen Unternehmens möglich, da dieses ein stabiles Beziehungsgeflecht voraussetzt, welches durch Rahmenverträge rechtlich abgesichert ist, vgl. *Birk*, FS Kraft, S. 11, 16; *Lange* BB 1998, S. 1165, 1167.

881 Vgl. hierzu *Wojda/Waldner* in: Wojda, Innovative Organisationsformen, S. 37 f. Ein Beispiel ist das Silicon Valley.

882 *Fitting* § 3 BetrVG Rn. 52; *Trümner* in: Däubler/Kittner/Klebe, § 3 BetrVG Rn. 66. Anders wohl *Giesen* BB 2002, S. 1480, 1481.

883 *Annuß* NZA 2002, S. 290, 291; *Fitting* § 3 BetrVG Rn. 54; *Rieble*, RWS-Forum Arbeitsrecht 2001, S. 25, 39 f. Zur Vorgängerregelung des § 3 Abs. 1 Nr. 2 BetrVG a. F. *Fitting* [20. Aufl.] § 3 BetrVG Rn. 32; *Marienhagen* in: Galperin I, § 3 BetrVG Rn. 18; *Richardi* [7. Aufl.] § 3 BetrVG Rn. 30.

§§ 7, 14 BetrVG entsprechen, insbesondere geheim und unmittelbar sein.[884] Da es sich bei der anderen Arbeitnehmervertretung um ein betriebsverfassungsrechtliches Repräsentationsorgan der gesamten Belegschaft handelt, ist eine tarifvertragliche Regelung unzulässig, nach der das Vertretungsorgan nur aus den gewerkschaftlichen Vertrauensleuten im Betrieb gebildet wird.[885] Aus der Bezeichnung „Arbeitnehmer"-Vertretung folgt zudem, daß eine Vertretung für andere Beschäftigte wie z. B. leitende Angestellte, arbeitnehmerähnliche Personen oder Beamte nach § 3 Abs. 1 Nr. 3 BetrVG nicht errichtet werden kann.[886]

Dimitriadis/Ilbertz/Kallenberg/u. a.[887] schlußfolgern aus dem Sinn und Zweck der Norm, daß sie auf solche Fragen beschränkt bleiben muß, die sich gerade aus der Zusammenarbeit der rechtlich unverbundenen Unternehmen ergeben. Hiergegen sprechen aber sowohl Wortlaut als auch Systematik der Norm. Wie § 3 Abs. 1 Nr. 3 BetrVG zeigt, können die Besonderheiten der Organisationsstruktur nicht nur in einem Unternehmen oder Konzern, sondern auch einem Betrieb vorhanden sein. Damit muß es zulässig sein, eine andere Arbeitnehmervertretungsstruktur für einen einzelnen Betrieb zu vereinbaren. Diese Arbeitnehmervertretung kann in keinem Fall für unternehmensübergreifende Fragen zuständig sein, sondern muß die Kompetenzen eines Betriebsrates haben. Systematisch spricht gegen eine Beschränkung der anderen Arbeitnehmervertretung auf unternehmensübergreifende Fragen, daß ihr nach § 3 Abs. 5 Satz 2 BetrVG die Rechte und Pflichten eines Betriebsrates zugewiesen werden. Die andere Arbeitnehmervertretung ist nicht auf unternehmensübergreifende Fragen beschränkt, sondern hat die Rechte und Pflichten eines Betriebsrates, wie sie sich aus den Beteiligungstatbeständen des Betriebsverfassungsgesetzes ergeben.[888]

---

884 *Fitting* § 3 BetrVG Rn. 54. Zur Vorgängerregelung des § 3 Abs. 1 Nr. 2 BetrVG a. F. *Fitting* [20. Aufl.] § 3 BetrVG Rn. 32; *Kraft* in: GK-BetrVG I [6. Aufl.], § 3 BetrVG Rn. 35; *Richardi* [7. Aufl.] § 3 BetrVG Rn. 30.

885 *Richardi* in: ders., § 3 BetrVG Rn. 23; *Richardi*, Neue Betriebsverfassung, § 3 Rn. 16. Siehe hierzu aus verfassungsrechtlicher Sicht bereits vorstehend S. 53 ff.

886 *Trümner* in: Däubler/Kittner/Klebe, § 3 BetrVG Rn. 86.

887 *Dimitriadis/Ilbertz/Kallenberg/u. a.* ZBVR 2001, S. 170, 173. Ebenso *P. Hanau* RdA 2001, S. 65, 66.

888 Siehe zur Erweiterung der Beteiligungsrechte des Betriebsrates im Rahmen eines Organisationstarifvertrages nach Nr. 3 nachstehend S. 306 f.

E. Das Verhältnis der anderen Arbeitnehmervertretungsstruktur zur gesetzlichen Arbeitnehmervertretung

Abschließend soll das Verhältnis der anderen Arbeitnehmervertretungsstruktur nach § 3 Abs. 1 Nr. 3 BetrVG zu den gesetzlichen Repräsentationsorganen geklärt werden. Vorstellbar sind wiederum eine Verdrängung der gesetzlichen Arbeitnehmervertretung[889] oder eine Doppelstruktur[890].

Dem Wortlaut der Norm des § 3 Abs. 1 Nr. 3 BetrVG zufolge handelt es sich um eine *andere* Arbeitnehmervertretungsstruktur. Im Gegensatz hierzu ist in § 3 Abs. 1 Nr. 4, 5 BetrVG von zusätzlichen, neben den gesetzlichen Repräsentationsorganen bestehenden Arbeitsgemeinschaften und Vertretungen der Arbeitnehmer die Rede. Das *andere* könnte argumentum e contrario zum Ausdruck bringen, daß die gesetzliche durch die tarifvertragliche Arbeitnehmervertretung ersetzt werden soll.[891] Der Wortlaut der Norm verbietet es aber keineswegs, die *anderen* i. S. anderer als die herkömmlichen, gesetzlichen Arbeitnehmervertretungsstrukturen zu verstehen.[892] Grammatikalisch enthält § 3 Abs. 1 Nr. 3 BetrVG keine zwingende Aussage zum Konkurrenzverhältnis gesetzlicher und tarifvertraglicher Repräsentationsorgane.[893] Systematisch ist wiederum auf § 3 Abs. 4 Satz 2 BetrVG hinzuweisen. Endet hiernach die Amtszeit bestehender Betriebsräte, die durch die Regelungen nach Absatz 1 Nr. 1 bis 3 *entfallen*, geht der Gesetzgeber von der Möglichkeit der Verdrängung gesetzlicher Arbeitnehmervertretungen aus. Welche dies sind, bestimmt sich nach den Vereinbarungen der Tarifvertragsparteien, es sei denn, aus der Natur und teleologischen Auslegung des § 3 Abs. 1 Nr. 3 BetrVG ergibt sich etwas anderes.[894]

Sinn und Zweck der Regelung sprechen weder zwingend für eine Doppelstruktur noch für eine Verdrängung. Durch die Generalklausel des § 3

---

889 *Bösche* AiB 2001, S. 110, 111; *Eich*, FS Weinspach, S. 17, 19; *Eisemann* in: ErfK, § 3 BetrVG Rn. 1; *Fitting* § 3 BetrVG Rn. 51; nicht eindeutig *Trümner* in: Däubler/Kittner/Klebe, § 3 BetrVG Rn. 55, 66 (alternative Organisation) und Rn. 69 (Maßgeblichkeit des Tarifvertrages).

890 Vgl. *Dimitriadis/Ilbertz/Kallenberg/u. a.* ZBVR 2001, S. 170, 173, die die Frage nach der Kompetenzabgrenzung zwischen der tarifvertraglichen Arbeitnehmervertretung und dem gesetzlichen Betriebsrat aufwerfen und somit scheinbar von einer Doppelstruktur ausgehen.

891 *Trümner* in: Däubler/Kittner/Klebe, § 3 BetrVG Rn. 55, 66. Kritisch zu dem Umkehrschluß *Kort* Die AG 2003, S. 13, 17.

892 *Kort* Die AG 2003, S. 13, 21.

893 Ebenso *Kort* Die AG 2003, S. 13, 21.

894 Vgl. bereits vorstehend S. 134, 167 f.

Abs. 1 Nr. 3 BetrVG soll den Tarifvertragsparteien die Möglichkeit gegeben werden, flexibel auf neuartige Unternehmens- oder Konzernstrukturen zu reagieren und die betriebliche Arbeitnehmervertretung entsprechend anzupassen, um eine wirksame und zweckmäßige Interessenvertretung der Belegschaft zu gewährleisten.

> „Wie die Arbeitnehmervertretungsstruktur im Einzelnen ausgestaltet wird, obliegt den Tarifvertragsparteien. Darüber hinaus hat die Regelung den Sinn, den Tarifvertragsparteien zu ermöglichen, auf zukünftige neue Entwicklungen von Unternehmensstrukturen in Produktion und Dienstleistung angemessen zu reagieren und entsprechende Arbeitnehmervertretungen errichten zu können, ohne dabei auf ein Tätigwerden des Gesetzgebers angewiesen zu sein.“[895]

Wie die andere Arbeitnehmervertretung strukturell ausgestaltet wird und ob sie die bestehenden Vertretungsorgane verdrängt oder ergänzt, bestimmt sich, so das Zwischenergebnis der teleologischen Auslegung, nach den Vereinbarungen der Tarifvertragsparteien.[896] Ob die von den Koalitionen getroffene Regelung zulässig ist, muß im Einzelfall anhand des Tatbestandsmerkmals der wirksamen und zweckmäßigen Interessenvertretung der Arbeitnehmer und der Eckpunkte „Repräsentationsdefizit“ und „unfruchtbares Nebeneinander mehrerer Vertretungsorgane“ festgestellt werden. Unterbleibt eine Klarstellung der Kompetenzen, ist es zumindest fraglich, ob der Tarifvertrag der wirksamen und zweckmäßigen Interessenvertretung der Arbeitnehmer dient.[897]

Die Entwurfsbegründung enthält als Beispiel für § 3 Abs. 1 Nr. 3 BetrVG den Fall, daß statt einer dreistufigen eine zwei- oder gar nur einstufige Interessenvertretung in mittelständischen Konzernen mit wenigen kleinen Konzernunternehmen errichtet werden soll. Damit wird auf die Vermeidung mehrstufiger und unnötiger Vertretungsstrukturen abgezielt. Dies schließt die Möglichkeit der Kumulation aus bestehender und tarifvertraglicher Arbeitnehmervertretungsstruktur in anderen Fällen der Nr. 3 aber keinesfalls aus. Die beispielhafte Aufzählung in den Gesetzesmaterialien ist nicht abschließend.

Nach der systematischen und teleologischen Auslegung ist für die Frage der Kumulation oder Verdrängung der bestehenden Arbeitnehmervertretungsorgane die tarifvertragliche Regelung maßgebend. Die Gesetzesmaterialien stehen dem nicht entgegen. Dies ist auch keine Auslegung über den Wortlaut der Norm hinaus. Zwar könnte die Deklaration als andere Arbeitnehmervertretungsstruktur ein Hinweis auf die Verdrängung der gesetzlichen Betriebsräte sein. Eine Kombination aus gesetzlichen und

---

895 Begründung zum RegE, BT-Drucks. 14/5741, S. 34.

896 Vgl. *Trümner* in: Däubler/Kittner/Klebe, § 3 BetrVG Rn. 69.

897 *Ders.* in: Däubler/Kittner/Klebe, § 3 BetrVG Rn. 69.

tarifvertraglichen Vertretungsorganen ist aber gleichfalls eine andere als die gesetzliche Organisationsstruktur allein.[898] Im Ergebnis ist für das Konkurrenzverhältnis zwischen gesetzlicher und tarifvertraglicher Arbeitnehmervertretungsstruktur die tarifvertragliche Gestaltung ausschlaggebend. Ob sie der wirksamen und zweckmäßigen Interessenvertretung der Arbeitnehmer dient, ist im Einzelfall anhand dieses Tatbestandsmerkmals festzustellen[899].

§ 6 Die erstmalige Anwendung des Kollektivvertrages, § 3 Abs. 4 BetrVG

§ 3 Abs. 4 BetrVG normiert den Zeitpunkt, zu dem die Regelungen eines Kollektivvertrages nach § 3 Abs. 1 Nr. 1 bis 3 BetrVG die gesetzliche Betriebsverfassungsstruktur ablösen und erstmals anzuwenden sind. Dieser ist abhängig davon, ob der Kollektivvertrag einen anderen Wahlzeitpunkt der Arbeitnehmervertretung als den der nächsten regelmäßigen Betriebsratswahlen vorsieht oder nicht. § 3 Abs. 4 BetrVG gilt auch für den Fall, daß statt der gesetzlichen bereits eine kollektivvertragliche Organisationsregelung nach § 3 Abs. 1 Nr. 1 bis 3 BetrVG anzuwenden ist.[900] Besteht allerdings eine tarifliche Regelung oder gilt ein anderer Tarifvertrag, ist eine Betriebsvereinbarung unzulässig, § 3 Abs. 2 BetrVG, und letztere kann nicht in Kraft treten.

Bestimmt der Kollektivvertrag die nächsten regelmäßigen Betriebsratswahlen als Zeitpunkt seiner erstmaligen Anwendung oder schweigt er zum Wahlzeitpunkt der kollektivvertraglichen Arbeitnehmervertretung, finden seine abweichenden Regelungen erstmals bei der nächsten regelmäßigen Betriebsratswahl Anwendung, § 3 Abs. 4 Satz 1 BetrVG. Ausnahmsweise ist die kollektivvertragliche Arbeitnehmervertretung sofort zu bilden, wenn kein Betriebsrat besteht oder aus anderen Gründen (des § 13 Abs. 2 BetrVG)[901] eine Neuwahl des Betriebsrates erforderlich wird, § 3 Abs. 4 Satz 1 BetrVG a. E. Für das Amtszeitende der bestehenden Betriebsräte, die aufgrund des

---

898 Vgl. *Kort* Die AG 2003, S. 13, 21, der das „andere" auf eine andere als die herkömmliche, gesetzliche Vertretungsstruktur bezieht.

899 Zu den Beurteilungskriterien hierfür siehe vorstehend S. 178 ff.

900 *Trümner* in: Däubler/Kittner/Klebe, § 3 BetrVG Rn. 142. Hierdurch wird allerdings nicht das Problem der Nachwirkung gelöst. § 3 Abs. 4 BetrVG bestimmt (i. V. m. § 21 BetrVG) das Ende der Amtszeit der bisherigen Betriebsräte. Keine Aussage enthält die Norm zu der Frage, welche normative Ordnung im Zeitraum zwischen dem Außerkrafttreten einer Kollektivvereinbarung und dem Inkrafttreten einer neuen Kollektivvereinbarung gilt. Vgl. hierzu nachstehend § 8 [S. 196 ff.].

901 Begründung zum RegE, BT-Drucks. 14/5741, S. 35; *Fitting* § 3 BetrVG Rn. 89; *Trümner* in: Däubler/Kittner/Klebe, § 3 BetrVG Rn. 143.

Kollektivvertrages entfallen, sind die gesetzlichen Vorschriften (insbesondere § 21 BetrVG) maßgebend.

In den betrieblichen Geltungsbereich eines Kollektivvertrages nach § 3 Abs. 1 Nr. 1 bis 3 BetrVG sind, außer in dem Fall der Bildung mehrerer Spartenbetriebsräte oder anderer Arbeitnehmervertretungsstrukturen innerhalb eines Betriebs nach Nr. 2 bzw. 3, stets mehrere Betriebe einbezogen. Problematisch ist, ob § 3 Abs. 4 Satz 1 BetrVG a. E. auch dann eingreift, wenn nicht in allen von der kollektivvertraglichen Regelung betroffenen Betrieben „kein Betriebsrat (besteht) oder [...] aus anderen Gründen eine Neuwahl des Betriebsrates erforderlich (ist)“. Entscheidend ist der Inhalt des Kollektivvertrages. Dieser ist Ausdruck eines Kompromisses zwischen den sachnäheren Tarifvertrags- bzw. Betriebsparteien, welche die Anforderungen des konkreten Unternehmens oder Konzerns an die betrieblichen Vertretungsstrukturen regelmäßig besser als der Gesetzgeber einzuschätzen wissen. Stellt die lediglich teilweise Anwendung eine sinnvolle, in sich geschlossene Regelung dar[902], d. h. wird sie dem Sinn und Zweck des jeweiligen Regelungstatbestandes des § 3 Abs. 1 BetrVG gerecht, ist kein Grund ersichtlich, eine Betriebsratswahl erst zu einem späteren Zeitpunkt vorzunehmen. Praktisch wird dieser Fall eher selten vorkommen, da sich die Tatbestände der Nr. 1 bis 3 überwiegend auf unternehmens- und konzernweite Gestaltungen beziehen und eine getrennte Wahl der kollektivvertraglichen Arbeitnehmervertretungen in den betroffenen Betrieben ausscheidet.

Die Bildung eines unternehmenseinheitlichen Betriebsrates nach Nr. 1a hat zwingend alle Betriebe des Unternehmens zum Gegenstand. Dessen Wahl ist nur einheitlich im gesamten Unternehmen denkbar. Die Voraussetzungen des § 3 Abs. 4 Satz 1 BetrVG a. E. müssen bei allen Betrieben des Unternehmens vorliegen. Erfaßt eine Kollektivvereinbarung nach § 3 Abs. 1 Nr. 1a BetrVG hingegen mehrere Unternehmen,[903] kann in diesen unabhängig voneinander der

---

902 So die von Rechtsprechung und herrschender Literatur angewandte Formel zur Teilnichtigkeit von Betriebsvereinbarungen, die auf den vorliegenden Fall übertragen werden kann, vgl. BAG 23.6.1992 AP Nr. 55 zu § 77 BetrVG 1972; *Berg* in: Däubler/Kittner/Klebe, § 77 BetrVG Rn. 57; *Fitting* § 77 BetrVG Rn. 32; *Kreutz* in: GK-BetrVG II, § 77 BetrVG Rn. 61; *Matthes* in: MüHdbArbR III, § 328 Rn. 77; *Richardi* in: ders., § 77 BetrVG Rn. 48.

903 Denkbar ist dies nur als Tarifvertrag, nicht aber als Konzernbetriebsvereinbarung, da die Voraussetzungen des § 58 Abs. 1 BetrVG nicht gegeben sind. Zwar sind mehrere Konzernunternehmen betroffen, die Regelung durch den Konzernbetriebsrat ist aber nicht zwingend erforderlich. Die jeweiligen Gesamtbetriebsräte sind durchaus in der Lage, für ihr Unternehmen eine Betriebsvereinbarung nach Nr. 1a abzuschließen. In Betracht zu ziehen ist noch eine Beauftragung des Konzernbetriebsrates nach § 58 Abs. 2 BetrVG. Er schließt dann aber keine Konzernbetriebsvereinbarung, sondern mehrere Gesamtbetriebsvereinbarungen im Namen der Gesamtbetriebsräte ab, vgl. *Richardi/Annuß* in: Richardi, § 58 BetrVG Rn. 45. Ein Tarifvertrag wird in der

unternehmenseinheitliche Betriebsrat gewählt werden, wenn in jeweils allen Betrieben des Unternehmens die Voraussetzungen des § 3 Abs. 4 Satz 1 BetrVG a. E. erfüllt sind. Im Falle eines Kollektivvertrages nach § 3 Abs. 1 Nr. 1b BetrVG müssen die Voraussetzungen des § 3 Abs. 4 Satz 1 BetrVG a. E. in allen Betrieben gegeben sein, für die ein gemeinsamer Betriebsrat errichtet werden soll. Ausreichend ist es z. B., wenn das für die Betriebe A und B bejaht werden kann und der Kollektivvertrag für diese sowie die Betriebe C und D eines Unternehmens je einen gemeinsamen Betriebsrat vorsieht.

Bei einem Kollektivvertrag nach § 3 Abs. 1 Nr. 2 BetrVG ist entscheidend, ob dieser die Bildung einer spartenbezogenen Betriebsverfassungsstruktur in *je* einem von mehreren Betrieben vorsieht oder ob sich *eine* Spartenbetriebsverfassung auf mehr als einen Betrieb erstreckt. Sieht der Kollektivvertrag beispielsweise für die Betriebe A, B und C eines Unternehmens, die mit den Sparten A, B und C identisch sind, jeweils die Bildung mehrerer Spartenbetriebsräte vor, kann in jedem dieser Betriebe unabhängig voneinander eine Betriebsratswahl durchgeführt werden. Dies stellt eine sinnvolle und in sich geschlossene Regelung dar, die weder dem Kompromißcharakter des Kollektivvertrages noch der Teleologie des § 3 Abs. 1 Nr. 2 BetrVG widerspricht. Hat z. B. der Betriebsrat im Betrieb A seinen Rücktritt beschlossen (§ 13 Abs. 2 Nr. 3 BetrVG), sind gem. § 3 Abs. 4 Satz 1 BetrVG a. E. entsprechend der kollektivvertraglichen Gestaltung Spartenbetriebsräte zu wählen. Besteht in dem obigen Beispiel die Sparte aus den Betrieben A und B, ist demgegenüber die Wahl der Spartenbetriebsräte in den beiden Betrieben unabhängig voneinander nicht möglich. Die Spartenbetriebsräte können in den beiden Betrieben nur gemeinsam, d. h. zum gleichen Zeitpunkt in einer Wahl bestimmt werden. Gleiches gilt, wenn die Sparten betriebsübergreifend bestehen (die Betriebe A und B gehören teilweise zur Sparte 1, teilweise zur Sparte 2). Entsprechendes wie zu Nr. 2 gilt bei der Errichtung einer anderen Arbeitnehmervertretungsstruktur nach § 3 Abs. 1 Nr. 3 BetrVG. Sieht der Tarifvertrag die Bildung *je einer* anderen Arbeitnehmervertretungen für mehrere Betriebe vor, ist kein Grund ersichtlich, warum die Wahl nicht zu unterschiedlichen Zeitpunkten durchgeführt werden kann. Bezieht sich *eine* andere Arbeitnehmervertretungsstruktur dagegen auf mehr als einen Betrieb, müssen die Voraussetzungen des § 3 Abs. 4 Satz 1 BetrVG a. E. in allen Betrieben gegeben sein.

Wenn der Kollektivvertrag einen anderen Wahlzeitpunkt als den der nächsten regelmäßigen Betriebsratswahlen vorsieht, ist dieser für die Wahl der Arbeitnehmervertretung maßgebend, § 3 Abs. 4 Satz 2 BetrVG. Die „Amtszeit bestehender Betriebsräte, die durch die Regelungen nach Absatz 1 Nr. 1 bis 3

Mehrzahl der Fälle als Firmentarifvertrag abgeschlossen werden, der sich nur auf ein Unternehmen bezieht.

entfallen",[904] endet mit der Bekanntgabe des Wahlergebnisses, § 3 Abs. 4 Satz 2 BetrVG. Die Amtszeit der Vertretungsorgane, die durch die kollektivvertragliche Betriebsverfassungsstruktur nicht verdrängt werden, endet entsprechend der gesetzlichen Vorschriften (insbesondere § 21 BetrVG).

904 Siehe hierzu vorstehend S. 133 ff., 161 ff., 187 ff.

Teil 3

Die Besonderheiten einer Organisationsregelung kraft Tarifvertrag

§ 7 Die Zuständigkeit für den Abschluß eines Tarifvertrages nach § 3 Abs. 1 BetrVG

§ 3 BetrVG enthält keine spezielle Regelung zur Abschlußkompetenz der Tarifvertragsparteien. Wer auf Arbeitnehmer- wie auf Arbeitgeberseite Partei eines Organisationstarifvertrages nach § 3 Abs. 1 BetrVG sein kann, bestimmt sich daher nach allgemeinem Tarifrecht. Auf Arbeitnehmerseite ist das diejenige Gewerkschaft, die entsprechend ihrer Satzung tarifzuständig ist,[905] oder eine Spitzenorganisation, § 2 Abs. 2, 3 TVG. Ein bestimmter Organisationsgrad in der betriebsverfassungsrechtlichen Organisationseinheit ist nicht erforderlich.[906] § 3 BetrVG enthält diesbezüglich keine Beschränkungen, sondern nimmt mit der Formulierung „durch Tarifvertrag können bestimmt werden" auf das allgemeine Tarifrecht Bezug. Als Tarifpartner auf Arbeitgeberseite kommen nach § 2 Abs. 1 TVG sowohl die Arbeitgeberverbände als auch der einzelne Arbeitgeber und nach § 2 Abs. 2, 3 TVG die Spitzenorganisationen in Betracht.[907]

Sinn und Zweck des § 3 BetrVG ist es, durch eine „Kombination aus gesetzlicher und vertraglicher Lösung [...] (eine) flexible Regelung zu schaffen, die tragfähig für die Zukunft"[908] und „auf die besondere Struktur des jeweiligen

---

905 *Dachrodt/Engelbert* § 3 BetrVG Rn. 4; *Eich*, FS Weinspach, S. 17, 22; *Plander* NZA 2002, S. 483, 486; *Richardi* in: ders., § 3 BetrVG Rn. 36; *Richardi*, Neue Betriebsverfassung, § 3 Rn. 22; ähnlich *Fitting* § 3 BetrVG Rn. 13; *Stege/Weinspach/Schiefer* § 3 BetrVG Rn. 14. Dies können durchaus mehrere Gewerkschaften sein. Zu den sich hieraus ergebenden Problemen im Hinblick auf mögliche Tarifkonkurrenzen siehe nachstehend § 9 [S. 214 ff.]. Bei mehreren DGB-Gewerkschaften ist ein Schiedsspruch nach § 16 DGB-Satzung möglich, an den der Arbeitgeber gebunden ist, vgl. BAG 25.9.1996 DB 1997, S. 731, 733; BAG 14.12.1999 DB 2000, S. 1669, 1670.

906 *Annuß* NZA 2002, S. 290, 293; *Dachrodt/Engelbert* § 3 BetrVG Rn. 4; *Eisemann* in: ErfK, § 3 BetrVG Rn. 2; *Fitting* § 3 BetrVG Rn. 14; a. A. ausdrücklich *Eich*, FS Weinspach, S. 17, 22, der dies aus § 2 Abs. 1 BetrVG folgert; offengelassen von *Richardi* in: ders., § 3 BetrVG Rn. 38; zweifelnd *Richardi* NZA 2001, S. 346, 350; *Richardi/Annuß* DB 2001, S. 41, 42. Ausführlich zu diesem Problem *Giesen*, Tarifvertragliche Rechtsgestaltung, S. 518 ff.

907 *Eich*, FS Weinspach, S. 17, 21; *Fitting* § 3 BetrVG Rn. 13, 16; *Richardi* in: ders., § 3 BetrVG Rn. 34; *Stege/Weinspach/Schiefer* § 3 BetrVG Rn. 14.

908 Vgl. Begründung zum RegE, BT-Drucks. 14/5741, S. 26.

Betriebs, Unternehmens oder Konzerns zugeschnitten“[909] ist. Daher wird in der Regel der Abschluß eines Firmentarifvertrages in Erwägung zu ziehen sein.[910] Soll dieser auf der Ebene des Betriebs oder des Unternehmens abgeschlossen werden, ist Vertragspartner das Unternehmen bzw. dessen Rechtsträger.[911] Im Gegensatz zur Bildung eines unternehmenseinheitlichen Betriebsrates und zur Zusammenfassung von Betrieben, § 3 Abs. 1 Nr. 1 BetrVG, beschränkt sich die Errichtung von Betriebsräten in den Sparten oder einer anderen Arbeitnehmervertretungsstruktur, § 3 Abs. 1 Nr. 2, 3 BetrVG, aber nicht notwendig auf ein Unternehmen; auch konzernweite Regelungen sind möglich. Ein mit dem herrschenden Unternehmen abgeschlossener Firmentarifvertrag könnte unmittelbar in den Konzernunternehmen gelten. Soweit hierzu Stellungnahmen in der Literatur vorhanden sind, gehen diese von der rechtlichen Selbständigkeit der Konzernunternehmen aus und verneinen die Geltung des Tarifvertrages in den beherrschten Unternehmen.[912] Die Konzernleitung habe nur Regelungsmacht für das herrschende Unternehmen.[913] Dieses müsse, soweit eine entsprechende schuldrechtliche Tarifvertragsregelung bestehe, seinen Einfluß auf die abhängigen Unternehmen im Rahmen der

---

909 Vgl. Begründung zum RegE, BT-Drucks. 14/5741, S. 33.

910 *Buchner* DB 2001, Beilage Nr. 9, S. 1, 3; *ders.* NZA 2001, S. 633, 635; *Engels/Trebinger/Löhr-Steinhaus* DB 2001, S. 532, 533; *Fitting* § 3 BetrVG Rn. 16; *Hohenstatt/Dzida* DB 2001, S. 2498, 2500; *Konzen* RdA 2001, S. 76, 86; *Kraft* in: GK-BetrVG I, § 3 BetrVG Rn. 23; *Stege/Weinspach/Schiefer* § 3 BetrVG Rn. 10. Nach *Eich*, FS Weinspach, S. 17, 20 scheidet ein Flächentarifvertrag aufgrund Natur der Sache aus.

911 Vgl. *Eich*, FS Weinspach, S. 17, 21.

912 *Eisemann* in: ErfK, § 3 BetrVG Rn. 2; *Fitting* § 3 BetrVG Rn. 16; *Hohenstatt/Dzida* DB 2001, S. 2498, 2501; *Löwisch* in: Löwisch/Kaiser, § 3 BetrVG Rn. 20; *ders.* in: Löwisch/Rieble, § 2 TVG Rn. 58; *Oetker* in: H. Wiedemann, § 2 TVG Rn. 105 ff.; *Richardi* in: ders., § 3 BetrVG Rn. 37; *Richardi*, Neue Betriebsverfassung, § 3 Rn. 23; *Rieble* RdA 1993, S. 140, 45 f.; *Spinner*, Betriebsverfassung, S. 58 f.; *H. Wiedemann* in: ders., § 1 TVG Rn. 92 ff., 167 f.; grundsätzlich auch *Kempen* in: Kempen/Zachert, § 2 TVG Rn. 74 (mit Ausnahmen bezüglich der unmittelbar bei der Konzernleitung beschäftigten Arbeitnehmer); vgl. auch *Spinner* ZTR 1999, S. 546, 548 bezüglich der Beendigung eines mehrgliedrigen Tarifvertrages in einem gemeinsamen Betrieb mehrerer Unternehmen. Nach *Eich*, FS Weinspach, S. 17, 21 ist der Konzern selbst kein Rechtssubjekt. *Däubler*, Tarifvertragsrecht, Rn. 79 bejaht die Tariffähigkeit der Konzernleitung als Arbeitgeber i. S. d. § 2 Abs. 1 TVG. Dies gelte allerdings nur für Unterordnungskonzerne, vgl. Rn. 82. Siehe auch *Däubler*, Grundrecht auf Mitbestimmung, S. 442 ff. Vgl. zur Anerkennung des internationalen Konzerntarifs BAG 11.9.1991 AP Nr. 29 zu Internationales Privatrecht/Arbeitsrecht (mit Anmerkungen *Dütz/Rotter* und *Arnold*); BAG 17.9.1991 AP Nr. 59 zu § 112 BetrVG 1972.

913 *Richardi* in: ders., § 3 BetrVG Rn. 37; *Richardi*, Neue Betriebsverfassung, § 3 Rn. 23.

gesellschaftsrechtlichen Möglichkeiten ausüben.[914] Andernfalls sei ein mehrgliedriger Tarifvertrag zwischen der zuständigen Gewerkschaft und allen Konzernunternehmen bzw. dem herrschenden Unternehmen als Vertreter der Konzernunternehmen abzuschließen[915].

Zwar ließe sich aus § 14 PTNeuOG vom 14. September 1994[916] eine konzernweite Zuständigkeit der Bundesanstalt für Post und Telekommunikation (vergleichbar einem herrschenden Unternehmen) folgern.[917] Dies stellt allerdings eine nicht verallgemeinerungsfähige Sonderregelung dar.[918] Im Tarifvertragsrecht finden sich, im Gegensatz zum Betriebsverfassungsrecht, keine Vorschriften, die sich mit der Geltung des Tarifvertrages und den Abschlußkompetenzen im Konzern befassen.[919] Betriebsverfassungsrechtlich kann der Konzern alle konzernangehörigen Arbeitnehmer und Arbeitgeber repräsentieren. Bei den am Abschluß eines Tarifvertrages beteiligten Tarifvertragsparteien gilt gleiches grundsätzlich nur im Hinblick auf ihre Mitglieder. Die unmittelbare und zwingende Wirkung eines Konzern-Firmentarifvertrages in einem nicht verbandsangehörigen Konzernunternehmen

---

914 Vgl. BAG 11.9.1991 AP Nr. 29 zu Internationales Privatrecht/Arbeitsrecht; *Hohenstatt/Dzida* DB 2001, S. 2498, 2501; *Löwisch* in: Löwisch/Rieble, § 2 TVG Rn. 59. Gegen die schuldrechtliche Lösung als „gleichwertigen Ersatz" *Däubler*, Tarifvertragsrecht, Rn. 80.

915 *Hohenstatt/Dzida* DB 2001, S. 2498, 2501; *Kempen* in: Kempen/Zachert, § 2 TVG Rn. 74; *Löwisch* in: Löwisch/Kaiser, § 3 BetrVG Rn. 20; *ders.* in: Löwisch/Rieble, § 2 TVG Rn. 59; *Oetker* in: H. Wiedemann, § 2 TVG Rn. 105 ff.; *Rieble* RdA 1993, S. 140, 146; *H. Wiedemann* in: ders., § 1 TVG Rn. 92 ff., 167 f.; *Windbichler*, Arbeitsrecht im Konzern, S. 470 ff. Kritisch *Däubler*, Tarifvertragsrecht, Rn. 80, der diese Möglichkeit für den Gleichordnungskonzern bejaht, vgl. Rn. 82. Vgl. auch *Spinner* ZTR 1999, S. 546, 547 ff. zum Fall des gemeinsamen Betriebs.

916 BGBl. I S. 2328.

917 So *Däubler* ZIAS 1995, S. 525, 528.

918 *Ders.* ZIAS 1995, S. 525, 528.

919 Abweichend *Däubler*, Tarifvertragsrecht, Rn. 80; *ders.* ZIAS 1995, S. 525, 529 f., der durch §§ 54 ff. BetrVG den Konzerntarif zumindest als mittelbar anerkannt sieht. Dagegen aber überzeugend *Konzen* RdA 1984, S. 65, 78, 79. *Däubler* ZIAS 1995, S. 525, 530 f. geht zudem davon aus, daß das deutsche Ausführungsgesetz zur Richtlinie 94/45/EG des Rates vom 22. September 1994 über die Einsetzung eines Europäischen Betriebsrats (ABl. EG Nr. L 254/64 vom 30.9.1994) aufgrund Art. 6 dieser Richtlinie „gezwungen sein (wird), einen Konzernkollektivvertrag anzuerkennen". Dem ist gerade nicht so. Die nach §§ 8, 17 ff. EBRG zwischen dem besonderen Verhandlungsgremium und der zentralen Leitung abzuschließenden Vereinbarungen sind Kollektivverträge eigener Art, vgl. *Th. Blanke*, EBRG-Kommentar, § 17 EBRG Rn. 14; *Chr. Müller*, EBRG, § 17 EBRG Rn. 3; *Spinner*, Betriebsverfassung, S. 68 ff. *P. Hanau*, FS Vieregge, S. 319, 333 f. bezeichnet sie sogar als „europäische Betriebsvereinbarung".

konfligiert mit der negativen Koalitionsfreiheit, Art. 9 Abs. 3 Satz 1 GG, seines Rechtsträgers.

Der Arbeitgeber, der als Tarifvertragspartei einen Firmentarifvertrag abschließt, kann im Ergebnis nur für sich selbst agieren.[920] Eine Verpflichtung der konzernangehörigen Unternehmen kommt nicht in Betracht. Insoweit besteht die Möglichkeit eines mehrgliedrigen Firmentarifvertrages mit allen Konzernunternehmen bzw. mit der Konzernleitung als Vertreterin der konzernabhängigen Unternehmen.[921] Wird ein Organisationstarifvertrag nach § 3 BetrVG dagegen als Konzern-Verbandstarifvertrag abgeschlossen und sind die Konzernunternehmen Mitglieder im tarifschließenden Arbeitgeberverband, gilt dieser Tarifvertrag bereits nach allgemeinem Tarifrecht, §§ 3 Abs. 1, 4 Abs. 1 TVG, in allen Konzernunternehmen.[922]

§ 8 Die Nachwirkung organisationsrechtlicher Tarifverträge gem. § 4 Abs. 5 TVG

Der Vorschrift des § 3 Abs. 4 BetrVG ist zu entnehmen, wann die Regelungen des Tarifvertrages erstmals anzuwenden sind. Keine Regelung enthält das Betriebsverfassungsgesetz allerdings zum Außerkrafttreten eines Organisationstarifvertrages nach § 3 Abs. 1 BetrVG. Bezüglich der Beendigungstatbestände eines organisationsrechtlichen Tarifvertrages ergeben sich keinerlei Besonderheiten. Es ist auf die allgemeinen Regeln zum Außerkrafttreten eines Tarifvertrages abzustellen, wie sie sich insbesondere aus dem Tarifvertragsgesetz ergeben.[923] Endet ein Tarifvertrag, ohne daß eine

---

920 *Fitting* § 3 BetrVG Rn. 16; *Plander* NZA 2002, S. 483, 486; *Richardi* in: ders., § 3 BetrVG Rn. 37; *Richardi*, Neue Betriebsverfassung, § 3 Rn. 23.

921 *Plander* NZA 2002, S. 483, 486; *Richardi/Annuß* DB 2001, S. 41, 42 Fn. 11; siehe auch *Fitting* § 3 BetrVG Rn. 16; *Reichold* NZA 2001, Sonderbeilage Heft 24, S. 32, 36. Zurückhaltend hierzu *Däubler* ZIAS 1995, S. 525, 526 f.

922 *Löwisch* in: Löwisch/Rieble, § 2 TVG Rn. 59. Auch bezüglich der Verbandstarif-Lösung meldet *Däubler* ZIAS 1995, S. 525, 527 Bedenken an.

923 Zu diesen vgl. die Darstellungen bei *Däubler*, Tarifvertragsrecht, Rn. 1432 ff.; *Kempen* in: Kempen/Zachert, § 4 TVG Rn. 41 ff.; *Löwisch* in: Löwisch/Rieble, § 1 TVG Rn. 356 ff.; *Löwisch/Rieble* in: MüHdbArbR III, § 256 Rn. 23 ff.; *Maus*, Tarifvertragsgesetz, § 1 Rn. 284 ff.; *Schaub* in: ders., Arbeitsrechts-Handbuch, § 199 Rn. 36 ff.; *Wank* in: H. Wiedemann, § 4 TVG Rn. 10 ff.; speziell zu Tarifverträgen nach § 3 BetrVG a. F. *Spinner*, Betriebsverfassung, S. 164 ff. Zu den Problemen im Zusammenhang mit einer Gesamtrechtsnachfolge nach dem Umwandlungsgesetz bzw. einer Einzelrechtsnachfolge bei Betriebsübergang vgl. *Ascheid* in: RGRK, § 613a BGB Rn. 178 ff.; *Boecken*, Unternehmensumwandlungen, Rn. 180 ff.; *Däubler*, Tarifvertragsrecht, Rn. 1525 ff.; *Gamillscheg*, Kollektives Arbeitsrecht, § 17 V [S. 775 ff.], § 17 VI 5 [S. 790]; *Gussen*, Fortgeltung, S. 61 ff.; *Gussen/Dauck*, Weitergeltung, Rn. 184 ff., 323, 363 ff.; *P. Hanau* in: Erman, § 613a BGB Rn. 71 ff.; *Hohenstatt* in:

Nachfolgeregelung besteht, verlieren seine Rechtsnormen grundsätzlich ihre verbindliche Wirkung und es tritt die Nachwirkung des § 4 Abs. 5 TVG ein.

A. Die Nachwirkung gem. § 4 Abs. 5 TVG im allgemeinen

Im Nachwirkungsstadium gelten die Rechtsnormen eines Tarifvertrages weiterhin unmittelbar, aber nicht mehr zwingend,[924] bis sie durch eine andere Abmachung ersetzt werden, vgl. § 4 Abs. 5 TVG. Sinn und Zweck der Nachwirkung ist die Überbrückung eines tariflosen Zustandes zwischen zwei Tarifverträgen, da aufgrund der Eigengesetzlichkeiten der Tarifverhandlungen eine nahtlose Aneinanderreihung zeitlich aufeinanderfolgender Tarifordnungen nicht sichergestellt ist.[925] Auf individualrechtlicher Ebene sollen inhaltsleere

---

Willemsen/Hohenstatt/Schweibert, Umstrukturierung, E Rn. 65 ff.; *Hromadka/Maschmann/Wallner*, Tarifwechsel, Rn. 229 ff., 491 ff.; *Joost* in: Lutter, § 324 UmwG Rn. 16 ff.; *Kempen* in: Kempen/Zachert, § 3 TVG Rn. 46 ff.; *Oetker* in: H. Wiedemann, § 3 TVG Rn. 146 ff.; *Pfeiffer* in: KR, § 613a BGB Rn. 155 ff.; *U. Preis* in: ErfK, § 613a BGB Rn. 109; *Raab* in: Soergel IV/1 [12. Aufl.], § 613a BGB Rn. 102 ff.; *Richardi/Annuß* in: Staudinger, § 613a BGB Rn. 171 ff.; *Rieble* in: Löwisch/Rieble, § 3 TVG Rn. 81 ff.; *Schaub* in: MüKo IV, § 613a BGB Rn. 125 ff.; *Seiter*, Betriebsinhaberwechsel, S. 86 ff., 147 ff.; *Wank* in: H. Wiedemann, § 4 TVG Rn. 85 ff.; *ders.* in: MüHdbArbR II, § 124 Rn. 178 ff.; *Willemsen* in: Kallmeyer, § 324 UmwG Rn. 26 ff.; speziell zu § 3 BetrVG *Trümner* in: Däubler/Kittner/Klebe, § 3 BetrVG Rn. 158 ff.

924 BAG 17.5.1972 AP Nr. 52 zu §§ 22, 23 BAT (mit zustimmender Anmerkung *Spiertz*); BAG 28.6.1972 AP Nr. 55 zu §§ 22, 23 BAT (mit zustimmender Anmerkung *Crisolli*); BAG 14.2.1973 AP Nr. 6 zu § 4 TVG Nachwirkung (mit Anmerkung *H. Wiedemann*); BAG 29.1.1975 AP Nr. 8 zu § 4 TVG Nachwirkung; BAG 7.12.1977 AP Nr. 9 zu § 4 TVG Nachwirkung; BAG 3.12.1985 AP Nr. 2 zu § 74 BAT; BAG 28.1.1987 AP Nr. 16 zu § 4 TVG Nachwirkung; BAG 24.2.1987 AP Nr. 21 zu § 77 BetrVG 1972; *Däubler*, Tarifvertragsrecht, Rn. 1449; *Herschel* ZfA 1973, S. 183, 192 f.; *ders.* ZfA 1976, S. 89, 95; *Kempen* in: Kempen/Zachert, § 4 TVG Rn. 293; *Maus*, Tarifvertragsgesetz, § 4 Rn. 88; *Rieble* in: Löwisch/Rieble, § 4 TVG Rn. 228; *Rüthers*, FS G. Müller, S. 445, 449; *Schaub* in: ders., Arbeitsrechts-Handbuch, § 199 Rn. 49; *Wank* in: H. Wiedemann, § 4 TVG Rn. 323.

925 BAG 26.4.1990 AP Nr. 57 zu Art. 9 GG; BAG 18.3.1992 AP Nr. 13 zu § 3 TVG; BAG 13.7.1994 AP Nr. 14 zu § 3 TVG Verbandszugehörigkeit; BAG 28.5.1997 AP Nr. 26 zu § 4 TVG Nachwirkung; BAG 22.7.1998 AP Nr. 32 zu § 4 TVG Nachwirkung; *Däubler*, Tarifvertragsrecht, Rn. 1450; *Eich*, FS Weinspach, S. 17, 31; *Franzen* RdA 2001, S. 1, 5; *Gamillscheg*, Kollektives Arbeitsrecht, § 18 VII 1 a) (1) [S. 872 f.]; *Giesen*, Tarifvertragliche Rechtsgestaltung, S. 522; *Hromadka/Maschmann* § 13 Rn. 101; *Löwisch/Rieble* in: MüHdbArbR III, § 273 Rn. 1 ff.; *Oetker*, FS Schaub, S. 535, 540; *Rieble* in: Löwisch/Rieble, § 4 TVG Rn. 222; *ders.*, Arbeitsmarkt und Wettbewerb, Rn. 1224; *Spinner*, Betriebsverfassung, S. 174; *Wank* in: H. Wiedemann, § 4 TVG Rn. 327, 329. Das BVerfG hat die Nachwirkung gem. § 4 Abs. 5 TVG für verfassungsgemäß erklärt, vgl. BVerfG 3.7.2000 NZA 2000, S. 947, 947 f.

Arbeitsverhältnisse vermieden werden.[926] Zudem wird der Arbeitgeber nicht ohne weiteres rechtlich und tatsächlich in der Lage sein, einen Tarifvertrag und seine Ordnungsfunktion zu ersetzen.[927] § 4 Abs. 5 TVG hat Überbrückungs- und Ergänzungsfunktion. Die Nachwirkung gem. § 4 Abs. 5 TVG tritt auch ein, wenn nicht der Tarifvertrag endet, aber eine andere Voraussetzung der unmittelbaren und zwingenden Tarifgeltung entfällt, z. B. das Arbeitsverhältnis aus dem Geltungsbereich des Tarifvertrages herausgefallen ist.[928] Hier besteht eine wertungsmäßige Vergleichbarkeit.[929] Nach ständiger Rechtsprechung des Bundesarbeitsgerichts[930] und überwiegender Ansicht im Schrifttum[931] schließt

---

926 BAG 18.3.1992 AP Nr. 13 zu § 3 TVG; BAG 13.7.1994 AP Nr. 14 zu § 3 TVG Verbandszugehörigkeit; *Däubler*, Tarifvertragsrecht, Rn. 1450; *Franzen* RdA 2001, S. 1, 5; *Frölich* NZA 1992, S. 1105, 1110; *Giesen*, Tarifvertragliche Rechtsgestaltung, S. 522; *Oetker*, FS Schaub, S. 535, 540; *Rieble* in: Löwisch/Rieble, § 4 TVG Rn. 221.

927 BAG 18.3.1992 AP Nr. 13 zu § 3 TVG; BAG 13.7.1994 AP Nr. 14 zu § 3 TVG Verbandszugehörigkeit. Vgl. auch *Krebs*, Gemeinsame Anmerkung zu BAG vom 27.11.1991 – 4 AZR 211/91 und vom 18.3.1992 – 4 AZR 339/91 in: SAE 1993, S. 133, 136.

928 BAG 18.3.1992 AP Nr. 13 zu § 3 TVG (mit diesbezüglich ablehnender Anmerkung *Löwisch/Rieble*); BAG 2.12.1992 AP Nr. 14 zu § 3 TVG; *Frölich* NZA 1992, S. 1105, 1107 ff.; *Kempen* in: Kempen/Zachert, § 4 TVG Rn. 295, 303. I. E. auch *Däubler*, Tarifvertragsrecht, Rn. 1470.

929 BAG 18.3.1992 AP Nr. 13 zu § 3 TVG (mit diesbezüglich ablehnender Anmerkung *Löwisch/Rieble*); BAG 2.12.1992 AP Nr. 14 zu § 3 TVG; *Frölich* NZA 1992, S. 1105, 1107 ff.; *Kempen* in: Kempen/Zachert, § 4 TVG Rn. 295.

930 BAG (8. Senat) 14.2.1991 AP Nr. 10 zu § 3 TVG; BAG (4. Senat) 18.3.1992 AP Nr. 13 zu § 3 TVG; BAG (4. Senat) 2.12.1992 AP Nr. 14 zu § 3 TVG; BAG (3. Senat) 5.10.1993 AP Nr. 42 zu § 1 BetrAVG Zusatzversorgungskassen; BAG (4. Senat) 13.7.1994 AP Nr. 14 zu § 3 TVG Verbandszugehörigkeit; BAG (4. Senat) 13.12.1995 AP Nr. 3 zu § 3 TVG Verbandsaustritt; BAG (4. Senat) 7.11.2001 AP Nr. 11 zu § 3 TVG Verbandsaustritt; offengelassen von BAG (9. Senat) 14.6.1994 AP Nr. 2 zu § 3 TVG Verbandsaustritt.

931 *Bieback* DB 1989, S. 477, 478; *Däubler*, Tarifvertragsrecht, Rn. 301, 1470, 1511; *ders.* ZTR 1994, S. 448, 451; *ders.* NZA 1996, S. 225, 227 f.; *Dahlbender*, Austritt des Arbeitgebers, S. 71 ff., 77 f.; *Dütz*, Arbeitsrecht, Rn. 518, 532; *Frölich* NZA 1992, S. 1105, 1106, 1107; *Gerhards* BB 1997, S. 362, 362 f.; *P. Hanau* RdA 1998, S. 65, 68; *Henssler* ZfA 1994, S. 487, 507; *A. Hueck/Nipperdey*, Arbeitsrecht II/1, § 27 IV 3 [S. 539]; *Gorissen*, Arbeitgeberverbandswechsel, S. 62 ff. (mit ausführlicher Würdigung der beiderseitigen Argumente); *Kempen* in: Kempen/Zachert, § 3 TVG Rn. 34, § 4 TVG Rn. 295; *Krebs*, Gemeinsame Anmerkung zu BAG vom 27.11.1991 – 4 AZR 211/91 und vom 18.3.1992 – 4 AZR 339/91 in: SAE 1993, S. 133, 138 f.; *Lieb* NZA 1994, S. 337, 338 f.; *Rotter*, Nachwirkung, S. 88 Fn. 322; *Schaub* in: ders., Arbeitsrechts-Handbuch, § 206 Rn. 14; *Schaub* BB 1994, S. 2005, 2006; *Wagenitz*, Tarifmacht, S. 91. Wohl auch *J.-H. Bauer/Diller* DB 1993, S. 1085, 1086; *P. Hanau/Kania* DB 1995, S. 1229, 1231; *U. Koch* AuA 1995, S. 4, 7; *Krauss* DB 1995,

sich an die Fortgeltung des Tarifvertrages gem. § 3 Abs. 3 TVG[932] in entsprechender Anwendung des § 4 Abs. 5 TVG ein Nachwirkungszeitraum an (sog. Nachwirkungslehre).

Besteht insoweit grundsätzliche Einigkeit, wird über die Frage der Nachwirkung betriebsverfassungsrechtlicher Normen, wozu unzweifelhaft auch Tarifverträge nach § 3 Abs. 1 BetrVG zu zählen sind,[933] ein kontroverser Streit geführt.

B. Die Nachwirkung betriebsverfassungsrechtlicher Normen im besonderen

I. Streitstand

Eine Ansicht[934] bejaht die Nachwirkung betriebsverfassungsrechtlicher Normen. Hierfür spreche neben dem Wortlaut der Vorschrift, der nicht zwischen

---

S. 1562, 1562 f. A. A. aber *Buchner* RdA 1997, S. 259, 260 f.; *Heinze*, FS Kraft, S. 205, 208 (Verstoß gegen die negative Koalitionsfreiheit); *Hoß/Liebscher* DB 1995, S. 2525, 2527; *Löwisch/Rieble*, Anmerkung zu BAG vom 18.3.1992 – 4 AZR 339/91 in: AP Nr. 13 zu § 3 TVG (entgegen *Löwisch/Rieble* in: MüHdbArbR III, § 267 Rn. 50, § 273 Rn. 19); *Oetker*, Anmerkung zu BAG vom 18.3.1992 – 4 AZR 339/91 und vom 27.11.1991 – 4 AZR 211/91 in: EzA § 4 TVG Nachwirkung Nr. 14, 15; *Rieble* in: Löwisch/Rieble, § 4 TVG Rn. 242; *ders.*, Anmerkung zu BAG vom 14.6.1994 – 9 AZR 89/93 in: SAE 1995, S. 77, 82; *Schwab* BB 1994, S. 781, 782. Ebenso ohne Begründung LAG Köln 25.10.1989 LAGE § 3 TVG Nr. 2.

932 Siehe hierzu die einschlägigen Kommentierungen, statt aller *Däubler*, Tarifvertragsrecht, Rn. 1508 ff.; *Kempen* in: Kempen/Zachert, § 3 TVG Rn. 21 ff.; *Oetker* in: H. Wiedemann, § 3 TVG Rn. 45 ff.; *Rieble* in: Löwisch/Rieble, § 3 TVG Rn. 72 ff. Zu den Streitfragen, die mit dem „Ende" des Tarifvertrages verbunden sind, soll nicht eingegangen werden. Vgl. hierzu BAG 17.5.2000 DB 2001, S. 654, 655 f.; BAG 4.4.2001 DB 2001, S. 2053, 2053 f.; BAG 7.11.2001 AP Nr. 11 zu § 3 TVG Verbandsaustritt; LAG Sachsen 21.6.2000 NZA-RR 2001, S. 40, 41; *Däubler*, Tarifvertragsrecht, Rn. 300; *Gamillscheg*, Kollektives Arbeitsrecht, § 17 I 5 d) [S. 727 ff.]; *Hromadka/Maschmann/Wallner*, Tarifwechsel, Rn. 239 ff.; *A. Hueck/Nipperdey*, Arbeitsrecht II/1, § 23 B V 3 [S. 490 ff.]; *Kempen* in: Kempen/Zachert, § 3 TVG Rn. 31 ff.; *Koberski/Clasen/Menzel* § 3 TVG Rn. 72; *Löwisch/Rieble* in: MüHdbArbR III, § 267 Rn. 20 ff.; *Maus*, Tarifvertragsgesetz, § 3 Rn. 51 ff.; *Nikisch*, Arbeitsrecht II, § 71 IV 3 b), c) [S. 272 ff.]; *Oetker* in: H. Wiedemann, § 3 TVG Rn. 63 ff.; *Rieble* in: Löwisch/Rieble, § 3 TVG Rn. 74 ff.; *Schaub* in: ders., Arbeitsrechts-Handbuch, § 206 Rn. 13; *Schaub* in: ErfK, § 3 TVG Rn. 36; *A. Stein*, Tarifvertragsrecht, Rn. 173 f.

933 Siehe vorstehend S. 18 ff.

934 BAG 18.5.1977 AP Nr. 4 zu § 4 BAT (mit zustimmender Anmerkung *H. Wiedemann*); zu betrieblichen Normen BAG 14.2.1989 AP Nr. 52 zu Art. 9 GG; BAG 26.4.1990 AP Nr. 57 zu Art. 9 GG; *Andresen* DB 1978, S. 1275, 1277; *Buchner* in: AR-Blattei, 1976, Tarifvertrag IV, F II 2; *Däubler*, Tarifvertragsrecht, Rn. 1454; *Dieterich*, Betriebliche Normen, S. 99 f.; *Eyrenci*, Solidarnormen, S. 109; *Gamillscheg*, Kollektives Arbeitsrecht, § 18 VII 2 a) [S. 875]; *Giesen*, Tarifvertragliche

den unterschiedlichen Arten tarifvertraglicher Rechtsnormen unterscheide, auch der Sinn und Zweck des § 4 Abs. 5 TVG. Die Überbrückungsfunktion des Gesetzes, vorhandene Regelungen aufrechtzuerhalten, könne und müsse auch bei betriebsverfassungsrechtlichen Normen erfüllt werden. Dem Einwand, der Nachwirkung käme auf diese Weise eine vom Gesetz nicht beabsichtigte zwingende Wirkung zu, weil als andere Abmachung i. S. d. § 4 Abs. 5 TVG nur ein Tarifvertrag in Betracht käme, wird entgegengehalten, daß die Nachwirkung nicht nur durch einen Tarifvertrag beendet werden könne.[935] Auch stehe die unbefristete Weitergeltung betriebsverfassungsrechtlicher Normen dem Gesetzeszweck näher als ihr ersatzloser Wegfall.[936] Einer unbefristeten Nachwirkung könne durch eine an Sinn und Zweck der Nachwirkung orientierte variable Schranke im Wege einer teleologischen Reduktion des § 4 Abs. 5 TVG begegnet werden.[937]

Däubler[938] macht von der grundsätzlichen Nachwirkung betriebsverfassungsrechtlicher Normen eine Ausnahme, wenn durch einen Tarifvertrag von gesetzlichen Schutznormen abgewichen wird. Dies sei nur

---

Rechtsgestaltung, S. 525; *Gorissen*, Arbeitgeberverbandswechsel, S. 59; *A. Hueck/Nipperdey*, Arbeitsrecht II/1, § 27 IV 6 [S. 541] (verneinend aber für Tarifverträge im Bereich des Arbeitszeit- und des Bundesurlaubsgesetzes); *Kempen* in: Kempen/Zachert, § 4 TVG Rn. 300; *Löwisch/Rieble* in: MüHdbArbR III, § 273 Rn. 15; *Maus*, Tarifvertragsgesetz, § 4 Rn. 99; *G. Müller* DB 1959, S. 84, 85; *Nikisch*, Arbeitsrecht II, § 80 II 3 [S. 406], § 80 III 3 [S. 408]; *Oetker*, FS Schaub, S. 535, 538 ff. (S. 547 zu § 3 BetrVG); *Rieble* in: Löwisch/Rieble, § 4 TVG Rn. 227, 237; *Rüthers*, FS G. Müller, S. 445, 456 (zu Rechtsnormen über betriebliche Fragen); *Schröder* BB 1960, S. 53, 56; *H.-J. Schulz*, Betriebsnormen, S. 139 f.; *Schuster*, FS D. Gaul 1987, S. 199, 208; *Spinner*, Betriebsverfassung, S. 170 ff.; *Wank* in: H. Wiedemann, § 4 TVG Rn. 344. Speziell zu § 3 BetrVG *Dahlbender*, Austritt des Arbeitgebers, S. 82 ff., insbes. S. 83; *Gamillscheg*, Kollektives Arbeitsrecht, § 18 VII 2 a) [S. 875] (zu § 3 BetrVG a. F.); *Giesen*, Tarifvertragliche Rechtsgestaltung, S. 526 f. (der die Nachwirkung auf die Amtszeit der Arbeitnehmervertretung begrenzen will); *Hess* in: Hess/Schlochauer/Glaubitz, § 3 BetrVG Rn. 11; *Kempen*, FS Schaub, S. 357, 370; *Marienhagen* in: Galperin I, § 3 BetrVG Rn. 4; *Nikisch*, Arbeitsrecht III, § 95 III 3 b) [S. 73] (zu § 20 Abs. 3 BetrVG 1952).

935 *Dahlbender*, Austritt des Arbeitgebers, S. 83; *Wank* in: H. Wiedemann, § 4 TVG Rn. 344. *Spinner*, Betriebsverfassung, S. 171 wendet ein, daß § 4 Abs. 5 TVG nicht voraussetzt, daß mehrere „andere Abmachungen“ möglich seien.

936 *Däubler*, Tarifvertragsrecht, Rn. 1454; *Wank* in: H. Wiedemann, § 4 TVG Rn. 344. Ähnlich *Spinner*, Betriebsverfassung, S. 173.

937 *Oetker*, FS Schaub, S. 535, 552 ff.; *Wank* in: H. Wiedemann, § 4 TVG Rn. 344. Vgl. auch den Vorschlag von *Spinner*, Betriebsverfassung, S. 174 f.

938 *Däubler*, Tarifvertragsrecht, Rn. 1461. Ebenso im Grundsatz BAG (5. Senat) 15.2.1965 AP Nr. 6 zu § 13 BUrlG; anders aber BAG (6. Senat) 27.6.1978 AP Nr. 12 zu § 13 BUrlG (mit zustimmender Anmerkung *H. Wiedemann*).

aufgrund eines voll wirksamen Tarifvertrages hinnehmbar. Für den Bereich des § 3 Abs. 1 BetrVG a. F. nahm *Däubler* an, daß ein Tarifvertrag nach Nr. 2 und 3 nicht nachwirke, ein Tarifvertrag nach Nr. 1 dagegen schon. Im Falle des § 3 Abs. 1 Nr. 2, 3 BetrVG a. F. besitze die Arbeitnehmervertretung nach Ende des Tarifvertrages aber ein Übergangsmandat, da erst mit der nächsten Wahl die gesetzliche Arbeitnehmervertretung errichtet werde.[939]

Die Gegenansicht[940] verneint die Nachwirkung betriebsverfassungsrechtlicher Normen nach § 4 Abs. 5 TVG. Der Tarifvertrag verdränge das zwingende Organisationsrecht des Betriebsverfassungsgesetzes nur für die Dauer seiner unmittelbaren und zwingenden Geltung.[941] Eine Nachwirkung würde dagegen zu einem vom übereinstimmenden Willen der Tarifvertragsparteien nicht mehr gedeckten Dauerzustand führen.[942] Der Sinn

---

939 *Däubler*, Tarifvertragsrecht, Rn. 1461.

940 Speziell zu § 3 BetrVG *Bösche* AiB 2001, S. 110, 111 („sollte ausgeschlossen werden"); *Eich*, FS Weinspach, S. 17, 31 (weil § 4 Abs. 5 TVG auf die Normsetzungsbefugnis aus Art. 9 Abs. 3 Satz 1 GG abstelle, die nach *Eich* bei § 3 BetrVG nicht gegeben sei; die Amtszeit der tarifvertraglichen Arbeitnehmervertretungen werde aber „zu Ende geführt"); *Eisemann* in: ErfK, § 3 BetrVG Rn. 2; *Fitting* § 3 BetrVG Rn. 21, 91; *Fitting* [20. Aufl.] § 3 BetrVG Rn. 40, 55 (zu § 3 Abs. 1 Nr. 2, 3 BetrVG a. F.); *Hohenstatt/Dzida* DB 2001, S. 2498, 2502; *Kraft* in: GK-BetrVG I, § 3 BetrVG Rn. 31; *Richardi* in: ders., § 3 BetrVG Rn. 47 (ebenso die Vorauflage, vgl. § 3 BetrVG Rn. 37); *Trümner* in: Däubler/Kittner/Klebe, § 3 BetrVG Rn. 166; *ders.* in: Däubler/Kittner/Klebe [7. Aufl.], § 3 BetrVG Rn. 54 f.; *ders.* JbArbR 36 (1999), S. 59, 76; *T. Wißmann*, Tarifvertragliche Gestaltung, S. 175 f.; *Wlotzke*, Betriebsverfassungsgesetz, § 3 BetrVG Anm. 1 b) (zu § 3 Abs. 1 Nr. 2 BetrVG a. F.). *Konzen* RdA 2001, S. 76, 86 hält eine Nachwirkung für nicht „empfehlenswert". Grundsätzlich auch *Behrens/Hohenstatt* DB 1991, S. 1877, 1878, die allerdings im Bereich der Organisation der Betriebsverfassung im besonderen die Nachwirkung bejahen wollen. Allgemein zu betriebsverfassungsrechtlichen Normen *A. Hueck/Nipperdey/Tophoven/Stahlhacke* § 4 TVG Rn. 77; *Richardi* in: Staudinger, Vorbem. zu §§ 611 ff. BGB Rn. 756; *ders.* in: AR-Blattei, 1976, Tarifvertrag VI, H II 2; *Spinner* ZTR 1999, S. 546, 547; *Zöllner*, Anmerkung zu LAG Düsseldorf vom 19.9.1960 – 1 Sa 300/60 in: AP Nr. 1 zu § 4 TVG Lehrlingsskalen; *Zöllner/Loritz*, Arbeitsrecht, § 36 VI 1 [S. 409]. Auch das LAG Berlin AP Nr. 1 zu § 98 ArbGG 1979 und *Rieble*, Anmerkung zu BAG vom 13.12.1995 – 4 AZR 1062/94 in: AP Nr. 3 zu § 3 TVG Verbandsaustritt erheben Zweifel.

941 *Eisemann* in: ErfK, § 3 BetrVG Rn. 2; *Fitting* § 3 BetrVG Rn. 21, 91; auch schon die Vorauflage, vgl. *Fitting* [20. Aufl.] § 3 BetrVG Rn. 40; *Richardi* in: Staudinger, Vorbem. zu §§ 611 ff. BGB Rn. 758; *Trümner* in: Däubler/Kittner/Klebe, § 3 BetrVG Rn. 166; *ders.* in: Däubler/Kittner/Klebe [7. Aufl.], § 3 BetrVG Rn. 55; *ders.* JbArbR 36 (1999), S. 59, 76; *T. Wißmann*, Tarifvertragliche Gestaltung, S. 175. In diesem Sinne auch *Däubler*, Tarifvertragsrecht, Rn. 1461; *Richardi* in: AR-Blattei, 1976, Tarifvertrag VI, H II 2.

942 *Kraft* in: GK-BetrVG I, § 3 BetrVG Rn. 31; *Trümner* JbArbR 36 (1999), S. 59, 76.

und Zweck der Nachwirkung – die Überbrückungsfunktion und die Vermeidung inhaltsleerer Arbeitsverhältnisse – sei nicht einschlägig, weil das Betriebsverfassungsgesetz als subsidiäre Regelung zur Verfügung stehe.[943] Wenn der Beendigungseffekt schon einem Arbeitsvertrag, einer Betriebsvereinbarung oder einem Tarifvertrag zukomme, müsse dies erst recht bei einem Gesetz der Fall sein.[944] Die tarifvertragliche Arbeitnehmervertretung entfalle aber nicht sofort, sondern führe aufgrund eines Übergangsmandates (nunmehr § 21a BetrVG)[945] bzw. nach § 22 BetrVG analog[946] die Geschäfte weiter.

Trümner[947] schränkt den Grundsatz des Ausschlusses der Nachwirkung betriebsverfassungsrechtlicher Tarifnormen insofern ein, als die Überbrückungsfunktion des § 4 Abs. 5 TVG durchschlagen soll, solange Verhandlungen über den Abschluß eines Nachfolgetarifvertrages noch schweben bzw. nicht endgültig gescheitert sind.

II. Stellungnahme

1. Wortlaut und Systematik des § 4 Abs. 5 TVG

Aus dem Wortlaut des § 4 Abs. 5 TVG ergeben sich keinerlei Beschränkungen hinsichtlich des Anwendungsbereiches dieser Vorschrift.[948] Sie besagt, daß die Rechtsnormen des Tarifvertrages weiter gelten, bis sie durch eine andere Abmachung ersetzt werden. Den Begriff der „Rechtsnormen" eines Tarifvertrages definiert § 1 Abs. 1 TVG. Dazu zählen neben Inhalts-, Abschluß-

---

943 *Hohenstatt/Dzida* DB 2001, S. 2498, 2502; *Richardi* in: AR-Blattei, 1976, Tarifvertrag VI, H II 2; *Trümner* JbArbR 36 (1999), S. 59, 76; *T. Wißmann*, Tarifvertragliche Gestaltung, S. 175. I. E. ebenso *Kraft* in: GK-BetrVG I, § 3 BetrVG Rn. 31.

944 *Trümner* in: Däubler/Kittner/Klebe, § 3 BetrVG Rn. 166; *ders.* in: Däubler/Kittner/Klebe [7. Aufl.], § 3 BetrVG Rn. 55; *ders.* JbArbR 36 (1999), S. 59, 76; *T. Wißmann*, Tarifvertragliche Gestaltung, S. 175.

945 *Däubler*, Tarifvertragsrecht, Rn. 1461; *Trümner* in: Däubler/Kittner/Klebe, § 3 BetrVG Rn. 145, 167, der das Bestehenbleiben aber durch den Ablauf der tariflich festgelegten Amtszeit beschränkt (so bereits zum alten Recht *ders.* in: Däubler/Kittner/Klebe [7. Aufl.], § 3 BetrVG Rn. 56). *Konzen* RdA 2001, S. 76, 86 empfiehlt die Regelung eines Restmandates „unter lockerer Anlehnung an § 21 b RegE".

946 *Fitting* § 3 BetrVG Rn. 91. Unklar *Eisemann* in: ErfK, § 3 BetrVG Rn. 2, der von einem Übergangsmandat spricht, aber auf *Fitting* verweist. Zu § 3 Abs. 1 Nr. 2 BetrVG a. F. bereits *Eisemann* in: ErfK [2. Aufl.], § 3 BetrVG Rn. 3; *Fitting* [20. Aufl.] § 3 BetrVG Rn. 40; *Richardi* [7. Aufl.] § 3 BetrVG Rn. 37; *T. Wißmann*, Tarifvertragliche Gestaltung, S. 176.

947 *Trümner* in: Däubler/Kittner/Klebe, § 3 BetrVG Rn. 166; auch schon *ders.* in: Däubler/Kittner/Klebe [7. Aufl.], § 3 BetrVG Rn. 55.

948 *Dahlbender*, Austritt des Arbeitgebers, S. 82; *Oetker*, FS Schaub, S. 535, 538; *Spinner*, Betriebsverfassung, S. 170.

und Beendigungsnormen Regelungen über betriebsverfassungsrechtliche Fragen. Ebenso enthält § 3 BetrVG keinerlei Einschränkung dergestalt, daß nur durch einen Tarifvertrag mit unmittelbarer und zwingender Wirkung von den Organisationsvorschriften des Betriebsverfassungsgesetzes abgewichen werden kann.[949] Auch das Außerkrafttreten eines Organisationstarifvertrages und dessen Rechtsfolgen konkretisiert § 3 BetrVG nicht.

Normiert das Betriebsverfassungsgesetz im allgemeinen bzw. § 3 BetrVG im speziellen weder das Außerkrafttreten noch die Nachwirkung der Organisationstarifverträge, ist gesetzessystematisch auf das Tarifvertragsrecht abzustellen. Zur Unterstützung des Wortlautarguments, daß § 4 Abs. 5 TVG unterschiedslos alle Rechtsnormen eines Tarifvertrages erfasse, bietet sich ein Vergleich mit § 4 Abs. 1 TVG an. Dort wird in Übernahme der Regelungssystematik des § 3 Abs. 1, 2 TVG zwischen Inhalts-, Abschluß- und Beendigungsnormen einerseits sowie Normen über betriebliche und betriebsverfassungsrechtliche Fragen andererseits unterschieden. Da § 4 Abs. 5 TVG eine vergleichbare Differenzierung nicht enthält, läßt sich systematisch schlußfolgern, daß von der Nachwirkung alle Rechtsnormen eines Tarifvertrages i. S. d. § 1 Abs. 1 TVG erfaßt werden.[950]

Weiterhin hilft für die Frage der Nachwirkung ein Vergleich mit § 7 ArbZG weiter. Das Arbeitszeitrecht ist grundsätzlich einseitig zwingend.[951] § 7 ArbZG läßt aber als tarifdispositives Gesetzesrecht[952] weitergehende (d. h. auch verschlechternde) Abweichungen durch einen Tarifvertrag zu. Zwar stellen tarifvertragliche Regelungen im Rahmen des § 7 ArbZG betriebliche und nicht betriebsverfassungsrechtliche Normen dar.[953] Das gemeinsame Charakteristikum beider Normengruppen ist aber ihre notwendigerweise einheitliche Geltung in den Arbeitsverhältnissen aller Arbeitnehmer des Betriebs.[954] Betriebliche und

---

949 Vgl. ausführlich zur Frage des Vorbehaltes eines lediglich nachwirkenden Tarifvertrages nachstehend S. 269 ff.

950 Ebenso *Oetker*, FS Schaub, S. 535, 538.

951 Vgl. *Baeck/Deutsch* § 7 ArbZG Rn. 10. Weiterhin hierzu *Anzinger* in: MüHdbArbR II, § 217 Rn. 14, 17; *Däubler*, Tarifvertragsrecht, Rn. 366 ff., insbesondere Rn. 369; *H. Wiedemann* in: ders., Einleitung TVG Rn. 382.

952 *Anzinger* in: MüHdbArbR II, § 218 Rn. 102 f.; *Däubler*, Tarifvertragsrecht, Rn. 372 ff. Zu diesem Begriff und dem der sog. Zulassungsnormen im allgemeinen vgl. *H. Wiedemann* in: ders., Einleitung TVG Rn. 387 ff.

953 *Baeck/Deutsch* § 7 ArbZG Rn. 16; *Neumann/Biebl* § 7 ArbZG Rn. 3; *Roggendorff*, ArbZG, C § 7 Rn. 25 f.; *Zmarzlik* in: Zmarzlik/Anzinger, § 7 ArbZG Rn. 114 f.

954 Zu betrieblichen Normen einerseits *H. Wiedemann* in: ders., § 1 TVG Rn. 569; zu betriebsverfassungsrechtlichen Normen andererseits *Oetker* in: H. Wiedemann, § 1 TVG Rn. 587 „Rechtsstellung der Arbeitnehmer im Betrieb". Weiterhin *Behrens/Hohenstatt* DB 1991, S. 1877, 1877; *Däubler*, Tarifvertragsrecht, Rn. 290;

betriebsverfassungsrechtliche Tarifnormen unterliegen aus diesem Grund im Rahmen des Tarifvertragsgesetzes denselben Regelungen, insbesondere § 3 Abs. 2 TVG. Ein Rückschluß von § 7 ArbZG auf § 3 BetrVG ist zulässig. Tarifverträge im Rahmen des § 7 ArbZG wirken gem. § 4 Abs. 5 TVG nach.[955] Da das Arbeitszeitrecht keine spezielle Nachwirkungsregelung enthält, ist auf die allgemeine Vorschrift des § 4 Abs. 5 TVG abzustellen. Diese differenziert nicht zwischen Inhalts-, Abschluß- und Beendigungsnormen auf der einen sowie betrieblichen und betriebsverfassungsrechtlichen Normen auf der anderen Seite.[956] Die Überbrückungsfunktion des § 4 Abs. 5 TVG hat auch bei Tarifverträgen ihre Berechtigung, die im Rahmen tarifdispositiven Gesetzesrechts ergehen.[957] Aus der Überbrückungsfunktion, in der sich der Sinn und Zweck des § 4 Abs. 5 TVG erschöpft, folgt zugleich, daß die Nachwirkung endet, wenn feststeht, daß es zu keiner abweichenden Regelung mehr kommen wird.[958] Insoweit ist § 4 Abs. 5 TVG für Tarifverträge nach § 7 ArbZG teleologisch zu reduzieren. Diese Überlegungen lassen sich auf die vorliegende Problematik übertragen. Auch das Betriebsverfassungsrecht enthält keine spezielle Regelung zur Nachwirkung organisationsrechtlicher Tarifverträge, so daß auf § 4 Abs. 5 TVG abzustellen ist. Ein systematischer Vergleich mit § 7 ArbZG spricht für eine (wenn auch teleologisch zu reduzierende) Nachwirkung von Organisationstarifverträgen.

Zur Frage der Verdrängung tarifdispositiven, ansonsten aber zwingenden Gesetzesrechts durch nachwirkende Tarifnormen kann systematisch ein Vergleich zu § 13 Abs. 1 BUrlG gezogen werden. Zu diesem hat das Bundesarbeitsgericht entschieden, daß lediglich nachwirkende Tarifnormen Vorrang vor § 13 Abs. 1 BUrlG haben.[959] Hier ist, entgegen der Ansicht, die der

---

Löwisch in: Löwisch/Rieble, § 1 TVG Rn. 76 f., 80, 102; *Memminger*, Konkurrenz, S. 90; *Zachert* in: Kempen/Zachert, § 1 TVG Rn. 35.

955 Strittig, wie hier *Anzinger* in: MüHdbArbR II, § 218 Rn. 104; *Baeck/Deutsch* § 7 ArbZG Rn. 24; *Knorr* RdA 1979, S. 201, 205 ff.; *Neumann/Biebl* § 7 ArbZG Rn. 46; *Roggendorff*, ArbZG, C § 7 Rn. 27; *Zmarzlik* in: Zmarzlik/Anzinger, § 7 ArbZG Rn. 107, 108; a. A. *Däubler*, Tarifvertragsrecht, Rn. 374; *Hessel* ArbuSozR 1959, S. 179, 181; *ders.* RdA 1959, S. 259, 261 f.; *Koller* ZfA 1980, S. 521, 529; *Zmarzlik* ArbuR 1962, S. 148, 149 ff. *Herschel* RdA 1969, S. 211, 215 will eine Einzelfallbetrachtung vornehmen. Strikt gegen die Nachwirkung aber *ders.* DB 1980, S. 687, 688 f.

956 *Anzinger* in: MüHdbArbR II, § 218 Rn. 104; *Baeck/Deutsch* § 7 ArbZG Rn. 24; *Zmarzlik* in: Zmarzlik/Anzinger, § 7 ArbZG Rn. 107 f.

957 *Baeck/Deutsch* § 7 ArbZG Rn. 24.

958 *Dies.* § 7 ArbZG Rn. 25.

959 BAG 27.6.1978 AP Nr. 12 zu § 13 BUrlG (mit zustimmender Anmerkung *H. Wiedemann*). Dem folgend *Berscheid* in: GK-BUrlG, § 13 BUrlG Rn. 18 ff., 41; *Dersch/Neumann* § 13 BUrlG Rn. 12; *G. Hueck*, Anmerkung zu BAG vom 15.2.1965 – 5 AZR 347/64 in: AP Nr. 6 zu § 13 BUrlG; *Neumann/Biebl* § 7 ArbZG Rn. 46.

Nachwirkung betriebsverfassungsrechtlicher Normen ablehnend gegenübersteht,[960] kein Argument ersichtlich, warum dies bei § 3 BetrVG anders sein soll.[961]

2. Teleologische Reduktion des § 4 Abs. 5 TVG

Der Wortlaut des § 4 Abs. 5 TVG spricht (ebenso wie die Systematik) für eine Nachwirkung betriebsverfassungsrechtlicher Normen. Die Norm könnte dennoch teleologisch zu reduzieren sein. Besondere Beachtung verdient dabei der Umstand, daß Tarifverträge nach § 3 Abs. 1 BetrVG an sich zwingendes Gesetzesrecht modifizieren.

Die Nachwirkung soll Interimsstadien zwischen Tarifverträgen überbrücken, da eine nahtlose Aneinanderreihung zweier Tarifordnungen aufgrund der Eigengesetzlichkeiten der Tarifverhandlungen nicht sichergestellt ist.[962] Endet ein Tarifvertrag vor dem Beginn des Nachfolgetarifvertrages, füllt § 4 Abs. 5 TVG das zwischenzeitlich auftretende normative Vakuum aus. Weiterhin und als Rechtsfolge der Überbrückungsfunktion sollen inhaltsleere Arbeitsverhältnisse vermieden werden.[963] Hierin erschöpft sich der Regelungsgehalt des § 4 Abs. 5 TVG aber auch. Die Nachwirkung endet, wenn die Rechtsnormen des Tarifvertrages durch eine andere Abmachung ersetzt werden. Diese „andere Abmachung“ kann grundsätzlich ein Tarifvertrag, eine Betriebsvereinbarung oder ein Einzelarbeitsvertrag sein.[964] Im Bereich des

---

Allgemein *Gamillscheg*, Kollektives Arbeitsrecht, § 18 VII 2 c) [S. 876]; *Knorr* RdA 1979, S. 201, 205 ff.; *A. Stein*, Tarifvertragsrecht, Rn. 132 f. Gegen diese Ansicht *Boldt*, FS C. Heymanns Verlag, S. 227, 237 ff.; *Däubler*, Tarifvertragsrecht, Rn. 1461; *Herschel* ZfA 1976, S. 89, 100; *ders.* DB 1980, S. 687, 688 f.; *Richardi* in: Staudinger, Vorbem. zu §§ 611 ff. BGB Rn. 758.

960 Vgl. vorstehend S. 201 f.

961 Ebenso *Oetker*, FS Schaub, S. 535, 549. Ähnlich *Dahlbender*, Austritt des Arbeitgebers, S. 84; allgemein *Nikisch*, Arbeitsrecht III, § 95 III 3 b) [S. 73] (zu § 20 Abs. 3 BetrVG 1952).

962 Siehe vorstehend die Nachweise in Fn. 925.

963 Siehe vorstehend die Nachweise in Fn. 926.

964 BAG 28.6.1972 AP Nr. 55 zu §§ 22, 23 BAT (mit insoweit zustimmender Anmerkung *Crisolli*); BAG 28.1.1987 AP 16 zu § 4 TVG Nachwirkung; BAG 24.2.1987 AP Nr. 21 zu § 77 BetrVG 1972; BAG 27.11.1991 AP Nr. 22 zu § 4 TVG Nachwirkung; BAG 18.3.1992 AP Nr. 13 zu § 3 TVG; *Däubler*, Tarifvertragsrecht, Rn. 1449; *Franzen* RdA 2001, S. 1, 5; *Frölich* NZA 1992, S. 1105, 1109; *Giesen*, Tarifvertragliche Rechtsgestaltung, S. 522; *Kempen* in: Kempen/Zachert, § 4 TVG Rn. 293; *Koberski/Clasen/Menzel* § 4 TVG Rn. 187; *Rieble* in: Löwisch/Rieble, § 4 TVG Rn. 228; *Rotter*, Nachwirkung, S. 54 f.; *Schaub* in: ErfK, § 4 TVG Rn. 77; *Schaub* in: ders., Arbeitsrechts-Handbuch, § 199 Rn. 50; *Trümner* in: Däubler/Kittner/Klebe, § 3 BetrVG Rn. 166. Nach *Eich*, FS Weinspach, S. 17, 31 ist das Betriebsverfassungsgesetz keine „andere Abmachung“ i. S. d. § 4 Abs. 5 TVG. Ein

Organisationsrechts der Betriebsverfassung kommt einschränkend nur eine kollektivvertragliche Regelung in Betracht, vgl. § 3 Abs. 1, 2 BetrVG,[965] und eine Betriebsvereinbarung lediglich für den Fall, daß der Tarifvorbehalt des § 3 Abs. 2 BetrVG bei nachwirkenden Tarifnormen zu verneinen ist[966]. Ausgehend von diesen Prämissen könnte der Arbeitgeber die Nachwirkung durch eine individualvertragliche Abmachung mit dem Arbeitnehmer nicht beenden. Er wäre in jedem Fall auf die Mitwirkung der Gewerkschaft oder des Betriebsrates angewiesen. Die „Arbeitnehmerseite“ hätte es folgerichtig in der Hand, die kollektivvertragliche Betriebsverfassungsstruktur zu perpetuieren oder einen neuen Tarifvertrag bzw. eine neue Betriebsvereinbarung abzuschließen. Der Nachwirkung gem. § 4 Abs. 5 TVG käme zwar nicht rechtlich, wohl aber faktisch eine zwingende Wirkung zu. Dies geht über die Intention des Gesetzgebers sowie Sinn und Zweck des Gesetzes hinaus. Es spricht für eine teleologische Reduktion des § 4 Abs. 5 TVG.[967]

Die Nachwirkungsproblematik eines Organisationstarifvertrages wäre entschärft, wenn das Betriebsverfassungsgesetz eine andere Abmachung i. S. d. § 4 Abs. 5 TVG ist. In diesem Fall würden mit Ablauf des Tarifvertrages die gesetzlichen Regelungen eingreifen. Einer Nachwirkung des Tarifvertrages bedürfte es nicht, da die Überbrückungsfunktion durch das Betriebsverfassungsgesetz selbst erfüllt werden könnte. Zwar ist es zur Nachwirkung im allgemeinen herrschende Ansicht, daß die andere Abmachung i. S. d. § 4 Abs. 5 TVG nur ein Tarifvertrag, eine Betriebsvereinbarung oder ein Einzelarbeitsvertrag sein kann.[968] Im Bereich gesetzlicher Zulassungsnormen, wie z. B. § 3 BetrVG, liefe der Ausschluß des Gesetzesrechts als andere Abmachung aber darauf hinaus, daß das Gesetz, wurde einmal ein Tarifvertrag abgeschlossen, nie mehr zur Anwendung kommen kann und die Nachwirkung „verewigt“ wird. Dies kann nicht gewollt sein, denn Gesetze sind auf

---

Antrag der KPD-Fraktion (Drucksache des Wirtschaftsrates des Vereinigten Wirtschaftsgebietes Nr. 684 vom 12.11.1948, abgedruckt in ZfA 1973, S. 159, 159), zwischen „andere“ und „Abmachung“ das Wort „tarifrechtliche“ einzufügen, wurde abgelehnt, vgl. Wörtlicher Bericht über die 24. Vollversammlung des Wirtschaftsrates des Vereinigten Wirtschaftsgebietes, ZfA 1973, S. 159, 170.

965 BAG 14.2.1989 AP Nr. 52 zu Art. 9 GG; *Däubler*, Tarifvertragsrecht, Rn. 1453; *Frölich* NZA 1992, S. 1105, 1110; *Kempen* in: Kempen/Zachert, § 4 TVG Rn. 300; *Koberski/Clasen/Menzel* § 4 TVG Rn. 197; *Rieble* in: Löwisch/Rieble, § 4 TVG Rn. 231; *Rüthers*, FS G. Müller, S. 445, 456; *Spinner*, Betriebsverfassung, S. 171.

966 Siehe hierzu nachstehend S. 269 ff.

967 Vgl. *Behrens/Hohenstatt* DB 1991, S. 1877, 1878; *Spinner*, Betriebsverfassung, S. 174. Auch BAG 26.4.1990 AP Nr. 57 zu Art. 9 GG zur vergleichbaren Problematik bei sog. qualitativen Besetzungsregeln, die es als betriebliche Normen einordnete.

968 Siehe vorstehend S. 205 Fn. 964.

tatsächliche Wirkung angelegt. Außerdem ist gerade im Bereich des § 3 BetrVG zu beachten, daß das Organisationsrecht der Betriebsverfassung im übrigen grundsätzlich zwingend ist.[969] In der Konsequenz dieser Überlegungen liegt es, daß mit dem Ende des Tarifvertrages die gesetzliche Regelung eingreift. Die Nachwirkung organisationsrechtlicher Tarifverträge wäre ausgeschlossen.

Gegen das Betriebsverfassungsgesetz als andere Abmachung i. S. d. § 4 Abs. 5 TVG spricht, daß die Betriebsverfassung auf eine effiziente Mitbestimmung angelegt ist. Dem soll insbesondere durch § 3 BetrVG Rechnung getragen werden.[970] Zugunsten der tarifvertraglichen Regelung besteht die tatsächliche Vermutung, daß sie dem Sinn und Zweck der Mitbestimmung besser gerecht werden kann als das Gesetz.[971] „Deren (gemeint sind die Tarifvertrags- und Betriebsparteien, Anm. d. Verf.) Sachnähe und -kenntnis gewährleisten optimale Regelungen und notwendige Anpassungen für die Zukunft."[972] Dies wird nicht zuletzt durch die tatbestandlichen Anforderungen[973] an einen Organisationstarifvertrag sichergestellt. Mit der Öffnungsklausel des § 3 BetrVG hat der Gesetzgeber bewußt seine eigene, oftmals generalisierende Regelung zugunsten der regelmäßig als sachnäher einzuschätzenden aktualisierten und ausgeübten Tarifautonomie zurückgenommen.[974] Die Sachgerechtigkeit entfällt keineswegs mit dem Ende des Tarifvertrages, sondern liegt noch im Nachwirkungszeitraum vor.[975] Das Argument der Gegenseite, mit Ablauf des Tarifvertrages stehe das Betriebsverfassungsgesetz als subsidiäre, grundsätzlich sachgerechte Regelung zur Verfügung,[976] greift aus diesem Grunde nicht. Zudem wollte der Gesetzgeber mit § 4 Abs. 5 TVG erreichen, daß die Arbeitsverhältnisse nach Beendigung des Tarifvertrages nicht durch dispositives Gesetzesrecht ergänzt

---

969 *Beuthien* ZfA 1986, S. 131, 135; *Feichtinger*, Regelungsbefugnis der Tarifvertragsparteien, S. 92; *Fitting* § 3 BetrVG Rn. 1; *von Hoyningen-Huene/Meier-Krenz* ZfA 1988, S. 293, 307; *Jahnke*, Tarifautonomie, S. 192; *Kort* Die AG 2003, S. 13, 13; *Löwisch* in: Löwisch/Kaiser, § 3 BetrVG Rn. 1; *Rüthers*, Tarifmacht und Mitbestimmung in der Presse, S. 40; *Trümner* in: Däubler/Kittner/Klebe, § 3 BetrVG Rn. 4. Siehe auch vorstehend S. 46 ff.

970 Begründung zum RegE, BT-Drucks. 14/5741, S. 1, 25 f., 33.

971 *Spinner*, Betriebsverfassung, S. 173. Ähnlich *Dahlbender*, Austritt des Arbeitgebers, S. 83. Vgl. auch *Nikisch*, Arbeitsrecht III, § 95 III 3 b) [S. 73].

972 Begründung zum RegE, BT-Drucks. 14/5741, S. 26.

973 Vgl. hierzu vorstehend §§ 3 bis 5.

974 Allgemein zu tarifdispositivem Gesetzesrecht *Kempen* in: Kempen/Zachert, § 4 TVG Rn. 300; *ders.*, FS Schaub, S. 357, 369; *Stahlhacke* DB 1969, S. 1651, 1653.

975 *Oetker*, FS Schaub, S. 535, 549.

976 Siehe vorstehend S. 202.

werden müssen.[977] Dem widerspräche die Annahme des Betriebsverfassungsgesetzes als andere Abmachung i. S. d. § 4 Abs. 5 TVG.

Das Argument, durch die Nachwirkung werde ein von dem übereinstimmenden Willen der Tarifvertragsparteien nicht mehr gedeckter Dauerzustand errichtet,[978] steht der Nachwirkung von Organisationstarifverträgen nicht entgegen. Diese Problematik stellt sich bei jeglicher Nachwirkung, da durch § 4 Abs. 5 TVG immer ein Zustand aufrechterhalten wird, der bezüglich des Faktors Zeit nicht vom Willen der Tarifvertragsparteien gedeckt ist.[979] Ein Charakteristikum der Nachwirkung im Rahmen des § 3 BetrVG, welches Anlaß zu einer Modifikation des § 4 Abs. 5 TVG gäbe, stellt dies nicht dar. Außerdem würde es zu nicht überwindbaren praktischen Schwierigkeiten führen, wenn bei Ablauf eines Tarifvertrages die gesetzliche Regelung eingreifen würde, um beim Abschluß eines Nachfolgetarifvertrages sogleich wieder verdrängt zu werden.[980] Dies führt zu großer Rechtsunsicherheit für den Arbeitgeber, die Belegschaft sowie die betriebliche Arbeitnehmervertretung und keineswegs zu einer effizienten Mitbestimmung, sondern im Gegenteil zu ihrer Schwächung. Es widerspricht dem Ziel der Gesetzesreform,[981] soll doch durch § 3 BetrVG die betriebliche Mitbestimmung gestärkt werden[982].

Es könnte zwar versucht werden, diesen aus den Gründen der Rechtssicherheit und Rechtsklarheit resultierenden Bedenken mit einem Übergangs- bzw. Restmandat der bestehenden Arbeitnehmervertretung nach den §§ 21a, 21b BetrVG analog zu begegnen.[983] Eine analoge Anwendung der §§

---

977 BAG 18.3.1992 AP Nr. 13 zu § 3 TVG; BAG 13.7.1994 AP Nr. 14 zu § 3 TVG Verbandszugehörigkeit; *Kempen* in: Kempen/Zachert, § 4 TVG Rn. 293; *Rieble* in: Löwisch/Rieble, § 4 TVG Rn. 223; *Wank* in: H. Wiedemann, § 4 TVG Rn. 327; *H. Wiedemann*, Anmerkung zu BAG vom 29.1.1975 – 4 AZR 218/74 in: AP Nr. 8 zu § 4 TVG Nachwirkung.

978 Siehe vorstehend S. 201.

979 *Oetker*, FS Schaub, S. 535, 549.

980 Vgl. *Knorr* RdA 1979, S. 201, 205. Ähnlich *Behrens/Hohenstatt* DB 1991, S. 1877, 1878; *Giesen*, Tarifvertragliche Rechtsgestaltung, S. 527; *Nikisch*, Arbeitsrecht III, § 95 III 3 b) [S. 73]; *Spinner*, Betriebsverfassung, S. 172.

981 Vgl. die Überlegungen von *Stahlhacke* DB 1969, S. 1651, 1652 zur parallelen Problematik bei § 622 Abs. 2, 3 BGB i. d. F. des Ersten Arbeitsrechtsbereinigungsgesetzes vom 14.8.1969, BGBl. I S. 1106 (die entsprechende Regelung ist heute in § 622 Abs. 4 BGB enthalten).

982 Begründung zum RegE, BT-Drucks. 14/5741, S. 25 f., 33.

983 *Konzen* RdA 2001, S. 76, 86 (Restmandat „unter lockerer Anlehnung an § 21 b RegE"); *Trümner* in: Däubler/Kittner/Klebe, § 3 BetrVG Rn. 145 (entsprechende Anwendung des § 21a BetrVG).

21a, 21b BetrVG scheidet aber zum einen aufgrund einer fehlenden Regelungslücke aus. Wie bereits gezeigt wurde, ist § 4 Abs. 5 TVG unterschiedslos auf alle Rechtsnormen eines Tarifvertrages i. S. d. § 1 Abs. 1 TVG anzuwenden. Somit ist der hier in Frage stehende Sachverhalt hinreichend durch das Gesetz geregelt. Zum anderen besteht keine teleologische Vergleichbarkeit. Trifft ein Unternehmer aufgrund betriebswirtschaftlicher Notwendigkeiten Entscheidungen, die sich auf den Betrieb als organisatorische Einheit i. S. d. Betriebsverfassungsrechts auswirken, reagiert das Betriebsverfassungsgesetz hierauf mit einem Übergangs- bzw. Restmandat des Betriebsrates. Die §§ 21a, 21b BetrVG regeln den Fall, daß sich die *Betrieb*sstruktur aus tatsächlichen Gründen ändert.[984] Organisationstarifverträge nach § 3 BetrVG nehmen auf diese keinen Einfluß, sondern betreffen nur die betriebsverfassungsrechtlichen *Vertretung*sstrukturen.[985] Zudem geht beim Außerkrafttreten eines Tarifvertrages nach § 3 Abs. 1 BetrVG die als Betrieb fingierte betriebsverfassungsrechtliche Organisationseinheit aus rechtlichen Gründen unter – ihre normative Grundlage, der Organisationstarifvertrag, entfällt.[986] Die Rechtsfolgen regelt in diesem Fall nicht das Betriebsverfassungsrecht, sondern das Tarifrecht. Zudem wäre mit einem Übergangs- bzw. Restmandat keineswegs das Problem gelöst, daß neben der nach Gesetz zu bildenden Vertretungsstruktur bereits ab dem Außerkrafttreten des Tarifvertrages die betriebsverfassungsrechtlichen Organisationseinheiten wieder nach den Vorschriften des Betriebsverfassungsgesetzes zu bestimmen sind. Dies würde dazu führen, daß ein Betriebsrat mit Übergangs- bzw. Restmandat besteht, dem kein Betrieb i. S. d. Gesetzes zugrunde liegt. Diese Überlegungen belegen, daß die Übergangsprobleme beim Außerkrafttreten eines Organisationstarifvertrages nach § 3 Abs. 1 BetrVG nicht mit einem Übergangs- bzw. Restmandat gem. §§ 21a, 21b BetrVG analog zu lösen sind.[987] Sie sprechen wiederum für eine Nachwirkung organisationsrechtlicher Tarifverträge. Zu denken wäre allenfalls an eine Analogie zu § 22 BetrVG.[988] Nach dieser Vorschrift führt der Betriebsrat die Geschäfte weiter, bis der neue Betriebsrat gewählt und das Wahlergebnis bekanntgegeben ist. Allerdings fehlt eine ausfüllungsbedürftige Regelungslücke. § 4 Abs. 5 TVG erfaßt auch betriebsverfassungsrechtliche Normen.

---

984 *Rieble* NZA 2002, S. 233, 233 f., 239.

985 *Kort* Die AG 2003, S. 13, 14; *Rieble* NZA 2002, S. 233, 239.

986 *Rieble* NZA 2002, S. 233, 239.

987 So auch *ders.* NZA 2002, S. 233, 239 zu § 21a BetrVG.

988 So *Fitting* § 3 BetrVG Rn. 91. Unklar *Eisemann* in: ErfK, § 3 BetrVG Rn. 2, der von einem Übergangsmandat spricht, aber auf *Fitting* verweist. Ebenso *Eisemann* in: ErfK [2. Aufl.], § 3 BetrVG Rn. 3 zu § 3 Abs. 1 Nr. 2 BetrVG a. F.; *Gamillscheg*, Kollektives Arbeitsrecht, § 18 VII 2 a) [S. 875].

Bei Abwägung der vorstehenden Auslegungsargumente ist § 4 Abs. 5 TVG teleologisch zu reduzieren. Aus dem Wortlaut und der Systematik der Norm ergeben sich keine Einschränkungen der Nachwirkung betriebsverfassungsrechtlicher Normen. § 4 Abs. 5 TVG hat Überbrückungsfunktion und es sollen inhaltsleere Arbeitsverhältnisse vermieden werden. Die Nachwirkung garantiert eine effiziente Ordnung der Arbeitsbedingungen, indem sie Interimsstadien zwischen zwei Tarifverträgen mit eindeutigen Regelungen auffüllt. Diese Überlegung greift auch bei betriebsverfassungsrechtlichen Normen.[989] Auf der anderen Seite muß der Besonderheit der Organisationstarifverträge Rechnung getragen werden. Diese besteht darin, daß die andere Abmachung i. S. d. § 4 Abs. 5 TVG nur eine kollektivvertragliche Regelung sein kann. Die Nachwirkung darf nicht zu einem Zustand werden, der die gesetzliche Regelung auf Dauer ausschließt. Dies geht über die Intention des Gesetzgebers sowie Sinn und Zweck des § 4 Abs. 5 TVG hinaus, weil das zwingende Organisationsrecht des Betriebsverfassungsgesetzes auf praktische Wirkung angelegt ist.[990] Außerdem führt eine, wenn auch nur faktische, unbefristete Nachwirkung zu Konflikten im Hinblick auf die negative Koalitionsfreiheit des Arbeitgebers, Art. 9 Abs. 3 Satz 1 GG.

§ 4 Abs. 5 TVG wird teleologisch reduziert und die Nachwirkung des Organisationstarifvertrages zeitlich insoweit beschränkt, als ihre Überbrückungsfunktion nicht mehr erfüllt werden kann oder muß. Eine zeitlich fixe Begrenzung böte den Normunterworfenen zwar Rechtssicherheit, wäre aber zwangsläufig mit dem Vorwurf der Willkür belastet.[991] Vermeiden ließe sich dies, indem die Nachwirkung durch eine flexible, an Sinn und Zweck des § 4 Abs. 5 TVG orientierte zeitliche Grenze beschränkt wird. Hierzu müssen formale Kriterien gefunden werden, anhand derer der fortbestehende Regelungswille der Tarifvertragsparteien festgestellt werden kann. Die Nachwirkung könnte enden, wenn aufgrund eines Auskunftsanspruches der Normunterworfenen festgestellt wurde, daß es zwischen den Tarifvertragsparteien zu keiner Nachfolgeregelung mehr kommt.[992] Gegen diese Lösung spricht, daß sie die Nachwirkung in das freie Belieben der Tarifvertragsparteien stellt. Den Gewerkschaften wäre es möglich, die

---

989 *Giesen*, Tarifvertragliche Rechtsgestaltung, S. 527; *Oetker*, FS Schaub, S. 535, 540 f. Zu Rechtsnormen über betriebliche Fragen BAG 26.4.1990 AP Nr. 57 zu Art. 9 GG; *Rüthers*, FS G. Müller, S. 445, 456. Vgl. auch die Überlegungen zu § 7 ArbZG, siehe vorstehend S. 203 f.

990 Vgl. allgemein hierzu auch die Bedenken des BAG 26.4.1990 AP Nr. 57 zu Art. 9 GG.

991 Vgl. *Oetker*, FS Schaub, S. 535, 552.

992 So *ders.*, FS Schaub, S. 535, 553 f. Ähnlich *Gamillscheg*, Kollektives Arbeitsrecht, § 18 VII 2 a) [S. 875], der das Gesetz eingreifen läßt, wenn „die Erneuerung" des Tarifvertrages scheitert.

Arbeitgeberseite durch „Alibi-Verhandlungen" an den nachwirkenden Tarifvertrag zu binden. Die Arbeitgeberseite hätte ihrerseits keine Handhabe, die Geltung des Tarifvertrages ohne eine Mitwirkung der Gewerkschaften zu beenden. Auch sind die Rechtsfolgen ungeklärt, wenn die Tarifvertragsparteien den Auskunftsanspruch uneinheitlich beantworten. Die Aufstellung formaler, vom subjektiven Willen der Tarifvertragsparteien abstrahierender Kriterien sieht sich großen Schwierigkeiten ausgesetzt. Zudem enthält das Betriebsverfassungsgesetz selbst einen Anhaltspunkt für die zeitliche Begrenzung der Nachwirkung. Die Wahlvorschriften der §§ 7 ff. BetrVG, insbesondere § 13 Abs. 1, 3 BetrVG, normieren den Zeitpunkt der regelmäßigen Betriebsratswahlen. Die Organisation der Arbeitnehmervertretung weist Anzeichen einer Akzessorietät zur Dauer der Amtszeit des Betriebsrates auf.[993] So ist das Amt des Betriebsratsvorsitzenden,[994] die Mitgliedschaft im Betriebsausschuß,[995] die Aufgabenübertragung auf weitere Ausschüsse[996] und die Dauer der Freistellung nach § 38 BetrVG[997] an die Amtsperiode gebunden. Selbst aus § 3 Abs. 4 Satz 1 BetrVG läßt sich ein entsprechender Grundgedanke des Betriebsverfassungsrechts entnehmen. Sofern der Tarifvertrag nichts anderes bestimmt, sind die Regelungen nach § 3 Abs. 1 Nr. 1 bis 3 BetrVG erstmals bei der nächsten regelmäßigen Betriebsratswahl anzuwenden. Die gesetzliche Betriebsverfassungsstruktur bleibt grundsätzlich für die Dauer der regelmäßigen Amtsperiode erhalten, sie „wirkt nach". Auf den actus contrarius – den Übergang von der tariflichen zur gesetzlichen Regelung – übertragen, wirkt der Organisationstarifvertrag bis zur nächsten regelmäßigen Betriebsratswahl nach. Enthält das Gesetz selbst einen Anhaltspunkt zum zeitlichen Abstand regelmäßiger Betriebsratswahlen, kann diese Regelung für die Begrenzung der Nachwirkung herangezogen werden. Beim nächsten regelmäßigen gesetzlichen Wahltermin ist die betriebsverfassungsrechtliche Organisationsstruktur wieder nach dem Gesetz zu bestimmen und ein neuer Betriebsrat nach dem Betriebsverfassungsgesetz zu wählen, wenn bis dahin keine Nachfolgeregelung erzielt wurde.[998] Dies vermeidet Rechtsunsicherheit und Rechtsunklarheit und

---

993 *Spinner*, Betriebsverfassung, S. 174.

994 *Fitting* § 26 BetrVG Rn. 18; *Richardi/Thüsing* in: Richardi, § 26 BetrVG Rn. 27.

995 *Eisemann* in: ErfK, § 27 BetrVG Rn. 4; *Fitting* § 27 BetrVG Rn. 45; *Richardi/Thüsing* in: Richardi, § 27 BetrVG Rn. 23.

996 *Eisemann* in: ErfK, § 28 BetrVG Rn. 3; *Fitting* § 28 BetrVG Rn. 30; *Richardi/Thüsing* in: Richardi, § 28 BetrVG Rn. 17.

997 *Fitting* § 38 BetrVG Rn. 71.

998 Vgl. bereits *Hess* in: Hess/Schlochauer/Glaubitz, § 3 BetrVG Rn. 11. Ähnlich auch *Behrens/Hohenstatt* DB 1991, S. 1877, 1878 („begrenzt bis zum Ablauf der jeweiligen Wahlperiode"); *Giesen*, Tarifvertragliche Rechtsgestaltung, S. 527; *Marienhagen* in: Galperin I, § 3 BetrVG Rn. 4. Nach *Eich*, FS Weinspach, S. 17, 31 wird die Amtszeit

verhilft dem Gesetz zu seiner praktischen Geltung. Außerdem wird verhindert, daß die Gewerkschaft die Arbeitgeberseite durch „Alibi-Verhandlungen“ an den Tarifvertrag binden kann. Kommt es zu einem erneuten Vertragsabschluß, ist für die erstmalige Anwendung des Tarifvertrages die Vorschrift des § 3 Abs. 4 BetrVG maßgeblich.

Ein Übergangs- oder Restmandat des Betriebsrates nach §§ 21a, 21b BetrVG analog (wie unter anderen von *Trümner* bzw. *Konzen* gefordert)[999] ist rechtlich unzulässig[1000] und tatsächlich nicht erforderlich, da die rechtliche Grundlage der Arbeitnehmervertretung, der Tarifvertrag, weiterhin gilt. Gleiches ist von einer analogen Anwendung des § 22 BetrVG zu sagen.

3. Historie

Zwar enthielt die Verordnung über Tarifverträge, Arbeiter- und Angestelltenausschüsse und Schlichtung von Arbeitsstreitigkeiten (TVVO) vom 23. Dezember 1918[1001] keine Regelung zur Nachwirkung der Rechtsnormen eines Tarifvertrages. Aber bereits in § 17 des Referentenentwurfes zur TVVO vom Mai 1931[1002] war eine Nachwirkung für Tarifverträge vorgesehen. Im Zuge der Vorarbeiten zum Tarifvertragsgesetz enthielten die Vorschläge und Entwürfe dann fast durchgängig[1003] die Nachwirkung der Rechtsnormen des Tarifvertrages,[1004] ohne daß über Einschränkungen hinsichtlich betriebsverfassungsrechtlicher Normen diskutiert wurde, obwohl diese bereits

---

der tarifvertraglichen Arbeitnehmervertretungen „zu Ende geführt“. Dagegen nimmt *Spinner*, Betriebsverfassung, S. 174 f. eine *Mindest*grenze bis zum Ablauf der Amtsperiode, jedoch keine Höchstgrenze an.

999 Siehe vorstehend Fn. 945, 946.

1000 Siehe vorstehend S. 208 f.

1001 RGBl. 1918 S. 1456.

1002 Abgedruckt bei *Oetker*, Arbeiten zur deutsch-österreichischen Tarifrechtsangleichung, S. 319 ff.

1003 Nicht vorgesehen war die Nachwirkung im Entwurf der Arbeitsgemeinschaft der Arbeitgeber vom Juni 1948, abgedruckt bei *Oetker* in: H. Wiedemann, Geschichte TVG Rn. 24.

1004 Vgl. § 4 Abs. 2 Lemgoer Entwurf (abgedruckt bei *Oetker* in: H. Wiedemann, Geschichte TVG Rn. 22); § 3 Abs. 4 Stuttgarter Entwurf (abgedruckt bei *Oetker* in: H. Wiedemann, Geschichte TVG Rn. 27); § 5 Abs. 2 des Entwurfes des Gewerkschaftsrates der Vereinigten Zonen vom 7.9.1948 (abgedruckt bei *Oetker* in: H. Wiedemann, Geschichte TVG Rn. 32); § 5 Abs. 2 des Initiativantrages der SPD-Fraktion (Drucksache des Wirtschaftsrates Nr. 613 vom 8.10.1948, abgedruckt bei *Oetker* in: H. Wiedemann, Geschichte TVG Rn. 37); § 3 Abs. 3 des Entwurfs der Verwaltung für Arbeit (abgedruckt bei *Oetker* in: H. Wiedemann, Geschichte TVG Rn. 38).

zulässiger Regelungsinhalt eines Tarifvertrages waren[1005]. Somit findet sich historisch weder in den Vorarbeiten zum Tarifvertragsgesetz noch in den Gesetzesmaterialien hierzu eine Einschränkung der Nachwirkung hinsichtlich betriebsverfassungsrechtlicher Normen. Allerdings enthielt § 62 Abs. 2 des Betriebsrätegesetzes vom 4. Februar 1920[1006] eine Begrenzung des Fortbestandes von Tarifnormen über Sondervertretungen der Arbeitnehmer in für allgemeinverbindlich erklärten Tarifverträgen auf die Mandatszeit dieser Sondervertretungen.

III. Ergebnis

Grundsätzlich wirken auch Organisationstarifverträge nach. § 4 Abs. 5 TVG wird aber teleologisch reduziert und die zeitliche Dauer der Nachwirkung beschränkt. Spätestens mit dem nächsten regelmäßigen Wahltermin ist die betriebsverfassungsrechtliche Organisationsstruktur dem Gesetz entsprechend zu bestimmen und ein neuer Betriebsrat nach dem Betriebsverfassungsgesetz zu wählen, sollte bis dahin keine Nachfolgeregelung erzielt worden sein.

§ 9 Die Kollision von Tarifverträgen in Betrieb, Unternehmen oder Konzern

A. Das Vorliegen einer Tarifkonkurrenz[1007]

Aufgrund des in Deutschland bestehenden Koalitionspluralismus[1008] kann es zu der Situation kommen, daß während der Laufzeit eines

---

1005 Vgl. § 3 Abs. 1 Satz 1 Lemgoer Entwurf (abgedruckt bei *Oetker* in: H. Wiedemann, Geschichte TVG Rn. 22); § 1 Abs. 1 Stuttgarter Entwurf (abgedruckt bei *Oetker* in: H. Wiedemann, Geschichte TVG Rn. 27); § 3 des Entwurfes des Gewerkschaftsrates der Vereinigten Zonen vom 7.9.1948 (abgedruckt bei *Oetker* in: H. Wiedemann, Geschichte TVG Rn. 32); § 3 des Initiativantrages der SPD-Fraktion (Drucksache des Wirtschaftsrates Nr. 613 vom 8.10.1948, abgedruckt bei *Oetker* in: H. Wiedemann, Geschichte TVG Rn. 37); § 1 Abs. 1 des Entwurfs der Verwaltung für Arbeit (abgedruckt bei *Oetker* in: H. Wiedemann, Geschichte TVG Rn. 38).

1006 RGBl. 1920 S. 147. § 62 Abs. 2 BRG 1920 lautete: „Bei Ablauf eines solchen Tarifvertrages bleibt die [...] Vertretung so lange in Tätigkeit, bis ein neuer Tarifvertrag abgeschlossen und für allgemeinverbindlich erklärt oder ein gesetzlicher Betriebsrat gewählt ist". Auf § 62 Abs. 2 BRG 1920 weist auch *Giesen*, Tarifvertragliche Rechtsgestaltung, S. 527 hin.

1007 Zur Tarifkonkurrenz siehe *Jacobs*, Tarifeinheit, S. 257 ff., 272 ff.; *Löwisch/Rieble* in: MüHdbArbR III, § 276; *Schaub* in: ErfK, § 4 TVG Rn. 109 ff.; *Schaub* in: ders., Arbeitsrechts-Handbuch, § 203 Rn. 51 ff.; *Wank* in: H. Wiedemann, § 4 TVG Rn. 264 ff.

1008 Zu diesem siehe BVerfG 6.5.1964 E 18, 18, 32; BVerfG 15.7.1980 E 55, 7, 24; *Gamillscheg*, Kollektives Arbeitsrecht, § 3 2 a) (1) [S. 128], § 6 I 1 a) (1) [S. 210]; *Jacobs*, Tarifeinheit, S. 417 f.; *Kempen* in: Kempen/Zachert, § 2 TVG Rn. 118.

Organisationstarifvertrages ein neuer Tarifvertrag mit einem identischen oder partiell übereinstimmenden Geltungsbereich abgeschlossen wird. Können in diesem Fall nicht alle Tarifverträge in den Arbeitsverhältnissen der Arbeitnehmer gelten, ist der primär anzuwendende Tarifvertrag zu bestimmen. Enthält einer der Tarifverträge eine sog. Selbstbeschränkungsklausel, tritt er in deren Umfang hinter den anderen Tarifvertrag zurück.[1009] Regeln die Tarifverträge, was gegebenenfalls durch Auslegung zu ermitteln ist, verschiedene bzw. sich ergänzende Sachfragen, sind beide Tarifverträge in den Arbeitsverhältnissen zu beachten.[1010] In den sonstigen Fällen gilt bei Tarifverträgen derselben tarifschließenden Parteien nach der Zeitkollisionsregel (lex posterior derogat legi priori) der jüngere Tarifvertrag, insoweit er Sachfragen des alten regelt und keine Weitergeltung des bestehenden Tarifvertrages anordnet.[1011] Bei Fehlen ausdrücklicher Regelungen ist dies durch Auslegung zu ermitteln. Ein Fall der Tarifkonkurrenz liegt jeweils nicht vor.

Wird nach dem Ende eines Organisationstarifvertrages ein neuer abgeschlossen, kommt es zu einem Nebeneinander zwischen einem nachwirkenden[1012] und einem unmittelbar und zwingend wirkenden Tarifvertrag. Der Organisationstarifvertrag entfaltet im Nachwirkungszeitraum nur noch eine beschränkte Schutzwirkung, da er nicht mehr zwingend wirkt und durch

---

1009 Vgl. *Schaub* in: ders., Arbeitsrechts-Handbuch, § 203 Rn. 56; *Wank* in: H. Wiedemann, § 4 TVG Rn. 280. Oftmals werden bei einer Allgemeinverbindlicherklärung diejenigen Arbeitnehmer ausgenommen, deren Arbeitsverhältnisse bereits einem Tarifvertrag unterfallen, vgl. z. B. den Fall BAG 20.3.1991 AP Nr. 20 zu § 4 TVG Tarifkonkurrenz. Zur rechtlichen Zulässigkeit vgl. die soeben zitierte Entscheidung des BAG sowie BAG 26.10.1983 AP Nr. 3 zu § 3 TVG; BAG 14.10.1987 AP Nr. 88 zu § 1 TVG Tarifverträge: Bau.

1010 *Koberski/Clasen/Menzel* § 3 TVG Rn. 32; *Wank* in: H. Wiedemann, § 4 TVG Rn. 265, 268; *H. Wiedemann/Arnold* ZTR 1994, S. 399, 400. Für Tarifverträge verschiedener Tarifvertragsparteien, wenn ein Tarifvertrag ausschließlich Inhaltsnormen und der andere ausschließlich betriebsverfassungsrechtliche Normen enthält, und sie sich, was gegebenenfalls durch Auslegung zu ermitteln ist, nicht gegenseitig ausschließen, siehe *Memminger*, Konkurrenz, S. 101; *G. Schneider*, Konkurrenz von Tarifverträgen, S. 155 f.; *Witzig*, Tarifeinheit, S. 64 f. Wohl auch *Bieback* DB 1989, S. 477, 481; *Reuter*, Anmerkung zu BAG vom 20.3.1991 – 4 AZR 455/90 in: JuS 1991, S. 1069, 1069. In diesen Fällen liegt keine Tarifkonkurrenz vor, vgl. *Däubler*, Tarifvertragsrecht, Rn. 1482; *Kraft* RdA 1992, S. 161, 163.

1011 Allgemeine Ansicht, vgl. BAG, st. Rspr., zuletzt BAG 10.10.1989 AP Nr. 3 zu § 1 TVG Vorruhestand; BAG 24.8.1993 AP Nr. 19 zu § 1 BetrAVG Ablösung; BAG 16.5.1995 AP Nr. 15 zu § 4 TVG Ordnungsprinzip; *Däubler*, Tarifvertragsrecht, Rn. 1471; *Herrmann* ZfA 1989, S. 577, 586 f.; *Koberski/Clasen/Menzel* § 3 TVG Rn. 28; *Schaub* in: ders., Arbeitsrechts-Handbuch, § 203 Rn. 11; *Th. Schmidt*, Günstigkeitsprinzip, S. 93 f.; *Wank* in: H. Wiedemann, § 4 TVG Rn. 261.

1012 Zur Nachwirkung von Organisationstarifverträgen siehe vorstehend § 8 [S. 196 ff.].

(gegebenenfalls ungünstigere) andere Abmachungen ersetzt werden kann, § 4 Abs. 5 TVG. Der Sinn und Zweck der Nachwirkung ist die Verhinderung eines tariflosen Zustandes und inhaltsleerer Arbeitsverhältnisse.[1013] Eine die Nachwirkung beendende andere Abmachung kann daher nur eine solche sein, die auf das jeweilige Arbeitsverhältnis Anwendung findet.[1014] Dies gilt gleichermaßen für einen Tarifvertrag als andere Abmachung.[1015] Gem. §§ 3 Abs. 2, 4 Abs. 1 TVG gilt der neue Organisationstarifvertrag in allen Arbeitsverhältnissen als normative Regelung, selbst wenn er nicht mit der gleichen Gewerkschaft abgeschlossen wurde. Er stellt eine andere Abmachung i. S. d. § 4 Abs. 5 TVG dar.[1016] Bei einem Nebeneinander zwischen einem nachwirkenden und einem unmittelbar und zwingend wirkenden (Organisations-)Tarifvertrag gilt ausschließlich der neue Tarifvertrag.[1017] Ein eigentlicher „Konkurrenz"-Fall liegt nicht vor.[1018]

Problematisch und rechtlich umstritten ist die Konstellation, daß der Arbeitgeber an mehrere Organisationstarifverträge nach § 3 Abs. 1 BetrVG[1019] verschiedener Gewerkschaften mit identischem oder sich partiell überschneidendem Geltungsbereich gebunden ist. Diese Situation kann sich ergeben, wenn mehrere Gewerkschaften tarifzuständig sind und der Arbeitgeber z. B. kraft Mitgliedschaft einem Verbandstarifvertrag unterfällt und nunmehr mit einer anderen Gewerkschaft einen Firmentarifvertrag abschließt.

1013 Siehe vorstehend S. 197 f.

1014 BAG 18.5.1977 AP Nr. 4 zu § 4 BAT; BAG 27.11.1991 AP Nr. 22 zu § 4 TVG Nachwirkung; BAG 18.3.1992 AP Nr. 13 zu § 3 TVG; BAG 28.5.1997 AP Nr. 26 zu § 4 TVG Nachwirkung; *Frölich* NZA 1992, S. 1105, 1109 f.

1015 BAG 27.11.1991 AP Nr. 22 zu § 4 TVG Nachwirkung; BAG 18.3.1992 AP Nr. 13 zu § 3 TVG; BAG 28.5.1997 AP Nr. 26 zu § 4 TVG Nachwirkung; *Frölich* NZA 1992, S. 1105, 1110; *Löwisch/Rieble* in: MüHdbArbR III, § 273 Rn. 10. Ähnlich *Franzen* RdA 2001, S. 1, 5, der auf einen „unmittelbar und zwingend wirkenden Tarifvertrag" abstellt.

1016 *Frölich* NZA 1992, S. 1105, 1110; *Rüthers*, FS G. Müller, S. 445, 456 f. Im Ergebnis ebenso BAG 4.12.1974 AP Nr. 2 zu § 3 TVG.

1017 Ebenso BAG 4.12.1974 AP Nr. 2 zu § 3 TVG (mit zustimmender Anmerkung *H. Wiedemann*); *Däubler*, Tarifvertragsrecht, Rn. 1496; *Giesen*, Tarifvertragliche Rechtsgestaltung, S. 540 f.; *Jacobs*, Tarifeinheit, S. 301 (für Tarifverträge derselben Tarifvertragsparteien); *Löwisch/Rieble* in: MüHdbArbR III, § 273 Rn. 10, § 276 Rn. 10; *Wank* in: H. Wiedemann, § 4 TVG Rn. 282; *T. Wißmann*, Tarifvertragliche Gestaltung, S. 176.

1018 Vgl. BAG 28.5.1997 AP Nr. 26 zu § 4 TVG Nachwirkung; *Jacobs*, Tarifeinheit, S. 301.

1019 Ein Konkurrenzfall liegt nur vor, wenn die Tarifverträge übereinstimmende Sachfragen regeln, vgl. *Däubler*, Tarifvertragsrecht, Rn. 1482; *Kempen* in: Kempen/Zachert, § 4 TVG Rn. 117; *Wank* in: H. Wiedemann, § 4 TVG Rn. 265.

Wirksamkeitsvoraussetzung des Tarifvertrages ist die beiderseitige[1020] Tarifzuständigkeit,[1021] die sich nach der jeweiligen Verbandssatzung richtet[1022]. Der einzelne Arbeitgeber ist für seinen Betrieb/sein Unternehmen tarifzuständig.[1023] Dagegen ist irrelevant, in welchem Umfang die Gewerkschaft

---

1020 BAG 19.12.1958 AP Nr. 3 zu § 2 TVG (mit zustimmender Anmerkung *Tophoven*); *Buchner* ZfA 1995, S. 95, 105 f.; *Däubler*, Tarifvertragsrecht, Rn. 86; *Koberski/Clasen/Menzel* § 2 TVG Rn. 88; *Konzen*, FS Kraft, S. 291, 292; *Löwisch* in: Löwisch/Rieble, § 2 TVG Rn. 88; *Oetker* in: H. Wiedemann, § 2 TVG Rn. 50; *Richardi* in: Staudinger, Vorbem. zu §§ 611 ff. BGB Rn. 614; *H. Wiedemann* RdA 1975, S. 78, 79.

1021 BAG 27.7.1956 AP Nr. 3 zu § 4 TVG Geltungsbereich; BAG 19.12.1958 AP Nr. 3 zu § 2 TVG (mit zustimmender Anmerkung *Tophoven*); BAG 27.11.1964 AP Nr. 1 zu § 2 TVG Tarifzuständigkeit; BAG 17.2.1970 AP Nr. 3 zu § 2 TVG Tarifzuständigkeit; *Buchner* ZfA 1995, S. 95, 97; *Hromadka/Maschmann/Wallner*, Tarifwechsel, Rn. 33 f.; *Kempen* in: Kempen/Zachert, § 2 TVG Rn. 110; *Konzen*, FS Kraft, S. 291, 292; *ders.* ZfA 1975, S. 401, 415, 417; *Löwisch* in: Löwisch/Rieble, § 2 TVG Rn. 88; *Maus*, Tarifvertragsgesetz, § 2 Rn. 36 ff. (Tarifzuständigkeit als immanente Beschränkung der Tariffähigkeit); *Oetker* in: H. Wiedemann, § 2 TVG Rn. 43 f.; *Richardi* in: Staudinger, Vorbem. zu §§ 611 ff. BGB Rn. 615 (der aber die Tarifzuständigkeit als Teil der Tariffähigkeit begreift, vgl. Rn. 615 f.); *ders.*, Kollektivgewalt und Individualwille, S. 159; *H. Wiedemann*, FS Fleck, S. 447, 456 f.; a. A. aber die Rechtsprechung des RAG 6.3.1929 ARS 5, 393, f398; RAG 1.3.1930 ARS 9, 272, 274; RAG 17.9.1930 ARS 10, 242, 246; RAG 14.10.1931 ARS 13, 190, 191 f.; aus neuerer Zeit *Däubler*, Tarifvertragsrecht, Rn. 89; *Kraft*, FS Schnorr von Carolsfeld, S. 255, 260 ff., 270 f.; umfassend für die abweichende Ansicht *Hillebrand*, Merkmal „Tarifzuständigkeit", S. 4 ff., 61 f., der die Tarifzuständigkeit als Frage des Umfangs der Vertretungsmacht begreift, vgl. S. 77 ff., 112; kritisch auch *Gamillscheg*, Kollektives Arbeitsrecht, § 14 II 3 b) [S. 536 f.].

1022 BAG 17.2.1970 AP Nr. 3 zu § 2 TVG Tarifzuständigkeit; BAG 19.11.1985 AP Nr. 4 zu § 2 TVG Tarifzuständigkeit; BAG 20.4.1988 AP Nr. 95 zu § 1 TVG Tarifverträge: Bau; BAG 22.11.1988 AP Nr. 5 zu § 2 TVG Tarifzuständigkeit; BAG 24.7.1990 AP Nr. 7 zu § 2 TVG Tarifzuständigkeit; BAG 12.12.1995 AP Nr. 8 zu § 2 TVG Tarifzuständigkeit; BAG 25.9.1996 AP Nr. 10 zu § 2 TVG Tarifzuständigkeit; BAG 12.11.1996 AP Nr. 11 zu § 2 TVG Tarifzuständigkeit; BAG 14.12.1999 AP Nr. 14 zu § 2 TVG Tarifzuständigkeit; *Buchner* ZfA 1995, S. 95, 98; *Kempen* in: Kempen/Zachert, § 2 TVG Rn. 113; *Konzen*, FS Kraft, S. 291, 291 f.; *Löwisch* in: Löwisch/Rieble, § 2 TVG Rn. 87; *Oetker* in: H. Wiedemann, § 2 TVG Rn. 53, 56 f.; *ders.*, Gemeinsame Anmerkung zu BAG vom 25.9.1996 – 1 ABR 4/96 und vom 12.11.1996 – 1 ABR 33/96 in: AP Nr. 10, 11 zu § 2 TVG Tarifzuständigkeit; *Richardi* in: Staudinger, Vorbem. zu §§ 611 ff. BGB Rn. 615. Kritisch *Reuter*, Anmerkung zu BAG vom 19.11.1985 – 1 ABR 37/83 in: AP Nr. 4 zu § 2 TVG Tarifzuständigkeit. Vgl. zu den Grenzen der Satzungsautonomie *Konzen*, FS Kraft, S. 291, 310 ff.; *Oetker* in: H. Wiedemann, § 2 TVG Rn. 60 ff.; *H. Wiedemann* RdA 1975, S. 78, 81 f.

1023 *Löwisch/Rieble* in: MüHdbArbR III, § 255 Rn. 77; *Richardi* in: ders., § 3 BetrVG Rn. 37; *Schaub* in: ErfK, § 2 TVG Rn. 42.

in den Betrieben des Unternehmens durch Mitglieder vertreten ist. Eine entsprechende Restriktion folgt weder aus dem Tarifvertrags- noch aus dem Betriebsverfassungsgesetz.[1024] Jeder wirksam abgeschlossene Tarifvertrag beansprucht grundsätzlich volle Geltung, wobei vereinsrechtliche Fragen, z. B. ob der Arbeitgeber durch den Abschluß des Firmentarifvertrages gegen seine Pflichten als Verbandsmitglied verstößt, für die vorliegende Problematik unerheblich sind[1025]. Aufgrund der Regelung des § 3 Abs. 2 TVG wirken die Organisationstarifverträge, unabhängig von der Tarifgebundenheit der Arbeitnehmer, in allen Arbeitsverhältnissen unmittelbar und zwingend. Es liegt stets eine sog. Tarifkonkurrenz vor.[1026] In dieser Konstellation ist der Grundsatz

---

1024 Vgl. die Nachweise vorstehend in Fn. 906.

1025 BAG 4.4.2001 AP Nr. 26 zu § 4 TVG Tarifkonkurrenz; *Buchner* DB 2001, Beilage Nr. 9, S. 1, 6; *Oetker* in: H. Wiedemann, § 2 TVG Rn. 114, 116, 128; *Rüthers* in: Brox/Rüthers, Arbeitskampfrecht, Rn. 137; *Schaub* in: ders., Arbeitsrechts-Handbuch, § 199 Rn. 6; *H. Weiss*, Koalitionsfreiheit, S. 39.

1026 *A. Hueck/Nipperdey*, Arbeitsrecht II/1, § 33 III 4 c) [S. 651]; *Jacobs*, Tarifeinheit, S. 248 f. („betriebsweite Tarifkonkurrenz"); *Trümner* in: Däubler/Kittner/Klebe, § 3 BetrVG Rn. 157. Anders *Giesen* BB 2002, S. 1480, 1483, der Tarifpluralität bejaht, zu deren Auflösung „ohne Zweifel" das allgemeine Tarifkollisionsrecht, d. h. der Grundsatz der Tarifeinheit und das Spezialitätsprinzip, heranzuziehen ist.

Auf den vom Bundesarbeitsgericht in ständiger Rechtsprechung (vgl. unter anderem BAG 29.3.1957 AP Nr. 4 zu § 4 TVG Tarifkonkurrenz; BAG 14.6.1989 AP Nr. 16 zu § 4 TVG Tarifkonkurrenz; BAG 5.9.1990 AP Nr. 19 zu § 4 TVG Tarifkonkurrenz; BAG 20.3.1991 AP Nr. 20 zu § 4 TVG Tarifkonkurrenz; siehe auch *Säcker/Oetker* ZfA 1993, S. 1, 1 ff.; *Schröder* DB 1957, S. 657, 657) angewandten Grundsatz der Tarifeinheit im Betrieb kommt es nicht an, weil die Tarifkonkurrenz durch § 3 Abs. 2 TVG verursacht wird. Ebenso *Jacobs*, Tarifeinheit, S. 248 f., 347, der diese „betriebsweite Tarifkonkurrenz" mit der „Tarifeinheit im Arbeitsverhältnis" lösen will, die allerdings im gesamten Betrieb einheitlich gelte.

Ausdruck des Grundsatzes der Tarifeinheit war § 2 Abs. 2 TVVO (RGBl. 1918 S. 1456), der den Kollisionsfall mehrerer allgemeinverbindlicher Tarifverträge im Sinne des Mehrheitsprinzips regelte. Vgl. auch § 8 des sog. Stuttgarter Entwurfs vom Juli 1948 (abgedruckt bei *Oetker* in: H. Wiedemann, Geschichte TVG Rn. 27). Der Entwurf des Gewerkschaftsrates der Vereinigten Zonen vom 7.9.1948 (abgedruckt bei *Oetker* in: H. Wiedemann, Geschichte TVG Rn. 32) enthielt keine Kollisionsregelung, weil die Tarifkonkurrenz aufgrund des Industrieverbandsprinzips nurmehr eine geringe Rolle spiele. Im übrigen sei eine Tarifkonkurrenz im Sinne des Prinzips der Tarifeinheit zu lösen, vgl. Punkt 3 der Begründung zum Entwurf des Gewerkschaftsrates (abgedruckt bei *Oetker* in: H. Wiedemann, Geschichte TVG Rn. 33). Zur Kritik am Grundsatz der Tarifeinheit siehe unter anderem *Jacobs*, Tarifeinheit, §§ 20, 21; *Kempen* in: Kempen/Zachert, § 4 TVG Rn. 130 f.; *B. Müller* NZA 1989, S. 449, 451 f.; *Rieble* in: Löwisch/Rieble, § 4 TVG Rn. 292; *ders.*, Arbeitsmarkt und Wettbewerb, Rn. 1795 ff.; *Witzig*, Tarifeinheit, S. 31 ff.; auch LAG Sachsen 13.11.2001 ArbuR 2002, S. 310, 312 (mit zustimmender Anmerkung *Jacobs*).

der vollen Geltung aller Tarifverträge einzuschränken. Eine betriebseinheitliche Kombination betriebsverfassungsrechtlicher Normen mehrerer Tarifverträge verbietet sich. Aufgrund ihres Kompromißcharakters stellen (Organisations-)Tarifverträge eine in sich geschlossene und abschließende Regelung dar.[1027] Im Betrieb kann somit nur eine der konkurrierenden Kollektivordnungen zur Anwendung kommen. Umstritten ist, nach welchen Kriterien der vorrangige Tarifvertrag zu bestimmen ist.

B. Die Lösung von Tarifkonkurrenzen im Betrieb im allgemeinen

Das Bundesarbeitsgericht und die überwiegenden Stimmen im Schrifttum wenden das Spezialitätsprinzip (lex specialis derogat legi generali) an.[1028] Danach komme allein der Tarifvertrag zur Anwendung, „der dem Betrieb räumlich, betrieblich, fachlich und persönlich am nächsten steht und deshalb den Erfordernissen und Eigenarten des Betriebs und der darin tätigen Arbeitnehmer am besten gerecht wird"[1029]. Einem Firmentarifvertrag komme beispielsweise

---

Vgl. auch die Darstellung des Streitstandes bei *Kempen* in: Kempen/Zachert, § 4 TVG Rn. 130 ff.; *Säcker/Oetker* ZfA 1993, S. 1, 2 ff.

1027 *Jacobs*, Tarifeinheit, S. 249.

1028 BAG 22.2.1957 AP Nr. 2 zu § 4 TVG Tarifkonkurrenz (mit zustimmender Anmerkung *Gumpert*); BAG 22.2.1957 AP Nr. 2 zu § 2 TVG; BAG 29.3.1957 AP Nr. 4 zu § 4 TVG Tarifkonkurrenz; BAG 31.3.1960 AP Nr. 17 zu § 611 BGB Ärzte, Gehaltsansprüche; BAG 21.7.1960 AP Nr. 18 zu § 611 BGB Ärzte, Gehaltsansprüche; BAG 5.10.1960 AP Nr. 24 zu § 1 TOA; BAG 2.11.1960 AP Nr. 8 zu § 4 TVG Tarifkonkurrenz; BAG 1.12.1960 AP Nr. 19 zu § 611 BGB Ärzte, Gehaltsansprüche; BAG 24.9.1975 AP Nr. 11 zu § 4 TVG Tarifkonkurrenz; BAG 26.10.1983 AP Nr. 3 zu § 3 TVG; BAG 27.8.1986 AP Nr. 70 zu § 1 TVG Tarifverträge: Bau; BAG 14.6.1989 AP Nr. 16 zu § 4 TVG Tarifkonkurrenz; BAG 24.1.1990 AP Nr. 126 zu § 1 TVG Tarifverträge: Bau; BAG 5.9.1990 AP Nr. 19 zu § 4 TVG Tarifkonkurrenz; BAG 20.3.1991 AP Nr. 20 zu § 4 TVG Tarifkonkurrenz; BAG 22.9.1993 AP Nr. 21 zu § 4 TVG Tarifkonkurrenz; *Buchner*, FS Schaub, S. 75, 83, 86, 91 f.; *Gamillscheg*, Kollektives Arbeitsrecht, § 17 III 3 c) (3) [S. 755]; *Giesen* BB 2002, S. 1480, 1483; *Gramm* in: AR-Blattei, 1969, Tarifvertrag XII, C VII; *Hohenstatt* DB 1992, S. 1678, 1679; *Hromadka/Maschmann/Wallner*, Tarifwechsel, Rn. 139 ff.; *A. Hueck/Nipperdey*, Arbeitsrecht II/1, § 33 III 4 b) [S. 649 f.]; *Junker/Wichmann* NZA 1996, S. 505, 509; *Kempen* in: Kempen/Zachert, § 4 TVG Rn. 129 ff.; *Mann* BB 1957, S. 549, 551; *Meik* DB 1990, S. 2522, 2525; *Nikisch*, Arbeitsrecht II, § 86 III 5 [S. 485]; *Koberski/Clasen/Menzel* § 3 TVG Rn. 29; *Säcker/Oetker* ZfA 1993, S. 1, 19, 21; *Schröder* DB 1957, S. 657, 657 f.; *A. Stein*, Tarifvertragsrecht, Rn. 276; *H. Wiedemann/Arnold* ZTR 1994, S. 399, 408; *dies.*, Anmerkung zu BAG vom 14.6.1989 – 4 AZR 200/89 in: AP Nr. 16 zu § 4 TVG Tarifkonkurrenz. Ähnlich *Gumpert* BB 1953, S. 115, 115. Abweichend *Schaub* in: ders., Arbeitsrechts-Handbuch, § 203 Rn. 57 f., der vorrangig vor dem Spezialitätsprinzip den Tarifvertrag anwenden will, durch den die meisten Arbeitsverhältnisse des Betriebs erfaßt werden.

1029 BAG 24.9.1975 AP Nr. 11 zu § 4 TVG Tarifkonkurrenz; BAG 29.11.1978 AP Nr. 12 zu § 4 TVG Tarifkonkurrenz; BAG 27.8.1986 AP Nr. 70 zu § 1 TVG Tarifverträge:

stets der Vorrang vor einem Verbandstarifvertrag zu.[1030] Führt das Spezialitätsprinzip hiernach zu keinem eindeutigen Ergebnis, sei ergänzend das Mehrheitsprinzip heranzuziehen.[1031] Nach dieser „Abzählmethode" gelte der Tarifvertrag, an den die meisten bei dem Arbeitgeber beschäftigten Arbeitnehmer tarifgebunden sind.

Eine Mindermeinung in der Literatur lehnt das Spezialitätsprinzip als zu vage ab. Aus Art. 9 Abs. 3 Satz 1 GG, § 8 Abs. 1, 2 MindArbBedG folge statt dessen das Prinzip der mitgliedschaftlichen Legitimation.[1032] Dies bedeute, daß einem Verbandstarifvertrag Vorrang vor einem allgemeinverbindlichen Tarifvertrag zukomme. Beanspruchen mehrere Tarifverträge Geltung, die betriebliche oder betriebsverfassungsrechtliche Normen enthalten, sei die *stärkere* mitgliedschaftliche Legitimation entscheidend. Dies bestimme sich danach, welche Gewerkschaft die meisten Mitglieder im Betrieb aufweise.[1033] In allen anderen, noch nicht erfaßten Fällen gelte der Vorrang der spezielleren Tarifzuständigkeit.[1034]

Däubler will die Fälle der Tarifkonkurrenz mit Hilfe des Günstigkeitsprinzips lösen, weil kein Rechtsverlust für die Arbeitnehmer

---

Bau; BAG 14.6.1989 AP Nr. 16 zu § 4 TVG Tarifkonkurrenz; BAG 24.1.1990 AP Nr. 126 zu § 1 TVG Tarifverträge: Bau.

1030 BAG 20.3.1991 AP Nr. 20 zu § 4 TVG Tarifkonkurrenz; BAG 20.4.1999 AP Nr. 12 zu § 77 BetrVG 1972 Tarifvorbehalt; BAG 4.4.2001 AP Nr. 26 zu § 4 TVG Tarifkonkurrenz; *Koberski/Clasen/Menzel* § 3 TVG Rn. 31.

1031 BAG 22.2.1957 AP Nr. 2 zu § 4 TVG Tarifkonkurrenz; BAG 14.6.1989 AP Nr. 16 zu § 4 TVG Tarifkonkurrenz; *A. Hueck/Nipperdey*, Arbeitsrecht II/1, § 33 III 4 c) [S. 650 f.]; *Hromadka/Maschmann/Wallner*, Tarifwechsel, Rn. 147; *Kempen* in: Kempen/Zachert, § 4 TVG Rn. 136; *Koberski/Clasen/Menzel* § 3 TVG Rn. 29; *Schaub* in: ders., Arbeitsrechts-Handbuch, § 203 Rn. 59; *H. Wiedemann/Arnold* ZTR 1994, S. 399, 409. Für betriebliche und betriebsverfassungsrechtliche Normen zustimmend, für Inhaltsnormen ablehnend *G. Schneider*, Konkurrenz von Tarifverträgen, S. 169. Zum Mehrheitsprinzip vgl. *Witzig*, Tarifeinheit, S. 103 ff. Dieses Prinzip war bereits in § 2 Abs. 2 TVVO in der Fassung von 1928 (abgedruckt bei *Oetker* in: H. Wiedemann, Geschichte TVG Rn. 8) für den Fall der Konkurrenz zweier allgemeinverbindlicher Tarifverträge vorgesehen.

1032 *Löwisch/Rieble* in: MüHdbArbR III, § 276 Rn. 24 ff.; *Rieble* in: Löwisch/Rieble, § 4 TVG Rn. 297 f.

1033 *Löwisch/Rieble* in: MüHdbArbR III, § 276 Rn. 29; *Rieble* in: Löwisch/Rieble, § 4 TVG Rn. 303.

1034 *Löwisch/Rieble* in: MüHdbArbR III, § 276 Rn. 30 ff.; *Rieble* in: Löwisch/Rieble, § 4 TVG Rn. 304 ff. Dies soll nunmehr auch für den Fall des Verbandswechsels gelten, vgl. *Löwisch/Rieble* in: MüHdbArbR III, § 276 Rn. 35 unter Aufgabe ihrer Ansicht in der Vorauflage. Wie die Vorauflage noch *Rieble* in: Löwisch/Rieble, § 4 TVG Rn. 299, 301.

eintreten soll.[1035] Der anzuwendende Tarifvertrag könne entweder durch einen Gesamtvergleich der beiden konkurrierenden Tarifwerke festgestellt[1036] oder aber, dies scheint *Däubler* aus Gründen der Einfachheit zu favorisieren, durch die Arbeitnehmer selbst bestimmt werden[1037].

C. Die Lösung von Tarifkonkurrenzen bei Organisationstarifverträgen im besonderen

I. Ansichten im Schrifttum

Für Organisationstarifverträge nach § 3 BetrVG wird, ausgehend von der Überlegung, daß sie zumeist auf die Erfordernisse einer konkreten Organisationseinheit zugeschnitten sind, überwiegend eine abweichende Lösung vorgeschlagen.[1038] Soweit hier Stellungnahmen im Schrifttum vorhanden sind, wird von einigen auf die Mitgliederzahl der Gewerkschaften abgestellt. Es soll demjenigen Tarifvertrag der Vorrang eingeräumt werden, der von der Gewerkschaft mit den meisten Mitgliedern im Betrieb oder im Geltungsbereich des Tarifvertrages abgeschlossen wurde.[1039] Andere wollen auf die Anzahl der

---

1035 *Däubler*, Tarifvertragsrecht, Rn. 1493. Ebenso *B. Müller* NZA 1989, S. 449, 452 (bei Doppelmitgliedschaften). Dagegen aber die überwiegende Meinung, vgl. BAG 20.3.1991 AP Nr. 20 zu § 4 TVG Tarifkonkurrenz = SAE 1993, S. 74, 79 (mit ablehnender Anmerkung *Salje*); BAG 24.1.2001 AP Nr. 173 zu § 1 TVG Tarifverträge: Metallindustrie; *Bieback* DB 1989, S. 477, 479 f., 480 f.; *Gramm* in: AR-Blattei, 1969, Tarifvertrag XII, C III; *Hromadka/Maschmann/Wallner*, Tarifwechsel, Rn. 135; *A. Hueck/Nipperdey*, Arbeitsrecht II/1, § 33 III 3 [S. 647]; *Löwisch/Rieble* in: MüHdbArbR III, § 276 Rn. 21; *dies.*, FS Schaub, S. 457, 464 f.; *Rieble* in: Löwisch/Rieble, § 4 TVG Rn. 294; *Wank* in: H. Wiedemann, § 4 TVG Rn. 283; *H. Wiedemann/Arnold* ZTR 1994, S. 399, 406 f. Mit überzeugender Argumentation auch *Th. Schmidt*, Günstigkeitsprinzip, S. 95 f.

1036 *Däubler*, Tarifvertragsrecht, Rn. 1494.

1037 *Ders.*, Tarifvertragsrecht, Rn. 1495.

1038 Siehe hierzu ausführlich *Jacobs*, Tarifeinheit, S. 306 ff.

1039 *Dachrodt/Engelbert* § 3 BetrVG Rn. 4; *Däubler* ArbuR 2001, S. 1, 3; *ders.* ArbuR 2001, S. 285, 288; *Gramm* in: AR-Blattei, 1969, Tarifvertrag XII, C IX; *Kempen*, FS Schaub, S. 357, 371; *Konzen* RdA 2001, S. 76, 86; *Löwisch/Rieble* in: MüHdbArbR III, § 276 Rn. 29; *Rieble* in: Löwisch/Rieble, § 4 TVG Rn. 303; *Spinner* ZTR 1999, S. 546, 548; *Stege/Weinspach/Schiefer* § 3 BetrVG Rn. 14; *Trümner* JbArbR 36 (1999), S. 59, 72 f.; *Witzig*, Tarifeinheit, S. 104 ff., 109. Auch *Kaiser/Heither/Engels/Ingrid Schmidt*, die zwar die allgemeinen tarifvertragsrechtlichen Grundsätze über die Tarifkonkurrenz anwenden wollen, in der Mitgliederzahl der betroffenen Arbeitnehmer aber ein wesentliches Kriterium sehen, vgl. *Fitting* § 3 BetrVG Rn. 15. Nicht ganz eindeutig dagegen *Schaub* in: ders., Arbeitsrechts-Handbuch, § 203 Rn. 59, der auch die Sachnähe anführt.

jeweils mitgliedschaftlich tarifgebundenen Arbeitnehmer abstellen,[1040] was im Ergebnis der Anzahl der Mitglieder der jeweiligen Gewerkschaften entspricht. *Hohenstatt/Dzida* und *Trümner* formulieren, es sei auf die „stärkere mitgliedschaftliche Legitimation" abzustellen.[1041] Hierfür ziehen sie das Kriterium der Anzahl der Mitglieder der Gewerkschaft heran.[1042]

Von anderen wird das Prinzip des Vorrangs stärkerer mitgliedschaftlicher Legitimation abgelehnt.[1043] Es verstoße gegen die kollektive Koalitionsfreiheit der kleineren Gewerkschaften, Art. 9 Abs. 3 Satz 1 GG.[1044] Eine alternative Lösung der Tarifkonkurrenz findet sich aber weder bei *Dimitriadis/Ilbertz/Kallenberg/u. a.* noch bei *Picker*. *Wank*[1045] wiederum differenziert danach, ob der Tarifvertrag ausschließlich betriebsverfassungsrechtliche Rechtsnormen enthält oder nicht. Im ersten Fall gehe der Tarifvertrag der sachnäheren Gewerkschaft vor. Dies sei die Gewerkschaft, welche nach den Berufen der bei ihr organisierten Mitglieder und nach der Art der erfaßten Unternehmen das stärkere Recht zur Regelung in Anspruch nehmen kann.[1046] Enthalte der Tarifvertrag dagegen neben betriebsverfassungsrechtlichen noch andere Rechtsnormen, gelte das Spezialitätsprinzip. *Eisemann*[1047], *Franzen*[1048], *Kraft*[1049] und *Richardi*[1050] wollen eine Kollision mehrerer Organisationstarifverträge nach den allgemeinen Grundsätzen der Tarifkonkurrenz lösen und stets das Spezialitätsprinzip anwenden.[1051] *Gerhard*

1040 Diese Vertreter abstrahieren von § 3 Abs. 2 TVG und fragen nach der „mitgliedschaftlich legitimierten Tarifbindung", vgl. *Jacobs*, Tarifeinheit, S. 309, 314 oder nach dem Tarifvertrag, der „als solcher" mehr Arbeitsverhältnisse erfaßt, vgl. *Kempen* in: Kempen/Zachert, § 4 TVG Rn. 136.

1041 *Hohenstatt/Dzida* DB 2001, S. 2498, 2500; *Trümner* in: Däubler/Kittner/Klebe, § 3 BetrVG Rn. 157.

1042 So auch *Löwisch/Rieble* in: MüHdbArbR III, § 276 Rn. 29; *Rieble* in: Löwisch/Rieble, § 4 TVG Rn. 303.

1043 *Dimitriadis/Ilbertz/Kallenberg/u. a.* ZBVR 2001, S. 170, 173 f.; *Picker* RdA 2001, Sonderbeilage Heft 4, S. 257, 278.

1044 *Dimitriadis/Ilbertz/Kallenberg/u. a.* ZBVR 2001, S. 170, 173 f.

1045 *Wank* in: H. Wiedemann, § 4 TVG Rn. 296 ff.

1046 So schon *Nikisch*, Arbeitsrecht II, § 86 III 6 [S. 487].

1047 *Eisemann* in: ErfK, § 3 BetrVG Rn. 2.

1048 *Franzen* ZfA 2000, S. 285, 307.

1049 *Kraft* in: GK-BetrVG I, § 3 BetrVG Rn. 25.

1050 *Richardi* in: ders., § 2 BetrVG Rn. 26.

1051 So auch *Delbos*, Tarifkonkurrenz, S. 136 f.; *Dieterich*, Betriebliche Normen, S. 104 (der subsidiär nach der Anzahl der in der jeweiligen Gewerkschaft organisierten Arbeitnehmer entscheiden will); *Giesen*, Tarifvertragliche Rechtsgestaltung, S. 537;

Müller[1052] hält denjenigen Tarifvertrag für vorrangig, der zeitlich zuerst abgeschlossen wurde. *Meik*[1053] ist der Ansicht, eine Tarifkonkurrenz betrieblicher oder betriebsverfassungsrechtlicher Normen lasse sich nicht hinreichend lösen und will beide Tarifverträge anwenden. Die Gegenposition vertritt *Annuß*[1054], der bei einer Konkurrenz mehrerer Organisationstarifverträge von der Unwirksamkeit sämtlicher einander widersprechender Regelungen ausgeht.

II. Die Bestimmung des vorrangigen Tarifvertrages – Stellungnahme

Das Günstigkeitsprinzip kann zur Bestimmung des vorrangigen Tarifvertrages nicht herangezogen werden.[1055] Dieses regelt vertikale Konkurrenzverhältnisse und dient der Herstellung praktischer Konkordanz im Verhältnis zwischen Gruppen- und Privatautonomie.[1056] Es ist unanwendbar, soweit es um das horizontale Verhältnis gleichrangiger Regelungen, z. B. zweier Tarifverträge, geht.[1057] Zudem fehlt es an gemeinsamen Bezugsgrößen, nach

ders. BB 2002, S. 1480, 1483; *Gorissen*, Arbeitgeberverbandswechsel, S. 44 f. (der subsidiär alle Arbeitnehmer des Betriebs über den anzuwendenden Tarifvertrag abstimmen lassen will) ; *Huber*, Wirtschaftsverwaltungsrecht II, § 94 III 3 d) [S. 442]; *Löwisch* in: Löwisch/Kaiser, § 3 BetrVG Rn. 21; *Memminger*, Konkurrenz, S. 95, 99. Auch *Fitting* [20. Aufl.] § 3 BetrVG Rn. 13, § 77 BetrVG Rn. 71; anders aber *Fitting* § 3 BetrVG Rn. 15: die Mitgliederzahl der betroffenen Arbeitnehmer sei ein „wesentliches Kriterium“. Auch *Waas*, Tarifkonkurrenz und Tarifpluralität, S. 108 ff. will die Regeln zur Lösung von Tarifkonkurrenzen bei Inhalts-, Abschluß- und Beendigungsnormen anwenden. Er nimmt diese aber mit Hilfe des Prioritätsprinzips vor, vgl. *ders.*, S. 113 f.

1052 *G. Müller*, Tarifautonomie, S. 193.

1053 *Meik* DB 1990, S. 2522, 2526.

1054 *Annuß* NZA 2002, S. 290, 293 im Anschluß an *Biedenkopf*, Grenzen der Tarifautonomie, S. 317 f., der aber dem Betriebsrat ein Letztentscheidungsrecht zubilligt. Ähnlich *Eich*, FS Weinspach, S. 17, 23. Eine vergleichbare Konsequenz will auch *Richardi* in: ders., § 3 BetrVG Rn. 24 ziehen, der zu § 3 Abs. 1 Nr. 3 BetrVG davon ausgeht, daß sich bei divergierenden Ordnungsvorstellungen keine Gewerkschaft mit ihrem Tarifvertrag durchsetzen könne.

1055 So die herrschende Meinung, siehe die Nachweise vorstehend Fn. 1035.

1056 *Gramm* in: AR-Blattei, 1969, Tarifvertrag XII, C III; *Hromadka/Maschmann/Wallner*, Tarifwechsel, Rn. 135; *A. Hueck/Nipperdey*, Arbeitsrecht II/1, § 33 III 3 [S. 647]; *Th. Schmidt*, Günstigkeitsprinzip, S. 70, 77 f., 95.

1057 BAG 24.1.2001 AP Nr. 173 zu § 1 TVG Tarifverträge: Metallindustrie; *Gramm* in: AR-Blattei, 1969, Tarifvertrag XII, C III; *Hromadka/Maschmann/Wallner*, Tarifwechsel, Rn. 135; *A. Hueck/Nipperdey*, Arbeitsrecht II/1, § 33 III 3 [S. 647]; *Th. Schmidt*, Günstigkeitsprinzip, S. 95; *Wank* in: H. Wiedemann, § 4 TVG Rn. 283; *H. Wiedemann/Arnold* ZTR 1994, S. 399, 406.

denen das günstigere von verschiedenen betriebsverfassungsrechtlichen Organisationssystemen bestimmt werden könnte.

Aber auch die Anwendung des Spezialitätsprinzips bzw. des Prinzips der Sachnähe ist nicht frei von Kritik. Tarifverträge im Bereich des § 3 BetrVG werden aufgrund der Natur der zu treffenden Regelungen zumeist nur als Firmentarifverträge oder firmenbezogene Verbandstarifverträge abgeschlossen.[1058] Den „Beteiligten vor Ort" soll in Gestalt des § 3 BetrVG ein Mittel an die Hand gegeben werden, um auf die Besonderheiten des *konkreten* Betriebs, Unternehmens oder Konzerns reagieren zu können.[1059] Unter dieser Prämisse führen weder die Regel „lex specialis derogat legi generali" noch das Prinzip der Sachnähe[1060] zu eindeutigen Ergebnissen. Bei Tarifverträgen nach § 3 Abs. 1 Nr. 1 bis 3 BetrVG besteht die Schwierigkeit, daß sie sich bezüglich der Spezialitätskriterien[1061] der betrieblichen, fachlichen, persönlichen und räumlichen Nähe schwer miteinander vergleichen lassen. Gleiches gilt für die Art der erfaßten Betriebe und die Berufe der organisierten Arbeitnehmer. Zudem ist das Spezialitätsprinzip genaugenommen ein Ordnungsgrundsatz, der nach richtigem Verständnis nur bei Identität des Normgebers Anwendung finden kann.[1062]

Gegen die Anwendung des Kriteriums der Anzahl der tarifgebundenen Arbeitnehmer[1063] sprechen die tarifrechtlichen Besonderheiten betriebsver-

---

1058 Siehe die Nachweise vorstehend Fn. 910.

1059 Vgl. die Begründung zum RegE, BT-Drucks. 14/5741, S. 33.

1060 Vgl. die Kritik von *A. Hueck/Nipperdey*, Arbeitsrecht II/1, § 33 III 4 c) [S. 651 Fn. 40]; *Jacobs*, Tarifeinheit, S. 262.

1061 Siehe unter anderem BAG 26.10.1983 AP Nr. 3 zu § 3 TVG; BAG 14.6.1989 AP Nr. 16 zu § 4 TVG Tarifkonkurrenz; BAG 5.9.1990 AP Nr. 19 zu § 4 TVG Tarifkonkurrenz; BAG 20.3.1991 AP Nr. 20 zu § 4 TVG Tarifkonkurrenz; BAG 26.1.1994 AP Nr. 22 zu § 4 TVG Tarifkonkurrenz; *Dörner* in: HzA, Gruppe 18/1, Rn. 261; *Gamillscheg*, Kollektives Arbeitsrecht, § 17 III 3 c) (3) [S. 755 f.]; *Rieble* in: Löwisch/Rieble, § 4 TVG Rn. 288; *Schaub* in: ders., Arbeitsrechts-Handbuch, § 203 Rn. 58; *A. Stein*, Tarifvertragsrecht, Rn. 276 f.; *Wank* in: H. Wiedemann, § 4 TVG Rn. 289 m. w. N.

1062 *Annuß* NZA 2002, S. 290, 293; *Kempen* in: Kempen/Zachert, § 4 TVG Rn. 130; *Löwisch/Rieble* in: MüHdbArbR III, § 276 Rn. 23; *Rieble* in: Löwisch/Rieble, § 4 TVG Rn. 296; *Witzig*, Tarifeinheit, S. 84. Ähnlich *Waas*, Drittwirkungen, S. 124 f.

1063 In diesem Sinne verstanden *A. Hueck/Nipperdey*, Tarifvertragsgesetz, § 4 TVG Rn. 107 (anders aber *dies.*, Arbeitsrecht II/1, § 33 III 4 c [S. 651]) und *Nikisch*, Arbeitsrecht [1. Aufl.], § 47 IX 5 [S. 338]; *ders.*, Arbeitsrecht II, § 86 III 6 [S. 487] das Mehrheitsprinzip. Siehe auch *Däubler*, Tarifvertragsgesetz, Rn. 1492; *Witzig*, Tarifeinheit, S. 103.

fassungsrechtlicher Normen.[1064] Gem. § 3 Abs. 2 TVG ist für die unmittelbare und zwingende Geltung eines solchen Tarifvertrages ausschließlich die Tarifgebundenheit des Arbeitgebers entscheidend; die Tarifgebundenheit der Arbeitnehmer ist ohne Relevanz.[1065] Es ist denkbar, daß zwei im Betrieb grundsätzlich anwendbare Organisationstarifverträge konkurrieren und kein einziger Arbeitnehmer Mitglied in einer der tarifschließenden Gewerkschaften ist.[1066] Da bei betriebsverfassungsrechtlichen Normen der Tarifgebundenheit des einzelnen Arbeitnehmers keine Bedeutung für die Geltung des Tarifvertrages zukommt, könnte sie in der Konsequenz kein taugliches Kriterium zur Lösung einer Tarifkonkurrenz sein.[1067] Darüber hinaus ist der Anwendungsbereich der Organisationstarifverträge zumeist nicht auf den Betrieb beschränkt. Der Organisationsgrad der Gewerkschaften kann aber in den betroffenen Betrieben variieren. Auch müssen die Grenzen der tarifvertraglich geschaffenen Organisationseinheiten nicht zwangsläufig mit den Betriebsgrenzen übereinstimmen.

Dennoch vermag das Kriterium der mitgliedschaftlichen Repräsentation das Problem der Tarifkonkurrenz zu lösen. Hierzu ist jedoch die Wahl eines anderen Ausgangspunktes notwendig. Der Grund für die Unzulänglichkeiten der oben dargestellten Kollisionsregeln liegt darin begründet, daß sie an Inhalt und Geltungsumfang der konkurrierenden Tarifverträge anknüpfen.[1068] Grundsätzlich haben die Normen dieser Tarifverträge aber einen gleichrangigen Geltungsanspruch. Ein Geltungsvorrang kann nur anerkannt werden, wenn aufgrund der unterschiedlichen normativen Regelungen desselben Arbeitsverhältnisses eine unauflösbare Konkurrenz besteht. Bei Tarifverträgen nach § 3 Abs. 1 BetrVG ist das aufgrund des § 3 Abs. 2 TVG der Fall.[1069] An letzterer Norm hat daher die Konkurrenzlösung anzusetzen. Von mehreren konkurrierenden Organisationstarifverträgen setzt sich derjenige durch, dessen Gewerkschaft die *stärkere* Normsetzungskompetenz für sich in Anspruch

---

1064 *A. Hueck/Nipperdey*, Arbeitsrecht II/1, § 33 III 4 c) [S. 651]; anders aber *Jacobs*, Tarifeinheit, S. 309, 314.

1065 So auch *Annuß* NZA 2002, S. 290, 293.

1066 Ob die Tarifbindung des § 3 Abs. 2 TVG nur die Tarifzuständigkeit der Gewerkschaft voraussetzt oder nicht wenigstens die Repräsentation durch ein Mitglied im Betrieb erfordert, ist strittig. Siehe dazu BAG 5.9.1990 AP Nr. 19 zu § 4 TVG Tarifkonkurrenz; BAG 20.3.1991 AP Nr. 20 zu § 4 TVG Tarifkonkurrenz; *Giesen*, Tarifvertragliche Rechtsgestaltung, S. 518 ff.; *Oetker* in: H. Wiedemann, § 3 TVG Rn. 130 m. w. N.

1067 So die Schlußfolgerung von *Annuß* NZA 2002, S. 290, 293.

1068 Vgl. *Rieble* in: Löwisch/Rieble, § 4 TVG Rn. 296; *Löwisch/Rieble* in: MüHdbArbR III, § 276 Rn. 23. In diese Richtung bereits *Nikisch*, Arbeitsrecht II, § 86 III 6 [S. 487].

1069 Vgl. bereits vorstehend S. 217 f.

nehmen kann.[1070] Die „Stärke" der Normsetzungskompetenz bestimmt sich dabei nicht nach der größeren Sachnähe, da sich diese nur in den wenigsten Fällen anhand qualitativer Kriterien hinreichend konkretisieren und gewichten läßt.[1071] Vorrangig ist vielmehr das formale Kriterium der mitgliedschaftlichen Repräsentation.[1072] Hierüber kann seitens der Gewerkschaften eine zuverlässige Aussage getroffen werden. Die Ermittlung des vorrangigen Tarifvertrages anhand der Anzahl mitgliedschaftlich organisierter Arbeitnehmer gibt allen Beteiligten Rechtssicherheit. Einen Rückschluß auf die „Stärke" der Normsetzungskompetenz erlaubt dieses quantitative Element insoweit, als einiges dafür spricht, daß sich die Arbeitnehmer bei der Gewerkschaft organisieren, die für ihre Arbeitsverhältnisse die größere Sachkompetenz besitzt.[1073] Konkurrieren Organisationstarifverträge zweier Gewerkschaften, die jeweils eine gleiche Anzahl von Arbeitnehmern auf sich vereinigen können, ist hilfsweise die Sachnähe als Entscheidungsmaßstab heranzuziehen. Es setzt sich der Tarifvertrag derjenigen Gewerkschaft durch, die nach den Berufen der bei ihr organisierten Mitglieder und nach der Art der erfaßten Betriebe die stärkere Normsetzungskompetenz besitzt. Gleiches gilt, wenn kein einziger Arbeitnehmer Mitglied in einer der tarifschließenden Gewerkschaften ist.

III. Der Einzugsbereich der stärkeren Normsetzungskompetenz

Die Konkurrenz zweier Organisationstarifverträge ist nach der stärkeren Normsetzungskompetenz zu entscheiden, die die Gewerkschaft mit der größeren Anzahl der Mitglieder für sich in Anspruch nehmen kann. Nunmehr fragt es sich, für welchen Einzugsbereich dies zu bestimmen ist. Je nachdem, ob hierbei auf den Betrieb, das Unternehmen, den Konzern oder den Geltungsbereich der Tarifverträge abzustellen ist, kann eine andere Gewerkschaft die stärkere Normsetzungskompetenz besitzen. Betriebsverfassungsrechtliche Normen sind grundsätzlich auf eine einheitliche Geltung im Betrieb angelegt.[1074] Aufgrund dessen ist es nachvollziehbar, daß das Mehrheitsprinzip typischerweise

---

1070 So im Ergebnis bereits *Nikisch*, Arbeitsrecht [1. Aufl.], § 47 IX 5 [S. 338]. Vgl. auch *Rieble* in: Löwisch/Rieble, § 4 TVG Rn. 303 (zu Betriebsnormen).

1071 Siehe zur Kritik vorstehend S. 223 f.

1072 So auch *Hohenstatt/Dzida* DB 2001, S. 2498, 2500; *Löwisch/Rieble* in: MüHdbArbR III, § 276 Rn. 29; *Rieble* in: Löwisch/Rieble, § 4 TVG Rn. 303; *Trümner* in: Däubler/Kittner/Klebe, § 3 BetrVG Rn. 157. Im Ergebnis ebenso die Vertreter des Mehrheitsprinzips, vgl. die Nachweise vorstehend Fn. 1039 sowie *Friese* ZfA 2003, S. 237, 278. *Friese* stellt zwar auf die größere Sachnähe ab, kommt aber wegen der Schwierigkeiten der Ermittlung im Einzelfall nicht umhin, „im Zweifel" nach der Mitgliederzahl zu entscheiden. Ähnlich *Nikisch*, Arbeitsrecht II, § 86 III 6 [S. 487].

1073 *Friese* ZfA 2003, S. 237, 278.

1074 Vgl. BAG 26.4.1990 AP Nr. 57 zu Art. 9 GG zu den insoweit vergleichbaren betrieblichen Tarifnormen. Weiterhin *Jacobs*, Tarifeinheit, S. 109.

betriebsbezogen angewendet wird. Tarifverträge nach § 3 Abs. 1 Nr. 1 bis 3 BetrVG gehen darüber hinaus. Durch sie sollen die betriebsverfassungsrechtlichen Organisationseinheiten an die unternehmensspezifischen Erfordernisse angepaßt werden.[1075] Zudem ergibt der Wortlaut der Nr. 1 bis 3, daß sie nahezu ausnahmslos auf eine überbetriebliche Regelung angelegt sind.

Hohenstatt/Dzida[1076] wollen eine Tarifkonkurrenz dadurch vermeiden, daß ein entsprechender Tarifvertrag von vornherein nur mit allen im Unternehmen oder Konzern vertretenen Gewerkschaften oder nur mit der Gewerkschaft, die die größte mitgliedschaftliche Legitimation besitzt, abgeschlossen werden soll. Diese Vorgehensweise umgeht das Problem der Tarifkonkurrenz allerdings nur, ohne es wirklich zu lösen. *Däubler*[1077], *Kaiser/Heither/Engels/Ingrid Schmidt*[1078] und *Trümner*[1079] halten den Tarifvertrag derjenigen Gewerkschaft für vorrangig, die die meisten Mitglieder im Geltungsbereich des Tarifvertrages hat. *Rieble*[1080] verlangt vom vorrangigen Tarifvertrag die Mitgliedermehrheit in jedem einzelnen betroffenen Betrieb. Werde dem keiner der Konkurrenten gerecht, setze sich kein Tarifvertrag durch und eine abweichende Organisationsstruktur scheitere. *Stege/Weinspach/Schiefer*[1081] stellen auf die größere Mitgliederzahl im „Deckungsbereich des Tarifvertrages" ab. Nach *Friese*[1082] hängt die Bezugsgröße von dem jeweiligen Regelungsgegenstand ab. Sei dieser wie bei § 3 Abs. 1 Nr. 1 bis 3 BetrVG zwangsläufig auf eine überbetriebliche Regelung angelegt, beziehe sich die Sachnähe bzw. die Anzahl der Gewerkschaftsmitglieder auf das Unternehmen. Im Fall der Tarifkonkurrenz setze sich der Tarifvertrag der Gewerkschaft mit der größten Mitgliederzahl im Unternehmen durch, unabhängig davon, ob er in seinem betrieblichen Geltungsbereich tatsächlich mehr Arbeitsverhältnisse aufgrund mitgliedschaftlicher Legitimation erfasse.

Gegen die Bestimmung der größeren Anzahl der Gewerkschaftsmitglieder anhand des Geltungsbereiches des Tarifvertrages bestehen zwei Einwände. Zum einen steht zu befürchten, daß die Tarifvertragsparteien versuchen werden, das Ergebnis der Tarifkonkurrenz durch eine Erweiterung des betrieblichen

---

1075 So die Begründung zum RegE, BT-Drucks. 14/5741, S. 25 f., 33.

1076 *Hohenstatt/Dzida* DB 2001, S. 2498, 2501.

1077 *Däubler* ArbuR 2001, S. 285, 288.

1078 *Fitting* § 3 BetrVG Rn. 15.

1079 *Trümner* in: Däubler/Kittner/Klebe, § 3 BetrVG Rn. 157.

1080 *Rieble*, RWS-Forum Arbeitsrecht 2001, S. 25, 42.

1081 *Stege/Weinspach/Schiefer* § 3 BetrVG Rn. 14.

1082 *Friese* ZfA 2003, S. 237, 278.

Geltungsbereiches des Tarifvertrages in ihrem Sinne zu beeinflussen.[1083] Zum anderen läßt sich der Fall nicht befriedigend lösen, daß die Geltungsbereiche der Tarifverträge nicht identisch sind, sondern sich nur überschneiden. Welcher Tarifvertrag soll z. B. vorrangig sein, wenn einerseits die Betriebe A, B, C und D, andererseits die Betriebe D, E, F und G eines Unternehmens zusammengefaßt werden sollen? Der erste Einwand kann ausgeräumt werden, wenn mit *Rieble* die Mehrheit in jedem einzelnen Betrieb gefordert wird. Dann kommt es auf den betrieblichen Geltungsbereich des Tarifvertrages nicht an. Keine befriedigende Lösung wird hiermit erreicht, wenn sich die Geltungsbereiche der konkurrierenden Tarifverträge nur überschneiden. Ob dann die Mehrheit in allen von den konkurrierenden Tarifverträgen überhaupt erfaßten Betrieben oder in den von allen konkurrierenden Tarifverträgen gleichermaßen betroffenen Betrieben entscheidend sein soll, vermag nicht sicher beurteilt zu werden. Sowohl dem ersten als auch dem zweiten Einwand wird Rechnung getragen, wenn auf die Anzahl der im Unternehmen mitgliedschaftlich gebundenen Arbeitnehmer abgestellt wird, ohne daß der vorrangige Tarifvertrag tatsächlich mehr Arbeitsverhältnisse mit gewerkschaftlicher Bindung erfassen muß.[1084] Eine beliebige Ausweitung des betrieblichen Geltungsbereiches ist nicht zu befürchten, weil das Unternehmen als Bezugsgröße fix ist. Überschneiden sich die Regelungsbereiche der konkurrierenden Tarifverträge nur, ist dies unproblematisch, weil hiervon abstrahiert und auf die Mitgliederzahl im Unternehmen abgestellt wird.

Allerdings werden damit keineswegs alle in der Praxis denkbaren Konstellationen befriedigend gelöst. Insbesondere bei § 3 Abs. 1 Nr. 2, 3 BetrVG sind Organisationsregelungen zulässig, die zwangsläufig unternehmensübergreifend sind. Ist die Anzahl der Gewerkschaftsmitglieder im Unternehmen maßgebend, liefert dies keinen Entscheidungsmaßstab, wenn Organisationsstrukturen konzernweit geändert werden. Hier kann in einigen Unternehmen die Gewerkschaft A, in anderen Unternehmen dagegen die Gewerkschaft B mitgliedschaftlich stärker vertreten sein. Als Bezugsgröße kommt für diese Fälle nur der Konzern in Betracht.[1085] Dagegen könnte zwar eingewandt werden, daß Tarifverträge stets mit dem bzw. den Unternehmensträgern oder ihren Verbänden abzuschließen sind. Eine Regelungskompetenz des Konzerns bzw. des herrschenden Konzernunternehmens für die konzernangehörigen Unternehmen besteht nicht.[1086] Dies schließt es aber keineswegs aus, für die Ermittlung der Anzahl der

---

1083 *Jacobs*, Tarifeinheit, S. 309. In diese Richtung auch *Rieble*, RWS-Forum Arbeitsrecht 2001, S. 25, 42.

1084 So die Lösung von *Friese* ZfA 2003, S. 237, 279.

1085 Hiergegen *Friese* ZfA 2003, S. 237, 279 Fn. 191.

1086 Vgl. hierzu vorstehend S. 194 ff.

Gewerkschaftsmitglieder auf den Konzern abzustellen. Das eine ist von dem anderen zu unterscheiden. Beschränken sich alle konkurrierenden Tarifverträge auf ein Unternehmen des Konzerns (namentlich bei § 3 Abs. 1 Nr. 1 BetrVG), verbleibt es im Sinne der Belegschaftsnähe bei dem Unternehmen als Bezugsgröße.

D. Ergebnis

Die Konkurrenz organisationsrechtlicher Tarifverträge nach § 3 Abs. 1 Nr. 1 bis 3 BetrVG ist nach dem Prinzip der stärkeren Normsetzungskompetenz zu lösen. Es gebührt dem Tarifvertrag derjenigen Gewerkschaft der Vorrang, die die größere Anzahl mitgliedschaftlich gebundener Arbeitnehmer auf sich vereinigen kann. Bezugsgröße ist hierbei der Konzern. Beschränkt sich der Geltungsbereich aller konkurrierenden Tarifverträge auf dasselbe Unternehmen, ist Bezugsgröße das Unternehmen. Zu ermitteln ist, welche Gewerkschaft im Konzern (bzw. im Unternehmen) mehr Arbeitnehmer aufgrund mitgliedschaftlicher Legitimation repräsentiert, unabhängig davon, ob durch ihren Tarifvertrag tatsächlich mehr Koalitionsmitglieder betroffen sind. Ist beispielsweise für einen Konzern mit vier Konzernunternehmen durch den Tarifvertrag 1 eine spartenbezogene Betriebsverfassungsstruktur (§ 3 Abs. 1 Nr. 2 BetrVG) in den Unternehmen A, B und C vorgesehen, durch den Tarifvertrag 2 dagegen eine andere Arbeitnehmervertretungsstruktur (§ 3 Abs. 1 Nr. 3 BetrVG) in den Unternehmen C und D, setzt sich der Tarifvertrag durch, dessen Regelungspartei mehr Mitglieder im Konzern hat, unabhängig davon, ob durch diesen Tarifvertrag tatsächlich mehr Arbeitsverhältnisse mit mitgliedschaftlicher Legitimation erfaßt werden. Gleiches gilt, wenn durch den Tarifvertrag 2 im Konzernunternehmen C ein unternehmenseinheitlicher Betriebsrat (§ 3 Abs. 1 Nr. 1a BetrVG) errichtet werden soll.[1087] Bezieht sich die spartenbezogene betriebsverfassungsrechtliche Organisationsstruktur des Tarifvertrages 1 dagegen ausschließlich auf das Unternehmen A und sieht der Tarifvertrag 2 nur für dieses Unternehmen den unternehmenseinheitlichen Betriebsrat vor, ist die Mitgliederzahl im Unternehmen A entscheidend.

§ 10 Der Organisationstarifvertrag nach § 3 Abs. 1 BetrVG als Ziel eines Arbeitskampfes

Abschließend soll der Frage nachgegangen werden, ob ein Organisationstarifvertrag nach § 3 Abs. 1 BetrVG Gegenstand eines rechtmäßigen Arbeitskampfes sein kann. Diesem Problem kommt insofern große Bedeutung zu, als der Arbeitskampf das wichtigste und von der

---

1087 Etwas anderes gilt, wenn sich der Tarifvertrag 1 nach § 3 Abs. 1 Nr. 2 BetrVG auf die Konzernunternehmen A, B und C, der Tarifvertrag 2 nach § 3 Abs. 1 Nr. 1a BetrVG auf das Konzernunternehmen D beschränkt. Hier liegt kein Konkurrenzfall vor und beide Tarifverträge sind uneingeschränkt anzuwenden.

Verfassung durch Art. 9 Abs. 3 Satz 1 GG garantierte Mittel der Gewerkschaften ist, um ihre Forderungen gegenüber der Arbeitgeberseite notfalls mit Zwang durchzusetzen. Würde den Gewerkschaften der Arbeitskampf verwehrt, wäre ihr Streben nach Wahrung und Förderung der Arbeits- und Wirtschaftsbedingungen in vielen Fällen nicht viel mehr als das oft zitierte „kollektive Betteln“[1088]. Ob dies im Bereich des Organisationsrechts der Betriebsverfassung in gleichem Maße zutrifft, ist umstritten.

A. 1. Ansicht – Rechtmäßigkeit des Streiks

Einer Ansicht[1089] zufolge ist der Streik um einen Organisationstarifvertrag nach § 3 Abs. 1 BetrVG rechtmäßig. Aus der Betriebsverfassung selbst ergebe sich keinerlei Beschränkung für einen solchen Arbeitskampf. Gem. § 74 Abs. 2 Satz 1 2. HS BetrVG werden Arbeitskämpfe tariffähiger Parteien durch das betriebliche Arbeitskampfverbot des § 74 Abs. 2 Satz 1 1. HS BetrVG nicht berührt. Dies gelte für alle nach § 1 Abs. 1 TVG tariflich regelbaren Ziele und damit auch für betriebsverfassungsrechtliche Normen.[1090] Im übrigen unterliege der Arbeitskampf um einen solchen Tarifvertrag den gleichen Rechtmäßigkeitsvoraussetzungen wie ein Arbeitskampf um einen sonstigen

---

1088 BAG 10.6.1980 AP Nr. 64 zu Art. 9 GG Arbeitskampf; BAG 12.9.1984 AP Nr. 81 zu Art. 9 GG Arbeitskampf.

1089 *Dachrodt/Engelbert* § 3 BetrVG Rn. 10; *Eisemann* in: ErfK, § 3 BetrVG Rn. 2; *Fitting* § 3 BetrVG Rn. 17; auch schon die Vorauflage, vgl. *Fitting* [20. Aufl.] § 3 BetrVG Rn. 11; *Konzen* RdA 2001, S. 76, 86; *Plander* NZA 2002, S. 483, 488; *Trümner* in: Däubler/Kittner/Klebe, § 3 BetrVG Rn. 6, 154 f.; so schon die Vorauflage, vgl. *ders.* in: Däubler/Kittner/Klebe [7. Aufl.], § 3 BetrVG Rn. 5; *ders.* JbArbR 36 (1999), S. 59, 72; *Weyand*, Tarifvertragliche Mitbestimmung, S. 154 f. (allgemein zu betriebsverfassungsrechtlichen Normen); *H. Wißmann* AiB 2000, S. 321, 322. Wohl auch *Picker* RdA 2001, Sonderbeilage Heft 4, S. 257, 278; *Wiedenfels* AuA 2000, S. 318, 321. Im Grundsatz auch *Annuß* NZA 2002, S. 290, 294; *Richardi* in: ders., § 3 BetrVG Rn. 39; *Richardi*, Neue Betriebsverfassung, § 3 Rn. 25. Ebenso *Däubler* ArbuR 2001, S. 285, 288; anders aber *ders.* GMH 2001, S. 212, 217, der die „Streikfähigkeit“ verneint, wobei nicht klar wird, ob hiermit die Rechtswidrigkeit des Streiks oder die mangelnde Bereitschaft der Arbeitnehmer zum Streik gemeint ist. Auch *Giesen*, Tarifvertragliche Rechtsgestaltung, S. 563 bejaht die Erstreikbarkeit von Tarifnormen nach § 3 BetrVG, mißt dem Meinungsstreit aber keine große Bedeutung bei, weil seiner Ansicht nach § 3 Abs. 1 Nr. 1-3 BetrVG verfassungswidrig sind.

1090 *Brox* in: Brox/Rüthers, Arbeitskampfrecht, Rn. 411; *Kreutz* in: GK-BetrVG II, § 74 BetrVG Rn. 43 f.; *Löwisch/Rumler* in: Löwisch, Arbeitskampfrecht, 170.4 Rn. 6. Auch *Schumann* in: Däubler, Arbeitskampfrecht, Rn. 185 f., der die Regelungsbefugnisse der Tarifvertragsparteien auch auf betriebliche und betriebsverfassungsrechtliche Fragen bezieht, §§ 1, 3 Abs. 2 TVG, sich dann aber nur auf die der Mitbestimmung unterliegenden Fragen konzentriert. Nicht ganz eindeutig *Biedenkopf*, Grenzen der Tarifautonomie, S. 314, der u. U. eine Umgehung der betrieblichen Friedenspflicht bejaht.

Tarifvertrag.[1091] Demnach könne Ziel eines Arbeitskampfes jede Vereinbarung sein, die tariflich regelbar sei. Eine Beschränkung des Streikrechts auf materielle Arbeitsbedingungen bestehe nach geltendem Recht nicht.[1092] Außerdem sei durch die Reform des Betriebsverfassungsgesetzes das staatliche Zustimmungserfordernis des § 3 Abs. 2 BetrVG a. F. entfallen, was eine Besonderheit der Organisationstarifverträge im Vergleich zu sonstigen Tarifverträgen darstellte und daher ein Argument für die Rechtswidrigkeit[1093] des Arbeitskampfes im Bereich der Organisation der Betriebsverfassung war.[1094]

Richardi[1095] erhebt allerdings gerade aus dem Grund des Entfallens des staatlichen Zustimmungserfordernisses Bedenken gegen einen Arbeitskampf. Er bejaht zwar im Grundsatz die Möglichkeit, einen Tarifvertrag nach § 3 Abs. 1 BetrVG zu erstreiken.[1096] Da aber die Tarifvertragsparteien nicht im Rahmen ihrer Tarifautonomie gem. Art. 9 Abs. 3 Satz 1 GG tätig würden, verstößt seiner Meinung nach ein Arbeitskampf gegen das ultima ratio-Gebot; denn wenn keine Einigung erzielt würde, bliebe es bei der gesetzlichen („Auffang"-) Regelung.[1097] Nach *Konzen*[1098] ist das Schweigen des Gesetzgebers zur Frage der Erstreikbarkeit ein beredtes. Da es der bislang herrschenden Ansicht entspreche, daß ein Organisationstarifvertrag das Ziel eines Arbeitskampfes sein kann, konnte der Gesetzgeber auf eine ausdrückliche Regelung verzichten. Durch den Wegfall des staatlichen Genehmigungserfordernisses werde die Rechtmäßigkeit des Arbeitskampfes zudem bestätigt.[1099] *Wiedenfels*[1100] sieht in der Erstreikbarkeit organisationsrechtlicher Regelungen den geringeren Eingriff in die Grundrechte des Arbeitgebers aus Art. 2 und 14 GG im Vergleich zu einem Streik um Lohnansprüche und den damit verbundenen wirtschaftlichen

---

1091 *Däubler* ArbuR 2001, S. 285, 288; *Trümner* in: Däubler/Kittner/Klebe, § 3 BetrVG Rn. 155; *ders.* JbArbR 36 (1999), S. 59, 72. So bereits *Fitting* [20. Aufl.] § 3 BetrVG Rn. 11.

1092 *Fitting* § 3 BetrVG Rn. 17.

1093 Vgl. z. B. *Trümner* in: Däubler/Kittner/Klebe [7. Aufl.], § 3 BetrVG Rn. 70 ff., der aber den Gewerkschaften bei einer Verweigerung der Zustimmung Vertrauensschutz gewährt, wenn sie auf die Erteilung der Zustimmung vertrauen konnten.

1094 *Däubler* ArbuR 2001, S. 285, 288; *Trümner* in: Däubler/Kittner/Klebe, § 3 BetrVG Rn. 154.

1095 *Richardi* in: ders., § 3 BetrVG Rn. 39.

1096 *Richardi* in: ders., § 3 BetrVG Rn. 39. Ebenso *Richardi*, Neue Betriebsverfassung, § 3 Rn. 25.

1097 *Richardi* in: ders., § 3 BetrVG Rn. 39.

1098 *Konzen* RdA 2001, S. 76, 86.

1099 *Ders.* RdA 2001, S. 76, 86.

1100 *Wiedenfels* AuA 2000, S. 318, 321.

Einbußen. Sei daher letzterer unzweifelhaft rechtmäßig, müsse dies erst recht ein Streik um einen Organisationstarifvertrag sein.

B. 2. Ansicht – Rechtswidrigkeit des Streiks

Die Vertreter der Gegenansicht[1101] nehmen den Standpunkt ein, daß der Streik um einen Organisationstarifvertrag rechtswidrig ist. Methodisch sei daher (zumindest für § 3 Abs. 1 Nr. 3 BetrVG) eine verfassungskonforme restriktive Auslegung vorzunehmen.[1102] Die These „Alles, was tariflich regelbar ist, ist auch erstreikbar", sei verfassungsrechtlich nicht vorgegeben.[1103] Es müsse daher zwischen tariflich regelbaren und streikfähigen sowie tariflich regelbaren und nicht streikfähigen Regelungszielen unterschieden werden.[1104] Außerdem sei die Tarifautonomie des Art. 9 Abs. 3 Satz 1 GG nicht berührt, weil sich die Tarifvertragsparteien in § 3 BetrVG außerhalb ihrer tarifautonomen Zuständigkeiten bewegen.[1105] Auch das Argument des „kollektiven Bettelns" bei Ausschluß eines Arbeitskampfes greife nicht durch, da Tarifverträge gem. § 3 BetrVG keine materiellen Arbeitsbedingungen beinhalten.[1106]

Nach *Franzen*[1107] sind Fragen der Organisation der Betriebsverfassung eine Domäne des Gesetzgebers. Durch die Erweiterung der Tatbestände des § 3 BetrVG wollte der Gesetzgeber dem gestiegenen Bedürfnis nach *einvernehmlichen*, abweichend vom Gesetz zugeschnittenen

---

1101 *Buchner* DB 2001, Beilage Nr. 9, S. 1, 12; *ders.* NZA 2001, S. 633, 635; *Eich*, FS Weinspach, S. 17, 23; *Franzen* ZfA 2000, S. 285, 297; *Hohenstatt/Dzida* DB 2001, S. 2498, 2501; *Kort* Die AG 2003, S. 13, 24; *Kraft* in: GK-BetrVG I, § 3 BetrVG Rn. 23; *Reichold* NZA 2001, S. 857, 859; *ders.* NZA 2001, Sonderbeilage Heft 24, S. 32, 35; *Stege/Weinspach/Schiefer* § 3 BetrVG Rn. 11 f. Wohl auch *Dimitriadis/Ilbertz/Kallenberg/u. a.* ZBVR 2001, S. 170, 173: „(*einvernehmliche*) flexible Regelung"; *Hensche* AiB 2001, S. 120, 121: „kaum streikfähig"; *Wassermann* Mitbestimmung 2001, Heft 10, S. 60, 62: „maßgeschneiderte Lösungen nur möglich, wo sich Arbeitgeber- und Arbeitnehmerseite einig sind". Siehe auch die Vorbehalte der Kommission Mitbestimmung, Mitbestimmung und neue Unternehmenskulturen, S. 115.

1102 *Reichold* NZA 2001, S. 857, 859; *ders.* NZA 2001, Sonderbeilage Heft 24, S. 32, 35.

1103 *Franzen* ZfA 2000, S. 285, 297.

1104 *Eich*, FS Weinspach, S. 17, 24; *Hohenstatt/Dzida* DB 2001, S. 2498, 2501; *Reichold* NZA 2001, S. 857, 859; *ders.* NZA 2001, Sonderbeilage Heft 24, S. 32, 35. Vgl. auch *H. Otto* in: MüHdbArbR III, § 285 Rn. 12 ff. sowie *Stege/Weinspach/Schiefer* § 3 BetrVG Rn. 11 mit weiteren Beispielen.

1105 *Franzen* ZfA 2000, S. 285, 297; *Hohenstatt/Dzida* DB 2001, S. 2498, 2501; *Stege/Weinspach/Schiefer* § 3 BetrVG Rn. 12.

1106 *Franzen* ZfA 2000, S. 285, 297; *Reichold* NZA 2001, S. 857, 859; *ders.* NZA 2001, Sonderbeilage Heft 24, S. 32, 35.

1107 *Franzen* ZfA 2000, S. 285, 297.

Organisationsformen nachkommen, nicht aber eine Erweiterung der Arbeitskampfmöglichkeiten erreichen.[1108] Außerdem sei ein Arbeitskampf überflüssig, da das Betriebsverfassungsgesetz als subsidiär geltende und grundsätzlich angemessene Regelung zur Verfügung stehe.[1109]

C. Stellungnahme

I. Das historische Argument des staatlichen Genehmigungsvorbehalts des § 3 Abs. 2 BetrVG a. F.

Bei der Streitentscheidung für oder gegen die Rechtmäßigkeit eines Streiks um einen Organisationstarifvertrag soll zunächst als richtig unterstellt werden, daß ein derartiger Streik rechtswidrig ist. Diese Ansicht konnte unter der Geltung des § 3 BetrVG a. F. die Notwendigkeit der staatlichen Zustimmung für sich in Anspruch nehmen. Aufgrund des staatlichen Zustimmungserfordernisses stand es nicht in der alleinigen Macht der Arbeitgeberseite, den Tarifvertrag abzuschließen.[1110] Nach der herrschenden Ansicht ist ein Arbeitskampf aber nur rechtmäßig, wenn er um ein von der Gegenseite (allein) erfüllbares Ziel geführt wird.[1111] Im Zuge der Novellierung des Betriebsverfassungsrechts hat es der Gesetzgeber unterlassen, in § 3 BetrVG zur Zulässigkeit eines Arbeitskampfes ausdrücklich Stellung zu nehmen. Allerdings wurde das staatliche Zustimmungserfordernis des § 3 Abs. 2 BetrVG a. F. abgeschafft. Zwar kann das Schweigen des Gesetzgebers, entgegen *Konzen*[1112], nicht als beredtes für die Rechtmäßigkeit herangezogen werden, denn auch zu § 3 Abs. 1 BetrVG a. F. wurde die Ansicht vertreten, ein Arbeitskampf sei rechtswidrig. Jedenfalls folgt aus der Nichtregelung der Zulässigkeitsfrage eines Streiks im Betriebsverfassungsgesetz kein zwingendes Argument gegen dessen Rechtmäßigkeit.

II. Das Paritätsargument

Wird der Arbeitskampf um einen Organisationstarifvertrag als rechtswidrig erachtet, wäre die Arbeitnehmerseite für den Abschluß eines Organisationstarifvertrages auf das Einvernehmen der Arbeitgeber angewiesen. Die Arbeitgeberseite hätte ein Übergewicht.[1113] Das Verlangen der Gewerkschaften nach Abschluß eines Organisationstarifvertrages wäre ein

---

1108 *Ders.* ZfA 2000, S. 285, 297.

1109 *Ders.* ZfA 2000, S. 285, 297.

1110 *Ders.* ZfA 2000, S. 285, 296.

1111 *Buchner* ZfA 1995, S. 95, 106; *Löwisch/Rieble* in: Löwisch, Arbeitskampfrecht, 170.2 Rn. 10 ff., 14 ff.; *Oetker* in: H. Wiedemann, § 2 TVG Rn. 83 ff.; *Rüthers* in: Brox/Rüthers, Arbeitskampfrecht, Rn. 135.

1112 *Konzen* RdA 2001, S. 76, 86.

1113 *Konzen* RdA 2001, S. 76, 86; *Picker* RdA 2001, Sonderbeilage Heft 4, S. 257, 278.

„kollektives Betteln“[1114]. Wird dagegen die Erstreikbarkeit eines Organisationstarifvertrages mit der Begründung bejaht, es handele sich um ein tarifvertraglich regelbares Ziel, scheint der Arbeitnehmerseite ein Übergewicht zuzukommen.[1115] Sie hat es in der Hand, den Arbeitgeber durch Maßnahmen des Arbeitskampfes unter Druck zu setzen und ihn bzw. den Arbeitgeberverband hierdurch zu einem Tarifvertragsabschluß zu bewegen. Dies ist allerdings keine Besonderheit des Arbeitskampfes mit dem Ziel eines Organisationstarifvertrages. Es ist im Gegenteil gerade charakteristisch für das Arbeitskampfrecht, daß der Arbeitnehmerseite mit dem Streik ein Mittel an die Hand gegeben wird, mit dem sie ihre Forderungen notfalls zwangsweise durchsetzen kann und nicht auf ein „kollektives Betteln“ angewiesen ist. Um eine Störung der Kampfparität zu vermeiden, wird den Arbeitgebern im Gegenzug insbesondere das Recht zur Aussperrung zugestanden, mit dem sie in den Grenzen der Verhältnismäßigkeit (sog. „Aussperrungsarithmetik“)[1116] auf einen Streik reagieren können. Festzuhalten bleibt, daß das mit der Bejahung der Rechtmäßigkeit eines Streiks um einen Organisationstarifvertrag der Arbeitnehmerseite (zunächst) zukommende Übergewicht der Typik des Arbeitskampfrechts entspricht. Aus dem Umstand, daß Organisationstarifverträge in der überwiegenden Anzahl als Firmentarifverträge abgeschlossen werden,[1117] folgt nichts Abweichendes. Wie § 2 Abs. 1 TVG zeigt, ist der einzelne Arbeitgeber tariffähig und kann von der Gewerkschaft bestreikt werden. Der Umstand, daß der einzelne Arbeitgeber im konkreten Fall nicht ebenso stark wie ein Arbeitgeberverband ist, kann und muß im Rahmen der Verhältnismäßigkeit des Arbeitskampfes Berücksichtigung finden. Er rechtfertigt aber keine Untersagung des Streikrechts von vornherein.

III. Das Argument des betriebsverfassungsrechtlichen Arbeitskampfverbots

Ein Argument gegen die Rechtmäßigkeit des Streiks um einen Tarifvertrag, der die Organisation der Betriebsverfassung regeln soll, könnte aus § 74 Abs. 2 BetrVG folgen. Nach § 74 Abs. 2 Satz 1 1. HS BetrVG sind Arbeitskampfmaßnahmen zwischen den Betriebsparteien, unter anderem wenn es sich um Streitigkeiten auf dem Gebiet des Betriebsverfassungsrechts handelt, unzulässig. Dieses Arbeitskampfverbot könnte erweiternd in dem Sinne

---

1114 BAG 10.6.1980 AP Nr. 64 zu Art. 9 GG Arbeitskampf; BAG 12.9.1984 AP Nr. 81 zu Art. 9 GG Arbeitskampf.

1115 So *Konzen* RdA 2001, S. 76, 86; *Picker* RdA 2001, Sonderbeilage Heft 4, S. 257, 278.

1116 Vgl. hierzu grundlegend BAG 10.6.1980 AP Nr. 64 zu Art. 9 GG Arbeitskampf; BAG 10.6.1980 AP Nr. 65 zu Art. 9 GG Arbeitskampf; *Kissel*, Arbeitskampfrecht, § 53 Rn. 3 ff.; *H. Otto* in: MüHdbArbR III, § 285 Rn. 164 ff.

1117 Siehe die Nachweise vorstehend Fn. 910.

auszulegen sein, daß jedwede Arbeitskämpfe um betriebsverfassungsrechtliche Fragen unzulässig sind, unabhängig davon, wer die Arbeitskampfmaßnahme durchführt.[1118] Die Regelung des § 74 Abs. 2 Satz 1 1. HS BetrVG ist Teil der betrieblichen Friedenspflicht[1119] und damit eine Konkretisierung sowie notwendige Konsequenz des allgemeinen Grundsatzes der vertrauensvollen Zusammenarbeit[1120]. Diesem Gebot unterliegen auch die Gewerkschaften, soweit sie betriebsverfassungsrechtliche Aufgaben wahrnehmen, § 2 Abs. 1 BetrVG.[1121] Allerdings bestimmt § 74 Abs. 2 Satz 1 2. HS BetrVG ausdrücklich, daß Arbeitskämpfe tariffähiger Vereinigungen nicht berührt werden. Somit differenziert das Betriebsverfassungsgesetz nach den Parteien des Arbeitskampfes und verbietet lediglich den Betriebsparteien, in dieser Eigenschaft Arbeitskämpfe durchzuführen.[1122] Aus dem Betriebsverfassungsgesetz selbst resultieren keine Beschränkungen des Streikrechts der Koalitionen.[1123] § 74 Abs. 2 BetrVG spricht nicht gegen, sondern für die Rechtmäßigkeit des Streiks um einen Organisationstarifvertrag nach § 3 BetrVG.

1118 So *Mayer-Maly* DB 1965, S. 32, 33; *Wiedenfels* AuA 2000, S. 318, 321 („das Streikrecht [...] dem Prinzip der vertrauensvollen Zusammenarbeit unterordnen"). Auch *Hess*, Erstreikbarkeit betriebsnaher Tarifverträge, S. 161 ff., 170; die gegenteilige Ansicht vertretend *ders.* ZfA 1976, S. 45, 63.

1119 BAG 17.12.1976 AP Nr. 52 zu Art. 9 GG Arbeitskampf; *Gamillscheg*, Kollektives Arbeitsrecht, § 23 II 5 a) [S. 1123 f.]; *Heinze* DB 1982, Beilage Nr. 23, S. 1, 5; *von Hoyningen-Huene* in: MüHdbArbR III, § 301 Rn. 18; *U. Koch* in: Schaub, Arbeitsrechts-Handbuch, § 230 Rn. 12; *Kreutz* in: GK-BetrVG II, § 74 BetrVG Rn. 30; *Richardi*, Betriebsverfassung und Privatautonomie, S. 14; *Wiese* NZA 1984, S. 378, 378.

1120 *Heinze* DB 1982, Beilage Nr. 23, S. 1, 5; *von Hoyningen-Huene* in: MüHdbArbR III, § 300 Rn. 28 f., § 301 Rn. 18; *U. Koch* in: Schaub, Arbeitsrechts-Handbuch, § 215 Rn. 16, § 230 Rn. 12; *Wiese* NZA 1984, S. 378, 378.

1121 BAG 14.2.1967 AP Nr. 2 zu § 45 BetrVG; *Eisemann* in: ErfK, § 2 BetrVG Rn. 1; *U. Koch* in: Schaub, Arbeitsrechts-Handbuch, § 215 Rn. 2; *Kraft* in: GK-BetrVG I, § 2 BetrVG Rn. 12; *ders.* ZfA 1973, S. 243, 252 f.; *G. Müller* ZfA 1972, S. 213, 214, 236; *ders.* RdA 1979, S. 361, 365; *Richardi* [7. Aufl.] § 2 BetrVG Rn. 11. Weitergehend wohl *Umnuß*, Organisation der Betriebsverfassung, S. 272.

1122 So auch *Giesen*, Tarifvertragliche Rechtsgestaltung, S. 562 f.; *Hess* ZfA 1976, S. 45, 63 (entgegen seiner Ansicht in Erstreikbarkeit betriebsnaher Tarifverträge, S. 161 ff., 170); *von Hoyningen-Huene* in: MüHdbArbR III, § 301 Rn. 23. Ähnlich bereits *Biedenkopf*, Grenzen der Tarifautonomie, S. 314.

1123 Ebenso *Giesen*, Tarifvertragliche Rechtsgestaltung, S. 561 ff.; *Heinze* DB 1982, Beilage Nr. 23, S. 1, 7; *Weyand*, Tarifvertragliche Mitbestimmung, S. 154 f. (allgemein zu betriebsverfassungsrechtlichen Normen).

Die Organisation der Betriebsverfassung ist grundsätzlich zwingend[1124], so daß eine abweichende Regelung durch Tarifvertrag und damit zugleich der Streik um einen solchen unzulässig sind. In § 3 Abs. 1 BetrVG enthält das Betriebsverfassungsrecht selbst eine Ausnahme von diesem Grundsatz und läßt Modifikationen der Organisation durch Tarifvertrag zu. Im Zusammenhang mit § 74 Abs. 2 Satz 1 2. HS BetrVG, nach dem Arbeitskämpfe tariffähiger Parteien durch das betriebliche Arbeitskampfverbot nicht berührt werden, spricht dies für die Rechtmäßigkeit eines Streiks. Allerdings ist hiermit noch keine Aussage über das Vorliegen der sonstigen Rechtmäßigkeitsvoraussetzungen eines Arbeitskampfes getroffen. Fest steht zunächst nur, daß ein Arbeitskampf mit dem Ziel eines Organisationstarifvertrages nicht gegen das Betriebsverfassungsgesetz verstößt.

IV. Das arbeitskampfrechtliche Argument

Art. 9 Abs. 3 Satz 1 GG schützt den Bestand und jede koalitionsspezifische Betätigung von Vereinigungen zur Wahrung und Förderung der Arbeits- und Wirtschaftsbedingungen (Koalitionen).[1125] Insbesondere wird die Tarifautonomie gewährleistet. Diese beinhaltet das Recht der Koalitionen, die Rechtsbeziehungen ihrer Mitglieder in einem Bereich eigenverantwortlich zu regeln, in dem der Staat seine Regelungszuständigkeit weit zurückgenommen hat.[1126] Damit speziell die Koalitionen der Arbeitnehmer nicht auf ein „kollektives Betteln"[1127] angewiesen sind, müssen ihnen Mittel zur Verfügung stehen, mit denen sie ihre Forderungen notfalls zwangsweise durch

---

1124 *Beuthien* ZfA 1986, S. 131, 135; *Feichtinger*, Regelungsbefugnis der Tarifvertragsparteien, S. 92; *Fitting* § 3 BetrVG Rn. 1; *von Hoyningen-Huene/Meier-Krenz* ZfA 1988, S. 293, 307; *Jahnke*, Tarifautonomie, S. 192; *Kort* Die AG 2003, S. 13, 13; *Löwisch* in: Löwisch/Kaiser, § 3 BetrVG Rn. 1; *Trümner* in: Däubler/Kittner/Klebe, § 3 BetrVG Rn. 4. Siehe ausführlich vorstehend S. 46 ff.

1125 BVerfG 26.6.1991 AP Nr. 117 zu Art. 9 GG Arbeitskampf; BVerfG 14.11.1995 AP Nr. 80 zu Art. 9 GG (unter Aufgabe der sog. Kernbereichsformel; Kritik an dieser übten bereits *A. Hueck/Nipperdey*, Arbeitsrecht II/1, § 9 II [S. 137 f.]); BAG 12.9.1984 AP Nr. 81 zu Art. 9 GG Arbeitskampf; *H. Bauer* in: Dreier, Art. 9 GG Rn. 64, 77; *Dieterich* in: ErfK, Art. 9 GG Rn. 38; *Gamillscheg*, Kollektives Arbeitsrecht, § 3 2 a) (1) [S. 128], § 6 III [S. 222 ff.]; *Höfling* in: Sachs, Art. 9 GG Rn. 66 ff., 81; *Schaub* in: ders., Arbeitsrechts-Handbuch, § 198 Rn. 49.

1126 BVerfG 6.5.1964 E 18, 18, 28; BVerfG 19.10.1966 E 20, 312, 317; BVerfG 24.5.1977 E 44, 322, 340 f.; BVerfG 1.3.1979 E 50, 290, 367; BVerfG 20.10.1981 E 58, 233, 246 f.; BVerfG 2.3.1993 E 88, 103, 114 f.; BAG 10.6.1980 AP Nr. 64 zu Art. 9 GG Arbeitskampf; BAG 12.9.1984 AP Nr. 81 zu Art. 9 GG Arbeitskampf; BAG 27.6.1989 AP Nr. 113 zu Art. 9 GG Arbeitskampf; *H. Bauer* in: Dreier, Art. 9 GG Rn. 78; *Dieterich* in: ErfK, Art. 9 GG Rn. 50, 52; *Höfling* in: Sachs, Art. 9 GG Rn. 84.

1127 BAG 10.6.1980 AP Nr. 64 zu Art. 9 GG Arbeitskampf; BAG 12.9.1984 AP Nr. 81 zu Art. 9 GG Arbeitskampf.

Druck auf die Arbeitgeberseite durchsetzen können.[1128] Die Wahl der Mittel bleibt dabei den Koalitionen überlassen. Durch die Koalitionsfreiheit werden die Mittel insoweit geschützt, als sie allgemein erforderlich sind, um eine funktionierende Tarifautonomie sicherzustellen.[1129] Die herkömmliche Arbeitskampfmaßnahme der Arbeitnehmer ist der Streik, der von der Verfassungsgarantie des Art. 9 Abs. 3 Satz 1 GG erfaßt ist.[1130] Ein solcher ist rechtmäßig, wenn er um ein tariflich regelbares Ziel geführt wird[1131] und die sonstigen Rechtmäßigkeitsvoraussetzungen[1132] erfüllt, die sich aus der Funktion des Arbeitskampfes als Hilfsinstrument der Tarifautonomie[1133] ergeben. Gem. § 1 Abs. 1 TVG sind betriebsverfassungsrechtliche Fragen tariflich regelbar und demzufolge ein zulässiges Arbeitskampfziel. Dies muß auch für die Organisation der Betriebsverfassung gelten; § 3 Abs. 1 BetrVG läßt gerade tarifliche Regelungen zu.

Aus dem Umstand, daß Organisationstarifverträge in der überwiegenden Anzahl als Firmentarifverträge abgeschlossen werden,[1134] folgt nichts anderes.

1128 BVerfG 2.3.1993 E 88, 103, 114; BAG (GS) 21.4.1971 AP Nr. 43 zu Art. 9 GG Arbeitskampf; BAG 10.6.1980 AP Nr. 64 zu Art. 9 GG Arbeitskampf; BAG 12.9.1984 AP Nr. 81 zu Art. 9 GG Arbeitskampf; *H. Otto* in: MüHdbArbR III, § 284 Rn. 17 ff.; *Schaub* in: ders., Arbeitsrechts-Handbuch, § 193 Rn. 2; *Schlachter* in: ErfK [2. Aufl.], Art. 9 GG Rn. 25.

1129 BVerfG 26.6.1991 AP Nr. 117 zu Art. 9 GG Arbeitskampf; BVerfG 2.3.1993 E 88, 103, 114; BVerfG 4.7.1995 AP Nr. 4 zu § 116 AFG; *H. Bauer* in: Dreier, Art. 9 GG Rn. 79; *Dieterich* in: ErfK, Art. 9 GG Rn. 99.

1130 BVerfG 2.3.1993 E 88, 103, 114; BAG 10.6.1980 AP Nr. 64 zu Art. 9 GG Arbeitskampf; BAG 12.9.1984 AP Nr. 81 zu Art. 9 GG Arbeitskampf.

1131 BAG 26.10.1971 AP Nr. 44 zu Art. 9 GG Arbeitskampf; BAG 10.6.1980 AP Nr. 64 zu Art. 9 GG Arbeitskampf; BAG 10.6.1980 AP Nr. 65 zu Art. 9 GG Arbeitskampf; BAG 23.10.1984 EzA Art. 9 GG Arbeitskampf Nr. 55; BAG 5.3.1985 EzA Art. 9 GG Arbeitskampf Nr. 57; BAG 27.6.1989 AP Nr. 113 zu Art. 9 GG Arbeitskampf; *Dieterich* in: ErfK, Art. 9 GG Rn. 111; *Löwisch/Rieble* in: Löwisch, Arbeitskampfrecht, 170.2 Rn. 3, 14 ff.; *H. Otto* in: MüHdbArbR III, § 285 Rn. 2; *Rüthers* in: Brox/Rüthers, Arbeitskampfrecht, Rn. 138; *Schaub* in: ders., Arbeitsrechts-Handbuch, § 193 Rn. 23. A. A. *Schumann* in: Däubler, Arbeitskampfrecht, Rn. 149 ff.

1132 Vgl. hierzu allgemein *Dieterich* in: ErfK, Art. 9 GG Rn. 109 ff.; *Löwisch/Rieble* in: Löwisch, Arbeitskampfrecht, 170.2 Rn. 1 ff.; *H. Otto* in: MüHdbArbR III, § 285; *Rüthers* in: Brox/Rüthers, Arbeitskampfrecht, Rn. 128 ff. (§ 8); *Schumann* in: Däubler, Arbeitskampfrecht, Rn. 147 ff. (B IV, V, VI).

1133 BVerfG 26.6.1991 AP Nr. 117 zu Art. 9 GG Arbeitskampf; BAG (GS) 21.4.1971 AP Nr. 43 zu Art. 9 GG Arbeitskampf; BAG 5.3.1985 EzA Art. 9 GG Arbeitskampf Nr. 57; *Löwisch/Rieble* in: Löwisch, Arbeitskampfrecht, 170.2 Rn. 1; *Rüthers* in: Brox/Rüthers, Arbeitskampfrecht, Rn. 129; *Schumann* in: Däubler, Arbeitskampfrecht, Rn. 147 m. w. N.

1134 Siehe die Nachweise vorstehend in Fn. 910.

Die Zulässigkeit eines Arbeitskampfes gegen einen nicht verbandsangehörigen Arbeitgeber ist unbestritten.[1135] Der einzelne Arbeitgeber ist tariffähig, § 2 Abs. 1 TVG, und kann bestreikt werden. Bei einem verbandsangehörigen Arbeitgeber wird teilweise angenommen, daß der Arbeitskampf um den Abschluß eines Firmentarifvertrages schlechthin unzulässig ist.[1136] Er verletzt aber weder die individuelle Koalitionsfreiheit des Arbeitgebers noch die kollektive Koalitionsfreiheit des Arbeitgeberverbandes aus Art. 9 Abs. 3 Satz 1 GG.[1137] Die gesetzlich angeordnete Tariffähigkeit des einzelnen Arbeitgebers, § 2 Abs. 1 TVG, hat zur Konsequenz, daß dieser Partei eines Tarifvertrages sein und als solche mit dem Ziel eines Vertragsschlusses bestreikt werden kann.[1138] Der Arbeitgeber verliert diese Fähigkeit nicht durch die „Flucht in den Arbeitgeberverband".[1139] Selbstverständlich muß die Gewerkschaft die sonstigen Rechtmäßigkeitsvoraussetzungen eines Arbeitskampfes, namentlich den Verhältnismäßigkeitsgrundsatz und das Verbot des Arbeitskampfes mit dem Ziel der Existenzvernichtung beachten. In diesem Rahmen können sich im Einzelfall Abweichungen aus dem Gedanken des Rechtsmißbrauchs ergeben, wenn nicht

---

1135 Vgl. nur BAG 11.8.1992 AP Nr. 124 zu Art. 9 GG Arbeitskampf; *Kissel*, Arbeitskampfrecht, § 26 Rn. 112, 118; *Matthes*, FS Schaub, S. 477, 477 f.; *Oetker* in: H. Wiedemann, § 2 TVG Rn. 125.

1136 Vgl. LAG Schleswig-Holstein 25.11.1999 AP Nr. 157 zu Art. 9 GG Arbeitskampf; auch *Adomeit* in: Hanau/Adomeit, Rn. 293; *Boldt* RdA 1971, S. 257, 261; *Hess*, Erstreikbarkeit betriebsnaher Tarifverträge, S. 57 ff.; *Krichel* NZA 1986, S. 731, 732 ff.; *Lieb* DB 1999, S. 2058, 2058, 2062 f.; *Matthes*, FS Schaub, S. 477, 482 f.; *Reuter* ZfA 1990, S. 535, 553; *Rüthers* in: Brox/Rüthers, Arbeitskampfrecht, Rn. 137; *Schleusener* NZA 1998, S. 239, 241 f.; *Thüsing* NZA 1997, S. 294, 294 f. Kritisch auch *Beuthien* BB 1975, S. 477, 478 ff.; *P. Hanau* Der Arbeitgeber 1970, S. 404, 405 ff.

1137 Vgl. ausführlich *Henssler* ZfA 1998, S. 517, 535 f.; *von Hoyningen-Huene* ZfA 1980, S. 453, 457 f., 464 f.; *Kissel*, Arbeitskampfrecht, § 26 Rn. 121, 124 f., 127 m. w. N.; *Oetker* in: H. Wiedemann, § 2 TVG Rn. 131 ff. m. w. N.; *Waas*, Drittwirkungen, S. 132 ff.; a. A. LAG Schleswig-Holstein 25.11.1999 AP Nr. 157 zu Art. 9 GG Arbeitskampf; *Lieb* DB 1999, S. 2058, 2062 f. (zur individuellen Koalitionsfreiheit des Arbeitgebers); *Schleusener* NZA 1998, S. 239, 241 f.

1138 BAG 11.8.1992 AP Nr. 124 zu Art. 9 GG Arbeitskampf; *Kissel*, Arbeitskampfrecht, § 26 Rn. 115, 125, 127; *H. Otto* in: MüHdbArbR III, § 285 Rn. 160; *A. Stein* RdA 2000, S. 129, 138 f.

1139 Allgemeine Ansicht, vgl. BAG 4.5.1955 AP Nr. 2 zu Art. 9 GG Arbeitskampf; BAG 25.9.1996 AP Nr. 10 zu § 2 TVG Tarifzuständigkeit; BAG 24.1.2001 AP Nr. 173 zu § 1 TVG Tarifverträge: Metallindustrie; *Buchner* DB 2001, Beilage Nr. 9, S. 1, 4; *Dieterich* in: ErfK, Art. 9 GG Rn. 162; *Henssler* ZfA 1998, S. 517, 535; *Kissel*, Arbeitskampfrecht, § 26 Rn. 115, 126 m. w. N.; *Oetker* in: H. Wiedemann, § 2 TVG Rn. 128; *H. Otto* in: MüHdbArbR III, § 285 Rn. 66; *Spinner*, Betriebsverfassung, S. 58; *Waas*, Drittwirkungen, S. 131; a. A. *Matthes*, FS Schaub, S. 477, 482 f.

um einen Verbandstarifvertrag, sondern um einen Firmentarifvertrag gestreikt wird.[1140] Dem einzelnen Arbeitgeber steht seinerseits grundsätzlich das Recht zur Aussperrung in gleicher Weise zu wie bei einem Streik um einen Verbandstarifvertrag.[1141] Darüber hinaus kann ein Verstoß gegen die tarifliche Friedenspflicht vorliegen. Der Arbeitskampf einer Gewerkschaft um einen Firmentarifvertrag ist aus diesem Grund rechtswidrig, wenn der bestreikte Arbeitgeber an einen Verbandstarifvertrag ebendieser Gewerkschaft mit übereinstimmendem Regelungsgegenstand gebunden ist.[1142]

V. Das teleologische Argument

Mit § 3 BetrVG soll den Arbeitnehmervertretungen (Gewerkschaften und Betriebsräten) eine Möglichkeit an die Hand gegeben werden, um auf Unternehmensum- und Unternehmensrestrukturierungen des Arbeitgebers angemessen reagieren zu können. Nur bei einer effektiven Gestaltung der Organisationsstrukturen der Betriebsverfassung, einer entscheidungs- und belegschaftsnahen Arbeitnehmervertretung, können die Mitbestimmungsrechte effektiv wahrgenommen werden. Sollen die Arbeitnehmerkoalitionen nicht auf ein „kollektives Betteln“ angewiesen sein, um auf einseitige Organisationsentscheidungen des Arbeitgebers reagieren zu können, darf ihnen der Arbeitskampf nicht versagt werden. Würde anders entschieden, wäre die Ausweitung des § 3 BetrVG, der den Veränderungen in der Arbeitswelt gerecht werden soll, nur ein vermeintlicher Schritt in diese Richtung. Zudem müßte ein alternativer Konfliktregelungsmechanismus festgelegt werden, wenn die These von der Rechtswidrigkeit des Arbeitskampfes richtig wäre. Soll sichergestellt sein, daß es zu einer tarifvertraglichen Regelung kommt, ist lediglich der Weg einer Zwangsschlichtung denkbar. Diese widerspricht dem Art. 9 Abs. 3 Satz 1 GG und den Gedanken des Tarifvertragsrechts.[1143]

1140 Vgl. *H. Otto* in: MüHdbArbR III, § 285 Rn. 66, 157 ff. Auch *Friese* ZfA 2003, S. 237, 262 Fn. 111.

1141 BAG 11.8.1992 AP Nr. 124 zu Art. 9 GG Arbeitskampf; BAG 27.6.1995 AP Nr. 137 zu Art. 9 GG Arbeitskampf; *Dieterich* in: ErfK, Art. 9 GG Rn. 246; *Kissel*, Arbeitskampfrecht, § 54 Rn. 4; *Oetker* in: H. Wiedemann, § 2 TVG Rn. 139 m. w. N.

1142 Vgl. *Dieterich* in: ErfK, Art. 9 GG Rn. 163; *Henssler* ZfA 1998, S. 517, 534; *von Hoyningen-Huene* ZfA 1980, S. 453, 466 f.; *Kissel*, Arbeitskampfrecht, § 26 Rn. 128 ff.; *Oetker* in: H. Wiedemann, § 2 TVG Rn. 134 ff.; *Schleusener* NZA 1998, S. 239, 240.

1143 BVerfG 6.5.1964 E 18, 18, 30; BAG 19.1.1962 AP Nr. 13 zu § 2 TVG; BAG 2.8.1963 AP Nr. 5 zu Art. 9 GG; *Dieterich* in: ErfK, Art. 9 GG Rn. 68, 284; *Löwer* in: von Münch/Kunig, Art. 9 GG Rn. 67; *G. Müller* DB 1982, Beilage Nr. 16, S. 1, 8; *H. Otto* in: MüHdbArbR III, § 296 Rn. 14 ff.; *Schaub* in: ders., Arbeitsrechts-Handbuch, § 195 Rn. 9 ff.

Das Argument von *Franzen*, ein Streik sei überflüssig, weil das Betriebsverfassungsgesetz subsidiär zur Verfügung stehe,[1144] greift ebenso nicht durch. Auch bei anderen, anerkanntermaßen streikfähigen Zielen steht dispositives Gesetzesrecht als Auffangregelung zur Verfügung (z. B. Bundesurlaubsgesetz, Arbeitszeitgesetz, § 612 BGB für den Lohn). Es ist im Gegenteil gerade ein Spezifikum des Streiks, daß er um die Verbesserung der bestehenden (gesetzlichen oder tariflichen) Regelungen geführt wird.

D. Ergebnis

Weder aus dem Betriebsverfassungsrecht noch aus dem Arbeitskampfrecht folgt die Rechtswidrigkeit eines Arbeitskampfes um einen Organisationstarifvertrag. Wie die §§ 3 BetrVG, 1 Abs. 1 TVG zeigen, ist die Organisation der Betriebsverfassung tariflich regelbar. Entsprechend den Grundsätzen des Arbeitskampfrechts ist sie demzufolge zulässiger Gegenstand eines Arbeitskampfes. Ein Streik mit dem Ziel eines Organisationstarifvertrages nach § 3 Abs. 1 BetrVG ist rechtmäßig.

E. Der Arbeitskampf bei bestehendem Organisationstarifvertrag

Obwohl der Streik um einen organisationsrechtlichen Tarifvertrag zulässig ist, könnte er dennoch bei einer bereits bestehenden, unmittelbar und zwingend wirkenden tariflichen Organisationsregelung in concreto rechtswidrig sein. Auch bei einem solchen Arbeitskampf sind die allgemeinen Rechtmäßigkeitsvoraussetzungen zu beachten. Diese besagen, daß ein Arbeitskampf um einen Tarifvertrag geführt werden muß, der von der Rechtsordnung nicht mißbilligt wird.[1145] Besteht bereits ein Organisationstarifvertrag, wird der Tarifvertrag einer Gewerkschaft mit einer „schwächeren" Normsetzungskompetenz entsprechend den oben dargestellten Regeln der Tarifkonkurrenz verdrängt.[1146] Die Unzulässigkeit des Arbeitskampfes der „schwächeren" Gewerkschaft kann zwar nicht damit begründet werden, daß er um ein tariflich nicht regelbares Ziel geführt wird. Die Priorität des Tarifvertrages der „stärkeren" Gewerkschaft besteht in einem Anwendungsvorrang. Dieser macht den nachrangigen Tarifvertrag nicht unwirksam; auf die Arbeitsverhältnisse der Arbeitnehmer wirkt jedoch ausschließlich der „stärkere" Tarifvertrag ein.[1147] Kommt es zu einer Einigung zwischen Arbeitgeber bzw. Arbeitgeberverband und der „schwächeren"

[1144] Siehe vorstehend S. 232.

[1145] Vgl. BAG 4.5.1955 AP Nr. 2 zu Art. 9 GG Arbeitskampf; *Löwisch/Rieble* in: Löwisch, Arbeitskampfrecht, 170.1 Rn. 44; *H. Otto* in: MüHdbArbR III, § 285 Rn. 8 m. w. N.

[1146] Siehe vorstehend S. 222 ff.

[1147] *Friese* ZfA 2003, S. 237, 279; *Wank* in: H. Wiedemann, § 4 TVG Rn. 299. Vgl. auch BAG 19.1.1962 AP Nr. 11 zu § 5 TVG.

Gewerkschaft, liegt ein rechtswirksamer Tarifvertrag vor. Dieser Arbeitskampf könnte aber im konkreten Fall gegen den Verhältnismäßigkeitsgrundsatz verstoßen und rechtswidrig sein. Ein Arbeitskampf ist rechtmäßig, wenn er verhältnismäßig, d. h. geeignet, erforderlich und proportional ist.[1148] Dem Tarifvertrag der „schwächeren" Gewerkschaft kommt aufgrund der Tarifkonkurrenzregeln keine unmittelbare und zwingende Wirkung in den Arbeitsverhältnissen der Arbeitnehmer zu. Der Streik um seinen Abschluß erscheint nicht geeignet, das Ziel des Arbeitskampfes – den Abschluß eines unmittelbar und zwingend wirkenden Tarifvertrages – zu erreichen. Hiergegen könnte eingewandt werden, daß der verdrängte Tarifvertrag zwar (zunächst) nicht anwendbar, aber keineswegs unwirksam ist[1149]. Den Arbeitskampf um einen unanwendbaren Tarifvertrag ebenso zu behandeln wie denjenigen um einen nichtigen Tarifvertrag, erscheint nicht gerechtfertigt. Ist der Arbeitskampf um einen unanwendbaren Tarifvertrag aber rechtmäßig, könnte die Gewerkschaft Tarifverträge gewissermaßen „auf Vorrat" erkämpfen, bei denen die bloße Möglichkeit ihrer späteren Anwendbarkeit besteht. Endet der vorrangige Tarifvertrag, weil er z. B. zeitlich befristet war, können völlig andere wirtschaftliche Ausgangsdaten bestehen. Insbesondere kann sich das Kräfteverhältnis der Koalitionen dergestalt verschoben haben, daß ein neuerlicher Arbeitskampf einen abweichenden Tarifabschluß ergeben würde. Im Hinblick auf die tarifvertragliche „Richtigkeitsgewähr", die jedem Tarifvertragsabschluß zukommen soll und gerade mit der Möglichkeit eines Arbeitskampfes begründet wird,[1150] ist ein „Arbeitskampf auf Vorrat" nicht zu

---

1148 Vgl. grundlegend BAG (GS) 21.4.1971 AP Nr. 43 zu Art. 9 GG Arbeitskampf. Seitdem st. Rspr., vgl. nur BAG 10.6.1980 AP Nr. 64 zu Art. 9 GG Arbeitskampf; BAG 12.9.1984 AP Nr. 81 zu Art. 9 GG Arbeitskampf; BAG 12.3.1985 AP Nr. 84 zu Art. 9 GG Arbeitskampf; BAG 21.6.1988 AP Nr. 108 zu Art. 9 GG Arbeitskampf; BAG 11.5.1993 AP Nr. 63 zu § 1 FeiertagslohnzG. Das BAG wurde bestätigt durch BVerfG 26.6.1991 E 84, 212, 230 f. Aus dem Schrifttum statt aller *Kissel*, Arbeitskampfrecht, § 29 Rn. 7 ff. m. w. N.; *Löwisch/Rieble* in: Löwisch, Arbeitskampfrecht, 170.1 Rn. 25 ff.; kritisch *H. Otto* in: MüHdbArbR III, § 285 Rn. 119 ff.

1149 Siehe die Nachweise vorstehend in Fn. 1147.

1150 Siehe zur Richtigkeitsgewähr BVerfG 26.6.1991 E 84, 212, 229; BAG (GS) 21.4.1971 AP Nr. 43 zu Art. 9 GG Arbeitskampf; BAG 10.6.1980 AP Nr. 64 zu Art. 9 GG Arbeitskampf; BAG 31.3.1966 AP Nr. 54 zu § 611 BGB Gratifikation; BAG 23.2.1967 AP Nr. 57 zu § 611 BGB Gratifikation; BAG 4.9.1985 AP Nr. 123 zu § 611 BGB Gratifikation; BAG 3.10.1969 AP Nr. 12 zu § 15 AZO; BAG 4.12.1969 AP Nr. 32 zu § 620 BGB Befristeter Arbeitsvertrag; BAG 30.9.1971 AP Nr. 36 zu § 620 BGB Befristeter Arbeitsvertrag; BAG 30.1.1970 AP Nr. 142 zu § 242 BGB Ruhegehalt; BAG 10.3.1982 AP Nr. 47 zu § 242 BGB Gleichbehandlung; BAG 6.2.1985 AP Nr. 1 zu § 1 TVG Tarifverträge: Süßwarenindustrie; BAG 6.9.1990 AP Nr. 1 zu § 2 BAT SR 2l; BAG 10.3.1994 AP Nr. 117 zu § 1 TVG Tarifverträge: Metallindustrie; BAG 6.9.1995 AP Nr. 22 zu § 611 BGB Ausbildungsbeihilfe; *Gamillscheg*, Kollektives

rechtfertigen.[1151] Aus der verfassungsrechtlichen Gewährleistung des Arbeitskampfes in Art. 9 Abs. 3 Satz 1 GG folgt nicht nur, daß der Arbeitskampf um einen wirksamen, sondern auch, daß er um einen anwendbaren Tarifvertrag geführt werden muß.[1152]

Für die Geeignetheit des Arbeitskampfes könnte sprechen, daß die zum Zeitpunkt des Arbeitskampfes „schwächere" Gewerkschaft im Zeitpunkt der Tarifkonkurrenz durchaus die „stärkere" Normsetzungskompetenz haben kann. So sind im Verlaufe von Tarifverhandlungen z. B. Gewerkschaftsbeitritte denkbar, da Arbeitnehmer die Leistungen des Verbandes (Stichwort: gewerkschaftliche Streikunterstützung für den Lohnausfall[1153]) in Anspruch nehmen wollen. Allerdings ist nicht zu leugnen, daß die Durchsetzung von nachrangigen Tarifverträgen mit den Mitteln des Arbeitskampfes zu einer Belastung des Arbeitgebers führt, der keinerlei Vorteile für die Mitglieder der Gewerkschaft gegenüberstünden. Des weiteren ist die Geeignetheit ex ante zu beurteilen.[1154] Zwangsläufig muß für die Frage der „stärkeren" Normsetzungskompetenz im Rahmen der Rechtmäßigkeitskontrolle eines Arbeitskampfes auf denselben Zeitpunkt abgestellt werden. Der Arbeitskampf der „schwächeren" Gewerkschaft ist ungeeignet und nicht verhältnismäßig, wenn ihr Tarifvertrag aus ex ante-Sicht aufgrund der Konkurrenzregeln nicht zur Anwendung kommen wird.[1155] Die bloße Chance der „schwächeren" Gewerkschaft, im weiteren Verlauf die stärkere Normsetzungskompetenz zu erlangen bzw. mit Außerkrafttreten des vorrangigen ihren Tarifvertrag zur Geltung zu bringen, ändert hieran nichts. Die spätere kampfweise Durchsetzung des Tarifvertrages verbleibt ihr stets als milderes Mittel.[1156]

Arbeitsrecht, § 7 I 1 c) [S. 269], § 7 II 1 a) [S. 284 ff.], § 20 III 2 d) (1) [S. 939], § 20 IV 1 [S. 968 f.]; *A. Hueck/Nipperdey*, Arbeitsrecht II/2, § 47 B V 2 [S. 928 f.]; *Kissel*, Arbeitskampfrecht, § 10 Rn. 47 ff., § 32 Rn. 1 ff.; *Lerche*, Zentralfragen des Arbeitskampfes, S. 44; *Löwisch* RdA 1969, S. 129, 131, 133 f.; *Rüthers* in: Brox/Rüthers, Arbeitskampfrecht, Rn. 85, 128; *Säcker*, Gruppenautonomie, S. 236 f.; *Säcker/Oetker*, Tarifautonomie, S. 229, 238; *A. Stein*, Tarifvertragsrecht, Rn. 387; kritisch *H. Wiedemann* in: ders., § 1 TVG Rn. 225 f.

1151 *Waas*, Drittwirkungen, S. 128.

1152 *Friese* ZfA 2003, S. 237, 279 f.; *Waas*, Drittwirkungen, S. 128. Siehe auch *Löwisch/Rieble* in: AR-Blattei, 1994, Arbeitskampf II, Rn. 44.

1153 Vgl. hierzu *Kissel*, Arbeitskampfrecht, § 46 Rn. 11; *H. Otto* in: MüHdbArbR III, § 282 Rn. 44, § 288 Rn. 31; *Schaub* in: ders., Arbeitsrechts-Handbuch, § 194 Rn. 7.

1154 *Czerweny von Arland*, Arbeitskampfmittel, S. 96, 97.

1155 *Friese* ZfA 2003, S. 237, 280; ausführlich *Waas*, Drittwirkungen, S. 123, 127 ff., 153.

1156 *Friese* ZfA 2003, S. 237, 280.

Besteht ein organisationsrechtlicher Tarifvertrag nach § 3 Abs. 1 BetrVG, ist der Arbeitskampf einer Gewerkschaft mit „schwächerer" Normsetzungskompetenz mit dem Ziel eines konkurrierenden Tarifvertrages im konkreten Fall unverhältnismäßig und rechtswidrig.

Teil 4

Die Besonderheiten einer Organisationsregelung kraft Betriebsvereinbarung

Der vorstehende 3. Teil der Arbeit befaßte sich mit der den Tarifvertragsparteien gem. § 3 Abs. 1 BetrVG eingeräumten Befugnis, die Organisation der Betriebsverfassung abweichend vom gesetzlichen Vertretungsmodell zu gestalten. Aufgrund des Betriebsverfassungs-Reformgesetzes vom 23.7.2001[1157] ist es nun erstmals zulässig, subsidiär zu den Tarifvertragsparteien die Struktur der betrieblichen Arbeitnehmervertretung durch Betriebsvereinbarung entsprechend den speziellen Anforderungen des Betriebs, Unternehmens oder Konzerns zu gestalten, vgl. § 3 Abs. 2 BetrVG. Es sind die Errichtung eines unternehmenseinheitlichen Betriebsrates, § 3 Abs. 1 Nr. 1a, Abs. 2 BetrVG, die Zusammenfassung von Betrieben, § 3 Abs. 1 Nr. 1b, Abs. 2 BetrVG, und die Bildung von Betriebsräten in den Sparten, § 3 Abs. 1 Nr. 2, Abs. 2 BetrVG möglich.[1158] Die Errichtung einer anderen Arbeitnehmervertretungsstruktur nach § 3 Abs. 1 Nr. 3 BetrVG bleibt dagegen allein den Tarifvertragsparteien vorbehalten.

§ 11 Die Zuständigkeit für den Abschluß einer Betriebsvereinbarung nach § 3 Abs. 2 BetrVG

Die kollektivvertragliche Betriebsverfassung kann auf der Grundlage einer Betriebsvereinbarung errichtet werden. Auf Arbeitnehmerseite könnte der Betriebsrat für den Abschluß dieser Organisationsbetriebsvereinbarung zuständig sein. Daneben kommen der Gesamt- und der Konzernbetriebsrat sowie eine bereits bestehende Arbeitnehmervertretung nach § 3 BetrVG in Betracht. Dies insbesondere vor dem Hintergrund, daß in § 3 Abs. 1 Nr. 1, 2 BetrVG betriebs- und unternehmensübergreifende Organisationsformen vorgesehen sind. Als Vertragspartner sind zum einen der Arbeitgeber auf Betriebsebene, zum anderen derjenige auf Unternehmens-, Konzern- oder Spartenebene denkbar.

A. Die Zuständigkeit auf Arbeitnehmerseite

Bei einer grammatikalischen Auslegung des § 3 Abs. 2 BetrVG ist festzustellen, daß dieser von einer Regelung durch „Betriebsvereinbarung" spricht. Da hiermit der Abschluß einer Gesamt- oder einer

---

1157 BGBl. I S. 1852.

1158 Siehe hierzu vorstehend §§ 3 bis 5. Daneben ist die Bildung zusätzlicher betriebsverfassungsrechtlicher Gremien und Vertretungen der Arbeitnehmer möglich, § 3 Abs. 1 Nr. 4, 5, Abs. 2 BetrVG. Dies ist aber nicht Gegenstand der vorliegenden Arbeit.

Konzernbetriebsvereinbarung ausgeschlossen zu sein scheint, könnte der einzelne Betriebsrat auf der Ebene des Betriebs für den Abschluß einer Organisationsbetriebsvereinbarung ausschließlich zuständig sein. Die Rechtsfolge hieraus wäre, daß entsprechend den Grundsätzen des Betriebsverfassungsrechts jeder Betriebsrat für die Belegschaft, von der er gewählt wurde, unmittelbar und zwingend (§ 77 Abs. 4 Satz 1 BetrVG) wirkende Regelungen treffen könnte. Soll die Organisation der Betriebsverfassung betriebsübergreifend geändert werden, was für alle Tatbestände des § 3 Abs. 1 BetrVG zutreffen kann, ist demzufolge die Beteiligung der Betriebsräte jedes betroffenen Betriebs notwendig. Insoweit müßten gleichlautende Betriebsvereinbarungen abgeschlossen werden. Dies kann in der Konsequenz langwierige Verhandlungen nach sich ziehen. Insbesondere würde sich die Frage stellen, ob ein Betriebsrat, der sich gegen eine entsprechende Regelung sperrt, zum Abschluß der Organisationsbetriebsvereinbarung gezwungen werden kann.[1159] Eine ausdrückliche Pflicht, einen positiven Beschluß bezüglich der Organisationsbetriebsvereinbarung zu fassen, kann dem Betriebsverfassungsgesetz jedenfalls nicht entnommen werden. Diese fällt in den Bereich der freiwilligen Mitbestimmung.[1160]

Im Rahmen der systematischen Auslegung ist auf den Zusammenhang der Regelung des § 3 Abs. 2 BetrVG mit anderen Vorschriften des Gesetzes einzugehen. Hierbei sind insbesondere jene Normen heranzuziehen, die den Abschluß und die Durchführung von Betriebsvereinbarungen betreffen. Sedes materie ist § 77 BetrVG. Dieser besagt in seinem Absatz 2 Satz 1, daß Betriebsvereinbarungen von Betriebsrat und Arbeitgeber gemeinsam zu beschließen sind. Zwar spricht auch dies zunächst für eine ausschließliche Zuständigkeit des Betriebsrates. Gem. § 51 Abs. 5 BetrVG gelten aber die Vorschriften über die Rechte und Pflichten des Betriebsrates entsprechend für den Gesamtbetriebsrat. Gleiches gilt gem. §§ 59 Abs. 1, 51 Abs. 5 BetrVG für den Konzernbetriebsrat und gem. § 3 Abs. 5 Satz 2 BetrVG für die kollektivvertraglichen Arbeitnehmervertretungen nach § 3 Abs. 1 BetrVG. Somit erfaßt § 77 Abs. 2 Satz 1 BetrVG ebenso den gemeinsamen Beschluß von Arbeitgeber und Gesamtbetriebsrat, Konzernbetriebsrat bzw. kollektivvertraglicher Arbeitnehmervertretung.[1161] Das Gesetz kennt den Begriff der Gesamt- bzw. Konzernbetriebsvereinbarung nicht und verwendet für alle

---

1159 Siehe ausführlich hierzu nachstehend S. 259 ff.

1160 *Fitting* § 3 BetrVG Rn. 79; *Kort* Die AG 2003, S. 13, 24; *Löwisch* in: Löwisch/Kaiser, § 3 BetrVG Rn. 23; *Stege/Weinspach/Schiefer* § 3 BetrVG Rn. 13.

1161 *Kreutz* in: GK-BetrVG II, § 77 BetrVG Rn. 39; *Richardi* in: ders., § 77 BetrVG Rn. 31.

Fälle die allgemeine Bezeichnung „Betriebsvereinbarung".[1162] Die Charakterisierung aller Vereinbarungen, die der Arbeitgeber und der Betriebsrat, der Gesamt- oder Konzernbetriebsrat bzw. die kollektivvertragliche Arbeitnehmervertretung gemeinsam abschließen, als „Betriebsvereinbarungen" in der zentralen Vorschrift des § 77 BetrVG spricht dafür, daß das Gesetz diesen Begriff in § 3 Abs. 2 BetrVG mit dem gleichen Bedeutungsinhalt verwendet. Die systematische Auslegung ergibt die Zuständigkeit der Arbeitnehmervertretungen aller Vertretungsebenen für den Abschluß einer Organisationsbetriebsvereinbarung nach § 3 Abs. 2 BetrVG. Die Abgrenzung der Kompetenzen folgt aus den §§ 50, 58 BetrVG.

Die teleologische Auslegung hat zu ermitteln, warum eine bestimmte Arbeitnehmervertretung für den Abschluß einer Betriebsvereinbarung zuständig ist. Der örtliche Betriebsrat ist der gewählte Vertreter der Arbeitnehmer eines Betriebs. Als solcher ist er grundsätzlich zuständig für die Wahrnehmung der Rechte und Pflichten sowie die Vertretung der Interessen der Belegschaft gegenüber dem Arbeitgeber. Dies geschieht typischerweise durch den Abschluß von Betriebsvereinbarungen zwischen Betriebsrat und Arbeitgeber, die unmittelbar und zwingend in den Arbeitsverhältnissen aller Arbeitnehmer i. S. d. Betriebsverfassungsgesetzes gelten, § 77 Abs. 4 Satz 1 BetrVG. Allerdings darf nicht vernachlässigt werden, daß das Betriebsverfassungsrecht maßgeblich von dem Gedanken der Entscheidungsnähe geprägt wird.[1163] Um den Arbeitnehmerschutz- und den Arbeitnehmerteilhabegedanken der Betriebsverfassung effektiv zu verwirklichen, wird eine entscheidungsnahe Arbeitnehmervertretung favorisiert.[1164] Dies kommt z. B. in den §§ 50 Abs. 1 Satz 1, 58 Abs. 1 Satz 1 BetrVG zum Ausdruck, in denen dem Gesamt- bzw. Konzernbetriebsrat für Sachfragen mit betriebs- bzw. unternehmensübergreifendem Bezug eine originäre Zuständigkeit zuerkannt wird. Aber auch § 3 Abs. 1, 2 BetrVG ist Ausdruck dieses Grundgedankens. Durch Betriebsvereinbarung soll in den Fällen einer Unternehmensum- bzw. Unternehmensrestrukturierung eine entscheidungsnahe Arbeitnehmervertretung geschaffen werden, welche die Interessen der Arbeitnehmer optimal wahrnehmen kann. Dies stellen die tatbestandlichen Voraussetzungen der Betriebsvereinbarung sicher.[1165]

Wird das Betriebsverfassungsrecht maßgeblich durch die Entscheidungsnähe der Interessenvertretung der Arbeitnehmer geprägt, wäre es

---

1162 *Kreutz* in: GK-BetrVG I, § 50 BetrVG Rn. 68, § 58 BetrVG Rn. 49; *Richardi/Annuß* in: Richardi, § 50 BetrVG Rn. 68 f.

1163 Siehe vorstehend S. 91 f.

1164 Siehe vorstehend S. 96 f.

1165 Vgl. zur Auslegung vorstehend §§ 3 bis 5.

nur folgerichtig, daß die jeweils entscheidungsnächste Interessenvertretung zum Abschluß einer (Organisations-)Betriebsvereinbarung zuständig ist. Diese Schlußfolgerung hat ihren Niederschlag im Gesetz gefunden, wie die §§ 50 Abs. 1 Satz 1, 58 Abs. 1 Satz 1 BetrVG zur originären Zuständigkeit des Gesamt- bzw. Konzernbetriebsrates zeigen. Übertragen auf § 3 Abs. 1, 2 BetrVG bedeutete dies konsequenterweise die Zuständigkeit des unternehmenseinheitlichen bzw. des Betriebsrates der „zusammengefaßten" Betriebe oder die des Spartenbetriebsrates. Beide sollen aber erst als entscheidungsnahe Arbeitnehmervertretung auf der Grundlage der Betriebsvereinbarung geschaffen werden. Sie existieren noch nicht und können keine betriebsverfassungsrechtlichen Zuständigkeiten wahrnehmen, insbesondere keine Organisationsbetriebsvereinbarungen abschließen.

Die Frage der Zuständigkeit für den Abschluß einer Betriebsvereinbarung nach § 3 Abs. 1, 2 BetrVG ist mit Hilfe der Grundgedanken des Betriebsverfassungsrechts zu beantworten. Diese besagen, daß eine Arbeitnehmervertretung stets nur für die betriebsverfassungsrechtliche Organisationseinheit zuständig ist, von deren Belegschaft sie gewählt wurde.[1166] Jede andere Lösung, insbesondere die Zuständigkeit eines Betriebsrates für einen nicht von ihm repräsentierten Betrieb, führt zu einem Legitimationsproblem.[1167] Daran ändert auch die im Zuge der Reform der Betriebsverfassung erweiterte Zuständigkeit des Gesamt- bzw. Konzernbetriebsrates, insbesondere die Zulässigkeit der Vertretung betriebsratsloser Betriebe, §§ 50 Abs. 1 Satz 1 2. HS, 58 Abs. 1 Satz 1 2. HS BetrVG, nichts. Dies ist eine durch Gleichbehandlungsgesichtspunkte gerechtfertigte gesetzliche Ausnahme.[1168]

Grundsätzlich ist der örtliche Betriebsrat für den Abschluß einer Betriebsvereinbarung nach § 3 Abs. 1, 2 BetrVG zuständig. Werden von einer entsprechenden Regelung mehrere Betriebe erfaßt, was bei § 3 Abs. 1 Nr. 1, 2 BetrVG regelmäßig der Fall sein wird, müssen alle Betriebsräte korrespondierende Betriebsvereinbarungen abschließen.[1169] Liegen die Voraussetzungen der Zuständigkeit des Gesamt- bzw. Konzernbetriebsrates vor, können diese eine entsprechende Betriebsvereinbarung abschließen. Für die Tatbestände des § 3 Abs. 1 Nr. 1, 2 BetrVG wird in einem Großteil der Fälle

---

1166 *Eickelberg*, Probleme der Betriebsvereinbarung, S. 67; *Fitting* § 77 BetrVG Rn. 34; *P. Hanau* Mitbestimmung 1999, Heft 6/7, S. 21, 24; *Kreutz* in: GK-BetrVG II, § 77 BetrVG Rn. 190 f.; *Trümner* in: Däubler/Kittner/Klebe, § 3 BetrVG Rn. 124.

1167 *Trümner* in: Däubler/Kittner/Klebe, § 3 BetrVG Rn. 124.

1168 Vgl. Begründung zum RegE, BT-Drucks. 14/5741, S. 42 f.; *Richardi/Annuß* in: Richardi, § 50 BetrVG Rn. 50.

1169 Vgl. *Däubler* AiB 2001, S. 313, 315 f. Kritisch hierzu *Trümner* in: Däubler/Kittner/Klebe, § 3 BetrVG Rn. 124.

eine originäre Zuständigkeit des Gesamt- oder gar des Konzernbetriebsrates zu bejahen sein.[1170] Diese besteht nicht nur dann, wenn dem Betriebsrat bzw. Gesamtbetriebsrat eine Regelung objektiv oder subjektiv unmöglich ist. Sie ist auch in den Fällen zu bejahen, in denen ein zwingendes Erfordernis für eine unternehmens- bzw. konzerneinheitliche oder zumindest betriebs- bzw. unternehmensübergreifende Regelung besteht.[1171] Maßgebend sind das konkrete Regelungsziel und die Verhältnisse des jeweiligen Unternehmens oder Konzerns und seiner Betriebe bzw. Unternehmen.[1172] In diesem Fall ist auch eine Vertretung betriebsratsloser Betriebe zulässig, vgl. §§ 50 Abs. 1 Satz 1 2. HS, 58 Abs. 1 Satz 1 2. HS BetrVG, so daß diese in den betrieblichen Anwendungsbereich der Betriebsvereinbarung nach § 3 Abs. 1, 2 BetrVG einbezogen werden können. Soll z. B. ein unternehmenseinheitlicher Betriebsrat gem. § 3 Abs. 1 Nr. 1a, Abs. 2 BetrVG geschaffen werden, ist der Gesamtbetriebsrat zuständig.[1173] Regelungsinhalt des § 3 Abs. 1 Nr. 1a BetrVG ist die Errichtung des unternehmenseinheitlichen Betriebsrates in allen Betrieben des Unternehmens. Damit handelt es sich eindeutig um eine Angelegenheit, die das Gesamtunternehmen oder mehrere Betriebe betrifft und nicht durch die einzelnen Betriebsräte innerhalb ihrer Betriebe geregelt werden kann, § 50 Abs. 1 Satz 1 BetrVG. Entsprechendes gilt für § 3 Abs. 1 Nr. 1b, Abs. 2 BetrVG.[1174] Bei der Errichtung eines Spartenbetriebsrates ist hingegen zu differenzieren. Soweit es um die Bildung innerhalb eines Betriebs geht, ist der örtliche Betriebsrat zuständig.[1175] Bei betriebsübergreifenden Regelungen ist die originäre Zuständigkeit des Gesamtbetriebsrates,[1176] bei unternehmens-

---

1170 Vgl. *Löwisch* in: Löwisch/Kaiser, § 3 BetrVG Rn. 22; *Richardi* in: ders., § 3 BetrVG Rn. 51; *Trümner* in: Däubler/Kittner/Klebe, § 3 BetrVG Rn. 126 ff.

1171 BAG 6.12.1988 AP Nr. 37 zu § 87 BetrVG 1972 Lohngestaltung; BAG 18.10.1994 AP Nr. 70 zu § 87 BetrVG 1972 Lohngestaltung; BAG 12.11.1997 AP Nr. 2 zu § 58 BetrVG 1972; BAG 16.6.1998 AP Nr. 7 zu § 87 BetrVG 1972 Gesundheitsschutz; BAG 14.12.1999 AP Nr. 104 zu § 87 BetrVG 1972 Lohngestaltung; *Richardi/Annuß* in: Richardi, § 50 BetrVG Rn. 9, 13, § 58 BetrVG Rn. 8.

1172 BAG 12.11.1997 AP Nr. 2 zu § 58 BetrVG 1972; *Richardi/Annuß* in: Richardi, § 50 BetrVG Rn. 13.

1173 Ebenso *Fitting* § 3 BetrVG Rn. 82; *Löwisch* in: Löwisch/Kaiser, § 3 BetrVG Rn. 22; *Plander* NZA 2002, S. 483, 486; *Trümner* in: Däubler/Kittner/Klebe, § 3 BetrVG Rn. 126; wohl auch *Richardi* NZA 2001, S. 346, 350.

1174 *Fitting* § 3 BetrVG Rn. 82; *Löwisch* in: Löwisch/Kaiser, § 3 BetrVG Rn. 22; *Plander* NZA 2002, S. 483, 486; *Trümner* in: Däubler/Kittner/Klebe, § 3 BetrVG Rn. 126.

1175 *Trümner* in: Däubler/Kittner/Klebe, § 3 BetrVG Rn. 125.

1176 *Fitting* § 3 BetrVG Rn. 82; *Löwisch* in: Löwisch/Kaiser, § 3 BetrVG Rn. 22; *Trümner* in: Däubler/Kittner/Klebe, § 3 BetrVG Rn. 127.

übergreifenden Gestaltungen gar die des Konzernbetriebsrates[1177] gegeben. Besteht bereits eine kollektivvertragliche Arbeitnehmervertretung nach § 3 BetrVG, ist diese entsprechend ihrer rechtlichen Einordnung als Betriebsrat, Gesamtbetriebsrat, Konzernbetriebsrat, Teilbetriebsrat, Unternehmensteilbetriebsrat oder Konzernteilbetriebsrat[1178] für diejenige betriebsverfassungsrechtliche Organisationseinheit zuständig, von deren Arbeitnehmern sie gewählt und damit legitimiert wurde. Die Kompetenzabgrenzung ist anhand der §§ 50, 58 BetrVG vorzunehmen, Die teleologische Auslegung kommt zu dem Zwischenergebnis, daß sich die Zuständigkeit für den Abschluß einer Betriebsvereinbarung nach § 3 Abs. 1, 2 BetrVG gemäß der im Betriebsverfassungsgesetz niedergelegten Zuständigkeitsabgrenzung zwischen Betriebsrat, Gesamt- und Konzernbetriebsrat sowie kollektivvertraglicher Arbeitnehmervertretung bestimmt.

Die Entwurfsbegründung liefert keinen Anhaltspunkt für das vorliegende Problem. Aus historischer Sicht ist allerdings anzumerken, daß auch im Betriebsverfassungsgesetz 1952 und im Betriebsverfassungsgesetz a. F. der Grundsatz galt, daß ein Betriebsrat Betriebsvereinbarungen mit unmittelbarer und zwingender Wirkung nur für diejenigen Arbeitnehmer abschließen kann, von denen er per Wahl legitimiert wurde.[1179]

Da das Gesetz den Begriff Gesamt- bzw. Konzernbetriebsvereinbarung nicht kennt und alle diese Kollektivverträge allgemein als „Betriebsvereinbarung" bezeichnet,[1180] ist in der Zusammenschau der Auslegungsmethoden dem Ergebnis der systematischen und teleologischen Auslegung zu folgen. Zum Abschluß einer Betriebsvereinbarung nach § 3 Abs. 1, 2 BetrVG ist nicht der örtliche Betriebsrat ausschließlich zuständig. Grundsätzlich ist jeder Betriebsrat bzw. jede kollektivvertragliche Arbeitnehmervertretung mit der Funktion eines Betriebsrates nach § 3 BetrVG für die betriebsverfassungsrechtliche Organisationseinheit zuständig, für die er/sie gewählt wurde. Dementsprechend ist der „betriebliche" Geltungsbereich einer Betriebsvereinbarung dieses Vertretungsorgans zu bestimmen. Dies hat zur Konsequenz, daß im Falle betriebsübergreifender Regelungen die Vertretungen aller betroffenen Betriebe bzw. betriebsverfassungsrechtlichen Organisations-

---

1177 *U. Fischer* AiB 2001, S. 565, 568; *Fitting* § 3 BetrVG Rn. 83; *Löwisch* in: Löwisch/Kaiser, § 3 BetrVG Rn. 22; *Plander* NZA 2002, S. 483, 486; *Trümner* in: Däubler/Kittner/Klebe, § 3 BetrVG Rn. 128.

1178 Siehe vorstehend S. 136 f., 169 ff., 186 f., 188 f.

1179 Zum BetrVG 1952 *Dietz* [4. Aufl.] § 52 BetrVG Rn. 14; *Fitting* [9. Aufl.] § 52 BetrVG Rn. 26 f. Zum BetrVG 1972 *Fitting* [20. Aufl.] § 77 BetrVG Rn. 32 f.; *Kreutz* in: GK-BetrVG II [6. Aufl.], § 77 BetrVG Rn. 147; *Richardi* [7. Aufl.] Einleitung BetrVG Rn. 97, § 77 BetrVG Rn. 118.

1180 Siehe S. 244 f.

einheiten beteiligt werden und korrespondierende Betriebsvereinbarungen abschließen müßten. Diese Angelegenheiten, die das Gesamtunternehmen bzw. den Konzern oder mehrere Betriebe bzw. Konzernunternehmen betreffen und nicht durch die einzelnen Betriebsräte innerhalb ihrer Betriebe bzw. durch die einzelnen Gesamtbetriebsräte innerhalb ihrer Unternehmen geregelt werden können, begründen eine originäre Zuständigkeit des Gesamt- bzw. Konzernbetriebsrates. Somit können, wenn die Voraussetzungen der §§ 50 Abs. 1 Satz 1, 58 Abs. 1 Satz 1 BetrVG vorliegen, Betriebsvereinbarungen zwischen Arbeitgeber und Gesamtbetriebsrat (Gesamtorganisationsbetriebsvereinbarung) oder Konzernbetriebsrat (Konzernorganisationsbetriebsvereinbarung) abgeschlossen werden. Daneben besteht die Möglichkeit, daß der Gesamt- bzw. der Konzernbetriebsrat durch die örtlichen Betriebsräte oder die Gesamtbetriebsräte zum Abschluß einer Organisationsbetriebsvereinbarung beauftragt wird, §§ 50 Abs. 2, 58 Abs. 2 BetrVG. Entsprechendes gilt, wenn kollektivvertragliche Repräsentationsorgane höherer Vertretungsebenen nach § 3 BetrVG mit der Funktion eines Gesamt- bzw. Konzernbetriebsrates bestehen.

B. Der Vertragspartner auf Arbeitgeberseite

I. Der Vertragspartner des Betriebsrates und des Gesamtbetriebsrates

Dem § 77 Abs. 2 Satz 1 BetrVG läßt sich entnehmen, daß der Betriebsrat die Organisationsbetriebsvereinbarung mit dem „Arbeitgeber“ zu beschließen hat. Einigkeit herrscht in Rechtsprechung und Literatur zunächst darüber, daß Vertragspartner des Betriebsrates und des Gesamtbetriebsrates das Unternehmen bzw. dessen Rechtsträger ist. Dieses/r wird auf betrieblicher Ebene durch die Betriebsleitung und auf Unternehmensebene durch die Unternehmensleitung (den Einzelunternehmer bzw. das Geschäftsführungs- und Vertretungsorgan juristischer Personen oder Personengesellschaften) als Verhandlungspartner vertreten.[1181] Beauftragt ein Betriebsrat den Gesamtbetriebsrat mit der Wahrnehmung einer Angelegenheit, § 50 Abs. 2 BetrVG, stützt sich die Zuständigkeit des Gesamtbetriebsrates auf die von dem beauftragenden Einzelbetriebsrat abgeleitete Kompetenz.[1182] Der Gesamtbetriebsrat schließt

---

1181 BAG 12.11.1997 AP Nr. 2 zu § 58 BetrVG 1972; *Berg* in: Däubler/Kittner/Klebe, § 77 BetrVG Rn. 27 f.; *Biedenkopf*, Liber amicorum Sanders, S. 1, 1, 6 f.; *Kreutz* in: GK-BetrVG I, § 50 BetrVG Rn. 70, § 58 BetrVG Rn. 9; *ders.* in: GK-BetrVG II, § 77 BetrVG Rn. 34 f.; *Trittin* in: Däubler/Kittner/Klebe, § 50 BetrVG Rn. 10. Vgl. auch § 5 Abs. 2 EBRG, wonach der Betriebsrat bzw. der Gesamtbetriebsrat den Auskunftsanspruch nach § 5 Abs. 1 EBRG gegenüber der „örtlichen Betriebs- oder Unternehmensleitung“ geltend machen können.

1182 *Richardi/Annuß* in: Richardi, § 50 BetrVG Rn. 69.

insoweit einfache Betriebsvereinbarungen ab.[1183] Verhandlungspartner ist die jeweilige Betriebsleitung.

II. Der Vertragspartner des Konzernbetriebsrates

Auf Konzernebene wird der Konzernbetriebsrat entweder kraft originärer Zuständigkeit, § 58 Abs. 1 BetrVG, oder kraft Beauftragung durch einen Gesamtbetriebsrat[1184], § 58 Abs. 2 BetrVG, tätig.[1185] Im letzteren Fall stützt er sich auf eine von der Zuständigkeit des Gesamtbetriebsrates abgeleitete Kompetenz.[1186] Der Konzernbetriebsrat agiert insoweit wie ein Gesamtbetriebsrat. Handlungsform ist die Gesamtbetriebsvereinbarung, die mit dem jeweils beauftragenden Konzernunternehmen abzuschließen ist.[1187] Dagegen besteht im Rahmen des § 58 Abs. 2 BetrVG kein Anspruch des Konzernbetriebsrates, die Kollektivvereinbarung mit dem herrschenden Unternehmen abzuschließen.[1188] Wird der Konzernbetriebsrat im Rahmen seiner originären Zuständigkeit tätig, ist er nach dem Gesetz Repräsentant der

---

1183 *Dies.* in: Richardi, § 50 BetrVG Rn. 69.

1184 In den Fällen des § 54 Abs. 2 BetrVG kraft Beauftragung durch einen Einzelbetriebsrat. Im übrigen ist nur der Gesamtbetriebsrat berechtigt, den Konzernbetriebsrat zu beauftragen, vgl. BAG 12.11.1997 AP Nr. 2 zu § 58 BetrVG 1972; *Richardi/Annuß* in: Richardi, § 58 BetrVG Rn. 31.

1185 Die Frage der Zuständigkeit des Konzernbetriebsrates stellt sich grundsätzlich nur für den Unterordnungskonzern, vgl. *Plander* NZA 2002, S. 483, 486. Nur für diesen ist die Bildung eines Konzernbetriebsrates gesetzlich vorgesehen, §§ 54 Abs. 1 Satz 1 BetrVG, 18 Abs. 1 AktG, allgemeine Meinung, vgl. statt aller BAG 22.11.1995 AP Nr. 7 zu § 54 BetrVG 1972; *Richardi/Annuß* in: Richardi, § 54 BetrVG Rn. 3 m. w. N. Etwas anderes gilt, wenn auf der Grundlage eines Tarifvertrages oder einer Betriebsvereinbarung nach § 3 BetrVG eine Arbeitnehmervertretung auf Konzernebene in einem Gleichordnungskonzern gebildet wurde und diese eine Konzernbetriebsvereinbarung abschließen will.

1186 BAG 12.11.1997 AP Nr. 2 zu § 58 BetrVG 1972; *Richardi/Annuß* in: Richardi, § 58 BetrVG Rn. 45. Vgl. auch die parallele Problematik bei der Auftragszuständigkeit des Gesamtbetriebsrates.

1187 BAG 12.11.1997 AP Nr. 2 zu § 58 BetrVG 1972; *Richardi/Annuß* in: Richardi, § 58 BetrVG Rn. 45.

1188 BAG 12.11.1997 AP Nr. 2 zu § 58 BetrVG 1972; *Richardi/Annuß* in: Richardi, § 58 BetrVG Rn. 45; wohl auch *Eisemann* in: ErfK, § 58 BetrVG Rn. 10 f.; a. A. *P. Hanau* ZGR 1984, S. 468, 482 Fn. 49: Verhandlung mit der Konzernleitung; a. A. *Trittin* in: Däubler/Kittner/Klebe, § 58 BetrVG Rn. 51: Wahlrecht; abweichend auch *Fitting* § 58 BetrVG Rn. 11: Verhandlungspartner „kann" die Konzernspitze oder die Leitung des betroffenen Unternehmens sein, wobei nicht eindeutig gesagt wird, ob ein Wahlrecht des Konzernbetriebsrates besteht.

gesamten Konzernbelegschaft, vgl. § 58 Abs. 1 BetrVG.[1189] Für diesen Fall[1190] ist der Vertragspartner der Arbeitnehmervertretung auf Konzernebene umstritten. Die hier auftretenden Probleme beruhen auf den Besonderheiten des Konzerngesellschaftsrechts, insbesondere der Tatsache, daß ein Konzern aus mehreren rechtlich selbständigen Unternehmen besteht.[1191] Denkbar ist zum einen, daß die betriebliche Vereinbarung mit dem herrschenden Unternehmen als Vertragspartner und der Konzernleitung, d. h. der Leitung des herrschenden Unternehmens als Verhandlungspartner des Konzernbetriebsrates abzuschließen ist und ohne weiteres in den abhängigen Unternehmen gilt. Zum anderen ist die Möglichkeit in Betracht zu ziehen, daß die Konzernbetriebsvereinbarung mit den abhängigen, rechtlich selbständigen Unternehmen zu beschließen ist.

1. Vorrang des Konzerngesellschaftsrechts

Eine Ansicht[1192] in der Literatur geht von dem Vorrang des Konzerngesellschaftsrechts vor dem Konzernbetriebsverfassungsrecht aus. Die rechtliche Selbständigkeit der Konzernunternehmen sei unüberwindbar.[1193] Daher könne der Konzernbetriebsrat Konzernbetriebsvereinbarungen nur mit den einzelnen Unternehmen abschließen.[1194] Schließe er diese mit der Leitung des herrschenden Unternehmens ab, wirke die Betriebsvereinbarung nicht unmittelbar in den abhängigen Unternehmen, es sei denn, die Konzernunternehmen haben der Konzernleitung eine Abschlußvollmacht erteilt[1195]. Das herrschende Unternehmen sei vielmehr aufgrund der abgeschlossenen Konzernbetriebsvereinbarung verpflichtet, kraft seiner

---

1189 *Joost* in: MüHdbArbR III, § 315 Rn. 75; *Richardi/Annuß* in: Richardi, § 58 BetrVG Rn. 35.

1190 Zu den möglichen Fällen der originären Zuständigkeit des Konzernbetriebsrates siehe vorstehend S. 247 ff.

1191 Vgl. *Biedenkopf*, Liber amicorum Sanders, S. 1, 3 f., 7; *Joost* in: MüHdbArbR III, § 315 Rn. 76; *Richardi/Annuß* in: Richardi, § 58 BetrVG Rn. 33.

1192 *Buchner* Die AG 1971, S. 189, 190 (anders aber in FS Zöllner, S. 697, 697 ff.); *Joost* in: MüHdbArbR III, § 315 Rn. 82; *Richardi* in: Staudinger, Vorbem. zu §§ 611 ff. BGB Rn. 445, auch Rn. 1077; *Richardi/Annuß* in: Richardi, § 58 BetrVG Rn. 42; *H. Wiedemann*, Unternehmensgruppe, S. 124 f.; *Windbichler*, Arbeitsrecht im Konzern, S. 339, 359 ff.; *dies.* RdA 1999, S. 146, 150 f. Vgl. auch die Entscheidung des BAG 12.11.1997 AP Nr. 2 zu § 58 BetrVG 1972, wonach im Bereich des § 58 Abs. 2 BetrVG die herrschende Konzerngesellschaft nicht zum Abschluß einer Konzernbetriebsvereinbarung verpflichtet werden kann.

1193 *Buchner* Die AG 1971, S. 189, 190; *Joost* in: MüHdbArbR III, § 315 Rn. 82; *Richardi/Annuß* in: Richardi, § 58 BetrVG Rn. 36.

1194 *Richardi/Annuß* in: Richardi, § 58 BetrVG Rn. 36.

1195 *Joost* in: MüHdbArbR III, § 315 Rn. 82.

Konzernleitungsmacht entsprechende Regelungen in den abhängigen Unternehmen herbeizuführen.[1196] Nicht möglich, so die Vertreter dieser Ansicht, ist aber eine Regelung ausschließlich mit dem herrschenden Unternehmen, die eine unmittelbare Verbindlichkeit in den beherrschten Unternehmen erlangt.[1197] Begründet wird dies mit dem Argument, daß der Gesetzgeber mit der Einführung eines Konzernbetriebsrates keine Konzernzentralgewalt für das Arbeitsrecht schaffen wollte.[1198] Aufgrund des Fehlens jedweder Aussage zur Auflösung des Konflikts zwischen Konzerngesellschaftsrecht und Konzernbetriebsverfassungsrecht sei von dem Fehlen des Regelungswillens des Gesetzgebers zur Verdrängung der Grundsätze des Konzerngesellschaftsrechts auszugehen.[1199] Die gegenteilige Ansicht, die von der Annahme eines Konzernarbeitgebers ausgehe, konterkariere geradezu die im Konzerngesellschaftsrecht aufrechterhaltene rechtliche Selbständigkeit der abhängigen Unternehmen.[1200]

2. Vorrang des Betriebsverfassungsrechts

Der gegenteiligen Ansicht[1201] im Schrifttum zufolge ist das Betriebsverfassungsrecht vorrangig vor dem Konzerngesellschaftsrecht. Eine

---

1196 *Ders.* in: MüHdbArbR III, § 315 Rn. 82; *Richardi/Annuß* in: Richardi, § 58 BetrVG Rn. 43.

1197 *Buchner* Die AG 1971, S. 189, 190 (anders aber in FS Zöllner, S. 697, 697); *Joost* in: MüHdbArbR III, § 315 Rn. 76, 82; *Richardi/Annuß* in: Richardi, § 58 BetrVG Rn. 36, *H. Wiedemann*, Unternehmensgruppe, S. 124 f.; *Windbichler*, Arbeitsrecht im Konzern, S. 359 f.; *dies.* RdA 1999, S. 146, 151.

1198 *Richardi/Annuß* in: Richardi, § 58 BetrVG Rn. 36; *H. Wiedemann*, Unternehmensgruppe, S. 124.

1199 *Richardi/Annuß* in: Richardi, § 58 BetrVG Rn. 42. Ähnlich *Joost* in: MüHdbArbR III, § 315 Rn. 77; *H. Wiedemann*, Unternehmensgruppe, S. 124 f.; *Windbichler*, Arbeitsrecht im Konzern, S. 360 f.; *dies.* RdA 1999, S. 146, 151.

1200 *Joost* in: MüHdbArbR III, § 315 Rn. 78.

1201 *Bachner* NZA 1995, S. 256, 258 f.; *Buchner*, FS Zöllner, S. 697, 697 ff. (anders aber *ders.* Die AG 1971, S. 189, 190); *Eisemann* in: ErfK, § 3 BetrVG Rn. 9; *Güllich*, Unmittelbare Geltung von Betriebsvereinbarungen, S. 64, 76 f., 111 ff.; *P. Hanau* ZGR 1984, S. 468, 481 ff.; *Kreutz* in: GK-BetrVG I, § 58 BetrVG Rn. 11 ff.; *Monjau* BB 1972, S. 839, 842; *Trittin* in: Däubler/Kittner/Klebe, § 58 BetrVG Rn. 8 ff. Auch *Fitting* § 3 BetrVG Rn. 83, § 58 BetrVG Rn. 5, 11, 34 ff.; *Kort* Die AG 2003, S. 13, 16; *Löwisch* in: Löwisch/Kaiser, § 58 BetrVG Rn. 6; *M. Weiss/Weyand* § 58 BetrVG Rn. 6. Unklar *Glaubitz* in: Hess/Schlochauer/Glaubitz, § 58 BetrVG Rn. 2, 22. *Fuchs* unterscheidet zwar im Anschluß an *Kl.-P. Martens* ZfA 1973, S. 297 ff. horizontale und vertikale Konzernbetriebsvereinbarungen, vgl. *Fuchs*, Konzernbetriebsrat, S. 60 ff., bejaht aber i. E. bei beiden die Zuständigkeit der Konzernleitung, vgl. *ders.*, Konzernbetriebsrat, S. 98 f., 109. Vgl. auch BAG 12.11.1997 AP Nr. 2 zu § 58 BetrVG 1972: nach Ansicht des BAG ist Verhandlungs- und Vertragspartner die

Konzernbetriebsvereinbarung zwischen dem herrschenden Unternehmen und dem Konzernbetriebsrat habe jedenfalls im Bereich der originären Zuständigkeit nach § 58 Abs. 1 BetrVG unmittelbare Wirkung in den sachlich erfaßten Arbeitsverhältnissen der Arbeitnehmer aller Konzernunternehmen.[1202] Diese Lösung stimme zwar weder mit dem Konzerngesellschaftsrecht noch dem Individualarbeitsrecht überein und müsse daher notwendigerweise auf das Betriebsverfassungsrecht beschränkt bleiben.[1203] Im Zuständigkeitsbereich des Konzernbetriebsrates habe sich der Gesetzgeber jedoch für die Arbeitgeberstellung des Konzerns entschieden.[1204] Insoweit überlagert nach dieser Ansicht das betriebsverfassungsrechtliche Konzernrecht als lex specialis das gesellschaftsrechtliche Konzernrecht.[1205] Dies ergebe sich aus der Überlegung, daß im Rahmen des § 58 Abs. 1 BetrVG der Konzern bzw. mehrere Konzernunternehmen als Einheit geregelt seien. Für diese sollen Angelegenheiten des Betriebsverfassungsrechts einheitlich behandelt und

---

Konzernobergesellschaft, „die durch das jeweilige Leitungsorgan handelt und zum Abschluß sog. Konzernbetriebsvereinbarungen befugt ist". Das BAG behandelt hier zwar nicht ausdrücklich die Frage, ob die mit dem herrschenden Unternehmen abgeschlossene Konzernbetriebsvereinbarung unmittelbar in den Konzernunternehmen gilt. Soll die Vereinbarungsbefugnis des Konzernbetriebsrates aufgrund der Konzeption des BAG aber nicht leerlaufen, liegt die unmittelbare Wirkung der Konzernbetriebsvereinbarung in den Konzernunternehmen zumindest nahe.

1202 *Bachner* NZA 1995, S. 256, 259 f. (auch für die Auftragszuständigkeit); *Buchner*, FS Zöllner, S. 697, 697, 699 Fn. 4 (anders aber *ders.* Die AG 1971, S. 189, 190); *P. Hanau* ZGR 1984, S. 468, 482 (auch für die Auftragszuständigkeit, vgl. S. 482 Fn. 49); *Kreutz* in: GK-BetrVG I, § 58 BetrVG Rn. 11 ff.; *Monjau* BB 1972, S. 839, 842; *Nagel/Riess/Theis*, Neue Konzernstrukturen, S. 38; *Trittin* in: Däubler/Kittner/Klebe, § 58 BetrVG Rn. 9. I. E. auch *Fuchs*, Konzernbetriebsrat, S. 98 f., 109; *Güllich*, Unmittelbare Geltung von Betriebsvereinbarungen, S. 64, 76 f., 111 ff. Auch *Fitting* § 58 BetrVG Rn. 34; *Löwisch* in: Löwisch/Kaiser, § 58 BetrVG Rn. 5; *M. Weiss/Weyand* § 58 BetrVG Rn. 6. Unklar *Glaubitz* in: Hess/Schlochauer/Glaubitz, § 58 BetrVG Rn. 2: Konzernbetriebsrat und Leitung des herrschenden Unternehmens können Normen vereinbaren, die nach § 77 Abs. 4 BetrVG für die Arbeitsverhältnisse in allen Konzernunternehmen gelten; verpflichten kann sich das herrschende Unternehmen aber nur selbst. Die Entscheidung des BAG 12.11.1997 AP Nr. 2 zu § 58 BetrVG 1972, wonach die herrschende Konzerngesellschaft nicht zum Abschluß einer Konzernbetriebsvereinbarung verpflichtet werden kann, betraf ausdrücklich nur die Auftragszuständigkeit nach § 58 Abs. 2 BetrVG.

1203 *Kreutz* in: GK-BetrVG I, § 58 BetrVG Rn. 13; *M. Weiss/Weyand* § 58 BetrVG Rn. 9. Auch *P. Hanau* ZGR 1984, S. 468, 483.

1204 *Buchner*, FS Zöllner, S. 697, 698; *Fitting* § 58 BetrVG Rn. 5, 11; *Kreutz* in: GK-BetrVG I, § 58 BetrVG Rn. 11, 14; *Löwisch* in: Löwisch/Kaiser, § 58 BetrVG Rn. 6; *Trittin* in: Däubler/Kittner/Klebe, § 58 BetrVG Rn. 11.

1205 *Kreutz* in: GK-BetrVG I, § 58 BetrVG Rn. 14.

geregelt werden.[1206] Außerdem sei bereits in anderen arbeitsrechtlich relevanten Zusammenhängen, z. B. in den §§ 5 Abs. 1 MitbestG, 77a BetrVG 1952, das Prinzip der rechtlichen Selbständigkeit der abhängigen Konzernunternehmen durch den Gesetzgeber zu Schutzzwecken durchbrochen worden.[1207] Auch die Ausschußbegründung zu den Entwürfen des Betriebsverfassungsgesetzes a. F.[1208] gehe ausdrücklich davon aus, daß im Rahmen des Absatzes 2 der Konzernbetriebsrat die Angelegenheit „mit der Konzernleitung zu behandeln", d. h. zu regeln habe.[1209]

3. Vertrags- oder faktischer Konzern

Eine dritte Ansicht[1210] unterscheidet zwischen einem Vertrags- und einem faktischen Konzern. Grundsätzlich sei davon auszugehen, daß der Gesetzgeber mit der Schaffung des Konzernbetriebsrates nicht zugleich eine konzernrechtliche Regelung treffen wollte.[1211] Die Zuständigkeit des „Konzernarbeitgebers" könne sich nur aus den Vorschriften des Konzerngesellschaftsrechts selbst ergeben.[1212] Bei Eingliederung von Unternehmen und Abschluß eines Beherrschungs- und Gewinnabführungsvertrages sei eine zentrale Leitung der Konzernunternehmen durch die Konzernmutter vorgesehen.[1213] Hier könne eine unmittelbare Bindung der Konzernunternehmen durch Vereinbarungen, d. h. auch Betriebsvereinbarungen

---

1206 *Bachner* NZA 1995, S. 256, 259; *Buchner*, FS Zöllner, S. 697, 698; *P. Hanau* ZGR 1984, S. 468, 483; *Kreutz* in: GK-BetrVG I, § 58 BetrVG Rn. 14.

1207 *Kreutz* in: GK-BetrVG I, § 58 BetrVG Rn. 14; *Trittin* in: Däubler/Kittner/Klebe, § 58 BetrVG Rn. 8.

1208 Schriftlicher Bericht des Ausschusses für Arbeit und Sozialordnung zu BT-Drucks. VI/2729, S. 26.

1209 *Bachner* NZA 1995, S. 256, 259; *Kreutz* in: GK-BetrVG I, § 58 BetrVG Rn. 14; *Trittin* in: Däubler/Kittner/Klebe, § 58 BetrVG Rn. 8.

1210 *Biedenkopf*, Liber amicorum Sanders, S. 1, 11 ff.; *Marienhagen* in: Galperin I, § 58 BetrVG Rn. 7 f.; *Tomicic*, Interessenausgleich, S. 153 ff.; *Wetzling*, Konzernbetriebsrat, S. 198 ff. Auch *Konzen* RdA 1984, S. 65, 76 f., der aber innerhalb des faktischen Konzerns im Anschluß an *Kl.-P. Martens* ZfA 1973, S. 297 ff. noch zwischen horizontalen und vertikalen Regelungen unterscheidet, vgl. S. 77. Wie *Konzen* auch *Haas*, Auswirkungen des Betriebsübergangs, S. 108; anders *Konzen*, FS Wiese, S. 199, 211 f. (Unterscheidung nur zwischen Vertrags- und faktischem Konzern).

1211 *Biedenkopf*, Liber amicorum Sanders, S. 1, 10; *Konzen* RdA 1984, S. 65, 76; *Marienhagen* in: Galperin I, § 58 BetrVG Rn. 8; *Wetzling*, Konzernbetriebsrat, S. 196 f.

1212 *Biedenkopf*, Liber amicorum Sanders, S. 1, 11; *Marienhagen* in: Galperin I, § 58 BetrVG Rn. 8; *Wetzling*, Konzernbetriebsrat, S. 197.

1213 *Biedenkopf*, Liber amicorum Sanders, S. 1, 12; *Wetzling*, Konzernbetriebsrat, S. 198 f.

angenommen werden.[1214] Anders sei dies im faktischen Konzern, weil dort kein besonderer Beherrschungsvertrag existiere, sondern die Kontrolle des herrschenden Unternehmens allein auf der durch Mehrheitsbeteiligung vermittelten Herrschaftsgewalt beruhe.[1215]

4. Horizontale oder vertikale Konzernregelung

Einen eigenen Ansatz verfolgt schließlich *Klaus-Peter Martens*.[1216] Seiner Ansicht nach müsse zwischen horizontalen und vertikalen Regelungen unterschieden werden.[1217] Eine horizontale Regelung liege vor, wenn das Regelungsziel aufgrund der erstrebten breitflächigen Wirkung auch durch Abschluß mit den einzelnen Konzernunternehmen erreichbar sei.[1218] Charakteristisch für eine vertikale Regelung ist dagegen, so *Klaus-Peter Martens*, daß das Regelungsziel nur erreicht werden kann, wenn der Konzernbetriebsrat mit dem Konzern als Verpflichtungsadressaten eine entsprechende Vereinbarung abschließt.[1219] Bei ersteren sei aufgrund dieser Einordnung eine konzernweite Regelungszuständigkeit des herrschenden Unternehmens abzulehnen.[1220] Bei vertikalen Regelungen habe die Vereinbarung unmittelbar bindende Wirkung auch für die Konzernunternehmen,[1221] da hier der Konflikt nicht anders regelbar sei und der Konzernleitung Regelungsmacht zukommen müsse.

5. Stellungnahme

Nicht zu folgen ist zunächst den Differenzierungen zwischen Vertrags- und faktischem Konzern bzw. zwischen vertikalen und horizontalen Regelungen. Die Vertreter im Schrifttum, die eine unmittelbar bindende Wirkung der Konzernbetriebsvereinbarung für die Konzernunternehmen auf den

---

1214 *Biedenkopf*, Liber amicorum Sanders, S. 1, 12; *Konzen*, FS Wiese, S. 199, 211; *ders.* RdA 1984, S. 65, 76 f.; *Marienhagen* in: Galperin I, § 58 BetrVG Rn. 7; *Wetzling*, Konzernbetriebsrat, S. 198. Anders aber, wenn nur ein Gewinnabführungs- oder ein sonstiger Unternehmensvertrag abgeschlossen wurde, vgl. *Biedenkopf*, Liber amicorum Sanders, S. 1, 12.

1215 *Biedenkopf*, Liber amicorum Sanders, S. 1, 12 f.; *Konzen*, FS Wiese, S. 199, 211 f.; *ders.* RdA 1984, S. 65, 77; *Marienhagen* in: Galperin I, § 58 BetrVG Rn. 8; *Wetzling*, Konzernbetriebsrat, S. 200 f.

1216 *Kl.-P. Martens* ZfA 1973, S. 297 ff. Diesem folgend *Konzen* RdA 1984, S. 65, 77 für den faktischen Konzern (anders aber *ders.*, FS Wiese, S. 199, 211 f.).

1217 *Kl.-P. Martens* ZfA 1973, S. 297, 309.

1218 *Kl.-P. Martens* ZfA 1973, S. 297, 307, 309.

1219 *Ders.* ZfA 1973, S. 297, 307, 309.

1220 *Ders.* ZfA 1973, S. 297, 310 f.

1221 *Ders.* ZfA 1973, S. 297, 316 f., 319.

Vertragskonzern beschränken, übersehen, daß bei diesem die Binnenorganisation der verbundenen Unternehmen trotz formal verdichteter Konzernstrukturen aufgrund des Beherrschungsvertrages nicht geändert wird.[1222] Insbesondere erfährt der Vertretungsumfang der abhängigen Unternehmen keine Beschränkungen.[1223] Damit besteht für das vorliegende Problem kein wesentlicher Unterschied zum faktischen Konzern, aufgrund dessen eine unterschiedliche Behandlung gerechtfertigt sein würde.[1224] Mit den konzerngesellschaftsrechtlichen Zurechnungsmechanismen des Weisungsrechts bzw. der faktischen Beherrschung ist jede Betriebsvereinbarung zwischen Konzernbetriebsrat und herrschendem Unternehmen mit unmittelbarer Wirkung für die Konzernunternehmen unvereinbar.[1225] Der unmittelbaren Wirkung einer Konzernbetriebsvereinbarung im faktischen Konzern steht auch nicht § 317 AktG entgegen, wie *Kreutz*[1226] gezeigt hat. Die von *Klaus-Peter Martens*[1227] vorgenommene Differenzierung nach dem jeweiligen Regelungsgegenstand hat keine dogmatische Grundlage im Gesetz und ist eine freie Rechtsfortbildung.[1228] Das Gesetz nimmt im Zuständigkeitsbereich des Konzernbetriebsrates keine weitere qualitative Differenzierung hinsichtlich des Regelungsgegenstandes vor.[1229]

Damit ist letztlich entscheidend, ob dem betriebsverfassungsrechtlichen oder dem gesellschaftsrechtlichen Konzernrecht Vorrang zukommt. Unumstritten ist zunächst die Aussage, daß der Gesetzgeber ohne weiteres davon ausging, daß die mit der Konzernleitung abgeschlossene Konzernbetriebsvereinbarung in sämtlichen betroffenen Konzernunternehmen gelten würde und ihm die Problematik des Vertragspartners auf Arbeitgeberseite

---

1222 *Joost* in: MüHdbArbR III, § 315 Rn. 79.

1223 *Ders.* in: MüHdbArbR III, § 315 Rn. 79; *Richardi/Annuß* in: Richardi, § 58 BetrVG Rn. 40; *H. Wiedemann*, Unternehmensgruppe, S. 124; *Windbichler*, Arbeitsrecht im Konzern, S. 359.

1224 *Joost* in: MüHdbArbR III, § 315 Rn. 78 ff.

1225 *Kreutz* in: GK-BetrVG I, § 58 BetrVG Rn. 15.

1226 *Ders.* in: GK-BetrVG I, § 58 BetrVG Rn. 15. Allgemein auch *Bachner* NZA 1995, S. 256, 259; *P. Hanau* ZGR 1984, S. 468, 483 f. A. A. *Biedenkopf*, Liber amicorum Sanders, S. 1, 12 f.

1227 Siehe vorstehend S. 255.

1228 *Richardi/Annuß* in: Richardi, § 58 BetrVG Rn. 41.

1229 *Dies.* in: Richardi, § 58 BetrVG Rn. 41. Gegen die Ansicht von *Kl.-P. Martens* mit anderer Begründung auch *Kreutz* in: GK-BetrVG I, § 58 BetrVG Rn. 16. Vgl. auch *Fitting* § 58 BetrVG Rn. 37 f.; *Güllich*, Unmittelbare Geltung von Betriebsvereinbarungen, S. 140 ff.

nicht bewußt war.[1230] Der pauschale Hinweis auf die §§ 87 Abs. 1 Nr. 8, 88 Nr. 2, 77 Abs. 4 BetrVG und das Argument der sonst drohenden praktischen Bedeutungslosigkeit des Konzernbetriebsrates[1231] allein vermögen den Vorrang des betriebsverfassungsrechtlichen Konzernrechts nicht zu rechtfertigen.[1232] Auch die Ausschußbegründung zu den Entwürfen des Betriebsverfassungsgesetzes a. F.[1233] hilft nicht weiter. Wenn dort gesagt wird, daß bei Beauftragung des Konzernbetriebsrates dieser die Angelegenheit mit der Konzernleitung behandeln und regeln soll, betrifft dies nur die Frage des Verhandlungs-, nicht aber die des Vertragspartners. Zudem ist im Konzerngesellschaftsrecht anerkannt, daß der Unterordnungskonzern nicht (teil-)rechtsfähig ist[1234] und Arbeitgeber der im Konzern beschäftigten Arbeitnehmer die jeweiligen Rechtsträger der Konzernunternehmen sind.

Daß aufgrund des Fehlens jedweder Aussage zur Auflösung des Zuständigkeitskonflikts auf Konzernebene von dem fehlenden Willen des Gesetzgebers zur Verdrängung der im Konzerngesellschaftsrecht geltenden Grundsätze durch § 58 BetrVG auszugehen sei[1235], kann allerdings nicht überzeugen.[1236] Die grammatikalische und teleologische Gesetzesauslegung ergeben, daß der Konzern bzw. mehrere Konzernunternehmen in § 58 Abs. 1 BetrVG als Einheit geregelt sind, für die betriebsverfassungsrechtliche Fragen übereinstimmend behandelt und geregelt werden sollen.[1237] Zum Schutz vor einer „Aushöhlung betriebsverfassungsrechtlicher Beteiligungsrechte infolge

---

1230 Vgl. *Biedenkopf*, Liber amicorum Sanders, S. 1, 8; *Güllich*, Unmittelbare Geltung von Betriebsvereinbarungen, S. 10; *P. Hanau* ZGR 1984, S. 468, 483; *Joost* in: MüHdbArbR III, § 315 Rn. 75; *Konzen* RdA 1984, S. 65, 76; *Kreutz* in: GK-BetrVG I, § 58 BetrVG Rn. 9 f.; *Monjau* BB 1972, S. 839, 842; *Richardi/Annuß* in: Richardi, § 58 BetrVG Rn. 42; *Wetzling*, Konzernbetriebsrat, S. 197.

1231 So argumentieren *Bachner* NZA 1995, S. 256, 259; *Fitting* § 58 BetrVG Rn. 34; *Glaubitz* in: Hess/Schlochauer/Glaubitz, § 58 BetrVG Rn. 2; *Löwisch* in: Löwisch/Kaiser, § 58 BetrVG Rn. 6. Auch *Trittin* in: Däubler/Kittner/Klebe, § 58 BetrVG Rn. 11.

1232 *Kreutz* in: GK-BetrVG I, § 58 BetrVG Rn.12.

1233 Schriftlicher Bericht des Ausschusses für Arbeit und Sozialordnung zu BT-Drucks. VI/2729, S. 26.

1234 *Geßler* in: Geßler/Hefermehl/Eckardt/Kropff, § 18 AktG Rn. 37; *Koppensteiner* in: Kölner Kommentar, § 18 AktG Rn. 7; *Kreutz* in: GK-BetrVG I, § 58 BetrVG Rn. 13.

1235 Siehe die Nachweise vorstehend Fn. 1199.

1236 Dies schon deswegen nicht, weil bei Erlaß des BetrVG a. F. der § 77a BetrVG 1952 bereits existierte, vgl. auch *Fuchs*, Konzernbetriebsrat, S. 84, und durch *Buchner* Die AG 1971, S. 189, 190 sowie *Kl.-P. Martens* RdA 1970, S. 173, 174 ff. vor Abschluß der Gesetzesberatungen auf die Problematik hingewiesen wurde.

1237 Siehe vorstehend S. 253.

konzernspezifischer Entscheidungsstrukturen und der dadurch eröffneten faktischen und rechtlichen Einflußmöglichkeiten des herrschenden Konzernunternehmens“[1238] überlagert im Bereich des Betriebsverfassungsrechts das betriebsverfassungsrechtliche als lex specialis das gesellschaftsrechtliche Konzernrecht. Aus ähnlichen Schutzüberlegungen heraus besteht eine Durchbrechung des Prinzips der rechtlichen Selbständigkeit der Konzernunternehmen bei den §§ 5 Abs. 1 MitbestG, 77a BetrVG 1952. Systematisch ergibt sich zudem kein Hinweis darauf, daß die Konzernleitung nur Verhandlungs-, das herrschende Unternehmen aber nicht Vertragspartner des Konzernbetriebsrates sein soll. Die §§ 59 Abs. 1, 51 Abs. 6, 77 BetrVG legen eher das Gegenteil nahe.[1239] Wäre die Ansicht vom Vorrang des Konzerngesellschaftsrechts zutreffend, müßten zudem die getroffenen Regelungen durch Weisungen an die Konzernunternehmen weitergegeben und umgesetzt werden.[1240] Dies bedürfte wiederum der Mitarbeit der Gesamtbetriebsräte, welche im Bereich des § 58 Abs. 1 BetrVG gerade ausgeschlossen sind.[1241] Wie zudem ein Blick auf die §§ 8, 17 ff. EBRG zeigt, sind dem Gesetzgeber konzernweite Vereinbarungen nicht fremd. Dort ist bestimmt, daß das besondere Verhandlungsgremium, welches aus von den Arbeitnehmervertretungen bestellten Repräsentanten besteht (§ 11 EBRG), mit der zentralen Leitung Vereinbarungen über eine grenzübergreifende Unterrichtung und Anhörung der Arbeitnehmer und die Ausgestaltung des Europäischen Betriebsrates abschließt. Diese Vereinbarungen sind Kollektivverträge eigener Art,[1242] tragen aber Wesenszüge einer betrieblichen Vereinbarung in sich[1243].

Im Ergebnis ist die Ansicht vom Vorrang des Konzernbetriebsverfassungsrecht vorzuziehen, da nur sie dem Sinn und Zweck des Gesetzes – Schutz der betriebsverfassungsrechtlichen Beteiligungsrechte auf Unternehmensebene vor Aushöhlung – gerecht zu werden vermag. Vertragspartner des Konzernbetriebsrates ist das herrschende Unternehmen bzw. dessen Rechtsträger selbst. Der Konzern erlangt (nur) auf dem Gebiet des Betriebsverfassungsrechts (Teil-)Rechtsfähigkeit und handelt durch die

---

1238 Ähnlich BAG 12.11.1997 AP Nr. 2 zu § 58 BetrVG 1972.

1239 *Kreutz* in: GK-BetrVG I, § 58 BetrVG Rn. 14.

1240 Siehe vorstehend S. 251 f.

1241 So auch *Kreutz* in: GK-BetrVG I, § 58 BetrVG Rn. 14.

1242 Strittig, wie hier *Th. Blanke*, EBRG-Kommentar, § 17 EBRG Rn. 14; *Chr. Müller*, EBRG, § 17 EBRG Rn. 3; *Spinner*, Betriebsverfassung, S. 68 ff. Zum Streitstand vgl. *Oetker* in: GK-BetrVG II, vor § 106 BetrVG Rn. 125 f.

1243 *P. Hanau*, FS Vieregge, S. 319, 333 f. bezeichnet sie sogar als „europäische Betriebsvereinbarung“.

Konzernleitung. Diese Arbeitgeberstellung korrespondiert mit der Zuständigkeit des Konzernbetriebsrates nach § 58 BetrVG.[1244]

III. Ergebnis

Beim Abschluß einer Organisationsbetriebsvereinbarung ist Vertragspartner der Arbeitnehmerseite immer der „Arbeitgeber“, vgl. § 77 Abs. 2 Satz 1 BetrVG. Im konkreten Fall bestimmt sich dies nach der Zuständigkeit auf Arbeitnehmerseite. Beim Betriebsrat und Gesamtbetriebsrat ist es das Unternehmen bzw. dessen Rechtsträger, für das/den auf Betriebsebene die Betriebsleitung, auf Unternehmensebene die Unternehmensleitung verhandelt. Auf Konzernebene ist der Vertragspartner das herrschende Unternehmen bzw. dessen Rechtsträger. Zum Abschluß einer Konzernbetriebsvereinbarung sind der Konzernbetriebsrat und die Konzernleitung berufen. Deren Vereinbarung wirkt unmittelbar in den Konzernunternehmen und bedarf zu ihrer Geltung keines weiteren Umsetzungsaktes. Verhandlungspartner einer Arbeitnehmervertretung nach § 3 Abs. 1 Nr. 1 bis 3 BetrVG ist entsprechend das jeweils korrespondierende Entscheidungsorgan auf Arbeitgeberseite, welches die Arbeitgeberbefugnisse ausübt. Dies ist im Falle der Nr. 1a die Unternehmensleitung, bei Nr. 1b die (Betriebs-)Leitung der zusammengefaßten Betriebe. Vertragspartner ist in beiden Fällen das Unternehmen bzw. dessen Rechtsträger. Der Spartenbetriebsrat verhandelt mit der Spartenleitung. Je nachdem, auf welcher Ebene diese im konkreten Fall besteht, ist Vertragspartner das Unternehmen oder der Konzern.

C. Die Erzwingbarkeit organisationsrechtlicher Betriebsvereinbarungen

Kommt es zwischen der Arbeitnehmer- und der Arbeitgeberseite zu keiner einvernehmlichen Regelung, stellt sich die Frage nach der Erzwingbarkeit einer Organisationsbetriebsvereinbarung. Auf tariflicher Ebene besteht für diesen Fall die Möglichkeit des Arbeitskampfes.[1245] Aufgrund des absoluten und abstrakten[1246] Arbeitskampfverbotes des § 74 Abs. 2 Satz 1 BetrVG[1247] scheidet

---

1244 Auch *P. Hanau* ZGR 1984, S. 468, 482, 483; *Kreutz* in: GK-BetrVG I, § 58 BetrVG Rn. 11; *Trittin* in: Däubler/Kittner/Klebe, § 58 BetrVG Rn. 8; weitere Nachweise siehe vorstehend Fn. 1201.

1245 Siehe hierzu vorstehend § 10 [S. 229 ff.].

1246 Auf eine konkrete Beeinträchtigung kommt es bei § 74 Abs. 2 Satz 1 BetrVG somit nicht an, vgl. *Hess* in: Hess/Schlochauer/Glaubitz, § 74 BetrVG Rn. 11; *Kreutz* in: GK-BetrVG II, § 74 BetrVG Rn. 32; *M. Weiss/Weyand* § 74 BetrVG Rn. 7. Ähnlich *Fitting* § 74 BetrVG Rn. 12. Ebenso zum Verbot parteipolitischer Betätigung i. S. d. Satzes 3 BVerfG 28.4.1976 E 42, 133, 140; BAG 13.9.1977 AP Nr. 1 zu § 42 BetrVG 1972; BAG 21.2.1978 AP Nr. 1 zu § 74 BetrVG 1972; BAG 12.6.1986 AP Nr. 5 zu § 74 BetrVG 1972; *Blomeyer* ZfA 1972, S. 85, 120; *Fitting* § 74 BetrVG Rn. 37; *Hess*

für die Betriebsparteien ein von der betrieblichen Arbeitnehmervertretung initiierter und durchgeführter Streik der Belegschaft mit dem Ziel des Abschlusses einer Organisationsbetriebsvereinbarung als Reaktion auf eine Weigerung des Arbeitgebers hingegen aus. Betriebsvereinbarungen im Rahmen des § 3 BetrVG fallen in den Bereich der freiwilligen Mitbestimmung.[1248] Die Einigungsstelle kann nur tätig werden und verbindlich entscheiden, wenn sich sowohl Arbeitgeber als auch Arbeitnehmervertretung im vorhinein dem Spruch der Einigungsstelle unterworfen oder ihn nachträglich angenommen haben, § 76 Abs. 6 BetrVG. Verweigert eine Arbeitnehmervertretung oder der Arbeitgeber die Mitwirkung, kann die jeweils andere Seite nicht einseitig durch Anrufung der Einigungsstelle den Abschluß einer Betriebsvereinbarung erzwingen. Auch besteht in diesen Fällen keine Möglichkeit, die Einigung durch einen Beschluß des Arbeitsgerichtes herbeizuführen oder gar ersetzen zu lassen.

Im Falle der Weigerung einer Arbeitnehmervertretung wäre allenfalls an eine Klage gem. § 23 Abs. 1 BetrVG zu denken. Diese setzt eine grobe Pflichtverletzung voraus. Die Weigerung, eine Betriebsvereinbarung nach § 3 Abs. 1, 2 BetrVG abzuschließen, stellt grundsätzlich keine Pflichtverletzung dar. Eine Verletzung des § 3 Abs. 2 BetrVG kommt nicht in Betracht, da keine Pflicht zum Abschluß einer entsprechenden Betriebsvereinbarung besteht. Es handelt sich hier um einen Gegenstand der freiwilligen Mitbestimmung.[1249] Allenfalls in Fällen, in denen die bestehende Arbeitnehmervertretung absolut offensichtlich und eindeutig zu einer den Schutz- und den Teilhabegedanken der Betriebsverfassung verwirklichenden Mitbestimmung nicht in der Lage ist, kann an eine Verletzung der Pflichten aus §§ 2 Abs. 1, 80 Abs. 1 Nr. 2 BetrVG gedacht werden. Zudem müßte es sich um eine „grobe", d. h. objektiv erhebliche und offensichtlich schwerwiegende Pflichtverletzung handeln.[1250] Entscheidend

---

in: Hess/Schlochauer/Glaubitz, § 74 BetrVG Rn. 33; *Löwisch* in: Galperin II, § 74 BetrVG Rn. 19a; *Richardi* in: ders., § 74 BetrVG Rn. 46.

1247 Vgl. zu diesem allgemein *Fitting* § 74 BetrVG Rn. 12 ff.; *Kreutz* in: GK-BetrVG II, § 74 BetrVG Rn. 36 ff.; *Löwisch* in: Löwisch/Kaiser, § 74 BetrVG Rn. 4 ff.; *Richardi* in: ders., § 74 BetrVG Rn. 16 ff.

1248 *Fitting* § 3 BetrVG Rn. 79; *Kort* Die AG 2003, S. 13, 24; *Löwisch* in: Löwisch/Kaiser, § 3 BetrVG Rn. 23; *Stege/Weinspach/Schiefer* § 3 BetrVG Rn. 13.

1249 *Fitting* § 3 BetrVG Rn. 79; *Kort* Die AG 2003, S. 13, 24; *Löwisch* in: Löwisch/Kaiser, § 3 BetrVG Rn. 23; *Stege/Weinspach/Schiefer* § 3 BetrVG Rn. 13.

1250 BAG 21.2.1978 AP Nr. 1 zu § 74 BetrVG 1972; BAG 15.8.1978 AP Nr. 1 zu § 23 BetrVG 1972; BAG 23.6.1992 AP Nr. 20 zu § 23 BetrVG 1972; BAG 22.6.1993 AP Nr. 22 zu § 23 BetrVG 1972; LAG Bremen 18.7.1986 AP Nr. 6 zu § 23 BetrVG 1972; LAG Düsseldorf 15.10.1992 LAGE § 611 BGB Abmahnung Nr. 33; *Fitting* § 23 BetrVG Rn. 14; *Joost* in: MüHdbArbR III, § 310 Rn. 7; *Marienhagen* in: Galperin I, § 23 BetrVG Rn. 8; *Oetker* in: GK-BetrVG I, § 23 BetrVG Rn. 35; *Richardi/Thüsing* in: Richardi, § 23 BetrVG Rn. 27; *Schlochauer* in: Hess/Schlochauer/Glaubitz, § 23

ist, ob die konkrete Pflichtverletzung unter Berücksichtigung der Umstände des Einzelfalles, insbesondere der betrieblichen Gegebenheiten, des Anlasses und der Persönlichkeit des Betriebsratsmitglieds, so erheblich ist, daß es für die weitere Amtsausübung untragbar erscheint.[1251] Dies kann angesichts des vorstehend Gesagten regelmäßig nicht angenommen werden. Als Rechtsfolge bestimmt § 23 Abs. 1 BetrVG, daß im Erfolgsfall die Arbeitnehmervertretung aufzulösen und Neuwahlen durchzuführen sind, vgl. §§ 23 Abs. 2, 13 Abs. 1 Nr. 5 BetrVG. Einen positiven Beschluß der Arbeitnehmervertretung stellt ein entsprechender Richterspruch dagegen nicht dar. Ihm käme nur insoweit Wirkung zu, als ein faktischer Druck auf die (neu gewählte) Arbeitnehmervertretung ausgeübt wird, die Betriebsvereinbarung abzuschließen, will sie sich nicht einer neuerlichen Klage nach § 23 Abs. 1 BetrVG aussetzen.

Verweigert der Arbeitgeber den Abschluß einer Betriebsvereinbarung nach § 3 Abs. 2 BetrVG, könnte eine Klage gem. § 23 Abs. 3 BetrVG erfolgreich sein. Materielle Voraussetzung hierfür ist das Vorliegen eines Verstoßes des Arbeitgebers gegen seine Verpflichtungen aus dem Betriebsverfassungsgesetz. Ein Verstoß gegen § 3 Abs. 2 BetrVG kommt nicht in Betracht, weil dies in den Bereich der freiwilligen Mitbestimmung fällt[1252] und der Arbeitgeber zum Abschluß einer Betriebsvereinbarung in keiner Weise verpflichtet ist. Eine Verletzung des § 74 Abs. 1 Satz 2 BetrVG scheidet aus, da die Verpflichtung des Arbeitgebers nur darin besteht, mit dem ernsten Willen zur Einigung zu verhandeln und Vorschläge für die Beilegung von Meinungsverschiedenheiten zu machen, nicht dagegen eine Betriebsvereinbarung abzuschließen. Theoretisch denkbar wäre wiederum eine Verletzung von § 2 Abs. 1 BetrVG. Die Pflichtverletzung müßte weiterhin „grob", d. h. objektiv erheblich und den Sinn und Zweck des Gesetzes besonders schwerwiegend verletzend sein.[1253] Dies ist zu bejahen, wenn der Verstoß

BetrVG Rn. 16; *Trittin* in: Däubler/Kittner/Klebe, § 23 BetrVG Rn. 9 f.; *Wlotzke*, Betriebsverfassungsgesetz, § 23 BetrVG Anm. 2 a).

1251 BAG 22.6.1993 AP Nr. 22 zu § 23 BetrVG 1972; *Marienhagen* in: Galperin I, § 23 BetrVG Rn. 8; *Oetker* in: GK-BetrVG I, § 23 BetrVG Rn. 35; *Schlochauer* in: Hess/Schlochauer/Glaubitz, § 23 BetrVG Rn. 16.

1252 *Fitting* § 3 BetrVG Rn. 79; *Kort* Die AG 2003, S. 13, 24; *Löwisch* in: Löwisch/Kaiser, § 3 BetrVG Rn. 23; *Stege/Weinspach/Schiefer* § 3 BetrVG Rn. 13.

1253 Vgl. BAG 21.2.1978 AP Nr. 1 zu § 74 BetrVG 1972; BAG 15.8.1978 AP Nr. 1 zu § 23 BetrVG 1972; BAG 27.11.1990 AP Nr. 41 zu § 87 BetrVG 1972 Arbeitszeit; BAG 16.7.1991 AP Nr. 44 zu § 87 BetrVG 1972 Arbeitszeit; BAG 23.6.1992 AP Nr. 20 zu § 23 BetrVG 1972; BAG 22.6.1993 AP Nr. 22 zu § 23 BetrVG 1972; LAG Baden-Württemberg 14.4.1988 AiB 1988, S. 281, 281; LAG Baden-Württemberg 29.10.1990 LAGE zu § 77 BetrVG 1972 Nr. 10; LAG Bremen 18.7.1986 AP Nr. 6 zu § 23 BetrVG 1972; LAG Düsseldorf 15.10.1992 LAGE zu § 611 BGB Abmahnung Nr. 33; LAG Köln 19.2.1988 LAGE zu § 23 BetrVG 1972 Nr. 21; LAG Köln 14.11.1991

objektiv so erheblich ist, daß unter Berücksichtigung des Gebotes zur vertrauensvollen Zusammenarbeit die Anrufung des Arbeitsgerichtes durch den Betriebsrat gerechtfertigt erscheint.[1254] Hiervon ist bei einer Weigerung des Arbeitgebers, eine Betriebsvereinbarung nach § 3 Abs. 2 BetrVG abzuschließen, regelmäßig nicht auszugehen, weil diese in den Bereich der freiwilligen Mitbestimmung fällt[1255].

Im Ergebnis besteht keine (wirksame) rechtliche Handhabe, um den Abschluß einer Betriebsvereinbarung nach § 3 Abs. 2, 1 BetrVG zu erzwingen. Entscheidend für den erfolgreichen Abschluß einer Organisationsbetriebsvereinbarung werden z. B. die konkrete betriebliche Situation sowie die Interessen der Arbeitnehmer- und Arbeitgeberseite ebenso wie das Geschick der Verhandlungsführer sein.

§ 12 Der Vorbehalt des Tarifvertrages, § 3 Abs. 2 BetrVG

§ 3 Abs. 2 BetrVG bestimmt, daß in den Fällen des Absatzes 1 Nr. 1, 2, 4 und 5 eine Vereinbarung durch die Betriebsparteien nur getroffen werden kann, wenn keine tarifliche Regelung besteht und auch kein anderer Tarifvertrag gilt. Durch diesen Tarifvorbehalt wird die durch Art. 9 Abs. 3 Satz 1 GG geforderte Prärogative der Tarifautonomie vor der Betriebsautonomie, d. h. der Tarifvertragsparteien vor den Betriebsparteien sichergestellt.[1256] Die Regelung des § 3 Abs. 2 BetrVG ist insofern sehr weit gefaßt, als selbst ein Tarifvertrag, der eine gänzlich andere Regelung enthält, den Abschluß einer Betriebsvereinbarung ausschließt.[1257] Sie geht über § 87 Abs. 1 Einleitungssatz

---

LAGE zu § 95 BetrVG 1972 Nr. 13; *Fitting* § 23 BetrVG Rn. 62; *Heinze* DB 1983, Beilage Nr. 9, S. 1, 11; *Joost* in: MüHdbArbR III, § 310 Rn. 34; *Marienhagen* in: Galperin I, § 23 BetrVG Rn. 53; *Matthes* in: MüHdbArbR III, § 329 Rn. 8; *Oetker* in: GK-BetrVG I, § 23 BetrVG Rn. 186; *Richardi/Thüsing* in: Richardi, § 23 BetrVG Rn. 93, 27; *Schlochauer* in: Hess/Schlochauer/Glaubitz, § 23 BetrVG Rn. 61; *Stege/Weinspach/Schiefer* § 23 BetrVG Rn. 15; *Trittin* in: Däubler/Kittner/Klebe, § 23 BetrVG Rn. 73; *Kl. Weber*, Erzwingungsverfahren, S. 118; *M. Weiss/Weyand* § 23 BetrVG Rn. 17.

1254 BAG 27.11.1990 AP Nr. 41 zu § 87 BetrVG 1972 Arbeitszeit; BAG 16.7.1991 AP Nr. 44 zu § 87 BetrVG 1972 Arbeitszeit; *Kl. Weber*, Erzwingungsverfahren, S. 118.

1255 Siehe vorstehend S. 260.

1256 Siehe bereits vorstehend S. 58 ff. aus verfassungsrechtlicher Sicht zum Verhältnis zwischen tariflicher und betrieblicher Rechtsetzungsmacht.

1257 Begründung zum RegE, BT-Drucks. 14/5741, S. 34. Auch im Schrifttum ist dies allgemeine Ansicht, vgl. *Berger-Delhey* ZTR 2001, S. 108, 110; *Buchner* NZA 2001, S. 633, 635; *Dachrodt/Engelbert* § 3 BetrVG Rn. 10; *Diringer* AuA 2001, S. 172, 173; *Eisemann* in: ErfK, § 3 BetrVG Rn. 9; *Fitting* § 3 BetrVG Rn. 78; *U. Koch* in: Schaub, Arbeitsrechts-Handbuch, § 216 Rn. 6; *Kraft* in: GK-BetrVG I, § 3 BetrVG Rn. 32; *Plander* NZA 2002, S. 483, 487; *Richardi* in: ders., § 3 BetrVG Rn. 50; *Schiefer*

BetrVG und § 77 Abs. 3 BetrVG hinaus, bei denen lediglich eine bestehende bzw. eine übliche Tarifnorm über den in Frage stehenden Regelungsgegenstand den Tarifvorbehalt auslöst.[1258]

A. Die sachliche Reichweite des Tarifvorbehaltes

I. Das Nichtbestehen einer tariflichen Regelung und die Nichtgeltung eines anderen Tarifvertrages

Gem. § 3 Abs. 2 BetrVG ist eine Betriebsvereinbarung nur zulässig, wenn „keine tarifliche Regelung (besteht) und [...] auch kein anderer Tarifvertrag (gilt)". In seiner 1. Alternative fordert § 3 Abs. 2 BetrVG das Nichtbestehen einer tariflichen Regelung. Hiermit ist das Nichtbestehen einer demselben Tatbestand des § 3 Abs. 1 BetrVG unterfallenden organisationsrechtlichen Tarifnorm gemeint.[1259] Eine Betriebsvereinbarung über die Errichtung eines unternehmenseinheitlichen Betriebsrates gem. § 3 Abs. 1 Nr. 1a, Abs. 2 BetrVG ist hiernach nur zulässig, wenn nicht bereits eine tarifliche Regelung gem. § 3 Abs. 1 Nr. 1a BetrVG besteht. Entsprechendes gilt für die anderen Tatbestände des § 3 Abs. 1, 2 BetrVG.

Der Tarifvorbehalt wird auch durch die Geltung eines anderen Tarifvertrages ausgelöst, § 3 Abs. 2 2. Alt. BetrVG. Hiermit ist zum einen jeder andere Tarifvertrag erfaßt, selbst wenn er keinerlei organisationsrechtliche Normen i. S. d. § 3 Abs. 1 BetrVG enthalten sollte. Dies ergibt sich eindeutig aus der Begründung zum Regierungsentwurf des Betriebsverfassungs-Reformgesetzes.[1260] Hiernach soll ein Arbeitgeber, in dessen Unternehmen

---

Personal 2002, Heft 4, S. 21, 21; *Kl. Schmidt*, FS Weinspach, S. 131, 134; *Stege/Weinspach/Schiefer* § 3 BetrVG Rn. 9; *Trümner* in: Däubler/Kittner/Klebe, § 3 BetrVG Rn. 117, 121. Abweichend *Gnade/Kehrmann/W. Schneider/Klebe/Ratayczak* § 3 BetrVG Rn. 8, welche die Tarifsperre eintreten lassen, wenn „ein anderer TV [...] derartige Organisationsstrukturen mit regelt" oder wenn ein entsprechender Tarifvertrag nach § 77 Abs. 3 BetrVG üblich ist.

1258 *Buchner* NZA 2001, S. 633, 635; *Dimitriadis/Ilbertz/Kallenberg/u. a.* ZBVR 2001, S. 170, 174; *Franzen* ZfA 2001, S. 423, 426; *P. Hanau* NJW 2001, S. 2513, 2514; *U. Koch* in: Schaub, Arbeitsrechts-Handbuch, § 216 Rn. 6. Zu den §§ 77 Abs. 3, 87 Abs. 1 Einleitungssatz BetrVG vgl. *Berg* in: Däubler/Kittner/Klebe, § 77 BetrVG Rn. 62 ff.; *Fitting* § 77 BetrVG Rn. 67 ff., § 87 BetrVG Rn. 36 ff.; *Klebe* in: Däubler/Kittner/Klebe, § 87 BetrVG Rn. 25 ff.; *Kreutz* in: GK-BetrVG II, § 77 BetrVG Rn. 74 ff.; *Richardi* in: ders., § 77 BetrVG Rn. 239 ff., § 87 BetrVG Rn. 143 f., 150 ff.; *Wiese* in: GK-BetrVG II, § 87 Rn. 54 ff.

1259 Anders *Kloppenburg* in: HaKo-BetrVG, § 3 BetrVG Rn. 23; *Trümner* in: Däubler/Kittner/Klebe, § 3 BetrVG Rn. 118. Zu dieser Problematik auch *Dimitriadis* ZBVR 2002, S. 67, 67.

1260 BT-Drucks. 14/5741, S. 34. Ebenso *Dachrodt/Engelbert* § 3 BetrVG Rn. 10; *Eisemann* in: ErfK, § 3 BetrVG Rn. 9; *Fitting* § 3 BetrVG Rn. 78; *U. Koch* in: Schaub, Arbeitsrechts-Handbuch, § 216 Rn. 6; *Plander* NZA 2002, S. 483, 487; *Richardi* in:

Tarifverträge über Arbeitsentgelte oder sonstige Arbeitsbedingungen gelten, auf den Tarifvertrag als maßgebliches Regelungsinstrument und damit auf eine Auseinandersetzung mit den Gewerkschaften beschränkt bleiben. Im Bereich der Organisationsverfassung des Betriebsverfassungsrechts muß er sich nicht zusätzlich mit der betrieblichen Arbeitnehmervertretung auseinandersetzen. Erfaßt ist zum anderen der Fall, daß ein Tarifvertrag Anwendung findet, der z. B. die Errichtung eines unternehmenseinheitlichen Betriebsrates gem. § 3 Abs. 1 Nr. 1a BetrVG zum Regelungsgegenstand hat, und nunmehr eine Betriebsvereinbarung gem. § 3 Abs. 1 Nr. 1b, 2, 4 oder 5, Abs. 2 BetrVG abgeschlossen werden soll. Der bestehende Organisationstarifvertrag ist ein anderer Tarifvertrag i. S. d. § 3 Abs. 2 2. Alt. BetrVG. Damit ist eine Regelung durch die Betriebsparteien unzulässig.[1261]

II. Die Art der Bindung an den vorrangigen Tarifvertrag

Sowohl beim Bestehen einer tariflichen (Organisations-)Regelung als auch bei der Geltung eines anderen Tarifvertrages ist eine Betriebsvereinbarung gem. § 3 Abs. 2 BetrVG unzulässig. Nunmehr fragt es sich, welcher Art die Bindung der Parteien des Arbeitsvertrages an den Tarifvertrag sein muß, um den Vorrang auszulösen. Wann „besteht" mit anderen Worten eine tarifliche Regelung bzw. wann „gilt" ein anderer Tarifvertrag i. S. d. § 3 Abs. 2 BetrVG? Aus dem Schrifttum liegen zu dem Problem differierende Stellungnahmen vor. Diese beschränken sich aber auf bloße Feststellungen, ohne sie im einzelnen zu begründen. So fordert *Konzen*[1262] einen existenten Tarifvertrag mit dem Inhalt des § 3 BetrVG. Unklar bleibt, was er unter einem „existenten" Tarifvertrag versteht. Nach *Eisemann*,[1263] *Peter Hanau*[1264], *Hohenstatt/Dzida*[1265], *Rieble*[1266]

---

ders., § 3 BetrVG Rn. 50; *Schiefer* Personal 2002, Heft 4, S. 21, 21; *Kl. Schmidt*, FS Weinspach, S. 131, 134; *Stege/Weinspach/Schiefer* § 3 BetrVG Rn. 9; *Trümner* in: Däubler/Kittner/Klebe, § 3 BetrVG Rn. 117, 121. Abweichend *Gnade/Kehrmann/W. Schneider/Klebe/Ratayczak* § 3 BetrVG Rn. 8, welche die Tarifsperre eintreten lassen, wenn „ein anderer TV [...] derartige Organisationsstrukturen mit regelt" oder wenn ein entsprechender Tarifvertrag nach § 77 Abs. 3 BetrVG üblich ist. Nach *Löwisch* BB 2001, S. 1734, 1736 ist § 3 Abs. 2 2. Alt. BetrVG verfassungswidrig. Hiergegen *Plander* NZA 2002, S. 483, 487.

1261 Abweichend *Kloppenburg* in: HaKo-BetrVG, § 3 BetrVG Rn. 23; *Trümner* in: Däubler/Kittner/Klebe, § 3 BetrVG Rn. 118, die diesen Fall unter die 1. Alternative subsumieren wollen. Vgl. auch *Dimitriadis* ZBVR 2002, S. 67, 67.

1262 *Konzen* RdA 2001, S. 76, 86.

1263 *Eisemann* in: ErfK, § 3 BetrVG Rn. 9.

1264 *P. Hanau* NJW 2001, S. 2513, 2514. Diesem folgend *Plander* NZA 2002, S. 483, 487 Fn. 30.

1265 *Hohenstatt/Dzida* DB 2001, S. 2498, 2501.

1266 *Rieble*, RWS-Forum Arbeitsrecht 2001, S. 25, 44.

und *Stege/Weinspach/Schiefer*[1267] muß der Arbeitgeber tarifgebunden sein; eine Geltung des Tarifvertrages kraft einzelvertraglicher Bezugnahme reiche dagegen nicht aus. Weitergehend verneinen *Hohenstatt/Dzida*[1268] und *Stege/Weinspach/Schiefer*[1269] den Tarifvorbehalt auch bei einem allgemeinverbindlichen Tarifvertrag. Im Gegensatz hierzu sprechen *Engels/Trebinger/Löhr-Steinhaus*[1270] und *Trümner*[1271] davon, daß sich die Sperrwirkung des § 3 Abs. 2 BetrVG aus der Allgemeinverbindlicherklärung eines Tarifvertrages nach § 5 TVG ergeben kann.

Zunächst ist festzuhalten, daß sich aus dem unterschiedlichen Wortlaut der beiden Alternativen des § 3 Abs. 2 BetrVG keine Folgerungen für die Art der Bindung der Arbeitsvertragsparteien an den Tarifvertrag ergeben. Unter diesem Gesichtspunkt setzt das „Bestehen" einer tariflichen Regelung die Geltung des Tarifvertrages voraus und „gilt" ein Tarifvertrag, wenn eine tarifliche Regelung besteht. Die folgenden Ausführungen beziehen sich gleichermaßen auf das „Bestehen" einer tariflichen Regelung, 1. Alt., wie auf die „Geltung" eines anderen Tarifvertrages, 2. Alt.

1. Tarifbindung gem. §§ 3 Abs. 1 und 2, 4 Abs. 1 TVG

Zweifelsohne besteht eine tarifliche Regelung bzw. gilt ein anderer Tarifvertrag i. S. d. § 3 Abs. 2 BetrVG, wenn Arbeitgeber und Arbeitnehmer gem. §§ 3 Abs. 1, 4 Abs. 1 TVG tarifgebunden sind.[1272] Zu beachten ist, daß sowohl bei Organisationstarifverträgen im besonderen, welche betriebsverfassungsrechtliche Normen enthalten,[1273] als auch bei sonstigen Tarifverträgen über betriebliche oder betriebsverfassungsrechtliche Fragen im allgemeinen die Tarifbindung des Arbeitgebers genügt, § 3 Abs. 2 TVG,[1274] und die Verbandsmitgliedschaft des einzelnen Arbeitnehmers irrelevant ist.

1267 *Stege/Weinspach/Schiefer* § 3 BetrVG Rn. 9.

1268 *Hohenstatt/Dzida* DB 2001, S. 2498, 2501.

1269 *Stege/Weinspach/Schiefer* § 3 BetrVG Rn. 9. Wohl auch *Richardi/Annuß* DB 2001, S. 41, 42.

1270 *Engels/Trebinger/Löhr-Steinhaus* DB 2001, S. 532, 533. Ebenso *Dachrodt/Engelbert* § 3 BetrVG Rn. 10; *Eisemann* in: ErfK, § 3 BetrVG Rn. 9; *Kloppenburg* in: HaKo-BetrVG, § 3 BetrVG Rn. 27; *Rieble*, RWS-Forum Arbeitsrecht 2001, S. 25, 44.

1271 *Trümner* in: Däubler/Kittner/Klebe, § 3 BetrVG Rn. 121. Er läßt sogar eine arbeitsvertragliche Inbezugnahmeklausel genügen, vgl. *ders.* in: Däubler/Kittner/Klebe, § 3 BetrVG Rn. 122.

1272 *Trümner* in: Däubler/Kittner/Klebe, § 3 BetrVG Rn. 121.

1273 Siehe vorstehend S. 18 ff.

1274 *Trümner* in: Däubler/Kittner/Klebe, § 3 BetrVG Rn. 121.

2. Tarifbindung gem. §§ 3 Abs. 3, 4 Abs. 1 TVG

Weiterhin könnte eine Tarifbindung nach § 3 Abs. 3 TVG ausreichend sein. Bei dieser beruht die Geltung des Tarifvertrages zwar nicht auf der aktuellen Verbandsmitgliedschaft von Arbeitgeber und Arbeitnehmer, sondern auf der kraft Gesetzes fingierten Tarifgebundenheit gem. § 3 Abs. 3 TVG. Voraussetzung hierfür ist aber, daß zuvor eine Tarifbindung bestanden hat. Zudem ist die Rechtsfolge die gleiche wie bei §§ 3 Abs. 1 und 2, 4 Abs. 1 TVG: die Tarifnormen wirken als Kollektivordnung im Unternehmen des Arbeitgebers unmittelbar und zwingend. Soll § 3 Abs. 2 BetrVG den Arbeitgeber auf den Tarifvertrag als Regelungsinstrument beschränken, wenn dieser als Kollektivordnung im Unternehmen gilt,[1275] trifft dies auch für die Tarifgeltung nach §§ 3 Abs. 3, 4 Abs. 1 TVG zu. Im Zeitraum des § 3 Abs. 3 TVG besteht eine tarifliche Regelung bzw. gilt ein Tarifvertrag i. S. d. § 3 Abs. 2 BetrVG. Eine Betriebsvereinbarung nach § 3 Abs. 2, 1 BetrVG ist unzulässig.

3. Tarifvorbehalt und allgemeinverbindlicher Tarifvertrag, § 5 TVG

Der Tarifvorbehalt des § 3 Abs. 2 BetrVG könnte durch einen allgemeinverbindlichen Tarifvertrag ausgelöst werden. Bezüglich der Tarifgeltung besteht der Unterschied zwischen einem allgemeinverbindlichen und einem kraft Mitgliedschaft im tarifschließenden Verband anwendbaren Tarifvertrag in den Voraussetzungen der Tarifbindung. Bei §§ 3 Abs. 1 und 2, 4 Abs. 1 TVG ist die Mitgliedschaft im tarifschließenden Verband bzw. die Eigenschaft des Arbeitgebers als Tarifvertragspartei entscheidend. Bei § 5 TVG beruht die Tarifgeltung auf dem staatlichen Akt der Allgemeinverbindlicherklärung, vgl. § 5 Abs. 4 TVG. In den Rechtsfolgen zeigt sich allerdings kein Unterschied zwischen beiden. Der Tarifvertrag gilt unmittelbar und zwingend in den Arbeitsverhältnissen der erfaßten Arbeitnehmer. Dies spricht dafür, bei einem allgemeinverbindlichen Tarifvertrag von einer bestehenden tariflichen Regelung bzw. einem geltenden Tarifvertrag i. S. d. § 3 Abs. 2 BetrVG auszugehen.[1276]

Der Sinn und Zweck des § 3 Abs. 2 BetrVG ist der Schutz der ausgeübten und aktualisierten Tarifautonomie.[1277] Sobald im Unternehmen Tarifverträge als Kollektivverträge anzuwenden sind, wird der Arbeitgeber auf diese als maßgebliches Regelungsinstrument beschränkt.[1278] Entscheidendes Gewicht kommt nicht der Voraussetzung der Tarifgeltung zu, sondern deren Rechtsfolge

---

[1275] Vgl. Begründung zum RegE, BT-Drucks. 14/5741, S. 34.

[1276] So *Trümner* in: Däubler/Kittner/Klebe, § 3 BetrVG Rn. 121.

[1277] Siehe vorstehend S. 70 f.

[1278] Begründung zum RegE, BT-Drucks. 14/5741, S. 34; auch *Trümner* in: Däubler/Kittner/Klebe, § 3 BetrVG Rn. 117.

– der Maßgeblichkeit tariflicher Regelungen im Unternehmen. Konsequenterweise muß ein allgemeinverbindlicher Tarifvertrag ausreichen, denn auch bei diesem besteht bzw. gilt eine Tarifordnung im Unternehmen. Im Ergebnis ist aufgrund der teleologischen Auslegung ein allgemeinverbindlicher Tarifvertrag eine bestehende tarifliche Regelung bzw. ein geltender Tarifvertrag i. S. d. § 3 Abs. 2 BetrVG. Der Tarifvorbehalt des § 3 Abs. 2 BetrVG wird durch einen allgemeinverbindlichen Tarifvertrag ausgelöst.[1279]

4. Tarifvorbehalt und einzelvertragliche Bezugnahme

Eine Regelung durch Betriebsvereinbarung könnte gem. § 3 Abs. 2 BetrVG ausgeschlossen sein, wenn im Unternehmen des Arbeitgebers ein Tarifvertrag kraft einzelvertraglicher Bezugnahme Anwendung findet. Die tariflichen Regelungen wirken hier nicht als Kollektivvertrag, nicht als kollektive Ordnung der gesamten Arbeitsverhältnisse im Betrieb und ihnen kommt keine unmittelbare und zwingende Wirkung gem. § 4 Abs. 1 TVG zu. Sie gelten vielmehr kraft Konsenses der Arbeitsvertragsparteien und sind Individualnormen, keine Kollektivnormen.[1280] Damit unterscheiden sie sich nicht nur hinsichtlich ihrer Voraussetzungen, sondern auch bezüglich ihrer Rechtsfolgen von der Tarifgeltung nach §§ 3 Abs. 1 und 2, 4 Abs. 1 TVG. Die Tarifnormen stellen für den Arbeitgeber keine Kollektivordnung der Arbeitsbedingungen dar, sondern sind Teil des Arbeitsvertrages. Als solcher unterliegen sie hinsichtlich Begründung, Änderung und Beendigung den Vorschriften des Individualarbeitsrechts.[1281]

1279 Ebenso *Eisemann* in: ErfK, § 3 BetrVG Rn. 9; *Engels/Trebinger/Löhr-Steinhaus* DB 2001, S. 532, 533; *Trümner* in: Däubler/Kittner/Klebe, § 3 BetrVG Rn. 121. Verneinend aber *Hohenstatt/Dzida* DB 2001, S. 2498, 2501.

1280 So die wohl überwiegende Ansicht, vgl. *Dörner* in: HzA, Gruppe 18/1, Rn. 210; *Etzel* NZA 1987, Beilage Nr. 1, S. 19, 28; *B. Gaul* NZA 1998, S. 9, 9; *D. Gaul* ZTR 1991, S. 188, 191; *ders.* ZTR 1993, S. 355, 356 f.; *P. Hanau/Kania*, Anmerkung zu BAG vom 20.3.1991 – 4 AZR 455/90 in: AP Nr. 20 zu § 4 TVG Tarifkonkurrenz; *A. Hueck* BB 1949, S. 354, 356; *Koberski/Clasen/Menzel* § 3 TVG Rn. 53; *Löwisch/Rieble* in: MüHdbArbR III, § 269 Rn. 9, 14; *Maus*, Tarifvertragsgesetz, § 3 Rn. 12 f.; *Oetker* in: H. Wiedemann, § 3 TVG Rn. 226; *A. Stein*, Tarifvertragsrecht, Rn. 232; *Zachert* in: Kempen/Zachert, § 3 TVG Rn. 68; *Zöllner/Loritz*, Arbeitsrecht, § 37 I 7 [S. 413]. Auch *Schaub* in: ErfK, § 3 TVG Rn. 40; anders aber *Schaub* in: ders., Arbeitsrechts-Handbuch, § 208 Rn. 17 (unmittelbare Geltung der Tarifnormen). *Von Hoyningen-Huene* RdA 1974, S. 138, 147 ff., insbesondere 149 bejaht echte Tarifgebundenheit im Sinne des Tarifvertragsgesetzes. Vgl. zum Streitstand ausführlich *Oetker* in: H. Wiedemann, § 3 TVG Rn. 218 ff. mit entsprechenden Nachweisen.

1281 *Bauschke* ZTR 1993, S. 416, 418; *Dörner* in: HzA, Gruppe 18/1, Rn. 210, 221; *D. Gaul* ZTR 1991, S. 188, 192; *ders.* ZTR 1993, S. 355, 356 f.; *P. Hanau/Kania*, FS Schaub, S. 239, 241; *A. Hueck/Nipperdey*, Arbeitsrecht II/1, § 23 B III [S. 483]; *Koberski/Clasen/Menzel* § 3 TVG Rn. 37; *Lieb*, Arbeitsrecht, Rn. 513; *Löwisch/Rieble* in: MüHdbArbR III, § 269 Rn. 9, 14 f.; *Maus*, Tarifvertragsgesetz, § 3 Rn. 12 f.;

Die Problematik des Tarifvorbehaltes bei in Bezug genommenen Tarifnormen entschärft sich, werden der Sinn und Zweck einer einzelvertraglichen Bezugnahmeklausel und die Besonderheiten der Organisationsnormen in die Überlegungen einbezogen. Einzelvertragliche Bezugnahmeklauseln dienen typischerweise dazu, für alle Arbeitsverhältnisse einheitliche Arbeitsbedingungen zu erreichen.[1282] Den Arbeitnehmern, die nicht Mitglied der tarifschließenden Gewerkschaft sind, sollen aus Gründen des Betriebsfriedens und der Vereinfachung des Betriebsablaufs die gleichen Arbeitsbedingungen gewährt werden wie den Gewerkschaftsmitgliedern.[1283] Diese Notwendigkeit und das Bedürfnis nach einzelvertraglichen Bezugnahmeklauseln stellt sich somit nur, wenn bereits ein Firmen- oder Verbandstarifvertrag im Unternehmen des Arbeitgebers gilt. Dieser löst den Tarifvorbehalt des § 3 Abs. 2 BetrVG aus und eine Regelung durch Betriebsvereinbarung ist bereits aus diesem Grund unzulässig. Die Frage, ob der Tarifvorbehalt durch die einzelvertragliche Inbezugnahme ausgelöst werden kann, stellt sich nicht mehr. Zugleich ist zu bedenken, daß

Oetker in: H. Wiedemann, § 3 TVG Rn. 226; *Rieble* in: Löwisch/Rieble, § 3 TVG Rn. 104, 106; *ders.* in: Staudinger, § 397 BGB Rn. 192; *ders.*, Arbeitsmarkt und Wettbewerb, Rn. 1722; *A. Stein*, Tarifvertragsrecht, Rn. 232; *Zachert* in: Kempen/Zachert, § 3 TVG Rn. 68; *Zöllner/Loritz*, Arbeitsrecht, § 37 I 7 [S. 413 f.]. Siehe auch BAG 5.11.1963 AP Nr. 1 zu § 1 TVG Bezugnahme auf Tarifvertrag; BAG 7.12.1977 AP Nr. 9 zu § 4 TVG Nachwirkung.

1282 BAG 4.9.1996 AP Nr. 5 zu § 1 TVG Bezugnahme auf Tarifvertrag; *Bauschke* ZTR 1993, S. 416, 416; *Dörner* in: HzA, Gruppe 18/1, Rn. 208; *Franzen* RdA 2001, S. 1, 8; *Gamillscheg*, Kollektives Arbeitsrecht, § 17 II 1 a) (1) [S. 731]; *B. Gaul* NZA 1998, S. 9, 10 f.; *D. Gaul* ZTR 1993, S. 355, 356; *P. Hanau/Kania*, FS Schaub, S. 239, 240, 245 f.; *von Hoyningen-Huene* RdA 1974, S. 138, 148; *Oetker* in: H. Wiedemann, § 3 TVG Rn. 210; *U. Preis*, Grundfragen der Vertragsgestaltung, S. 391; *Schaub* in: ErfK, § 3 TVG Rn. 41; *Schaub* in: ders., Arbeitsrechts-Handbuch, § 208 Rn. 1; *Zachert* in: Kempen/Zachert § 3 TVG Rn. 62.

1283 BAG 20.3.1991 AP Nr. 20 zu § 4 TVG Tarifkonkurrenz; BAG 21.10.1992 AP Nr. 1 zu § 1 TVG Tarifverträge: Milch-Käseindustrie; BAG 21.10.1992 AP Nr. 27 zu § 23a BAT; BAG 1.6.1995 AP Nr. 5 zu § 1 BAT-O; BAG 4.9.1996 AP Nr. 5 zu § 1 TVG Bezugnahme auf Tarifvertrag; LAG Frankfurt a.M. 21.1.1992 NZA 1992, S. 840, 841. Aus dem Schrifttum *Etzel* NZA 1987, Beilage Nr. 1, S. 19, 26; *Franzen* RdA 2001, S. 1, 8; *Gamillscheg*, Kollektives Arbeitsrecht, § 17 II 1 a) (1) [S. 731]; *B. Gaul* NZA 1998, S. 9, 10; *D. Gaul* ZTR 1991, S. 188, 194; *ders.* ZTR 1993, S. 355, 355 f.; *P. Hanau/Kania*, FS Schaub, S. 239, 245 f.; *P. Hanau/Vossen*, FS Hilger/Stumpf, S. 271, 294; *von Hoyningen-Huene* RdA 1974, S. 138, 139; *Koberski/Clasen/Menzel* § 3 TVG Rn. 36; *Löwisch/Rieble* in: MüHdbArbR III, § 269 Rn. 1; *Oetker* in: H. Wiedemann, § 3 TVG Rn. 210; *U. Preis*, Grundfragen der Vertragsgestaltung, S. 393; *Rieble* in: Löwisch/Rieble, § 3 TVG Rn. 99; *ders.*, Arbeitsmarkt und Wettbewerb, Rn. 1719 ff.; *Säcker/Oetker* ZfA 1993, S. 1, 14 f.; *Schaub* in: ErfK, § 3 TVG Rn. 41; *Zachert* in: Kempen/Zachert, § 3 TVG Rn. 62.

Organisationstarifverträge allein aufgrund der Tarifbindung des Arbeitgebers unmittelbar und zwingend für alle Arbeitsverhältnisse gelten, § 3 Abs. 2, 4 Abs. 1 TVG. Das macht eine einzelvertragliche Bezugnahmeklausel in den Arbeitsverträgen der Außenseiter-Arbeitnehmer entbehrlich.

Allein in dem Fall, daß der Arbeitgeber weder an einen Firmen- noch einen Verbandstarifvertrag gebunden ist und in den Arbeitsverträgen der Arbeitnehmer Bezugnahmeklauseln auf einen Tarifvertrag enthalten sind, stellt sich folglich das Problem des Tarifvorbehaltes in seiner vollen Schärfe. Es „besteht" bzw. „gilt" jedoch nicht unmittelbar und zwingend der Tarifvertrag, sondern ausschließlich die arbeitsvertragliche Bezugnahmeklausel. Für den Arbeitgeber ist keine kollektive Ordnung im Betrieb maßgebend. Dieses Ergebnis wird unterstützt durch den Sinn und Zweck der Regelung des § 3 BetrVG. Telos dieser Norm ist es, den Beteiligten vor Ort weitreichende und flexible Gestaltungsmöglichkeiten einzuräumen, mit denen sie auf die Besonderheiten des jeweiligen Betriebs, Unternehmens oder Konzerns reagieren können.[1284] Wird eine tarifliche Anpassung der betrieblichen Vertretungsstrukturen nicht vorgenommen, weil der Arbeitgeber weder an einen Firmen- noch einen Verbandstarifvertrag gebunden ist, muß diese Möglichkeit zumindest den Betriebsparteien zur Verfügung stehen. Im Ergebnis löst die einzelvertragliche Bezugnahme auf einen Tarifvertrag den Tarifvorbehalt des § 3 Abs. 2 BetrVG nicht aus.[1285] Eine Regelung durch Betriebsvereinbarung bleibt zulässig.

5. Tarifvorbehalt und nachwirkender Tarifvertrag, § 4 Abs. 5 TVG

Schließlich ist noch auf die Konstellation einzugehen, daß ein lediglich nachwirkender Tarifvertrag im Unternehmen des Arbeitgebers Anwendung findet. Auch dieser könnte den Tarifvorbehalt des § 3 Abs. 2 BetrVG auslösen.[1286] Gegen den Vorrang eines lediglich nachwirkenden Tarifvertrages spricht, daß die Rechtsnormen eines Tarifvertrages gem. § 4 Abs. 5 TVG weitergelten, bis sie durch eine andere Abmachung ersetzt werden. Dies kann grundsätzlich auch eine Betriebsvereinbarung sein.[1287] Aus dem Sinn und Zweck des § 3 Abs. 2 BetrVG, dem Schutz der ausgeübten und aktualisierten

---

1284 Begründung zum RegE, BT-Drucks. 14/5741, S. 33.

1285 So auch *Eisemann* in: ErfK, § 3 BetrVG Rn. 9; *P. Hanau* NJW 2001, S. 2513, 2514; *Hohenstatt/Dzida* DB 2001, S. 2498, 2501. Zum vergleichbaren § 77 Abs. 3 BetrVG BAG 27.1.1987 EzA § 99 BetrVG 1972 Nr. 55; *Kreutz* in: GK-BetrVG II, § 77 BetrVG Rn. 104; *Lethert*, Tarifvorbehalt, S. 52. Anders zu § 3 BetrVG *Trümner* in: Däubler/Kittner/Klebe, § 3 BetrVG Rn. 122.

1286 So *Eisemann* in: ErfK, § 3 BetrVG Rn. 9; *Trümner* in: Däubler/Kittner/Klebe, § 3 BetrVG Rn. 121.

1287 Siehe vorstehend S. 205 f.

Tarifautonomie,[1288] könnte ebensogut auf einen Vorrang dieser Norm vor § 4 Abs. 5 TVG geschlossen werden.

Zur Lösung des Problems soll ein Vergleich zu den anderen Tarifvorbehalten des Betriebsverfassungsrechts vorgenommen werden. Aus dem Verhältnis zwischen § 4 Abs. 5 TVG und §§ 77 Abs. 3, 87 Abs. 1 Einleitungssatz BetrVG können eventuell Schlußfolgerungen für § 3 Abs. 2 BetrVG gezogen werden. Nach der Rechtsprechung des Bundesarbeitsgerichts[1289] und der herrschenden Ansicht im Schrifttum[1290] löst bei § 77 Abs. 3 BetrVG ein nachwirkender Tarifvertrag den Tarifvorbehalt aus. Bei § 87 Abs. 1 Einleitungssatz BetrVG ist die Betriebsvereinbarung dagegen eine „andere Abmachung“. Ein nachwirkender Tarifvertrag reicht hier nicht aus, um eine Regelung durch Betriebsvereinbarung zu sperren.[1291] Dies gilt bei § 87

1288 Siehe vorstehend S. 70 f.

1289 BAG 26.4.1990 AP Nr. 57 zu Art. 9 GG (insoweit nicht in DB 1990, S. 1919, 1921) bejaht die Tarifüblichkeit. Ebenso LAG Berlin 15.6.1977 EzA § 87 BetrVG 1972 Nr. 6.

1290 *P. Hanau/Kania* in: ErfK, § 77 BetrVG Rn. 49; *Oetker*, FS Schaub, S. 535, 550 f.; *Schaub* in: ErfK, § 4 TVG Rn. 77; *Wiese* in: GK-BetrVG II, § 87 BetrVG Rn. 64. Tarifüblichkeit wird bejaht von *Däubler*, Tarifvertragsrecht, Rn. 231, 236; *Dahlbender*, Austritt des Arbeitgebers, S. 123; *Ehmann/Lambrich* NZA 1996, S. 346, 356; *Chr. Fischer*, Betriebsvereinbarungen, S. 196; *Fitting* § 77 BetrVG Rn. 83; *Haug* BB 1986, S. 1921, 1927; *Kempen* in: Kempen/Zachert, Grundlagen TVG Rn. 284, § 4 TVG Rn. 304; *Kreutz* in: GK-BetrVG II, § 77 BetrVG Rn. 105, 114; *Lethert*, Tarifvorbehalt, S. 52; *Löwisch/Rieble* in: MüHdbArbR III, § 273 Rn. 9; *Matthes* in: MüHdbArbR III, § 327 Rn. 67. Nach *Herschel* ZfA 1976, S. 89, 100 „besteht“ auch bei einem nachwirkenden Tarifvertrag eine tarifliche Regelung.

1291 BAG 15.12.1961 AP Nr. 1 zu § 615 BGB Kurzarbeit; BAG 17.12.1968 AP Nr. 27 zu § 56 BetrVG (mit zustimmender Anmerkung *D. Gaul*); BAG 31.1.1969 AP Nr. 5 zu § 56 BetrVG Entlohnung; BAG 13.7.1977 AP Nr. 2 zu § 87 BetrVG 1972 Kurzarbeit; BAG 3.12.1985 AP Nr. 2 zu § 74 BAT; BAG 24.2.1987 AP Nr. 21 zu § 77 BetrVG 1972; BAG 24.11.1987 AP Nr. 6 zu § 87 BetrVG 1972 Auszahlung; BAG 14.2.1989 AP Nr. 8 zu § 87 BetrVG 1972 Akkord; BAG 12.6.1996 AP Nr. 2 zu § 96a ArbGG 1979; LAG Berlin 15.6.1977 EzA § 87 BetrVG 1972 Nr. 6; *Däubler*, Tarifvertragsrecht, Rn. 236; *Fitting* § 87 BetrVG Rn. 41; *Glaubitz* in: Hess/Schlochauer/Glaubitz, § 87 BetrVG Rn. 53; *P. Hanau/Kania* in: ErfK, § 87 BetrVG Rn. 15; *von Hoyningen-Huene/Meier-Krenz* NZA 1987, S. 793, 796; *A. Hueck/Nipperdey*, Arbeitsrecht II/2, § 70 B IV 1 a) [S. 1394 Fn. 45a]; *Kempen* in: Kempen/Zachert, Grundlagen TVG Rn. 284, § 4 TVG Rn. 304; *Klebe* in: Däubler/Kittner/Klebe, § 87 BetrVG Rn. 31; *Löwisch* in: Löwisch/Kaiser, § 87 BetrVG Rn. 35; *ders.* in: Galperin II, § 87 BetrVG Rn. 46; *Löwisch/Rieble* in: MüHdbArbR III, § 273 Rn. 9; *Matthes* in: MüHdbArbR III, § 332 Rn. 15; *Richardi* in: ders., § 87 BetrVG Rn. 151 f.; *Schaub* in: ErfK, § 4 TVG Rn. 77; *Stege/Weinspach/Schiefer* § 87 BetrVG Rn. 34; *Wank* in: H. Wiedemann, § 4 TVG Rn. 605; *M. Weiss/Weyand* § 87 BetrVG Rn. 13; *Wiese* in: GK-BetrVG II, § 87

Abs. 1 Einleitungssatz BetrVG auch, wenn die Angelegenheit üblicherweise durch einen Tarifvertrag geregelt wird.[1292]

a) Wortlaut der §§ 77 Abs. 3, 87 Abs. 1 Einleitungssatz BetrVG

Bei grammatikalischer Auslegung der §§ 77 Abs. 3, 87 Abs. 1 Einleitungssatz BetrVG reicht bei ersterem ein nachwirkender Tarifvertrag[1293]. Weithin wird zwar verneint, daß Arbeitsentgelte und sonstige Arbeitsbedingungen durch einen nachwirkenden Tarifvertrag geregelt sind.[1294] Bejaht wird aber die Tarifüblichkeit.[1295] Nicht eindeutig ist dies bei § 87 Abs. 1 Einleitungssatz BetrVG. Zwar ist der zeitliche Geltungsbereich abgelaufen und der nachwirkende Tarifvertrag gilt nur noch unmittelbar, nicht aber

---

BetrVG Rn. 64; *Zöllner/Loritz*, Arbeitsrecht, § 47 IV 5 a) [S. 570]. Etwas anderes ergibt sich jedoch für die Vertreter der Zwei-Schranken-Theorie (zu dieser vgl. *Matthes* in: MüHdbArbR III, § 327 Rn. 70; *Richardi* in: ders., § 77 BetrVG Rn. 249; *Wiese* in: GK-BetrVG II, § 87 BetrVG Rn. 48; zum Verhältnis des § 87 Abs. 1 Einleitungssatz BetrVG zu § 77 Abs. 3 BetrVG vgl. allgemein BAG [GS] 3.12.1991 AP Nr. 51 zu § 87 BetrVG 1972 Lohngestaltung; BAG [GS] 3.12.1991 AP Nr. 52 zu § 87 BetrVG 1972 Lohngestaltung; *Bakopoulos*, Zuständigkeitsverteilung, S. 125 ff.; *Berg* in: Däubler/Kittner/Klebe, § 77 BetrVG Rn. 66; *P. Hanau/Kania* in: ErfK, § 77 BetrVG Rn. 53 ff.; *Matthes* in: MüHdbArbR III, § 327 Rn. 70 ff.; *Richardi* in: ders., § 77 BetrVG Rn. 247 ff.; *Wiese* in: GK-BetrVG II, § 87 BetrVG Rn. 47 ff.), weil im Rahmen des § 77 Abs. 3 BetrVG ein nachwirkender Tarifvertrag die Tarifüblichkeit auslöst, vgl. z. B. die Argumentation bei *Stege/Weinspach/Schiefer* § 87 BetrVG Rn. 34 f.

1292 BAG 24.2.1987 AP Nr. 21 zu § 77 BetrVG 1972; BAG 24.11.1987 AP Nr. 31 zu § 87 BetrVG 1972 Lohngestaltung; BAG 10.2.1988 AP Nr. 33 zu § 87 BetrVG 1972 Lohngestaltung; BAG 8.8.1989 AP Nr. 3 zu § 87 BetrVG 1972 Initiativrecht (mit ablehnender Anmerkung *Wiese*); BAG 30.1.1990 AP Nr. 44 zu § 118 BetrVG 1972; *Richardi* in: ders., § 87 BetrVG Rn. 152.

1293 So auch *Kempen* in: Kempen/Zachert, Grundlagen TVG Rn. 284; *Oetker*, FS Schaub, S. 535, 550.

1294 LAG Berlin 15.6.1977 EzA § 87 BetrVG 1972 Nr. 6; *Däubler*, Tarifvertragsrecht, Rn. 231, 236; *Fitting* § 77 BetrVG Rn. 83; *Kempen* in: Kempen/Zachert, Grundlagen TVG Rn. 284, § 4 TVG Rn. 304; *Kreutz* in: GK-BetrVG II, § 77 BetrVG Rn. 105. Anders *P. Hanau/Kania* in: ErfK, § 77 BetrVG Rn. 49; wohl auch *Schaub* in: ErfK, § 4 TVG Rn. 77; *Wiese* in: GK-BetrVG II, § 87 BetrVG Rn. 64. Die Annahme bloßer Tarifüblichkeit ist zweifelhaft, weil die bestehende Regelung durch § 4 Abs. 5 TVG gerade nicht entfällt, vgl. *Oetker*, FS Schaub, S. 535, 550.

1295 LAG Berlin 15.6.1977 EzA § 87 BetrVG 1972 Nr. 6; *Däubler*, Tarifvertragsrecht, Rn. 231; *Dahlbender*, Austritt des Arbeitgebers, S. 123; *Fitting* § 77 BetrVG Rn. 83; *Kempen* in: Kempen/Zachert, § 4 TVG Rn. 304; *Kreutz* in: GK-BetrVG II, § 77 BetrVG Rn. 105, 114; *Löwisch/Rieble* in: MüHdbArbR III, § 273 Rn. 9; *Matthes* in: MüHdbArbR III, § 327 Rn. 67.

zwingend.[1296] Dennoch kann auch bei diesem davon gesprochen werden, daß eine (wenn auch nur nachwirkende) tarifliche Regelung „besteht“.[1297]

b) Sinn und Zweck der §§ 77 Abs. 3, 87 Abs. 1 Einleitungssatz BetrVG

Der Sinn und Zweck des § 87 Abs. 1 BetrVG erschließt sich nur über den Normzweck des § 87 BetrVG insgesamt.[1298] Aufgrund der sozialen Abhängigkeit der Arbeitnehmer und entsprechend dem Teilhabegedanken der Betriebsverfassung sollen durch die notwendige Mitbestimmung die individualrechtlichen Gestaltungsmöglichkeiten des Arbeitgebers zurückgedrängt und durch kollektive betriebliche Regelungen ersetzt werden.[1299] Dies ist jedoch dann nicht erforderlich, so § 87 Abs. 1 Einleitungssatz BetrVG, wenn durch eine gesetzliche oder tarifliche Regelung ein ausreichender Schutz vor dem einseitigen Vorgehen des Arbeitgebers gewährleistet ist.[1300] Dagegen

---

[1296] Siehe vorstehend S. 197.

[1297] So auch *Dahlbender*, Austritt des Arbeitgebers, S. 121; *Kempen* in: Kempen/Zachert, Grundlagen TVG Rn. 284.

[1298] BAG 4.7.1989 AP Nr. 20 zu § 87 BetrVG 1972 Tarifvorrang; *Bakopoulos*, Zuständigkeitsverteilung, S. 113; *von Hoyningen-Huene/Meier-Krenz* NZA 1987, S. 793, 796; *Wiese* in: GK-BetrVG II, § 87 BetrVG Rn. 55 f.; *ders.*, FS 25 Jahre BAG, S. 661, 662.

[1299] Vgl. BAG 24.2.1987 AP Nr. 21 zu § 77 BetrVG 1972; BAG 24.11.1987 AP Nr. 6 zu § 87 BetrVG 1972 Auszahlung; BAG 18.4.1989 AP Nr. 18 zu § 87 BetrVG 1972 Tarifvorrang; BAG 4.7.1989 AP Nr. 20 zu § 87 BetrVG 1972 Tarifvorrang; BAG 8.8.1989 AP Nr. 3 zu § 87 BetrVG 1972 Initiativrecht; BAG 30.1.1990 AP Nr. 44 zu § 118 BetrVG 1972; BAG (GS) 3.12.1991 AP Nr. 51 zu § 87 BetrVG 1972 Lohngestaltung; BAG (GS) 3.12.1991 AP Nr. 52 zu § 87 BetrVG 1972 Lohngestaltung; *Ehmann/Th. Schmidt* NZA 1995, S. 193, 195; *Fitting* § 87 BetrVG Rn. 38; *Gast*, Anmerkung zu BAG vom 24.2.1987 – 1 ABR 18/85 in: BB 1987, S. 1249, 1250; *von Hoyningen-Huene/Meier-Krenz* NZA 1987, S. 793, 796; *dies.* ZfA 1988, S. 293, 310; *Koller* ZfA 1980, S. 521, 553; *Matthes* in: MüHdbArbR III, § 332 Rn. 9; *Oetker*, FS Schaub, S. 535, 544; *Richardi* in: ders., § 87 BetrVG Rn. 144; *Th. Schmidt*, Günstigkeitsprinzip, S. 102; *Wiese* in: GK-BetrVG II, § 87 BetrVG Rn. 56; *ders.*, FS 25 Jahre BAG, S. 661, 662.

[1300] BAG 29.3.1977 AP Nr. 1 zu § 87 BetrVG 1972 Provision (mit kritischer, i. E. zustimmender Anmerkung *Schulze-Osterloh*); BAG 23.6.1983 AP Nr. 45 zu § 37 BetrVG 1972 (mit insoweit kritischer Anmerkung *Löwisch/Reimann*); BAG 31.1.1984 AP Nr. 3 zu § 87 BetrVG 1972 Tarifvorrang; BAG 17.12.1985 AP Nr. 5 zu § 87 BetrVG 1972 Tarifvorrang (mit insoweit zustimmender Anmerkung *Kraft*); BAG (GS) 3.12.1991 AP Nr. 51 zu § 87 BetrVG 1972 Lohngestaltung; BAG (GS) 3.12.1991 AP Nr. 52 zu § 87 BetrVG 1972 Lohngestaltung; BAG 10.11.1992 AP Nr. 58 zu § 87 BetrVG 1972 Lohngestaltung; BAG 17.11.1998 AP Nr. 79 zu § 87 BetrVG 1972 Arbeitszeit; weiterhin LAG Baden-Württemberg NZA 1987, S. 251, 251 f.; LAG Berlin 15.6.1977 EzA § 87 BetrVG 1972 Nr. 6; LAG Berlin 18.3.1986 LAGE § 87

soll § 87 Abs. 1 Einleitungssatz BetrVG nicht in Ergänzung zu § 77 Abs. 3 BetrVG den Vorrang des Tarifvertrages im Bereich der sozialen Angelegenheiten sicherstellen,[1301] denn dies würde den Gesetzesvorbehalt nicht hinreichend erklären[1302]. Die unmittelbare Wirkung eines nachwirkenden Tarifvertrages endet, wenn dessen Rechtsnormen durch eine andere Abmachung ersetzt werden, § 4 Abs. 5 TVG. Dies kann nach herrschender Meinung auch eine Regelung zwischen den Arbeitsvertragsparteien sein.[1303] Dem Arbeitgeber

---

BetrVG 1972 Nr. 4; LAG Berlin 16.6.1986 LAGE § 76 BetrVG 1972 Nr. 24; LAG Berlin 7.11.1988 LAGE § 87 BetrVG 1972 Leistungslohn Nr. 5; ArbG Karlsruhe 15.10.1985 NZA 1986, S. 538, 539; *Bakopoulos*, Zuständigkeitsverteilung, S. 114, 123, 159, 187; *Fitting* § 87 BetrVG Rn. 38; *Glaubitz* in: Hess/Schlochauer/Glaubitz, § 87 BetrVG Rn. 46; *Goos* NZA 1986, S. 701, 702; *P. Hanau/Kania* in: ErfK, § 87 BetrVG Rn. 14; *von Hoyningen-Huene/Meier-Krenz* NZA 1987, S. 793, 796; *Jahnke*, Tarifautonomie, S. 160, 162; *Kempen* RdA 1994, S. 140, 151; *Klasen*, Tarifvorrang, S. 15 ff.; *Klebe* in: Däubler/Kittner/Klebe, § 87 BetrVG Rn. 25; *Koller* ZfA 1980, S. 521, 553; *Kreutz*, Grenzen der Betriebsautonomie, S. 222; *Löwisch* in: Galperin II, § 87 BetrVG Rn. 42; *ders.* ArbuR 1978, S. 97, 103; *Matthes* in: MüHdbArbR III, § 332 Rn. 11; *Oetker*, FS Schaub, S. 535, 544 f.; *Richardi* in: ders., § 87 BetrVG Rn. 143; *Richardi*, Anmerkung zu BAG vom 24.2.1987 – 1 ABR 18/85 in: AP Nr. 21 zu § 77 BetrVG 1972; *Simitis/M. Weiss* DB 1973, S. 1240, 1246 ff.; *Wiese* in: GK-BetrVG II, § 87 BetrVG Rn. 56; *ders.*, FS 25 Jahre BAG, S. 661, 663 f., 669.

1301 BAG 31.1.1984 AP Nr. 3 zu § 87 BetrVG 1972 Tarifvorrang (mit Anmerkung *H. Wiedemann*); BAG 18.4.1989 AP Nr. 18 zu § 87 BetrVG 1972 Tarifvorrang; BAG 30.1.1990 AP Nr. 44 zu § 118 BetrVG 1972; *Bakopoulos*, Zuständigkeitsverteilung, S. 113; *P. Hanau/Kania* in: ErfK, § 87 BetrVG Rn. 14; *Jahnke*, Tarifautonomie, S. 160; *Klasen*, Tarifvorrang, S. 18; *Richardi*, Anmerkung zu BAG vom 24.2.1987 – 1 ABR 18/85 in: AP Nr. 21 zu § 77 BetrVG 1972; *Simitis/M. Weiss* DB 1973, S. 1240, 1247; *Wiese* in: GK-BetrVG II, § 87 BetrVG Rn. 55; *ders.*, FS 25 Jahre BAG, S. 661, 664; a. A. *von Hoyningen-Huene/Meier-Krenz* NZA 1987, S. 793, 796; *Lieb* ZfA 1978, S. 179, 204 f.; *Moll*, Tarifvorrang, S. 20 f.; *Reuter*, Vergütung von AT-Angestellten, S. 27 f.; *Richardi* in: ders., § 87 BetrVG Rn. 143; *Säcker* ZfA 1972, Sonderheft, S. 41, 64, 69; *ders.* ArbuR 1994, S. 1, 9; *Weyand* ArbuR 1989, S. 193, 194. Vgl. auch BAG 22.12.1981 AP Nr. 7 zu § 87 BetrVG 1972 Lohngestaltung; LAG Berlin 16.6.1986 LAGE § 87 BetrVG 1972 Nr. 4; *Wank* RdA 1991, S. 129, 137; *Zachert* ArbuR 1993, S. 97, 99. Ebenso *Chr. Fischer*, Betriebsvereinbarungen, S. 224, der aber den Hauptzweck des § 87 Abs. 1 Einleitungssatz BetrVG in dem Schutz des Arbeitgebers vor über die Einigungsstelle erzwungenen weitergehenden betrieblichen Leistungen sieht, vgl. S. 224.

1302 *Bakopoulos*, Zuständigkeitsverteilung, S. 113; *Jahnke*, Tarifautonomie, S. 160; *Klasen*, Tarifvorrang, S. 18; *Richardi*, Anmerkung zu BAG vom 24.2.1987 – 1 ABR 18/85 in: AP Nr. 21 zu § 77 BetrVG 1972; *Wiese* in: GK-BetrVG II, § 87 BetrVG Rn. 55; *ders.*, FS 25 Jahre BAG, S. 661, 664. Gegen dieses Argument ausdrücklich *Chr. Fischer*, Betriebsvereinbarungen, S. 224 f.; *Wank* RdA 1991, S. 129, 137.

1303 BAG 28.6.1972 AP Nr. 55 zu §§ 22, 23 BAT (mit insoweit zustimmender Anmerkung *Crisolli*); BAG 28.1.1987 AP Nr. 16 zu § 4 TVG Nachwirkung; BAG 24.2.1987 AP Nr. 21 zu § 77 BetrVG 1972; BAG 27.11.1991 AP Nr. 22 zu § 4 TVG Nachwirkung;

wäre es in der Konsequenz möglich, Regelungen, die an sich dem Mitbestimmungsrecht des Betriebsrates nach § 87 Abs. 1 BetrVG unterfallen würden, individualrechtlich im Rahmen seines Weisungsrechts zu treffen. Würde der Tarifvorrang des § 87 Abs. 1 Einleitungssatz BetrVG durch einen nachwirkenden Tarifvertrag ausgelöst, bliebe aber weiterhin eine kollektivvertragliche Regelung in Gestalt einer Betriebsvereinbarung ausgeschlossen. Dieses Ergebnis soll durch § 87 Abs. 1 BetrVG gerade verhindert werden.[1304] Hieraus folgt, daß ein nachwirkender Tarifvertrag die Mitbestimmung des Betriebsrates nicht sperrt,[1305] weil dieser keinen ausreichenden Schutz vor dem einseitigen Vorgehen des Arbeitgebers bietet.[1306]

Bei § 77 Abs. 3 BetrVG geht es dagegen um den Schutz der ausgeübten und aktualisierten Tarifautonomie sowie der Gewerkschaften vor einem Attraktivitätsverlust,[1307] somit um die Erhaltung und Stärkung der

---

BAG 18.3.1992 AP Nr. 13 zu § 3 TVG; *Däubler*, Tarifvertragsrecht, Rn. 1449; *Frölich* NZA 1992, S. 1105, 1109; *Hromadka/Maschmann/Wallner*, Tarifwechsel, Rn. 283 ff.; *Kempen* in: Kempen/Zachert, § 4 TVG Rn. 306; *Koberski/Clasen/Menzel* § 4 TVG Rn. 187; *Löwisch/Rieble* in: MüHdbArbR III, § 273 Rn. 7; *Rieble* in: Löwisch/Rieble, § 4 TVG Rn. 228; *Rotter*, Nachwirkung, S. 54 f.; *Schaub* in: ErfK, § 4 TVG Rn. 77; *Schaub* in: ders., Arbeitsrechts-Handbuch, § 199 Rn. 50; *Wank* in: H. Wiedemann, § 4 TVG Rn. 354, 356 ff.

1304 Siehe vorstehend S. 272.

1305 Siehe vorstehend Fn. 1291.

1306 BAG 24.11.1987 AP Nr. 6 zu § 87 BetrVG 1972 Auszahlung; *Oetker*, FS Schaub, S. 535, 545. Den Ausschluß eines lediglich nachwirkenden Tarifvertrages bei § 87 Abs. 1 Einleitungssatz BetrVG begründen auch *Bakopoulos*, Zuständigkeitsverteilung, S. 162; *Chr. Fischer*, Betriebsvereinbarungen, S. 227; *Herschel* ZfA 1976, S. 89, 100 f.; *Kempen* in: Kempen/Zachert, Grundlagen TVG Rn. 284; *Wiese*, FS 25 Jahre BAG, S. 661, 666 mit dem Sinn und Zweck des § 87 Abs. 1 BetrVG.

1307 Vgl. BAG (GS) 3.12.1991 AP Nr. 51 zu § 87 BetrVG 1972 Lohngestaltung; BAG (GS) 3.12.1991 AP Nr. 52 zu § 87 BetrVG 1972 Lohngestaltung; BAG 1.12.1992 EzA § 77 BetrVG 1972 Nr. 50; BAG 24.1.1996 EzA § 77 BetrVG 1972 Nr. 55; BAG 5.3.1997 EzA § 77 BetrVG 1972 Nr. 58; *Belling/Hartmann* NZA 1998, S. 673, 676; *Bender* BB 1987, S. 1117, 1119 f.; *Berg* in: Däubler/Kittner/Klebe, § 77 BetrVG Rn. 62; *Boewer* DB 1973, S. 522, 525; *Brune* in: AR-Blattei, 1998, Betriebsvereinbarung, Rn. 186, 189; *Ehmann/Th. Schmidt* NZA 1995, S. 193, 196; *Chr. Fischer*, Betriebsvereinbarungen, S. 189; *Fitting* § 77 BetrVG Rn. 67; *Franzen* RdA 2001, S. 1, 4; *Friese*, Kollektive Koalitionsfreiheit, S. 150; *Gamillscheg*, FS Stahlhacke, S. 129, 144; *P. Hanau/Kania* in: ErfK, § 77 BetrVG Rn. 50; *Haug* BB 1986, S. 1921, 1922; *Heinze* NZA 1989, S. 41, 45; *ders.* NZA 1995, S. 5, 6; *von Hoyningen-Huene/Meier-Krenz* NZA 1987, S. 793, 794; *Hromadka*, FS Schaub, S. 337, 343; *Kissel* NZA 1995, S. 1, 4; *U. Koch* in: Schaub, Arbeitsrechts-Handbuch, § 231 Rn. 21; *Kraft*, FS K. Molitor, S. 207, 215 f.; *Kreutz* in: GK-BetrVG II, § 77 BetrVG Rn. 78; *Lethert*, Tarifvorbehalt, S. 15 ff.; *Matthes* in: MüHdbArbR III, § 327 Rn. 59; *Matthießen* DB 1988, S. 285, 288; *Moll*, Tarifvorrang, S. 37 ff., 49; *Reuter*, Vergütung von AT-

Funktionsfähigkeit der Koalitionen[1308]. Es soll verhindert werden, daß die Betriebsräte sich zu Lasten der Gewerkschaften profilieren und zu einer Art „beitragsfreier Ersatzgewerkschaft“ werden.[1309] Entscheidend ist die Sicherung des Vorranges der auf der Koalitionsfreiheit aufbauenden kollektiven Ordnung gegenüber der Betriebsautonomie.[1310] Dieser muß jedoch auch dann

---

Angestellten, S. 27; *ders.*, FS Schaub, S. 605, 623; *Richardi* in: ders., § 77 BetrVG Rn. 244; *Richardi*, FS Schaub, S. 639, 647; *ders.*, Anmerkung zu BAG vom 24.2.1987 - 1 ABR 18/85 in: AP Nr. 21 zu § 77 BetrVG 1972; *Säcker* ZfA 1972, Sonderheft, S. 41, 64; *ders.* BB 1979, S. 1201, 1203; *Thüsing* ZTR 1996, S. 146, 146; *Veit*, Zuständigkeit, S. 212; *Waltermann*, Rechtsetzung durch Betriebsvereinbarung, S. 267; *ders.* RdA 1996, S. 129, 131 f.; *Wank* in: H. Wiedemann, § 4 TVG Rn. 550; *ders.* RdA 1991, S. 129, 136 f.; *Weyand* ArbuR 1989, S. 193, 194; kritisch zu § 77 Abs. 3 BetrVG *Adomeit*, FS Kraft, S. 1, 5 ff. (Neukonzeption des Günstigkeitsprinzips); *Buchner*, FS Wiese, S. 55, 62 f., der für eine zeitweilige Suspendierung des § 77 Abs. 3 BetrVG kraft Gesetzes eintritt; *Hablitzel* DB 1971, S. 2158, 2158 ff.; *von Langen*, Tarif- zur Betriebsautonomie, S. 112 ff., der de lege ferenda den Tarifvorbehalt streichen will; *Reuter*, FS Schaub, S. 605, 633 (Verfassungswidrigkeit des § 77 Abs. 3 BetrVG); *ders.* DZWiR 1991, S. 221, 223 ff.; *ders.* RdA 1991, S. 193, 199 f. (Derogation kraft Gewohnheitsrechts); *ders.* RdA 1994, S. 152, 166 f.; *ders.* ZfA 1995, S. 1, 65 f.; *Zöllner* ZfA 1988, S. 265, 274 f. Gegen eine Derogation kraft Gewohnheitsrechts *Veit*, Zuständigkeit, S. 223.

1308 BAG 30.1.1990 AP Nr. 44 zu § 118 BetrVG 1972; *Belling/Hartmann* NZA 1998, S. 673, 676; *Beuthien* BB 1983, S. 1992, 1995; *Biedenkopf*, Grenzen der Tarifautonomie, S. 282; *Buchner* NZA 1996, S. 1304, 1305; *ders.* DB 1997, S. 573, 573; *Chr. Fischer*, Betriebsvereinbarungen, S. 189; *Fitting* § 77 BetrVG Rn. 67; *Frieges* NZA 1996, S. 921, 921; *P. Hanau/Kania* in: ErfK, § 77 BetrVG Rn. 50; *Hromadka*, FS Schaub, S. 337, 343; *ders.* DB 1987, S. 1991, 1993; *U. Koch* in: Schaub, Arbeitsrechts-Handbuch, § 231 Rn. 21; *Kreutz* in: GK-BetrVG II, § 77 BetrVG Rn. 78; *Lethert*, Tarifvorbehalt, S. 17 ff.; *Matthes* in: MüHdbArbR III, § 327 Rn. 59; *Richardi*, Betriebsverfassung und Privatautonomie, S. 17; *Waltermann* RdA 1996, S. 129, 131 f.; *Wank* in: H. Wiedemann, § 4 TVG Rn. 550; *ders.* NJW 1996, S. 2273, 2275; *Wiese*, FS 25 Jahre BAG, S. 661, 664; *ders.* RdA 1968, S. 41, 43 f.; *Zöllner*, FS Nipperdey II, S. 699, 703.

1309 *Ehmann/Th. Schmidt* NZA 1995, S. 193, 196; *Friese*, Kollektive Koalitionsfreiheit, S. 150; *Gamillscheg*, FS Stahlhacke, S. 129, 143 f.; *P. Hanau/Kania* in: ErfK, § 77 BetrVG Rn. 50, § 87 Rn. 14; *Heinze* NZA 1995, S. 5, 6; *ders.* NZA 1997, S. 1, 5; *Hromadka*, FS Schaub, S. 337, 343; *Konzen* NZA 1995, S. 913, 915; *Kraft*, FS K. Molitor, S. 207, 216; *Reuter*, FS Schaub, S. 605, 623; *Säcker* BB 1979, S. 1201, 1203; *Wank* in: H. Wiedemann, § 4 TVG Rn. 550; *ders.* RdA 1991, S. 129, 136 f. In diesem Sinne auch *Belling/Hartmann* NZA 1998, S. 673, 676; *Heinze* NZA 1989, S. 41, 45; *von Hoyningen-Huene/Meier-Krenz* NZA 1987, S. 793, 794; *dies.* ZfA 1988, S. 293, 301 f.

1310 BAG 22.1.1980 AP Nr. 3 zu § 87 BetrVG 1972 Lohngestaltung; BAG 27.1.1987 AP Nr. 42 zu § 99 BetrVG 1972; BAG 24.2.1987 AP Nr. 21 zu § 77 BetrVG 1972; BAG 24.11.1987 AP Nr. 6 zu § 87 BetrVG 1972 Auszahlung; BAG 30.1.1990 AP Nr. 44 zu § 118 BetrVG 1972; *Belling/Hartmann* NZA 1998, S. 673, 676; *Buchner*, FS Wiese, S. 55, 56; *Richardi* in: ders., § 77 BetrVG Rn. 246; *Richardi*, Kollektivgewalt und

gewährleistet werden, wenn die tarifvertragliche Ordnung nur noch kraft Nachwirkung gilt.

c) Zulässigkeit des Rückschlusses auf § 3 Abs. 2 BetrVG

Sollte somit § 3 Abs. 2 BetrVG der gleiche Zweck wie § 77 Abs. 3 BetrVG oder aber wie § 87 Abs. 1 BetrVG beizumessen sein, könnte durch einen Rückschluß eine Antwort auf die Frage nach dem Tarifvorbehalt eines lediglich nachwirkenden Tarifvertrages im Rahmen des § 3 Abs. 2 BetrVG gefunden werden. § 3 Abs. 2 BetrVG dient dem Schutz der ausgeübten und aktualisierten Tarifautonomie.[1311] Den Arbeitnehmerkoalitionen soll nicht in Gestalt der Betriebsräte eine beitragsfreie Konkurrenzgewerkschaft erwachsen.[1312] Dann entspricht es den Gesetzen der Logik, in Parallele zu § 77 Abs. 3 BetrVG den Tarifvorbehalt für nachwirkende Tarifverträge zu bejahen. Auch diese sind Ausdruck der ausgeübten und aktualisierten Tarifautonomie. Die Nachwirkung beruht zwar auf gesetzlicher Anordnung.[1313] Dennoch muß zunächst ein unmittelbar und zwingend wirkender, von den Tarifvertragsparteien abgeschlossener Tarifvertrag bestanden haben, der nach seinem Ende Nachwirkung entfalten kann. Außerdem können die Tarifvertragsparteien die Nachwirkung einvernehmlich ausschließen, befristen oder sachlich beschränken.[1314] Tun sie dies nicht, bringen sie zum Ausdruck, daß dem

---

Individualwille, S. 324 f.; *Richardi*, Betriebsverfassung und Privatautonomie, S. 18; *Waltermann*, Rechtsetzung durch Betriebsvereinbarung, S. 268. In diesem Sinne auch *Wank* RdA 1991, S. 129, 136 f.; *Zachert* ArbuR 1993, S. 97, 99.

1311 Siehe vorstehend S. 70 f.

1312 So zum vergleichbaren § 77 Abs. 3 BetrVG *Heinze* NZA 1995, S. 5, 6; *ders.* NZA 1997, S. 1, 5; *Hromadka*, FS Schaub, S. 337, 343; *Wank* in: H. Wiedemann, § 4 TVG Rn. 550. In diesem Sinne auch *Belling/Hartmann* NZA 1998, S. 673, 676; *von Hoyningen-Huene/Meier-Krenz* ZfA 1988, S. 293, 301 f.; *Konzen* NZA 1995, S. 913, 915; *Wank* RdA 1991, S. 129, 136 f.

1313 *Kempen* in: Kempen/Zachert, § 4 TVG Rn. 295; *Oetker*, FS Schaub, S. 535, 546. Auf die im einzelnen strittige dogmatische Begründung der Rechtsnatur der nachwirkenden Normen (Nachwirkung beruhend auf staatlichem Recht oder auf Tarifrecht), soll hier nicht eingegangen werden. Für ersteres BAG 14.2.1973 AP Nr. 6 zu § 4 TVG Nachwirkung (mit ablehnender Anmerkung *H. Wiedemann*); BAG 29.1.1975 AP Nr. 8 zu § 4 TVG Nachwirkung (mit ablehnender Anmerkung *H. Wiedemann*); BAG 7.12.1977 AP Nr. 9 zu § 4 TVG Nachwirkung; BAG 13.7.1994 AP Nr. 14 zu § 3 TVG Verbandszugehörigkeit; *Koberski/Clasen/Menzel* § 4 TVG Rn. 181. A. A. aber *Gamillscheg*, Kollektives Arbeitsrecht, § 18 VII 1 b) [S. 874]; *Herschel* ZfA 1976, S. 89, 94, 96; *Kempen* in: Kempen/Zachert, § 4 TVG Rn. 295; *Wank* in: H. Wiedemann, § 4 TVG Rn. 325. Wohl auch *Rieble* in: Löwisch/Rieble, § 4 TVG Rn. 224 f. Zum Ganzen ausführlich *Rotter*, Nachwirkung, S. 46 ff., 99.

1314 BAG 8.5.1974 AP Nr. 1 zu §§ 22, 23 BAT Zulagen; BAG 18.9.1974 AP Nr. 2 zu §§ 22, 23 BAT Zulagen; BAG 26.6.1985 AP Nr. 1 zu § 1 TVG Teilnichtigkeit; BAG 3.9.1986 AP Nr. 12 zu § 4 TVG Nachwirkung (mit zustimmender Anmerkung *Lund*);

Tarifvertrag nach seinem Ende uneingeschränkt unmittelbare Wirkung zukommen soll. Der Schutz der ausgeübten und aktualisierten Tarifautonomie erfordert die Sperrwirkung des Tarifvertrags unabhängig davon, ob er zwingend oder dispositiv wirkt.[1315]

Allerdings wird der Vorrang des nachwirkenden Tarifvertrages im Rahmen des § 77 Abs. 3 BetrVG weithin nicht aus dem Bestehen einer tariflichen Regelung, sondern aus deren Tarifüblichkeit geschlossen.[1316] Eine Arbeitsbedingung sei dann nicht durch einen Tarifvertrag geregelt, wenn dieser seine zwingende Wirkung verloren habe.[1317] Die unterschiedliche Behandlung des nachwirkenden Tarifvertrages bei §§ 77 Abs. 3 BetrVG und 87 Abs. 1 Einleitungssatz BetrVG scheint nicht auf dem differierenden Normzweck, sondern auf der verschieden ausgestalteten Reichweite der Regelungssperre zu beruhen. Träfe dies zu, wäre ein Rückschluß über den Normzweck der §§ 77 Abs. 3, 87 Abs. 1 Einleitungssatz BetrVG auf die Ausgestaltung des Tarifvorbehaltes bei § 3 Abs. 2 BetrVG jedenfalls nicht zwingend. Wie bereits gezeigt wurde, erfordert es der Normzweck des § 87 Abs. 1 BetrVG, nachwirkende Tarifnormen aus dem Anwendungsbereich des Tarifvorranges des § 87 Abs. 1 Einleitungssatz BetrVG auszuschließen.[1318] Diese sind gleichwohl Ausdruck der ausgeübten und aktualisierten Tarifautonomie, die durch §§ 3 Abs. 2, 77 Abs. 3 BetrVG geschützt wird. Der Sinn und Zweck des § 77 Abs. 3 BetrVG (und auch der des § 3 Abs. 2 BetrVG) erfordern es, nachwirkenden Tarifverträgen eine den Tarifvorbehalt auslösende Wirkung beizumessen. Damit beruht die unterschiedliche Behandlung eines nachwirkenden Tarifvertrages

---

BAG 16.8.1990 AP Nr. 19 zu § 4 TVG Nachwirkung; BAG 12.11.1997 AP Nr. 2 zu § 58 BetrVG 1972; *Däubler*, Tarifvertragsrecht, Rn. 1467; *Gamillscheg*, Kollektives Arbeitsrecht, § 18 VII 3 [S. 876 f.]; *Kempen* in: Kempen/Zachert, Grundlagen TVG Rn. 284, § 4 TVG Rn. 308; *Koberski/Clasen/Menzel* § 4 TVG Rn. 187, 193; *Löwisch/Rieble* in: MüHdbArbR III, § 273 Rn. 20; *Nikisch*, Arbeitsrecht II, § 79 III 6 [S. 394]; *Rieble* in: Löwisch/Rieble, § 4 TVG Rn. 247; *A. Stein*, Tarifvertragsrecht, Rn. 139; *Wank* in: H. Wiedemann, § 4 TVG Rn. 362. Anders aber *Herschel* ZfA 1976, S. 89, 97; *Richardi*, Kollektivgewalt und Individualwille, S. 390 f. (auch Fn. 29); kritisch jetzt auch *Rieble*, Anmerkung zu BAG vom 13.12.1995 – 4 AZR 1062/94 in: AP Nr. 3 zu § 3 TVG Verbandsaustritt.

1315 Ebenso *Oetker*, FS Schaub, S. 535, 551.

1316 Siehe vorstehend Fn. 1290. Abweichend *P. Hanau/Kania* in: ErfK, § 77 BetrVG Rn. 49; *Oetker*, FS Schaub, S. 535, 550 f.; ähnlich *Schaub* in: ErfK, § 4 TVG Rn. 77; *Wiese* in: GK-BetrVG II, § 87 BetrVG Rn. 64.

1317 *Däubler*, Tarifvertragsrecht, Rn. 231, 236; *Fitting* § 77 BetrVG Rn. 83; *Kempen* in: Kempen/Zachert, Grundlagen TVG Rn. 284, § 4 TVG Rn. 304; *Kreutz* in: GK-BetrVG II, § 77 BetrVG Rn. 105; *Lethert*, Tarifvorbehalt, S. 52; *M. Weiss/Weyand* § 87 BetrVG Rn. 13 (zu § 87 Abs. 1 BetrVG).

1318 Siehe vorstehend S. 272 f.

nicht auf dem Wortlaut der Normen, sondern maßgeblich auf deren Sinn und Zweck. Ein Rückschluß von § 77 Abs. 3 BetrVG auf § 3 Abs. 2 BetrVG ist zulässig.

Für den Tarifvorbehalt des nachwirkenden Tarifvertrages in § 3 Abs. 2 BetrVG sprechen weiterhin folgende Überlegungen. § 4 Abs. 5 TVG hat Überbrückungsfunktion – die Nachwirkung soll im Zeitraum zwischen dem Ende eines Tarifvertrages und dem Eintritt der unmittelbaren und zwingenden Wirkung des neuen (Nachfolge-)Tarifvertrages die bestehende Tarifordnung aufrechterhalten.[1319] Könnten die Betriebsparteien in diesem Interimsstadium zulässigerweise eine Betriebsvereinbarung abschließen, wäre ein Attraktivitätsverlust der Gewerkschaften und des Tarifvertrages als kollektive Ordnung des Arbeitslebens die Folge. Für die Arbeitnehmer ergäbe sich keine Notwendigkeit mehr, den Abschluß eines Nachfolgetarifvertrages zu erstreiken und die Durchsetzungskraft der Tarifvertragsparteien würde geschmälert. Weiterhin ist zu bedenken, daß sich die Geltung der Betriebsvereinbarung auf die Zeit bis zum Abschluß des Nachfolgetarifvertrages beschränken würde. Mit Inkrafttreten des neuen Tarifvertrages käme diesem wiederum Vorrang gem. § 3 Abs. 2 BetrVG zu und eine Regelung auf betrieblicher Ebene wäre unzulässig. Die Konsequenz dieser Lösung wäre eine Art kollektivvertragliches „Ping-Pong-Spiel“, bei dem sich innerhalb eines relativ kurzen Zeitraumes die Organisationsverfassung der betrieblichen Arbeitnehmervertretung mehrmals ändern würde. Die Arbeitnehmervertretung wäre nur mit der Einleitung sowie Organisation von Wahlen beschäftigt und könnte keine Sacharbeit leisten. Dies fördert keineswegs die Effizienz der Interessenvertretung im Betrieb und damit die Mitbestimmung, sondern hemmt sie.

d) Ergebnis zum Vorbehalt eines nachwirkenden Tarifvertrages

Im Rahmen des § 3 Abs. 2 BetrVG ist, ebenso wie bei § 77 Abs. 3 BetrVG, für einen nachwirkenden Tarifvertrag das Bestehen einer tariflichen Regelung bzw. die Geltung eines anderen Tarifvertrages i. S. d. § 3 Abs. 2 BetrVG zu bejahen.[1320] Eine Regelung durch Betriebsvereinbarung ist unzulässig.

6. Ergebnis

Der Tarifvorbehalt des § 3 Abs. 2 BetrVG wird von einem gem. §§ 3 Abs. 1 und 2, 4 Abs. 1 TVG und einem gem. §§ 3 Abs. 3, 4 Abs. 1 TVG geltenden Tarifvertrag ausgelöst. Gleiches gilt für die Allgemeinverbindlichkeit, § 5 TVG, und die Nachwirkung, § 4 Abs. 5 TVG. Findet ein Tarifvertrag ausschließlich kraft einzelvertraglicher Bezugnahmeklausel Anwendung, bleibt eine

---

1319 Siehe zum Normzweck des § 4 Abs. 5 TVG vorstehend S. 197 f.

1320 Ebenso *Eisemann* in: ErfK, § 3 BetrVG Rn. 9; *Trümner* in: Däubler/Kittner/Klebe, § 3 BetrVG Rn. 121.

Organisationsregelung nach § 3 Abs. 2, 1 BetrVG durch Betriebsvereinbarung zulässig.

B. Der Tarifvorbehalt des § 3 Abs. 2 BetrVG und das Bestehen eines Tarifvertrages in einem oder mehreren Betrieben des Unternehmens oder Konzerns

Betriebsvereinbarungen nach § 3 BetrVG erstrecken sich in ihrem Anwendungsbereich zumeist auf unternehmens- oder konzernweite Regelungen, wie die einzelnen Tatbestände des Absatzes 1 belegen. Besteht in einem oder mehreren Betrieben des Unternehmens oder Konzerns eine tarifvertragliche Regelung oder gilt ein anderer Tarifvertrag, fragt es sich, ob die Betriebsvereinbarung ungeachtet dessen uneingeschränkt zur Anwendung kommt, ob sie in ihrer Geltung auf die Betriebe ohne Tarifvertrag beschränkt ist oder ob sie keinerlei Rechtswirkungen nach sich zieht.[1321] Festzuhalten ist zunächst, daß in den nicht vom Geltungsbereich[1322] des Tarifvertrages erfaßten Betrieben des Unternehmens oder Konzerns eine abweichende Gestaltung der Betriebsverfassung durch Betriebsvereinbarung grundsätzlich zulässig ist.[1323]

Die uneingeschränkte Anwendung der Betriebsvereinbarung ist nicht vertretbar, verletzt diese doch (in den tarifgebundenen Betrieben) den Tarifvorbehalt des Absatzes 2. Ob die Geltung der Organisationsbetriebsvereinbarung auf die Betriebe ohne Tarifvertrag beschränkt werden kann oder ob sie insgesamt nicht anwendbar ist[1324], ergibt sich aus ihrem Inhalt. Unter Rückgriff auf die Rechtsprechung zur Teilnichtigkeit von Betriebsvereinbarungen[1325] ist entscheidend, ob die Anwendung in nur einem Teil der potentiell erfaßten Betriebe eine sinnvolle und in sich geschlossene Regelung darstellt. Die abweichende unternehmens- oder spartenbezogene Betriebsverfassungsstruktur kann errichtet werden, soweit dies weder gegen den Kompromißcharakter der Betriebsvereinbarung noch den Sinn und Zweck der Tatbestände des § 3 Abs. 1 Nr. 1, 2 BetrVG verstößt.[1326] Sollen z. B. in einem

---

1321 Dieses Problem hat bereits *Däubler* AiB 2001, S. 313, 315 Fn. 10 gesehen.

1322 Entscheidende Bedeutung wird hier vor allem dem betrieblichen Geltungsbereich des Tarifvertrages zukommen.

1323 So auch *Trümner* in: Däubler/Kittner/Klebe, § 3 BetrVG Rn. 119.

1324 So *ders.* in: Däubler/Kittner/Klebe, § 3 BetrVG Rn. 119 für alle denkbaren Fallgestaltungen.

1325 Zur Teilnichtigkeit siehe BAG 23.6.1992 AP Nr. 55 zu § 77 BetrVG 1972; *Berg* in: Däubler/Kittner/Klebe, § 77 BetrVG Rn. 57; *Fitting* § 77 BetrVG Rn. 32; *Kreutz* in: GK-BetrVG II, § 77 BetrVG Rn. 61; *Matthes* in: MüHdbArbR III, § 328 Rn. 77; *Richardi* in: ders., § 77 BetrVG Rn. 48.

1326 Vgl. zum diesbezüglich vergleichbaren Problem der Anwendung des § 3 Abs. 4 Satz 1 BetrVG a. E. vorstehend S. 190 ff.

Unternehmen die Betriebe A und B sowie C und D zusammengefaßt werden und gilt in dem Betrieb C ein Tarifvertrag, verstößt die Betriebsvereinbarung hinsichtlich der Zusammenfassung der Betriebe A und B nicht gegen den Tarifvorbehalt. In den zusammengefaßten Betrieben A und B kann die abweichende Betriebsverfassungsstruktur errichtet werden. Dagegen sind bei einer Betriebsvereinbarung nach § 3 Abs. 1 Nr. 1a, Abs. 2 BetrVG sämtliche Betriebe des Unternehmens in die Betrachtung einzubeziehen – der unternehmens*einheitliche* Betriebsrat kann nur einheitlich im gesamten Unternehmen errichtet werden[1327]. Besteht auch nur in einem der potentiell erfaßten Betriebe des Unternehmens ein Tarifvertrag, scheidet eine Regelung durch Betriebsvereinbarung aus. Anders ist dies, wenn für zwei Unternehmen A und B jeweils ein unternehmenseinheitlicher Betriebsrat gebildet werden soll. Sind im Unternehmen A Betriebe mit und ohne Tarifgeltung vorhanden, im Unternehmen B ausschließlich Betriebe ohne Tarifgeltung, ist die Betriebsvereinbarung bezogen auf das Unternehmen B wirksam. Für die spartenbezogene Betriebsverfassungsstruktur gilt Entsprechendes. Stellt die auf die Betriebe ohne Tarifgeltung beschränkte Anwendung der Betriebsvereinbarung nach § 3 Abs. 1 Nr. 2, Abs. 2 BetrVG eine sinnvolle Regelung dar, kann insoweit die abweichende Organisationsstruktur gebildet werden. Entscheidend ist, ob die Bildung einer spartenbezogenen Betriebsverfassungsstruktur in *je* einem von mehreren Betrieben vorgesehen ist oder ob sich *eine* Spartenbetriebsverfassung auf mehr als einen Betrieb erstreckt. Sieht die Betriebsvereinbarung z. B. für die Betriebe A, B und C eines Unternehmens, die mit den Sparten A, B und C identisch sind, jeweils die Bildung mehrerer Spartenbetriebsräte vor, kann sie in jedem dieser Betriebe unabhängig voneinander angewandt werden, ohne daß dies dem Kompromißcharakter und der Teleologie des § 3 Abs. 1 Nr. 2 BetrVG widerspricht. Gilt beispielsweise im Betrieb A ein Tarifvertrag, ist die Betriebsvereinbarung in den Betrieben B und C dennoch wirksam. Besteht jedoch in dem obigen Beispiel die Sparte 1 aus den Betrieben A und B, müssen beide in die Betrachtung einbezogen werden. Die Betriebsvereinbarung verstößt in diesem Fall gegen den Tarifvorbehalt des § 3 Abs. 2 BetrVG und ist unwirksam. Gleiches gilt, wenn die Sparten betriebsübergreifend bestehen (die Betriebe A und B gehören teilweise zur Sparte 1, teilweise zur Sparte 2).

In der Konsequenz ist den Betriebsparteien anzuraten, den betrieblichen Geltungsbereich der Betriebsvereinbarung so auszugestalten, daß nur diejenigen Betriebe erfaßt werden, in denen keine tarifliche Regelung besteht und auch kein anderer Tarifvertrag gilt. Tun sie dies nicht, verstößt die Betriebsvereinbarung gegen den Tarifvorbehalt des § 3 Abs. 2 BetrVG und ist (bezüglich der Betriebe mit Tarifbindung) unwirksam. Zu beachten ist, daß bei

[1327] Siehe vorstehend S. 126.

Organisationsregelungen, die notwendigerweise unternehmens- oder konzerneinheitlich gelten müssen, sämtliche Betriebe in die Betrachtung einzubeziehen sind. Besteht hier auch nur in einem Betrieb ein Tarifvertrag, ist eine Regelung durch Betriebsvereinbarung insgesamt unzulässig.

§ 13 Das Außerkrafttreten der Organisationsbetriebsvereinbarung

Während die erstmalige Anwendung einer Organisationsbetriebsvereinbarung in § 3 Abs. 4 BetrVG normiert ist,[1328] findet sich zur Frage des actus contrarius – dem Außerkrafttreten einer Vereinbarung der Betriebsparteien gem. § 3 Abs. 1, 2 BetrVG – keine ausdrückliche Regelung. Es ist daher auf die allgemeinen Grundsätze zur Beendigung einer Betriebsvereinbarung abzustellen, wie sie sich insbesondere aus § 77 Abs. 5, 6 BetrVG ergeben.[1329]

A. Das Ende der Betriebsvereinbarung bei Nichtbestehen einer Nachfolgeregelung

Im Falle der Beendigung einer Organisationsbetriebsvereinbarung bestimmen sich die Rechtsfolgen nach § 77 Abs. 6 BetrVG, wenn keine Nachfolgeregelung besteht. In Angelegenheiten, in denen ein Spruch der Einigungsstelle die Einigung der Betriebsparteien substituieren kann, gelten die Regelungen der Betriebsvereinbarung weiter, bis sie durch eine andere Abmachung ersetzt werden. Entscheidendes Kriterium bei der Frage der Nachwirkung betriebsverfassungsrechtlicher Normen ist hiernach ihre Einordnung in den Bereich der freiwilligen oder erzwingbaren

---

1328 Siehe hierzu vorstehend § 6 [S. 189 ff.].

1329 Siehe zur Beendigung einer Betriebsvereinbarung die einschlägigen Darstellungen, statt aller *Berg* in: Däubler/Kittner/Klebe, § 77 BetrVG Rn. 45 ff.; *Boecken*, Unternehmensumwandlungen, Rn. 154 ff.; *Fitting* § 77 BetrVG Rn. 142 ff.; *Gussen/Dauck*, Weitergeltung, Rn. 44 ff., 322, 325 ff.; *P. Hanau* in: Erman, § 613a BGB Rn. 71 ff.; *P. Hanau/Kania* in: ErfK, § 77 BetrVG Rn. 112 ff.; *Hess* in: Hess/Schlochauer/Glaubitz, § 77 BetrVG Rn. 196 ff.; *Hohenstatt* in: Willemsen/Hohenstatt/Schweibert, Umstrukturierung, E Rn. 1 ff.; *Joost* in: Lutter, § 324 UmwG Rn. 24 ff.; *U. Koch* in: Schaub, Arbeitsrechts-Handbuch, § 231 Rn. 38 ff.; *Kreutz* in: GK-BetrVG II, § 77 BetrVG Rn. 351 ff.; *Löwisch* in: Löwisch/Kaiser, § 77 BetrVG Rn. 36 ff.; *ders.* in: Galperin II, § 77 BetrVG Rn. 60 ff.; *Matthes* in: MüHdbArbR III, § 328 Rn. 34 ff.; *Pfeiffer* in: KR, § 613a BGB Rn. 155 ff.; *U. Preis* in: ErfK, § 613a BGB Rn. 110 ff.; *Raab* in: Soergel IV/1 [12. Aufl.], § 613a BGB Rn. 117 ff.; *Richardi* in: ders., § 77 BetrVG Rn. 192 ff.; *Richardi/Annuß* in: Staudinger, § 613a BGB Rn. 171 ff.; *Schaub* in: MüKo IV, § 613a BGB Rn. 137 ff.; *Stege/Weinspach/Schiefer* § 77 BetrVG Rn. 34 ff.; *Wank* in: MüHdbArbR II, § 124 Rn. 197 ff.; *Willemsen* in: Kallmeyer, § 324 UmwG Rn. 26 ff.

Mitbestimmung.[1330] Nur für letztere sieht das Gesetz eine Nachwirkung vor.[1331] Einigungen zwischen Arbeitnehmervertretung und Arbeitgeber im Rahmen des § 3 Abs. 1, 2 BetrVG sind Gegenstände der freiwilligen Mitbestimmung.[1332] Sie wirken nicht nach. Mit ihrem Ende entfällt auch die unmittelbare und zwingende Wirkung des § 77 Abs. 6 BetrVG.[1333]

1330 BAG 26.4.1990 AP Nr. 4 zu § 77 BetrVG 1972 Nachwirkung; *Kreutz* in: GK-BetrVG II, § 77 BetrVG Rn. 400, 403; *Matthes* in: MüHdbArbR III, § 328 Rn. 52; *Richardi* in: ders., § 77 BetrVG Rn. 161 ff.; *Schaub* BB 1995, S. 1639, 1640; *M. Weiss/Weyand* § 77 BetrVG Rn. 47.

1331 BAG 13.11.1964 AP Nr. 25 zu § 56 BetrVG (mit zustimmender Anmerkung *Neumann-Duesberg*); BAG 26.4.1990 AP Nr. 4 zu § 77 BetrVG 1972 Nachwirkung; BAG 21.8.1990 EzA § 77 BetrVG 1972 Nr. 36 (mit zustimmender Anmerkung *Kittner*); BAG 26.10.1993 AP Nr. 6 zu § 77 BetrVG 1972 Nachwirkung; BAG 17.1.1995 EzA § 77 BetrVG 1972 Nr. 54; *Berg* in: Däubler/Kittner/Klebe, § 77 BetrVG Rn. 59; *Brune* in: AR-Blattei, 1998, Betriebsvereinbarung, Rn. 443 f.; *Fitting* § 77 BetrVG Rn. 178, 186; *Hess* in: Hess/Schlochauer/Glaubitz, § 77 BetrVG Rn. 229; *von Hoyningen-Huene*, Betriebsverfassungsrecht, § 11 III 8 b) [S. 241 f.]; *H. D. Klein*, Nachwirkung, S. 183 ff.; *U. Koch* in: Schaub, Arbeitsrechts-Handbuch, § 231 Rn. 57; *Kreutz* in: GK-BetrVG II, § 77 BetrVG Rn. 400, 403; *ders.*, Grenzen der Betriebsautonomie, S. 227; *Leinemann* BB 1989, S. 1905, 1907 f.; *Löwisch* in: Galperin II, § 77 BetrVG Rn. 42; *Loritz* RdA 1991, S. 65, 76, 78; *Matthes* in: MüHdbArbR III, § 328 Rn. 52, 60; *Säcker* in: AR-Blattei, 1979, Betriebsvereinbarung I, F V; *R. Schulz*, Bestandsschutz, S. 92, 180 ff.; *Stege/Weinspach/Schiefer* § 77 BetrVG Rn. 44; *M. Weiss/Weyand* § 77 BetrVG Rn. 47; *Zöllner/Loritz*, Arbeitsrecht, § 46 II 4 [S. 536 f.].

Auch *Richardi* in: ders., § 77 BetrVG Rn. 162, 163, 168, der aber zwischen der Weitergeltung nach § 77 Abs. 6 BetrVG und der Nachwirkung unterscheidet, vgl. Rn. 164, und die Nachwirkung für freiwillige Betriebsvereinbarungen bejaht, vgl. Rn. 168. Ebenso *Blomeyer* DB 1990, S. 173, 174 f. (anders noch in DB 1985, S. 2506, 2508); *Richardi* ZfA 1992, S. 307, 327 f. (insbesondere Fn. 66); *ders.*, Anmerkung zu BAG vom 9.2.1989 – 8 AZR 310/87 in: AP Nr. 40 zu § 77 BetrVG 1972; *Schwerdtner* ZfA 1975, S. 171, 192. Gegen diese Analogie zu § 4 Abs. 5 TVG BAG 26.4.1990 AP Nr. 4 zu § 77 BetrVG 1972 Nachwirkung; *Leinemann* BB 1989, S. 1905, 1908; *Loritz* RdA 1991, S. 65, 77 ff. mit ausführlicher Begründung; *R. Schulz*, Bestandsschutz, S. 180 ff. Ausführlich zum Ganzen *Rech*, Die Nachwirkung freiwilliger Betriebsvereinbarungen.

1332 *Eisemann* in: ErfK, § 3 BetrVG Rn. 9; *Fitting* § 3 BetrVG Rn. 79; *Kort* Die AG 2003, S. 13, 24; *Kraft* in: GK-BetrVG I, § 3 BetrVG Rn. 33; *Löwisch* in: Löwisch/Kaiser, § 3 BetrVG Rn. 23; *Stege/Weinspach/Schiefer* § 3 BetrVG Rn. 13; *Trümner* in: Däubler/Kittner/Klebe, § 3 BetrVG Rn. 123.

1333 *Eisemann* in: ErfK, § 3 BetrVG Rn. 9; *Fitting* § 3 BetrVG Rn. 79; *Hohenstatt/Dzida* DB 2001, S. 2498, 2502; *Kraft* in: GK-BetrVG I, § 3 BetrVG Rn. 33; *Trümner* in: Däubler/Kittner/Klebe, § 3 BetrVG Rn. 123; anders wohl *Bösche* AiB 2001, S. 110, 111, wenn er meint, die Nachwirkung „sollte ausgeschlossen werden“.

Ergibt sich diese Lösung aus dem Gesetz, begegnet sie doch Bedenken aus den Gesichtspunkten der Rechtssicherheit und -klarheit. Zwar würde nach dem Gesetz, vorbehaltlich der Regelung des § 13 Abs. 2 BetrVG, erst wieder zur nächsten regelmäßigen Betriebsratswahl gewählt und der bestehende Betriebsrat könnte bis dahin in entsprechender Anwendung des § 22 BetrVG die Geschäfte weiterführen[1334]. Es darf aber nicht außer acht gelassen werden, daß die betriebsverfassungsrechtliche Organisationseinheit bereits wieder nach dem Gesetz zu bestimmen ist. Dies bedeutet in Parallele zu den tarifrechtlichen Überlegungen,[1335] daß ein Betriebsrat ohne zugrundeliegenden Betrieb bestünde. Die Konsequenz wäre keineswegs eine effektive Interessenvertretung der Arbeitnehmer, sondern im Gegenteil eine unerquickliche Rivalität[1336] der betrieblichen Repräsentationsorgane.

Diese Übergangsprobleme ließen sich durch eine (eingeschränkte) Nachwirkung der Organisationsbetriebsvereinbarung vermeiden. Einzig und allein der Sinn und Zweck der betrieblichen Mitbestimmung – eine effiziente Interessenvertretung der Arbeitnehmer zu gewährleisten – bietet einen Anhaltspunkt für diese Annahme, während Wortlaut und Systematik insbesondere des § 77 Abs. 6 BetrVG dagegen sprechen. Bei der Auslegung einer Norm bildet der Wortlaut die Auslegungsgrenze.[1337] Während bei einem Tarifvertrag die Nachwirkung gem. § 4 Abs. 5 TVG die Regel darstellt und deren Ausschluß bzw. teleologische Reduktion die begründungsbedürftige Ausnahme ist, wirken freiwillige Betriebsvereinbarungen regelmäßig nicht nach. Bei diesen ist die Nachwirkung die Ausnahme, die sich, wie gezeigt, nicht durch Auslegung des Gesetzes begründen läßt.

§ 77 Abs. 6 BetrVG könnte im Falle der Beendigung einer Betriebsvereinbarung nach § 3 Abs. 1, 2 BetrVG analog angewendet werden. Dazu müßte eine planwidrige Regelungslücke bestehen. Zwar findet sich zu den Rechtswirkungen der Beendigung einer Betriebsvereinbarung im Bereich der freiwilligen Mitbestimmung keine Aussage im Gesetz. Aus der ausdrücklich angeordneten Nachwirkung für die Gegenstände der erzwingbaren Mitbestimmung läßt sich aber auf den Willen des Gesetzgebers schließen, diese im Bereich der freiwilligen Mitbestimmung gerade nicht anzuordnen. Es liegt keine planwidrige Regelungslücke, sondern eine bewußte Nichtregelung durch den Gesetzgeber vor.[1338] Ergänzend sei darauf hingewiesen, daß auch die

---

1334 So *Fitting* § 3 BetrVG Rn. 91. *Trümner* in: Däubler/Kittner/Klebe, § 3 BetrVG Rn. 145 will § 21a BetrVG entsprechend anwenden.

1335 Siehe dazu vorstehend S. 209 f.

1336 Vgl. die Formulierung von BAG 1.2.1963 AP Nr. 5 zu § 3 BetrVG.

1337 *Larenz/Canaris*, Methodenlehre, S. 143, 145, 163, 166.

1338 *Kreutz* in: GK-BetrVG II, § 77 BetrVG Rn. 403.

teleologische Vergleichbarkeit verneint werden muß. Die Unterscheidung zwischen freiwilliger und erzwingbarer Mitbestimmung liegt dem Betriebsverfassungsrecht zugrunde und kommt z. B. in §§ 76 Abs. 5 und 6, 77 Abs. 6, 87, 88 BetrVG zum Ausdruck. Aufgrund einer fehlenden planwidrigen Regelungslücke scheidet auch die analoge Anwendung des § 4 Abs. 5 TVG aus.[1339]

Im Ergebnis verbleibt es bei einem Ausschluß der Nachwirkung einer Organisationsbetriebsvereinbarung. Endet diese, ohne daß eine (tarifliche oder betriebsverfassungsrechtliche) Nachfolgeregelung besteht, richtet sich die betriebliche Arbeitnehmervertretungsstruktur nach dem Betriebsverfassungsgesetz. In entsprechender Anwendung des § 22 BetrVG führt der bestehende Betriebsrat die Geschäfte weiter, bis ein neuer Betriebsrat gewählt und das Wahlergebnis bekanntgegeben ist.[1340] Übergangsprobleme, die sich aus der veränderten Abgrenzung der betriebsverfassungsrechtlichen Organisationseinheiten ergeben, sind hinzunehmen.

B. Das Ende der Betriebsvereinbarung bei Abschluß einer Nachfolgebetriebsvereinbarung bzw. eines Tarifvertrages

Aufgrund der Zeitkollisionsregel (lex posterior derogat legi priori) sind für die Zukunft ausschließlich die Regelungen der neuen, jüngeren Betriebsvereinbarung maßgeblich,[1341] wenn bei Bestehen einer Organisationsbetriebsvereinbarung nach § 3 Abs. 1, 2 BetrVG eine Nachfolgebetriebsvereinbarung abgeschlossen wird. Dies gilt auch dann, wenn sie für die Arbeitnehmer ungünstiger ist[1342]. Übergangsprobleme zwischen den beiden kollektivvertraglichen Ordnungen dürften kaum auftreten, da die erstmalige Anwendung der neuen Betriebsvereinbarung in § 3 Abs. 4 BetrVG geregelt ist. Bis dahin findet die alte Betriebsvereinbarung Anwendung und amtieren die bisherigen Arbeitnehmervertretungen.

Besteht eine Organisationsbetriebsvereinbarung und wird ein für die betreffende betriebsverfassungsrechtliche Organisationseinheit maßgeblicher Tarifvertrag abgeschlossen, ist zwischen einem Organisationstarifvertrag nach § 3 Abs. 1 BetrVG und einem sonstigen Tarifvertrag zu unterscheiden. Im ersten Fall greift der Tarifvorbehalt des § 3 Abs. 2 BetrVG ein. Es gilt ausschließlich der Tarifvertrag und die Betriebsvereinbarung ist unwirksam. Übergangsprobleme zwischen der tariflichen und der betriebsvereinbarungs-

---

1339 *Kreutz* in: GK-BetrVG II, § 77 BetrVG Rn. 403.

1340 So auch *Fitting* § 3 BetrVG Rn. 91.

1341 Vgl. *Fitting* § 77 BetrVG Rn. 192; *U. Koch* in: Schaub, Arbeitsrechts-Handbuch, § 231 Rn. 34, 40; *Th. Schmidt*, Günstigkeitsprinzip, S. 93 f.

1342 *Fitting* § 77 BetrVG Rn. 192; *U. Koch* in: Schaub, Arbeitsrechts-Handbuch, § 231 Rn. 34, 40.

rechtlichen Organisationsverfassung werden durch § 3 Abs. 4 BetrVG hinreichend gelöst. Insbesondere bleiben die bestehenden Arbeitnehmervertretungen bis zur Wahl der neuen Arbeitnehmervertretung und der Bekanntgabe des Wahlergebnisses im Amt. Kommt es in der betriebsverfassungsrechtlichen Organisationseinheit zur Anwendung eines anderen Tarifvertrages, der keine Organisationsregelungen enthält, greift ebenfalls der Tarifvorbehalt des § 3 Abs. 2 BetrVG. Die Betriebsvereinbarung wird durch den Tarifvertrag, auch soweit dieser ungünstiger ist, abgelöst[1343] und erstere ist unwirksam[1344]. Aufgrund der fehlenden kollektivvertraglichen Organisationsregelung ist wieder auf die gesetzliche Betriebsverfassungsstruktur abzustellen. Für diesen Fall findet sich im Gesetz keine Übergangsregelung und es stellen sich erneut die bereits mehrfach angesprochenen Probleme beim Übergang zur gesetzlichen Regelung. Letztlich ist wohl auch hier davon auszugehen, daß die bestehenden Arbeitnehmervertretungen die Geschäfte weiterführen, bis ein neuer Betriebsrat gewählt und das Wahlergebnis bekanntgegeben ist, § 22 BetrVG analog.

1343 So zum vergleichbaren § 59 BetrVG 1952 BAG 17.4.1959 AP Nr. 1 zu § 4 TVG Günstigkeitsprinzip; BAG 12.12.1962 AP Nr. 11 zu § 4 TVG Ordnungsprinzip. Zu § 77 Abs. 3 BetrVG *Hess* in: Hess/Schlochauer/Glaubitz, § 77 BetrVG Rn. 159; *U. Koch* in: Schaub, Arbeitsrechts-Handbuch, § 231 Rn. 21, 35; *Kreutz* in: GK-BetrVG II, § 77 BetrVG Rn. 132; *Moll*, Tarifvorrang, S. 51; *Richardi* in: ders., § 77 BetrVG Rn. 279; *Säcker* ZfA 1972, Sonderheft, S. 41, 69; *Wank* in: H. Wiedemann, § 4 TVG Rn. 578.

1344 *Kreutz* in: GK-BetrVG II, § 77 BetrVG Rn. 132.

Teil 5

Die Rechtsfolgen einer kollektivvertraglichen Organisationsregelung, § 3 Abs. 5 BetrVG

§ 14 Die betriebsverfassungsrechtliche Organisationseinheit als Betrieb

A. Die gesetzliche Fiktion des Betriebs im Betriebsverfassungsrecht, § 3 Abs. 5 Satz 1 BetrVG

§ 3 Abs. 5 Satz 1 BetrVG besagt, daß die aufgrund eines Tarifvertrages oder einer Betriebsvereinbarung nach § 3 Abs. 1 Nr. 1 bis 3 BetrVG gebildeten betriebsverfassungsrechtlichen Organisationseinheiten „als Betriebe im Sinne dieses Gesetzes" gelten. Hieraus folgt, daß in diesen Fällen für die Bestimmung der betriebsverfassungsrechtlichen Grundeinheit, den Betrieb, nicht mehr die durch Rechtsprechung und Rechtslehre ausgestaltete Betriebsdefinition[1345] maßgebend ist, sondern vielmehr der Kollektivvertrag. Die auf seiner Grundlage gebildete Unternehmenseinheit (Nr. 1a), Einheit der zusammengefaßten Betriebe (Nr. 1b), Sparte (Nr. 2) oder Struktureinheit (Nr. 3) gilt kraft gesetzlicher Fiktion für die Laufzeit des Kollektivvertrages als „Betrieb im Sinne dieses Gesetzes".[1346] Findet in anderen Vorschriften des Betriebsverfassungsgesetzes der Begriff des Betriebs Verwendung, ist hierfür die aufgrund des Kollektivvertrages gebildete betriebsverfassungsrechtliche Organisationseinheit bestimmend.[1347] Nach den Gesetzesmaterialien soll dies beispielsweise für die Zahl der Betriebsratsmitglieder (§ 9 BetrVG), die Größe der Ausschüsse (§§ 27, 28 BetrVG) und die Zahl der Freistellungen (§ 38 BetrVG) der Fall sein.[1348]

B. Die Anwendbarkeit der Betriebsfiktion des § 3 Abs. 5 Satz 1 BetrVG im Kündigungsschutzrecht

Den allgemeinen Kündigungsschutz genießen Arbeitnehmer, deren Arbeitsverhältnis mindestens sechs Monate in demselben *Betrieb* oder Unternehmen ohne Unterbrechung bestanden hat, § 1 Abs. 1 KSchG, und wenn in dem *Betrieb* wenigstens sechs Arbeitnehmer beschäftigt sind, § 23 Abs. 1

1345 Siehe hierzu vorstehend S. 99.

1346 Aufgrund der ausdrücklichen Bezugnahme auf die Nr. 1 bis 3 des ersten Absatzes haben die nach § 3 Abs. 1 Nr. 4, 5 BetrVG möglichen Arbeitsgemeinschaften und zusätzlichen betriebsverfassungsrechtlichen Vertretungen der Arbeitnehmer keinen Einfluß auf die Abgrenzung der betriebsverfassungsrechtlichen Organisationseinheit.

1347 *Trümner* in: Däubler/Kittner/Klebe, § 3 BetrVG Rn. 3.

1348 Begründung zum RegE, BT-Drucks. 14/5741, S. 35.

Sätze 1, 2 KSchG. Nach § 1 Abs. 2 Satz 2 Nr. 1b KSchG ist eine Kündigung sozial ungerechtfertigt, wenn für den zu kündigenden Arbeitnehmer eine Weiterbeschäftigungsmöglichkeit auf einem anderen Arbeitsplatz im *Betrieb* oder in einem anderen *Betrieb des Unternehmens* vorhanden ist. Die soziale Auswahl nach § 1 Abs. 3 KSchG ist *betriebs*bezogen. Im Hinblick auf § 3 BetrVG stellt sich die Frage nach der rechtlichen Bedeutung der Fiktion des § 3 Abs. 5 Satz 1 BetrVG für die Bestimmung des Betriebs im Kündigungsschutzgesetz. Es könnte ein einheitlicher, entsprechend der kollektivvertraglichen Organisationseinheit bestimmter Betriebsbegriff Anwendung finden oder dieser jeweils aus dem Sinn und Zweck der gesetzlichen Regelungen zu entwickeln sein.[1349]

I. Streitstand

Nach der Ansicht von *Link*[1350] ergeben sich bei einem unterschiedlichen Verständnis des Betriebsbegriffs nicht auflösbare praktische Schwierigkeiten und damit Rechtsunsicherheit bei der Sozialauswahl nach § 1 Abs. 3 KSchG sowie der Anhörung des Betriebsrates nach § 102 BetrVG. Diese ließen sich nur überwinden, wenn betriebsverfassungsrechtlicher und kündigungsschutzrechtlicher Betriebsbegriff übereinstimmten. Auch *Kaiser/Heither/Engels/Ingrid Schmidt*[1351] wollen die Fiktion der betriebsverfassungsrechtlichen Organisationseinheiten als Betriebe nach § 3 Abs. 5 Satz 1 BetrVG in anderen Rechtsgebieten, z. B. dem Kündigungsschutzrecht, anwenden. Sie geben hierfür allerdings keine Begründung, sondern belassen es bei der bloßen Feststellung. Diese Ansichten stimmen im Ergebnis mit Entscheidungen des Bundesarbeitsgerichts überein, in denen es von einem allgemeinen Betriebsbegriff ausgeht. Dieser sei dem Gesetz vorgegeben[1352] und zudem für

---

1349 Nicht nachgegangen wird dem von der vorliegenden Frage nach der Reichweite der Fiktion des § 3 Abs. 5 Satz 1 BetrVG zu unterscheidendem Problem der Bestimmung des Betriebsbegriffs im Kündigungsschutzgesetz, insbesondere ob hier der allgemeine arbeitsrechtliche Begriff des Betriebs herangezogen werden kann. Zu letzterem vgl. die Ausführungen von *Berkowsky* in: MüHdbArbR II, § 132 Rn. 26 ff. m. w. N.; *Etzel* in: KR, § 1 KSchG Rn. 132 ff. m. w. N.; *von Hoyningen-Huene/Linck* § 23 KSchG Rn. 3 ff. m. w. N.; *U. Preis* in: Ascheid/U. Preis/I. Schmidt, Grundlagen C Rn. 82 ff. m. w. N.; *ders.* in: Stahlhacke/U. Preis/Vossen, Rn. 887 ff. m. w. N.; *Weigand* in: KR, § 23 KSchG Rn. 24 ff. m. w. N.

1350 *Link* AuA 2001 Sonderausgabe, S. 1, 11.

1351 *Fitting* § 3 BetrVG Rn. 7, 92.

1352 BAG 14.9.1988 AP Nr. 9 zu § 1 BetrVG 1972 (mit zustimmender Anmerkung *Reuter*). Vgl. aber BVerfG 27.1.1998 E 97, 169, 184, das auch bei § 23 KSchG im Grundsatz zwar am betriebsverfassungsrechtlichen Begriff des „Betriebs" festhält, jedoch eine am Sinn und Zweck der Vorschrift orientierte (verfassungskonforme) Auslegung vornimmt.

das Betriebsverfassungs- wie das Individualarbeitsrecht einheitlich zu bestimmen[1353].

Im Gegensatz hierzu begrenzt eine Mehrheit der Stimmen in der Literatur die Fiktion der auf kollektivvertraglicher Grundlage gebildeten betriebsverfassungsrechtlichen Organisationseinheiten als Betriebe auf das Betriebsverfassungsrecht und mißt ihr keine rechtliche Bedeutung für das Kündigungsschutzrecht bei.[1354] Begründet wird dies zum einen mit dem Wortlaut des § 3 Abs. 5 Satz 1 BetrVG, der die betriebsverfassungsrechtlichen Organisationseinheiten als Betriebe „im Sinne dieses Gesetzes" fingiert.[1355] Zum anderen wird auf den Charakter des Kündigungsschutzgesetzes als zwingendes Recht hingewiesen, das keiner Veränderung durch die Kollektivvertragsparteien zum Nachteil des einzelnen Arbeitnehmers zugänglich sei.[1356] *Ulrich Preis*[1357] stellt zudem auf die verschiedenen Zwecke der Normgruppen ab, die beim

---

1353 BAG 5.3.1987 AP Nr. 30 zu § 15 KSchG 1969; BAG 18.1.1990 AP Nr. 9 zu § 23 KSchG 1969 (für den gemeinsamen Betrieb mehrerer Unternehmen); BAG 25.11.1993 AP Nr. 3 zu § 14 KSchG 1969;.

1354 *Abeln* AuA 2001, S. 170, 171; *Dachrodt/Engelbert* § 3 BetrVG Rn. 13; *Däubler* ArbuR 2001, S. 285, 288; *Eisemann* in: ErfK, § 3 BetrVG Rn. 12; *Giesen*, Tarifvertragliche Rechtsgestaltung, S. 337; *P. Hanau* ZIP 2001, S. 1981, 1982 (anders aber *ders.* NJW 2001, S. 2513, 2514); *Hohenstatt/Dzida* DB 2001, S. 2498, 2503; *Leßmann/Liersch* DStR 2001, S. 1302, 1302; *Plander* NZA 2002, S. 483, 491; *U. Preis* in: Stahlhacke/U. Preis/Vossen, Rn. 888, 1056; *Rieble* ZIP 2001, S. 133, 138 (ohne nähere Begründung); *Stege/Weinspach/Schiefer* § 3 BetrVG Rn. 17; *Trümner* in: Däubler/Kittner/Klebe, § 3 BetrVG Rn. 146, 152. Zu § 3 BetrVG a. F. bereits *Franzen* ZfA 2000, S. 285, 304; *Kania/Gilberg* NZA 2000, S. 678, 681; *U. Preis* RdA 2000, S. 257, 264; wohl auch *ders.* in: Henssler/Moll, Kündigung und Kündigungsschutz, A Rn. 55;. Allgemein BAG 21.6.1995 AP Nr. 16 zu § 1 BetrVG 1972; BAG 20.9.1998 AP Nr. 50 zu § 2 KSchG 1969; LAG Sachsen-Anhalt 11.1.2000 NZA-RR 2001, S. 81, 82; *Berkowsky* in: MüHdbArbR II, § 132 Rn. 38 f.; *von Hoyningen-Huene/Linck* § 1 KSchG Rn. 434a; *Joost*, Betrieb und Unternehmen, S. 341 ff.; *Moll* in: Ascheid/U. Preis/I. Schmidt, § 23 KSchG Rn. 11; *U. Preis* in: Ascheid/U. Preis/I. Schmidt, Grundlagen C Rn. 85; *Peter* DB 1990, S. 424, 424.

1355 Vgl. *Däubler* ArbuR 2001, S. 285, 288; *Eisemann* in: ErfK, § 3 BetrVG Rn. 12; *Leßmann/Liersch* DStR 2001, S. 1302, 1302; *Trümner* in: Däubler/Kittner/Klebe, § 3 BetrVG Rn. 146.

1356 *Franzen* ZfA 2000, S. 285, 304; *Kania/Gilberg* NZA 2000, S. 678, 681; *U. Preis* in: Stahlhacke/U. Preis/Vossen, Rn. 1056; *ders.* RdA 2000, S. 257, 264. Ebenso zum Verhältnis von Auswahlrichtlinien nach §§ 95, 117 Abs. 2 BetrVG zu den gesetzlichen Anforderungen an die Sozialauswahl nach § 1 Abs. 3 KSchG BAG 11.3.1976 AP Nr. 1 zu § 95 BetrVG 1972 (mit zustimmender Anmerkung *G. Hueck*); *Ascheid* in: ErfK, § 1 KSchG Rn. 18; *U. Preis* NZA 1997, S. 1073, 1076.

1357 *U. Preis* in: Stahlhacke/U. Preis/Vossen, Rn. 1056; *ders.* RdA 2000, S. 257, 264, 278; *ders.*, RWS-Forum Arbeitsrecht 2001, S. 83, 103 ff.

Kündigungsschutzrecht in der individualrechtlichen Zuweisung von Beschäftigungsrisiken, beim Betriebsverfassungsrecht hingegen in der Bestimmung derjenigen Organisationseinheit bestehen, die eine entscheidungs- und gleichzeitig belegschaftsnahe „Arbeitnehmervertretung" ermöglicht. *Däubler*[1358] will allerdings eine tatsächliche Vermutung dafür aufstellen, daß die kollektivvertraglich geschaffene Repräsentationseinheit auch anderweitig einen Betrieb darstellt. Zudem nimmt er an, daß sich die Beteiligten vor Gericht aus Vereinfachungsgründen auf den kollektivvertraglich bestimmten Betrieb beziehen werden. In Abweichung ihrer Ansicht zu § 3 BetrVG a. F. gehen *Kania/Gilberg*[1359] im Rahmen des § 4 BetrVG aufgrund des Willens des historischen Gesetzgebers, die Betriebsbegriffe im Betriebsverfassungsgesetz und im Kündigungsschutzgesetz homolog zu definieren, sowie des Grundsatzes der Rechtseinheit von einem einheitlichen Betriebsbegriff aus. *Peter Hanau*[1360] will die in der Konsequenz eines differenzierten Betriebsbegriffs auftretenden Schwierigkeiten durch eine arbeitsvertragsbezogene Sozialauswahl lösen. An anderer Stelle[1361] bejaht er allerdings eine Ausstrahlung der Regelung des § 3 Abs. 5 BetrVG über § 102 Abs. 1 Satz 1 BetrVG in das Kündigungsschutzrecht. Aufgrund des engen Sachzusammenhangs könnte dann eine betriebsratsbezogene Sozialauswahl gerechtfertigt sein. In zwei neueren Entscheidungen zu gem. § 4 Satz 1 Nr. 1, 2 BetrVG a. F. verselbständigten Betriebsteilen geht auch das Bundesarbeitsgericht davon aus, daß diese kündigungsschutzrechtlich nicht als eigenständige Betriebe gelten sollen.[1362]

1358 *Däubler* ArbuR 2001, S. 285, 288. Hiergegen *Kraft* in: GK-BetrVG I, § 3 BetrVG Rn. 19.

1359 *Kania/Gilberg* NZA 2000, S. 678, 680. A. A. zu § 4 BetrVG aber BAG 21.6.1995 AP Nr. 16 zu § 1 BetrVG 1972; BAG 20.8.1998 AP Nr. 50 zu § 2 KSchG 1969; BAG 15.3.2001 NZA 2001, S. 831, 832. Vgl. auch BVerfG 27.1.1998 AP Nr. 17 zu § 23 KSchG 1969; BVerfG 27.1.1998 AP Nr. 18 zu § 23 KSchG 1969; LAG Düsseldorf 22.10.1997 LAGE § 23 KSchG Nr. 15; LAG Köln 28.11.1997 LAGE § 23 KSchG Nr. 17; LAG Sachsen-Anhalt 11.1.2000 NZA-RR 2001, S. 81, 82.

1360 *P. Hanau* ZIP 2001, S. 1981, 1982; diesem folgend *Stege/Weinspach/Schiefer* § 3 BetrVG Rn. 18.

1361 *P. Hanau* NJW 2001, S. 2513, 2514.

1362 BAG 21.6.1995 AP Nr. 16 zu § 1 BetrVG 1972; BAG 20.8.1998 AP Nr. 50 zu § 2 KSchG 1969; BAG 15.3.2001 NZA 2001, S. 831, 832. Weiterhin LAG Düsseldorf 22.10.1997 LAGE § 23 KSchG Nr. 15; LAG Köln 28.11.1997 LAGE § 23 KSchG Nr. 17; LAG Sachsen-Anhalt 11.1.2000 NZA-RR 2001, S. 81, 82. Ausdrücklich zustimmend *Moll* in: Ascheid/U. Preis/I. Schmidt, § 23 KSchG Rn. 11; *U. Preis* in: Henssler/Moll, Kündigung und Kündigungsschutz, A Rn. 58; *ders.* in: Stahlhacke/U. Preis/Vossen, Rn. 888. Vgl. auch BVerfG 27.1.1998 AP Nr. 17 zu § 23 KSchG 1969; BVerfG 27.1.1998 AP Nr. 18 zu § 23 KSchG 1969.

II. Stellungnahme

Gem. § 3 Abs. 5 Satz 1 BetrVG gelten die aufgrund eines Kollektivvertrages nach § 3 Abs. 1 Nr. 1 bis 3 BetrVG gebildeten betriebsverfassungsrechtlichen Organisationseinheiten als Betriebe „im Sinne dieses Gesetzes". Damit kommt unmißverständlich zum Ausdruck, daß sich die Fiktion des Absatzes 5 Satz 1 auf das Betriebsverfassungsrecht beschränkt und keine Anwendung in anderen Gesetzen[1363], auch nicht im Kündigungsschutzgesetz, findet.[1364]

Aus systematischer Sicht ist das Kündigungsschutzgesetz zwingendes Gesetzesrecht und kann durch die Kollektivvertragsparteien nicht zum Nachteil der Arbeitnehmer abgeändert werden.[1365] Konsequenterweise wirkt sich die aufgrund eines Tarifvertrages oder einer Betriebsvereinbarung abgegrenzte betriebsverfassungsrechtliche Organisationseinheit nicht auf den Geltungsbereich der §§ 1, 23 KSchG aus. Wie die Norm des Art. 7 des Betriebsverfassungs-Reformgesetzes, welche sich mit Änderungen des Kündigungsschutzgesetzes befaßt, zeigt, hat der Gesetzgeber im Zuge der Gesetzesnovelle ebensowenig das Kündigungsschutzgesetz, insbesondere dessen Betriebsbegriff tarifdispositiv gestaltet. Art. 7 des Betriebsverfassungs-Reformgesetzes enthält diesbezüglich keine Regelung.[1366] Ein zweites systematisches Argument ergibt sich aus einem Vergleich des § 3 Abs. 5 Satz 1 BetrVG mit § 3 Abs. 5 Satz 2 BetrVG. Letzterer regelt die Rechte und Pflichten der Arbeitnehmervertretungen und die Rechtsstellung ihrer Mitglieder, die sich aus den Vorschriften über den Betriebsrat ergeben. Hierbei erfolgt keine Beschränkung auf das Betriebsverfassungsgesetz, so daß Normen anderer Gesetze, z. B. § 15 KSchG anwendbar sind[1367]. Demgegenüber wird in § 3 Abs. 5 Satz 1 BetrVG ausdrücklich bestimmt, daß die betriebsverfassungsrechtlichen Organisationseinheiten nur als „Betriebe im Sinne dieses Gesetzes" gelten. Mit einem argumentum e contrario zu § 3 Abs. 5 Satz 2 BetrVG kann die Unmaßgeblichkeit der kollektivvertraglichen Organisationseinheit für den Betriebsbegriff im Kündigungsschutzrecht begründet werden. Schließlich läßt sich aus einem Vergleich des Kündigungsschutzgesetzes mit den gleichfalls im Zuge der Reform des Betriebsverfassungsgesetzes neu gefaßten Vorschriften der

---

1363 Etwas anderes kann gelten, wenn in anderen Gesetzen auf das Betriebsverfassungsrecht verwiesen wird, vgl. nachstehend S. 297 ff. zu §§ 87 Abs. 1 Satz 2 SGB IX, 3 Abs. 2 Satz 1 MitbestG, 5 Abs. 6 Satz 1 Montan-MitbestErgG.

1364 *U. Preis*, RWS-Forum Arbeitsrecht 2001, S. 83, 104.

1365 *Franzen* ZfA 2000, S. 285, 304; *Plander* NZA 2002, S. 483, 489; *U. Preis*, RWS-Forum Arbeitsrecht 2001, S. 83, 104.

1366 Ähnlich *Plander* NZA 2002, S. 483, 489.

1367 Siehe nachstehend S. 304 f.

§§ 3 Abs. 2 MitbestG, 5 Abs. 6 Montan-MitbestErgG schlußfolgern, daß der Gesetzgeber, wenn in außerhalb der Betriebsverfassung stehenden Vorschriften der Betrieb i. S. d. Betriebsverfassungsgesetzes maßgeblich sein soll, dies im Wortlaut der Norm zum Ausdruck bringt. Eine den §§ 3 Abs. 2 MitbestG, 5 Abs. 6 Montan-MitbestErgG vergleichbare Verweisung fehlt im Kündigungsschutzgesetz. Im Umkehrschluß enthält das Kündigungsschutzrecht einen eigenständigen Betriebsbegriff, der nicht durch die kollektivvertragliche Organisationseinheit des § 3 BetrVG determiniert wird.

Im Rahmen der teleologischen Auslegung ist auf den Sinn und Zweck der betreffenden Normen abzustellen. Bei übereinstimmenden Ergebnissen könnte es gerechtfertigt sein, die Betriebsfiktion des § 3 Abs. 5 Satz 1 BetrVG im Kündigungsschutzrecht anzuwenden. Der Sinn und Zweck des Kündigungsschutzgesetzes ist die individualrechtliche Zuweisung von Beschäftigungsrisiken zwischen den Parteien des Arbeitsvertrages, d. h. dem Arbeitgeber und dem Arbeitnehmer.[1368] Im Arbeitsverhältnis stehen sich das Interesse des Arbeitnehmers am Bestand seines Arbeitsplatzes und damit der Verwertung seiner Arbeitskraft gegen Entgelt, welches weithin die Grundlage seiner Lebensführung bildet, sowie das betriebswirtschaftliche Interesse des Arbeitgebers, den (Kosten-)Faktor Arbeitskraft möglichst optimal und zeitnah der wirtschaftlichen Entwicklung des Unternehmens anzupassen, diametral gegenüber. Die Aufgabe des Kündigungsschutzrechts ist es, diese Interessen und die dahinterstehenden Grundrechte der Art. 2 Abs. 1, 1 Abs. 1, 12 Abs. 1 GG im Wege einer praktischen Konkordanz sozialverträglich (Art. 20 Abs. 1 GG) zum Ausgleich zu bringen.[1369]

Demgegenüber ist das Ziel der betrieblichen Mitbestimmung die Verwirklichung des Arbeitnehmerschutz- und des Arbeitnehmerteilhabegedankens. Es soll zum einen die rechtliche und tatsächliche Abhängigkeit der Arbeitnehmer abgeschwächt werden, was letztlich in der Menschenwürde des einzelnen Arbeitnehmers, Art. 1 Abs. 1 GG, gründet.[1370] Zum anderen soll der einzelne Arbeitnehmer nicht nur Objekt des Schutzes sein, sondern zu einem

---

1368 Vgl. *U. Preis* in: Henssler/Moll, Kündigung und Kündigungsschutz, A Rn. 8.

1369 Vgl. hierzu BAG st. Rspr. seit BAG 7.10.1954 AP Nr. 5 zu § 1 KSchG; BAG 20.10.1954 AP Nr. 6 zu § 1 KSchG; *Berkowsky* in: MüHdbArbR II, § 131 Rn. 42, 46; *Etzel* in: KR, § 1 KSchG Rn. 15 ff.; *Henssler* in: Henssler/Moll, Kündigung und Kündigungsschutz, D Rn. 1 ff.; *von Hoyningen-Huene/Linck* § 1 KSchG Rn. 4a; *U. Preis* in: Ascheid/U. Preis/I. Schmidt, Grundlagen A Rn. 22 ff., Grundlagen B Rn. 3 ff., 14 ff., Grundlagen G Rn. 1 ff.; *ders.* in: Stahlhacke/U. Preis/Vossen, Rn. 930; *ders.* NZA 1995, S. 241, 242 unter Hinweis auf BVerfG 24.4.1991 EzA Art. 13 Einigungsvertrag Nr. 1; *Schaub* in: ders., Arbeitsrechts-Handbuch, § 128 Rn. 22.

1370 Siehe vorstehend S. 88 f.

mitwirkenden Subjekt gemacht werden.[1371] Hieraus leiten sich die Kriterien für die Errichtung der betrieblichen Arbeitnehmervertretung ab. Diese soll die ihr durch das Gesetz zur Wahrnehmung der Interessen der Arbeitnehmer übertragenen Rechte und Pflichten möglichst effektiv ausüben.[1372] Daher ist sie dort zu errichten, wo auf Arbeitgeberseite mitbestimmungsrelevante Entscheidungen getroffen und entsprechende Kompetenzen ausgeübt werden; sie muß mit anderen Worten entscheidungsnah sein.[1373] Die betriebliche Vertretung als Repräsentations- und Interessenwahrnehmungsorgan der Arbeitnehmer hat aber auch belegschaftsnah zu sein.[1374] Diese beiden Forderungen stehen in einem teleologischen Zielkonflikt, der sich mit der Formel „So entscheidungsnah wie nötig, so belegschaftsnah wie dabei noch möglich" auflösen läßt.[1375] An diesem Sinn und Zweck des Betriebsverfassungsrechts muß sich der Betriebsbegriff messen lassen.[1376] Die Bestimmung der organisatorischen Grundeinheit „Betrieb" hat sich zuvorderst danach zu richten, wo auf Arbeitgeberseite die mitbestimmungsrelevanten Entscheidungen getroffen werden.[1377] Nur dort kann die Vertretung der Arbeitnehmer deren Interessen effektiv wahrnehmen und den Schutz- sowie den Teilhabegedanken des Betriebsverfassungsrechts optimal verwirklichen. Dies spiegelt sich in der Rechtsprechung des Bundesarbeitsgerichts zur Bestimmung des für den Betriebsbegriff entscheidenden[1378] Tatbestandsmerkmals „Einheit der Organisation" wider. Hierfür ist ein einheitlicher Leitungsapparat notwendig,[1379] der die wesentlichen Entscheidungen in personellen und sozialen

---

1371 Siehe vorstehend S. 88 f.

1372 *Fitting* § 1 BetrVG Rn. 61, § 4 BetrVG Rn. 2; *Kraft* in: GK-BetrVG I, § 4 BetrVG Rn. 13; *Löwisch* in: Galperin I, § 1 BetrVG Rn. 5; *Marienhagen* in: Galperin I, § 4 BetrVG Rn. 1; *U. Preis* in: Henssler/Moll, Kündigung und Kündigungsschutz, A Rn. 8; *W. Schneider/Wedde* in: Däubler/Kittner/Klebe, Einleitung BetrVG Rn. 101; *Trümner* in: Däubler/Kittner/Klebe, § 1 BetrVG Rn. 44 ff.

1373 Siehe vorstehend S. 91 f.

1374 Siehe vorstehend S. 93.

1375 Siehe vorstehend S. 96 f.

1376 Vgl. *Fitting* § 1 BetrVG Rn. 63.

1377 *Fitting* § 1 BetrVG Rn. 61, 67.

1378 BAG 25.9.1986 AP Nr. 7 zu § 1 BetrVG 1972; BAG 23.9.1982 AP Nr. 3 zu § 4 BetrVG 1972; BAG 29.5.1991 AP Nr. 5 zu § 4 BetrVG 1972.

1379 BAG 23.9.1982 AP Nr. 3 zu § 4 BetrVG 1972; BAG 17.2.1983 AP Nr. 4 zu § 4 BetrVG 1972; BAG 23.3.1984 AP Nr. 4 zu § 23 KSchG 1969; BAG 25.9.1986 AP Nr. 7 zu § 1 BetrVG 1972; BAG 14.9.1988 AP Nr. 9 zu § 1 BetrVG 1972; BAG 18.1.1990 AP Nr. 9 zu § 23 KSchG 1969; BAG 29.5.1991 AP Nr. 5 zu § 4 BetrVG 1972; *Dietz*, FS Nikisch, S. 23, 27, 29 f.; *Fitting* § 1 BetrVG Rn. 64, 71; *Kraft* in: GK-BetrVG I, § 4 BetrVG Rn. 16, 20; *Peter* DB 1990, S. 424, 425 f.; *U. Preis* RdA 2000, S. 257, 278

Angelegenheiten trifft[1380]. Aber auch die Kollektivvertragsparteien müssen bei der Abgrenzung der betriebsverfassungsrechtlichen Organisationseinheit nach § 3 BetrVG diese Grundsätze beachten. Rechtlichen Niederschlag findet dies in den Tatbestandsmerkmalen der Erleichterung der Bildung von Betriebsräten, der sachgerechten Wahrnehmung der Interessen der Arbeitnehmer (Nr. 1), der sachgerechten Wahrnehmung der Aufgaben des Betriebsrates (Nr. 2) oder der wirksamen und zweckmäßigen Interessenvertretung der Arbeitnehmer (Nr. 3), die sich in ihrer Kernaussage sämtlich auf die Formel „Soviel Entscheidungsnähe wie nötig, soviel Belegschaftsnähe wie dabei noch möglich" zurückführen lassen.[1381]

Das Kündigungsschutzrecht und das Betriebsverfassungsrecht verfolgen einen unterschiedlichen Sinn und Zweck, dem der Betriebsbegriff entsprechen muß. Nach der teleologischen Auslegung kann der Betriebsbegriff nicht einheitlich, sondern muß für das Betriebsverfassungsgesetz und das Kündigungsschutzgesetz je gesondert bestimmt werden. Die Fiktion der kollektivvertraglichen Organisationseinheit als Betrieb, § 3 Abs. 5 Satz 1 BetrVG, wirkt sich demzufolge nicht auf das Kündigungsschutzrecht aus.

Aus den Gesetzesmaterialien[1382] lassen sich zur Reichweite der Fiktion des § 3 Abs. 5 Satz 1 BetrVG keine Argumente herleiten, da sie insoweit nur den Wortlaut des Gesetzes wiedergeben. Zwar werden als Beispiele für die Maßgeblichkeit der betriebsverfassungsrechtlichen Organisationseinheit nur Vorschriften des Betriebsverfassungsgesetzes genannt, was für eine Begrenzung des § 3 Abs. 5 Satz 1 BetrVG auf das Betriebsverfassungsrecht sprechen könnte. Allerdings sind dies nur Beispiele und die Aufzählung ist keineswegs abschließend.

III. Ergebnis

Alle Auslegungsmethoden kommen übereinstimmend zu dem Ergebnis, daß die Betriebsfiktion des § 3 Abs. 5 Satz 1 BetrVG keine rechtliche Bedeutung für das Kündigungsschutzgesetz hat. Die Anwendung des § 3 Abs. 5 Satz 1 BetrVG im Kündigungsschutzgesetz ließe sich dogmatisch nur mit Hilfe einer Auslegung über den Wortsinn hinaus, d. h. mit einer Analogie, begründen.

---

f.; *Richardi* in: ders., § 1 BetrVG Rn. 27; ausführlich *Konzen*, Unternehmensaufspaltungen, S. 76 ff.

1380 BAG 23.9.1982 AP Nr. 3 zu § 4 BetrVG 1972; BAG 23.3.1984 AP Nr. 4 zu § 23 KSchG 1969; *Fitting* § 1 BetrVG Rn. 71; *Kraft* in: GK-BetrVG I, § 4 BetrVG Rn. 20; *Löwisch* in: Galperin I, § 1 BetrVG Rn. 7; *Richardi* in: ders., § 1 BetrVG Rn. 28, 30; *Richardi*, Neue Betriebsverfassung, § 2 Rn. 10.

1381 Siehe zur Auslegung dieser Tatbestandsmerkmale vorstehend S. 115 ff., 121 ff., 151 ff. und 178 ff.

1382 Begründung zum RegE, BT-Drucks. 14/5741, S. 35.

Hierfür müßte eine Regelungslücke im Kündigungsschutzgesetz bestehen. Dies ist zu verneinen, da der Betriebsbegriff im Kündigungsschutzgesetz durch Rechtsprechung und Lehre hinreichend ausgestaltet ist.[1383] Eine analoge Anwendung des § 3 Abs. 5 Satz 1 BetrVG scheidet aus. Die Fiktion des § 3 Abs. 5 Satz 1 BetrVG beschränkt sich auf das Betriebsverfassungsrecht und hat keine Auswirkungen auf die Bestimmung des Betriebs im Kündigungsschutzgesetz (§§ 1 Abs. 1, 23 Abs. 1 Sätze 1 und 2, 1 Abs. 2 Satz 2 Nr. 1b, 1 Abs. 3 KSchG). Die hierdurch de lege lata auftretenden Probleme bei der praktischen Rechtsanwendung sind hinzunehmen und können nur durch ein Tätigwerden des Gesetzgebers de lege ferenda beseitigt werden.

IV. Die Auswirkungen auf das Widerspruchsrecht des Betriebsrates bei Kündigungen, § 102 Abs. 3 BetrVG

Die fehlende Harmonisierung zwischen dem betriebsverfassungsrechtlichen und dem kündigungsschutzrechtlichen Betriebsbegriff führt überall dort zu Unzulänglichkeiten, wo Beteiligungsrechte des Betriebsrates und kündigungsschutzrechtliche Individualpositionen miteinander verzahnt sind. So ist gem. § 1 Abs. 2 Satz 2 Nr. 1b KSchG eine Kündigung sozial ungerechtfertigt, wenn der Arbeitnehmer „an einem anderen Arbeitsplatz in demselben Betrieb oder in einem anderen Betrieb des Unternehmens weiterbeschäftigt werden kann". Nahezu wortlautgleich stellt § 102 Abs. 3 Nr. 3 BetrVG für das Widerspruchsrecht des Betriebsrates darauf ab, daß der zu kündigende Arbeitnehmer „an einem anderen Arbeitsplatz im selben Betrieb oder in einem anderen Betrieb des Unternehmens weiterbeschäftigt werden kann". Die Betriebsfiktion des § 3 Abs. 5 Satz 1 BetrVG besitzt für das Kündigungsschutzrecht keine Relevanz. Aufgrund dessen könnten die Zuständigkeit des Betriebsrates in § 102 BetrVG und die Reichweite der Weiterbeschäftigungsmöglichkeit nach dem Kündigungsschutzgesetz auseinanderfallen.[1384]

In der Literatur wird die Ansicht vertreten, daß die Fiktion des § 3 Abs. 5 Satz 1 BetrVG im Rahmen der Mitwirkungsbefugnisse der Vertretungsorgane gleichermaßen eingreifen muß.[1385] Hierfür spricht der Wortlaut des § 3 Abs. 5 Satz 1 BetrVG. Die Organisationseinheit gilt als Betrieb „im Sinne dieses Gesetzes". Das bezieht sich auf das gesamte Betriebsverfassungsgesetz, nicht

---

[1383] Vgl. hierzu die Nachweise vorstehend Fn. 1349.

[1384] Nach *Plander* NZA 2002, S. 483, 491 gilt, wenn der betriebsverfassungsrechtliche Betriebsbegriff für die Sozialauswahl nach § 1 Abs. 3 KSchG maßgeblich sei, dieser auch für § 102 Abs. 3 BetrVG. Ähnlich *Fitting* § 3 BetrVG Rn. 7.

[1385] Vgl. *Fitting* § 3 BetrVG Rn. 35; *Friese* RdA 2003, S. 92, 101; *Trümner* in: Däubler/Kittner/Klebe, § 3 BetrVG Rn. 147 f., 152; *H. Wißmann* NZA 2001, S. 409, 414.

lediglich auf den formellen Teil des Organisationsrechts. Wäre die Betriebsfiktion für das materielle Betriebsverfassungsrecht nicht maßgeblich, würden zudem die Schwierigkeiten bei der Bestimmung des betriebsverfassungsrechtlichen Betriebsbegriffes, die durch § 3 BetrVG gerade vermieden werden sollen, im Rahmen der Beteiligungsrechte der Arbeitnehmervertretungen wieder aufleben.[1386] Die Gesetzesmaterialien[1387] nennen als Beispiele für die Anwendbarkeit der Betriebsfiktion lediglich Organisationsvorschriften, dagegen keine Normen des materiellen Betriebsverfassungsrechts. Dies sind allerdings nur Beispiele und die Aufzählung ist keineswegs abschließend.

Die betriebsverfassungsrechtliche Zuständigkeit des Betriebsrates und die Reichweite der Weiterbeschäftigungsmöglichkeit fallen auseinander. Das für den betroffenen Arbeitnehmer zuständige kollektivvertragliche Repräsentationsorgan, welches nach § 3 Abs. 5 Satz 2 BetrVG die Rechte und Pflichten des Betriebsrates wahrnimmt, ist gem. § 102 Abs. 1 BetrVG vom Arbeitgeber anzuhören. Es kann gem. § 102 Abs. 3 BetrVG der ordentlichen Kündigung widersprechen, wenn für den Arbeitnehmer eine Weiterbeschäftigungsmöglichkeit „im selben Betrieb oder in einem anderen Betrieb des Unternehmens" besteht, § 102 Abs. 3 Nr. 3 BetrVG. Für den unternehmensweiten freien Arbeitsplatz i. S. dieser Vorschrift kann nicht auf die kollektivvertragliche Organisationseinheit nach § 3 Abs. 5 Satz 1 BetrVG abgestellt werden. Diese wird im Geltungsbereich des Betriebsverfassungsgesetzes als Betrieb fingiert, hingegen nicht als Unternehmen. Der Unternehmensbegriff bestimmt sich nach seiner allgemeinen Definition. Daß die mit den Rechten und Pflichten des Betriebsrates betraute kollektivvertragliche Arbeitnehmervertretung unter Umständen freie Arbeitsplätze außerhalb ihres Zuständigkeitsbereiches in die Betrachtung einbezieht,[1388] ist dem Gesetz nicht fremd. Der gesetzliche Betriebsrat kann der Kündigung auch dann widersprechen, wenn die Weiterbeschäftigung des Arbeitnehmers in einem anderen Betrieb des Unternehmens möglich ist. Hat die zuständige kollektivvertragliche Arbeitnehmervertretung wirksam widersprochen und stellt das Arbeitsgericht im Kündigungsschutzverfahren fest, daß die Weiterbeschäftigungsmöglichkeit tatsächlich besteht, ist die Kündigung sozial ungerechtfertigt, § 1 Abs. 2 Satz 2 KSchG. Die in der Praxis auftretenden Schwierigkeiten an den Nahtstellen zwischen Betriebsverfassungs- und Kündigungsschutzrecht sind de lege lata hinzunehmen. Ob sich die Beteiligten,

---

1386 *Friese* RdA 2003, S. 92, 101.

1387 Vgl. Begründung zum RegE, BT-Drucks. 14/5741, S. 35.

1388 Wenn beispielsweise der Betriebsrat der zusammengefaßten Betriebe (§ 3 Abs. 1 Nr. 1b BetrVG) zu einer ordentlichen Kündigung anzuhören ist.

wie von *Däubler* angenommen,[1389] aus Vereinfachungsgründen auf den kollektivvertraglich bestimmten Betrieb i. S. d. § 3 Abs. 5 Satz 1 BetrVG beziehen und die Arbeitsgerichte dies billigen werden, bleibt abzuwarten.

C. Die Anwendbarkeit der Betriebsfiktion des § 3 Abs. 5 Satz 1 BetrVG in anderen Gesetzen

I. Normen ohne Bezugnahme auf das Betriebsverfassungsgesetz

Der Betriebsbegriff findet neben dem Betriebsverfassungsgesetz nicht nur im Kündigungsschutzgesetz, sondern in zahlreichen weiteren Bestimmungen Anwendung. Hier wird z. T. der Begriff „Betrieb" unter Bezugnahme auf die Vorschriften des Betriebsverfassungsgesetzes verwendet, z. T. ohne eine solche. Zu ersterer Gruppe zählen unter anderem § 87 Abs. 1 Satz 2 SGB IX und §§ 3 Abs. 2 Satz 1 MitbestG, 5 Abs. 6 Satz 1 Montan-MitbestErgG, zu letzterer Gruppe, die weit umfangreicher ist, beispielsweise das gesamte Genehmigungsrecht für technische Anlagen (vgl. beispielsweise §§ 3, 4, 5 BImSchG, § 8 GenTG, §§ 18b und c, 19a WHG, § 7 AtomG), das Strafrecht (§ 14 Abs. 2 StGB), das Steuerrecht (§§ 4 Abs. 4, 15 Abs. 1 Satz 1 EStG), das Handelsrecht (§§ 1 Abs. 2, 2, 3 HGB) und das Bürgerliche Recht. Erinnert sei hier nur an die §§ 112, 1629a Abs. 2, 1649, 1822 Nr. 3, 1825 BGB und den „eingerichteten und ausgeübten Gewerbe*betrieb*" als sonstiges Recht i. S. d. § 823 Abs. 1 BGB. Verwendung findet der Betriebsbegriff schließlich im individuellen Arbeitsrecht (Stichworte der „*betriebs*veranlaßten Tätigkeit" und der „*Betriebs*risikolehre") sowie im Arbeitsschutz- und Arbeitssicherheitsrecht und auch im Tarifrecht.

Für die Gruppe der Normen ohne Verweisung auf das Betriebsverfassungsgesetz ist entsprechend den Überlegungen zum Kündigungsschutzgesetz der Betriebsbegriff teleologisch, d. h. nach dem jeweiligen Sinn und Zweck des Gesetzes zu bestimmen[1390]. So kann der Begriff „Betrieb" etymologisch auf das Verb „betreiben" zurückgeführt werden.[1391] Er bezeichnet in dieser Funktion einen Tätigkeitsbereich, in dem etwas betrieben wird und Gefahren bestehen, die Verantwortlichkeiten nach sich ziehen. In diesem Sinne ist der Begriff des Betriebs beispielsweise im Genehmigungsrecht für technische Anlagen (z. B. §§ 3, 4, 5 BImSchG, § 8 GenTG, §§ 18b und c, 19a WHG, § 7 AtomG, §§ 3, 4 Allgemeines Eisenbahngesetz), im Bürgerlichen Recht (§§ 112, 1629a Abs. 2, 1649, 1822 Nr. 3, 1825 BGB) oder im gesamten

---

[1389] Vgl. *Däubler* ArbuR 2001, S. 285, 288.

[1390] Vgl. *Peter* DB 1990, S. 424, 424; ausführlich hierzu *U. Preis* RdA 2000, S. 257, 264 ff.

[1391] Duden, Bd. 7, S. 863 Stichwort „treiben"; Etymologisches Wörterbuch des Deutschen, S. 127 Stichwort „betreiben"; *Kluge*, Etymologisches Wörterbuch, S. 116 Stichwort „Betrieb". So schon *Jacobi*, FS Ehrenberg, S. 1, 3.

Recht der Gefährdungshaftung (UmweltHG, HaftPflG) zu verwenden. Er wird aber andererseits auch als rein räumliche Zuordnung verstanden, so z. B. in § 82 Satz 1 ArbGG.[1392]

II. Normen mit Bezugnahme auf das Betriebsverfassungsgesetz

Wird in Normen, die den Betriebsbegriff enthalten, hingegen auf das Betriebsverfassungsgesetz verwiesen (vgl. §§ 87 Abs. 1 Satz 2 SGB IX, 3 Abs. 2 Satz 1 MitbestG, 5 Abs. 6 Satz 1 Montan-MitbestErgG), könnten neben §§ 1, 4 BetrVG auch die als Betrieb fingierten betriebsverfassungsrechtlichen Organisationseinheiten des § 3 BetrVG erfaßt sein.

1. § 87 Abs. 1 Satz 2 SGB IX

Im Schrifttum findet sich im Hinblick auf § 87 Abs. 1 Satz 2 SGB IX[1393] zumeist die unreflektierte Aussage, daß sich „der Betriebsbegriff nach dem Betriebsverfassungsrecht" bestimmt.[1394] Dabei wird auf §§ 1, 4 BetrVG hingewiesen.[1395] *Eisemann*[1396] ist der Ansicht, daß die Betriebsfiktion „auch im SGB IX unmaßgeblich" sei. Nach *Steinbrück*[1397] ist die Ausrichtung der örtlichen Zuständigkeit der Hauptfürsorgestelle/des Integrationsamtes nach dem Sitz des Betriebs aufgrund der größeren Nähe zum Arbeitsplatz sinnvoll. Zudem werde so die Beteiligung der für den jeweiligen Betrieb bestehenden Interessenvertretung sichergestellt. Der Begriff des Betriebs bestimme sich nach dem Betriebsverfassungsgesetz,[1398] wobei dieses keine Definition enthalte, sondern den allgemeinen Betriebsbegriff voraussetze[1399]. Bezüglich der

---

1392 Vgl. die Entscheidung des ArbG Wetzlar 8.8.1989 ArbuR 1990, S. 296, 296, wonach durch eine gem. § 3 Abs. 1 Nr. 3 BetrVG a. F. abweichende Zuordnung von Nebenbetrieben die örtliche Zuständigkeit nicht berührt wird.

1393 Bzw. dessen Vorgängerregelung § 17 SchwbG.

1394 *Feldes/Kamm/Peiseler/von Seggern/Unterhinnighofen/Westermann/Witt* § 94 SGB IX Rn. 6; *Kossens* in: Kossens/von der Heide/Maaß, § 87 SGB IX Rn. 6; *Kossens* in: Kossens/Maaß/Steck/Wollschläger, Grundzüge, Rn. 561; *Löschau/Marschner*, SGB IX, Rn. 544; *Neumann* in: Neumann/Pahlen/Majerski-Pahlen, § 87 SGB IX Rn. 4; *Rolfs* in: ErfK, § 87 SGB IX Rn. 2; *Schaub* in: ders., Arbeitsrechts-Handbuch, § 179 Rn. 13; *Seidel*, SGB IX, S. 21; *Trümner* in: Däubler/Kittner/Klebe, § 3 BetrVG Rn. 150.

1395 *Feldes/Kamm/Peiseler/von Seggern/Unterhinnighofen/Westermann/Witt* § 94 SGB IX Rn. 6; *Neumann* in: Neumann/Pahlen/Majerski-Pahlen, § 87 SGB IX Rn. 4; *Schaub* in: ders., Arbeitsrechts-Handbuch, § 179 Rn. 13; *Seidel*, SGB IX, S. 21; *Trümner* in: Däubler/Kittner/Klebe, § 3 BetrVG Rn. 150.

1396 *Eisemann* in: ErfK, § 3 BetrVG Rn. 12.

1397 *Steinbrück* in: GK-SchwbG, § 17 SchwbG Rn. 11.

1398 *Ders.* in: GK-SchwbG, § 17 SchwbG Rn. 12.

1399 *Ders.* in: GK-SchwbG, § 17 SchwbG Rn. 13.

Nebenbetriebe und Betriebsteile enthält, so *Steinbrück*, § 4 BetrVG a. F. eine auch für § 17 SchwbG verbindliche Definition.[1400] Werde die Zuordnung durch Tarifvertrag gem. § 3 Abs. 1 Nr. 3 BetrVG a. F. abweichend geregelt, habe dies Folgen für die Zuständigkeit der Hauptfürsorgestelle.[1401] Gleicher Ansicht sind *Griebeling*[1402] und *Rolf Weber*[1403]. *Düwell* will den Betrieb nach den „§§ 1 *bis* 4 BetrVG“ (Hervor. d. Verf.) bestimmen, so daß die abweichenden kollektivvertraglichen Organisationseinheiten Betriebe i. S. d. § 87 Abs. 1 Satz 2 SGB IX sind.[1404] Nach den Gesetzesmaterialien zu § 17 SchwbG ist bei von § 4 BetrVG a. F. abweichenden tarifvertraglichen Regelungen über die Zuordnung von Betriebsteilen und Nebenbetrieben gem. § 3 Abs. 1 Nr. 3 BetrVG a. F. der Betriebsbegriff der tarifvertraglichen Regelung entscheidend.[1405] Entsprechend der Begründung zum Regierungsentwurf des Betriebsverfassungs-Reformgesetzes überträgt § 87 SGB IX inhaltsgleich den bisherigen § 17 SchwbG.[1406]

Gem. § 87 Abs. 1 Satz 2 SGB IX bestimmt sich der Begriff des Betriebs im Sinne des Teils 2 des Sozialgesetzbuches IX nach dem Betriebsverfassungsgesetz. Es wird auf das gesamte Recht der Betriebsverfassung abgestellt. Dieses definiert den Betrieb nicht selbst, sondern setzt ihn in § 1 BetrVG voraus. In § 4 BetrVG nimmt es Modifikationen für Betriebsteile und Kleinstbetriebe vor und fingiert in § 3 Abs. 5 Satz 1 BetrVG die betriebsverfassungsrechtlichen Organisationseinheiten aufgrund eines Kollektivvertrages als Betrieb. Die Fiktion soll nur für das Betriebsverfassungsgesetz gelten, vgl. § 3 Abs. 5 Satz 1 BetrVG. Dies spricht aber nicht gegen die Bezugnahme in § 87 Abs. 1 Satz 2 SGB IX, denn dieser erklärt gerade den Betrieb „nach dem Betriebsverfassungsgesetz“ für maßgeblich. § 87 Abs. 1 Satz 2 SGB IX ist die „Transmissionsnorm“ der Betriebsfiktion von der betriebsverfassungsrechtlichen auf die sozialrechtliche Ebene.

Gegen die Maßgeblichkeit des § 3 BetrVG im Sozialgesetzbuch IX spricht ein Vergleich zum Kündigungsschutzgesetz – auch bei den §§ 85 ff. SGB IX geht es um kündigungsschutzrechtliche Vorschriften. Der Betriebsbegriff im allgemeinen Kündigungsschutz nach dem Kündigungsschutzgesetz wird von einer tarifvertraglichen Gestaltung der

---

1400 *Ders.* in: GK-SchwbG, § 17 SchwbG Rn. 18.

1401 *Ders.* in: GK-SchwbG, § 17 SchwbG Rn. 21.

1402 *Griebeling* in: K. Hauck/Noftz, K § 87 SGB IX Rn. 7.

1403 *R. Weber*, Schwerbehindertengesetz, § 17 SchwbG Anm. 2.

1404 *Düwell* in: LPK-SGB IX, § 87 SGB IX Rn. 12, 14.

1405 Begründung zum RegE, BT-Drucks. 7/656, S. 30.

1406 BT-Drucks. 14/5741, S. 113.

Betriebsverfassungsstruktur nicht berührt.[1407] Für den besonderen Kündigungsschutz der schwerbehinderten Menschen könnte Gleiches gelten. Dies berücksichtigt aber § 87 Abs. 1 Satz 2 SGB IX nicht hinreichend. In diesem wird, anders als im Kündigungsschutzgesetz, der Betrieb des Betriebsverfassungsgesetzes für verbindlich erklärt, worauf sich der Unterschied zwischen Kündigungsschutzgesetz und Sozialgesetzbuch IX gründet. § 3 Abs. 5 Satz 1 BetrVG fingiert auf der betriebsverfassungsrechtlichen Ebene die betriebsverfassungsrechtliche Organisationseinheit als „Betrieb im Sinne dieses Gesetzes". § 87 Abs. 1 Satz 2 SGB IX überträgt auf der sozialrechtlichen Ebene diesen „Betrieb nach dem Betriebsverfassungsgesetz" auf das Recht der Rehabilitation und Teilhabe behinderter Menschen. Eine vergleichbare Vorschrift fehlt im Kündigungsschutzgesetz, woraus die Eigenständigkeit des Betriebsbegriffes im Kündigungsschutzgesetz folgt. Gegen die Maßgeblichkeit des § 3 BetrVG könnte die Nennung der Dienststelle neben dem Betrieb in § 87 Abs. 1 Satz 2 SGB IX sprechen. Im Personalvertretungsrecht ist eine tarifvertragliche Abweichung von Organisationsvorschriften unzulässig, vgl. §§ 3, 97 BPersVG, 3 ThürPersVG. Mit dem Begriff der Dienststelle in § 87 Abs. 1 Satz 2 SGB IX ist ausschließlich die nach den gesetzlichen Bestimmungen des Personalvertretungsrechts zu bestimmende Organisationseinheit in Bezug genommen. Für den Begriff des Betriebs könnte dies ebenso sein. Unberücksichtigt blieben dabei jedoch die Unterschiede zwischen dem Betriebsverfassungsrecht und dem Personalvertretungsrecht. Während in letzterem eine kollektivvertragliche Abweichung für unzulässig erklärt wird, ist diese nach § 3 BetrVG ausdrücklich möglich. Die Ungleichbehandlung von Betrieb und Dienststelle folgt nicht aus § 87 Abs. 1 Satz 2 SGB IX; sie ergibt sich vielmehr aus den Vorschriften des Betriebsverfassungsgesetzes und des (Bundes- bzw. Landes-)Personalvertretungsgesetzes.

Gegen die Einbeziehung des § 3 BetrVG spricht nicht § 94 Abs. 1 Satz 4 SGB IX. Nach dieser Norm können Betriebe mit weniger als fünf nicht nur vorübergehend beschäftigten schwerbehinderten Menschen mit räumlich nahe liegenden Betrieben des Arbeitgebers zusammengefaßt werden. Hieraus ließe sich schlußfolgern, daß die Harmonisierung der Interessenvertretungs- mit der Unternehmensstruktur, die § 3 BetrVG im Betriebsverfassungsrecht ermöglichen soll, im Recht der Rehabilitation und Teilhabe behinderter Menschen § 94 Abs. 1 Satz 4 SGB IX übernimmt. Das läßt außer Betracht, daß bereits im Schwerbehindertengesetz eine entsprechende Vorschrift existierte (§ 24 Abs. 1 Satz 4 SchwbG), eine tarifvertragliche Regelung nach § 3 Abs. 1 Nr. 3 BetrVG a. F. dennoch den Betriebsbegriff des Schwerbehindertengesetzes in § 17 Abs. 1 Satz 2 SchwbG mitbestimmte.[1408] Zudem hat § 94 Abs. 1 Satz 4 SGB

[1407] Siehe vorstehend S. 291 ff.

[1408] Vgl. Begründung zum RegE, BT-Drucks. 7/656, S. 30.

IX nur für die Wahl der Schwerbehindertenvertretung Bedeutung, die Norm des § 87 Abs. 1 Satz 2 SGB IX darüber hinaus für den gesamten Teil 2 des Sozialgesetzbuches IX.

Die Nähe zwischen Integrationsamt und Arbeitsplatz, entscheidungsbefugtem Organ auf Arbeitgeberseite sowie zuständiger Interessenvertretung spricht im Hinblick auf die kündigungsrechtlichen Vorschriften des Sozialgesetzbuches IX teleologisch für die Anwendbarkeit der kollektivvertraglich bestimmten betriebsverfassungsrechtlichen Organisationseinheiten. Besteht eine kollektivvertragliche Betriebsverfassungsstruktur, haben der Betriebsrat der zusammengefaßten Betriebe, der unternehmenseinheitliche Betriebsrat, der Spartenbetriebsrat oder die andere Arbeitnehmervertretung die Rechte und Pflichten des Betriebsrates inne, vgl. § 3 Abs. 5 Satz 2 BetrVG. Das Integrationsamt holt gem. § 87 Abs. 2 SGB IX Stellungnahmen z. B. des Betriebsrates, d. h. des in dem Betrieb des schwerbehinderten Menschen bestehenden Arbeitnehmervertretungsorgans ein. Ist dies im Falle des § 3 BetrVG das kollektivvertragliche Vertretungsorgan, meint der „Betrieb" die zugrundeliegende betriebsverfassungsrechtliche Organisationseinheit. Bezüglich der Vorschriften zur Schwerbehindertenvertretung nach den §§ 93 ff. SGB IX spricht der Sinn und Zweck für eine Anpassung an die betriebsverfassungsrechtliche (gesetzliche oder kollektivvertragliche) Organisationsstruktur. Wie die §§ 94, 97 SGB IX zeigen, wird die Schwerbehindertenvertretung (Schwerbehindertenvertretung im Betrieb, Gesamt- und Konzernschwerbehindertenvertretung) in Parallele zu den betrieblichen Vertretungsorganen (Betriebsrat, Gesamt- und Konzernbetriebsrat) errichtet.[1409] Im Zuge einer Anpassung der betriebsverfassungsrechtlichen Vertretungsstrukturen an die konkreten Gegebenheiten des Betriebs, Unternehmens oder Konzerns ist es nur folgerichtig, wenn dies auf die zu wählenden Schwerbehindertenvertretungen durchschlägt. Diese nehmen die besonderen Interessen der Gruppe schwerbehinderter Menschen gegenüber dem Arbeitgeber wahr, vgl. § 95 SGB IX. Die Arbeit der Schwerbehindertenvertretung wäre ineffizient, wenn sie nicht auf der Ebene der entscheidungsbefugten Organe der Arbeitgeberseite, z. B. entsprechend der Struktur der produkt- oder projektbezogenen Geschäftsbereiche, stattfände.

Nach dem Willen der Entwurfsverfasser des Betriebsverfassungs-Reformgesetzes überträgt § 87 SGB IX inhaltsgleich den bisherigen § 17 SchwbG.[1410] Bei diesem bestimmte sich der Betriebsbegriff nach §§ 1, 4 BetrVG a. F., bei von § 4 BetrVG a. F. abweichenden tarifvertraglichen Regelungen über die Zuordnung von Betriebsteilen und Nebenbetrieben gem. § 3 Abs. 1 Nr. 3

[1409] Vgl. *Weyand/J. Schubert*, Schwerbehindertenrecht, Rn. 42, 313.

[1410] Begründung zum RegE, BT-Drucks. 14/5741, S. 113.

BetrVG a. F. nach der tarifvertraglichen Regelung.[1411] Die Nachfolgeregelung des § 3 Abs. 1 Nr. 3 BetrVG a. F. ist die Zusammenfassung von Betrieben gem. § 3 Abs. 1 Nr. 1b BetrVG. Daraus darf jedoch nicht geschlußfolgert werden, daß in § 87 Abs. 1 Satz 2 SGB IX lediglich Nr. 1b in Bezug genommen ist. Dies verkennt den Regelungsgehalt des § 3 BetrVG. Durch diesen soll den Beteiligten vor Ort die Möglichkeit gegeben werden, die betriebsverfassungsrechtliche Organisationsstruktur den Besonderheiten des Betriebs, Unternehmens oder Konzerns anzupassen. Die Rechtsfolgen der Nr. 1 bis 3 stimmen überein – die betriebsverfassungsrechtliche Organisationseinheit wird als Betrieb fingiert und die Arbeitnehmervertretungen haben die Rechte und Pflichten des Betriebsrates. Damit ist kein Grund ersichtlich, bezüglich des § 87 Abs. 1 Satz 2 SGB IX zwischen den verschiedenen Alternativen des § 3 Abs. 1 Nr. 1 bis 3 BetrVG zu differenzieren.

Im Ergebnis ist aufgrund der Vorschrift des § 87 Abs. 1 Satz 2 SGB IX eine kollektivvertragliche Abgrenzung der betriebsverfassungsrechtlichen Organisationseinheiten im zweiten Teil des Rechts der Rehabilitation und Teilhabe behinderter Menschen (SGB IX) zu beachten. Der Begriff des Betriebs bestimmt sich nach dem Betriebsverfassungsgesetz, d. h. nach den §§ 1, 4 und 3 BetrVG.

2. §§ 3 Abs. 2 Satz 1 MitbestG, 5 Abs. 6 Satz 1 Montan-MitbestErgG

§ 3 Abs. 2 MitbestG und § 5 Abs. 6 Montan-MitbestErgG bestimmen: „Betriebe im Sinne dieses Gesetzes sind solche des BetrVG. § 4 Abs. 2 des BetrVG ist anzuwenden." Nach den Vorgängerregelungen der §§ 10 Abs. 1 Satz 2 MitbestG a. F., 8 Abs. 1 Satz 2 Montan-MitbestErgG a. F. waren für Nebenbetriebe und Betriebsteile § 4 BetrVG und nach § 3 Abs. 1 Nr. 3 BetrVG in Tarifverträgen getroffene Regelungen über die Zuordnung von Betriebsteilen und Nebenbetrieben im Recht der Unternehmensmitbestimmung entscheidend. Die Gesetzesmaterialien zum Betriebsverfassungs-Reformgesetz[1412] besagen, aufgrund der neu gefaßten Normen sei klargestellt, daß „der Betriebsbegriff ebenfalls dem Betriebsverfassungsrecht folgt". Zudem greifen §§ 3 Abs. 2 Satz 2 MitbestG, 5 Abs. 6 Satz 2 Montan-MitbestErgG die bisherigen Regelungen der §§ 10 Abs. 1 Satz 2 MitbestG a. F., 8 Abs. 1 Satz 2 Montan-MitbestErgG a. F. auf und passen sie der Neuregelung des § 4 BetrVG an.

Wenn § 3 Abs. 2 Satz 2 MitbestG bzw. § 5 Abs. 6 Satz 2 Montan-MitbestErgG die auf §§ 4, 3 Abs. 1 Nr. 3 BetrVG a. F. abstellende bisherige Regelung des § 10 Abs. 1 Satz 2 MitbestG a. F. bzw. des § 8 Abs. 1 Satz 2 Montan-MitbestErgG a. F. aufnimmt und (nur noch) § 4 Abs. 2 BetrVG für

---

1411 Vgl. Begründung zum RegE, BT-Drucks. 7/656, S. 30; ebenso *Steinbrück* in: GK-SchwbG, § 17 SchwbG Rn. 21.

1412 Begründung zum RegE, BT-Drucks. 14/5741, S. 56, 57.

anwendbar erklärt, könnte dies die Nichtgeltung der kollektivvertraglichen Betriebsverfassungsstruktur im Mitbestimmungsgesetz bzw. Montan-Mitbestimmungsergänzungsgesetz bedeuten. §§ 3 Abs. 2 MitbestG, 5 Abs. 6 Montan-MitbestErgG könnten systematisch so zu verstehen sein, daß der gesetzliche Begriff des Betriebs, wie er im Betriebsverfassungsgesetz vorausgesetzt wird, im Recht der Unternehmensmitbestimmung Geltung erlangt und daneben die gesetzliche Zuordnungsentscheidung des § 4 Abs. 2 BetrVG zu beachten ist. Gem. §§ 3 Abs. 2 Satz 1 MitbestG, 5 Abs. 6 Satz 1 Montan-MitbestErgG sind Betriebe im Sinne dieser Gesetze „solche des Betriebsverfassungsgesetzes". Im Betriebsverfassungsgesetz bestimmt sich dies nach § 1 BetrVG, aber eben auch nach den §§ 3, 4 BetrVG – insoweit gilt entsprechendes wie zu § 87 Abs. 1 Satz 2 SGB IX. § 3 Abs. 5 Satz 1 BetrVG fingiert die betriebsverfassungsrechtlichen Organisationseinheiten aufgrund eines Kollektivvertrages als „Betriebe im Sinne dieses Gesetzes". Die „Transmissionsnormen" der §§ 3 Abs. 2 Satz 1 MitbestG, 5 Abs. 6 Satz 1 Montan-MitbestErgG übertragen den Betriebsbegriff von der betriebsverfassungsrechtlichen Ebene auf die Ebene der Unternehmensmitbestimmung.[1413] Dem widerspricht die Entwurfsbegründung nicht. Nach ihr nehmen § 3 Abs. 2 Satz 1 MitbestG und § 5 Abs. 6 Satz 1 Montan-MitbestErgG auf den Betriebsbegriff des Betriebsverfassungsgesetzes Bezug. *Zusätzlich* beinhalten § 3 Abs. 2 Satz 2 MitbestG und § 5 Abs. 6 Satz 2 Montan-MitbestErgG die bisherigen Regelungen über Betriebsteile und Nebenbetriebe (§§ 10 Abs. 1 Satz 2 MitbestG a. F., 8 Abs. 1 Satz 2 Montan-MitbestErgG a. F.) und passen diese dem neuen § 4 BetrVG an, d. h. die gesetzliche Zuordnungsentscheidung bezüglich der Kleinstbetriebe gilt auch im Recht der Unternehmensmitbestimmung.

Im Ergebnis ist aufgrund der §§ 3 Abs. 2 Satz 1 MitbestG, 5 Abs. 6 Satz 1 Montan-MitbestErgG eine kollektivvertragliche Abgrenzung der betriebsverfassungsrechtlichen Organisationseinheiten im Recht der Unternehmensmitbestimmung zu beachten.[1414] Der Begriff des Betriebs bestimmt sich nach dem Betriebsverfassungsgesetz, d. h. nach den §§ 1, 4 und 3 BetrVG.

D. Ergebnis

Gem. § 3 Abs. 5 Satz 1 BetrVG gelten die betriebsverfassungsrechtlichen Organisationseinheiten aufgrund Kollektivvertrages als Betriebe im Sinne des Betriebsverfassungsgesetzes. Soweit die Normen dieses Gesetzes auf den Betrieb Bezug nehmen, sind für die Laufzeit des Kollektivvertrages die

[1413] In diesem Sinne auch *Oetker* in: ErfK, § 3 MitbestG Rn. 3 zu § 3 Abs. 2 Satz 1 MitbestG.

[1414] Ebenso *Oetker* in: ErfK, § 3 MitbestG Rn. 3; *Kleinsorge/Freis/Kleinefeld*, Mitbestimmungsgesetz, S. 9. Auch *Th. Raiser*, Mitbestimmungsgesetz, § 3 Rn. 46 hält dies für „rechtlich möglich".

betriebsverfassungsrechtlichen Organisationseinheiten maßgebend. Wird in anderen Gesetzen auf den Betrieb abgestellt, ist wegen der Begrenzung der Fiktion des § 3 Abs. 5 Satz 1 BetrVG auf das Betriebsverfassungsgesetz entscheidend, ob eine zusätzliche Verweisungsnorm existiert. Besteht eine solche (Sozialgesetzbuch IX, Mitbestimmungsgesetz, Montan-Mitbestimmungsergänzungsgesetz), ist aufgrund dieser „Transmissionsnorm" der betriebsverfassungsrechtliche Begriff des Betriebs, wie ihn die §§ 1, 4 und 3 BetrVG enthalten, anzuwenden. Fehlt eine entsprechende „Transmissionsnorm" (Kündigungsschutzgesetz), richtet sich der Betriebsbegriff nach dem jeweiligen Sinn und Zweck des Gesetzes.

§ 15 Die Rechtsstellung der kollektivvertraglichen Repräsentationsorgane

A. Die Anwendung der Vorschriften über die Rechte und Pflichten des Betriebsrates und die Rechtsstellung seiner Mitglieder, § 3 Abs. 5 Satz 2 BetrVG

Als zweite Rechtsfolge bestimmt § 3 Abs. 5 Satz 2 BetrVG, daß auf die in ihnen (d. h. den betriebsverfassungsrechtlichen Organisationseinheiten gem. § 3 Abs. 1 Nr. 1 bis 3 BetrVG) gebildeten Arbeitnehmervertretungen die Vorschriften über „die Rechte und Pflichten des Betriebsrates und die Rechtsstellung seiner Mitglieder" Anwendung finden. Damit wird klargestellt, daß den kollektivvertraglichen Arbeitnehmervertretungen nach § 3 Abs. 1 Nr. 1 bis 3 BetrVG insbesondere sämtliche, im vierten Teil des Betriebsverfassungsgesetzes für den Betriebsrat bestehenden Mitwirkungs- und Mitbestimmungsrechte zustehen.[1415] Aber auch Rechte und Pflichten aus anderen Vorschriften des Betriebsverfassungsgesetzes finden Anwendung, z. B. §§ 16, 23 Abs. 3, 28, 28a BetrVG. Darüber hinaus können sie sich ebenso aus weiteren Gesetzen ergeben. Dies bestätigt zum einen der Wortlaut des § 3 Abs. 5 Satz 2 BetrVG – in dieser Norm ist nicht von Rechten und Pflichten des Betriebsrates „im Sinne dieses Gesetzes" oder „nach den Vorschriften dieses Gesetzes" die Rede –[1416] und zum anderen der systematische Vergleich mit § 3 Abs. 5 Satz 1 BetrVG. Dieser bezeichnet die betriebsverfassungsrechtlichen Organisationseinheiten ausdrücklich als Betriebe „im Sinne dieses Gesetzes" (des Betriebsverfassungsgesetzes).[1417] Andere Gesetze können unter anderem Vorschriften des Individualarbeitsrechts, z. B. § 3 KSchG (Kündigungseinspruch), §§ 7 Abs. 3, 20 TzBfG (Information über freie Arbeitsplätze und

---

[1415] *Löwisch* in: Löwisch/Kaiser, § 3 BetrVG Rn. 27.

[1416] *Trümner* in: Däubler/Kittner/Klebe, § 3 BetrVG Rn. 149.

[1417] *Ders.* in: Däubler/Kittner/Klebe, § 3 BetrVG Rn. 149. In vergleichbarer Art und Weise definiert § 3 Abs. 2 MitbestG die „Betriebe im Sinne dieses Gesetzes" (des MitbestG) als solche des Betriebsverfassungsgesetzes.

befristet beschäftigte Arbeitnehmer), §§ 120, 124 InsO (Kündigung von Betriebsvereinbarungen und Widerruf von Sozialplänen), des Arbeitnehmerschutzrechts, z. B. § 9 ASiG (Zusammenarbeit zwischen Betriebsarzt/Fachkraft für Arbeitssicherheit und Betriebsrat), § 14 AÜG (Beteiligungsrechte bei Leiharbeit) oder der Unternehmensmitbestimmung wie § 21 Abs. 2 Satz 1 Nr. 2 MitbestG (Anfechtung der Delegiertenwahl), § 6 Abs. 1 Satz 2, Abs. 5 Satz 1 Montan-MitbestG (Wahlvorschläge), § 10k Abs. 2 Satz 1 Nr. 2 Montan-MitbestErgG (Anfechtung der Delegiertenwahl) oder § 325 Abs. 1 UmwG (Mitbestimmungsbeibehaltung) sein.

Für die kollektivvertraglichen Arbeitnehmervertretungen sind nicht nur die Vorschriften über die Rechte und Pflichten des Betriebsrates, sondern auch über die Rechtsstellung seiner Mitglieder maßgebend. Hieraus folgt die Anwendbarkeit z. B. der §§ 37, 38, 40, 78a, 103 BetrVG.[1418] Da keine Beschränkung auf die Vorschriften „im Sinne des Betriebsverfassungsgesetzes" erfolgt ist, können ebenso Normen anderer Gesetze, welche die Rechtsstellung der Betriebsratsmitglieder betreffen, herangezogen werden. Zu denken ist insbesondere an § 15 Abs. 1 KSchG.[1419] Kraft ausdrücklicher Anordnung gelten weiterhin die §§ 78, 79 BetrVG über das Verbot der Störung, Behinderung, Benachteiligung und Begünstigung sowie über die Geheimhaltungspflicht, vgl. §§ 78 Satz 1, 79 Abs. 2 BetrVG.[1420]

1418 *Fitting* § 3 BetrVG Rn. 58; *U. Koch* in: Schaub, Arbeitsrechts-Handbuch, § 216 Rn. 8 i. V. m. *Linck* in: Schaub, Arbeitsrechts-Handbuch, § 143 Rn. 4; *Löwisch* in: Löwisch/Kaiser, § 3 BetrVG Rn. 27. Zu § 3 Abs. 1 Nr. 2 BetrVG a. F. *Eisemann* in: ErfK [2. Aufl.], § 3 BetrVG Rn. 3; *Schaub*, Arbeitsrechts-Handbuch [9. Aufl.], § 143 Rn. 4.

1419 *Ascheid* in: ErfK, § 15 KSchG Rn. 9 (für § 3 Abs. 1 Nr. 3 BetrVG); *Eisemann* in: ErfK, § 3 BetrVG Rn. 12; *Etzel* in: KR, § 15 KSchG Rn. 11; *ders.* in: KR, § 103 BetrVG Rn. 10 (ausdrücklich nur für § 3 Abs. 1 Nr. 3 BetrVG); *Fitting* § 3 BetrVG Rn. 58; *Löwisch* in: Löwisch/Kaiser, § 3 BetrVG Rn. 27, § 78 BetrVG Rn. 1; *Raab* in: GK-BetrVG II, § 103 BetrVG Rn. 5; *Richardi/Thüsing* in: Richardi, § 103 BetrVG Rn. 5; *Trümner* in: Däubler/Kittner/Klebe, § 3 BetrVG Rn. 149. Zu § 3 Abs. 1 Nr. 2 BetrVG a. F. *Ascheid* in: ErfK [2. Aufl.], § 15 KSchG Rn. 9; *Dorndorf* in: HK-KSchG, § 15 KSchG Rn. 22; *Eisemann* in: ErfK [2. Aufl.], § 3 BetrVG Rn. 3; *Fitting* [20. Aufl.] § 3 BetrVG Rn. 36, § 103 BetrVG Rn. 3; *Kittner* in: Däubler/Kittner/Klebe [7. Aufl.], § 103 BetrVG Rn. 10; *Kraft* in: GK-BetrVG II [6. Aufl.], § 103 BetrVG Rn. 4; *Löwisch* in: Galperin II, § 103 BetrVG Rn. 5; *ders.*, Kündigungsschutzgesetz, § 15 KSchG Rn. 9; *Schlochauer* in: Hess/Schlochauer/Glaubitz, § 103 BetrVG Rn. 6.

1420 Ebenso *Eisemann* in: ErfK [2. Aufl.], § 3 BetrVG Rn. 3 (zu § 3 Abs. 1 Nr. 2 BetrVG a. F.); *Fitting* § 3 BetrVG Rn. 58; *Löwisch* in: Löwisch/Kaiser, § 3 BetrVG Rn. 27.

B. Die Dispositivität des § 3 Abs. 5 Satz 2 BetrVG zugunsten der Kollektivvertragsparteien

§ 3 Abs. 5 BetrVG fingiert die nach § 3 Abs. 1 Nr. 1 bis 3 BetrVG kollektivvertraglich gebildeten betriebsverfassungsrechtlichen Organisationseinheiten als Betriebe i. S. d. Betriebsverfassungsgesetzes und erklärt die Vorschriften über die Rechte und Pflichten des Betriebsrates und die Rechtsstellung seiner Mitglieder für anwendbar. Im Zusammenhang damit steht die Frage, ob die Kollektivvertragsparteien aufgrund des § 3 BetrVG weitergehende Gestaltungsbefugnisse haben und von den materiellen Beteiligungsrechten oder den Regelungen über die Binnenorganisation der betrieblichen Vertretungsorgane abweichen können.

I. Die Erweiterung der materiellen Beteiligungsrechte des Betriebsrates

Indem § 3 Abs. 5 Satz 2 BetrVG die Vorschriften über die Rechte und Pflichten des Betriebsrates und die Rechtsstellung seiner Mitglieder für anwendbar erklärt, schließt er es zugleich aus, auf seiner Grundlage von materiellen Vorschriften des Betriebsverfassungsgesetzes abzuweichen. Insbesondere ist die Erweiterung der Mitbestimmungsrechte des Betriebsrates unzulässig.[1421] Natürlich bleibt es den Kollektivvertragsparteien unbenommen, diese in den von Rechtsprechung und Literatur aufgestellten Grenzen auf anderer Grundlage zu modifizieren.[1422] Zulässig ist es, einen solchen Kollektivvertrag mit einem Organisationskollektivvertrag in einer Vertragsurkunde äußerlich zu verbinden.

1421 *Eich*, FS Weinspach, S. 17, 28; *Fitting* § 3 BetrVG Rn. 54; *Friese* RdA 2003, S. 92, 100 f.; *dies.* ZfA 2003, S. 237, 251; *Hohenstatt/Dzida* DB 2001, S. 2498, 2500 (die aber „zusätzliche Regelungen" für zulässig erachten, wobei nicht klar wird, ob gesetzliche Grundlage hierfür § 3 BetrVG sein soll); *Kraft* in: GK-BetrVG I, § 3 BetrVG Rn. 27. Ebenso *Eisemann* in: ErfK, § 3 BetrVG Rn. 6. Wohl auch *Annuß* NZA 2002, S. 290, 292.

1422 *Friese* ZfA 2003, S. 237, 251 Fn. 64; *Kraft* in: GK-BetrVG I, § 3 BetrVG Rn. 27; *Plander* NZA 2002, S. 483, 488. Zum Streitstand der Zulässigkeit der Erweiterung der Beteiligungsrechte des Betriebsrates durch Betriebsvereinbarung oder Tarifvertrag, die von der herrschenden Ansicht bejaht wird, soll im Rahmen dieser Arbeit nicht eingegangen werden. Vgl. hierzu BAG 18.8.1987 AP Nr. 23 zu § 77 BetrVG 1972; *Däubler*, Tarifvertragsrecht, Rn. 1053 ff.; *Fabricius* in: GK-BetrVG II [6. Aufl.], vor § 106 BetrVG Rn. 82 ff.; *Fitting* § 1 BetrVG Rn. 245 ff.; *Giesen*, Tarifvertragliche Rechtsgestaltung, S. 364 ff.; *von Hoyningen-Huene* in: MüHdbArbR III, § 297 Rn. 100 ff.; *Kraft* in: GK-BetrVG II, vor § 92 BetrVG Rn. 10 ff.; *Richardi* [7. Aufl.] Einleitung BetrVG Rn. 134 ff., 140 ff.; *Oetker* in: GK-BetrVG II, vor § 106 BetrVG Rn. 11 ff.; *ders.* in: H. Wiedemann, § 1 TVG Rn. 598 ff.; *Wiese* in: GK-BetrVG I, Einleitung BetrVG Rn. 103; *ders.* in: GK-BetrVG II, § 87 BetrVG Rn. 7 ff., vor § 90 BetrVG Rn. 10. Ausführlich *Meier-Krenz*, Erweiterung von Beteiligungsrechten.

II. Die kollektivvertragliche Definition des Betriebs

Grundsätzlich ist das Organisationsrecht des Betriebsverfassungsgesetzes zwingend.[1423] Die Kollektivvertragsparteien dürfen nur das regeln, was ihnen gesetzlich erlaubt ist. Kraft ausdrücklicher gesetzlicher Anordnung können durch Tarifvertrag oder Betriebsvereinbarung z. B. anderweitige Regelungen über Freistellungen gem. § 38 Abs. 1 Satz 4 BetrVG getroffen oder eine abweichende Mitgliederzahl des Gesamt- bzw. des Konzernbetriebsrates gem. §§ 47 Abs. 4, 55 Abs. 4 Satz 1 BetrVG vereinbart werden. Sinn und Zweck des § 3 BetrVG ist es, gerade die Organisationsverfassung des Betriebsverfassungsgesetzes kollektivvertraglichen Gestaltungen zu öffnen, um durch eine anpassungsfähige Kombination aus gesetzlicher und vertraglicher Lösung wieder eine tragfähige Grundlage der betrieblichen Mitbestimmung zu schaffen.[1424] Den aufgrund ihrer Sachnähe besser qualifizierten Beteiligten vor Ort sollen weitreichende und flexible Möglichkeiten gegeben werden, um auf die vielfältigen modernen Unternehmensstrukturen angemessen reagieren zu können.[1425]

Ausweislich der Gesetzesmaterialien sollte durch die Gesetzesnovelle die Betriebsdefinition des Betriebsverfassungsgesetzes weder geändert noch zur Disposition der Kollektivvertragsparteien gestellt werden.[1426] Diesen ist es im Hinblick auf die grundgesetzlich abgesicherte Freiheit der Unternehmerentscheidung (Art. 12, 14 GG) nicht möglich, die Betriebs-, Unternehmens- oder Konzernstruktur zu ändern.[1427] Die in § 3 Abs. 5 Satz 1 BetrVG angesprochenen betriebsverfassungsrechtlichen Organisationseinheiten werden durch den Kollektivvertrag nicht „gebildet", sondern von den Tarifvertrags- oder Betriebsparteien in der betrieblichen Realität vorgefunden.[1428]

1423 Siehe vorstehend S. 46 ff. Weiterhin *Beuthien* ZfA 1986, S. 131, 135; *Feichtinger*, Regelungsbefugnis der Tarifvertragsparteien, S. 92; *Fitting* § 3 BetrVG Rn. 1; *von Hoyningen-Huene/Meier-Krenz* ZfA 1988, S. 293, 307; *Jahnke*, Tarifautonomie, S. 192; *Kort* Die AG 2003, S. 13, 13; *Kraft* in: GK-BetrVG I, § 3 BetrVG Rn. 5 f.; *Löwisch* in: Löwisch/Kaiser, § 3 BetrVG Rn. 1; *Trümner* in: Däubler/Kittner/Klebe, § 3 BetrVG Rn. 4.

1424 Begründung zum RegE, BT-Drucks. 14/5741, S. 26. Vgl. auch *Trümner* in: Däubler/Kittner/Klebe, § 3 BetrVG Rn. 4.

1425 Begründung zum RegE, BT-Drucks. 14/5741, S. 33.

1426 Begründung zum RegE, BT-Drucks. 14/5741, S. 26. Ebenso *Kort* Die AG 2003, S. 13, 14; *Kraft* in: GK-BetrVG I, § 3 BetrVG Rn. 9, 26; *Plander* NZA 2002, S. 483, 483; *Trümner* in: Däubler/Kittner/Klebe, § 3 BetrVG Rn. 147; anders *Giesen* BB 2002, S. 1480, 1480 f.

1427 *Kort* Die AG 2003, S. 13, 14; *Rieble* NZA 2002, S. 233, 239. Anders *Link* AuA 2001 Sonderausgabe, S. 1, 80.

1428 *Kort* Die AG 2003, S. 13, 14.

Kollektivvertraglich wird (nur) die betriebsverfassungsrechtliche Organisationsstruktur abweichend vom Gesetz ausgestaltet. Die dem zugrunde liegenden Organisationseinheiten werden kraft gesetzlicher Anordnung als Betrieb i. S. d. Betriebsverfassungsgesetzes fingiert, § 3 Abs. 5 Satz 1 BetrVG. Eine kollektivvertragliche Modifikation des Betriebsbegriffes ist unzulässig. Ein Unternehmen A bleibt auch nach Inkrafttreten eines Kollektivvertrages nach § 3 Abs. 1 Nr. 1a BetrVG ein Unternehmen. Es wird aber während der Geltungsdauer des Kollektivvertrages gem. § 3 Abs. 5 Satz 1 BetrVG als Betrieb i. S. d. Betriebsverfassungsgesetzes fingiert,[1429] d. h. so behandelt, „als ob“[1430] es ein solcher wäre. Von allen Vorschriften im Betriebsverfassungsgesetz, die auf den Betrieb Bezug nehmen, ist nunmehr die betriebsverfassungsrechtliche Organisationseinheit „Unternehmen A“ erfaßt. Gleichermaßen werden entgegen des mißverständlichen Wortlautes des § 3 Abs. 1 Nr. 1b BetrVG nicht mehrere Betriebe, sondern Betriebsräte mehrerer Betriebe zusammengefaßt.[1431] Die Betriebe als solche bleiben bestehen, werden aber in ihrer Gesamtheit als eine betriebsverfassungsrechtliche Organisationseinheit fingiert, § 3 Abs. 5 Satz 1 BetrVG. Steht die grundlegende betriebsverfassungsrechtliche Definition des Betriebs nicht zur Disposition der Kollektivvertragsparteien, könnten dennoch weitergehende Abweichungen der betrieblichen Binnenorganisation zulässig sein.

III. Kollektivvertragliche Abweichungen von der betrieblichen Binnenorganisation bei § 3 Abs. 1 Nr. 1, 2 BetrVG

In § 3 Abs. 1 Nr. 1, 2 BetrVG verwendet der Gesetzgeber ausdrücklich den Begriff „Betriebsrat“. Bei beiden Tatbeständen steht die betriebsverfassungsrechtliche Grundeinheit – das Unternehmen oder die zusammengefaßten Betriebe oder die Sparte – fest, die gem. § 3 Abs. 5 Satz 1 BetrVG als Betrieb fingiert wird. Den Kollektivvertragsparteien ist es nur möglich, entsprechend den tatbestandlichen Voraussetzungen der Nr. 1 und 2 in Unternehmen mit mehreren Betrieben einen für das gesamte Unternehmen oder die zusammengefaßten Betriebe zuständigen Betriebsrat zu bilden bzw. für spartenorganisierte Unternehmen und Konzerne Betriebsräte in den Sparten einzurichten. Eine Abweichung von anderen (zwingenden) Vorschriften des Betriebsverfassungsgesetzes, z. B. den §§ 9, 14 ff., 27, 28 BetrVG, ist unzulässig.[1432] Dies stellen auch die Gesetzesmaterialien klar – die Fiktion des

---

1429 Vgl. *Trümner* in: Däubler/Kittner/Klebe, § 3 BetrVG Rn. 147.

1430 Vgl. die Formulierung von *Kort* Die AG 2003, S. 13, 18. Weiterhin *Eich*, FS Weinspach, S. 17, 22.

1431 *Buchner* NZA 2001, S. 633, 634. Siehe weiterhin vorstehend S. 127.

1432 So auch *Annuß* NZA 2002, S. 290, 292 f.; *Diringer* AuA 2001, S. 172, 172; *Eich*, FS Weinspach, S. 17, 26, 28; *Fitting* § 3 BetrVG Rn. 35 (zu Nr. 1b); *Friese* RdA 2003, S. 92, 101; *dies.* ZfA 2003, S. 237, 251 f.; *Hohenstatt/Dzida* DB 2001, S. 2498, 2500;

Betriebs soll maßgeblich sein „z. B. für die Zahl der Betriebsratsmitglieder (§ 9), die Größe der Ausschüsse (§§ 27, 28) und die Zahl der Freistellungen (§ 38)“, also für die Binnenorganisation der Repräsentationsorgane.[1433] Im Falle einer nach § 3 Abs. 1 Nr. 2 BetrVG zulässigen mehrstufigen spartenbezogenen Betriebsverfassungsstruktur[1434] obliegt es den Kollektivvertragsparteien, im Hinblick auf die Sachgerechtigkeit der Regelung die Funktion der Vertretungsorgane höherer Ebenen als (Teil-)Unternehmensbetriebsrat oder (Teil-)Konzernbetriebsrat festzulegen. Dementsprechend stehen ihnen die Kompetenzen der §§ 47 ff., 54 ff. BetrVG zu.[1435] Zu beachten ist, daß die Vorschriften über die Anzahl der Mitglieder des Gesamt- bzw. Konzernbetriebsrates dispositiv ausgestaltet, vgl. §§ 47 Abs. 4, 55 Abs. 4 Satz 1 BetrVG, und die Kollektivvertragsparteien nicht gehindert sind, die Anzahl der Mitglieder der Arbeitnehmervertretungen auf höherer Ebene abweichend zu regeln. Eine hierauf gestützte Tarifnorm kann mit einem Tarifvertrag nach § 3 Abs. 1 Nr. 2 BetrVG in einer Vertragsurkunde äußerlich verbunden werden.

IV. Tarifvertragliche Abweichungen von der betrieblichen Binnenorganisation bei § 3 Abs. 1 Nr. 3 BetrVG

Anders als bei § 3 Abs. 1 Nr. 1, 2 BetrVG könnte bei der Errichtung einer anderen Arbeitnehmervertretungsstruktur nach Nr. 3 die betriebliche Binnenorganisation tarifvertragsdispositiv sein. Die den Tarifvertragsparteien in § 3 Abs. 1 Nr. 3 BetrVG eingeräumte Regelungsbefugnis geht über die Nr. 1 und 2 hinaus. Der Tatbestand der anderen Arbeitnehmervertretungsstruktur ist eine Generalklausel.[1436] Dies kommt zum einen darin zum Ausdruck, daß der Bezugspunkt der zu bildenden betriebsverfassungsrechtlichen Organisationseinheit nicht wie bei Nr. 1 und 2 in Gestalt des Unternehmens (Nr. 1a), der zusammengefaßten Betriebe (Nr. 1b) oder der Sparte (Nr. 2) vorgegeben ist, sondern im Ermessen der Tarifvertragsparteien steht. In den Gesetzesmaterialien ist ausdrücklich die Rede davon, daß die Ausgestaltung der Arbeitnehmervertretungsstruktur im Einzelnen den Tarifvertragsparteien

---

Kraft in: GK-BetrVG I, § 3 BetrVG Rn. 9, 19, 26; *Link* AuA 2001, Sonderausgabe, S. 1, 10; *Trümner* in: Däubler/Kittner/Klebe, § 3 BetrVG Rn. 148; wohl ebenso *Dachrodt/Engelbert* § 3 BetrVG Rn. 13. Abweichend *Plander* NZA 2002, S. 483, 488, der dies bezüglich organisatorischer Regelungen, die einem Günstigkeitsvergleich zugänglich sind, (z. B. § 38 BetrVG) offen läßt.

1433 Begründung zum RegE, BT-Drucks. 14/5741, S. 35.

1434 Zu den Gestaltungsmöglichkeiten siehe vorstehend S. 155 ff.

1435 Vgl. auch *Friese* RdA 2003, S. 92, 101.

1436 Siehe vorstehend S. 175.

obliegt.[1437] Zum anderen ermöglicht Nr. 3 abweichende Arbeitnehmervertretungs*strukturen*.

1. Bisherige Stellungnahmen im Schrifttum

Die Stellungnahmen in der Literatur zur Reichweite der Gestaltungsbefugnis der Tarifvertragsparteien sind geteilt. *Hohenstatt/Dzida*[1438] lassen Modifikationen über die Mitgliederzahl der anderen Arbeitnehmervertretung (§ 9 BetrVG) zu. *Kaiser/Heither/Engels/Ingrid Schmidt*[1439] sind der Ansicht, daß der Tarifvertrag (nur) Bestimmungen über die Zusammensetzung, Wahl, Amtszeit und Geschäftsführung der Vertretung sowie der Betriebsversammlung treffen könne. Auch sei eine von § 9 BetrVG abweichende (kleinere oder größere) Zahl von Betriebsratsmitgliedern zulässig.[1440] Die tragenden Grundsätze des Betriebsverfassungsrechts, insbesondere der allgemeinen, gleichen und geheimen Wahl, müßten jedoch Beachtung finden.[1441] Im Gegensatz hierzu geht *Annuß*[1442] davon aus, daß die Rechtsetzungsmacht der Tarifvertragsparteien keinesfalls über die Abgrenzung der Repräsentationseinheiten hinausgeht und die betriebliche Binnenorganisation nicht zu ihrer Disposition steht. Auch *Dachrodt/Engelbert*[1443], *Diringer*[1444], *Kraft*[1445] und *Link*[1446] halten die tarifvertraglich gebildeten betriebsverfassungsrechtlichen Organisations-

---

1437 Begründung zum RegE, BT-Drucks. 14/5741, S. 34.

1438 *Hohenstatt/Dzida* DB 2001, S. 2498, 2500.

1439 *Fitting* § 3 BetrVG Rn. 54.

1440 *Fitting* § 3 BetrVG Rn. 54 unter Berufung auf *Hohenstatt/Dzida* DB 2001, S. 2498, 2500; ebenso *Eisemann* in: ErfK, § 3 BetrVG Rn. 6; *Stege/Weinspach/Schiefer* § 3 BetrVG Rn. 16.

1441 *Eisemann* in: ErfK, § 3 BetrVG Rn. 6; *Fitting* § 3 BetrVG Rn. 54. Zu § 3 Abs. 1 Nr. 2 BetrVG a. F. *Eisemann* in: ErfK [2. Aufl.], § 3 BetrVG Rn. 3; *Fitting* [20. Aufl.] § 3 BetrVG Rn. 32; *Kraft* in: GK-BetrVG I [6. Aufl.], § 3 BetrVG Rn. 35; *Marienhagen* in: Galperin I, § 3 BetrVG Rn. 18; *Richardi* [7. Aufl.] § 3 BetrVG Rn. 30; *Trümner* in: Däubler/Kittner/Klebe [7. Aufl.], § 3 BetrVG Rn. 33.

1442 *Annuß* NZA 2002, S. 290, 292 f.; ähnlich auch *Eich*, FS Weinspach, S. 17, 26, 28; *Friese* RdA 2003, S. 92, 101; *dies.* ZfA 2003, S. 237, 251 f.; *Gnade/Kehrmann/W. Schneider/Klebe/Ratayczak* § 3 BetrVG Rn. 11; *Kraft* in: GK-BetrVG I, § 3 BetrVG Rn. 26; *Trümner* in: Däubler/Kittner/Klebe, § 3 BetrVG Rn. 148. Abweichend *Plander* NZA 2002, S. 483, 488, der dies bezüglich organisatorischer Regelungen, die einem Günstigkeitsvergleich zugänglich sind, (z. B. § 38 BetrVG) offen läßt.

1443 *Dachrodt/Engelbert* § 3 BetrVG Rn. 13.

1444 *Diringer* AuA 2001, S. 172, 172.

1445 *Kraft* in: GK-BetrVG I, § 3 BetrVG Rn. 26.

1446 *Link* AuA 2001, Sonderausgabe, S. 1, 10.

einheiten als maßgebend für die Zahl der Betriebsratsmitglieder, die Größe der Ausschüsse und die Zahl der Freistellungen (§§ 9, 27, 28, 38 BetrVG).

2. Eigene Stellungnahme

Da es sich bei Nr. 3 um betriebsverfassungsrechtliche Arbeitnehmervertretungen handelt, sind jedenfalls die Grundgedanken des Betriebsverfassungsrechts und seine zwingenden Grundprinzipien, z. B. das der reinen Arbeitnehmervertretung, der demokratischen Wahl, der vertrauensvollen Zusammenarbeit, § 2 Abs. 1 BetrVG,[1447] des betriebsverfassungsrechtlichen Arbeitskampfverbotes, § 74 Abs. 2 Satz 1 BetrVG oder des Gebots der Behandlung nach Recht und Billigkeit, § 75 BetrVG, einzuhalten.[1448]

Für die Tarifdispositivität läßt sich anführen, daß der Wortlaut der §§ 9, 14 ff., 27, 28, 38 BetrVG ausdrücklich einen Betriebsrat voraussetzt. Während in § 3 Abs. 1 Nr. 1, 2 BetrVG von Betriebsräten die Rede ist, findet in Nr. 3 der Begriff der Arbeitnehmervertretungsstrukturen Verwendung.[1449] Hiergegen ist einzuwenden, daß die Nr. 1 bis 3 in § 3 Abs. 5 BetrVG eine gemeinsame Regelung hinsichtlich der Rechtsfolgen erfahren – die gebildeten betriebsverfassungsrechtlichen Organisationseinheiten werden als Betriebe i. S. d. Betriebsverfassungsgesetzes fingiert und die Vorschriften über die Rechte und Pflichten des Betriebsrates und die Rechtsstellung seiner Mitglieder für anwendbar erklärt.[1450] Wäre § 3 Abs. 1 Nr. 3 BetrVG nach dem Willen des Gesetzgebers nicht nur hinsichtlich seiner tatbestandlichen Voraussetzungen, d. h. der Abgrenzung der betriebsverfassungsrechtlichen Organisationseinheit, sondern auch der sich hieraus ergebenden Rechtsfolgen, z. B. der Mitgliederzahl der betrieblichen Arbeitnehmervertretung, tarifdispositiv, hätte dies in geeigneter Weise in § 3 Abs. 5 BetrVG zum Ausdruck gebracht werden können. Das ist gerade nicht geschehen. Gemäß § 3 Abs. 5 Satz 1 BetrVG gelten die aufgrund eines Tarifvertrages nach § 3 Abs. 1 Nr. 3 BetrVG gebildeten betriebsverfassungsrechtlichen Organisationseinheiten als Betriebe i. S. d. Betriebsverfassungsgesetzes. Für den Betrieb bestehen zwingende

---

[1447] Dieses wird vom LAG Baden-Württemberg als „Magna Charta des Betriebsverfassungsrechts" bezeichnet, vgl. 14.4.1988 AiB 1988, S. 281, 281; ebenso *Richardi*, Betriebsverfassung und Privatautonomie, S. 13 f.; *Richardi*, FS G. Müller, S. 413, 418.

[1448] Allgemeine Ansicht, vgl. *Eisemann* in: ErfK, § 3 BetrVG Rn. 6; *Fitting* § 3 BetrVG Rn. 54. Zu § 3 Abs. 1 Nr. 2 BetrVG a. F. *Eisemann* in: ErfK [2. Aufl.], § 3 BetrVG Rn. 3; *Kraft* in: GK-BetrVG I [6. Aufl.], § 3 BetrVG Rn. 35; *Marienhagen* in: Galperin I, § 3 BetrVG Rn. 18; *Richardi* [7. Aufl.] § 3 BetrVG Rn. 30; *Trümner* in: Däubler/Kittner/Klebe [7. Aufl.], § 3 BetrVG Rn. 33. Siehe zur verfassungsrechtlichen Ableitung vorstehend S. 52 ff.

[1449] *Hohenstatt/Dzida* DB 2001, S. 2498, 2500.

[1450] *Annuß* NZA 2002, S. 290, 292. Ähnlich *Kraft* in: GK-BetrVG I, § 3 BetrVG Rn. 26.

Organisationsvorschriften, z. B. §§ 9, 27, 28, 38 BetrVG. Die betriebliche Binnenorganisation stünde hiernach nicht zur Disposition der Tarifvertragsparteien.[1451]

Die Organisationsregelungen des Betriebsverfassungsgesetzes sind grundsätzlich ius cogens und eine (Tarif-)Dispositivität bedarf einer ausdrücklichen Anordnung. Systematisch wird dies z. B. durch die §§ 38 Abs. 1 Satz 4, 47 Abs. 4, 55 Abs. 4 Satz 1 BetrVG bestätigt und entspricht der herrschenden Ansicht im Schrifttum[1452]. Für die Zulässigkeit der kollektivvertraglichen Abweichung von anderen Organisationsvorschriften des Betriebsverfassungsgesetzes könnte ein systematischer Vergleich mit § 325 Abs. 2 UmwG sprechen. Dessen Satz 1 bestimmt, daß bei Spaltung eines Betriebs für entfallende Rechte und Beteiligungsrechte des Betriebsrates deren Fortgeltung durch Tarifvertrag oder Betriebsvereinbarung angeordnet werden kann. Hiervon bleiben aber nach Satz 2 dieser Vorschrift die §§ 9, 27 BetrVG unberührt. Der Gesetzgeber hat in diesem Fall ausdrücklich angeordnet, daß und welche Organisationsvorschriften des Betriebsverfassungsgesetzes nicht zur Disposition der Kollektivvertragsparteien stehen. Aus dem Umstand, daß eine vergleichbare Regelung bei § 3 BetrVG fehlt, könnte auf die Dispositivität der Organisationsvorschriften des Betriebsverfassungsgesetzes zu schließen sein. Dies läßt aber folgendes außer Betracht. § 325 Abs. 2 Satz 1 UmwG erklärt alle entfallenden „Rechte des Betriebsrates“ für dispositiv, indem er den Abschluß einer Sicherungsvereinbarung in das Ermessen der Kollektivvertragsparteien stellt. Diese Norm ist demzufolge eine Ausnahme von dem Grundsatz der zwingenden Natur der betrieblichen Organisationsverfassung. Den zwingenden Charakter hält § 325 Abs. 2 Satz 2 UmwG als Ausnahme der Ausnahme allein für die §§ 9, 27 BetrVG aufrecht. Demgegenüber erklärt § 3 Abs. 5 Satz 2 BetrVG „alle Rechte und Pflichten des Betriebsrates“ für anwendbar und bestätigt den Grundsatz des zwingenden Charakters des Organisationsrechts der Betriebsverfassung. Eine ausdrückliche Nennung der Organisationsnormen des Betriebsverfassungsgesetzes, welche nicht zur Disposition der Kollektivvertragsparteien stehen, erübrigt sich. Die oben gezogene systematische Schlußfolgerung von § 325 Abs. 2 UmwG auf § 3 BetrVG geht fehl. Aus § 325 Abs. 2 UmwG folgt gerade kein Argument für die Dispositivität der Organisationsvorschriften des Betriebsverfassungsgesetzes.

Die weitergehende Gestaltungsbefugnis der Tarifvertragsparteien könnte aus dem Sinn und Zweck der Regelung der Nr. 3 folgen. Wie die Begründung

---

1451 *Annuß* NZA 2002, S. 290, 292 f.; ähnlich *Gnade/Kehrmann/W. Schneider/Klebe/Ratayczak* § 3 BetrVG Rn. 11; *Kraft* in: GK-BetrVG I, § 3 BetrVG Rn. 26; *Link* AuA 2001, Sonderausgabe, S. 1, 10; *Trümner* in: Däubler/Kittner/Klebe, § 3 BetrVG Rn. 148.

1452 Siehe vorstehend S. 46 ff. mit Nachweisen in Fn. 198.

des Regierungsentwurfes zum Betriebsverfassungs-Reformgesetz klarstellt, soll den Tarifvertragsparteien mit der Generalklausel der Nr. 3 die Möglichkeit gegeben werden, „auf zukünftige neue Entwicklungen von Unternehmensstrukturen in Produktion und Dienstleistung angemessen zu reagieren und entsprechende Arbeitnehmervertretungssysteme errichten zu können, ohne dabei auf ein Tätigwerden des Gesetzgebers angewiesen zu sein“[1453]. Dies legt eine flexible, d. h. tarifdispositive Regelung nahe. Allerdings muß hierzu nicht notwendigerweise die Organisationsverfassung des Betriebsverfassungsgesetzes bzw. die betriebliche Binnenorganisation dispositiv ausgestaltet werden. Nach den Gesetzesmaterialien[1454] sollen die Tarifvertragsparteien auf „neue Entwicklungen von Unternehmensstrukturen“ reagieren können. Hieraus erklärt sich, warum § 3 Abs. 1 Nr. 3 BetrVG nicht von Betriebsräten, sondern von „Arbeitnehmervertretungsstrukturen“ spricht. Der Gesetzgeber erachtete es für notwendig, aufgrund der Vielgestaltigkeit der tatsächlichen Möglichkeiten und deren begrenzten normativen Erfaßbarkeit eine Generalklausel zu schaffen, die gerade nicht auf das Unternehmen, mehrere Betriebe oder die Sparte als betriebsverfassungsrechtliche Organisationseinheit festgelegt ist. Sollen die Tarifvertragsparteien auf neue, dem Gesetzgeber noch nicht bekannte und daher nur im Wege einer Generalklausel normativ regelbare Unternehmensstrukturen reagieren können, ist nicht zwingend die Tarifdispositivität der betrieblichen Organisationsverfassung erforderlich. Über die Abgrenzung der betriebsverfassungsrechtlichen Organisationseinheit hinaus besteht keine Notwendigkeit, das Organisationsrecht der betrieblichen Arbeitnehmervertretung tarifdispositiv auszugestalten.[1455] Die Zahlenstufen des § 9 BetrVG sind beispielsweise Ausdruck der Überlegung, daß die Anzahl der Betriebsratsmitglieder in einem bestimmten Verhältnis zur Belegschaftsgröße stehen muß, um eine effiziente und professionelle Betriebsratsarbeit zu gewährleisten. Dies trifft ebenso für die anderen Arbeitnehmervertretungsstrukturen des § 3 Abs. 1 Nr. 3 BetrVG zu. Des weiteren ist zu beachten, daß mit der den Tarifvertragsparteien überlassenen Gestaltung der Arbeitnehmervertretungsstrukturen mittelbar Einfluß auf deren Organisationsgrundlagen genommen werden kann. Die Tarifvertragsparteien determinieren mit der Abgrenzung der betriebsverfassungsrechtlichen Organisationseinheiten z. B. bereits die wahlberechtigten Arbeitnehmer, deren Anzahl und damit auch die Anzahl der Mitglieder der Arbeitnehmervertretung. Die teleologische Auslegung bestätigt den zwingenden Charakter der

---

1453 BT-Drucks. 14/5741, S. 34; vgl. auch *Trümner* in: Däubler/Kittner/Klebe, § 3 BetrVG Rn. 65.

1454 Begründung zum RegE, BT-Drucks. 14/5741, S. 34.

1455 *Annuß* NZA 2002, S. 290, 292.

Organisationsverfassung des Betriebsverfassungsgesetzes und läßt eine weitergehende Gestaltungsbefugnis der Tarifvertragsparteien nicht zu.

Unterstützt wird dieses Ergebnis durch die historische Auslegung. Wie sich aus den Gesetzesmaterialien[1456] ergibt, sind nach dem Willen der Reformverfasser die nach § 3 Abs. 1 Nr. 1 bis 3 BetrVG gebildeten betriebsverfassungsrechtlichen Organisationseinheiten maßgeblich „z. B. für die Zahl der Betriebsratsmitglieder (§ 9), die Größe der Ausschüsse (§§ 27, 28) und die Zahl der Freistellungen (§ 38)“.

3. Ergebnis

§ 3 Abs. 1 Nr. 3 BetrVG erlaubt keine Abweichung von anderen Organisationsvorschriften des Betriebsverfassungsgesetzes. Da § 3 Abs. 1 Nr. 3 BetrVG die tarifvertragliche Gestaltungsbefugnis nicht auf die unterste Ebene der betrieblichen Interessenvertretung beschränkt,[1457] muß gleiches für die Vertretungsorgane der höheren Ebenen gelten. Es wäre widersprüchlich, wenn auf der untersten Ebene der Arbeitnehmervertretung die Vorschriften über die betriebliche Binnenorganisation zwingend zu beachten wären, während auf den höheren Ebenen eine tarifvertragliche Gestaltungsbefugnis bejaht würde.[1458] Auch hier umfaßt die Rechtsetzungsmacht der Tarifvertragsparteien nur die Abgrenzung der betriebsverfassungsrechtlichen Organisationseinheit, nicht dagegen deren Binnenorganisation.[1459] Den Tarifvertragsparteien obliegt es, bei der Bildung mehrstufiger anderer Arbeitnehmervertretungsstrukturen zugleich deren Funktion im Stufenaufbau der Vertretungsebenen anzugeben. Dementsprechend ergeben sich die Kompetenzen dieser Vertretungsorgane aus den Vorschriften des Betriebsverfassungsgesetzes, insbesondere den §§ 47 ff., 54 ff. BetrVG.[1460] Zu beachten ist, daß die Mitgliederzahlen des Gesamt- und Konzernbetriebsrates dispositiv, vgl. §§ 47 Abs. 4, 55 Abs. 4 Satz 1 BetrVG, und die Tarifvertragsparteien nicht gehindert sind, die Anzahl der Mitglieder der Arbeitnehmervertretungen auf höherer Ebene abweichend zu regeln. Eine hierauf gestützte Tarifnorm kann mit einem Tarifvertrag nach § 3 Abs. 1 Nr. 3 BetrVG in einer Vertragsurkunde äußerlich verbunden werden.

[1456] Begründung zum RegE, BT-Drucks. 14/5741, S. 35.

[1457] *Annuß* NZA 2002, S. 290, 292. Siehe auch vorstehend S. 186.

[1458] *Ders.* NZA 2002, S. 290, 292.

[1459] *Ders.* NZA 2002, S. 290, 292 f.

[1460] *Ders.* NZA 2002, S. 290, 293.

§ 16 Die Rechtsfolgen für geltende Betriebsvereinbarungen der bisherigen Organisationseinheiten

Tritt ein Kollektivvertrag nach § 3 BetrVG und mit ihm eine neue Arbeitnehmervertretungsstruktur in Kraft, stellt sich die Frage nach den Auswirkungen auf bereits geltende Betriebsvereinbarungen.[1461] Insbesondere ist zu klären, wer auf Arbeitnehmerseite für deren Durchführung zuständig ist und insoweit rechtswirksame Erklärungen abgeben kann.

Die Extremlösung einer absoluten Nichtgeltung aller bestehenden Betriebsvereinbarungen findet keinerlei Grundlage im Betriebsverfassungsgesetz. Ein Diskontinuitätsgrundsatz, wie er für Gesetzesvorlagen im Bundestag gilt,[1462] existiert im Betriebsverfassungsrecht nicht. Es ist davon auszugehen, daß bei Inkrafttreten eines Kollektivvertrages nach § 3 BetrVG grundsätzlich alle Betriebsvereinbarungen mit ihrem geltenden Inhalt bestehen bleiben.[1463] Zu beachten ist, daß sich auch der betriebliche Anwendungsbereich nicht verändert.[1464] Eine Betriebsvereinbarung kann nach einer Umgestaltung der betriebsverfassungsrechtlichen Repräsentationsstrukturen nur Geltung für die Arbeitnehmer derjenigen betriebsverfassungsrechtlichen Organisationseinheit beanspruchen, für die sie ursprünglich abgeschlossen wurde. Nur diesen Arbeitnehmern gegenüber ist die Betriebsvereinbarung, vermittelt durch die Wahl des Betriebsrates, legitimiert. Hierdurch entstehen in der Konsequenz sektorale normative Teilordnungen.[1465] Besteht z. B. im Betrieb A eine Betriebsvereinbarung und wird ein Kollektivvertrag nach § 3 Abs. 1 Nr. 1a BetrVG abgeschlossen, so kann diese Betriebsvereinbarung nur in den Arbeitsverhältnissen der Arbeitnehmer des ehemaligen Betriebs A und nicht in denen aller Arbeitnehmer des gem. § 3 Abs. 5 Satz 1 BetrVG als Betrieb i. S. d. Betriebsverfassungsgesetzes anzusehenden Unternehmens angewendet werden. Gleiches gilt, wenn für die Sparte A eine

---

1461 Nicht betrachtet wird der Fall einer bestehenden Organisationsbetriebsvereinbarung. Siehe vorstehend zum Tarifvorbehalt § 12 [S. 262 ff.].

1462 Siehe § 125 GOBT. Aus dem Schrifttum zum Diskontinuitätsgrundsatz statt aller *Achterberg/Schulte* in: von Mangoldt/Fri. Klein/Chr. Starck, Art. 39 GG Rn. 12 ff.; *Dicke* in: MAK-GG, Art. 39 GG Rn. 31 ff.; *Magiera* in: Sachs, Art. 39 GG Rn. 11 ff.; *Maunz/H. H. Klein* in: Maunz/Dürig, Art. 39 GG Rn. 48 ff.; *H.-P. Schneider* in: AK-GG, Art. 39 GG Rn. 6 ff.; *Versteyl* in: von Münch/Kunig, Art. 39 GG Rn. 25 ff.

1463 *Eisemann* in: ErfK, § 3 BetrVG Rn. 12; *Kreutz* in: GK-BetrVG II, § 77 BetrVG Rn. 382; *Matthes* in: MüHdbArbR III, § 328 Rn. 45; *Trümner* in: Däubler/Kittner/Klebe, § 3 BetrVG Rn. 151. Ähnlich bereits *Neumann* DB 1960, S. 60, 61.

1464 Ähnlich *Eisemann* in: ErfK, § 3 BetrVG Rn. 12; *Trümner* in: Däubler/Kittner/Klebe, § 3 BetrVG Rn. 151.

1465 Vgl. *Trümner* in: Däubler/Kittner/Klebe, § 3 BetrVG Rn. 151. Ähnlich bereits *Neumann* DB 1960, S. 60, 61.

Betriebsvereinbarung abgeschlossen wurde. Wird nunmehr aufgrund eines Tarifvertrages nach § 3 Abs. 1 Nr. 3 BetrVG eine gänzlich andere Arbeitnehmervertretungsstruktur geschaffen, gilt die „mitgebrachte" Betriebsvereinbarung dennoch ausschließlich für die Arbeitnehmer der ehemaligen Sparte A.

Wenn die mitgebrachten Betriebsvereinbarungen in ihrem ursprünglichen Geltungsbereich in Kraft bleiben, ist die Zuständigkeit für ihre Durchführung auf Arbeitnehmerseite zu klären. Soweit das Vertretungsorgan, das die Betriebsvereinbarung abgeschlossen hat, fortbesteht, ändert sich seine Zuständigkeit nicht. Entfällt es allerdings im Zuge der Umstrukturierung der betriebsverfassungsrechtlichen Vertretungsstruktur, scheint ein die Betriebsvereinbarung ausführendes Organ auf Arbeitnehmerseite zu fehlen. Auch hier sind die Grundsätze des Betriebsverfassungsrechts heranzuziehen. Findet in einem Betrieb eine Betriebsratswahl statt, ist der neue Betriebsrat Funktionsnachfolger des bisherigen und für alle Betriebsvereinbarungen zuständig, die in dem Betrieb bestanden und bestehen.[1466] Allgemein gesprochen ist die Arbeitnehmervertretung für alle diejenigen Betriebsvereinbarungen zuständig, die in der betriebsverfassungsrechtlichen Organisationseinheit gelten, für die sie gewählt wurde. Entscheidend für die Zuständigkeit auf Arbeitnehmerseite ist insoweit der betriebliche Geltungsbereich der Betriebsvereinbarung, nicht der Normgeber. Für bestehende Betriebsvereinbarungen ist bei einer Veränderung der betriebsverfassungsrechtlichen Repräsentationsstruktur diejenige Arbeitnehmervertretung zuständig, deren „Wahlkreis" den betrieblichen Anwendungsbereich der Betriebsvereinbarung umfaßt. Im obigen Beispiel kann der unternehmenseinheitliche Betriebsrat die Betriebsvereinbarung eines zum Unternehmen gehörenden Betriebs kündigen. Ebenso ist zu verfahren, wenn eine andere Arbeitnehmervertretungsstruktur gem. § 3 Abs. 1 Nr. 3 BetrVG geschaffen wird. Die Repräsentationsorgane sind für alle Betriebsvereinbarungen zuständig, deren betrieblicher Anwendungsbereich in ihre betriebsverfassungsrechtliche Organisationseinheit fällt. Entsprechend dieser Grundsätze ist auch der Fall zu lösen, daß in einem Betrieb mehrere Spartenbetriebsräte gebildet werden, was nach § 3 Abs. 1 Nr. 2 BetrVG zulässig ist[1467]. Hier ist jeder Spartenbetriebsrat für die Durchführung der in dem Betrieb bestehenden Betriebsvereinbarungen in seiner jeweiligen Sparte zuständig.

Bedenken begegnet die Weitergeltung der Betriebsvereinbarungen im Hinblick auf die Erfordernisse der Rechtssicherheit. In der Konsequenz der

---

1466 Vgl. BAG 19.6.2001 AP Nr. 1 zu § 87 BetrVG 1972 Leiharbeitnehmer zu § 3 Abs. 1 Nr. 3 BetrVG a. F.; *Fitting* § 3 BetrVG Rn. 20. Siehe auch *Matthes* in: MüHdbArbR III, § 328 Rn. 45: der neu gewählte Betriebsrat wird „Vertragspartner".

1467 Siehe vorstehend S. 155.

obigen Lösung liegt es, daß in einer betriebsverfassungsrechtlichen Organisationseinheit für einen Teil der Belegschaft die Betriebsvereinbarung A, für einen anderen Teil die Betriebsvereinbarung B Anwendung findet und im Betrieb normative Teilordnungen entstehen. Wie ist beispielsweise der Fall zu lösen, daß in den Betriebsvereinbarungen Beginn und Ende der täglichen Arbeitszeit abweichend festgelegt werden? Noch größer sind die Anpassungsprobleme, wenn z. B. der Arbeitgeber aufgrund einer Betriebsvereinbarung nach § 87 Abs. 1 Nr. 6 BetrVG das Verhalten oder die Leistung für einen Teil der Arbeitnehmer mit technischen Einrichtungen überwachen kann, für einen anderen Teil dagegen nicht. Der im Zusammenhang mit der Tarifkonkurrenz angewandte Grundsatz der Tarifeinheit könnte einen vergleichbaren „Grundsatz der Betriebsvereinbarungseinheit" nahelegen.[1468] Voraussetzung einer Tarifkonkurrenz ist das Vorliegen mehrerer, übereinstimmende Sachfragen regelnder Tarifverträge mit identischem bzw. sich partiell überschneidendem Geltungsbereich. Der Sinn des Grundsatzes der Tarifeinheit ist die Vermeidung konkurrierender Tarifordnungen. Im Gegensatz hierzu kommt es bei Betriebsvereinbarungen keineswegs zu einem solchen Konkurrenzverhältnis. Sie beanspruchen jeweils nur Geltung für verschiedene Arbeitsverhältnisse, da sie für unterschiedliche Betriebe, die nunmehr aufgrund des Kollektivvertrages Bestandteil einer betriebsverfassungsrechtlichen Organisationseinheit sind, abgeschlossen wurden. Zudem ist ein mit dem Konkurrenzverhältnis verschiedener Gewerkschaften vergleichbares Konkurrenzverhältnis mehrerer Betriebsräte einer betriebsverfassungsrechtlichen Organisationseinheit nicht denkbar. Nach dem Gesetz werden die Interessen der Belegschaft von *einem*, nicht von mehreren konkurrierenden Betriebsräten wahrgenommen.[1469] Die Lösung über einen „Grundsatz der Betriebsvereinbarungseinheit" ist nicht zulässig.

Letztlich sind die bei der Geltung mehrerer Betriebsvereinbarungen in der neuen betriebsverfassungsrechtlichen Organisationseinheit auftretenden Unsicherheiten und Anpassungsprobleme de lege lata hinzunehmen. Schließlich ist es den Betriebsparteien möglich, in den Grenzen von Recht und Billigkeit, § 75 Abs. 1 BetrVG, Betriebsvereinbarungen nur für einen Teil der Belegschaft oder für Teile der Belegschaft mit differenzierenden Regelungen

---

1468 So für den Konkurrenzfall zwischen Gesamt- und Einzelbetriebsvereinbarung *A. Hueck/Nipperdey*, Arbeitsrecht II/2, § 67 E [S. 1300]; *G. Müller*, FS Küchenhoff I, S. 283, 299.

1469 Dies kommt z. B. in den §§ 3 Abs. 4 Satz 2, 21 Sätze 2 und 5, 21a Abs. 1 Sätze 1 und 3, Abs. 2, 22 BetrVG zum Ausdruck. Vgl. auch BAG 1.2.1963 AP Nr. 5 zu § 3 BetrVG, nach dem ein unfruchtbares Nebeneinander mehrerer Arbeitnehmervertretungen nach dem Sinn und Zweck des Betriebsverfassungsgesetzes zu vermeiden ist.

abzuschließen.[1470] Den Betriebspartnern kann im konkreten Fall nur geraten werden, widersprechende Betriebsvereinbarungen anzupassen oder zu kündigen und zu einer einheitlichen Regelung für die gesamte betriebsverfassungsrechtliche Organisationseinheit überzugehen.

1470 Vgl. BAG 24.3.1981 AP Nr. 12 zu § 112 BetrVG 1972; *Kreutz* in: GK-BetrVG II, § 77 BetrVG Rn. 177, 190.

Teil 6
Der nichtige Kollektivvertrag

§ 17 Die Rechtsfolgen eines nichtigen Kollektivvertrages

Schließen die Tarifvertragsparteien einen Tarifvertrag gem. § 3 Abs. 1 BetrVG ab, verdrängt dieser das insoweit dispositive Organisationsrecht des Betriebsverfassungsgesetzes. Entsprechendes gilt für eine Betriebsvereinbarung in den Fällen des § 3 Abs. 1 Nr. 1 und 2, Abs. 2 BetrVG. Der bisherigen Betrachtung lag unausgesprochen die Prämisse zugrunde, daß die Kollektivvertragsparteien einen rechtswirksamen Tarifvertrag bzw. eine rechtswirksame Betriebsvereinbarung abgeschlossen haben. Wie verhält es sich jedoch im entgegengesetzten Fall eines nichtigen Kollektivvertrages; welche Folgen für die betriebsverfassungsrechtliche Organisationsstruktur hat dieser?

Die denkbaren Unwirksamkeitsgründe eines Organisationstarifvertrages bzw. einer Organisationsbetriebsvereinbarung sind vielfältig, unterscheiden sich aber nicht von denen sonstiger Tarifverträge oder Betriebsvereinbarungen.[1471] Bei Vorliegen eines Unwirksamkeitsgrundes ist der Kollektivvertrag nichtig und entfaltet keinerlei Rechtswirkungen.[1472] Dem entspricht es, daß nach bisheriger

---

[1471] Insoweit wird auf die einschlägige Literatur verwiesen, vgl. die Darstellungen zum Tarifvertrag bei *Däubler*, Tarifvertragsrecht, Rn. 47, 89, 128, 158 ff.; *Gamillscheg*, Kollektives Arbeitsrecht, § 16 II 1, 2 [S. 687 f.], § 16 VI 1 [S. 707]; *Koberski/Clasen/Menzel* § 1 TVG Rn. 235 ff., § 2 TVG Rn. 12; *Löwisch* in: Löwisch/Rieble, § 1 TVG Rn. 248, 380, § 2 TVG Rn. 103; *Maus*, Tarifvertragsgesetz, § 1 Rn. 34, 53a, § 4 Rn. 2 ff.; *Oetker* in: H. Wiedemann, § 2 TVG Rn. 15, 43 f.; *H. Wiedemann* in: ders., Einleitung TVG Rn. 151 ff., 198 ff., 357 ff., § 1 TVG Rn. 239, 243 ff..

Zur Betriebsvereinbarung *Bakopoulos*, Zuständigkeitsverteilung, S. 177; *Berg* in: Däubler/Kittner/Klebe, § 77 BetrVG Rn. 9 ff., 65; *Brune* in: AR-Blattei, 1998, Betriebsvereinbarung, Rn. 108 ff., 258; *Fitting* § 75 BetrVG Rn. 1, 3, 98, § 77 BetrVG Rn. 21 ff., 53 f., 97; *Hess* in: Hess/Schlochauer/Glaubitz, § 77 BetrVG Rn. 118, 169, 220; *von Hoyningen-Huene*, Betriebsverfassungsrecht, § 11 III 2 [S. 219 f.], § 11 III 5 [S. 225 ff.]; *ders.* DB 1984, Beilage Nr. 1, S. 1, 2 ff.; *U. Koch* in: Schaub, Arbeitsrechts-Handbuch, § 231 Rn. 15, 23; *Kreutz* in: GK-BetrVG I, § 19 BetrVG Rn. 139; *ders.* in: GK-BetrVG II, § 77 BetrVG Rn. 44 ff., 58, 62, 123, 290; *Löwisch* in: Löwisch/Kaiser, § 75 BetrVG Rn. 1 f., § 77 BetrVG Rn. 25, 34; *ders.* in: Galperin II, § 77 BetrVG Rn. 15 ff., 46 f., 56 f.; *Matthes* in: MüHdbArbR III, § 327 Rn. 74, § 328 Rn. 73 f.; *Richardi* in: ders., § 77 BetrVG Rn. 46 f., 49, 310; *Trümner* in: Däubler/Kittner/Klebe, § 3 BetrVG Rn. 120; *Veit*, Zuständigkeit, S. 253; *Wiese* in: GK-BetrVG II, § 87 BetrVG Rn. 82.

[1472] *Hohenstatt/Dzida* DB 2001, S. 2498, 2503; *Plander* NZA 2002, S. 483, 489; für den Tarifvertrag *H. Wiedemann* in: ders., § 1 TVG Rn. 244; für die Betriebsvereinbarung *Richardi* in: ders., § 77 BetrVG Rn. 46 f.

Rechtslage die Verweigerung der staatlichen Zustimmung nach § 3 Abs. 2 BetrVG a. F. ebenfalls die Nichtigkeit des Tarifvertrages zur Folge hatte.[1473] Von der Nichtigkeit des Organisationstarifvertrages bzw. der Organisationsbetriebsvereinbarung als normativer Grundlage der kollektivvertraglichen Arbeitnehmervertretung selbst ist die Nichtigkeit bzw. Anfechtbarkeit der Wahl einer aufgrund eines rechtswirksamen Kollektivvertrages nach § 3 BetrVG zu errichtenden Arbeitnehmervertretung wegen Verstoßes gegen Vorschriften des Betriebsverfassungsgesetzes oder des Kollektivvertrages[1474] zu unterscheiden. Letzteres bestimmt sich nach § 19 BetrVG (Anfechtung) sowie den von Rechtsprechung und Literatur für die Nichtigkeit einer Betriebsratswahl entwickelten Maßstäben. Nach ihnen ist die Wahl nur in ganz besonderen Ausnahmefällen nichtig.[1475] Es muß „ein so grober und offensichtlicher Verstoß gegen wesentliche Grundsätze des gesetzlichen Wahlrechts vorliegen, daß nicht einmal der Anschein einer dem Gesetz entsprechenden Wahl“ gegeben ist[1476].

1473 LAG Hamburg 6.5.1996 NZA-RR 1997, S. 136, 139 f.; *Fitting* [20. Aufl.] § 3 BetrVG Rn. 69, § 19 BetrVG Rn. 4; *Plander* NZA 2002, S. 483, 489; *Richardi* [7. Aufl.] § 3 BetrVG Rn. 58 f.; *Trümner* in: Däubler/Kittner/Klebe [7. Aufl.], § 3 BetrVG Rn. 69, 69a, 87a; *T. Wißmann*, Tarifvertragliche Gestaltung, S. 120.

1474 In Betracht kommt hier z. B. eine von den kollektivvertraglichen Vorgaben abweichende Abgrenzung der betriebsverfassungsrechtlichen Organisationseinheiten, vgl. hierzu *Thüsing* in: Richardi, § 18 BetrVG Rn. 31 f., § 19 BetrVG Rn. 17.

1475 BAG 27.4.1976 AP Nr. 4 zu § 19 BetrVG 1972; BAG 28.11.1977 AP Nr. 6 zu § 19 BetrVG 1972; BAG 11.4.1978 AP Nr. 8 zu § 19 BetrVG 1972; BAG 10.6.1983 EzA § 19 BetrVG 1972 Nr. 19; *Etzel* Rn. 153; *Fitting* § 19 BetrVG Rn. 4; *Gnade*, FS Herschel, S. 137, 159; *Kreutz* in: GK-BetrVG I, § 19 BetrVG Rn. 131; *Schlochauer* in: Hess/Schlochauer/Glaubitz, § 19 BetrVG Rn. 12; *W. Schneider* in: Däubler/Kittner/Klebe, § 19 BetrVG Rn. 39; *Stege/Weinspach/Schiefer* § 19 BetrVG Rn. 15.

1476 BAG 27.4.1976 AP Nr. 4 zu § 19 BetrVG 1972; BAG 28.11.1977 AP Nr. 6 zu § 19 BetrVG 1972; BAG 11.4.1978 AP Nr. 8 zu § 19 BetrVG 1972; BAG 10.6.1983 EzA § 19 BetrVG 1972 Nr. 19; BAG 13.9.1984 EzA § 19 BetrVG 1972 Nr. 20; BAG 29.5.1991 EzA § 19 BetrVG 1972 Nr. 31; BAG 13.11.1991 EzA § 27 BetrVG 1972 Nr. 7; LAG München 3.8.1988 LAGE § 19 BetrVG 1972 Nr. 7; *Etzel* Rn. 153; *Fitting* § 19 BetrVG Rn. 4; *Gnade*, FS Herschel, S. 137, 159; *Joost* in: MüHdbArbR III, § 305 Rn. 290; *Kreutz* in: GK-BetrVG I, § 19 BetrVG Rn 132 ff.; *Marienhagen* in: Galperin I, § 19 BetrVG Rn. 39; *G. Müller*, FS Schnorr von Carolsfeld, S. 367, 394; *Schlochauer* in: Hess/Schlochauer/Glaubitz, § 19 BetrVG Rn. 12; *W. Schneider* in: Däubler/Kittner/Klebe, § 19 BetrVG Rn. 39; *Stege/Weinspach/Schiefer* § 19 BetrVG Rn. 15; *Thüsing* in: Richardi, § 19 BetrVG Rn. 72; *Wiese/M. Starck*, Anmerkung zu BAG vom 17.1.1978 – 1 ABR 71/76 in: AP Nr. 1 zu § 1 BetrVG 1972.

A. Die gerichtliche Feststellung der Nichtigkeit

I. Arbeitsgerichtliche Kontrolle eines Organisationstarifvertrages

Aufgrund des Wegfalls des präventiven staatlichen Genehmigungsverfahrens des § 3 Abs. 2 BetrVG a. F. obliegt es einzig der Judikative, die Wirksamkeit einer Organisationskollektivvereinbarung nach § 3 BetrVG letztverbindlich zu überprüfen. Insbesondere hinsichtlich der Erleichterungs- und Dienlichkeitsklauseln ist problematisch, ob die Arbeitsgerichte eine Inhaltskontrolle des Tarifvertrages vornehmen können (und müssen) oder ob sie auf eine bloße Rechtskontrolle beschränkt sind. *Trümner*[1477] spricht sich für eine auf offensichtliche Fehlerhaftigkeit beschränkte Rechtskontrolle der Organisationstarifverträge aus. Auch *Richardi*[1478] unterstellt die Erleichterungs- und Dienlichkeitsklauseln der Rechtskontrolle im arbeitsgerichtlichen Beschlußverfahren. Nach *Eich*[1479] ist eine „volle, auch auf den Inhalt des Tarifvertrages bezogene Überprüfung" zulässig. Zu § 3 BetrVG a. F. ging die überwiegende Ansicht davon aus, daß die Verwaltung den Tarifvertrag hinsichtlich seiner Zweckmäßigkeit überprüfen könne.[1480] Das Bundesarbeitsgericht hat sich bei § 3 Abs. 1 BetrVG a. F. zu einer zurückhaltenden Überprüfung des Tarifvertrags veranlaßt gesehen;[1481] dies allerdings einzig aufgrund des behördlichen Genehmigungserfordernisses des § 3 Abs. 2 BetrVG

1477 *Trümner* in: Däubler/Kittner/Klebe, § 3 BetrVG Rn. 33, 50, 156; siehe weiterhin *Däubler* AiB 2001, S. 313, 315; *Kort*, Anmerkung zu BAG vom 24.1.2001 - 4 ABR 4/00 in: AP Nr. 1 zu § 3 BetrVG 1972; *Plander* NZA 2002, S. 483, 487 f.; *Reichold* NZA 2001, S. 857, 859. Zu weitgehend *Pauli* ArbuR 2000, S. 411, 413: „Realistisch ist allein die Prognose, dass die Tarifpartner nichts vereinbaren werden , was die Grundgedanken des BetrVG antastet." Ähnlich wie dieser auch *Wiedenfels* AuA 2000, S. 318, 321.

1478 *Richardi* in: ders., § 3 BetrVG Rn. 11.

1479 *Eich*, FS Weinspach, S. 17, 30.

1480 *Eisemann* in: ErfK [2. Aufl.], § 3 BetrVG Rn. 6; *Fitting* [20. Aufl.] § 3 BetrVG Rn. 56; *Kraft* in: GK-BetrVG I [6. Aufl.], § 3 BetrVG Rn. 39; ähnlich *Hess* in: Hess/Schlochauer/Glaubitz, § 3 BetrVG Rn. 8; anders *Däubler*, Tarifvertragsrecht, Rn. 1041a; *Gamillscheg*, Kollektives Arbeitsrecht, § 15 VII 4 d) [S. 606]; *ders.*, FS K. Molitor, S. 133, 138 f.; *Trümner* in: Däubler/Kittner/Klebe [7. Aufl.], § 3 BetrVG Rn. 71.

1481 BAG 24.1.2001 AP Nr. 1 zu § 3 BetrVG 1972; BAG 24.1.2001 - 4 ABR 11/00, n. v.; BAG 24.1.2001 - 4 ABR 16/00, n. v. Vgl. auch LAG Düsseldorf 11.11.1999 LAGE § 3 BetrVG 1972 Nr. 4 („gewisser Beurteilungsspielraum"); LAG Sachsen-Anhalt 9.11.1999 - 11 (2) TaBV 10/99, n. v.

a. F. Mit dessen Entfallen im Zuge der Gesetzesnovelle steht die Frage der gerichtlichen Kontrolle erneut im Raum.[1482]

Ein eingeschränkter Prüfungsmaßstab könnte sich aus der Tarifautonomie des Art. 9 Abs. 3 Satz 1 GG ergeben. Tarifverträge nach § 3 Abs. 1 Nr. 1 bis 3 BetrVG enthalten Normen über betriebsverfassungsrechtliche Fragen.[1483] Diese sind unter die Arbeits- und Wirtschaftsbedingungen i. S. d. Art. 9 Abs. 3 Satz 1 GG zu subsumieren.[1484] Der Abschluß eines Organisationstarifvertrages ist Ausdruck der kollektiven Koalitionsfreiheit der Tarifvertragsparteien.[1485] Diese werden bei seinem Abschluß im Rahmen ihrer Tarifautonomie des Art. 9 Abs. 3 Satz 1 GG tätig. Aus der Tarifautonomie folgert die ständige Rechtsprechung und herrschende Ansicht im Schrifttum die Unzulässigkeit der Inhaltskontrolle der Tarifverträge durch die Gerichte, was andernfalls eine verfassungswidrige Tarifzensur[1486] bedeuten würde. Tarifverträge sind (nur) daraufhin zu überprüfen, ob sie gegen die Verfassung, zwingendes Gesetzesrecht, die guten Sitten und die tragenden Grundsätze des Arbeitsrechts verstoßen,[1487] nicht dagegen, ob sie sachgerecht oder zweckmäßig sind[1488].

1482 Anders *Kort*, Anmerkung zu BAG vom 24.1.2001 – 4 ABR 4/00 in: AP Nr. 1 zu § 3 BetrVG 1972.

1483 Siehe vorstehend S. 18 ff.

1484 Siehe vorstehend S. 33 ff.

1485 Siehe vorstehend S. 33 ff.

1486 *Däubler*, Tarifvertragsrecht, Rn. 382; *Löwisch/Rieble* in: MüHdbArbR III, § 246 Rn. 92 f., § 253 Rn. 4; *Reichold*, Anmerkung zu BAG vom 15.11.2000 – 5 AZR 310/99 in: AP Nr. 84 zu § 77 BetrVG 1972; *Schliemann*, FS Hanau, S. 577, 581; *Vollstädt*, Beendigung von Arbeitsverhältnissen, S. 337 f. Speziell zu § 3 BetrVG *Trümner* in: Däubler/Kittner/Klebe, § 3 BetrVG Rn. 156.

1487 BAG 19.12.1958 AP Nr. 3 zu § 2 TVG; BAG 30.1.1970 AP Nr. 142 zu § 242 BGB Ruhegehalt; BAG 14.12.1982 AP Nr. 1 zu § 1 BetrAVG Besitzstand (mit kritischer Anmerkung *H. Wiedemann/Mangen*); BAG 28.11.1984 AP Nr. 2 zu § 4 TVG Bestimmungsrecht (mit Anmerkung *H. Wiedemann*); BAG 4.9.1985 AP Nr. 123 zu § 611 BGB Gratifikation; BAG 10.10.1989 AP Nr. 3 zu § 1 TVG Vorruhestand (mit zustimmender Anmerkung *H. Wiedemann/Arnold*); BAG 25.4.1991 AP Nr. 138 zu § 611 BGB Gratifikation; BAG 7.3.1995 AP Nr. 26 zu § 1 BetrAVG Gleichbehandlung (mit Anmerkung *Bauschke*); BAG 16.5.1995 AP Nr. 15 zu § 4 TVG Ordnungsprinzip; BAG 6.9.1995 AP Nr. 22 zu § 611 BGB Ausbildungsbeihilfe; BAG 5.12.1995 AP Nr. 20 zu § 1 BetrAVG Ablösung; *Däubler*, Tarifvertragsrecht, Rn. 382; *Dörner* in: HzA, Gruppe 18/1, Rn. 38, 40; *Hromadka/Maschmann* § 13 Rn. 153 ff.; *Koberski/Clasen/Menzel* § 1 TVG Rn. 100 f.; *Löwisch* in: Löwisch/Rieble, § 1 TVG Rn. 137, 151; *Reichold*, Anmerkung zu BAG vom 15.11.2000 – 5 AZR 310/99 in: AP Nr. 84 zu § 77 BetrVG 1972; *Säcker* ZfA 1972, Sonderheft, S. 41, 48; *Schaub* in: ErfK, § 1 TVG Rn. 128 ff.; *Schliemann*, FS Hanau, S. 577, 581; *A. Stein*, Tarifvertragsrecht, Rn. 299, 378, 387; *Wank* in: H. Wiedemann, § 1 TVG Rn. 811; *H. Wiedemann* in: ders., Einleitung TVG Rn. 198, 357 ff., § 1 TVG Rn. 226; ausführlich

Zum zwingenden Gesetzesrecht gehört § 3 BetrVG insofern, als seine tatbestandlichen Anforderungen die Tarifvertragsparteien binden. Organisationstarifverträge unterliegen daher grundsätzlich der vollen gerichtlichen Rechtskontrolle.[1489] Die Arbeitsgerichte haben festzustellen, ob z. B. ein Unternehmen mit mehreren Betrieben (§ 3 Abs. 1 Nr. 1 BetrVG) oder ein produkt- oder projektbezogener Geschäftsbereich (§ 3 Abs.1 Nr. 2 BetrVG) vorliegt. Sie haben darüber hinaus die Erleichterungs- und Dienlichkeitsklauseln der Nr. 1 bis 3 nachzuprüfen, d. h. ob der Tarifvertrag die Bildung von Betriebsräten erleichtert (Nr. 1), einer sachgerechten Wahrnehmung der Interessen der Arbeitnehmer (Nr. 1) bzw. der Aufgaben des Betriebsrates (Nr. 2) oder einer wirksamen und zweckmäßigen Interessenvertretung der Arbeitnehmer (Nr. 3) dient. Gleiches gilt bezüglich des Umfangs der Regelungsmacht[1490] der Tarifvertragsparteien. Soweit die Vereinbarung inhaltlich über die nach § 3 BetrVG zulässige Vereinbarung einer anderen betriebsverfassungsrechtlichen Organisationseinheit hinausgeht, muß dieses Recht durch andere Zulassungsnormen eingeräumt sein (z. B. §§ 38 Abs. 1 Satz 5, 47 Abs. 4, 55 Abs. 4 BetrVG).[1491] Andernfalls ist der Tarifvertrag rechtswidrig und nichtig. Die letztverbindliche Feststellung der „Erleichterung" oder „Dienlichkeit" ist nicht mit einer allgemeinen Sachgerechtigkeits- und Zweckmäßigkeitskontrolle[1492] des Tarifvertrages und mit einer Tarifzensur zu verwechseln[1493]. Die Sachgerechtigkeit bzw. Zweckmäßigkeit sind vom Gesetzgeber zu Tatbestandsvoraussetzungen des § 3 Abs. 1 Nr. 1 bis 3 BetrVG erhoben worden und als solche von den Gerichten zu überprüfen. Der Gesetzgeber selbst hat den Tarifvertragsparteien Grenzen ihrer tarifvertraglichen

---

Löwisch/Rieble in: MüHdbArbR III, § 259. Zu § 3 BetrVG *Eich*, FS Weinspach, S. 17, 29; *Friese* ZfA 2003, S. 237, 253 f.; *Richardi* in: ders., § 3 BetrVG Rn. 11; *Richardi*, Neue Betriebsverfassung, § 3 Rn. 8; *Singer* ZfA 1995, S. 611, 613 (mit kritischen Anmerkungen, vgl. S. 613 ff.); *Stege/Weinspach/Schiefer* § 3 BetrVG Rn. 25; *Trümner* in: Däubler/Kittner/Klebe, § 3 BetrVG Rn. 156.

1488 BAG 30.5.1984 AP Nr. 3 zu § 9 TVG 1969; BAG 6.9.1995 AP Nr. 22 zu § 611 BGB Ausbildungsbeihilfe; *Kempen* in: Kempen/Zachert, Grundlagen TVG Rn. 202; *Koberski/Clasen/Menzel* § 1 TVG Rn. 238a.

1489 Siehe allgemein die Nachweise vorstehend Fn. 1487. Wurde die Unvereinbarkeit der Tarifvertragsregelung mit § 3 Abs. 1 Nr. 1, 2 BetrVG festgestellt, ist stets die Generalklausel des § 3 Abs. 1 Nr. 3 BetrVG zu prüfen.

1490 Siehe hierzu vorstehend S. 305 f.

1491 *Friese* ZfA 2003, S. 237, 253.

1492 Siehe hierzu *Gamillscheg*, Kollektives Arbeitsrecht, § 16 III 2 [S. 697].

1493 Vgl. *Friese* ZfA 2003, S. 237, 255; *Trümner* in: Däubler/Kittner/Klebe, § 3 BetrVG Rn. 156; *H. Wiedemann* in: ders., § 1 TVG Rn. 226 a. E.

Gestaltungsmacht gezogen, so daß es nicht um eine allgemeine Inhaltskontrolle, sondern um Rechtskontrolle anhand des § 3 Abs. 1 Nr. 1 bis 3 BetrVG geht.[1494]

Die vermutete Richtigkeitsgewähr des Tarifvertrages[1495] vermag die richterliche Rechtskontrolle nicht zu begrenzen. Die Ausgestaltung der Betriebsverfassungsstruktur berührt alle Arbeitnehmer unabhängig von ihrer Koalitionsmitgliedschaft und muß sich demgemäß an den Interessen der Gesamtbelegschaft orientieren. Diese treten in einen Zielkonflikt zu dem Interesse der Gewerkschaft, einen möglichst starken Einfluß auf das betriebsverfassungsrechtliche Vertretungsorgan zu gewinnen. Das resultiert zum einen aus dem Ziel der mittelbaren Wahrnehmung der Mitgliederinteressen über die Betriebsverfassungsorgane und zum anderen aus der grundsätzlichen Konkurrenz zwischen tarifvertraglicher und betriebsverfassungsrechtlicher Arbeitnehmervertretung.[1496] Aus diesem Interessengegensatz auf Gewerkschaftsseite folgt, daß das Postulat der grundsätzlichen Richtigkeitsgewähr des Tarifvertrages nicht gilt, wenn die Tarifvertragsparteien Sachmaterien regeln, die über die Vertretung der Interessen ihrer Mitglieder hinausgehen.[1497]

Aus den Erleichterungs- und Dienlichkeitsklauseln des § 3 Abs. 1 BetrVG könnte eine Einschränkung der arbeitsgerichtlichen Rechtskontrolle folgen. Die Merkmale der „Erleichterung", der „sachgerechten Wahrnehmung" und der

---

1494 Siehe auch *Reichold* NZA 2001, S. 857, 859; *Stege/Weinspach/Schiefer* § 3 BetrVG Rn. 11 („an den Tatbestandsmerkmalen des § 3 BetrVG ausgerichtete Rechtskontrolle"). Vgl. zur Differenzierung *Fastrich*, Richterliche Inhaltskontrolle, S. 205 ff.

1495 Zur Richtigkeitsgewähr siehe BAG 3.10.1969 AP Nr. 12 zu § 15 AZO; BAG 14.11.1974 AP Nr. 1 zu § 242 BGB Ruhegehalt-Zusatzversorgung; BAG 23.1.1992 AP Nr. 37 zu § 622 BGB; BAG 2.4.1992 AP Nr. 38 zu § 622 BGB; BAG 16.9.1993 AP Nr. 42 zu § 622 BGB; BAG 6.9.1995 AP Nr. 22 zu § 611 BGB Ausbildungsbeihilfe; BAG 6.11.1996 AP Nr. 1 zu § 10a AVR Caritasverband; abgelehnt aber in BAG 11.8.1994 AP Nr. 31 zu § 1 KSchG 1969 Krankheit (für den Sonderfall einer gleichheitswidrigen Tarifnorm über Kündigungsfristen); offengelassen von BAG 12.2.1992 AP Nr. 5 zu § 620 BGB Altersgrenze.

1496 *Friese* ZfA 2003, S. 237, 256; *Giesen*, Tarifvertragliche Rechtsgestaltung, S. 203.

1497 *Friese* ZfA 2003, S. 237, 256; *Giesen*, Tarifvertragliche Rechtsgestaltung, S. 203; *ders.* BB 2002, S. 1480, 1481; *Ingelfinger*, Arbeitsplatzgestaltung, S. 175 f.; *Spinner*, Betriebsverfassung, S. 126; allgemein *Fastrich*, Richterliche Inhaltskontrolle, S. 205. Ähnlich *H. Hanau* RdA 1996, S. 158, 165; *Reuter* ZfA 1978, S. 1, 21 ff. und *Eich*, FS Weinspach, S. 17, 30. Letzterer folgert dies daraus, daß die Tarifvertragsparteien beim Abschluß von Organisationstarifverträgen nicht im Rahmen ihrer kollektiven Koalitionsfreiheit aus Art. 9 Abs. 3 Satz 1 GG tätig seien. Vgl. auch *Annuß* NZA 2002, S. 290, 291: „Wahrnehmung einer für die Freiheitsverwirklichung der Arbeitnehmer relevanten Kompetenz durch die spezifisch eigeninteressierten Tarifparteien". Anders *Benz-Overhage/Klebe* AiB 2000, S. 24, 25. Zur Richtigkeitsgewähr allgemein *Schmidt-Rimpler*, FS L. Raiser, S. 3, 5 ff.

„wirksamen und zweckmäßigen Interessenvertretung" sind unbestimmte Rechtsbegriffe. Als solche enthalten sie eine Bandbreite von Entscheidungsmöglichkeiten und sind ausfüllungs-, d. h. auslegungsbedürftig. Die Letztverantwortung liegt diesbezüglich grundsätzlich bei den Gerichten.[1498] Die Kategorie des unbestimmten Rechtsbegriffes findet sich auch im Verwaltungsrecht.[1499] Dort ist sie notwendig, um der Verwaltung ein flexibles, fallangepaßtes und situationsgerechtes Handeln bei Sachverhalten zu ermöglichen, die sich weder exakt voraussehen noch definitorisch eingrenzen lassen.[1500] Unbestimmte Rechtsbegriffe ziehen einen Beurteilungsspielraum der Exekutive nach sich[1501] und bedingen einen eingeschränkten Prüfungsmaßstab der Judikative. Bei der Fallgruppe der Prüfungs- und prüfungsähnlichen Entscheidungen, die für den Berufszugang bedeutsam sind, überprüft die höchstrichterliche Rechtsprechung prüfungsspezifische Wertungen nicht, fachwissenschaftliche Richtigkeitskontrollen dagegen voll.[1502] Ein weiterer Anwendungsbereich sind Entscheidungen wertender Art durch weisungsfreie und unabhängige, mit Sachverständigen und/oder Interessenvertretern besetzte Ausschüsse.[1503] Die Vermutung ihrer Fachkompetenz, resultierend aus dem Zusammenwirken der Repräsentanten verschiedener gesellschaftlicher Gruppen, spricht gegen eine volle gerichtliche Überprüfung. Bei grundrechtsrelevanten Entscheidungen ist auf eine gesetzliche Einrichtung und entscheidungsadäquate Zusammensetzung der Gremien zu achten.[1504]

§ 3 BetrVG gibt den Beteiligten vor Ort die Möglichkeit, auf betriebswirtschaftliche Strukturierungsentscheidungen des Arbeitgebers angemessen reagieren zu können.[1505] Die Beurteilung der Erleichterung bzw.

1498 *Friese* ZfA 2003, S. 237, 252.

1499 Vgl. hierzu nur *Ehmke*, „Ermessen" und „unbestimmter Rechtsbegriff"; *H.-J. Koch*, Unbestimmte Rechtsbegriffe; *Ossenbühl* in: Erichsen/Ehlers, AllgVerwaltungsrecht, § 10 Rn. 1 ff., 23 ff.; *Schmidt-Aßmann* in: Maunz/Dürig, Art. 19 Abs. 4 GG Rn. 182 ff., 191 ff.; *H. J. Wolff/Bachof/Stober*, Verwaltungsrecht I, § 31 Rn. 8 ff.

1500 *Ossenbühl* in: Erichsen/Ehlers, AllgVerwaltungsrecht, § 10 Rn. 4; *H. J. Wolff/Bachof/Stober*, Verwaltungsrecht I, § 31 Rn. 11 f.

1501 *Ossenbühl* in: Erichsen/Ehlers, AllgVerwaltungsrecht, § 10 Rn. 5; *H. J. Wolff/Bachof/Stober*, Verwaltungsrecht I, § 31 Rn. 14 f.

1502 Vgl. BVerfG 17.4.1991 E 84, 34, 45 ff.; BVerfG 17.4.1991 E 84, 59, 77 ff.

1503 Vgl. hierzu BVerwG 16.12.1971 E 39, 197, 203 f.; BVerwG 26.11.1992 E 91, 211, 216 f.; BVerwG 6.11.1995 E 99, 371, 377 f.; auch BVerfG 27.11.1990 E 83, 130, 148, 149 ff.; *H. J. Wolff/Bachof/Stober*, Verwaltungsrecht I, § 31 Rn. 23.

1504 Vgl. BVerfG 27.11.1990 E 83, 130, 149 ff.; *H. J. Wolff/Bachof/Stober*, Verwaltungsrecht I, § 31 Rn. 23.

1505 Vgl. Begründung zum RegE, BT-Drucks 14/5741, S. 25 f., 33.

Dienlichkeit der konkreten Regelung wird vom Gesetzgeber bewußt den sachnäheren[1506] und sachgerechteren Kollektivvertragsparteien überlassen, da sich die unbestimmten Rechtsbegriffe aufgrund der Vielgestaltigkeit der betrieblichen Wirklichkeit einer abstrakt-generellen Definition entziehen. Allerdings berührt der Abschluß eines Tarifvertrages die Grundrechte der Arbeitnehmer und Arbeitgeber aus Art. 9 Abs. 3 Satz 1, 12 Abs. 1 GG. Aufgrund der Anforderungen des Verfassungs- und Tarifvertragsrechts (Art. 9 Abs. 3 Satz 1 GG, § 2 TVG, richterrechtlich ausgestaltete Begriffe der Koalition und der Tariffähigkeit) sind die Tarifvertragsparteien (grund-)gesetzlich eingerichtet und entscheidungsadäquat besetzt. Die unbestimmten Rechtsbegriffe im Tatbestand des § 3 Abs. 1 Nr. 1 bis 3 BetrVG ziehen eine Einschätzungsprärogative nach sich. Es liegt mithin im Beurteilungsspielraum der Tarifvertragsparteien, welche Regelung sie für „erleichternd", „sachgerecht" oder „wirksam und zweckmäßig" halten.[1507] Die Arbeitsgerichte können die Entscheidung der Tarifvertragsparteien nur daraufhin überprüfen, ob die Grenzen des Beurteilungsspielraumes überschritten wurden,[1508] dagegen nicht ihre eigene Wertung an die Stelle derjenigen der Tarifvertragsparteien setzen.[1509] Arbeitsgerichtlich kann kontrolliert werden, ob ein Organisationstarifvertrag „erleichternd", „sachgerecht" oder „wirksam und zweckmäßig" ist, nicht dagegen, ob eine andere Gestaltung der Betriebsverfassungsstruktur „erleichternder", „sachgerechter" oder „wirksamer und zweckmäßiger" wäre.

Wann eine Tarifvertragsregelung die Bildung von Betriebsräten erleichtert (Nr. 1), einer sachgerechten Wahrnehmung der Interessen der Arbeitnehmer (Nr. 1) bzw. der Aufgaben des Betriebsrates (Nr. 2) oder einer wirksamen und zweckmäßigen Interessenvertretung der Arbeitnehmer (Nr. 3) dient, ist unter

---

1506 Kritisch bezüglich der Tarifvertragsparteien *Picker* RdA 2001, Sonderbeilage Heft 4, S. 257, 281.

1507 Vgl. *Fitting* § 3 BetrVG Rn. 2; *Friese* ZfA 2003, S. 237, 257; *Trümner* in: Däubler/Kittner/Klebe, § 3 BetrVG Rn. 33, 50, 85, 156.

1508 Vgl. allgemein BVerfG 26.3.1980 AP Nr. 116 zu Art. 3 GG; BAG 10.3.1982 AP Nr. 47 zu § 242 BGB Gleichbehandlung; BAG 1.6.1983 AP Nr. 5 zu § 611 BGB Deputat; BAG 25.2.1987 AP Nr. 3 zu § 52 BAT; BAG 16.5.1995 AP Nr. 15 zu § 4 TVG Ordnungsprinzip; *Gamillscheg*, Kollektives Arbeitsrecht, § 16 III 1 [S. 697] („Anwandlungen einer Kontrolle"); *Koberski/Clasen/Menzel* § 1 TVG Rn. 238a; *H. Wiedemann* in: ders., § 1 TVG Rn. 226 a. E. Zu § 3 BetrVG *Plander* NZA 2002, S. 483, 488; *Trümner* in: Däubler/Kittner/Klebe, § 3 BetrVG Rn. 33 („eingeschränkte Rechtskontrolle"), 156. Bereits *Däubler* AiB 2001, S. 313, 315; *Richardi* NZA 2001, S. 346, 350 und *Richardi/Annuß* DB 2001, S. 41, 42 haben darauf hingewiesen, daß die Erleichterungs- und Dienlichkeitsformeln zu einer weitgehenden inhaltlichen Kontrolle durch die Gerichte genutzt werden könnten.

1509 *Friese* ZfA 2003, S. 237, 257; *Gamillscheg*, Kollektives Arbeitsrecht, § 16 III 1 [S. 695]; *Plander* NZA 2002, S. 483, 488.

Rückgriff auf den Normzweck des § 3 BetrVG zu ermitteln.[1510] Letztlich können alle Formulierungen auf den Satz „So entscheidungsnah wie nötig, so belegschaftsnah wie dabei noch möglich" zurückgeführt werden. Als Beurteilungskriterien kommen die §§ 47, 54 BetrVG und die §§ 1, 4, 8, 28, 28a, 38, 42 ff. BetrVG sowie die betriebsverfassungsrechtlichen Grundgedanken der möglichst umfassenden Belegschaftsrepräsentation (vgl. §§ 3 Abs. 1 Nr. 1, 4, 50 Abs. 1 Satz 1 2. HS, 58 Abs. 1 Satz 1 2. HS BetrVG), der klaren Funktionsabgrenzung zwischen den Vertretungsorganen (vgl. §§ 50, 58 BetrVG) sowie der Effektivierung durch Spezialisierung und Freistellung (vgl. §§ 28, 28a, 38 BetrVG) in Betracht.[1511] Eine lediglich kostengünstigere Gestaltung der Betriebsverfassungsstruktur reicht hingegen nicht aus.[1512]

Im Rahmen des § 3 BetrVG ist aufgrund der Offenheit und Unbestimmtheit der Tatbestände, insbesondere der Erleichterungs- und Dienlichkeitsformeln, von einem Beurteilungsspielraum der Tarifvertragsparteien auszugehen. Die richterliche Rechtskontrolle ist auf die Überprüfung der Grenzen des Gestaltungsspielraumes beschränkt. Ihre eigenen Wertungen dürfen die Arbeitsgerichte nicht an die Stelle derjenigen der Tarifvertragsparteien setzen.

II. Arbeitsgerichtliche Kontrolle einer Organisationsbetriebsvereinbarung

Unter Bezugnahme auf die ständige Rechtsprechung der Arbeitsgerichte will *Trümner*[1513] eine Billigkeitskontrolle der Organisationsbetriebsvereinbarungen vornehmen. Das Bundesarbeitsgericht unterzog seit seiner Grundsatzentscheidung vom 30.1.1970[1514] Betriebsvereinbarungen (jedenfalls verbal) einer erweiterten allgemeinen gerichtlichen Inhaltskontrolle.[1515] Sie sollte dem Gericht eine Billigkeits- und

---

1510 Vgl. zur Auslegung der Tatbestandsmerkmale vorstehend S. 115 ff., 121 ff., 151 ff. und 178 ff.

1511 Vgl. *Annuß* NZA 2002, S. 290, 292; *Friese* ZfA 2003, S. 237, 258; *Trümner* in: Däubler/Kittner/Klebe, § 3 BetrVG Rn. 85.

1512 Ebenso *Friese* ZfA 2003, S. 237, 259; *Trümner* in: Däubler/Kittner/Klebe, § 3 BetrVG Rn. 32.

1513 *Trümner* in: Däubler/Kittner/Klebe, § 3 BetrVG Rn. 131. Ebenso wohl *Plander* NZA 2002, S. 483, 488.

1514 BAG 30.1.1970 AP Nr. 142 zu § 242 BGB Ruhegehalt.

1515 BAG 25.3.1971 AP Nr. 5 zu § 57 BetrVG; BAG 13.9.1974 AP Nr. 84 zu § 611 BGB Gratifikation; BAG 11.6.1975 AP Nr. 1 zu § 77 BetrVG 1972 Auslegung; BAG 12.6.1975 AP Nr. 1 zu § 87 BetrVG 1972 Altersversorgung (mit Anmerkung *Richardi*); BAG 12.6.1975 AP Nr. 2 zu § 87 BetrVG 1972 Altersversorgung (mit Anmerkung *Steindorff*); BAG 12.6.1975 AP Nr. 3 zu § 87 BetrVG 1972 Altersversorgung; BAG 11.3.1976 AP Nr. 11 zu § 242 BGB Ruhegehalt-

Angemessenheitsprüfung ermöglichen.[1516] Im Schrifttum ist das überwiegend auf Ablehnung gestoßen.[1517] Die vom Bundesarbeitsgericht mit der Abhängigkeit der Betriebsratsmitglieder begründete gestörte Vertragsparität zwischen Betriebsrat und Arbeitgeber gehe fehl, da dies die Grundkonzeption

---

Unverfallbarkeit; BAG 13.10.1976 AP Nr. 15 zu § 242 BGB Ruhegehalt-Unverfallbarkeit; BAG 17.2.1981 AP Nr. 11 zu § 112 BetrVG 1972 (mit kritischer Anmerkung *Kraft*); BAG 24.3.1981 AP Nr. 12 zu § 112 BetrVG 1972 (mit zustimmender Anmerkung *Hilger*); BAG 8.12.1981 AP Nr. 1 zu § 1 BetrAVG Unterstützungskassen; BAG 8.12.1981 AP Nr. 1 zu § 1 BetrAVG Ablösung (mit bezüglich der Billigkeitskontrolle ablehnender Anmerkung *Herschel*); BAG 12.8.1982 AP Nr. 4 zu § 77 BetrVG 1972; BAG 14.2.1984 AP Nr. 21 zu § 112 BetrVG 1972 (mit ablehnender Anmerkung *Konzen*); BAG 30.4.1985 AP Nr. 4 zu § 1 BetrAVG Ablösung; BAG (GS) 16.9.1986 AP Nr. 17 zu § 77 BetrVG 1972; BAG 17.3.1987 AP Nr. 9 zu § 1 BetrAVG Ablösung; BAG 3.11.1987 EzA § 77 BetrVG 1972 Nr. 20; BAG 20.11.1987 AP Nr. 2 zu § 620 BGB Altersgrenze; BAG 26.7.1988 AP Nr. 45 zu § 112 BetrVG 1972; BAG 25.4.1991 AP Nr. 138 zu § 611 BGB Gratifikation; BAG 21.1.1992 EzA § 1 BetrAVG Ablösung Nr. 8; BAG 1.12.1992 AP Nr. 3 zu § 77 BetrVG 1972 Tarifvorbehalt; BAG 21.1.1997 EzA § 242 BGB Betriebliche Übung Nr. 36; BAG 20.2.2001 AP Nr. 107 zu § 87 BetrVG Lohngestaltung.

1516 Vgl. *Kreutz* ZfA 1975, S. 65, 66.

1517 Vgl. *Adomeit* in: Hanau/Adomeit, Rn. 422; *Bakopoulos*, Zuständigkeitsverteilung, S. 87 ff.; *Blomeyer*, FS Hilger/Stumpf, S. 41, 51 f.; *Blomeyer/Kl. Otto* Einleitung BetrAVG Rn. 602 f.; *Brune* in: AR-Blattei, 1998, Betriebsvereinbarung, Rn. 336 ff.; *Fastrich*, Richterliche Inhaltskontrolle, S. 204 (der allerdings eine Inhaltskontrolle im engeren Sinne vornehmen will, vgl. S. 208 ff.); *Fitting* § 77 BetrVG Rn. 232; *Gottwald* in: MüKo II, § 315 BGB Rn. 79; *von Hoyningen-Huene*, Betriebsverfassungsrecht, § 11 III 5 f) [S. 236 f.]; *ders.*, Billigkeit, S. 161 ff.; *Jahnke*, Tarifautonomie, S. 119 ff.; *Käppler*, FS Kissel, S. 475, 495; *Kreutz* in: GK-BetrVG II, § 77 BetrVG Rn. 301; *Matthes* in: MüHdbArbR III, § 328 Rn. 85 ff.; *Richardi* in: ders., § 77 BetrVG Rn. 118 ff.; *Söllner/Waltermann*, Arbeitsrecht, Rn. 631; *Stege/Weinspach/Schiefer* § 77 BetrVG Rn. 24a; *M. Weiss/Weyand* § 77 BetrVG Rn. 23 f.; *M. Wolf* in: Soergel II [12. Aufl.], § 315 BGB Rn. 9; auch *Zöllner/Loritz*, Arbeitsrecht, § 46 II 8 [S. 541 f.] halten die Rechtsprechung des BAG für „bedenklich"; allgemein *Rieble* in: Staudinger, § 315 BGB Rn. 37 ff., 46. Dem BAG zustimmend aber *Berg* in: Däubler/Kittner/Klebe, § 77 BetrVG Rn. 84; *Gast*, Arbeitsvertrag und Direktion, S. 172 f.; *Hilger/Stumpf*, FS G. Müller, S. 209, 222; *Löwisch* in: Galperin II, § 77 BetrVG Rn. 54 f. (einschränkend aber *Löwisch/Bittner*, Anmerkung zu BAG vom 14.2.1984 – 1 AZR 574/82 in: SAE 1985, S. 324, 324 f. und *Löwisch* in: Löwisch/Kaiser, § 77 BetrVG Rn. 30 f.: nur konkrete, nicht abstrakte Billigkeitskontrolle); *Säcker* ZfA 1972, Sonderheft, S. 41, 48 f.; *Staschik*, Grundfragen, S. 67 f. (für den normativen Teil einer Betriebsvereinbarung); *Travlos-Tzanetatos*, Regelungsbefugnis, S. 72 ff.; dem BAG zustimmend auch *Hess* in: Hess/Schlochauer/Glaubitz, § 77 BetrVG Rn. 53, der die Kontrolle von Betriebsvereinbarungen durch das BAG aber nur formell als Billigkeitskontrolle ansieht, materiell sei sie „nichts anderes als die von der Literatur geforderte Rechtskontrolle".

der betrieblichen Mitbestimmung insgesamt in Frage stelle.[1518] Die mit dem Arbeitskampfverbot angeblich verbundene effektive Schwäche des Betriebsrates bestehe so nicht, weil sich seine betriebsverfassungsrechtlich relevante Machtposition nicht aus effektiven „Kampf"-mitteln, sondern allein aus der gesetzlichen Ausgestaltung seiner Beteiligungsbefugnisse begründe.[1519] Auch das Bundesarbeitsgericht überprüft den Regelungsinhalt von Betriebsvereinbarungen nunmehr am Maßstab von Recht und Billigkeit, § 75 BetrVG.[1520] Dabei handelt es sich nicht um eine Billigkeitskontrolle, sondern um eine Rechtskontrolle anhand der Verfassung, zwingenden Gesetzesrechts und der guten Sitten.[1521] Die Arbeitsgerichte können nur prüfen, ob die Betriebsparteien Rechtsnormen nicht oder nicht richtig angewandt haben.[1522] Dies sieht auch der Gesetzgeber so, der im Zuge der Schuldrechtsreform die Bereichsausnahme der Inhaltskontrolle allgemeiner Geschäftsbedingungen in § 310 Abs. 4 Satz 1 BGB für Tarifverträge sowie Betriebs- und Dienstvereinbarungen ausdrücklich klargestellt hat.[1523] Damit ist die gerichtliche

---

1518 *Blomeyer*, FS Hilger/Stumpf, S. 41, 52; *von Hoyningen-Huene*, Billigkeit, S. 165; *ders.* DB 1984, Beilage Nr. 1, S. 1, 6; *ders.* BB 1992, S. 1640, 1642; *Hromadka*, Anmerkung zu BAG vom 25.10.1983 – 1 AZR 260/82 in: SAE 1984, S. 330, 332; *Jahnke*, Tarifautonomie, S. 123; *Kreutz* in: GK-BetrVG II, § 77 BetrVG Rn. 302; *ders.* ZfA 1975, S. 65, 78 f.; *Matthes* in: MüHdbArbR III, § 328 Rn. 86; *Reuter* ZfA 1995, S. 1, 59; *Thiele*, FS Larenz, S. 1043, 1057; ähnlich *Konzen*, Anmerkung zu BAG vom 14.2.1984 – 1 AZR 574/82 in: AP Nr. 21 zu § 112 BetrVG 1972; a. A. *Däubler* ArbuR 1984, S. 1, 26 f.

1519 *Glaubitz*, Anmerkung zu BAG vom 11.6.1975 – 5 AZR 217/74 in: SAE 1976, S. 105, 105 f.; *von Hoyningen-Huene*, Billigkeit, S. 164 f.; *Jobs* ArbuR 1986, S. 147, 148; *Kreutz* in: GK-BetrVG II, § 77 BetrVG Rn. 302; *ders.* ZfA 1975, S. 65, 79; *E. Wolf/Hammen*, Anmerkung zu BAG vom 9.12.1981 – 5 AZR 549/79 in: SAE 1982, S. 301, 303.

1520 BAG 28.10.1992 EzA § 112 BetrVG 1972 Nr. 66; BAG 11.8.1993 EzA § 112 BetrVG 1972 Nr. 70; BAG 24.11.1993 EzA § 112 BetrVG 1972 Nr. 71; BAG 16.3.1994 EzA § 112 BetrVG 1972 Nr. 73; BAG 30.3.1994 EzA § 112 BetrVG 1972 Nr. 74; BAG 20.4.1994 EzA § 112 BetrVG 1972 Nr. 75. Auch BAG 1.12.1992 AP Nr. 3 zu § 77 BetrVG 1972 Tarifvorbehalt will eine Prüfung am Maßstab des § 75 BetrVG vornehmen und bezeichnet diese als Rechtskontrolle.

1521 *Richardi* in: ders., § 77 BetrVG Rn. 125; so auch *von Hoyningen-Huene*, Billigkeit, S. 133, 166; *Kreutz* in: GK-BetrVG II, § 75 BetrVG Rn. 32, § 77 BetrVG Rn. 304 f.; *Reichold*, Anmerkung zu BAG vom 15.11.2000 – 5 AZR 310/99 in: AP Nr. 84 zu § 77 BetrVG 1972; *Schaub* BB 1995, S. 1639, 1642.

1522 *Kreutz* in: GK-BetrVG II, § 77 BetrVG Rn. 290 ff.; *Reichold*, Anmerkung zu BAG vom 15.11.2000 – 5 AZR 310/99 in: AP Nr. 84 zu § 77 BetrVG 1972; *Richardi* in: ders., § 77 BetrVG Rn. 125.

1523 Vgl. *Hromadka* NJW 2002, S. 2523, 2525; *I. Natzel* ZfA 2003, S. 103, 137; *Reichold*, Anmerkung zu BAG vom 15.11.2000 – 5 AZR 310/99 in: AP Nr. 84 zu § 77 BetrVG 1972; a. A. *Däubler* NZA 2001, S. 1329, 1334.

Kontrolle des Regelungsinhalts von (Organisations-)Betriebsvereinbarungen prinzipiell nicht anders zu bestimmen als bei Tarifverträgen.[1524] Die Arbeitsgerichte überprüfen die Erfüllung der Tatbestandsvoraussetzungen des § 3 Abs. 1 Nr. 1, 2 BetrVG, zu denen auch die Erleichterungs- und Dienlichkeitsklauseln der Nr. 1 und 2 zählen, und die Einhaltung des Umfangs der Regelungsmacht durch die Betriebsparteien.

Unabhängig davon, ob Organisationsbetriebsvereinbarungen im allgemeinen einer Inhalts- oder einer Rechtskontrolle zu unterziehen sind, könnte die Letztverantwortung bezüglich der Erleichterungs- und Dienlichkeitsklauseln des § 3 Abs. 1 BetrVG im besonderen bei den Betriebsparteien liegen. Aus der behaupteten fehlenden Vermutung der Richtigkeitsgewähr, welche Gegenstand der kontroversen Beurteilung des gerichtlichen Prüfungsmaßstabes von Betriebsvereinbarungen ist,[1525] kann für das Problem der Kontrolle unbestimmter Rechtsbegriffe keine Schlußfolgerung gezogen, insbesondere keine im Verhältnis zum Tarifvertrag erweiterte richterliche (Inhalts-)Kontrolle begründet werden.[1526] Dem Organisationstarifvertrag selbst kommt keine Richtigkeitsgewähr zu, da die Tarifvertragsparteien Sachmaterien regeln, die über die Vertretung der Interessen ihrer Mitglieder hinausgehen.[1527] Daß dem geltenden Recht Beurteilungsspielräume der Betriebsparteien nicht fremd sind, zeigt ein Blick auf die gerichtliche Kontrolle von Sozialplänen nach § 112 Abs. 1 Satz 2 BetrVG. Bei diesen können die Betriebsparteien in den Grenzen von Recht und Billigkeit, § 75 BetrVG, grundsätzlich frei darüber bestimmen, ob und welche wirtschaftlichen Nachteile infolge des Arbeitsplatzverlustes in welcher Weise ausgeglichen werden.[1528] Gleiches gilt für die Ausfüllung der unbestimmten

---

1524 Vgl. *von Hoyningen-Huene* BB 1992, S. 1640, 1642; *Reichold*, Anmerkung zu BAG vom 15.11.2000 – 5 AZR 310/99 in: AP Nr. 84 zu § 77 BetrVG 1972; *Richardi* in: ders., § 77 BetrVG Rn. 125; *Schliemann*, FS Hanau, S. 577, 605; siehe auch *von Hoyningen-Huene*, Billigkeit, S. 166.

1525 So auch *Fastrich*, Richterliche Inhaltskontrolle, S. 209.

1526 Anders wohl *Benz-Overhage/Klebe* AiB 2000, S. 24, 25; *Plander* NZA 2002, S. 483, 488.

1527 Siehe vorstehend S. 324.

1528 BAG 29.11.1978 AP Nr. 7 zu § 112 BetrVG 1972; BAG 28.9.1988 AP Nr. 47 zu § 112 BetrVG 1972; BAG 30.11.1994 AP Nr. 89 zu § 112 BetrVG 1972; BAG 13.11.1996 AP Nr. 4 zu § 620 BGB Aufhebungsvertrag; BAG 15.12.1998 AP Nr. 126 zu § 112 BetrVG 1972; BAG 19.10.1999 AP Nr. 135 zu § 112 BetrVG 1972; BAG 5.10.2000 AP Nr. 141 zu § 112 BetrVG 1972; *Annuß* in: Richardi, § 112 BetrVG Rn. 101 f., 113; *Knorr*, Sozialplan, Rn. 237; *Küttner*, FS Stahlhacke, S. 289, 293.

Rechtsbegriffe „regionale Verbundenheit“ und „Verbundenheit infolge gleichartiger Interessen“ i. S. d. § 47 Abs. 5 BetrVG.[1529]

Der verminderte Prüfungsmaßstab hinsichtlich des Tarifvertrages wurde mit dem vom Gesetzgeber eingeräumten Beurteilungsspielraum begründet. Die von der Entwurfsbegründung angeführten Beteiligten vor Ort sind neben den Koalitionen aber auch die Betriebsparteien.[1530] Aufgrund ihrer Sachnähe und -gerechtigkeit eröffnet ihnen der Gesetzgeber die Möglichkeit, von der gesetzlichen Betriebsverfassungsstruktur abweichende Regelungen zu treffen. Werden Tarifvertrags- und Betriebsparteien diesbezüglich in einem Atemzug genannt, ist es nur folgerichtig, in Parallele zum Organisationstarifvertrag lediglich eine eingeschränkte arbeitsgerichtliche Kontrolle der unbestimmten Rechtsbegriffe des § 3 Abs. 1 BetrVG zuzulassen. Die Arbeitsgerichte sind bei den Erleichterungs- und Dienlichkeitsklauseln nicht befugt, ihre eigene Wertung an die Stelle derjenigen der Betriebsparteien zu setzen. Sie können deren Entscheidung nur daraufhin überprüfen, ob die Grenzen des Beurteilungsspielraumes überschritten wurden. Der Tarifvorbehalt des § 3 Abs. 2 BetrVG steht dem nicht entgegen. Dieser findet seine Begründung nicht in der geringeren Sachnähe der Betriebsparteien, sondern in dem aus Art. 9 Abs. 3 Satz 1 GG resultierenden Schutz der ausgeübten und aktualisierten Tarifautonomie.[1531] Zur Auslegung der unbestimmten Rechtsbegriffe ist auf den Normzweck des § 3 BetrVG abzustellen.[1532] Letztlich können alle Formulierungen auf den Satz „So entscheidungsnah wie nötig, so belegschaftsnah wie dabei noch möglich“ zurückgeführt werden. Zur Konkretisierung sind die bereits für den Tarifvertrag benannten Kriterien heranzuziehen.[1533] Dem von *Trümner* befürchteten Tauschhandel[1534] des Betriebsrates mit dem Arbeitgeber zugunsten einer kostengünstigeren Betriebsverfassungsstruktur ist im Rahmen dieser Auslegung zu begegnen.

1529 *Fitting* § 47 BetrVG Rn. 64; *Kreutz* in: GK-BetrVG I, § 47 BetrVG Rn. 95; *Richardi/Annuß* in: Richardi, § 47 BetrVG Rn. 67; *Trittin* in: Däubler/Kittner/Klebe, § 47 BetrVG Rn. 59.

1530 Nach *Franzen* ZfA 2000, S. 285, 299 sind sie sogar sachnäher als die Koalitionen.

1531 Siehe vorstehend S. 70 f.

1532 Vgl. zur Auslegung der Tatbestandsmerkmale vorstehend S. 115 ff., 121 ff., 151 ff. und 178 ff.

1533 Zu diesen siehe vorstehend S. 326 f.

1534 Vgl. *Trümner* in: Däubler/Kittner/Klebe, § 3 BetrVG Rn. 131; ebenso *Benz-Overhage/Klebe* AiB 2000, S. 24, 25; *Däubler* ArbuR 2001, S. 1, 3 (er entkräftet seine Bedenken gerade mit einer gerichtlichen Billigkeitskontrolle); *Hjort/Hummel/Helm* AiB 2001, S. 122, 123.

Insoweit verneint *Trümner* selbst die Erfüllung des § 3 Abs. 1 Nr. 1 BetrVG, wenn durch den Kollektivvertrag lediglich Kosten eingespart werden sollen.[1535]

III. Statthafte Verfahrensart

Die Nichtigkeit eines Organisationstarifvertrages oder einer Organisationsbetriebsvereinbarung kann im Verfahren vor den Arbeitsgerichten im Wege eines Feststellungsbegehrens gem. § 18 Abs. 2 BetrVG geltend gemacht werden.[1536] Nach dieser Vorschrift können bei Zweifeln über das Vorliegen einer betriebsratsfähigen Organisationseinheit der Arbeitgeber, jeder beteiligte Betriebsrat, jeder beteiligte Wahlvorstand oder eine im Betrieb vertretene Gewerkschaft eine selbständige[1537] Entscheidung des Arbeitsgerichts über die Rechtswirksamkeit des Kollektivvertrages herbeiführen. Ein zeitlicher oder sachlicher Zusammenhang mit einer Betriebsratswahl muß nicht bestehen,[1538] wobei das Bedürfnis für eine derartige Feststellung bei ihr in besonderem Maße hervortritt[1539]. Aufgrund der Selbständigkeit erledigt sich das Verfahren nicht durch eine zwischenzeitlich erfolgte Wahl.[1540] Die Rechtskraft der arbeitsgerichtlichen Entscheidung bezieht sich auf die betriebsverfassungsrechtliche Mitbestimmungsordnung insgesamt[1541] und wirkt subjektiv

---

1535 *Trümner* in: Däubler/Kittner/Klebe, § 3 BetrVG Rn. 32.

1536 Vgl. Begründung zum RegE, BT-Drucks. 14/5741, S. 38; *Annuß* NZA 2002, S. 290, 294; *Fitting* § 28 BetrVG Rn. 53 f.; *W. Schneider* in: Däubler/Kittner/Klebe, § 18 BetrVG Rn. 17; *Stege/Weinspach/Schiefer* § 18 BetrVG Rn. 10; *Thüsing* in: Richardi, § 18 BetrVG Rn. 23.

1537 *Thüsing* in: Richardi, § 18 BetrVG Rn. 22.

1538 BAG 24.2.1976 AP Nr. 2 zu § 4 BetrVG 1972; BAG 25.11.1980 AP Nr. 3 zu § 18 BetrVG 1972; BAG 9.4.1991 AP Nr. 8 zu § 18 BetrVG 1972; *Fitting* § 18 BetrVG Rn. 57; *Kreutz* in: GK-BetrVG I, § 18 BetrVG Rn. 56; *Marienhagen* in: Galperin I, § 18 BetrVG Rn. 11; *Schlochauer* in: Hess/Schlochauer/Glaubitz, § 18 BetrVG Rn. 18; *W. Schneider* in: Däubler/Kittner/Klebe, § 18 BetrVG Rn. 17, 19; *Stege/Weinspach/Schiefer* § 18 BetrVG Rn. 10, 10a; *Thüsing* in: Richardi, § 18 BetrVG Rn. 22. So auch ausdrücklich die Begründung zum RegE, BT-Drucks. 14/5741, S. 38.

1539 Hieraus erklärt sich die systematische Einordnung in den Abschnitt über die Betriebsratswahlen, so *Thüsing* in: Richardi, § 18 BetrVG Rn. 22.

1540 BAG 25.11.1980 AP Nr. 3 zu § 18 BetrVG 1972; *Fitting* § 18 BetrVG Rn. 67; *W. Schneider* in: Däubler/Kittner/Klebe, § 18 BetrVG Rn. 19, 24; *Stege/Weinspach/Schiefer* § 18 BetrVG Rn. 10; *Thüsing* in: Richardi, § 18 BetrVG Rn. 28.

1541 *Thüsing* in: Richardi, § 18 BetrVG Rn. 29.

nicht nur im Verhältnis zwischen den Verfahrensbeteiligten, sondern auch zwischen Arbeitgeber und Arbeitnehmer[1542].

Im Falle einer Betriebsvereinbarung ist die statthafte Verfahrensart das Beschlußverfahren gem. § 2a Abs. 1 Nr. 1, Abs. 2 i. V. m. §§ 80 ff. ArbGG. Es handelt sich bei Streitigkeiten um die Rechtswirksamkeit der Betriebsvereinbarung als solcher um „Angelegenheiten aus dem Betriebsverfassungsgesetz".[1543] Wird über die Rechtswirksamkeit eines Organisationstarifvertrages gestritten, könnte das Beschlußverfahren gem. § 2a Abs. 1 Nr. 1, Abs. 2 i. V. m. §§ 80 ff. ArbGG statthaft sein, da es sich um eine Angelegenheit aus dem Betriebsverfassungsgesetz handelt. Demgegenüber könnte die richtige Verfahrensart auch ein Urteilsverfahren nach § 2 Abs. 1 Nr. 1, Abs. 2 i. V. m. §§ 46 ff. ArbGG sein, weil über das Bestehen oder Nichtbestehen eines Tarifvertrages entschieden wird. Streitgegenstand eines solchen Verfahrens ist die Frage, ob die Tarifvertragsparteien die ihnen durch den Gesetzgeber in § 3 BetrVG eingeräumte Befugnis zur abweichenden Gestaltung der Organisation der Betriebsverfassung ordnungsgemäß wahrgenommen und die ihnen hierbei gezogenen Grenzen[1544] eingehalten haben. In Rede stehen, vergleichbar einem Streit um das gewerkschaftliche Zutrittsrecht nach § 2 Abs. 2 BetrVG,[1545] durch das Betriebsverfassungsgesetz eingeräumte Rechtspositionen der Tarifvertragsparteien.[1546] Dies ist eine Angelegenheit aus dem Betriebsverfassungsgesetz. Bei einem Streit um die Rechtswirksamkeit des

---

1542 BAG 9.4.1991 AP Nr. 8 zu § 18 BetrVG 1972; *Stege/Weinspach/Schiefer* § 18 BetrVG Rn. 10b; *Thüsing* in: Richardi, § 18 BetrVG Rn. 30.

1543 Vgl. hierzu *Eisemann* in: ErfK, § 3 BetrVG Rn. 13; *Fitting* § 18 BetrVG Rn. 65; *Grunsky* § 2a ArbGG Rn. 9 ff., insbesondere auch Rn. 16; *Matthes* in: Germelmann/Matthes/Müller-Glöge/Prütting, § 2a ArbGG Rn. 7 ff., 30 ff.; *Richardi* in: ders., § 3 BetrVG Rn. 60 f.; *W. Schneider* in: Däubler/Kittner/Klebe, § 18 BetrVG Rn. 23; *Thüsing* in: Richardi, § 18 BetrVG Rn. 24; *Trümner* in: Däubler/Kittner/Klebe, § 3 BetrVG Rn. 169. Ähnlich zum ArbGG 1953 BAG 16.9.1960 AP Nr. 1 zu § 2 ArbGG 1953 Betriebsvereinbarung.

1544 Zu diesen siehe die tatbestandlichen Voraussetzungen des § 3 Abs. 1 Nr. 1 bis 3 BetrVG sowie die Ausführungen zum Umfang der Regelungsmacht vorstehend S. 305 ff.

1545 Dies ist eine Angelegenheit aus dem Betriebsverfassungsgesetz i. S. d. § 2a Abs. 1 Nr. 1 ArbGG, vgl. BAG 26.6.1973 AP Nr. 2 zu § 2 BetrVG 1972; LAG Hamm 9.3.1972 AP Nr. 1 zu § 2 BetrVG 1972; *Grunsky* § 2a ArbGG Rn. 13; *Matthes* in: Germelmann/Matthes/Müller-Glöge/Prütting, § 2a ArbGG Rn. 47. Implizit auch BAG 25.3.1992 AP Nr. 4 zu § 2 BetrVG 1972.

1546 *Fitting* § 3 BetrVG Rn. 107.

Organisationstarifvertrages ist das Beschlußverfahren nach § 2a Abs. 1 Nr. 1, Abs. 2 i. V. m. §§ 80 ff. ArbGG die statthafte Verfahrensart.[1547]

Neben einem Verfahren auf Feststellung der Nichtigkeit des Kollektivvertrages kann dessen Unwirksamkeit inzident in jedem anderen Verfahren vor den Arbeitsgerichten geltend gemacht werden.[1548] Dies gilt insbesondere für die bei § 18 Abs. 2 BetrVG nicht antragsbefugten Arbeitnehmer.[1549] Die zulässige Verfahrensart bestimmt sich im Einzelfall nach dem jeweiligen Streitgegenstand. Ergänzend sei angemerkt, daß es sich bei Streitigkeiten um die ordnungsgemäße Zusammensetzung, Wahl und Organisation sowie um Rechte und Pflichten der aufgrund der Kollektivvereinbarung zu errichtenden anderen oder zusätzlichen Repräsentationsorgane nach § 3 Abs. 1 BetrVG um „Angelegenheiten aus dem Betriebsverfassungsgesetz" handelt.[1550] Die statthafte Verfahrensart ist ein Beschlußverfahren nach § 2a Abs. 1 Nr. 1, Abs. 2 i. V. m. §§ 80 ff. ArbGG.

B. Die betriebsverfassungsrechtlichen Wirkungen eines nichtigen Kollektivvertrages

Ist die Rechtsunwirksamkeit und damit Nichtigkeit einer Kollektivvereinbarung arbeitsgerichtlich festgestellt, ergibt sich die weitere Frage, ob und welche betriebsverfassungsrechtlichen Wirkungen eine solche Kollektivvereinbarung zeigt. Insbesondere wirft dies die Problematik der Nichtigkeit bzw. Anfechtbarkeit der aufgrund eines nichtigen Kollektivvertrages durchgeführten Betriebsratswahl auf. Dementsprechend entfallen nach § 3 BetrVG bereits errichtete Arbeitnehmervertretungen und von ihnen

---

1547 *Annuß* NZA 2002, S. 290, 294; *Eisemann* in: ErfK, § 3 BetrVG Rn. 13; *Fitting* § 3 BetrVG Rn. 107, § 18 BetrVG Rn. 65; *Kraft* in: GK-BetrVG I, § 3 BetrVG Rn. 39; *Richardi* in: ders., § 3 BetrVG Rn. 60; *Richardi*, Neue Betriebsverfassung, § 3 Rn. 8; *W. Schneider* in: Däubler/Kittner/Klebe, § 18 BetrVG Rn. 23; *Thüsing* in: Richardi, § 18 BetrVG Rn. 24; *Trümner* in: Däubler/Kittner/Klebe, § 3 BetrVG Rn. 169.

1548 *Fitting* § 3 BetrVG Rn. 26, 80; *W. Schneider* in: Däubler/Kittner/Klebe, § 18 BetrVG Rn. 18. Zu denken ist beispielsweise an ein Wahlanfechtungsverfahren, vgl. *Annuß* NZA 2002, S. 290, 294.

1549 Vgl. *Fitting* § 18 BetrVG Rn. 60; *Richardi* in: ders., § 3 BetrVG Rn. 11.

1550 Vgl. zum Tarifvertrag *Eisemann* in: ErfK, § 3 BetrVG Rn. 13; *Fitting* § 3 BetrVG Rn. 108; *Kraft* in: GK-BetrVG I, § 3 BetrVG Rn. 39; *Richardi* in: ders., § 3 BetrVG Rn. 61; *Trümner* in: Däubler/Kittner/Klebe, § 3 BetrVG Rn. 169. Zur Betriebsvereinbarung *Eisemann* in: ErfK, § 3 BetrVG Rn. 13; *Grunsky* § 2a ArbGG Rn. 9 ff., insbesondere auch Rn. 16; *Matthes* in: Germelmann/Matthes/Müller-Glöge/Prütting, § 2a ArbGG Rn. 7 ff., 30 ff.; *Richardi* in: ders., § 3 BetrVG Rn. 60 f.; *Trümner* in: Däubler/Kittner/Klebe, § 3 BetrVG Rn. 169; ähnlich zum ArbGG 1953 BAG 16.9.1960 AP Nr. 1 zu § 2 ArbGG 1953 Betriebsvereinbarung.

vorgenommene Handlungen ex tunc oder ex nunc.[1551] *Plander*[1552] stellt zunächst fest, daß Mängel einer Betriebsratswahl grundsätzlich zu ihrer Anfechtbarkeit nach § 19 BetrVG, nur in Ausnahmefällen dagegen zur Nichtigkeit führen. Im Falle des § 3 BetrVG müsse aber zwischen der Wirksamkeit der Betriebsrats*wahl* selbst und der Wirksamkeit der dieser Wahl zugrunde liegenden Kollektiv*vereinbarung* unterschieden werden.[1553] Bezüglich der Kollektivvereinbarung selbst führen Gesetzesverstöße, so *Plander*,[1554] zur Nichtigkeit, nicht nur zur Anfechtbarkeit. Dem entspräche es, daß nach bisherigem Recht die fehlende staatliche Zustimmung die Nichtigkeit des Tarifvertrages zur Folge habe. In der Konsequenz könnten dann auch auf eine nichtige Vereinbarung gestützte Betriebsratswahlen nicht wirksam, d. h. sie müßten nichtig sein.[1555] Nach *Thüsing*[1556] kann bei Verkennung des Betriebsbegriffs bzw. fehlerhafter Bestimmung der Zahl der Betriebsratsmitglieder die erfolgte Betriebsratswahl lediglich angefochten werden. Gleiches gilt, so führt er weiter aus, „wenn die Voraussetzungen des § 3 Abs. 1 Nr. 1 bis 3 zu Unrecht angenommen wurden, etwa weil der zugrunde liegende Tarifvertrag nichtig ist".[1557] An anderer Stelle[1558] merkt *Thüsing* zur Nichtigkeit einer Betriebsratswahl an, daß diese nur vorliegt, wenn keine vernünftigen

---

1551 Vgl. BAG 13.9.1984 AP Nr. 3 zu § 1 BetrVG 1972: „Bei nichtiger BetrRWahl ist der Betrieb von Anfang an als betriebsratslos zu behandeln, die vom BetrR getroffenen Maßnahmen sind rechtsunwirksam, während eine erfolgreiche Anfechtung der Wahl nur für die Zukunft wirkt, aber bisher vorgenommene Handlungen des BetrR wirksam bleiben." Aus dem Schrifttum statt aller *Thüsing* in: Richardi, § 19 BetrVG Rn. 62 f., 77, 79 m. w. N.

1552 *Plander* NZA 2002, S. 483, 488.

1553 *Ders.* NZA 2002, S. 483, 489.

1554 *Ders.* NZA 2002, S. 483, 489.

1555 *Ders.* NZA 2002, S. 483, 489. Ebenso für den Fall des nicht genehmigten Tarifvertrages nach § 3 BetrVG a. F. *Fitting* [20. Aufl.] § 19 BetrVG Rn. 4 unter Verweis auf LAG Brandenburg 9.8.1996 LAGE § 3 BetrVG 1972 Nr. 2; LAG Düsseldorf vom 29.4.1999 LAGE § 3 BetrVG 1972 Nr. 3. Weiterhin LAG Düsseldorf 21.1.2000 ZInsO 2000, S. 681, 683; LAG Hamburg 6.5.1996 NZA-RR 1997, S. 136, 139 f.; *Eisemann* in: ErfK [2. Aufl.], § 19 BetrVG Rn. 18; *Etzel* [7. Aufl.] Rn. 151; *Stege/Weinspach/Schiefer* § 19 BetrVG Rn. 15 (a. E.); *T. Wißmann*, Tarifvertragliche Gestaltung, S. 120.

1556 *Thüsing* in: Richardi, § 19 BetrVG Rn. 17. Ebenso BAG 24.1.1964 AP Nr. 6 zu § 3 BetrVG zu § 3 BetrVG 1952; BAG 17.1.1978 AP Nr. 1 zu § 1 BetrVG 1972; BAG 11.4.1978 AP Nr. 8 zu § 19 BetrVG 1972; BAG 13.9.1984 AP Nr. 3 zu § 1 BetrVG 1972 bei Verkennung des Betriebsbegriffs der §§ 1, 4 BetrVG a. F.

1557 *Thüsing* in: Richardi, § 19 BetrVG Rn. 17. Ähnlich *W. Schneider* in: Däubler/Kittner/Klebe, § 19 BetrVG Rn. 11.

1558 *Thüsing* in: Richardi, § 19 BetrVG Rn. 73.

Zweifel bestehen, daß die der Wahl zugrunde gelegte Zuständigkeit nicht der gesetzlichen entspricht, sondern willkürlich ist. Dies sei allerdings selten der Fall und könne gegeben sein, „wenn eine Betriebsratswahl ***bewußt*** auf der Grundlage eines nicht wirksamen Tarifvertrages oder einer nicht wirksamen Betriebsvereinbarung abweichend von § 4 BetrVG durchgeführt wird, die Voraussetzungen des § 3 Abs. 1 Nr. 1 bis 3 BetrVG also *offensichtlich* nicht vorliegen" (Hervor. d. Verf.).[1559] *Annuß*[1560] geht wohl von der bloßen Anfechtbarkeit der Betriebsratswahl aus, wenn er feststellt, daß die „Inzidentfeststellung der Unwirksamkeit [...] im Rahmen einer Wahlanfechtung gem. § 19 BetrVG" möglich ist.

Bei der vorliegenden Problematik der betriebsverfassungsrechtlichen Wirkungen sind im Anschluß an *Plander* zwei Konstellationen streng zu unterscheiden.[1561] Erstens kann die Kollektivvereinbarung selbst rechtswirksam sein und nur die *Betriebsratswahl* an sich an einem Mangel leiden. Zweitens kann bereits die der Wahl zugrunde liegende *Kollektivvereinbarung* einen Nichtigkeitsgrund aufweisen. Ist der Kollektivvertrag wirksam und nur die auf seiner Grundlage durchgeführte Betriebsratswahl fehlerhaft, bestimmen sich die betriebsverfassungsrechtlichen Wirkungen nach § 19 BetrVG und den Grundsätzen zur Nichtigkeit der Wahl.[1562]

Problematischer sind die betriebsverfassungsrechtlichen Wirkungen zu bestimmen, wenn bereits die der Wahl zugrunde liegende Kollektivvereinbarung einen Nichtigkeitsgrund aufweist. Die Nichtigkeit der Kollektivvereinbarung auf der ersten Ebene könnte die Nichtigkeit der Betriebsratswahl auf der zweiten Ebene nach sich ziehen. Besteht eine rechtskräftige arbeitsgerichtliche Entscheidung und soll erst in der Zukunft auf der Grundlage des fehlerhaften Kollektivvertrages eine Wahl durchgeführt werden, folgt aus der Nichtigkeit des Kollektivvertrages zugleich, daß dieser keine taugliche Rechtsgrundlage für eine Betriebsratswahl ist. Der Tarifvertrag bzw. die Betriebsvereinbarung gilt als rechtlich nicht existent. Eine Betriebsratswahl auf ihrer Grundlage ist nicht möglich. Wird dennoch eine Wahl durchgeführt, so leidet sie an einem groben und aufgrund des bestehenden gerichtlichen Titels offensichtlichen Fehler. Die Betriebsratswahl ist nichtig.[1563] Ergeht die rechtskräftige richterliche Entscheidung während eines laufenden Wahlverfahrens, ist die Wahl

---

1559 *Ders.* in: Richardi, § 19 BetrVG Rn. 73.

1560 *Annuß* NZA 2002, S. 290, 294.

1561 Siehe bereits vorstehend S. 320. Vgl. auch *Plander* NZA 2002, S. 483, 488 f.

1562 Siehe hierzu vorstehend S. 320.

1563 Ebenso LAG Hamburg 6.5.1996 NZA-RR 1997, S. 136, 139 f. (zu § 3 BetrVG a. F.); *Thüsing* in: Richardi, § 19 BetrVG Rn. 73. Wohl auch *Stege/Weinspach/Schiefer* § 19 BetrVG Rn. 15.

abzubrechen.[1564] Es ist ein neuer Wahlvorstand zu bestellen und dieser hat die Wahl neu einzuleiten.[1565]

Wurde bereits vor der gerichtlichen Feststellung der Nichtigkeit der Kollektivvereinbarung auf ihrer Grundlage eine betriebliche Arbeitnehmervertretung errichtet, könnte deren Wahl anfechtbar oder nichtig sein. Wie bereits ausgeführt, führen Fehler der Betriebsratswahl grundsätzlich zu deren Anfechtbarkeit gem. § 19 BetrVG, zur Nichtigkeit nur bei Vorliegen eines groben und offensichtlichen Verstoßes. Im vorliegenden Fall entfällt aufgrund der Nichtigkeit des Kollektivvertrages die Rechtsgrundlage für die Errichtung der kollektivvertraglichen Arbeitnehmervertretung ex tunc. Sie bestand von Anfang an nicht und die Wahl ist (aus der Sicht ex post) ohne Rechtsgrundlage erfolgt. Die betriebliche Arbeitnehmervertretung hätte vielmehr nach Gesetz errichtet werden müssen. Dieser Konstellation vergleichbar ist der Fall, daß die Wahlvorschriften des Betriebsverfassungsgesetzes rechtswidrig und damit nichtig sind. Die Errichtung einer betrieblichen Arbeitnehmervertretung auf der Grundlage eines nichtigen und damit rechtlich nicht existenten Gesetzes oder Kollektivvertrages stellt einen groben Mangel dar.

Der Verstoß müßte offensichtlich sein, d. h. es darf nicht einmal der Schein einer dem Gesetz entsprechenden Wahl vorliegen[1566]. Dies ist vom Standpunkt eines mit den Betriebsinterna vertrauten Durchschnittsbeobachters zu entscheiden, dem der Wahlvorgang selbst bekannt geworden ist.[1567] An der Offensichtlichkeit bestehen Zweifel, da erst aufgrund der Feststellungen des (letztinstanzlichen) Gerichts mit endgültiger Sicherheit eine Aussage darüber getroffen werden kann, ob der Kollektivvertrag nichtig ist oder nicht. Wäre das Betriebsverfassungsgesetz selbst nichtig, könnte die Offensichtlichkeit nicht ohne weiteres angenommen werden. Solange die Rechtswidrigkeit des Gesetzes nicht positiv festgestellt wurde, darf grundsätzlich jeder auf die Wirksamkeit

---

1564 *Thüsing* in: Richardi, § 18 BetrVG Rn. 35.

1565 *Eisemann* in: ErfK, § 18 BetrVG Rn. 7; *Fitting* § 18 BetrVG Rn. 61; *W. Schneider* in: Däubler/Kittner/Klebe, § 18 BetrVG Rn. 22; *Thüsing* in: Richardi, § 18 BetrVG Rn. 35.

1566 BAG 27.4.1976 AP Nr. 4 zu § 19 BetrVG 1972; LAG Brandenburg 9.8.1996 LAGE § 3 BetrVG 1972 Nr. 2; *Kreutz* in: GK-BetrVG I, § 19 BetrVG Rn. 133.

1567 BAG 24.1.1964 AP Nr. 6 zu § 3 BetrVG; BAG 28.4.1964 AP Nr. 3 zu § 4 BetrVG; LAG Brandenburg 9.8.1996 LAGE § 3 BetrVG 1972 Nr. 2; *Fitting* § 19 BetrVG Rn. 4; *Joost* in: MüHdbArbR III, § 304 Rn. 290; *Kreutz* in: GK-BetrVG I, § 19 BetrVG Rn. 133; *Marienhagen* in: Galperin I, § 19 BetrVG Rn. 41; *G. Müller*, FS Schnorr von Carolsfeld, S. 367, 394; *ders.*, Festgabe Kunze, S. 243, 263; *Thüsing* in: Richardi, § 19 BetrVG Rn. 76; *Wiese/M. Starck*, Anmerkung zu BAG vom 17.1.1978 – 1 ABR 71/76 in: AP Nr. 1 zu § 1 BetrVG 1972.

staatlicher Normen vertrauen. Ausdruck des Vertrauensschutzes ist das Rückwirkungsverbot[1568], welches seine verfassungsrechtliche Grundlage im Rechtsstaatsprinzip des Art. 20 Abs. 3 GG findet. Die vorliegende Problematik betrifft nicht die Nichtigkeit eines Gesetzes, sondern die eines Tarifvertrages bzw. einer Betriebsvereinbarung. Ihnen kommt gleichfalls unmittelbare und zwingende Wirkung zu, so daß Gedanken des Rückwirkungsverbotes und des Vertrauensschutzes durchaus eingreifen[1569]. Sie sprechen gegen die Offensichtlichkeit des Mangels und die Nichtigkeit der Wahl.

Im Rahmen des § 18 Abs. 2 BetrVG geht die überwiegende Ansicht davon aus, daß eine rechtskräftige arbeitsgerichtliche Entscheidung nur Auswirkungen auf eine zukünftige Wahl hat. Eine bereits durchgeführte Wahl sei nicht ex tunc unwirksam, da die Verkennung des Betriebsbegriffs nach der Rechtsprechung des Bundesarbeitsgerichts lediglich die Wahlanfechtung rechtfertige. Die Zuständigkeit des amtierenden Betriebsrates ändere sich nicht. Der arbeitsgerichtlichen Rechtsprechung, auf welche sich die überwiegende Ansicht beruft,[1570] liegen Fälle der fehlerhaften Entscheidung über die Selbständigkeit eines Betriebsteils oder des Vorliegens zweier selbständiger Betriebe (§ 4 BetrVG) zugrunde. § 3 BetrVG ermöglicht aber nicht nur die abweichende Zuordnung von Betriebsteilen und Kleinstbetrieben (Nr. 1b), sondern auch die Errichtung eines unternehmenseinheitlichen Betriebsrates (Nr. 1a), einer spartenbezogenen (Nr. 2) oder einer anderen Betriebsverfassungsstruktur (Nr. 3). Zudem ist die Unwirksamkeit des Kollektivvertrages nicht mit einer fehlerhaften Betriebsteils- oder Kleinstbetriebszuordnung gleichzusetzen.[1571] Sie kann auf hiervon abweichenden Gründen, z. B. der

---

1568 Zu diesem siehe die einschlägigen Kommentierungen. Statt aller *Herzog* in: Maunz/Dürig, Art. 20 GG VII Rn. 64 ff.; *Sachs* in: ders., Art. 20 GG Rn. 131 ff.; *Schnapp* in: von Münch/Kunig, Art. 20 GG Rn. 31; *Sommermann* in: von Mangoldt/Fri. Klein/Chr. Starck, Art. 20 GG Rn. 282 ff.

1569 Vgl. *Löwisch* in: Löwisch/Rieble, § 1 TVG Rn. 355 (zum Tarifvertrag); *Richardi* in: ders., § 77 BetrVG Rn. 49 (zur Betriebsvereinbarung). Siehe auch BAG 15.12.1961 AP Nr. 1 zu § 615 BGB Kurzarbeit: „Kollektivvereinbarungen normativen Inhalts (können) allgem. nicht rückwirkend durch Anfechtung beseitigt werden" (im konkreten Fall handelte es sich um eine Betriebsvereinbarung).

1570 Vgl. BAG 1.2.1963 AP Nr. 5 zu § 3 BetrVG (mit zustimmender Anmerkung *Neumann-Duesberg*); BAG 24.1.1964 AP Nr. 6 zu § 3 BetrVG (mit zustimmender Anmerkung *Küchenhoff*); BAG 17.1.1978 AP Nr. 1 zu § 1 BetrVG 1972 (mit zustimmender Anmerkung *Wiese/M. Starck*); BAG 11.4.1978 AP Nr. 8 zu § 19 BetrVG 1972; BAG 13.9.1984 AP Nr. 3 zu § 1 BetrVG 1972; BAG 7.12.1988 AP Nr. 15 zu § 19 BetrVG 1972. Weiterhin LAG Brandenburg 9.8.1996 LAGE § 3 BetrVG 1972 Nr. 2.

1571 *Rieble*, RWS-Forum Arbeitsrecht 2001, S. 25, 52. Siehe auch LAG Brandenburg 9.8.1996 LAGE § 3 BetrVG 1972 Nr. 2.

Nichterfüllung der Erleichterungs- und Dienlichkeitsklauseln, der fehlenden Zuständigkeit einer Vertragspartei oder dem Verstoß gegen den Tarifvorbehalt des § 3 Abs. 2 BetrVG beruhen. Die Übertragung der Rechtsprechung des Bundesarbeitsgerichts zur Verkennung des Betriebsbegriffs auf die Nichtigkeit eines Kollektivvertrages nach § 3 BetrVG würde diesen Unterschieden nicht gerecht. Die Vertreter der Ansicht, die stets von der Anfechtbarkeit der Wahl ausgeht, beachten außerdem nicht hinreichend, daß das Bundesarbeitsgericht selbst nicht für jeden Fall die Nichtigkeit ausschließen will, wenn es ausführt:

> „Eine Nichtigkeit der BetrRWahl kommt nur bei groben und offensichtl. Verstößen in Betracht. Schon dieser Grundsatz verbietet es, in jedem Fall der Verkennung des Betriebsbegriffs – um diese Frage handelt es sich hier – die Nichtigkeit der Wahl anzunehmen (BAG 15, 235 [238] = AP Nr. 6 zu § 3 BetrVG 1952). Nur dann, wenn der Mangel offenkundig ist und deshalb ein Vertrauensschutz in die Gültigkeit der Wahl zu versagen wäre, die BetrRWahl ‚den Stempel der Nichtigkeit auf der Stirn trägt,' ist sie nichtig (BAG aaO und BVerwG AP Nr. 5 zu § 7 BPersVG)."[1572]

Es hängt im Einzelfall von dem Nichtigkeitsgrund des Kollektivvertrages ab, ob die auf der Grundlage eines nichtigen Kollektivvertrages durchgeführte Wahl der Arbeitnehmervertretung anfechtbar oder nichtig ist.[1573] Nach diesem beurteilt sich, wann ein Wahlverstoß nicht nur grob, sondern auch offensichtlich ist und nicht einmal der Anschein einer dem Gesetz entsprechenden Wahl

---

1572 BAG 17.1.1978 AP Nr. 1 zu § 1 BetrVG 1972. Siehe auch LAG Brandenburg 9.8.1996 LAGE § 3 BetrVG 1972 Nr. 2; ArbG Berlin 23.2.1973 AP Nr. 1 zu § 4 BetrVG 1972. An anderer Stelle (BAG 11.4.1978 AP Nr. 8 zu § 19 BetrVG 1972) ist unter Bezugnahme auf die Entscheidung BAG 17.1.1978 AP Nr. 1 zu § 1 BetrVG 1972 allerdings die Rede davon, daß die Verkennung des Betriebsbegriffs „regelmäßig" nicht zur Nichtigkeit, sondern nur zur Anfechtbarkeit der Wahl führe.

1573 Siehe auch *Thüsing* in: Richardi, § 19 BetrVG Rn. 17 (Anfechtung, „wenn die Voraussetzungen des § 3 Abs. 1 Nr. 1 bis 3 zu unrecht angenommen wurden, etwa weil der zugrunde liegende Tarifvertrag nichtig ist"), Rn. 73 (Nichtigkeit, „wenn eine Betriebsratswahl bewusst auf der Grundlage eines nicht wirksamen Tarifvertrags oder einer nicht wirksamen Betriebsvereinbarung abweichend von § 4 BetrVG durchgeführt wird, die Voraussetzungen des § 3 Abs. 1 Nr. 1 bis 3 also *offensichtlich* nicht vorliegen", Hervor. d. Verf.). A. A. *Plander* NZA 2002, S. 483, 489, der stets die Nichtigkeit der Betriebsratswahl bejaht. Ebenso für den Fall einer Wahl, die auf einen nicht genehmigten Tarifvertrag i. S. d. § 3 BetrVG a. F. gestützt worden ist, *Fitting* [20. Aufl.] § 19 BetrVG Rn. 4 unter Bezugnahme der Entscheidungen des LAG Brandenburg 9.8.1996 LAGE § 3 BetrVG 1972 Nr. 2 und des LAG Düsseldorf vom 29.4.1999 LAGE § 3 BetrVG 1972 Nr. 3. Weiterhin LAG Düsseldorf 21.1.2000 ZInsO 2000, S. 681, 683; LAG Hamburg 6.5.1996 NZA-RR 1997, S. 136, 139 f.; *T. Wißmann*, Tarifvertragliche Gestaltung, S. 120. Letzterer bejaht die Nichtigkeit auch dann, wenn der Tarifvertrag „gar nicht genehmigt werden konnte", *ders.*, Tarifvertragliche Gestaltung, S. 120. Dies kann aber nichts anderes bedeuten, als daß der Tarifvertrag einen Nichtigkeitsgrund aufweist und deshalb rechtsunwirksam ist.

vorliegt. Ein offensichtlicher Verstoß liegt z. B. vor, wenn eine unzuständige Gewerkschaft bzw. im Falle des § 3 Abs. 1 Nr. 1a BetrVG die einzelnen Betriebsräte anstelle des Gesamtbetriebsrates Partei des Kollektivvertrages sind oder wenn eine Betriebsvereinbarung unter Verstoß gegen den Tarifvorbehalt des § 3 Abs. 2 BetrVG abgeschlossen wurde. Demgegenüber vermag die Frage der Erfüllung der Erleichterungs- und Dienlichkeitsklauseln keinen offensichtlichen Mangel zu begründen.

Ob die auf der Grundlage eines nach der Wahl für nichtig erklärten Kollektivvertrages durchgeführte Betriebsratswahl anfechtbar oder nichtig ist, bestimmt sich im Ergebnis anhand einer einzelfallbezogenen Beurteilung der Offensichtlichkeit des kollektivvertraglichen Nichtigkeitsmangels. Soll auf der Grundlage eines Kollektivvertrages eine Betriebsratswahl durchgeführt werden, ist der betrieblichen Praxis bei Zweifeln an der Wirksamkeit der Organisationskollektivvereinbarung der Antrag auf Erlaß einer einstweiligen Verfügung nach den §§ 18 Abs. 2 BetrVG, 85 Abs. 2 ArbGG, 935 ff. ZPO im Feststellungsverfahren gem. § 18 Abs. 2 BetrVG oder nach den §§ 18 Abs. 1 und 3 BetrVG, 85 Abs. 2 ArbGG, 935 ff. ZPO gegen Maßnahmen des Wahlvorstandes zu empfehlen. Dieser ist verpflichtet, die Wahl gemäß den gesetzlichen Vorschriften einzuleiten und durchzuführen. Hierzu gehört auch, daß die betriebsverfassungsrechtliche Organisationseinheit, in der gewählt werden soll, besteht. Nur dann kann der Wahlvorstand die Betriebsratswahl ordnungsgemäß einleiten, durchführen und das Wahlergebnis feststellen.[1574] An den Antrag auf eine einstweilige Verfügung im Zusammenhang mit einer Betriebsratswahl sind strenge Anforderungen zu stellen, da er nicht selten einen erheblichen Eingriff in das Wahlverfahren darstellt. Im Hinblick auf die sonst drohende „Quasi-Suspendierung" des Betriebsverfassungsrechts wird eine Aussetzung der Wahl bis zur rechtskräftigen Klärung im Hauptsacheverfahren grundsätzlich für unzulässig erachtet.[1575] Berichtigende Eingriffe in das

---

[1574] Vgl. *Kreutz* in: GK-BetrVG I, § 18 BetrVG Rn. 54.

[1575] LAG Düsseldorf 27.3.1975 DB 1975, S. 937, 938; LAG Hamburg 6.5.1996 NZA-RR 1997, S. 136, 138; LAG Hamm 10.4.1975 DB 1975, S. 1176, 1176 f.; *Fitting* § 18 BetrVG Rn. 37; *H. Hanau* DB 1986, Beilage Nr. 4, S. 1, 9, 11; *Kreutz* in: GK-BetrVG I, § 18 BetrVG Rn. 75; *W. Schneider* in: Däubler/Kittner/Klebe, § 18 BetrVG Rn. 13, § 19 BetrVG Rn. 16; *Zwanziger* DB 1999, S. 2264, 2265; a. A. LAG Düsseldorf 19.4.1968 DB 1968, S. 898, 898; LAG Düsseldorf 24.10.1977 DB 1978, S. 211, 211 f.; *Marienhagen* in: Galperin I, § 18 BetrVG Rn. 13; *Stege/Weinspach/Schiefer* § 19 BetrVG Rn. 14b (bei offensichtlichen Rechtsverstößen); *Winterfeld* NZA 1990, Beilage Nr. 1, S. 20, 26 f. (bei einem Streit um die Betriebsabgrenzung); einschränkend LAG Düsseldorf 24.1.1978 DB 1978, S. 987, 987. Nach BAG 15.12.1972 AP Nr. 5 zu § 80 ArbGG 1953 (obiter dictum) „kann durch einstweilige Verfügung (§ 85 Abs. 2 ArbGG) der Aufschub einer BetrRWahl erreicht werden, wenn [...] erhebl. Mängel des Wahlverfahrens in Rede stehen." Oftmals wird nicht hinreichend zwischen der Aussetzung und dem Abbruch der Wahl differenziert, vgl.

Wahlverfahren sind zulässig.[1576] Der Anordnungsanspruch unterliegt strengen Maßstäben. Es ist der Eingriff in das Wahlverfahren mit der Gefahr einer nachträglich begründeten Wahlanfechtung abzuwägen.[1577] Einem Antrag auf einstweilige Verfügung, die Betriebsratswahl abzubrechen, wird in Ausnahmefällen stattgegeben, wenn die Fehlerhaftigkeit der Wahl glaubhaft gemacht werden kann.[1578] Hat das Begehren Erfolg und wird der Kollektivvertrag später im Hauptsacheverfahren für nichtig erklärt, ist der Mangel einer entgegen der Entscheidung des vorläufigen Rechtsschutzes

---

nur LAG Köln 5.7.1987 DB 1987, S. 1996, 1996; *Stege/Weinspach/Schiefer* § 19 BetrVG Rn. 14b. Hierzu *H. Hanau* DB 1986, Beilage Nr. 4, S. 1, 10 f.

1576 Vgl. LAG Bremen 27.2.1990 DB 1990, S. 1571, 1571; LAG Düsseldorf 27.3.1975 DB 1975, S. 937, 937 f.; LAG Köln 27.12.1989 DB 1990, S. 539, 539; ArbG Aachen 14.3.1994 AuA 1994, S. 253, 254; *Fitting* § 18 BetrVG Rn. 40; *Kreutz* in: GK-BetrVG I, § 18 BetrVG Rn. 76 m. w. N.; *W. Schneider* in: Däubler/Kittner/Klebe, § 19 BetrVG Rn. 18; *Zwanziger* DB 1999, S. 2264, 2264 f., 2266; bei Verstößen gegen wesentliche Wahlvorschriften *H. Hanau* DB 1986, Beilage Nr. 4, S. 1, 10; *Stege/Weinspach/Schiefer* § 19 BetrVG Rn. 14a; a. A. bei einem Streit um die Betriebsabgrenzung *Winterfeld* NZA 1990, Beilage Nr. 1, S. 20, 27.

1577 *Fitting* § 18 BetrVG Rn. 41; *H. Hanau* DB 1986, Beilage Nr. 4, S. 1, 10; *Kreutz* in: GK-BetrVG I, § 18 BetrVG Rn. 77; *W. Schneider* in: Däubler/Kittner/Klebe, § 19 BetrVG Rn. 18.

1578 Im Einzelnen ist vieles strittig. Eine Ansicht hält die Anfechtbarkeit der Wahl für ausreichend, vgl. LAG Baden-Württemberg 16.9.1996 LAGE § 19 BetrVG 1972 Nr. 15; LAG Bremen 27.2.1990 DB 1990, S. 1571, 1571; LAG Frankfurt a.M. 12.3.1998 NZA-RR 1998, S. 544, 544 (in Ausnahme zu seiner sonstigen Rechtsprechung); LAG Hamburg 6.5.1996 NZA-RR 1997, S. 136, 138 („mit Sicherheit ein erfolgreiche Anfechtung"); LAG Hamm 1.3.1994 DB 1994, S. 992, 992; LAG Hamm 9.9.1994 BB 1995, S. 260, 260; *H. Hanau* DB 1986, Beilage Nr. 4, S. 1, 10 f.; *Fitting* § 18 BetrVG Rn. 42; *Kreutz* in: GK-BetrVG I, § 18 BetrVG Rn. 76 (dagegen Nichtigkeit für eine vollständige Untersagung der Wahl, vgl. Rn. 77); *Matthes* in: Germelmann/Matthes/Müller-Glöge/Prütting, § 85 ArbGG Rn. 38; *Thüsing* in: Richardi, § 18 BetrVG Rn. 21.

Die andere Ansicht fordert demgegenüber Nichtigkeit, vgl. LAG Frankfurt a.M. 21.5.1990 BB 1991, S. 417, 417; LAG Frankfurt a.M. 16.7.1992 BB 1993, S. 732, 732; LAG Frankfurt a.M. 29.4.1997 BB 1997, S. 2220, 2220; LAG Köln 5.7.1987 DB 1987, S. 1996, 1996; LAG Köln 27.12.1989 DB 1990, S. 539, 539; LAG Köln 17.4.1998 NZA-RR 1999, S. 247, 247; LAG Köln 29.3.2001 AiB 2001, S. 602, 602 f. (mit zustimmender Anmerkung *Große-Kock*); LAG München 3.8.1988 LAGE § 19 BetrVG 1972 Nr. 7; *Löwisch* in: Löwisch/Kaiser, § 18 BetrVG Rn. 9, *Ratayczak*, Anmerkung zu LAG Baden-Württemberg vom 16.9.1996 – 15 TaBV 10/96 in: AiB 1997, S. 600, 600; *Schäfer*, Rechtsschutz, Rn. 193; *W. Schneider* in: Däubler/Kittner/Klebe, § 19 BetrVG Rn. 16, 18; *Zwanziger* DB 1999, S. 2264, 2264 ff.; wohl auch LAG Frankfurt a.M. 21.3.1990 DB 1991, S. 239, 240; LAG Frankfurt a.M. 5.6.1992 NZA 1993, S. 192, 192. Vgl. weiterhin *Heinze* in: MüKo ZPO, § 935 ZPO Rn. 97; *Winterfeld* NZA 1990, Beilage Nr. 1, S. 20, 26 f.

durchgeführten Wahl offensichtlich und die Wahl selbst nichtig. Wird der Erlaß einer einstweiligen Verfügung verweigert, ist eine dennoch durchgeführte Betriebsratswahl wegen mangelnder Offensichtlichkeit des Nichtigkeitsgrundes bei Unwirksamkeit des Kollektivvertrages nur anfechtbar.[1579]

1579 Unberührt bleibt hiervon natürlich die Nichtigkeit der Wahl aufgrund eines anderen groben und offensichtlichen Verstoßes.

Teil 7
Zusammenfassung

§ 3 BetrVG ist im Organisationsrecht des Betriebsverfassungsgesetzes die weitreichendste Öffnungsklausel für abweichende Gestaltungen auf kollektivvertraglicher Grundlage. Seine Bedeutung hat mit Inkrafttreten des Betriebsverfassungs-Reformgesetzes am 28.7.2001 noch zugenommen. Die Vorschrift ist Kristallisationspunkt dreier Regelungsebenen – erstens die der Legislative, Art. 74 Abs. 1 Nr. 12 GG, zweitens die der Tarifvertragsparteien, § 3 Abs. 1 BetrVG und schließlich drittens die der Betriebsparteien, § 3 Abs. 2 BetrVG. Das Organisationsrecht ist zulässigerweise grundsätzlich zwingendes Recht. Der Gesetzgeber konnte den Tarifvertragsparteien unter Berufung auf das Sozialstaatsprinzip, Art. 20 Abs. 1, 28 Abs. 1 GG i. V. m. der Menschenwürde und der freien Entfaltung der Persönlichkeit sowie der Berufsfreiheit der Arbeitnehmer, Art. 1 Abs. 1, 2 Abs. 1, 12 Abs. 1 GG einen verbindlichen Rahmen für ihr Tätigwerden vorgeben. Die Tarifvertragsparteien nehmen bei der vertraglichen Ausgestaltung der betrieblichen Organisationsverfassung ihr verfassungsrechtlich gewährleistetes Recht der kollektiven Koalitionsfreiheit aus Art. 9 Abs. 3 Satz 1 GG wahr, welches auch die Betätigung auf dem Gebiet der Betriebsverfassung umfaßt und sich vornehmlich in dem Abschluß von Tarifverträgen verwirklicht. Die Tarifautonomie ist zentraler Bestandteil der kollektiven Koalitionsfreiheit. Aus dem Grundsatz der Einheit der betrieblichen Arbeitnehmervertretung folgt, daß Organisationstarifverträge nach § 3 BetrVG notwendigerweise betriebseinheitlich gelten. Sie beinhalten betriebsverfassungsrechtliche Rechtsnormen i. S. d. § 3 Abs. 2 TVG und erfassen die Arbeitsverhältnisse der Gewerkschaftsmitglieder wie der nicht- oder andersorganisierten Arbeitnehmer gleichermaßen, insofern der Arbeitgeber tarifgebunden ist, § 4 Abs. 1 TVG. Die Bindung der Außenseiter-Arbeitnehmer verletzt deren negative Koalitionsfreiheit, Art. 9 Abs. 3 Satz 1 GG, nicht. Diese sanktioniert nur einen unzulässigen Druck, der Gewerkschaft beizutreten, schützt aber nicht vor jeder Lebensäußerung der Koalitionen. § 3 BetrVG verstößt des weiteren nicht gegen das Wesentlichkeitsprinzip. Gem. § 3 Abs. 2 BetrVG sind die Betriebsparteien in die Ausgestaltung der betrieblichen Organisationsverfassung einbezogen, wenn keine tarifliche Regelung besteht und auch kein anderer Tarifvertrag gilt. Von einer entsprechenden Betriebsvereinbarung werden die Arbeitsverhältnisse aller Arbeitnehmer des betroffenen Betriebs erfaßt. Der in § 3 Abs. 2 BetrVG normierte Tarifvorbehalt verstößt nicht gegen Grundrechte der Arbeitnehmer, Arbeitgeber oder anderer Koalitionen und verletzt auch nicht die Betriebsautonomie unter dem Gesichtspunkt der Subsidiarität.

Sinn und Zweck des Betriebsverfassungsgesetzes sind Schutz und Teilhabe der Arbeitnehmer bei der Gestaltung ihrer Arbeitsverhältnisse. Die

Organisationsverfassung bildet das Fundament für eine effektive Wahrnehmung der Interessen der Belegschaft durch betriebliche Repräsentationsorgane. Sie hat insoweit dienende Funktion und muß sich an dem Arbeitnehmerschutz und der Arbeitnehmerteilhabe messen lassen. Hieraus ergeben sich die Entscheidungs- und die Belegschaftsnähe als Auslegungskriterien des formellen Teils der Betriebsverfassung. Grundgedanke ist die Formel „Soviel Entscheidungsnähe wie nötig, soviel Belegschaftsnähe wie dabei noch möglich".

Inhaltlich können die Kollektivvertragsparteien eine unternehmensbezogene oder eine spartenbezogene Betriebsverfassungsstruktur errichten, § 3 Abs. 1 Nr. 1 und 2 BetrVG. Darüber hinaus ist zulässiger Inhalt eines Organisationstarifvertrages eine andere Arbeitnehmervertretungsstruktur, § 3 Abs. 1 Nr. 3 BetrVG. Die unternehmensbezogene Betriebsverfassungsstruktur setzt ein *Unternehmen mit mehreren Betrieben* voraus, § 3 Abs. 1 Nr. 1 Einleitungssatz BetrVG. Unzulässig ist eine Regelung, die sich über die Grenzen eines Unternehmens hinwegsetzt. Unter den *Betrieb* i. S. dieser Vorschrift sind gem. § 1 Abs. 1 Satz 1 BetrVG betriebsratsfähige Betriebe und gem. § 4 Abs. 1 BetrVG als Betriebe geltende sog. betriebsratsfähige Betriebsteile zu subsumieren. Wortlaut, Systematik und Teleologie der Norm sprechen zudem für die Erfassung des Kleinstbetriebes, § 4 Abs. 2 BetrVG – auch dieser ist Betrieb i. S. d. § 3 Abs. 1 Nr. 1 Einleitungssatz BetrVG. Es muß ein Unternehmen mit *mehreren*, d. h. wenigstens zwei Betrieben vorliegen. Weitergehend erfordert die Zusammenfassung von Betrieben, lit. b, mindestens drei Betriebe im Unternehmen. Bei der Bildung eines unternehmenseinheitlichen Betriebsrates, lit. a, müssen einschränkend mindestens zwei betriebsratsfähige Organisationseinheiten bestehen, die ihrerseits einen betriebsratsfähigen Betrieb gem. § 1 Abs. 1 Satz 1 BetrVG oder einen selbständigen Betriebsteil gem. § 4 Abs. 1 BetrVG oder einen Hauptbetrieb mit den diesem zugeordneten Kleinstbetrieben oder nur Kleinstbetriebe umfassen können.

Der nach § 3 Abs. 1 Nr. 1 BetrVG abgeschlossene Kollektivvertrag muß die Bildung von Betriebsräten erleichtern oder der sachgerechten Wahrnehmung der Interessen der Arbeitnehmer dienen. Die *Erleichterung der Bildung von Betriebsräten* bezieht sich auf die Zeit vor und während der Durchführung einer Betriebsratswahl und ist beispielsweise gegeben, wenn in bisher vertretungslosen Betrieben die quantitativen Voraussetzungen der Errichtung eines Betriebsrates erfüllt werden oder wenn die Einleitung und Durchführung der Wahl erleichtert wird. Als Beurteilungsmaßstab sind die Wahlvorschriften des Betriebsverfassungsgesetzes, §§ 1, 7 ff. BetrVG, heranzuziehen. Unzureichend ist es, wenn der Kollektivvertrag nur verbesserte Möglichkeiten der Errichtung eines Gesamt- oder Konzernbetriebsrates, einer Jugend- und Auszubildendenvertretung oder einer Schwerbehindertenvertretung vorsieht. Die *sachgerechte Wahrnehmung der Interessen der Arbeitnehmer* betrifft den Zeitraum nach einer

Betriebsratswahl und setzt voraus, daß die Effizienz der betrieblichen Mitbestimmung verbessert wird. Dies ist anhand der Kriterien der Entscheidungs- und Belegschaftsnähe, §§ 1, 4, 8, 28, 28a, 38, 42 ff., 47, 54 BetrVG sowie der betriebsverfassungsrechtlichen Grundgedanken einer möglichst umfassenden Belegschaftsrepräsentation, §§ 3 Abs. 1 Nr. 1, 4, 50 Abs. 1 Satz 1 2. HS, 58 Abs. 1 Satz 1 2. HS BetrVG, einer klaren Funktionsabgrenzung zwischen den Vertretungsorganen, §§ 50, 58 BetrVG, und einer Effektivierung durch Spezialisierung und Freistellung, §§ 28, 28a, 38 BetrVG, zu beurteilen.

Gem. § 3 Abs. 1 Nr. 1a BetrVG kann in einem Unternehmen ein unternehmenseinheitlicher Betriebsrat errichtet werden. Es wird eine Betriebsverfassungsstruktur ermöglicht, „als ob" alle Betriebe des Unternehmens zusammengefaßt würden und tatsächlich nur ein unternehmensangehöriger Betrieb bestünde. Der unternehmenseinheitliche Betriebsrat ersetzt die örtlichen Betriebsräte aller Betriebe und den Gesamtbetriebsrat. Er selbst ist aber kein Gesamtbetriebsrat, nimmt jedoch gem. § 54 Abs. 2 BetrVG die Aufgaben eines solchen nach den §§ 54-59a BetrVG wahr. Als zweite Variante einer unternehmensbezogenen Betriebsverfassungsstruktur sieht § 3 Abs. 1 Nr. 1b BetrVG die Zusammenfassung von Betrieben vor, wobei dies nicht sämtliche unternehmensangehörigen Betriebe sein dürfen und müssen. Ungeachtet des mißverständlichen Wortlauts geht es hierbei nicht um die Zusammenfassung der Betriebe, sondern der örtlichen Betriebsräte zu einem Repräsentationsorgan. Nach lit. b können betriebsratsfähige Betriebe und sog. betriebsratsfähige Betriebsteile, aber auch Kleinstbetriebe zusammengefaßt oder letztere abweichend von § 4 Abs. 2 BetrVG zugeordnet werden. Die Norm ist jedoch keine Grundlage für die Spaltung von Betrieben. Das gemeinsame Vertretungsorgan der „zusammengefaßten" Betriebe ersetzt die örtlichen Betriebsräte, dagegen nicht den Gesamtbetriebsrat.

Die spartenbezogene Betriebsverfassungsstruktur, § 3 Abs. 1 Nr. 2 BetrVG, kann in *Unternehmen und Konzernen* errichtet werden. Der Konzernbegriff umfaßt sowohl Unterordnungs- als auch Gleichordnungskonzerne. Ein entsprechender Kollektivvertrag ist zulässig, soweit die Unternehmen und Konzerne nach *produkt- oder projektbezogenen Geschäftsbereichen (Sparten)* organisiert sind. Die Regelung muß sich daher nicht notwendig auf das gesamte Unternehmen/den gesamten Konzern beziehen. In der betrieblichen Praxis wird dies sogar die Regel sein, da außerhalb der Spartenstruktur insbesondere sog. Zentralbereiche mit Querschnittsfunktionen existieren. Charakteristisch für divisional gegliederte Unternehmen bzw. Konzerne ist, daß ihre Entscheidungsstrukturen durch die Sparten determiniert werden. Dennoch knüpft § 3 Abs. 1 Nr. 2 BetrVG nicht an die betriebswirtschaftliche Begriffsbildung an. Er enthält eine eigenständige Definition der Sparte als produkt- oder projektorientierter Geschäftsbereich. Der

Tatbestand der Nr. 2 verlangt, daß die *Leitung der Sparte auch Entscheidungen in beteiligungspflichtigen Angelegenheiten trifft*. Die Beteiligung des Spartenbetriebsrates muß für den Arbeitgeber eine Pflicht sein. Weitergehende Einschränkungen hinsichtlich der Qualität der Beteiligungsrechte bestehen nicht. Die Betriebsverfassungsstruktur nach § 3 Abs. 1 Nr. 2 BetrVG erfordert eine relative Leitungsmacht der Spartenführung. Im Tatbestand der Norm kommt dies in dem Wort „auch" zum Ausdruck. Die Fülle der Entscheidungsbefugnisse muß zwischen den Extrema, daß die Spartenleitung keinerlei Entscheidungen in beteiligungspflichtigen Angelegenheiten trifft und dem Bestehen der ausschließlichen bzw. maßgeblichen Befugnis hierin, liegen. Ein Kollektivvertrag nach Nr. 2 ist zulässig, wenn er der *sachgerechten Wahrnehmung der Aufgaben des Betriebsrates* dient. Hiermit wird vornehmlich auf die Entscheidungsnähe abgestellt. Aber auch die Belegschaftsnähe ist von Relevanz. Die spartenbezogene Betriebsverfassungsstruktur muß so entscheidungsnah wie nötig und so belegschaftsnah wie hierbei möglich sein. Als Beurteilungskriterien sind wiederum die zu § 3 Abs. 1 Nr. 1 BetrVG genannten Gesichtspunkte[1580] sowie Qualität und Quantität der der Spartenleitung zustehenden Entscheidungsbefugnisse in beteiligungspflichtigen Angelegenheiten heranzuziehen.

Das Verhältnis der Betriebsräte in den Sparten zu den gesetzlichen Repräsentationsorganen bestimmt sich nach dem Kollektivvertrag, der sowohl eine Verdrängung als auch eine Kumulation vorsehen kann. Ob die konkrete Gestaltung zulässig ist, beurteilt sich nach dem Tatbestandsmerkmal der sachgerechten Wahrnehmung der Betriebsratsaufgaben und ist eine Frage des Einzelfalles. Die in concreto bestehenden Regelungsvarianten in Unternehmen und Konzernen sind angesichts der nahezu unüberschaubaren verschiedenartigen Organisationsstrukturen in der betrieblichen Wirklichkeit vielfältig. § 3 Abs. 1 Nr. 2 BetrVG beschränkt die Tarifvertrags- und Betriebsparteien nicht auf die unterste Vertretungsebene im Betrieb, sondern bezieht sich auf alle betriebsverfassungsrechtlichen Repräsentationsstufen. Auch zwei- oder dreistufige Vertretungsstrukturen sind denkbar. Die Kollektivvertragsparteien können beispielsweise mehrere Betriebsräte pro Sparte oder einen Betriebsrat für die gesamte Sparte vorsehen. Die Sparte kann hierbei aus mehreren Betrieben bestehen und muß nicht notwendigerweise mit den Betriebs- bzw. Unternehmensgrenzen (bei einem Konzern) korrespondieren. Den Urhebern der spartenbezogenen Betriebsverfassungsstruktur obliegt es im Hinblick auf die Sachgerechtigkeit, eine Funktionszuweisung und -abgrenzung zwischen den Vertretungsorganen vorzunehmen. Bestehen neben den produkt- oder projektbezogenen Geschäftsbereichen noch andere Organisationseinheiten, insbesondere die sog. Zentralbereiche, können weder die Betriebsräte in den

---

1580 Siehe vorstehend S. 345.

Sparten Entscheidungen für die Arbeitnehmer der anderen Organisationseinheiten noch die Betriebsräte dieser Entscheidungen für die Belegschaften jener treffen. Die Lösung der hieraus resultierenden Probleme ergibt sich im Ansatz aus § 1 BetrVG.

Die Errichtung einer anderen Arbeitnehmervertretungsstruktur gem. § 3 Abs. 1 Nr. 3 BetrVG ist den Tarifvertragsparteien vorbehalten. Einziges Tatbestandsmerkmal ist das der *wirksamen und zweckmäßigen Interessenvertretung der Arbeitnehmer*. Den Koalitionen soll mit der Nr. 3 eine Möglichkeit an die Hand gegeben werden, um die Mitbestimmung in Bereichen zu stärken, in denen bereits heute keine effektive gesetzliche Vertretungsstruktur existiert oder in denen dies zukünftig der Fall sein wird. Als Maßstab sind auch hier die zu § 3 Abs. 1 Nr. 1 BetrVG genannten Kriterien[1581] heranzuziehen. Damit sind die Erleichterungs- und Dienlichkeitsklauseln der Nr. 1 bis 3 im Ergebnis übereinstimmend auszulegen. Der Kollektivvertrag muß die nötige Entscheidungsnähe und die hierbei noch mögliche Belegschaftsnähe gewährleisten. Die Schwierigkeiten der Errichtung einer effektiven Interessenvertretung müssen aus den Besonderheiten der konkreten Organisationseinheit resultieren. Beispielhaft nennt das Gesetz die Betriebs-, Unternehmens- oder Konzernorganisation und andere Formen der Zusammenarbeit von Unternehmen. Hiermit sind unter anderem Spartenstrukturen, die nicht unter § 3 Abs. 1 Nr. 2 BetrVG fallen, mittelständische Konzerne mit wenigen kleinen Konzernunternehmen oder die vielfältigen Formen moderner Unternehmenskooperation wie z. B. Unternehmensnetzwerke, just-in-time- und shop-in-shop-Konzepte gemeint. Der Tarifvertrag kann aufgrund § 3 Abs. 1 Nr. 3 BetrVG abweichende Vertretungsstrukturen auf allen Repräsentationsebenen installieren. Ob sie die gesetzlichen Mitbestimmungsorgane verdrängen oder neben diese treten, bleibt der Regelung durch die Koalitionen vorbehalten. Anhand des Tatbestandsmerkmals der wirksamen und zweckmäßigen Interessenvertretung der Arbeitnehmer ist über die Zulässigkeit der konkreten Regelung zu entscheiden.

Sieht der Kollektivvertrag einen anderen Wahlzeitpunkt als den der nächsten regelmäßigen Betriebsratswahlen vor, ist er zu diesem Zeitpunkt erstmals anzuwenden, § 3 Abs. 4 Satz 2 BetrVG. Die Amtszeit bestehender Betriebsräte, die durch die Regelung entfallen, endet mit Bekanntgabe des Wahlergebnisses. In allen anderen Fällen wird die kollektivvertragliche Interessenvertretung erstmals bei den nächsten regelmäßigen Betriebsratswahlen errichtet, es sei denn, es besteht kein Betriebsrat oder es ist aus anderen Gründen (des § 13 Abs. 2 BetrVG) eine Neuwahl erforderlich, § 3 Abs. 4 Satz 1 BetrVG. Bezieht sich der Kollektivvertrag auf mehrere Betriebe und liegen nicht in allen die Voraussetzungen des § 3 Abs. 4 Satz 1 BetrVG a. E. vor, ist das

---

1581 Siehe vorstehend S. 345.

Nichtbestehen eines Betriebsrates oder die Erforderlichkeit der Neuwahl danach zu bestimmen, ob die lediglich teilweise Anwendung des Organisationskollektivvertrages eine sinnvolle, in sich geschlossene Regelung darstellt.

Die Zuständigkeit für den Abschluß eines Tarifvertrages gem. § 3 BetrVG bestimmt sich nach allgemeinem Tarifrecht, wobei eine Regelung auf der Ebene des herrschenden Konzernunternehmens nicht ohne weiteres in den abhängigen Unternehmen gilt. Nach dem Ende des Organisationstarifvertrages wirkt dieser grundsätzlich nach. § 4 Abs. 5 TVG ist aber teleologisch zu reduzieren. Spätestens mit dem nächsten regelmäßigen Wahltermin ist die betriebsverfassungsrechtliche Organisationsstruktur dem Gesetz entsprechend zu bestimmen und ein neuer Betriebsrat nach dem Betriebsverfassungsgesetz zu wählen, sollte bis dahin keine tarifvertragliche Nachfolgeregelung erzielt worden sein.

§ 3 Abs. 2 TVG ist der Grund dafür, daß mehrere Organisationstarifverträge verschiedener Gewerkschaften miteinander konkurrieren können. In diesem Fall setzt sich die Gewerkschaft mit ihrem Tarifvertrag durch, die die stärkste Normsetzungskompetenz besitzt. Dies bestimmt sich nach dem formalen Kriterium der mitgliedschaftlichen Repräsentation, hilfsweise nach der Sachnähe. Zur Bestimmung der Stärke der Normsetzungskompetenz ist auf den Konzern abzustellen. Beschränkt sich der Geltungsbereich aller konkurrierenden Tarifverträge auf ein Unternehmen, ist Bezugsgröße das Unternehmen. Es setzt sich die Gewerkschaft mit ihrem Tarifvertrag durch, die die größte Anzahl mitgliedschaftlich gebundener Arbeitnehmer im Konzern (bzw. im Unternehmen) repräsentiert, unabhängig davon, ob durch diesen Tarifvertrag tatsächlich mehr Koalitionsmitglieder betroffen sind.

Ein Organisationstarifvertrag nach § 3 BetrVG kann erstreikt werden. Eine Einschränkung besteht lediglich für Arbeitskämpfe derjenigen Gewerkschaften, deren Tarifverträge nach den Regeln der Tarifkonkurrenz zurücktreten würden, wenn tatsächlich eine vorrangige, unmittelbar und zwingend wirkende Organisationsregelung besteht. Ein solcher Streik ist unverhältnismäßig und rechtswidrig.

Die Frage nach der Zuständigkeit für den Abschluß einer Organisationsbetriebsvereinbarung ist entsprechend der allgemeinen Regeln des Betriebsverfassungsrechts, insbesondere §§ 50, 58 BetrVG, zu beantworten. Vertragspartner auf Arbeitgeberseite ist der Arbeitgeber, § 77 Abs. 2 Satz 1 BetrVG. Dies ist für den Betriebsrat und den Gesamtbetriebsrat das Unternehmen bzw. dessen Rechtsträger. Vertragspartner des Konzernbetriebsrates ist das herrschende Unternehmen bzw. dessen Rechtsträger. Eine entsprechende Konzernbetriebsvereinbarung gilt ohne weiteres in allen abhängigen Konzernunternehmen. Organisationsbetriebsvereinbarungen sind Gegenstand der freiwilligen Mitbestimmung. Es besteht keine rechtliche

Handhabe, sie gegen den Willen einer Arbeitnehmervertretung bzw. des Arbeitgebers zu erzwingen.

Gem. § 3 Abs. 2 BetrVG kann eine rechtswirksame Betriebsvereinbarung nur abgeschlossen werden, wenn keine tarifliche Regelung besteht und auch kein anderer Tarifvertrag gilt. Der Tarifvorbehalt greift ein, wenn ein Tarifvertrag gem. §§ 3 Abs. 1 und 2, 4 Abs. 1 TVG oder gem. §§ 3 Abs. 3, 4 Abs. 1 TVG anzuwenden ist. Gleiches ist von einem allgemeinverbindlichen und einem nachwirkenden Tarifvertrag, §§ 5, 4 Abs. 5 TVG, zu sagen. Bei einer einzelvertraglichen Inbezugnahme bleibt eine Organisationsbetriebsvereinbarung hingegen zulässig. Eine Besonderheit stellen Sachverhalte dar, in denen sich die Betriebsvereinbarung nach § 3 BetrVG auf mehrere Betriebe bezieht und in einem Teil der Betriebe ein Tarifvertrag i. S. d. § 3 Abs. 2 BetrVG besteht bzw. gilt. Soweit die nur teilweise Anwendung der Betriebsvereinbarung ein sinnvolle, in sich geschlossene Regelung darstellt, kann die kollektivvertragliche Betriebsverfassungsstruktur in den Betrieben ohne Tarifvertrag errichtet werden.

Endet eine Organisationsbetriebsvereinbarung, ohne daß eine Nachfolgeregelung besteht, wirkt sie nicht nach, argumentum e contrario § 77 Abs. 6 BetrVG. Die kollektivvertraglichen Repräsentationsorgane führen die Geschäfte entsprechend § 22 BetrVG fort. Wird eine Nachfolgebetriebsvereinbarung abgeschlossen, ist ausschließlich die jüngere Regelung maßgeblich. Gleiches gilt bei einem Organisationstarifvertrag – die Betriebsvereinbarung ist unwirksam, § 3 Abs. 2 BetrVG. Den Übergang zur neuen Betriebsverfassungsstruktur regelt § 3 Abs. 4 BetrVG. Probleme ergeben sich, wenn ein sonstiger Tarifvertrag im Betrieb gilt. Die Organisationsbetriebsvereinbarung ist nichtig, § 3 Abs. 2 BetrVG, und § 22 BetrVG analog anzuwenden.

§ 3 Abs. 5 Satz 1 BetrVG fingiert die aufgrund eines Kollektivvertrages gebildeten betriebsverfassungsrechtlichen Organisationseinheiten als Betriebe im Sinne dieses, d. h. des Betriebsverfassungsgesetzes. Auf die in ihnen gebildeten Arbeitnehmervertretungen finden die Vorschriften über die Rechte und Pflichten des Betriebsrates und die Rechtsstellung seiner Mitglieder Anwendung, § 3 Abs. 5 Satz 2 BetrVG. Die Betriebsfiktion des Satz 1 gilt im gesamten Betriebsverfassungsgesetz. Wird in anderen Gesetzen auf den Betrieb abgestellt, ist entscheidend, ob eine zusätzliche Verweisungsnorm existiert. Besteht eine solche (z. B. §§ 87 Abs. 1 Satz 2 SGB IX, 3 Abs. 2 Satz 1 MitbestG, 5 Abs. 6 Satz 1 Montan-MitbestErgG), ist aufgrund dieser „Transmissionsnorm“ der betriebsverfassungsrechtliche Begriff des Betriebs, wie ihn §§ 1, 4 und 3 BetrVG enthalten, anzuwenden. Fehlt eine entsprechende „Transmissionsnorm“ (z. B. im Kündigungsschutzgesetz), richtet sich der Betriebsbegriff nach dem jeweiligen Sinn und Zweck des Gesetzes. § 3 Abs. 5

Satz 2 BetrVG nimmt im Gegensatz zu Satz 1 auch auf Normen außerhalb des Betriebsverfassungsgesetzes Bezug. § 3 BetrVG ist aber keine gesetzliche Grundlage für die Erweiterung der materiellen Beteiligungsrechte des Betriebsrates oder eine kollektivvertragliche Definition des Betriebs. Zudem steht weder bei § 3 Abs. 1 Nr. 1 und 2 BetrVG noch bei Nr. 3 die betriebliche Binnenorganisation zur Disposition der Kollektivvertragsparteien. Von anderen Organisationsvorschriften des Betriebsverfassungsgesetzes (z. B. §§ 9, 27, 28, 38 BetrVG) kann allein aufgrund § 3 BetrVG nicht abgewichen werden. Sie sind zwingend, insoweit sie selbst nichts Abweichendes bestimmen (vgl. beispielsweise §§ 47 Abs. 4, 55 Abs. 4 Satz 1 BetrVG).

Durch das Inkrafttreten eines Organisationskollektivvertrages wird die Wirksamkeit bestehender Betriebsvereinbarungen (mit der Ausnahme von Organisationsbetriebsvereinbarungen) nicht berührt. Diese „mitgebrachten" betrieblichen Regelungen gelten weiterhin für die Arbeitnehmer der Organisationseinheit, für die sie abgeschlossen wurden. Für ihre Durchführung ist die Arbeitnehmervertretung zuständig, deren „Wahlkreis" den betrieblichen Anwendungsbereich der Betriebsvereinbarung umfaßt.

Weist die Organisationskollektivvereinbarung einen Nichtigkeitsgrund auf, ist sie unwirksam. Ein entsprechender Feststellungsantrag ist im Beschlußverfahren vor den Arbeitsgerichten statthaft. Daneben kann die Rechtswirksamkeit inzident in jedem anderen Verfahren überprüft werden. Tarifverträge nach § 3 BetrVG unterliegen grundsätzlich der vollen gerichtlichen Rechtskontrolle. Die Erleichterungs- und Dienlichkeitsklauseln des § 3 Abs. 1 Nr. 1 bis 3 BetrVG enthalten aber unbestimmte Rechtsbegriffe. Als solche ziehen sie eine Einschätzungsprärogative der Koalitionen nach sich. Die Arbeitsgerichte können nur die Grenzen des Beurteilungsspielraums überprüfen, dagegen nicht ihre eigene Wertung an die Stelle derjenigen der Tarifvertragsparteien setzen. Gleiches wie für Tarifverträge gilt für Organisationsbetriebsvereinbarungen. Wurde vor der gerichtlichen Feststellung der Nichtigkeit der Kollektivvereinbarung auf ihrer Grundlage eine betriebliche Arbeitnehmervertretung errichtet, ist deren Wahl grob fehlerhaft. Ob die Wahl darüber hinaus einen offensichtlichen Verstoß aufweist und nichtig ist, bestimmt sich anhand des Nichtigkeitsgrundes des Kollektivvertrages. War dieser nicht offensichtlich, ist die Wahl der kollektivvertraglichen Arbeitnehmervertretung lediglich gem. § 19 BetrVG anfechtbar.

Literaturverzeichnis

Abeln, Christoph: Wesentliche Regelungen des aktuellen Reformentwurfs, AuA 2001, S. 170 ff.

Adomeit, Klaus: Die *Regelungsabrede* als die neben der Betriebsvereinbarung zulässige Ausübungsform der Mitbestimmung in sozialen Angelegenheiten (§ 56 BetrVG, § 67 PersVG), Düsseldorf 1960
- Zur Rechtsnatur der Betriebsvereinbarung – Mit Folgerungen für ihre Entstehung, Aufhebung und Kündbarkeit, BB 1962, S. 1246 ff.
- *Rechtsquellenfragen* im Arbeitsrecht, München 1969
- Schwierigkeiten mit dem Kollektiven Arbeitsrecht in: Hönn, Günther/Konzen, Horst/Kreutz, Peter (Hrsg.): Festschrift für Alfons Kraft zum 70. Geburtstag, Neuwied, Kriftel 1998, S. 1 ff. (zit.: FS Kraft)

Aigner, Martin: Ausgewählte Probleme im Zusammenhang mit der Erteilung der Allgemeinverbindlicherklärung von Tarifverträgen, DB 1994, S. 2545 ff.

Andresen, Bernd: Nachwirkung tariflicher Arbeitszeitregelungen, DB 1978, S. 1275 ff.

Annuß, Georg: Schwierigkeiten mit § 3 I Nr. 3 BetrVG?, NZA 2002, S. 290 ff.

Ansey, Siegfried/*Koberski*, Wolfgang: Die Allgemeinverbindlicherklärung von Tarifverträgen, ArbuR 1987, S. 230 ff.

Arland, Katharina *Czerweny von*: Die *Arbeitskampfmittel* der Gewerkschaften und der Verhältnismäßigkeitsgrundsatz, Frankfurt a.M., Berlin, Bern, New York, Paris, Wien 1993, zugl. Diss. Heidelberg 1992

Arnold, Markus: Anmerkung zu BAG vom 11.9.1991 – 4 AZR 71/91 in: AP Nr. 29 zu Internationales Privatrecht/Arbeitsrecht

Ascheid, Reiner/*Preis*, Ulrich/*Schmidt*, Ingrid (Hrsg.): Großkommentar zum Kündigungsrecht, München 2000 (zit.: *Verf.* in: Ascheid/Preis/I. Schmidt)

Bachner, Michael: Die Rechtsetzungsmacht der Betriebsparteien durch Konzernbetriebsvereinbarung, NZA 1995, S. 256 ff.

Badura, Peter: Arbeitsgesetzbuch, Koalitionsfreiheit und Tarifautonomie, RdA 1974, S. 129 ff.
- Das Recht der Koalitionen – Verfassungsrechtliche Fragestellungen –, ArbRdGegw. 15 (1978), S. 17 ff.
- Verfassungsrechtliche Grundlagen der Allgemeinverbindlicherklärung von Tarifverträgen, BlStSozArbR 1978, S. 353 ff.
- Arbeit als Beruf (Art. 12 Abs. 1 GG) in: Hanau, Peter/Müller, Gerhard/Wiedemann, Herbert/Wlotzke, Otfried (Hrsg.): Festschrift für Wilhelm Herschel zum 85. Geburtstag, München 1982, S. 21 ff. (zit.: FS Herschel)
- *Staatsrecht*: systematische Erläuterung des Grundgesetzes für die Bundesrepublik Deutschland, 2. Aufl., München 1996

Baeck, Ulrich/*Deutsch*, Markus: Arbeitszeitgesetz: Kommentar, München 1998

Bakopoulos, Konstantinos: *Zuständigkeitsverteilung* zwischen tarifvertraglicher und innerbetrieblicher Normsetzung, Berlin 1991, zugl. Diss. Freie Universität Berlin 1989

Bauer, Jobst-Hubertus: *Sprecherausschußgesetz* mit Wahlordnung und Erläuterungen, 2.

Aufl., München 1990

Bauer, Jobst-Hubertus/*Diller*, Martin: Flucht aus Tarifverträgen – Konsequenzen und Probleme –, DB 1993, S. 1085 ff.

Bauschke, Hans-Joachim: Zur Problematik tariflicher Bezugnahmeklauseln, ZTR 1993, S. 416 ff.
– Anmerkung zu BAG vom 7.3.1995 – 3 AZR 282/94 in: AP Nr. 26 zu § 1 BetrAVG Gleichbehandlung

Becker, Friedrich/*Hillebrecht*, Wilfried (Mitbegr.)/*Bader*, Peter/*Etzel*, Gerhard/*Fischermeier*, Ernst/u. a. (Bearb.): Gemeinschaftskommentar zum Kündigungsschutzgesetz und zu sonstigen kündigungsschutzrechtlichen Vorschriften, 6. Aufl., Neuwied, Kriftel 2002 (zit.: *Verf.* in: KR)

Behrens, Walther/*Hohenstatt*, Klaus-Stefan: Nachwirkung betriebsverfassungsrechtlicher Normen nach Ablauf des Tarifvertrages (§ 4 Abs. 5 TVG)?, DB 1991, S. 1877 f.

Beitzke, Günther: Anmerkung zu BAG vom 15.1.1955 – 1 AZR 305/54 in: AP Nr. 4 zu Art. 3 GG

Belling, Detlev W.: Das *Günstigkeitsprinzip* im Arbeitsrecht, Berlin 1984, zugl. Diss. Münster 1983
– Die *Haftung des Betriebsrats* und seiner Mitglieder für Pflichtverletzungen, Tübingen 1990, zugl. Habil. Münster 1989/1990

Belling, Detlev W./*Hartmann*, Christian: Die Rechtswirkungen einer gegen § 77 III BetrVG verstoßenden Betriebsvereinbarung, NZA 1998, S. 673 ff.

Benda, Ernst/*Maihofer*, Werner/*Vogel*, Hans-Jochen (Hrsg.): Handbuch des Verfassungsrechts der Bundesrepublik Deutschland, 2. Aufl., Berlin, New York 1994 (zit.: *Verf.* in: Benda/Maihofer/Vogel, HdbVerfR)

Bender, Reinhard: Arbeitszeitflexibilisierung durch Tarifvertrag und Betriebsvereinbarung auf der Grundlage eines entschärften Tarifvorranges, BB 1987, S. 1117 ff.

Benz-Overhage, Karin/*Klebe*, Thomas: Betriebsverfassung im 21. Jahrhundert: Überlegungen zu einer modernen Betriebsverfassung, AiB 2000, S. 24 ff.

Berg, Peter: Tarifvorrang und Regelungsabrede in: Engelen-Kefer, Ursula/Schoden, Michael/Zachert, Ulrich (Hrsg.): Arbeitsrecht in der Bewährung: Festschrift für Karl Kehrmann zum 65. Geburtstag, Köln 1997, S. 271 ff. (zit.: FS Kehrmann)

Berger-Delhey, Ulf: „Wenn gute Reden sie begleiten, dann fließt die Arbeit munter fort"?, ZTR 2001, S. 108 ff.

Bernzen, Uwe: *Das Subsidiaritätsprinzip als Prinzip des deutschen Staatsrechts*, Diss. Kiel 1966

Berscheid, Ernst-Dieter: Die Auswirkungen der arbeitsrechtlichen Vorschriften des Umwandlungsgesetzes auf die einzelnen Arbeitsverhältnisse und die Beteiligungsrechte des Betriebsrats in: Farthmann, Friedhelm/Hanau, Peter/Isenhardt, Udo/Preis, Ulrich (Hrsg.): Arbeitsgesetzgebung und Arbeitsrechtsprechung: Festschrift zum 70. Geburtstag von Eugen Stahlhacke, Neuwied, Kriftel, Berlin 1995, S. 15 ff. (zit.: FS Stahlhacke)

Bertelsmann Stiftung/Hans-Böckler-Stiftung (Hrsg.): Mitbestimmung und neue Unternehmenskulturen – Bilanz und Perspektiven: Bericht der Kommission Mitbestimmung,

2. Aufl., Gütersloh 1999 (zit.: Kommission Mitbestimmung, Mitbestimmung und neue Unternehmenskulturen)

Beuthien, Volker: Erweiterte wirtschaftliche Mitbestimmung durch Tarifvertrag?, Juristische Analysen 1970, S. 130 ff.
- Unternehmensbezogene Tarifverträge und paritätische Mitbestimmung im Unternehmen, BB 1975, S. 477 ff.
- Tariföffnungsklauseln zwecks Arbeitsplatzsicherung, BB 1983, S. 1992 ff.
- Unternehmerische Mitbestimmung kraft Tarif- oder Betriebsautonomie? Teil I, ZfA 1983, S. 141 ff.
- Mitbestimmung unternehmerischer Sachentscheidungen kraft Tarif- oder Betriebsautonomie? Teil II, ZfA 1984, S. 1 ff.
- Tarifverträge betriebsverfassungsrechtlichen Inhalts. Ein neuer Weg zu mehr Mitbestimmung im Betrieb und Unternehmen?, ZfA 1986, S. 131 ff.
- Die Unternehmensautonomie im Zugriff des Arbeitsrechts, ZfA 1988, S. 1 ff.

Biberacher, Hansjörg: Betriebliche *Rechtssetzungsmacht*, Frankfurt a.M. 1983

Bieback, Karl-Jürgen: Tarifrechtliche Probleme des Verbandswechsels von Arbeitgebern, DB 1989, S. 477 ff.

Biedenkopf, Kurt Hans: Zum Problem der negativen Koalitionsfreiheit, JZ 1961, S. 346 ff.
- *Grenzen der Tarifautonomie*, Karlsruhe 1964, zugl. Habil. Frankfurt a.M. 1964
- Sinn und Grenzen der Vereinbarungsbefugnis der Tarifvertragsparteien. Gutachten für den 46. Deutschen Juristentag in: Ständige Deputation des Deutschen Juristentages (Hrsg.): Verhandlungen des 46. Deutschen Juristentages Essen 1966, Band I (Gutachten), Teil 1 Sinn und Grenzen der Vereinbarungsbefugnis der Tarifvertragsparteien, München, Berlin 1966, S. 97 ff. (zit.: Gutachten 46. DJT)
- Konzernbetriebsrat und Konzernbegriff in: Zonderland, Pieter (Red.): Quo vadis, ius societatum? Liber amicorum Pieter Sanders 21 september 1912-1972, Deventer (Niederlande) 1972, S. 1 ff. (zit.: Liber amicorum Sanders)
- Redebeitrag, Bundesrats-Plenarprotokoll 761, S. 126 ff.

Birk, Rolf: Unternehmenskooperation und Betriebsverfassung in: Hönn, Günther/Konzen, Horst/Kreutz, Peter (Hrsg.): Festschrift für Alfons Kraft zum 70. Geburtstag, Neuwied, Kriftel 1998, S. 11 ff. (zit.: FS Kraft)

Blank, Michael/*Blanke*, Hermann/*Klebe*, Thomas/*Kümpel*, Winfried/*Wendeling-Schröder*, Ulrike/*Wolter*, Henner: Arbeitnehmerschutz bei Betriebsaufspaltung und Unternehmensteilung, 2. Aufl., Köln 1987 (zit.: Blank/H. Blanke/u. a., Arbeitnehmerschutz)

Blanke, Thomas: Europäisches Betriebsräte-Gesetz: *EBRG-Kommentar*, Baden-Baden 1999

Blanke, Thomas/*Rose*, Edgar: Veränderungen in der Arbeitsorganisation: Anforderungen an die Mitbestimmung betrieblicher Planungsprozesse, AiB 2000, S. 491 ff.

Bleckmann, Albert: *Staatsrecht*, 2. Die Grundrechte, 4. Aufl., Köln, Berlin, Bonn, München 1997

Blomeyer, Wolfgang: Die rechtliche Bewertung des Betriebsfriedens im Individualarbeits- und Betriebsverfassungsrecht, ZfA 1972, S. 85 ff.
- Der Bestandsschutz der Ruhegeldanwartschaften bei einer Einschränkung der betrieblichen Altersversorgung in: Dieterich, Thomas/Gamillscheg, Franz/Wiedemann, Herbert (Hrsg.): Festschrift für Marie Luise Hilger und Hermann Stumpf zum 70.

Geburtstag, München 1983, S. 41 ff. (zit.: FS Hilger/Stumpf)
- Kündigung und Neuabschluß einer Betriebsvereinbarung über teilmitbestimmungspflichtige Sozialleistungen, DB 1985, S. 2506 ff.
- Nachwirkung und Weitergeltung abgelaufener Betriebsvereinbarungen über „freiwillige" Sozialleistungen, DB 1990, S. 173 ff.
- Das Günstigkeitsprinzip in der Betriebsverfassung – Die Betriebsvereinbarung zwischen Individual- und Tarifvertrag, NZA 1996, S. 337 ff.

Blomeyer, Wolfgang/*Otto*, Klaus: Gesetz zur Verbesserung der betrieblichen Altersversorgung: Kommentar, 2. Aufl., München 1997

Boecken, Winfried: *Unternehmensumwandlungen* und Arbeitsrecht, Köln 1996

Boerner, Dietmar: Die Reform der Entgeltfortzahlung und der Urlaubsanrechnung im Lichte der Tarifautonomie, ZTR 1996, S. 435 ff.

Bösche, Burchard: Die weißen Flecken der Betriebsratslosigkeit, AiB 2001, S. 110 f.

Bötticher, Eduard: *Gestaltungsrecht und Unterwerfung* im Privatrecht. Vortrag gehalten vor der Berliner Juristischen Gesellschaft am 8. November 1963, Berlin 1964
- Die *Gemeinsamen* *Einrichtungen* der Tarifvertragsparteien, Heidelberg 1966

Boewer, Dietrich: Das Initiativrecht des Betriebsrats in sozialen Angelegenheiten, DB 1973, S. 522 ff.

Bogs, Walter: Autonomie und verbandliche Selbstverwaltung im modernen Arbeits- und Sozialrecht (Vortrag in der Juristischen Gesellschaft zu Kassel), RdA 1956, S. 1 ff.

Boldt, Gerhard: Der Einfluß des Inkrafttretens des Bundesurlaubsgesetzes auf bereits bestehende und auf nachwirkende Tarifverträge in: Ule, Carl Hermann/Schwab, Karl Heinz/Ulmer, Eugen/Seidl-Hohenveldern, Ignaz (Hrsg.): Recht im Wandel. Beiträge zu Strömungen und Fragen im heutigen Recht. Festschrift hundertfünfzig Jahre Carl Heymanns Verlag KG, Köln, Berlin, Bonn, München 1965, S. 227 ff. (zit.: FS C. Heymanns Verlag)
- Zur Zulässigkeit von Firmentarifverträgen mit verbandsangehörigen Unternehmen, RdA 1971, S. 257 ff.

Braun, Bernd/*Jöckel*, Rainer: Ist die Allgemeinverbindlicherklärung nach § 5 TVG verfassungsgemäß?, DB 1972, S. 1338 ff.

Brockschmidt, Cordula: Auswirkung der *Unternehmensorganisation* auf die Betriebsverfassung, Diss. Münster 1997

Brox, Hans/*Rüthers*, Bernd: Arbeitskampfrecht: ein Handbuch für die Praxis, 2. Aufl., Stuttgart, Berlin, Köln, Mainz 1982 (zit.: *Verf.* in: Brox/Rüthers, Arbeitskampfrecht)

Bruhn, Claus-Jürgen: *Tariffähigkeit* von Gewerkschaften und Autonomie: eine Kritik der Mächtigkeitslehre des Bundesarbeitsgerichtes, Berlin 1993, zugl. Diss. Erlangen, Nürnberg 1992

Buchner, Herbert: *Tarifvertragsgesetz und Koalitionsfreiheit*. Zur verfassungsrechtlichen Problematik der §§ 3 Abs. 2, 3 Abs. 3, 5 und 9 Abs. 1 TVG, Diss. München 1964
- Der Umfang tariflicher Abschlußnormen, insbesondere ihre Abgrenzung zu den Normen über betriebliche Fragen, RdA 1966, S. 208 ff.
- Reform des Betriebsverfassungsrechts. Die aktuellen Änderungsvorschläge – Übersicht und Würdigung., Die AG 1971, S. 189 ff.
- Rechtswirksamkeit der tarifvertraglichen Regelung über die Flexibilisierung der

Arbeitszeit in der Metallindustrie, DB 1985, S. 913 ff.
- Tarifzuständigkeit bei Abschluß von Verbands- und Firmentarifverträgen, ZfA 1995, S. 95 ff.
- Betriebsräte auf schwierigem Terrain – die Viessmann-Entscheidungen des Arbeitsgerichts Marburg, NZA 1996, S. 1304 ff.
- Die Reichweite der Regelungssperre aus § 77 Abs. 3 Satz 1 BetrVG, DB 1997, S. 573 ff.
- Die tarifrechtliche Situation bei Verbandsaustritt und bei Auflösung eines Arbeitgeberverbandes, RdA 1997, S. 259 ff.
- Zur Rechtsstellung des Betriebsrats in: Hanau, Peter/Lorenz, Egon/Matthes, Hans-Christoph (Hrsg.): Festschrift für Günther Wiese zum 70. Geburtstag, Neuwied, Kriftel 1998, S. 55 ff. (zit.: FS Wiese)
- Vereinheitlichung tariflicher Strukturen im Unternehmens- und Konzernbereich in: Schlachter, Monika/Ascheid, Reiner/Friedrich, Hans-Wolf (Hrsg.): Tarifautonomie für ein neues Jahrhundert: Festschrift für Günter Schaub zum 65. Geburtstag, München 1998, S. 75 ff. (zit.: FS Schaub)
- Die Zuständigkeit des Konzernbetriebsrats in: Lieb, Manfred/Noack, Ulrich/Westermann, Harm Peter (Hrsg.): Festschrift für Wolfgang Zöllner zum 70. Geburtstag, Band II, Köln, Berlin, Bonn, München 1998, S. 697 ff. (zit.: FS Zöllner)
- Betriebsverfassungs-Novelle auf dem Prüfstand, NZA 2001, S. 633 ff.
- Unternehmensbezogene Tarifverträge – tarif-, verbands- und arbeitskampfrechtlicher Spielraum, DB 2001, Beilage Nr. 9, S. 1 ff.

Bullinger, Hans-Jörg/*Warnecke*, Hans-Jürgen/*Westkämper*, Engelbert (Hrsg.): Neue Organisationsformen im Unternehmen: ein Handbuch für das moderne Management, 2. Aufl., Berlin, Heidelberg, New York, u. a. 2003 (zit.: *Verf.* in: Bullinger/Warnecke/Westkämper, Neue Organisationsformen)

Butzer, Hermann: Verfassungsrechtliche Grundlagen zum Verhältnis Gesetzgebungshoheit und Tarifautonomie, RdA 1994, S. 375 ff.

Calliess, Christian/*Ruffert*, Matthias (Hrsg.): Kommentar des Vertrages über die Europäische Union und des Vertrages zur Gründung der Europäischen Gemeinschaft: EUV/EGV, 2. Aufl., Neuwied, Kriftel 2002 (zit.: *Verf.* in: Calliess/Ruffert)

Canaris, Claus-Wilhelm: Funktionelle und inhaltliche Grenzen kollektiver Gestaltungsmacht bei der Betriebsvereinbarung, ArbuR 1966, S. 129 ff.
- Grundrechtswirkungen und Verhältnismäßigkeitsprinzip in der richterlichen Anwendung und Fortbildung des Privatrechts, JuS 1989, S. 161 ff.

Crisolli (ohne Vorname): Anmerkung zu BAG vom 28.6.1972 – 4 AZR 331/71 in: AP Nr. 55 zu §§ 22, 23 BAT

Dachrodt, Heinz-G./*Engelbert*, Volker: Praktiker-Kommentar zum Betriebsverfassungsrecht, Herne, Berlin 2002

Däubler, Wolfgang: Das *Grundrecht auf Mitbestimmung* und seine Realisierung durch tarifvertragliche Begründung von Beteiligungsrechten, 4. Aufl., Frankfurt a.M. 1976
- Verschlechterung der Arbeitsbedingungen durch Betriebsvereinbarung?, ArbuR 1984, S. 1 ff.
- (Hrsg.): Arbeitskampfrecht, 2. Aufl., Baden-Baden 1987 (zit.: *Verf.* in: Däubler, Arbeitskampfrecht)
- *Tarifvertragsrecht*, 3. Aufl., Baden-Baden 1993
- Tarifflucht – eine aussichtsreiche Strategie zur Reduzierung von Lohnkosten?, ZTR 1994,

S. 448 ff.
- Das *Arbeitsrecht I.* Leitfaden für Arbeitnehmer, 14. Aufl., Reinbek bei Hamburg 1995
- Tarifvertragsrecht und Konzern, ZIAS 1995, S. 525 ff.
- Tarifausstieg – Erscheinungsformen und Rechtsfolgen, NZA 1996, S. 225 ff.
- Die Auswirkungen der Schuldrechtsmodernisierung auf das Arbeitsrecht, NZA 2001, S. 1329 ff.
- Eine bessere Betriebsverfassung? Der Referentenentwurf zur Reform des BetrVG, ArbuR 2001, S. 1 ff.
- Die Betriebsverfassung im historischen und rechtlichen Kontext, GMH 2001, S. 212 ff.
- BetrVG 2001 – ein Schritt nach vorne?, WSI Mitteilungen 2001, S. 63 f.
- Reform der Betriebsverfassung – letzte Etappe. Konkrete Vorschläge in der Anhörung durch den Arbeits- und Sozialausschuß, AiB 2001, S. 313 ff.
- Die veränderte Betriebsverfassung – Erste Anwendungsprobleme –, ArbuR 2001, S. 285 ff.

Däubler, Wolfgang/*Hege*, Hans: *Koalitionsfreiheit*: ein Kommentar, Baden-Baden 1976

Däubler, Wolfgang/*Kittner*, Michael/*Klebe*, Thomas (Hrsg.): Betriebsverfassungsgesetz: BetrVG; mit Wahlordnung, §§ 321 – 325 UmwG, §§ 121 – 128 InsO und EBR-Gesetz; Kommentar für die Praxis, 7. Aufl., Köln 2000 (zit.: *Verf.* in: Däubler/Kittner/Klebe [7. Aufl.])
- Betriebsverfassungsgesetz: BetrVG; mit Wahlordnung, §§ 121 – 128 InsO und EBR-Gesetz, 8. Aufl., Frankfurt a.M. 2002 (zit.: *Verf.* in: Däubler/Kittner/Klebe)

Däubler, Wolfgang/*Mayer-Maly*, Theo: Negative Koalitionsfreiheit?, Tübingen 1971 (zit.: *Verf.* in: Däubler/Mayer-Maly, Negative Koalitionsfreiheit)

Dahlbender, Frank: Der *Austritt des Arbeitgebers* aus seinem Verband zwecks Loslösung von Tarifverträgen, Aachen 1996, zugl. Diss. Bonn 1995

Dau, Dirk H./*Düwell*, Franz Josef/*Haines*, Hartmut (Hrsg.): Rehabilitation und Teilhabe behinderter Menschen: Lehr- und Praxiskommentar (LPK-SGB IX); mit Anhang Verfahren und Rechtsschutz, Baden-Baden 2002 (zit.: *Verf.* in: LPK-SGB IX)

Delbos, Roland: *Tarifkonkurrenz* und Tarifeinheit, Diss. Würzburg 1970

Dellmann, Hansjörg: Die *Allgemeinverbindlicherklärung von Tarifverträgen* – staatliche Rechtsetzung oder Mitwirkung des Staates im Rahmen erweiterter Autonomie der Sozialpartner?, Diss. Köln 1966

Denninger, Erhard/*Hoffmann-Riem*, Wolfgang/*Schneider*, Hans-Peter/*Stein*, Ekkehart (Hrsg.): Kommentar zum Grundgesetz für die Bundesrepublik Deutschland, 3. Aufl., Neuwied, Kriftel 2001 (zit.: *Verf.* in: AK-GG)

Dersch, Hermann (Begr.)/*Neumann*, Dirk: Bundesurlaubsgesetz: nebst allen anderen Urlaubsbestimmungen des Bundes und der Länder; Kommentar, 8. Aufl., München 1997

Deutscher Beamtenbund, Stellungnahme zur Novellierung des Betriebsverfassungsgesetzes, ZBVR 2001, S. 19 ff.

Dieterich, Thomas: Die *betrieblichen Normen* nach dem Tarifvertragsgesetz vom 9.4.1949, Heidelberg 1964, zugl. Diss. Heidelberg 1962
- Die Grundrechtsbindung von Tarifverträgen in: Schlachter, Monika/Ascheid, Reiner/Friedrich, Hans-Wolf (Hrsg.): Tarifautonomie für ein neues Jahrhundert: Festschrift für Günter Schaub zum 65. Geburtstag, München 1998, S. 117 ff. (zit.: FS

Schaub)
- Zur Verfassungsmäßigkeit tariflicher Betriebsnormen in: Klebe, Thomas/Wedde, Peter/Wolmerath, Martin (Hrsg.): Recht und soziale Arbeitswelt: Festschrift für Wolfgang Däubler zum 60. Geburtstag, Frankfurt a.M. 1999, S. 451 ff. (zit.: FS Däubler)
- Flexibilisiertes Tarifrecht und Grundgesetz, RdA 2002, S. 1 ff.

Dieterich, Thomas/*Hanau*, Peter/*Schaub*, Günter (Hrsg.): Erfurter Kommentar zum Arbeitsrecht, 2. Aufl., München 2001 (zit.: *Verf.* in: ErfK [2. Aufl.])
- Erfurter Kommentar zum Arbeitsrecht, 3. Aufl., München 2003 (zit.: *Verf.* in: ErfK)

Dietz, Rolf: Selbständigkeit des Betriebsteils und des Nebenbetriebes – betriebsverfassungsrechtlich und tarifrechtlich – in: Festschrift für Arthur Nikisch, Tübingen 1958, S. 23 ff. (zit.: FS Nikisch)
- Betriebsverfassungsgesetz mit Wahlordnung, 4. Aufl., München, Berlin 1967
- Die Koalitionsfreiheit in: Bettermann, Karl August/Nipperdey, Hans Carl/Scheuner, Ulrich (Hrsg.): Die Grundrechte: Handbuch der Theorie und Praxis der Grundrechte, Band III. 1. Halbband: Die Wirtschafts- und Arbeitsverfassung, 2. Aufl., Berlin 1972, S. 417 ff. (zit.: Dietz in: Bettermann/Nipperdey/Scheuner)

Dimitriadis, Stephan: Ungelöste Probleme des neuen Betriebsverfassungsgesetzes, ZBVR 2002, S. 67 f.

Dimitriadis, Stephan/*Ilbertz*, Wilhelm/*Kallenberg*, Stephan/*Klein*, Jens/*Knauf*, Ute/*Kowalsky*, Dieter/*Rudolph*, Wolf-Dieter/*Süllwold*, Susanne/*Wurm*, Thomas: Das neue Betriebsverfassungsgesetz, ZBVR 2001, S. 170 ff.

Diringer, Arnd: Der Phantasie sind keine Grenzen gesetzt, AuA 2001, S. 172 ff.

Dörner, Hans-Jürgen: Die Anrechnungsbestimmungen des § 4 a I EFZG und des § 10 I BUrlG und die Tarifautonomie, NZA 1998, S. 561 ff.

Dolzer, Rudolf/*Vogel*, Klaus/*Graßhof*, Karin (Hrsg.): Bonner Kommentar zum Grundgesetz, 103. Lfg., Heidelberg 2002 (zit.: *Verf.* in: Bonner Kommentar)

Dorndorf, Eberhard/*Weller*, Bernhard/*Hauck*, Friedrich/*Höland*, Armin/*Kriebel*, Volkhart/*Neef*, Klaus: Heidelberger Kommentar zum Kündigungsschutzgesetz, 4. Aufl., Heidelberg 2001 (zit.: *Verf.* in: HK-KSchG)

Dreier, Horst (Hrsg.): Grundgesetz: Kommentar. Band 1. Artikel 1-19, Tübingen 1996 (zit.: *Verf.* in: Dreier)

Dudenredaktion (Hrsg.): Duden. Band 7 – Herkunftswörterbuch, Etymologie der deutschen Sprache, 3. Aufl., Mannheim, Leipzig, Wien, Zürich 2001 (zit.: Duden, Bd. 7)
- Duden. Band 10 – Das Bedeutungswörterbuch, 3. Aufl., Mannheim, Leipzig, Wien, Zürich 2002 (zit.: Duden, Bd. 10)

Dürig, Günter: Verfassung und Verwaltung im Wohlfahrtsstaat, JZ 1953, S. 193 ff.

Dütz, Wilhelm: Koalitionsautonome Regelung der Arbeits- und Wirtschaftsbedingungen – auf der Grundlage der bundesverfassungsgerichtlichen Rechtsprechung –, JA 1987, S. 405 ff.
- *Arbeitsrecht*, 7. Aufl., München 2002

Dütz, Wilhelm/*Rotter*, Stephan: Anmerkung zu BAG vom 11.9.1991 – 4 AZR 71/91 in: AP Nr. 29 zu Internationales Privatrecht/Arbeitsrecht

Dütz, Wilhelm/*Schulin*, Bertram: Das Betriebsverfassungsrecht in seiner dogmatischen und systematischen Fortentwicklung – Zugleich eine Besprechung der Kommentare von Dietz-

Richardi und Fabricius-Kraft-Thiele-Wiese –, ZfA 1975, S. 103 ff.

Düwell, Franz Josef: (Hrsg.): Betriebsverfassungsgesetz. Handkommentar, Baden-Baden 2002 (zit.: *Verf.* in: HaKo-BetrVG)

Ehmann, Horst: Vom Arbeitskampfrecht zur Mitbestimmung – Entwicklungen in der Krise des Sozialismus, NZA 1991, S. 1 ff.
– Diskussionsbeitrag in: Ständige Deputation des Deutschen Juristentages (Hrsg.): Verhandlungen des 61. Deutschen Juristentages Karlsruhe 1996, Band II/2 (Sitzungsberichte – Diskussion und Beschlußfassung), München 1996, K 105 ff. (zit.: Diskussionsbeitrag 61. DJT, Bd. II/2)
– Empfiehlt es sich, die Regelungsbefugnisse der Tarifparteien im Verhältnis zu den Betriebsparteien zu ordnen?, ZRP 1996, S. 314 ff.

Ehmann, Horst/*Lambrich*, Thomas: Vorrang der Betriebs- vor der Tarifautonomie kraft des Subsidiaritätsprinzips? – Betriebsvereinbarungen als „andere Abmachungen“, NZA 1996, S. 346 ff.

Ehmann, Horst/*Schmidt*, Thomas Benedikt: Betriebsvereinbarungen und Tarifverträge – Grenzen des Tarifvorrangs, NZA 1995, S. 193 ff.

Ehmke, Horst: *„Ermessen“ und „unbestimmter Rechtsbegriff“* im Verwaltungsrecht, Tübingen 1960

Eich, Rolf-Achim: Tarifverträge nach § 3 BetrVG – Rechtliche Erwägungen und Hinweise zur praktischen Umsetzung in: Goos, Wolfgang/Molitor, Karl: Arbeitsrecht im Strukturwandel: Festschrift für Dr. Weinspach, Neuwied, Kriftel 2002, S. 17 ff. (zit.: FS Weinspach)

Eickelberg, Martin: *Probleme der Betriebsvereinbarung* über Arbeitsentgelt und sonstige Arbeitsbedingungen nach dem Betriebsverfassungsgesetz 1972 – eine rechtsvergleichende Untersuchung mit dem Betriebsverfassungsgesetz 1952 –, Diss. Bochum 1973

Engels, Gerd/*Trebinger*, Yvonne/*Löhr-Steinhaus*, Wilfried: Regierungsentwurf eines Gesetzes zur Reform des Betriebsverfassungsgesetzes – Überblick über die wesentlichen Änderungen –, DB 2001, S. 532 ff.

Erichsen, Hans-Uwe/*Ehlers*, Dirk (Hrsg.): Allgemeines Verwaltungsrecht, 12. Aufl., Berlin 2002 (zit.: *Verf.* in: Erichsen/Ehlers, AllgVerwaltungsrecht)

Etzel, Gerhard: Tarifordnung und Arbeitsvertrag, NZA 1987, Beilage Nr. 1, S. 19 ff.
– Betriebsverfassungsrecht, 7. Aufl., Neuwied, Kriftel 2001 (zit.: Etzel [7. Aufl.])
– Betriebsverfassungsrecht: systematische Darstellung, 8. Aufl., Neuwied, Kriftel 2002

Eyrenci, Öner: Die *Solidarnormen* im deutschen und schweizerischen kollektiven Arbeitsrecht, Diss. Freiburg (Breisgau) 1975

Fabricius, Fritz: *Relativität* der Rechtsfähigkeit: ein Beitrag zur Theorie und Praxis des privaten Personenrechts, München, Berlin 1963
– Anmerkung zu BAG vom 3.5.1984 – 6 ABR 68/81 in: AP Nr. 5 zu § 95 BetrVG 1972;

Fabricius, Fritz/*Kraft*, Alfons/*Wiese*, Günther/*Kreutz*, Peter/*Oetker*, Hartmut: Betriebsverfassungsgesetz: Gemeinschaftskommentar. Band 1. §§ 1 – 73 mit Wahlordnungen, 6. Aufl., Neuwied, Kriftel, Berlin 1998 (zit.: *Verf.* in: GK-BetrVG I [6. Aufl.])
– Betriebsverfassungsgesetz: Gemeinschaftskommentar. Band 2. §§ 74 – 132 mit Kommentierung des BetrVG 1952, 6. Aufl., Neuwied, Kriftel 1998 (zit.: *Verf.* in GK-

BetrVG II [6. Aufl.])

Fabricius, Fritz/*Kraft*, Alfons/*Wiese*, Günther/*Kreutz*, Peter/*Oetker*, Hartmut/*Raab*, Thomas/*Weber*, Christoph: Betriebsverfassungsgesetz: Gemeinschaftskommentar. Band 1. §§ 1 – 73 b mit Wahlordnungen, 7. Aufl., Neuwied, Kriftel, 2002 (zit.: *Verf.* in: GK-BetrVG I)
- Betriebsverfassungsgesetz: Gemeinschaftskommentar. Band 2. §§ 74 – 132 mit Kommentierungen des BetrVG 1952, 7. Aufl., Neuwied, Kriftel, 2002 (zit.: Verf. in: GK-BetrVG II)

Fastrich, Lorenz: *Richterliche Inhaltskontrolle* im Privatrecht, München 1992, zugl. Habil. München 1988/1989

Fechner, Erich: Sozialer Rechtsstaat und Arbeitsrecht, RdA 1955, S. 161 ff.

Feichtinger, Peter: Die betriebsverfassungsrechtliche *Regelungsbefugnis der Tarifvertragsparteien*, Diss. Mainz 1975

Feldes, Werner/*Kamm*, Rüdiger/*Peiseler*, Manfred/*Seggern*, Burkhard *von*/*Unterhinnighofen*, Hermann/*Westermann*, Bernd/*Witt*, Harald: Schwerbehindertenrecht: Basiskommentar zum SGB IX mit Wahlordnung, 7. Aufl., Frankfurt a.M. 2002

Fischer, Christian: Die tarifwidrigen *Betriebsvereinbarungen*, München 1998, zugl. Diss. Konstanz 1996/1997

Fischer, Ulrich: Die Vorschläge von DGB und DAG zur Reform des Betriebsverfassungsgesetzes, NZA 2000, S. 167 ff.
- Der Konzernbetriebsrat nach neuem Recht, AiB 2001, S. 565 ff.

Fitting, Karl (Begr.)/*Kaiser*, Heinrich/*Heither*, Friedrich/*Engels*, Gerd/*Schmidt*, Ingrid (Bearb.): Betriebsverfassungsgesetz: Handkommentar, 20. Aufl., München 2000 (zit.: Fitting [20. Aufl.])
- Betriebsverfassungsgesetz: Handkommentar, 21. Aufl., München 2002 (zit.: Fitting)

Fitting, Karl/*Kraegeloh*, Walter/*Auffarth*, Fritz: Betriebsverfassungsgesetz nebst Wahlordnung: Handkommentar für die Praxis, 9. Aufl., Berlin, Frankfurt a.M. 1970 (zit.: Fitting [9. Aufl.])

Franzen, Martin: Reformbedarf beim Betriebs- und Arbeitnehmerbegriff des Betriebsverfassungsgesetzes?, ZfA 2000, S. 285 ff.
- Die Freiheit der Arbeitnehmer zur Selbstbestimmung nach dem neuen BetrVG, ZfA 2001, S. 423 ff.
- Tarifrechtssystem und Gewerkschaftswettbewerb – Überlegungen zur Flexibilisierung des Flächentarifvertrags, RdA 2001, S. 1 ff.

Frese, Erich: Grundlagen der *Organisation*. Konzept – Prinzipien – Strukturen, 8. Aufl., Wiesbaden 2000

Friauf, Karl Heinrich: Die verfassungsrechtlichen Vorgaben einer gesetzlichen oder tarifvertraglichen Arbeitskampfordnung, RdA 1986, S. 188 ff.

Frieges, Holger M.: Der Betriebliche Entgeltausschuß – Kollektive Vereinbarungen trotz § 77 III BetrVG, NZA 1996, S. 921 ff.

Friese, Birgit: *Kollektive Koalitionsfreiheit* und Betriebsverfassung, Berlin 2000, zugl. Diss. Jena 1999
- Die Bildung von Spartenbetriebsräten nach § 3 Abs. 1 Nr. 2 BetrVG, RdA 2003, S. 92 ff.
- Tarifverträge nach § 3 BetrVG im System des geltenden Tarif- und Arbeitskampfrechts,

ZfA 2003, S. 237 ff.

Frölich, Armin: Eintritt und Beendigung der Nachwirkung von Tarifnormen, NZA 1992, S. 1105 ff.

Fuchs, Rainer: Der *Konzernbetriebsrat* – Funktion und Kompetenz –, Bern, Frankfurt a.M. 1974

Galperin, Hans: Organisationszwang und Koalitionsfreiheit in: Jantz, Kurt/Neumann-Duesberg, Horst/Schewe, Dieter (Hrsg.): Sozialreform und Sozialrecht – Beiträge zum Arbeits- und Sozialversicherungsrecht und zur Sozialpolitik. Festschrift für Walter Bogs, Berlin 1959 (Nachdruck 1996), S. 87 ff. (zit.: FS Bogs)
- Die Organstellung des Betriebsrates, RdA 1959, S. 321 ff.
- Die autonome Rechtsetzung im Arbeitsrecht in: Nipperdey, Hans Carl/Mitarbeiter (Hrsg.): Festschrift für Erich Molitor zum 75. Geburtstag am 3. Oktober 1961, München, Berlin 1962, S. 143 ff. (zit.: FS E. Molitor)
- Betriebsverfassungsgesetz und betriebliche Partnerschaft, RdA 1962, S. 366 ff.
- Begriff und Wesen des Betriebsverbandes, ArbRdGegw. 1 (1964), S. 75 ff.
- Die Stellung der Gewerkschaften im Staatsgefüge (I), DB 1970, S. 298 ff.

Galperin, Hans (Begr.)/*Löwisch*, Manfred/*Marienhagen*, Rolf: Kommentar zum Betriebsverfassungsgesetz. Band 1. Organisation der Betriebsverfassung (§§ 1 – 73 und Wahlordnung), 6. Aufl., Heidelberg 1982 (zit.: *Verf.* in: Galperin I)

Galperin, Hans (Begr.)/*Löwisch*, Manfred/*Kröger*, Bernd: Kommentar zum Betriebsverfassungsgesetz. Band 2. Regelungen der Mitbestimmung (§§ 74 – 132), 6. Aufl., Heidelberg 1982 (zit.: *Verf.* in: Galperin II)

Gamillscheg, Franz: Die Differenzierung nach der *Gewerkschaftszugehörigkeit*, Berlin 1966
- *Koalitionsfreiheit* und soziale Selbstverwaltung, Hannover 1968
- „Betrieb" und „Bargaining unit" Versuch des Vergleichs zweier Grundbegriffe, ZfA 1975, S. 357 ff.
- Mitbestimmung und Mitwirkung der Arbeitnehmer bei den Entscheidungen in Betrieb und Unternehmen: Zum Verhältnis Betriebsrat und Gewerkschaft in: Gamillscheg, Franz/Blanc-Jouvan, Xavier/Davies, Paul/u. a.: Mitbestimmung der Arbeitnehmer in Frankreich, Großbritannien, Schweden, Italien, den USA und der Bundesrepublik Deutschland: Verhandlungen der vereinigten Fachgruppen für Grundlagenforschung und Zivilrechtsvergleichung anläßlich der Tagung für Rechtsvergleichung in Münster i.W. vom 14.-17. September 1977, Frankfurt a.M. 1978, S. 11 ff. (zit.: Mitbestimmung der Arbeitnehmer)
- Arbeitsrecht. Band 2. Kollektives Arbeitsrecht, 6. Aufl., München 1984 (zit.: Arbeitsrecht II)
- Tarifverträge über die Organisation der Betriebsverfassung in: Gamillscheg, Franz/Rüthers, Bernd/Stahlhacke, Eugen (Hrsg.): Sozialpartnerschaft in der Bewährung: Festschrift für Karl Molitor zum 60. Geburtstag, München 1988, S. 133 ff. (zit.: FS K. Molitor)
- Die *Grundrechte im Arbeitsrecht*, Berlin 1989
- Überlegungen zum Verhältnis von Gewerkschaft und Betriebsrat in: Farthmann, Friedhelm/Hanau, Peter/Isenhardt, Udo/Preis, Ulrich (Hrsg.): Arbeitsgesetzgebung und Arbeitsrechtsprechung: Festschrift zum 70. Geburtstag von Eugen Stahlhacke, Neuwied, Kriftel, Berlin 1995, S. 129 ff. (zit.: FS Stahlhacke)
- *Kollektives Arbeitsrecht*: ein Lehrbuch. Band I: Grundlagen/Koalitionsfreiheit/

Tarifvertrag/Arbeitskampf und Schlichtung, München 1997
- Tarifvertrag zu Lasten der Gewerkschaft? in: Engelen-Kefer, Ursula/Schoden, Michael/Zachert, Ulrich (Hrsg.): Arbeitsrecht in der Bewährung: Festschrift für Karl Kehrmann zum 65. Geburtstag, Köln 1997, S. 247 ff. (zit.: FS Kehrmann)

Gast, Wolfgang: *Arbeitsvertrag und Direktion.* Zweiseitige Leistungsbestimmung im Arbeitsverhältnis, Berlin 1978, zugl. Habil. Mannheim 1976/1977
- *Tarifautonomie* und die Normsetzung durch Betriebsvereinbarung, Heidelberg 1981
- Anmerkung zu BAG vom 24.2.1987 – 1 ABR 18/85 in: BB 1987, S. 1249 ff.

Gaul, Björn: Die einzelvertragliche Bezugnahme auf einen Tarifvertrag beim Tarifwechsel des Arbeitgebers, NZA 1998, S. 9 ff.

Gaul, Dieter: Anmerkung zu BAG vom 17.12.1968 – 1 AZR 178/68 in: AP Nr. 27 zu § 56 BetrVG 1952
- Erstreckungsinhalt und Umfang einer tariflichen Bezugnahmeklausel auf den BAT, ZTR 1991, S. 188 ff.
- Schranken der Bezugnahme auf einen Tarifvertrag, ZTR 1993, S. 355 ff.

Gerhards, Thomas: Nachwirkung des Tarifvertrags bei Verbandsaustritt und Verbandswechsel des Arbeitgebers, BB 1997, S. 362 ff.

Germelmann, Claas-Hinrich/*Matthes*, Hans-Christoph/*Müller-Glöge*, Rudi/*Prütting*, Hanns: Arbeitsgerichtsgesetz: Kommentar, 4. Aufl., München 2001 (zit.: *Verf.* in: Germelmann/Matthes/Müller-Glöge/Prütting)

Geßler, Ernst/*Hefermehl*, Wolfgang/*Eckardt*, Ulrich/*Kropff*, Bruno: Aktiengesetz: Kommentar, Band I. §§ 1 – 75, München 1973 (zit.: *Verf.* in: Geßler/Hefermehl/Eckardt/Kropff)

Giesen, Richard: Betriebsersetzung durch Tarifvertrag?, BB 2002, S. 1480 ff.
- *Tarifvertragliche Rechtsgestaltung* für den Betrieb: Gegenstand und Reichweite betrieblicher und betriebsverfassungsrechtlicher Tarifnormen, Tübingen 2002, zugl. Habil. Bonn 2001

Gießen, Karl-Heinz: Die *Gewerkschaften* im Prozeß der Volks- und Staatswillensbildung, Berlin 1976, zugl. Diss. Marburg 1974

Glaubitz, Werner: Anmerkung zu BAG vom 11.6.1975 – 5 AZR 217/74 in: SAE 1976, S. 105 ff.

Gnade, Albert: Zur Anfechtung der Betriebsratswahl in: Hanau, Peter/Müller, Gerhard/Wiedemann, Herbert/Wlotzke, Otfried (Hrsg.): Festschrift für Wilhelm Herschel zum 85. Geburtstag, München 1982, S. 137 ff. (zit.: FS Herschel)

Gnade, Albert/*Kehrmann*, Karl/*Schneider*, Wolfgang/*Klebe*, Thomas/*Ratayczak*, Jürgen: Betriebsverfassungsgesetz: Basiskommentar, 10. Aufl., Frankfurt a.M. 2001

Goos, Wolfgang: Mitbestimmung bei betrieblichen Zulagen, NZA 1986, S. 701 ff.

Gorissen, Lars: Der *Arbeitgeberverbandswechsel*, Frankfurt a.M., Berlin, Bern, Brüssel, New York, Wien 1999, zugl. Diss. Bonn 1999

Gragert, Nicola: Möglichkeiten und Grenzen der *Flexibilisierung von Tarifverträgen* zugunsten betrieblicher Regelungen, Hamburg 1997, zugl. Diss. Hamburg 1997

Grell, Dieter: Der *Betriebsinhaberwechsel*: zugleich ein Beitrag zur Lehre von

Arbeitsverhältnis und Betrieb, Berlin 1957

Groeben, Hans *von der/Thiesing*, Jochen/*Ehlermann*, Claus-Dieter (Hrsg.): Kommentar zum EU-, EG-Vertrag, 5. Aufl., Baden-Baden 1997 (zit.: *Verf.* in: von der Groeben/Thiesing/Ehlermann)

Gröbing, Karl: Das Koalitionsrecht der Arbeitnehmer in der Krise, ArbuR 1986, S. 297 ff.

Große-Kock, Agnes: Anmerkung zu LAG Köln vom 29.3.2001 – 5 TaBV 22/01 in: AiB 2001, S. 603 f.

Großmann, Ruprecht/*Schimanski*, Werner/*Dopatka*, Friedrich-Wilhelm/*Spiolek*, Ursula/*Steinbrück*, Hans-Joachim: Gemeinschaftskommentar zum Schwerbehindertengesetz: (GK-SchwbG), 2. Aufl., Neuwied, Kriftel 1999 (zit.: *Verf.* in: GK-SchwbG)

Grunsky, Wolfgang: Arbeitsgerichtsgesetz: Kommentar, 7. Aufl., München 1995

Güllich, Karl Heinz: Die *unmittelbare Geltung von Betriebsvereinbarungen* im Konzern zu Lasten von beherrschten Gesellschaften, Diss. Erlangen-Nürnberg 1978

Gumpert, Jobst: Geht der Verbandstarif dem Firmentarif vor?, BB 1953, S. 115 f.
- Anmerkung zu BAG vom 22.2.1957 – 1 AZR 536/55 in: AP Nr. 2 zu § 4 TVG Tarifkonkurrenz

Gussen, Heinz: Die *Fortgeltung* von Betriebsvereinbarungen und Tarifverträgen beim Betriebsübergang: zur kollektiv- und individualrechtlichen Weitergeltung von Gesamtvereinbarungen beim Inhaberwechsel nach § 613a BGB, Berlin 1989, zugl. Diss. Bielefeld 1988

Gussen, Heinz/*Dauck*, Andreas: Die *Weitergeltung* von Betriebsvereinbarungen und Tarifverträgen bei Betriebsübergang und Umwandlung, 2. Aufl., Berlin 1997

Haas, Wolfgang: Die *Auswirkungen des Betriebsübergangs* insbesondere bei der Fusion von Kapitalgesellschaften auf Betriebsvereinbarungen, Diss. Mainz 1994

Hablitzel, Hans: *Verbands- und Betriebsratskompetenzen* für rechtsetzende Vereinbarungen im Arbeitsrecht – Zugleich ein Beitrag zum Verhältnis von Gewerkschaft und Betrieb, Diss. Würzburg 1970
- Zur Zulässigkeit von Betriebsvereinbarungen bei bestehender Tarifüblichkeit, DB 1971, S. 2158 ff.
- Das Verhältnis von Tarif- und Betriebsautonomie im Lichte des Subsidiaritätsprinzips, NZA 2001, S. 467 ff.

Hänlein, Andreas: Die Legitimation betrieblicher Rechtsetzung, RdA 2003, S. 26 ff.

Hammen, Horst: Die „richterliche Inhaltskontrolle" von Betriebsvereinbarungen (Sozialplänen) durch das Bundesarbeitsgericht insbesondere aus revisionsrechtlicher Sicht, RdA 1986, S. 23 ff.

Hammer, Michael: Die *betriebsverfassungsrechtliche Schutzpflicht* für die Selbstbestimmungsfreiheit des Arbeitnehmers: Bedeutung des § 75 Abs. 2 BetrVG für Grund und Grenzen betrieblicher Regelungsgewalt, Heidelberg 1998, zugl. Diss. Regensburg 1997

Hanau, Hans: Die Anfechtung der Betriebsratswahl. Die Voraussetzungen der Anfechtung – Das vorgeschaltete Kontrollverfahren, DB 1986, Beilage Nr. 4, S. 1 ff.
- *Individualautonomie* und Mitbestimmung in sozialen Angelegenheiten, Köln, Berlin, Bonn, München 1994, zugl. Diss. Tübingen 1993

- Anmerkung zu BAG vom 7.11.1995 – 3 AZR 676/94 in: AP Nr. 1 zu § 3 TVG Betriebsnormen
- Zur Verfassungsmäßigkeit von tarifvertraglichen Betriebsnormen am Beispiel der qualitativen Besetzungsregeln, RdA 1996, S. 158 ff.

Hanau, Peter: Lohn- und Tarifpolitik. Lohnpolitik ohne Verbände, Der Arbeitgeber 1970, S. 404 ff.
- Fragen der Mitbestimmung und Betriebsverfassung im Konzern, ZGR 1984, S. 468 ff.
- Aktuelles zu Betrieb, Unternehmen und Konzern im Arbeitsrecht, ZfA 1990, S. 115 ff.
- Die Deregulierung von Tarifverträgen durch Betriebsvereinbarungen als Problem der Koalitionsfreiheit (Art. 9 Abs. 3 GG), RdA 1993, S. 1 ff.
- Schlankere Betriebs- und Unternehmensverfassung in: Heinze, Meinhard/Söllner, Alfred (Hrsg.): Arbeitsrecht in der Bewährung. Festschrift für Otto Rudolf Kissel zum 65. Geburtstag, München 1994, S. 347 ff. (zit.: FS Kissel)
- Nationale Regelungen für internationale (europäische) Betriebsräte in: Baur, Jürgen F./Jacobs, Rainer/Lieb, Manfred/Müller-Graff, Peter-Christian (Hrsg.): Festschrift für Ralf Vieregge zum 70. Geburtstag am 6. November 1995, Berlin, New York 1995, S. 319 ff. (zit.: FS Vieregge)
- Der Tarifvertrag in der Krise, RdA 1998, S. 65 ff.
- Bausteine eines modernisierten Betriebsverfassungsgesetzes, Mitbestimmung 1999, Heft 6/7, S. 21 ff.
- Denkschrift zu dem Regierungsentwurf eines Gesetzes zur Reform des Betriebsverfassungsgesetzes, RdA 2001, S. 65 ff.
- Probleme der Neuregelung der Betriebsverfassung, ZIP 2001, S. 1981 ff.
- Die Reform der Betriebsverfassung, NJW 2001, S. 2513 ff.
- Wie modern ist die Reform?, AuA 2001, S. 211 ff.

Hanau, Peter/*Adomeit*, Klaus: Arbeitsrecht, 12. Aufl., Neuwied, Kriftel 2000 (zit.: *Verf.* in: Hanau/Adomeit)

Hanau, Peter/*Kania*, Thomas: Anmerkung zu BAG vom 20.3.1991 – 4 AZR 455/90 in: AP Nr. 20 zu § 4 TVG Tarifkonkurrenz
- Stufentarifverträge, DB 1995, S. 1229 ff.
- Die Bezugnahme auf Tarifverträge durch Arbeitsvertrag und betriebliche Übung in: Schlachter, Monika/Ascheid, Reiner/Friedrich, Hans-Wolf (Hrsg.): Tarifautonomie für ein neues Jahrhundert: Festschrift für Günter Schaub zum 65. Geburtstag, München 1998, S. 239 ff. (zit.: FS Schaub)

Hanau, Peter/*Vossen*, Reinhard: Die Auswirkungen des Betriebsinhaberwechsels auf Betriebsvereinbarungen und Tarifverträge in: Dieterich, Thomas/Gamillscheg, Franz/Wiedemann, Herbert (Hrsg.): Festschrift für Marie Luise Hilger und Hermann Stumpf zum 70. Geburtstag, München 1983, S. 271 ff. (zit.: FS Hilger/Stumpf)

Hauck, Friedrich: Betriebsbegriff und Betriebsrätestrukturen – Die Novellierung des BetrVG vor dem Hintergrund der bisherigen Rechtsprechung in: Lorenz, Frank/Schneider, Günter (Hrsg.): Das neue Betriebsverfassungsgesetz – eine Reform mit Perspektiven?, Recklinghausen 2002, S. 27 ff. (zit.: F. Hauck in: Lorenz/Schneider, Das neue Betriebsverfassungsgesetz)

Hauck, Karl/*Noftz*, Wolfgang (Begr.)/*Masuch*, Peter (Hrsg.): Rehabilitation und Teilhabe behinderter Menschen: Kommentar. Band 2, Berlin 2001 (zit.: *Verf.* in: K. Hauck/Noftz)

Haug, Ulrich: Tarifvorrang und innerbetriebliche Regelungsmechanismen, BB 1986, S. 1921 ff.

Heinze, Meinhard: Mitbestimmung des Betriebsrates und Arbeitskampf, DB 1982, Beilage Nr. 23, S. 1 ff.
- Die betriebsverfassungsrechtlichen Ansprüche des Betriebsrates gegenüber dem Arbeitgeber, DB 1983, Beilage Nr. 9, S. 1 ff.
- Inhalt und Grenzen betriebsverfassungsrechtlicher Rechte, ZfA 1988, S. 53 ff.
- Betriebsvereinbarung versus Tarifvertrag?, NZA 1989, S. 41 ff.
- Tarifautonomie und sogenanntes Günstigkeitsprinzip, NZA 1991, S. 329 ff.
- Regelungsabrede, Betriebsvereinbarung und Spruch der Einigungsstelle. Zustandekommen und Rechtswirkungen betrieblicher Regelungen, NZA 1994, S. 580 ff.
- Kollektive Arbeitsbedingungen im Spannungsfeld zwischen Tarif- und Betriebsautonomie, NZA 1995, S. 5 ff.
- Gibt es eine Alternative zur Tarifautonomie? – Thesen zur aktuellen Diskussion –, DB 1996, S. 729 ff.
- Arbeitsrechtliche Fragen bei der Übertragung und Umwandlung von Unternehmen, ZfA 1997, S. 1 ff.
- Wege aus der Krise des Arbeitsrechts – Der Beitrag der Wissenschaft, NZA 1997, S. 1 ff.
- Zur Reform des Flächentarifvertrages in: Hönn, Günther/Konzen, Horst/Kreutz, Peter (Hrsg.): Festschrift für Alfons Kraft zum 70. Geburtstag, Neuwied, Kriftel 1998, S. 205 ff. (zit.: FS Kraft)

Heisig, Beate: *Arbeitsentgelt- und Arbeitszeitregelungen* im Spannungsfeld zwischen tariflicher und betriebsvereinbarungsrechtlicher Normsetzungsbefugnis: die Auswirkungen des Tarifvorranges und des Tarifvorbehaltes, Frankfurt a.M., Bern, New York, Paris 1991, zugl. Diss. Köln 1990

Heither, Friedrich: Tarifvertragliche Gestaltung der Betriebsverfassung in: Schlachter, Monika/Ascheid, Reiner/Friedrich, Hans-Wolf (Hrsg.): Tarifautonomie für ein neues Jahrhundert: Festschrift für Günter Schaub zum 65. Geburtstag, München 1998, S. 295 ff. (zit.: FS Schaub)

Hensche, Detlef: Ein kurzer Sprung in die richtige Richtung, AiB 2001, S. 120 ff.

Henssler, Martin: Flexibilisierung der Arbeitsmarktordnung – Überlegungen zur Weiterentwicklung der tariflichen Regelungsmacht –, ZfA 1994, S. 487 ff.
- Tarifautonomie und Gesetzgebung, ZfA 1998, S. 1 ff.
- Firmentarifverträge und unternehmensbezogene Verbandstarifverträge als Instrumente einer „flexiblen", betriebsnahen Tarifpolitik, ZfA 1998, S. 517 ff.
- Subsidiarität und Betriebsverfassung – Gedanken zu einem BetrVG 2000 – in: Vorstand der Bayer-Stiftung für Deutsches und Internationales Arbeits- und Wirtschaftsrecht (Hrsg.): *Fortbildung des Arbeitsrechts*: (Betriebsverfassung und Altersvorsorge) nach den Grundsätzen Subsidiarität, Solidarität und Gemeinwohl; Fachtagung der Bayer-Stiftung für Deutsches und Internationales Arbeits- und Wirtschaftsrecht am 25. Mai 2000, München 2001, S. 53 ff.

Henssler, Martin/*Moll*, Wilhelm (Hrsg.): Kündigung und Kündigungsschutz in der betrieblichen Praxis, Köln 2000 (zit.: *Verf.* in: Henssler/Moll, Kündigung und Kündigungsschutz)

Herrmann, Elke: Das Günstigkeitsprinzip und die verschlechternde Betriebsvereinbarung, ZfA 1989, S. 577 ff.

Herschel, Wilhelm: Betriebsvereinbarung oder Betriebssatzung?, RdA 1948, S. 47 ff.
- Entwicklungstendenzen des Arbeitsrechts, RdA 1956, S. 161 ff.
- Zur Rechtsnatur der Allgemeinverbindlicherklärung von Tarifverträgen in: Jantz, Kurt/Neumann-Duesberg, Horst/Schewe, Dieter (Hrsg.): Sozialreform und Sozialrecht – Beiträge zum Arbeits- und Sozialversicherungsrecht und zur Sozialpolitik. Festschrift für Walter Bogs, Berlin 1959 (Nachdruck 1996), S. 125 ff. (zit.: FS Bogs)
- Die Zulassungsnormen des Tarifvertrages, RdA 1969, S. 211 ff.
- Buchbesprechung Richardi, Reinhard: Kollektivgewalt und Individualwille bei der Gestaltung des Arbeitsverhältnisses, AcP 170 (1970), S. 556 ff.
- Zur Entstehung des Tarifvertragsgesetzes, ZfA 1973, S. 183 ff.
- Der nachwirkende Tarifvertrag, insbesondere seine Änderung, ZfA 1976, S. 89 ff.
- Nachwirkung gegenüber tarifdispositivem Recht. Das Beispiel des § 7 AZO, DB 1980, S. 687 ff.
- Anmerkung zu BAG vom 8.12.1981 – 3 ABR 53/80 in: AP Nr. 1 zu § 1 BetrAVG Ablösung
- Vom Wesen der Allgemeinverbindlicherklärung von Tarifverträgen, RdA 1983, S. 162 ff.

Hess, Harald: Zulässigkeit, Inhalt und *Erstreikbarkeit betriebsnaher Tarifverträge*, Bern, Frankfurt a.M. 1973
- Rechtsfragen zum „betriebsnahen Tarifvertrag" unter Berücksichtigung von Tarifpluralitäten, ZfA 1976, S. 45 ff.

Hess, Harald/*Schlochauer*, Ursula/*Glaubitz*, Werner: Kommentar zum Betriebsverfassungsgesetz, 5. Aufl., Neuwied, Berlin, Kriftel 1997 (zit.: *Verf.* in: Hess/Schlochauer/Glaubitz)

Hesse, Konrad: Grundzüge des *Verfassungsrechts* der Bundesrepublik Deutschland, 20. Aufl., Heidelberg 1999

Hessel, Philipp: Zur Frage der Nachwirkung tariflicher Arbeitszeitregelungen, ArbuSozR 1959, S. 179 ff.
- Zur Frage der Nachwirkung tariflicher Arbeitszeitregelungen, RdA 1959, S. 259 ff.

Hilger, Marie Luise: Anmerkung zu BAG vom 24.3.1981 – 1 AZR 805/78 in: AP Nr. 12 zu § 112 BetrVG 1972

Hilger, Marie Luise/*Stumpf*, Hermann: Ablösung betrieblicher Gratifikations- und Versorgungsordnungen durch Betriebsvereinbarung in: Mayer-Maly, Theo/Richardi, Reinhard/Schambeck, Herbert/Zöllner, Wolfgang (Hrsg.): Arbeitsleben und Rechtspflege. Festschrift für Gerhard Müller, Berlin 1981, S. 209 ff. (zit.: FS G. Müller)

Hillebrand, Gerhard: Das *Merkmal „Tarifzuständigkeit"* als Wirksamkeitsvoraussetzung eines Tarifvertrages: Bestandsaufnahme und Neufassung des Merkmals unter Berücksichtigung der mitgliedschaftlichen Abhängigkeit und seiner Bedeutung als Frage des Umfangs der Vertretungsmacht, Aachen 1997, zugl. Diss. Münster 1996

Hinz, Manfred O.: *Tarifhoheit und Verfassungsrecht*. Eine Untersuchung über die tarifvertragliche Vereinbarungsgewalt, Berlin 1971

Hirschmann, Marc: Die *Begrenzung tarifvertraglicher Normsetzungsbefugnisse* durch die Grundrechte unter besonderer Berücksichtigung des Art. 12 GG, Frankfurt a.M., Berlin, Bern, u. a. 2002, zugl. Diss. Potsdam 2002

Hjort, Jens Peter/*Hummel*, Dieter/*Helm*, Rüdiger: Ein Schritt vor – einer zurück, AiB 2001, S.

122 ff.

Höfling, Wolfram: Grundelemente einer Bereichsdogmatik der Koalitionsfreiheit – Kritik und Reformulierung der sog. Kernbereichslehre – in: Wendt, Rudolf/Höfling, Wolfram/Karpen, Ulrich/Oldiges, Martin (Hrsg.): Staat, Wirtschaft, Steuern: Festschrift für Karl Heinrich Friauf zum 65. Geburtstag, Heidelberg 1996, S. 377 ff. (zit.: FS Friauf)
- Anmerkung zu BVerfG vom 27.4.1999 – 1 BvR 2203/93, 897/95 in: JZ 2000, S. 44 ff.

Hönn, Günther: Kompensation gestörter *Vertragsparität*: ein Beitrag zum inneren System des Vertragsrechts, München 1982, zugl. Habil. Mainz 1980

Hofbauer, Hans: Der *Rechtscharakter der Tarifverträge* und der Allgemeinverbindlicherklärung, Berlin 1974

Hohenstatt, Klaus-Stefan: Problematische Ordnungsvorstellungen des BAG im Tarifrecht – Tarifpluralität und Tarifeinheit – zugleich Anmerkung zum BAG-Urteil vom 20.3.1991 –, DB 1992, S. 1678 ff.

Hohenstatt, Klaus-Stefan/*Dzida*, Boris: Die „maßgeschneiderte" Betriebsverfassung – Der neue § 3 BetrVG – 10 Fragen aus der Praxis –, DB 2001, S. 2498 ff.

Hoß, Axel/*Liebscher*, Brigitta: Der Austritt aus dem Arbeitgeberverband – Eine Chance für die Betriebspartner?, DB 1995, S. 2525 ff.

Hoyningen-Hüene, Gerrick *von*: Die Bezugnahme auf den Tarifvertrag – ein Fall der Tarifbindung, RdA 1974, S. 138 ff.
- Die *Billigkeit* im Arbeitsrecht: ein Beitrag zur rechtsdogmatischen Präzisierung der Billigkeit im Zivilrecht, dargestellt am Beispiel des Arbeitsrechts, München 1978, zugl. Habil. München 1976/1977
- Die Rolle der Verbände bei Firmenarbeitskämpfen, ZfA 1980, S. 453 ff.
- Fehlerhafte Betriebsvereinbarungen und ihre Auswirkungen auf Arbeitnehmer, DB 1984, Beilage Nr. 1, S. 1 ff.
- Anmerkung zu BAG vom 18.8.1987 – 1 ABR 30/86 in: AP Nr. 23 zu § 77 BetrVG 1972
- Die Inhaltskontrolle von Betriebsvereinbarungen der betrieblichen Altersversorgung, BB 1992, S. 1640 ff.
- Das unbekannte Management-Handbuch: Das Betriebsverfassungsgesetz in: Heinze, Meinhard/Söllner, Alfred (Hrsg.): Arbeitsrecht in der Bewährung. Festschrift für Otto Rudolf Kissel zum 65. Geburtstag, München 1994, S. 387 ff. (zit.: FS Kissel)
- *Betriebsverfassungsrecht*, 5. Aufl., München 2002

Hoyningen-Huene, Gerrick *von*/*Linck*, Rüdiger: Kündigungsschutzgesetz: Kommentar, 13. Aufl., München 2001

Hoyningen-Huene, Gerrick *von*/*Meier-Krenz*, Ulrich: Mitbestimmung trotz Tarifvertrag? Tarifvorbehalt und Tarifvorrang in § 77 III BetrVG, NZA 1987, S. 793 ff.
- Flexibilisierung des Arbeitsrechts durch Verlagerung tariflicher Regelungskompetenzen auf den Betrieb – Bestimmungsklausel, Öffnungsklausel und Erweiterung von Mitbestimmungsrechten –, ZfA 1988, S. 293 ff.

Hromadka, Wolfgang: Anmerkung zu BAG vom 25.10.1983 – 1 AZR 260/82 in: SAE 1984, S. 330 ff.
- Betriebsvereinbarung über mitbestimmungspflichtige soziale Angelegenheiten bei Tarifüblichkeit: Zwei-Schranken-Theorie ade?, DB 1987, S. 1991 ff.
- *Sprecherausschußgesetz*: Kommentar, Neuwied 1991

- § 77 Abs. 3 BetrVG und die teilmitbestimmte Betriebsvereinbarung in: Schlachter, Monika/Ascheid, Reiner/Friedrich, Hans-Wolf (Hrsg.): Tarifautonomie für ein neues Jahrhundert: Festschrift für Günter Schaub zum 65. Geburtstag, München 1998, S. 337 ff. (zit.: FS Schaub)
- Schuldrechtsmodernisierung und Vertragskontrolle im Arbeitsrecht, NJW 2002, S. 2523 ff.

Hromadka, Wolfgang/*Maschmann*, Frank: Arbeitsrecht. Band 2. Kollektivarbeitsrecht und Arbeitsstreitigkeiten, 2. Aufl., Berlin, Heidelberg, New York, Barcelona, u. a. 2001

Hromadka, Wolfgang/*Maschmann*, Frank/*Wallner*, Franz: Der *Tarifwechsel*: Tarifvertrag und Arbeitsvertrag bei Änderung von Verbandsmitgliedschaft, Betriebszweck und Betriebsinhaber, München 1996

Huber, Ernst Rudolf: Wirtschaftsverwaltungsrecht. Band 2, 2. Aufl., Tübingen 1954 (zit.: Wirtschaftsverwaltungsrecht II)

Hueck, Alfred: Der Geltungsbereich des Tarifvertrages, BB 1949, S. 354 ff.

Hueck, Alfred/*Nipperdey*, Hans Carl: *Tarifvertragsgesetz* mit Durchführungs- und Nebenvorschriften, München, Berlin 1950
- Lehrbuch des Arbeitsrechts. Erster Band, 7. Aufl., Berlin, Frankfurt a.M. 1963 (zit.: Arbeitsrecht I)
- Lehrbuch des Arbeitsrechts. Zweiter Band: Kollektives Arbeitsrecht. Erster Halbband (II/1), 7. Aufl., Berlin, Frankfurt a. M. 1966 (zit.: Arbeitsrecht II/1)
- Lehrbuch des Arbeitsrechts. Zweiter Band: Kollektives Arbeitsrecht. Zweiter Halbband (II/2), 7. Aufl., Berlin, Frankfurt a. M. 1970 (zit.: Arbeitsrecht II/2)

Hueck, Alfred/*Nipperdey*, Hans Carl/*Tophoven*, E./*Stahlhacke*, Eugen: Tarifvertragsgesetz, mit Durchführungs- und Nebenvorschriften, 4. Aufl., München, Berlin 1964

Hueck, Götz: Die *Betriebsvereinbarung*: Wesen – Inhalt – Wirkung, Münster, Köln 1952
- Zur kollektiven Gestaltung der Einzelarbeitsverhältnisse in: Nipperdey, Hans Carl/Mitarbeiter (Hrsg.): Festschrift für Erich Molitor zum 75. Geburtstag am 3. Oktober 1961, München, Berlin 1962, S. 203 ff. (zit.: FS E. Molitor)
- Anmerkung zu BAG vom 15.2.1965 – 5 AZR 347/64 in: AP Nr. 6 zu § 13 BUrlG
- Anmerkung zu BAG vom 11.3.1976 – 2 AZR 43/75 in: AP Nr. 1 zu § 95 BetrVG 1972

Hüffer, Uwe: Aktiengesetz, 5. Aufl., München 2002

Hufen, Friedhelm: Anmerkung zu BVerfG vom 24.4.1996 – 1 BvR 712/86 in: SAE 1997, S. 137 ff.

Hurlebaus, Günther: *Fehlende Mitbestimmung* bei § 87 BetrVG, Köln, Berlin, Bonn, München 1987, zugl. Diss. Tübingen 1985 (u. d. T.: Die Rechtsfolgen fehlender Mitbestimmung im Rahmen des § 87 BetrVG)

Ingelfinger, Helmar: *Arbeitsplatzgestaltung* durch Betriebsnormen, Berlin 1996, zugl. Diss. Würzburg 1995

Isele, Hellmut Georg: Reflexwirkungen der Betriebsverfassung im Individualbereich, RdA 1962, S. 373 ff.

Isensee, Josef: Die verfassungsrechtliche Verankerung der Tarifautonomie in: Freudenfeld, Burghard (Mitverf.); Walter-Raymond-Stiftung: Die Zukunft der sozialen Partnerschaft: 23. Kolloquium München, 18. bis 20. März 1985, Köln 1986, S. 159 ff. (zit.: Kolloquium der

Walter-Raymond-Stiftung)
- *Subsidiaritätsprinzip und Verfassungsrecht*: eine Studie über das Regulativ des Verhältnisses von Staat und Gesellschaft; mit Nachtrag: Die Zeitperspektive 2001. Subsidiarität – das Prinzip und seine Prämissen, 2. Aufl., Berlin 2001

Isensee, Josef/*Kirchhof*, Paul: Handbuch des Staatsrechts der Bundesrepublik Deutschland. Band 1. Grundlagen von Staat und Verfassung, 2. Aufl., Heidelberg 1995 (zit.: *Verf.* in: HdbStR I)
- Handbuch des Staatsrechts der Bundesrepublik Deutschland. Band 3. Das Handeln des Staates, 2. Aufl., Heidelberg 1996 (zit.: *Verf.* in: HdbStR III)
- Handbuch des Staatsrechts der Bundesrepublik Deutschland. Band 5. Allgemeine Grundrechtslehren, 2. Aufl., Heidelberg 2000 (zit.: *Verf.* in: HdbStR V)
- Handbuch des Staatsrechts der Bundesrepublik Deutschland. Band 6. Freiheitsrechte, 2. Aufl., Heidelberg 2001 (zit.: *Verf.* in: HdbStR VI)

Jacobi, Erwin: Betrieb und Unternehmen als Rechtsbegriffe in: Leipziger Juristen-Fakultät (Hrsg.): Festschrift der Leipziger Juristenfakultät für Dr. Victor Ehrenberg zum 30. März 1926, Leipzig 1927, S. 1 ff. (zit.: FS Ehrenberg)
- *Grundlehren des Arbeitsrechts*, Leipzig 1927

Jacobs, Matthias: Anmerkung zu BAG vom 11.11.1998 – 4 ABR 40/97 in: AP Nr. 18 zu § 50 BetrVG 1972
- *Tarifeinheit* und Tarifkonkurrenz, Berlin 1999, zugl. Diss. Mainz 1998
- Gemeinsame Anmerkung zu LAG Sachsen-Anhalt vom 8.5.2001 – 9 (5) Sa 723/00 und LAG Sachsen vom 13.11.2001 – 7 Sa 118/01 in: ArbuR 2002, S. 312 ff.

Jahnke, Volker: Die Mitbestimmung des Betriebsrats auf dem Gebiet der betrieblichen Sozialleistungen, ZfA 1980, S. 863 ff.
- *Tarifautonomie* und Mitbestimmung, München 1984, zugl. Habil. Mannheim 1981

Jarass, Hans D.: Grundrechte als Wertentscheidungen bzw. objektivrechtliche Prinzipien in der Rechtsprechung des Bundesverfassungsgerichts, AöR 110 (1985), S. 363 ff.

Jarass, Hans D./*Pieroth*, Bodo: Grundgesetz für die Bundesrepublik Deutschland: Kommentar, 6. Aufl., München 2002 (zit.: *Verf.* in: Jarass/Pieroth)

Jobs, Friedhelm: Gerichtliche Billigkeitskontrolle bei abändernden Betriebsvereinbarungen?, ArbuR 1986, S. 147 f.

Joost, Detlev: *Betrieb und Unternehmen* als Grundbegriffe im Arbeitsrecht, München 1988, zugl. Habil. Kiel 1983
- Betriebliche Mitbestimmung bei der Lohngestaltung im System von Tarifautonomie und Privatautonomie, ZfA 1993, S. 257 ff.

Jost, Peter-J.: *Organisation* und Koordination: eine ökonomische Einführung, Wiesbaden 2000

Jung, Hans: Allgemeine *Betriebswirtschaftslehre*, 8. Aufl., München, Wien 2002

Junker, Abbo: Der Flächentarifvertrag im Spannungsverhältnis von Tarifautonomie und betrieblicher Regelung, ZfA 1996, S. 383 ff.

Junker, Abbo/*Wichmann*, Julia: Das Arbeitnehmer-Entsendegesetz – Doch ein Verstoß gegen Europäisches Recht?, NZA 1996, S. 505 ff.

Käppler, Renate: Die Betriebsvereinbarung als Regelungsinstrument in sozialen

Angelegenheiten in: Heinze, Meinhard/Söllner, Alfred (Hrsg.): Arbeitsrecht in der Bewährung. Festschrift für Otto Rudolf Kissel zum 65. Geburtstag, München 1994, S. 475 ff. (zit.: FS Kissel)

Kallmeyer, Harald: Umwandlungsgesetz: Kommentar; Verschmelzung, Spaltung und Formwechsel bei Handelsgesellschaften, 2. Aufl., Köln 2001 (zit.: *Verf.* in: Kallmeyer)

Kamanabrou, Sudabeh: Die Auslegung tarifvertraglicher Entgeltfortzahlungsklauseln – zugleich ein Beitrag zum Verhältnis der Tarifautonomie zu zwingenden Gesetzen, RdA 1997, S. 22 ff.

Kania, Thomas/*Gilberg*, Dirk: Kündigungsrechtliche Bedeutung der Betriebsfiktion gem. § 4 BetrVG, NZA 2000, S. 678 ff.

Kempen, Otto Ernst: Ansätze zu einer Neuorientierung des gegenwärtigen Tarifvertragsrechts, ArbuR 1980, S. 193 ff.
- Betriebsverfassung und Tarifvertrag, RdA 1994, S. 140 ff.
- Staatliche Schutzpflicht gegenüber der Tarifautonomie? Das Beispiel des § 3 ASAV in: Heinze, Meinhard/Schmitt, Jochem (Hrsg.): Festschrift für Wolfgang Gitter zum 65. Geburtstag am 30. Mai 1995, Wiesbaden 1995, S. 427 ff. (zit.: FS Gitter)
- Die Organisation der Betriebsverfassung durch Tarifvertrag (insbesondere nach § 3 BetrVG) in: Schlachter, Monika/Ascheid, Reiner/Friedrich, Hans-Wolf (Hrsg.): Tarifautonomie für ein neues Jahrhundert: Festschrift für Günter Schaub zum 65. Geburtstag, München 1998, S. 357 ff. (zit.: FS Schaub)

Kempen, Otto Ernst/*Zachert*, Ulrich: Tarifvertragsgesetz: Kommentar für die Praxis, 3. Aufl., Köln 1997 (zit.: *Verf.* in: Kempen/Zachert)

Kirchhof, Ferdinand: *Private Rechtsetzung*, Berlin 1987, zugl. Habil. Speyer 1985

Kissel, Otto Rudolf: Das Spannungsfeld zwischen Betriebsvereinbarung und Tarifvertrag, NZA 1986, S. 73 ff.
- Kollektive Arbeitsbedingungen im Spannungsfeld zwischen Tarif- und Betriebsautonomie, NZA 1995, S. 1 ff.
- Verblassende negative Koalitionsfreiheit? in: Isenhardt, Udo/Preis, Ulrich (Hrsg.): Arbeitsrecht und Sozialpartnerschaft: Festschrift für Peter Hanau, Köln 1999, S. 547 ff. (zit.: FS Hanau)
- *Arbeitskampfrecht*: ein Leitfaden, München 2002

Kißler, Leo: Die *Mitbestimmung* in Deutschland. Modell und Wirklichkeit, Hagen 2000

Kißler, Leo/*Lasserre*, René: *Tarifpolitik*: ein deutsch-französischer Vergleich, Frankfurt a.M., New York 1987

Kittner, Michael: Anmerkung zu BAG vom 21.8.1990 – 1 ABR 73/89 in: EzA § 77 BetrVG 1972 Nr. 36
- Öffnung des Flächentarifvertrages in: Schlachter, Monika/Ascheid, Reiner/Friedrich, Hans-Wolf (Hrsg.): Tarifautonomie für ein neues Jahrhundert: Festschrift für Günter Schaub zum 65. Geburtstag, München 1998, S. 389 ff. (zit.: FS Schaub)

Klasen, Klaus: *Tarifvorrang* und Mitbestimmung in sozialen Angelegenheiten, Diss. Münster 1982

Klein, Heinz Dieter: Die *Nachwirkung* der Betriebsvereinbarung, Diss. Köln 1997

Kluge, Friedrich: *Etymologisches Wörterbuch* der deutschen Sprache, 24. Aufl., Berlin, New

York 2002

Knorr, Gerhard: Tarifvertraglich verlängerte Arbeitszeiten und die Nachwirkung nach § 4 Abs. 5 Tarifvertragsgesetz, RdA 1979, S. 201 ff.
- Der *Sozialplan* im Widerstreit der Interessen, München 1995

Koberski, Wolfgang/*Jotzies*, Marita: Allgemeinverbindlicherklärung von Tarifverträgen, ArbuR 1991, S. 193 ff.

Koberski, Wolfgang/*Clasen*, Lothar/*Menzel* Horst: Tarifvertragsgesetz. Kommentar, 15. Lfg., Neuwied, Kriftel, Berlin 1999 (bis 2. Erg.Lfg. u. d. T. Reichel, Hans/Ansey, Siegfried/Koberski, Wolfgang: Tarifvertragsgesetz. Kommentar)

Koch, Hans-Joachim: *Unbestimmte Rechtsbegriffe* und Ermessensermächtigungen im Verwaltungsrecht: eine logische und semantische Studie zur Gesetzesbindung der Verwaltung, Frankfurt a.M. 1979, zugl. Habil. Frankfurt a.M. 1978

Koch, Ulrich: Das BAG zu Tarifverträgen in den neuen Bundesländern, AuA 1995, S. 4 ff.

Koller, Ingo: Die Entwicklung des arbeitsrechtlichen Schrifttums im Jahre 1979, ZfA 1980, S. 521 ff.

Konitzer, Ursula: Neue Chance für die betriebliche Mitbestimmung, AiB 2001, S. 125 f.

Konzen, Horst: Tarifbindung, Friedenspflicht und Kampfparität beim Verbandswechsel des Arbeitgebers, ZfA 1975, S. 401 ff.
- Der Arbeitskampf im Verfassungs- und Privatrechtssystem, AcP 177 (1977), S. 473 ff.
- Tarifvertragliche und innerbetriebliche Normsetzung, BB 1977, S. 1307 ff.
- Tarifvertragliche Kampfklauseln, ZfA 1980, S. 77 ff.
- Anmerkung zu BAG vom 14.2.1984 – 1 AZR 574/82 in: AP Nr. 21 zu § 112 BetrVG 1972
- Arbeitnehmerschutz im Konzern, RdA 1984, S. 65 ff.
- Privatrechtssystem und Betriebsverfassung in: Bickel, Dietrich/Hadding, Walther/Jahnke, Volker/Lüke, Gerhard (Hrsg.): Recht und Rechtserkenntnis: Festschrift für Ernst Wolf zum 70. Geburtstag, Köln, Berlin, Bonn, München 1985, S. 279 ff. (zit.: FS E. Wolf)
- Unternehmensaufspaltung und Betriebseinheit, ArbuR 1985, S. 341 ff.
- *Unternehmensaufspaltungen* und Organisationsänderungen im Betriebsverfassungsrecht, Heidelberg 1986
- Die Tarifautonomie zwischen Akzeptanz und Kritik, NZA 1995, S. 913 ff.
- Errichtung und Kompetenzen des Konzernbetriebsrates in: Hanau, Peter/Lorenz, Egon/Matthes, Hans-Christoph (Hrsg.): Festschrift für Günther Wiese zum 70. Geburtstag, Neuwied, Kriftel 1998, S. 199 ff. (zit.: FS Wiese)
- Die Tarifzuständigkeit im Tarif- und Arbeitskampfrecht in: Hönn, Günther/Konzen, Horst/Kreutz, Peter (Hrsg.): Festschrift für Alfons Kraft zum 70. Geburtstag, Neuwied, Kriftel 1998, S. 291 ff. (zit.: FS Kraft)
- Der Regierungsentwurf des Betriebsverfassungsreformgesetzes, RdA 2001, S. 76 ff.

Koppensteiner, Hans-Georg: Über wirtschaftliche Abhängigkeit in: Lutter, Marcus/Mertens, Hans-Joachim/Ulmer, Peter (Hrsg.): Festschrift für Walter Stimpel zum 68. Geburtstag am 29. November 1985, Berlin, New York 1985, S. 811 ff. (zit.: FS Stimpel)

Kort, Michael: Reformbedarf bei der betriebsverfassungsrechtlichen Mitbestimmung in Fällen von Strukturveränderungen in Betrieb und Unternehmen?, ZfA 2000, S. 329 ff.
- Anmerkung zu BAG vom 24.1.2001 – 4 ABR 4/00 in: AP Nr. 1 zu § 3 BetrVG 1972

– Betriebsverfassungsrecht als Unternehmensrecht? – Das Verhältnis von § 3 BetrVG n.F. zum Gesellschaftsrecht, Die AG 2003, S. 13 ff.

Kossens, Michael/*Heide*, Dirk *von der*/*Maaß*, Michael (Hrsg.): Praxiskommentar zum Behindertenrecht (SGB IX) – Rehabilitation und Teilhabe behinderter Menschen, München 2002 (zit.: *Verf.* in: Kossens/von der Heide/Maaß)

Kossens, Michael/*Maaß*, Michael/*Steck*, Brigitte/*Wollschläger*, Frank: Grundzüge des neuen Behindertenrechts: SGB IX und Gleichstellungsgesetz, München 2003 (zit.: *Verf.* in: Kossens/Maaß/Steck/Wollschläger)

Kraft, Alfons: Abschied von der „Tarifzuständigkeit" als Wirksamkeitsvoraussetzung eines Tarifvertrages in: Hubmann, Heinrich/Hübner, Heinz (Hrsg.): Festschrift für Ludwig Schnorr von Carolsfeld zum 70. Geburtstag 26. Januar 1973, Köln, Berlin, Bonn, München 1972, S. 255 ff. (zit.: FS Schnorr von Carolsfeld)
- Probleme im Spannungsfeld zwischen Betriebsverfassungsrecht und Koalitionsfreiheit, ZfA 1973, S. 243 ff.
- Anmerkung zu BAG vom 17.2.1981 – 1 AZR 290/78 in: AP Nr. 11 zu § 112 BetrVG 1972
- Anmerkung zu BAG vom 17.12.1985 – 1 ABR 6/84 in: AP Nr. 5 zu § 87 BetrVG 1972 Tarifvorrang
- Die betriebliche Lohngestaltung im Spannungsfeld von Tarifautonomie, betrieblicher Mitbestimmung und Vertragsfreiheit in: Gamillscheg, Franz/Rüthers, Bernd/Stahlhacke, Eugen (Hrsg.): Sozialpartnerschaft in der Bewährung: Festschrift für Karl Molitor zum 60. Geburtstag, München 1988, S. 207 ff. (zit.: FS K. Molitor)
- Tarifkonkurrenz, Tarifpluralität und das Prinzip der Tarifeinheit, RdA 1992, S. 161 ff.
- Anmerkung zu BAG vom 19.6.2001 – 1 ABR 43/00 in: SAE 2002, S. 45 ff.

Krauss, Stefan: Die neue Freiheit ohne Verbandstarif?, DB 1995, S. 1562 ff.

Krebs, Peter: Gemeinsame Anmerkung zu BAG vom 27.11.1991 – 4 AZR 211/91 und vom 18.3.1992 – 4 AZR 339/91 in: SAE 1993, S. 133 ff.

Kreßel, Eckhard: Anpassung des Betriebsverfassungsrechts an veränderte wirtschaftliche Rahmenbedingungen, AuA 1998, S. 145 ff.

Kretschmer, Friedrich: Subsidiarität – mehr als nur ein Wort, ZRP 1994, S. 157 f.

Kreutz, Peter: Kritische Gedanken zur gerichtlichen Billigkeitskontrolle von Betriebsvereinbarungen, ZfA 1975, S. 65 ff.
- *Grenzen der Betriebsautonomie*, München 1979, zugl. Habil. Mainz 1978

Krichel, Ulrich: Ist der Firmentarifvertrag mit einem verbandsangehörigen Arbeitgeber erstreikbar?, NZA 1986, S. 731 ff.

Kropff, Bruno/*Semler*, Johannes (Hrsg.): Münchener Kommentar zum Aktiengesetz. Band 1. §§ 1-53, 2. Aufl., München 2000 (zit.: *Verf.* in: MüKo AktG)

Kübler, Friedrich/*Schmidt*, Walter/*Simitis*, Spiros: *Mitbestimmung* als gesetzgebungspolitische Ausgabe: zur Verfassungsmäßigkeit des Mitbestimmungsgesetzes 1976, Baden-Baden 1978

Küchenhoff, Günther: Das Prinzip der staatlichen Subsidiarität im Arbeitsrecht, RdA 1959, S. 201 ff.
- Subsidiarität und Solidarität im Betriebsverfassungsrecht (Teil I), DB 1963, S. 765 ff.
- Anmerkung zu BAG vom 24.1.1964 – 1 ABR 14/63 in: AP Nr. 6 zu § 3 BetrVG

Kühling, Jürgen: Arbeitsrecht in der Rechtsprechung des Bundesverfassungsgerichts, ArbuR 1994, S. 126 ff.

Küttner, Wolfdieter: Unterschiedliche Abfindungen in Sozialplänen wegen Personalabbaus nach der Rechtsprechung des Bundesarbeitsgerichtes in: Farthmann, Friedhelm/Hanau, Peter/Isenhardt, Udo/Preis, Ulrich (Hrsg.): Arbeitsgesetzgebung und Arbeitsrechtsprechung: Festschrift zum 70. Geburtstag von Eugen Stahlhacke, Neuwied, Kriftel, Berlin 1995, S. 289 ff. (zit.: FS Stahlhacke)

Küttner, Wolfdieter/*Schlüpers Oehmen*, Reinhold/*Rebel*, Wolfgang: Rechtsprobleme der Tarifverträge über Arbeitszeitverkürzung und Arbeitszeitflexibilisierung, DB 1985, S. 172 ff.

Kulms, Rainer: *Schuldrechtliche Organisationsverträge* in der Unternehmenskooperation, Baden-Baden 2000, zugl. Habil. Hamburg 1997

Kuttenkeuler, Benedikt P.: Die Verankerung des *Subsidiaritätsprinzips* im Grundgesetz: ein Beitrag zur Bedeutung des Subsidiaritätsprinzips für die Kompetenzabgrenzung im Bundesstaat, Frankfurt a.M., Berlin, Bern, New York, Paris, Wien 1998, zugl. Diss. Würzburg 1998

Lambrich, Thomas: Diskussionsbeitrag in: Ständige Deputation des Deutschen Juristentages (Hrsg.): Verhandlungen des 61. Deutschen Juristentages Karlsruhe 1996, Band II/2 (Sitzungsberichte – Diskussion und Beschlußfassung), München 1996, K 160 ff. (zit.: Diskussionsbeitrag 61. DJT, Bd. II/2)
– *Tarif- und Betriebsautonomie*: ein Beitrag zu den Voraussetzungen und Grenzen des Tarifvorbehalts, insbesondere dem Erfordernis der Tarifbindung des Arbeitgebers, Berlin 1999, zugl. Diss. Trier 1999

Lange, Knut Werner: Die virtuelle Fabrik – neue Form überbetrieblicher Unternehmenskooperation, BB 1998, S. 1165 ff.

Langen, Johannes Dieter *von*: Von der *Tarif- zur Betriebsautonomie*: Tendenzen der Rechtsentwicklung, gebremst durch den Tarifvorrang?, Frankfurt a.M., Berlin, Bern, New York, Paris, Wien 1994, zugl. Diss. Trier 1994

Larenz, Karl/*Canaris*, Claus-Wilhelm: *Methodenlehre* der Rechtswissenschaft, 3. Aufl., Berlin, Heidelberg, New York, u. a. 1995

Laux, Helmut/*Liermann*, Felix: Grundlagen der *Organisation*: die Steuerung von Entscheidungen als Grundproblem der Betriebswirtschaftslehre, 5. Aufl., Berlin, Heidelberg, New York, u. a. 2003

Leibholz, Gerhard/*Rinck*, Hans-Justus/*Hesselberger*, Dieter: Grundgesetz für die Bundesrepublik Deutschland: Kommentar an Hand der Rechtsprechung des Bundesverfassungsgerichts, 40. Lfg., Köln 2002

Leinemann, Wolfgang: Änderung von Arbeitsbedingungen durch Betriebsvereinbarungen – Fragen zum Beschluß des Großen Senats des Bundesarbeitsgerichts vom 16. September 1986, BB 1989, S. 1905 ff.
– (Hrsg.): Handbuch zum Arbeitsrecht, 250. Lfg., Neuwied 2003 (zit.: *Verf.* in: HzA)

Lerche, Peter: *Übermaß und Verfassungsrecht*. Zur Bindung des Gesetzgebers an die Grundsätze der Verhältnismäßigkeit und Erforderlichkeit, Köln, Berlin, München, Bonn 1961
– Verfassungsrechtliche *Zentralfragen des Arbeitskampfes* – Zum hessischen Aussperrungsverbot –, Bad Homburg v. d. H., Berlin, Zürich 1968
– Zur Bindung der Tarifnormen an Grundrechte, insbesondere an das Grundrecht der

Berufsfreiheit in: Baur, Jürgen F./Hopt, Klaus J./Mailänder, K. Peter (Hrsg.): Festschrift für Ernst Steindorff zum 70. Geburtstag am 13. März 1990, Berlin, New York 1990, S. 897 ff. (zit.: FS Steindorff)

Leßmann, Jochen/*Liersch*, Anke: Die Novelle des Betriebsverfassungsgesetzes, DStR 2001, S. 1302 ff.

Lethert, Reinhard: Ist der in § 77 Abs. 3 BetrVG 1972 normierte *Tarifvorbehalt* nur noch ein „law in the book"?, Frankfurt a.M., Berlin, Bern, Brüssel, New York, Oxford, Wien 2001, zugl. Diss. Köln 1999

Lieb, Manfred: Die *Rechtsnatur der Allgemeinverbindlicherklärung* von Tarifverträgen als Problem des Geltungsbereichs autonomer Normensetzung, Diss. München 1960
- Begriff, Geltungsweise und Außenseiterproblematik der Solidarnormen, RdA 1967, S. 441 ff.
- Die Regelungszuständigkeit des Betriebsrats für die Vergütung von AT-Angestellten, ZfA 1978, S. 179 ff.
- Mehr Flexibilität im Tarifvertragsrecht? „Moderne" Tendenzen auf dem Prüfstand, NZA 1994, S. 337 ff.
- Erkämpfbarkeit von Firmentarifverträgen mit verbandsangehörigen Arbeitgebern – insbesondere zum Zweck der Regelung von Betriebsänderungen –, DB 1999, S. 2058 ff.
- *Arbeitsrecht*, 7. Aufl., Heidelberg 2000

Link, Peter: DGB-Vorschläge für Novelle und ihre Bewertung, AuA 1999, S. 406 ff.
- Das neue Betriebsverfassungsrecht – Leitfaden für den Praktiker, AuA 2001, Sonderausgabe, S. 1 ff.

Löschau, Martin/*Marschner*, Andreas: Das neue Rehabilitations- und Schwerbehindertenrecht: Praxishandbuch zum neu eingeführten Neunten Buch Sozialgesetzbuch (*SGB IX*), Neuwied, Kriftel 2001

Löwisch, Manfred: Die Ausrichtung der tariflichen Lohnfestsetzung am gesamtwirtschaftlichen Gleichgewicht – ein Beitrag zum Spannungsverhältnis von Tarifautonomie und Staatsintervention, RdA 1969, S. 129 ff.
- Möglichkeiten und Grenzen der Betriebsvereinbarung, ArbuR 1978, S. 97 ff.
- Einheitliche und eigenständige Arbeitsorganisation als Merkmal des Betriebsbegriffs im Sinne der Betriebsverfassung in: Heinze, Meinhard/Söllner, Alfred (Hrsg.): Arbeitsrecht in der Bewährung. Festschrift für Otto Rudolf Kissel zum 65. Geburtstag, München 1994, S. 679 ff. (zit.: FS Kissel)
- Kommentar zum *Sprecherausschußgesetz*, 2. Aufl., Heidelberg 1994
- Anmerkung zu BVerfG vom 24.4.1996 – 1 BvR 712/86 in: AR-Blattei, ES 1650 Nr. 17
- Neuabgrenzung von Tarifvertragssystem und Betriebsverfassung, JZ 1996, S. 812 ff.
- (Hrsg.): Arbeitskampf- und Schlichtungsrecht, Heidelberg 1997 (zit.: *Verf.* in: Löwisch, Arbeitskampfrecht)
- Tariföffnung bei Unternehmens- und Arbeitsplatzgefährdung, NJW 1997, S. 905 ff.
- Kommentar zum *Kündigungsschutzgesetz*, 8. Aufl., Heidelberg 2000
- Änderung der Betriebsverfassung durch das Betriebsverfassungs-Reformgesetz. Teil I: Die neuen Regelungen im organisatorischen Teil, BB 2001, S. 1734 ff.

Löwisch, Manfred/*Bittner*, Claudia: Anmerkung zu BAG vom 14.2.1984 – 1 AZR 574/82 in: SAE 1985, S. 324 ff.

Löwisch, Manfred/*Kaiser*, Dagmar: Betriebsverfassungsgesetz. Kommentar, 5. Aufl.,

Heidelberg 2002 (zit.: *Verf.* in: Löwisch/Kaiser)

Löwisch, Manfred/*Reimann*, Mathias: Anmerkung zu BAG vom 23.6.1983 – 6 ABR 65/80 in: AP Nr. 45 zu § 37 BetrVG 1972

Löwisch, Manfred/*Rieble*, Volker: Anmerkung zu BAG vom 18.3.1992 – 4 AZR 339/91 in: AP Nr. 13 zu § 3 TVG
– Tarifvertragsgesetz: Kommentar, München 1992 (zit.: *Verf.* in: Löwisch/Rieble)
– Tarifvertragliche und arbeitskampfrechtliche Fragen des Übergangs vom Haustarif zum Verbandstarif in: Schlachter, Monika/Ascheid, Reiner/Friedrich, Hans-Wolf (Hrsg.): Tarifautonomie für ein neues Jahrhundert: Festschrift für Günter Schaub zum 65. Geburtstag, München 1998, S. 457 ff. (zit.: FS Schaub)

Loritz, Karl-Georg: Die Kündigung von Betriebsvereinbarungen und die Diskussion um eine Nachwirkung freiwilliger Betriebsvereinbarungen, RdA 1991, S. 65 ff.

Lotmar, Philipp: *Der Arbeitsvertrag* nach dem Privatrecht des Deutschen Reiches in zwei Bänden. Erster Band, Leipzig 1902

Lüke, Gerhard/*Wax*, Peter: Münchener Kommentar zur Zivilprozeßordnung: mit Gerichtsverfassungsgesetz und Nebengesetzen, Band 3. §§ 803-1066: EGZPO – GVG – EGGVG – internationales Zivilprozeßrecht, 2. Aufl., München 2001 (zit.: *Verf.* in: MüKo ZPO)

Lund, Heinrich: Anmerkung zu BAG vom 3.9.1986 – 5 AZR 319/85 in: AP Nr. 12 zu § 4 TVG Nachwirkung

Lutter, Marcus (Hrsg.): Umwandlungsgesetz: Kommentar. Band II §§ 152-325, 2. Aufl., Köln 2000 (zit.: *Verf.* in: Lutter)

Mangoldt, Hermann *von*/*Klein*, Friedrich (Begr.)/*Starck*, Christian (Hrsg.): Das Bonner Grundgesetz. Kommentar. Band 1: Präambel, Artikel 1 bis 19, 4. Aufl., München 1999 (zit.: *Verf.* in: von Mangoldt/Klein/Starck)

Mann, Dietrich: Die Konkurrenz von Tarifverträgen, BB 1957, S. 549 ff.

Martens, Klaus-Peter: Tarifvertragliche Konzernregelungen, RdA 1970, S. 173 ff.
– Der Konzernbetriebsrat – Zuständigkeit und Funktionsweise –, ZfA 1973, S. 297 ff.

Martens, Wolfgang: *Öffentlich als Rechtsbegriff*, Bad Homburg v. d. H., Berlin, Zürich 1969, zugl. Habil. Münster 1968

Matthes, Hans-Christoph: Der Arbeitgeber als Tarifvertragspartei in: Schlachter, Monika/Ascheid, Reiner/Friedrich, Hans-Wolf (Hrsg.): Tarifautonomie für ein neues Jahrhundert: Festschrift für Günter Schaub zum 65. Geburtstag, München 1998, S. 477 ff. (zit.: FS Schaub)

Matthießen, Volker: Antragsbefugnisse der Tarifparteien im arbeitsgerichtlichen Beschlußverfahren – Bemerkungen zu den Beschlüssen des BAG vom 18.8.1987 – 1 ABR 80/85 und 1 ABR 65/86 –, DB 1988, S. 285 ff.

Maunz, Theodor/*Dürig*, Günter/u. a.: Grundgesetz. Kommentar, Band I. Art. 1-11, 41. Lfg., München 2003 (zit.: *Verf.* in: Maunz/Dürig)

Maus, Wilhelm: *Tarifvertragsgesetz*, Göttingen 1956

May, Matthias: Die verfassungsmäßige Zulässigkeit der *Bindung von Außenseitern* durch Tarifverträge: eine Auseinandersetzung mit der Rechtsprechung des

Bundesverfassungsgerichts zur Allgemeinverbindlicherklärung von Tarifverträgen, Frankfurt a.M., Bern, New York, Paris 1989, zugl. Diss. Heidelberg 1988

Mayer-Maly, Theo: Zur Problematik betriebsnaher Tarifpolitik, DB 1965, S. 32 f.

Medla, Karsten: *Shop-in-the-shop*: ein Konzept der Angebotspräsentation im Einzelhandel, München 1987

Meier, Olaf: Die geplante Reform des Betriebsverfassungsgesetzes, Personalführung 2001, Heft 2, S. 18 ff.

Meier-Krenz, Ulrich: Die *Erweiterung von Beteiligungsrechten* des Betriebsrats durch Tarifvertrag, Frankfurt a.M., Bern, New York, Paris 1988, zugl. Diss. Heidelberg 1987
– Die Erweiterung von Mitbestimmungsrechten des Betriebsrats durch Tarifvertrag, DB 1988, S. 2149 ff.

Meik, Frank Andreas: Der *Kernbereich der Tarifautonomie*: dargestellt am Funktionszusammenhang von Unternehmens-, Betriebs- und Tarifautonomie, Berlin 1987, zugl. Diss. Marburg 1986/1987
– Zu Problemen der Bildung und Entscheidung tariflicher Einigungsstellen bei konkurrierenden bzw. gleichlautenden Tarifverträgen – Dargestellt am Beispiel des § 9 Ziff. 3 Satz 8 des Gehaltsrahmentarifvertrages Metall Hamburg/Schleswig-Holstein –, DB 1990, S. 2522 ff.

Memminger, Gerhard: Die *Konkurrenz* von Tarifverträgen, Diss. München 1969

Mertz, Ulrich: Der individuelle Schutz des Arbeitnehmers im Rahmen der Betriebsverfassung, RdA 1971, S. 203 ff.

Mestmäcker, Ernst-Joachim: Zur gesellschaftsrechtlich organisierten Berufsfreiheit in: Hefermehl, Wolfgang/Gmür, Rudolf/Brox, Hans (Hrsg.): Festschrift für Harry Westermann zum 65. Geburtstag, Karlsruhe 1974, S. 411 ff. (zit.: FS Westermann)

Mitglieder des Bundesgerichtshofes (Hrsg.): Das Bürgerliche Gesetzbuch: mit besonderer Berücksichtigung der Rechtsprechung des Reichsgerichts und des Bundesgerichtshofes. Band II. Teil 3/1. §§ 611 – 620, 12. Aufl., Berlin, New York 1997 (zit.: *Verf.* in: RGRK)

Möstl, Markus: Anmerkung zu BAG vom 25.2.1998 – 7 AZR 641/96 in: JZ 1999, S. 202 ff.

Molitor, Karl: Ende oder Reform der Flächentarifverträge? in: Schlachter, Monika/Ascheid, Reiner/Friedrich, Hans-Wolf (Hrsg.): Tarifautonomie für ein neues Jahrhundert: Festschrift für Günter Schaub zum 65. Geburtstag, München 1998, S. 487 ff. (zit.: FS Schaub)

Moll, Wilhelm: Der *Tarifvorrang* im Betriebsverfassungsgesetz: Zur Abstimmung betrieblicher und tarifvertraglicher Regelungsmechanismen, Berlin 1980

Monjau, Herbert: Der Konzernbetriebsrat, BB 1972, S. 839 ff.

Müller, Bernd: Tarifkonkurrenz und Tarifpluralität, NZA 1989, S. 449 ff.

Müller, Christoph Johannes: Die *Berufsfreiheit* des Arbeitgebers: Einwirkungen des Art. 12 Abs. 1 GG auf das Individual- und Kollektivarbeitsrecht, Köln 1996, zugl. Diss. Köln 1996

Müller, Christopher: Europäische Betriebsräte-Gesetz: (*EBRG*); Kommentar, Stuttgart, Berlin, Köln 1997

Müller, Franz: Der *Gewerkschaftsbegriff* im Betriebsverfassungsgesetz, Frankfurt a.M., Bern, New York, Paris 1988, zugl. Diss. Münster 1988

Müller, Gerhard: Das Einzelarbeitsverhältnis und die Aufgaben der Mitbestimmung, BB 1957, S. 409 ff.
- Der Geltungsbereich des tarifrechtlichen Nachwirkungsgrundsatzes, DB 1959, S. 84 f.
- Die Rechtsprechung des Bundesarbeitsgerichts zur Anfechtung der Betriebsratswahl in: Ballerstedt, Kurt/Friesenhahn, Ernst/Nell-Breuning, Oswald von (Hrsg.): Recht und Rechtsleben in der sozialen Demokratie: Festgabe für Otto Kunze zum 65. Geburtstag, Berlin 1969, S. 243 ff. (zit.: Festgabe Kunze)
- Rechtspolitische Gedanken zum Betriebsverfassungsrecht (Teil II), DB 1970, S. 1076 ff.
- Zur Anfechtung der Betriebsratswahl in: Hubmann, Heinrich/Hübner, Heinz (Hrsg.): Festschrift für Ludwig Schnorr von Carolsfeld zum 70. Geburtstag 26. Januar 1973, Köln, Berlin, Bonn, München 1972, S. 367 ff. (zit.: FS Schnorr von Carolsfeld)
- Die Stellung des Gesamtbetriebsrates und des Konzernbetriebsrates nach dem neuen Betriebsverfassungsgesetz in: Hablitzel, Hans/Wollenschläger, Michael (Hrsg.): Recht und Staat. Festschrift für Günther Küchenhoff zum 65. Geburtstag am 21.8.1972, 1. Halbband, Berlin 1972, S. 283 ff. (zit.: FS Küchenhoff I)
- Zur Stellung der Verbände im neuen Betriebsverfassungsrecht, ZfA 1972, S. 213 ff.
- Das Koalitionswesen, insbesondere das Gewerkschaftswesen, nach dem Mitbestimmungsurteil des Bundesverfassungsgerichts, RdA 1979, S. 361 ff.
- Die Grundlagen des deutschen Arbeitskampfrechts, DB 1982, Beilage Nr. 16, S. 1 ff.
- Die *Tarifautonomie* in der Bundesrepublik Deutschland: rechtliche und ethische Grundlagen, Berlin 1990
- Zum Verhältnis zwischen Betriebsautonomie und Tarifautonomie, ArbuR 1992, S. 257 ff.

Müller, Thomas/*Thüsing*, Gregor: Anmerkung zu BVerfG vom 24.4.1996 – 1 BvR 712/86 in: EzA Art. 9 GG Nr. 61

Münch, Ingo *von* (Begr.)/*Kunig*, Philip (Hrsg.): Grundgesetz – Kommentar, Band 1 (Präambel bis Art. 19), 5. Aufl., München 2000 (zit.: *Verf.* in: von Münch/Kunig)

Nagel, Bernhard/*Riess*, Birgit/*Theis*, Gisela: *Neue Konzernstrukturen* und Mitbestimmung, Baden-Baden 1994

Natzel, Benno: Anmerkung zu BAG vom 16.2.1973 – 1 ABR 18/72 in: AP Nr. 1 zu § 19 BetrVG 1972

Natzel, Ivo: Subsidiaritätsprinzip im kollektiven Arbeitsrecht, ZfA 2003, S. 103 ff.

Nause, Helmut: Die *Grenzen der Regelungsbefugnis* von Arbeitgeber und Betriebsrat gegenüber dem einzelnen Arbeitnehmer bei Abschluß von Betriebsvereinbarungen, Diss. Göttingen 1982

Nebel, Andreas: Die *Normen des Betriebsverbandes* am Beispiel der ablösenden Betriebsvereinbarung, Heidelberg 1989, zugl. Diss. Kiel 1988

Neumann, Dirk: Kollektivvereinbarungen bei Unternehmenskonzentration, DB 1960, S. 60 f.
- Der Schutz der negativen Koalitionsfreiheit, RdA 1989, S. 243 ff.
- Tarif- und Betriebsautonomie, RdA 1990, S. 257 ff.

Neumann, Dirk/*Biebl*, Josef: Arbeitszeitgesetz: Kommentar, 13. Aufl., München 2001

Neumann, Dirk/*Pahlen*, Ronald/*Majerski-Pahlen*, Monika: Sozialgesetzbuch IX – Rehabilitation und Teilhabe behinderter Menschen: Kommentar, 10. Aufl., München 2003 (zit.: *Verf.* in: Neumann/Pahlen/Majerski-Pahlen)

Neumann-Duesberg, Horst: Anmerkung zu BAG vom 1.2.1963 – 1 ABR 1/62 in: AP Nr. 5 zu

§ 3 BetrVG
- Anmerkung zu BAG vom 13.11.1964 – 1 ABR 6/64 in: AP Nr. 25 zu § 56 BetrVG

Nierhaus, Michael: Grundrechte aus der Hand des Gesetzgebers? – Ein Beitrag zur Dogmatik des Art. 1 Abs. 3 GG –, AöR 116 (1991), S. 72 ff.

Nikisch, Arthur: Arbeitsrecht, Tübingen 1951 (zit.: Arbeitsrecht [1. Aufl.])
- Arbeitsrecht. II. Band Koalitionsrecht, Arbeitskampfrecht und Tarifvertragsrecht, 2. Aufl., Tübingen 1959 (zit.: Arbeitsrecht II)
- Arbeitsrecht. I. Band Allgemeine Lehren und Arbeitsvertragsrecht, 3. Aufl., Tübingen 1961 (zit.: Arbeitsrecht I)
- Arbeitsrecht. III. Band Betriebsverfassungsrecht, 2. Aufl., Tübingen 1966 (zit.: Arbeitsrecht III)

Nomos-Verlagsgesellschaft: Neuregelungen im Mitbestimmungsgesetz mit Wahlordnungen: Mitbestimmungsgesetz, Betriebsverfassungsgesetz 1952, Montan-Mitbestimmungsgesetz, Montan-Mitbestimmungsergänzungsgesetz, Rechtsverordnungen zum Mitbestimmungsgesetz, mit einführender Erläuterung von Kleinsorge, Georg/Freis, Gerhild/Kleinefeld, Annette, Baden-Baden 2002 (zit.: Kleinsorge/Freis/Kleinefeld, Mitbestimmungsgesetz)

Oetker, Hartmut: Konzernbetriebsrat und Unternehmensbegriff, ZfA 1986, S. 177 ff.
- Gemeinsame Anmerkung zu BAG vom 18.3.1992 – 4 AZR 339/91 und vom 27.11.1991 – 4 AZR 211/91 in: EzA § 4 TVG Nachwirkung Nr. 14, 15
- Gemeinsame Anmerkung zu BAG vom 25.9.1996 – 1 ABR 4/96 und vom 12.11.1996 – 1 ABR 33/96 in: AP Nr. 10, 11 zu § 2 TVG Tarifzuständigkeit
- Die *Arbeiten zur deutsch-österreichischen Tarifrechtsangleichung*: Materialien und Entwürfe, Goldbach 1998
- Gesetz und Tarifvertrag als komplementäre Instrumente zur Regulierung des Arbeitsrechts, ZG 1998, S. 155 ff.
- Nachwirkende Tarifnormen und Betriebsverfassung in: Schlachter, Monika/Ascheid, Reiner/Friedrich, Hans-Wolf (Hrsg.): Tarifautonomie für ein neues Jahrhundert: Festschrift für Günter Schaub zum 65. Geburtstag, München 1998, S. 535 ff. (zit.: FS Schaub)
- Gemeinsame Anmerkung zu BAG vom 25.2.1998 – 7 AZR 641/96 und vom 11.3.1998 – 7 AZR 700/96 in: SAE 1999, S. 149 ff.
- Das private Vereinsrecht als Ausgestaltung der Koalitionsfreiheit, RdA 1999, S. 96 ff.

Olbersdorf, Gert: Sozialer Rechtsstaat und Arbeitsrecht, ArbuR 1955, S. 129 ff.

Oppermann, Thomas: Subsidiarität als Bestandteil des Grundgesetzes, JuS 1996, S. 569 ff.
- *Europarecht*: ein Studienbuch, 2. Aufl., München 1999

Oppolzer, Alfred/*Zachert*, Ulrich: Gesetzliche Karenztage und Tarifautonomie, BB 1993, S. 1353 ff.

Otto, Hansjörg: Anmerkung zu BAG vom 3.12.1985, 1 ABR 29/84 in: AP Nr. 28 zu § 99 BetrVG 1972
- Tarifautonomie unter Gesetzes- oder Verfassungsvorbehalt. Gedanken zur Funktionsgarantie des Art. 9 Abs. 3 GG in: Bettermann, Karl August/Löwisch, Manfred/Otto, Hansjörg/Schmidt, Karsten (Hrsg.): Festschrift für Albrecht Zeuner zum siebzigsten Geburtstag, Tübingen 1994, S. 121 ff. (zit.: FS Zeuner)

Papier, Hans-Jürgen: Unternehmen und Unternehmer in der verfassungsrechtlichen Ordnung

der Wirtschaft, VVDStRL 35 (1977), S. 55 ff.
- Der verfassungsrechtliche Rahmen für Privatautonomie im Arbeitsrecht, RdA 1989, S. 137 ff.

Pauli, Hanns: Das Betriebsverfassungsgesetz 2001 – Anstoß zur dezentralen Regelung der Betriebsverfassung durch Tarifvertrag?, ArbuR 2000, S. 411 ff.

Peter, Manfred: Probleme des Betriebs- und Unternehmensbegriffs nach dem Betriebsverfassungsgesetz – Dargestellt am Beispiel einer Betriebs- und Unternehmensaufspaltung –, DB 1990, S. 424 ff.

Peters, Hans/*Ossenbühl*, Fritz: Die *Übertragung von öffentlich-rechtlichen Befugnissen* auf die Sozialpartner unter besonderer Berücksichtigung des Arbeitszeitschutzes, Berlin, Frankfurt a.M. 1967

Pfarr, Heide M./*Kittner*, Michael: Solidarität im Arbeitsrecht, RdA 1974, S. 284 ff.

Picker, Eduard: Die Regelung der „Arbeits- und Wirtschaftsbedingungen" – Vertragsprinzip oder Kampfprinzip?, ZfA 1986, S. 199 ff.
- Ursprungsidee und Wandlungstendenzen des Tarifvertragswesens – Ein Lehrstück zur Privatautonomie am Beispiel Otto v. Gierkes in: Schön, Wolfgang (Hrsg.): Gedächtnisschrift für Brigitte Knobbe-Keuk, Köln 1997, S. 879 ff. (zit.: Gedächtnisschrift Knobbe-Keuk)
- Betriebsverfassung und Arbeitsverfassung, RdA 2001, Sonderbeilage Heft 4, S. 257 ff.
- Tarifautonomie – Betriebsautonomie – Privatautonomie, NZA 2002, S. 761 ff.

Picot, Arnold/*Reichwald*, Ralf: Auflösung der Unternehmung? Vom Einfluß der IuK-Technik auf Organisationsstrukturen und Kooperationsformen, ZfB 1994, S. 547 ff.

Picot, Arnold/*Reichwald*, Ralf/*Wigand*, Rolf T.: Die *grenzenlose Unternehmung*: Information, Organisation und Management. Lehrbuch zur Unternehmensführung im Informationszeitalter, 4. Aufl., Wiesbaden 2001

Pieper, Stefan Ulrich: Subsidiaritätsprinzip – Strukturprinzip der Europäischen Union, DVBl. 1993, S. 705 ff.

Pieroth, Bodo/*Schlink*, Bernhard: Staatsrecht, 2. Grundrechte, 18. Aufl., Heidelberg 2002

Plander, Harro: Der Betrieb als Verhandlungsobjekt im Betriebsverfassungs- und sonstigen Arbeitsrecht, NZA 2002, S. 483 ff.

Preis, Bernd: Tarifdispositives Richterrecht – Ein Beitrag zur Funktion und zum Rangverhältnis von Tarifrecht und staatlichem Recht –, ZfA 1972, S. 271 ff.

Preis, Ulrich: *Grundfragen der Vertragsgestaltung* im Arbeitsrecht, Neuwied, Kriftel, Berlin 1993, zugl. Habil. Köln 1992
- Autonome Unternehmerentscheidung und „dringendes betriebliches Erfordernis", NZA 1995, S. 241 ff.
- Aktuelle Tendenzen im Kündigungsschutzrecht, NZA 1997, S. 1073 ff.
- Legitimation und Grenzen des Betriebsbegriffes im Arbeitsrecht, RdA 2000, S. 257 ff.
- Auswirkungen der Reform des Betriebsverfassungsgesetzes auf das Kündigungsschutzrecht in: Bauer, Jobst-Hubertus/Rieble, Volker (Hrsg.): Arbeitsrecht 2001. Tagungsband zum RWS-Forum am 30. und 31. August 2001 in Köln, Köln 2002, S. 83 ff. (zit.: RWS-Forum Arbeitsrecht 2001)

Püttner, Günter: Mitbestimmung über Verträge und Verfassungsrecht. Zur verfassungsrechtlichen Zulässigkeit von „Tariföffnungsklauseln", BB 1987, S. 1122 ff.

Raiser, Thomas: *Mitbestimmungsgesetz*: Kommentar, mit Textausgabe der Wahlordnungen, 4. Aufl., Berlin 2002

Ramm, Thilo: Die *Parteien des Tarifvertrags*. Kritik und Neubegründung der Lehre vom Tarifvertrag, Stuttgart 1961
- Die Rechtsnatur des Tarifvertrags, JZ 1962, S. 78 ff.
- Die Rechtsprechung des Bundesarbeitsgerichts, JZ 1964, S. 546 ff.
- Der *Arbeitskampf* und die Gesellschaftsordnung des Grundgesetzes, Stuttgart 1965
- Die Rechtsprechung des BAG. Schlußwort, JZ 1966, S. 214 ff.
- Die Arbeitsverfassung der Bundesrepublik Deutschland, JZ 1977, S. 1 ff.

Rancke, Friedbert: *Betriebsverfassung und Unternehmenswirklichkeit*: eine Analyse von Organisation und Formen der betrieblichen Arbeitnehmermitbestimmung in der Praxis von Großunternehmen und Konzernen, Opladen 1982

Ratayczak, Jürgen: Anmerkung zu LAG Baden-Württemberg vom 16.9.1996 – 15 TaBV 10/96 in: AiB 1997, S. 600 ff.

Rebmann, Kurt/*Säcker*, Franz Jürgen/*Rixecker*, Roland (Hrsg.): Münchener Kommentar zum Bürgerlichen Gesetzbuch, Band 4. Schuldrecht. Besonderer Teil II (§§ 607-704), 3. Aufl., München 1997 (zit.: *Verf.* in: MüKo IV)
- Münchener Kommentar zum Bürgerlichen Gesetzbuch, Band 1. Allgemeiner Teil: §§ 1-240, AGB-Gesetz, 4. Aufl., München 2001 (zit.: *Verf.* in: MüKo I)
- Münchener Kommentar zum Bürgerlichen Gesetzbuch, Band 2. Schuldrecht, Allgemeiner Teil: §§ 241-432, FernAbsG, 4. Aufl., München 2001 (zit.: *Verf.* in: MüKo II)

Rech, Heribert: *Die Nachwirkung freiwilliger Betriebsvereinbarungen*: Auswirkungen der Beendigung einer freiwilligen Betriebsvereinbarungen auf darin vorgesehene Ansprüche und Anwartschaften, Frankfurt a.M., Berlin, Bern, New York, Paris, Wien 1997, zugl. Diss. Bonn 1997

Reichold, Hermann: *Betriebsverfassung* als Sozialprivatrecht: historisch-dogmatische Grundlagen von 1848 bis zur Gegenwart, München 1995, zugl. Habil. Erlangen-Nürnberg 1992
- Anmerkung zu BAG vom 15.11.2000 – 5 AZR 310/99 in: AP Nr. 84 zu § 77 BetrVG 1972
- Auswirkungen der Novelle zum BetrVG auf die Organisation der Betriebsverfassung, NZA 2001, Sonderbeilage Heft 24, S. 32 ff.
- Die reformierte Betriebsverfassung 2001. Ein Überblick über die neuen Regelungen des Betriebsverfassungs-Reformgesetzes, NZA 2001, S. 857 ff.

Reiß, Burkhard: *Tarifautonomie* im Spannungsverhältnis zwischen Betriebsvereinbarung und Tarifvertrag am Beispiel der Tarifverträge der Metallindustrie 1984, Diss. Münster 1992

Reuter, Dieter: Betriebsverfassung und Privatautonomie, ZfA 1975, S. 85 ff.
- Zulässigkeit und Grenzen tarifvertraglicher Besetzungsregelungen, ZfA 1978, S. 1 ff.
- *Vergütung von AT-Angestellten* und betriebsverfassungsrechtliche Mitbestimmung, Königstein/Ts. 1979
- Gewerkschaftliche Präsenz im Betrieb in: Mayer-Maly, Theo/Richardi, Reinhard/Schambeck, Herbert/Zöllner, Wolfgang (Hrsg.): Arbeitsleben und Rechtspflege: Festschrift für Gerhard Müller, Berlin 1981, S. 387 ff. (zit.: FS G. Müller)
- Anmerkung zu BAG vom 19.11.1985 – 1 ABR 37/83 in: AP Nr. 4 zu § 2 TVG

Tarifzuständigkeit
- Anmerkung zu BAG vom 14.9.1988 – 7 ABR 10/87 in: AP Nr. 9 zu § 1 BetrVG 1972
- Die *Stellung des Arbeitsrechts* in der Privatrechtsordnung, Göttingen 1989
- Die Grenzen des Streikrechts, ZfA 1990, S. 535 ff.
- Anmerkung zu BAG vom 20.3.1991 – 4 AZR 455/90 in: JuS 1991, S. 1069 f.
- Deregulierung auf dem Arbeitsmarkt, DZWiR 1991, S. 221 ff.
- Das Verhältnis von Individualautonomie, Betriebsautonomie und Tarifautonomie. Ein Beitrag zum Wandel der Arbeitsrechtsordnung, RdA 1991, S. 193 ff.
- Die Lohnbestimmung im Betrieb (ohne Mitbestimmungsproblematik) – Realität, rechtliche Einordnung, rechtspraktische Konsequenzen –, ZfA 1993, S. 221 ff.
- Betriebsverfassung und Tarifvertrag, RdA 1994, S. 152 ff.
- Möglichkeiten und Grenzen der tarifvertraglichen Gestaltung durch Betriebsnormen – Beispiel Arbeitszeit, DZWiR 1995, S. 353 ff.
- Möglichkeiten und Grenzen einer Auflockerung des Tarifkartells, ZfA 1995, S. 1 ff.
- Referat in: Ständige Deputation des Deutschen Juristentages (Hrsg.): Verhandlungen des 61. Deutschen Juristentages Karlsruhe 1996, Band II/1 (Sitzungsberichte – Referate und Beschlüsse), München 1996, K 35 ff. (zit.: Referat 61. DJT, Bd. II/1)
- Schlußanmerkung in: Ständige Deputation des Deutschen Juristentages (Hrsg.): Verhandlungen des 61. Deutschen Juristentages Karlsruhe 1996, Band II/2 (Sitzungsberichte – Diskussion und Beschlußfassung), München 1996, K 181 ff. (zit.: Schlußanmerkung 61. DJT, Bd. II/2)
- Das Verhältnis von Tarif- und Betriebsautonomie – Eine Nachlese zum arbeitsrechtlichen Thema des 61. Deutschen Juristentages – in: Schlachter, Monika/Ascheid, Reiner/Friedrich, Hans-Wolf (Hrsg.): Tarifautonomie für ein neues Jahrhundert: Festschrift für Günter Schaub zum 65. Geburtstag, München 1998, S. 605 ff. (zit.: FS Schaub)

Richardi, Reinhard: Koalitionsgewalt und individuelle Koalitionsfreiheit, AöR 93 (1968), S. 243 ff.
- *Kollektivgewalt und Individualwille* bei der Gestaltung des Arbeitsverhältnisses, München 1968, zugl. Habil. München 1966/1967
- Die Beschränkung der Vertragsfreiheit durch das Mitbestimmungsrecht des Betriebsrats in sozialen Angelegenheiten in: Becker, Walter G./ Carolsfeld, Ludwig Schnorr von (Hrsg.): Sein und Werden im Recht. Festgabe für Ulrich von Lübtow zum 70. Geburtstag am 21. August 1970, Berlin 1970, S. 755 ff. (zit.: Festgabe von Lübtow)
- *Betriebsverfassung und Privatautonomie*. Vortrag gehalten vor der Berliner Juristischen Gesellschaft am 28. März 1973, Berlin, New York 1973
- Anmerkung zu BAG vom 12.6.1975 – 3 ABR 13/74 in: AP Nr. 1 zu § 87 BetrVG 1972 Altersversorgung
- Der Mitbestimmungsgedanke in der Arbeitsrechtsordnung, ArbRdGegw. 13 (1976), S. 19 ff.
- *Konzernzugehörigkeit* eines Gemeinschaftsunternehmens nach dem Mitbestimmungsgesetz, Heidelberg, Hamburg 1977
- Die Rechtsstellung der Gewerkschaften im Betrieb in: Mayer-Maly, Theo/Richardi, Reinhard/Schambeck, Herbert/Zöllner, Wolfgang (Hrsg.): Arbeitsleben und Rechtspflege. Festschrift für Gerhard Müller, Berlin 1981, S. 413 ff. (zit.: FS G. Müller)
- Anmerkung zu BAG vom 24.2.1987 – 1 ABR 18/85 in: AP Nr. 21 zu § 77 BetrVG 1972
- Erweiterung der Mitbestimmung des Betriebsrats durch Tarifvertrag, NZA 1988, S. 673 ff.

- Anmerkung zu BAG vom 9.2.1989 – 8 AZR 310/87 in: AP Nr. 40 zu § 77 BetrVG 1972
- Die Betriebsvereinbarung als Rechtsquelle des Arbeitsverhältnisses – Zur Reichweite eines betriebsverfassungsrechtlichen Gestaltungsrechts in einer rechtsgeschäftlichen Ordnung des Arbeitslebens, ZfA 1992, S. 307 ff.
- Der Große Senat des BAG zur Mitbestimmung bei der Anrechnung einer Tariflohnerhöhung auf über- und außertarifliche Zulagen, NZA 1992, S. 961 ff.
- Empfiehlt es sich, die Regelungsbefugnisse der Tarifparteien im Verhältnis zu den Betriebsparteien neu zu ordnen? Gutachten B für den 61. Deutschen Juristentag in: Ständige Deputation des Deutschen Juristentages (Hrsg.): Verhandlungen des 61. Deutschen Juristentages Karlsruhe 1996, Band I (Gutachten) Teil B, München 1996, B 1 ff. (zit.: Gutachten 61. DJT, Bd. I)
- Die Bedeutung des Subsidiaritätsprinzips für das Verhältnis der Tarifautonomie zur Betriebsautonomie in: Engelen-Kefer, Ursula/Schoden, Michael/Zachert, Ulrich (Hrsg.): Arbeitsrecht in der Bewährung: Festschrift für Karl Kehrmann zum 65. Geburtstag, Köln 1997, S. 263 ff. (zit.: FS Kehrmann)
- Betriebsverfassungsgesetz: mit Wahlordnung; Kommentar, 7. Aufl., München 1998 (zit.: Richardi [7. Aufl.])
- Tarifvorbehalt und Tarifgebundenheit in: Schlachter, Monika/Ascheid, Reiner/Friedrich, Hans-Wolf (Hrsg.): Tarifautonomie für ein neues Jahrhundert: Festschrift für Günter Schaub zum 65. Geburtstag, München 1998, S. 639 ff. (zit.: FS Schaub)
- Veränderungen in der Organisation der Betriebsverfassung nach dem Regierungsentwurf zur Reform des BetrVG, NZA 2001, S. 346 ff.
- (Hrsg.): Betriebsverfassungsgesetz: mit Wahlordnung; Kommentar, 8. Aufl., München 2002 (zit.: *Verf.* in: Richardi)
- Die *neue Betriebsverfassung*: ein Grundriß, 2. Aufl., München 2002

Richardi, Reinhard/*Annuß*, Georg: Neues Betriebsverfassungsgesetz: Revolution oder strukturwahrende Reform?, DB 2001, S. 41 ff.

Richardi, Reinhard/*Wlotzke*, Otfried (Hrsg.): Münchener Handbuch zum Arbeitsrecht. Band 1. Individualarbeitsrecht I, 2. Aufl., München 2000 (zit.: *Verf.* in: MüHdbArbR I)
- Münchener Handbuch zum Arbeitsrecht. Band 2. Individualarbeitsrecht II, 2. Aufl., München 2000 (zit.: *Verf.* in: MüHdbArbR II)
- Münchener Handbuch zum Arbeitsrecht. Band 3. Kollektives Arbeitsrechts, 2. Aufl., München 2000 (zit.: *Verf.* in: MüHdbArbR III)

Rieble, Volker: Die tarifliche Schlichtungsstelle nach § 76 Abs. 8 BetrVG, RdA 1993, S. 140 ff.
- Anmerkung zu BAG vom 14.6.1994 – 9 AZR 89/93 in: SAE 1995, S. 77 ff.
- Anmerkung zu BAG vom 13.12.1995 – 4 AZR 1062/94 in: AP Nr. 3 zu § 3 TVG Verbandsaustritt
- *Arbeitsmarkt und Wettbewerb*: der Schutz von Vertrags- und Wettbewerbsfreiheit im Arbeitsrecht, Berlin, Heidelberg, New York, u. a. 1996, zugl. Habil. Freiburg (Breisgau) 1995/1996
- Krise des Flächentarifvertrages?, RdA 1996, S. 151 ff.
- Der Tarifvertrag als kollektiv-privatautonomer Vertrag, ZfA 2000, S. 5 ff.
- Die Betriebsverfassungsgesetz-Novelle 2001 in ordnungspolitischer Sicht, ZIP 2001, S. 133 ff.
- Das Übergangsmandat nach § 21 a BetrVG, NZA 2002, S. 233 ff.
- Vereinbarte Betriebsratsstruktur in Unternehmen und Konzern in: Bauer, Jobst-

Hubertus/Rieble, Volker (Hrsg.): Arbeitsrecht 2001. Tagungsband zum RWS-Forum am 30. und 31. August 2001 in Köln, Köln 2002, S. 25 ff. (zit.: RWS-Forum Arbeitsrecht 2001)

Riester, Bernhard: *Deregulierung* und Flexibilisierung im kollektiven Arbeitsrecht, Aachen 1995

Ringlstetter, Max J.: *Organisation* von Unternehmen und Unternehmensverbindungen: Einführung in die Gestaltung der Organisationsstruktur, München, Wien 1997

Roggendorff, Peter: Arbeitszeitgesetz (*ArbZG*): erläuterte Textausgabe mit Einführung und amtlicher Begründung sowie ergänzenden Rechtsvorschriften, München 1994

Rotter, Stephan: *Nachwirkung* der Normen eines Tarifvertrags: eine dogmatische Untersuchung, Heidelberg 1992, zugl. Diss. Augsburg 1991

Ruck, Silke: Zur Unterscheidung von Ausgestaltungs- und Schrankengesetzen im Bereich der Rundfunkfreiheit, AöR 117 (1992), S. 543 ff.

Rüthers, Bernd: *Betriebsverfassungsrechtliches Mitbestimmungsrecht* und Individualbereich in: Rüthers, Bernd/Boldt, Gerhard: Zwei arbeitsrechtliche Vorträge, München 1970, S. 7 ff.
- *Tarifmacht und Mitbestimmung in der Presse*, Berlin 1975
- Nachwirkungsprobleme bei Firmentarifen desselben Arbeitgebers mit verschiedenen Gewerkschaften in: Mayer-Maly, Theo/Richardi, Reinhard/Schambeck, Herbert/Zöllner, Wolfgang (Hrsg.): Arbeitsleben und Rechtspflege: Festschrift für Gerhard Müller, Berlin 1981, S. 445 ff. (zit.: FS G. Müller)

Rupp, Hans Heinrich: Methodenkritische Bemerkungen zum Verhältnis von tarifvertraglicher Rechtsetzung und parlamentarischer Gesetzgebungskompetenz, JZ 1998, S. 919 ff.

Sachs, Michael (Hrsg.): Grundgesetz: Kommentar, 3. Aufl., München 2003 (zit.: *Verf.* in: Sachs)

Säcker, Franz Jürgen: *Grundprobleme* der kollektiven Koalitionsfreiheit – Rechtsquellen- und interpretationstheoretische Bemerkungen zur legislativen und judikativen Konkretisierung des Art. 9 Abs. 3 GG, Düsseldorf 1969
- *Gruppenautonomie* und Übermachtkontrolle im Arbeitsrecht, Berlin 1972, zugl. Habil. Bochum 1971
- Die Regelung sozialer Angelegenheiten im Spannungsfeld zwischen tariflicher und betriebsvereinbarungsrechtlicher Normsetzungsbefugnis, ZfA 1972, Sonderheft, S. 41 ff.
- Die *Wahlordnungen* zum Mitbestimmungsgesetz: gesellschafts-, konzern- und arbeitsrechtliche Vorfragen und wahlorganisationsrechtliche Hauptprobleme des Wahlverfahrens, München 1978
- Tarifvorrang und Mitbestimmung des Betriebsrates beim Arbeitsentgelt, BB 1979, S. 1201 ff.
- Das neue Entgeltfortzahlungsgesetz und die individuelle und kollektive Vertragsfreiheit, ArbuR 1994, S. 1 ff.

Säcker, Franz Jürgen/*Oetker*, Hartmut: Grundlagen und Grenzen der *Tarifautonomie* – erläutert anhand aktueller tarifpolitischer Fragen –, München 1992
- Tarifeinheit im Betrieb – ein Akt unzulässiger richterlicher Rechtsfortbildung?, ZfA 1993, S. 1 ff.

Salje, Peter: Anmerkung zu BAG vom 20.3.1991 – 4 AZR 455/90 in: SAE 1993, S. 79 ff.

Schäfer, Horst: Der einstweilige *Rechtsschutz* im Arbeitsrecht: eine Darstellung der wichtigsten Anwendungsgebiete im arbeitsgerichtlichen Urteils- und Beschlußverfahren sowie im Arbeitskampf, Berlin 1996

Schaub, Günter: Aktuelle Streitfragen zur Kostensenkung bei der Arbeitsvergütung, BB 1994, S. 2005 ff.
- Die Beendigung von Betriebsvereinbarungen, BB 1995, S. 1639 ff.
- *Arbeitsrechts-Handbuch*: systematische Darstellung und Nachschlagewerk für die Praxis, 9. Aufl., München 2000

Schaub, Günter/*Koch*, Ulrich/*Linck*, Rüdiger: Arbeitsrechts-Handbuch: systematische Darstellung und Nachschlagewerk für die Praxis, 10. Aufl., München 2002 (zit.: *Verf.* in: Schaub, Arbeitsrechts-Handbuch)

Schertler, Walter: *Unternehmensorganisation*: Lehrbuch der Organisation und strategischen Unternehmensführung, 7. Aufl., München, Wien 1998

Schiefer, Bernd: Rechtsfolgen des Betriebsübergangs nach § 613a BGB, NJW 1998, S. 1817 ff.
- CONTRA Betriebsverfassungsgesetz, Personal 2002, Heft 4, S. 21

Schiefer, Bernd/*Korte*, Walter: Der Referentenentwurf eines Gesetzes zur Reform des Betriebsverfassungsgesetzes, NZA 2001, S. 71 ff.

Schlachter, Monika: Bewährung und Reformbedürftigkeit des Betriebsverfassungsrechts, RdA 1993, S. 313 ff.
- Gleichheitswidrige Tarifnormen in: Schlachter, Monika/Ascheid, Reiner/Friedrich, Hans-Wolf (Hrsg.): Tarifautonomie für ein neues Jahrhundert: Festschrift für Günter Schaub zum 65. Geburtstag, München 1998, S. 651 ff. (zit.: FS Schaub)

Schleusener, Axel Aino: Die *Zulässigkeit qualitativer Besetzungsregelungen* in Tarifverträgen, Berlin 1997, zugl. Diss. Freie Universität Berlin 1997
- Der Begriff der betrieblichen Norm im Lichte der negativen Koalitionsfreiheit (Art. 9 Abs. 3 GG) und des Demokratieprinzips (Art. 20 GG), ZTR 1998, S. 100 ff.
- Rechtmäßigkeit kampfweiser Durchsetzung von Firmentarifverträgen gegenüber verbandsangehörigen Arbeitgebern, NZA 1998, S. 239 ff.

Schliemann, Harald: Zur arbeitsgerichtlichen Kontrolle kollektiver Regelungen in: Isenhardt, Udo/Preis, Ulrich (Hrsg.): Arbeitsrecht und Sozialpartnerschaft: Festschrift für Peter Hanau, Köln 1999, S. 577 ff. (zit.: FS Hanau)

Schlüter, Wilfried: Tarifmacht gegenüber Außenseitern – Zur Verfassungsmäßigkeit der tariflichen Schlichtungsstellen (§ 76 Abs. 8 BetrVG) – in: Leßmann, Herbert/Großfeld, Bernhard/Vollmer, Lothar (Hrsg.): Festschrift für Rudolf Lukes zum 65. Geburtstag, Köln, Berlin, Bonn, München 1989, S. 559 ff. (zit.: FS Lukes)

Schmidt, Karsten: *Gesellschaftsrecht*, 4. Aufl., Köln, Berlin, Bonn, München 2002

Schmidt, Klaus: Das novellierte Betriebsverfassungsgesetz – und seine Bedeutung für kleine und mittlere Unternehmen in: Goos, Wolfgang/Molitor, Karl: Arbeitsrecht im Strukturwandel: Festschrift für Dr. Weinspach, Neuwied, Kriftel 2002, S. 131 ff. (zit.: FS Weinspach)

Schmidt, Thomas Benedikt: Das *Günstigkeitsprinzip* im Tarifvertrags- und Betriebsverfassungsrecht: zugleich ein Beitrag zum Verhältnis von Tarifvertrag und Betriebsvereinbarung, Berlin 1994, zugl. Diss. Trier 1993/1994

Schmidt-Bleibtreu, Bruno/*Klein*, Franz: Kommentar zum Grundgesetz, 9. Aufl., Neuwied, Kriftel 1999 (zit.: *Verf.* in: Schmidt-Bleibtreu/Klein)

Schmidt-Eriksen, Christoph: *Tarifvertragliche Betriebsnormen*: Zum Konflikt individueller und kollektiver Gestaltung des Arbeitsverhältnisses und zur Reichweite tarifvertraglicher Gestaltungsmacht gegenüber dem Arbeitgeber, Baden-Baden 1992, zugl. Diss. Hannover 1992

Schmidt-Rimpler, Walter: Zum Vertragsproblem in: Baur, Fritz/Esser, Josef/Kübler, Friedrich/Steindorff, Ernst (Hrsg.): Funktionswandel der Privatrechtsinstitutionen: Festschrift für Ludwig Raiser zum 70. Geburtstag, Tübingen 1974, S. 3 ff. (zit.: FS L. Raiser)

Schneider, Gisela: *Konkurrenz von Tarifverträgen*, Diss. Tübingen 1974

Schneider, Hans: Autonome Satzung und Rechtsverordnung. Unterschiede und Übergänge in: Hefermehl, Wolfgang/Nipperdey, Hans Carl: Festschrift für Philipp Möhring zum 65. Geburtstag 4. September 1965, München, Berlin 1965, S. 521 ff. (zit.: FS Möhring)

Schnorr, Gerhard: Inhalt und Grenzen der Tarifautonomie, JR 1966, S. 327 ff.

Scholz, Rupert: Die *Koalitionsfreiheit* als Verfassungsproblem, München 1971, zugl. Habil. München 1970

- Die Berufsfreiheit als Grundlage und Grenze arbeitsrechtlicher Regelungssysteme, ZfA 1981, S. 265 ff.
- Rechtsfragen zur Verweisung zwischen Gesetz und Tarifvertrag in: Mayer-Maly, Theo/Richardi, Reinhard/Schambeck, Herbert/Zöllner, Wolfgang (Hrsg.): Arbeitsleben und Rechtspflege. Festschrift für Gerhard Müller, Berlin 1981, S. 509 ff. (zit.: FS G. Müller)
- Aufgaben der Koalition in einer sich fortentwickelnden Unternehmensrechtsordnung (Aus der Sicht des Staatsrechts) in: Beuthien, Volker (Hrsg.): Arbeitnehmer oder Arbeitsteilhaber?: Zur Zukunft des Arbeitsrechts in der Wirtschaftsordnung, Stuttgart 1987, S. 163 ff. (zit.: Scholz in: Beuthien, Arbeitnehmer oder Arbeitsteilhaber)
- Gemeinsame Anmerkung zu BAG vom 21.1.1987 – 4 AZR 486/98, 4 AZR 547/86 in: AP Nr. 46, 47 zu Art. 9 GG
- Verfassungsrechtliche Grundlagen des Arbeitskampfrechts, ZfA 1990, S. 377 ff.
- Tarifautonomie im Umbruch. Neue Herausforderungen, Wandel und Reform in: Westphalen, Friedrich Graf von/Sandrock, Otto (Hrsg.): Lebendiges Recht – Von den Sumerern bis zur Gegenwart. Festschrift für Reinhold Trinkner zum 65. Geburtstag, Heidelberg 1995, S. 377 ff. (zit.: FS Trinkner)

Scholz, Rupert/*Konzen*, Horst: Die *Aussperrung* im System von Arbeitsverfassung und kollektivem Arbeitsrecht, Berlin 1980

Schreyögg, Georg: *Organisation*: Grundlagen moderner Organisationsgestaltung; mit Fallstudien, 3. Aufl., Wiesbaden 1999

Schröder, Georg: Tarifkonkurrenzen (Teil II), DB 1957, S. 657 f.

- Arbeitszeitverlängerung durch Tarifvertrag, BB 1960, S. 53 ff.

Schubert, Claudia: Ist der Außenseiter vor der Normsetzung durch die Tarifvertragsparteien geschützt? – Ein Beitrag zum sachlichen Schutzbereich der negativen Koalitionsfreiheit, RdA 2001, S. 199 ff.

Schüren, Peter: Tarifautonomie und tarifdispositives Richterrecht (I), ArbuR 1988, S. 245 ff.

- Tarifgeltung für Außenseiter? – „No Taxation without Representation!“, RdA 1988, S.

138 ff.

Schulz, Heinz-Jochen: Umfang und Wirkung tariflicher *Betriebsnormen*, Diss. München 1965

Schulz, Rolf: Der *Bestandsschutz* von Betriebsvereinbarungen bei Kündigung, Diss. Potsdam 1995

Schulze-Osterloh, Joachim: Anmerkung zu BAG vom 29.3.1977 – 1 ABR 123/74 in: AP Nr. 1 zu § 87 BetrVG 1972 Provision

Schuster, Kay: Die Nachwirkung von Kollektivvereinbarungen im Arbeitsrecht – zugleich ein Beitrag zum 65. Geburtstag von Dieter Gaul – in: Boewer, Dietrich (Hrsg.): Aktuelle Aspekte des Arbeitsrechts. Fest- und Jubiläumsschrift zum 65. Geburtstag und zum 30jährigen Bestehen der Arbeitsrechtlichen Arbeitskreise Dieter Gaul, Berlin, Heidelberg, New York, London, Paris, Tokyo 1987, S. 199 ff. (zit.: FS D. Gaul 1987)

Schwab, Martin: Mindestarbeitsbedingungen nach Verbandsaustritt des Arbeitgebers, BB 1994, S. 781 ff.

Schwager, Mario/*Haar*, Jens J.: Erfolgsstrategien für eine dynamische Organisation: *projekt- und prozeßorientierte Unternehmensgestaltung*, Freiburg (Breisgau) 1996

Schwarze, Roland: Der *Betriebsrat* im Dienst der Tarifvertragsparteien, Berlin 1991, zugl. Diss. Göttingen 1990

Schweitzer, Michael/*Hummer*, Waldemar: *Europarecht*: das Recht der Europäischen Union; das Recht der Europäischen Gemeinschaften (EGKS, EG, EAG); mit Schwerpunkt EG, 5. Aufl., Neuwied, Kriftel, Berlin 1996

Schwerdtfeger, Gunther: *Unternehmerische Mitbestimmung* der Arbeitnehmer und Grundgesetz, Frankfurt a.M. 1972, zugl. Habil. Hamburg 1971

Schwerdtner, Peter: Anmerkung zu BAG vom 26.6.1973 – 1 ABR 24/72 in: JZ 1974, S. 455 ff.
- Die Änderung kollektivrechtlich begründeter Ruhegeldberechtigungen, – Eine Auseinandersetzung mit dem Urteil des Bundesarbeitsgerichts vom 30.11.1973 – 3 AZR 96/93 –, ZfA 1975, S. 171 ff.

Seidel, Rainer: Der Kündigungsschutz für schwerbehinderte Menschen im Arbeitsleben (*SGB IX*): ein Praxisratgeber, 2. Aufl., Stuttgart, München, Hannover, Berlin, Weimar, Dresden 2001

Seiter, Hugo: *Streikrecht* und Aussperrungsrecht: ein Arbeitskampfrechtssystem auf der Grundlage subjektiv-privater Kampfrechte, Tübingen 1975, zugl. Habil. Tübingen 1973/1974
- *Betriebsinhaberwechsel*: arbeitsrechtliche Auswirkungen eines Betriebsübergangs unter besonderer Berücksichtigung des § 613a BGB i. d. F. vom 13. August 1980, Stuttgart, Wiesbaden 1980
- Die Rechtsprechung des Bundesverfassungsgerichts zu Art. 9 Abs. 3 GG, AöR 109 (1984), S. 88 ff.

Siebert, Wolfgang: Die Mitwirkung und Mitbestimmung der Arbeitnehmer nach dem Betriebsverfassungsgesetz, BB 1952, S. 832 ff.
- Kollektivnorm und Individualrecht im Arbeitsverhältnis in: Dietz, Rolf/Hueck, Alfred/Reinhardt, Rudolf: Festschrift für Hans Carl Nipperdey zum 60. Geburtstag 21. Januar 1955, München, Berlin 1955, S. 119 ff. (zit.: FS Nipperdey 1955)
- Grundgedanken der Betriebsverfassung, RdA 1958, S. 161 ff.

Simitis, Spiros/*Weiss*, Manfred: Zur Mitbestimmung des Betriebsrats bei Kurzarbeit, DB 1973, S. 1240 ff.

Singer, Reinhard: Tarifvertragliche Normenkontrolle am Maßstab der Grundrechte?, ZfA 1995, S. 611 ff.

Sitzler, Friedrich (Begr.)/*Oehmann*, Werner/*Dieterich*, Thomas (Hrsg.): Arbeitsrecht-Blattei. Handbuch für die Praxis. Systematische Darstellungen, Rechtsprechung, Gesetzestexte, Aktuelle Kurzberichte, Loseblattsammlung, Wiesbaden (ab 1992 u. d. T.: Dieterich, Thomas/Neef, Klaus/Schwab, Brent [Hrsg.]: Arbeitsrecht-Blattei. Systematische Darstellungen [AR-Blattei SD], Heidelberg) (zit.: *Verf.* in: AR-Blattei)

Skaupy, Walther: Das „Franchising" als zeitgerechte Vertriebskonzeption, DB 1982, S. 2446 ff.

Söllner, Alfred: Zu Sinn und Grenzen der Vereinbarungsbefugnis der Tarifvertragsparteien, ArbuR 1966, S. 257 ff.
- Betrieb und Menschenwürde. Ein Beitrag zur Sinndeutung des Betriebsverfassungsrechts, RdA 1968, S. 437 ff.
- Das Begriffspaar der Arbeits- und Wirtschaftsbedingungen in Art. 9 Abs. 3 GG, ArbRdGegw. 16 (1979), S. 19 ff.
- Der verfassungsrechtliche Rahmen für Privatautonomie im Arbeitsrecht, RdA 1989, S. 144 ff.
- Grenzen des Tarifvertrags, NZA 1996, S. 897 ff.

Söllner, Alfred/*Waltermann*, Raimund: Grundriß des *Arbeitsrechts*, 13. Aufl., München 2003

Soergel, Theodor (Begr.)/*Siebert*, W. (Hrsg.): Bürgerliches Gesetzbuch: mit Einführungsgesetz und Nebengesetzen, Band 2. Schuldrecht, 1. Schuldrecht I (§§ 241-432), 12. Aufl. (Stand Juli 1990), Stuttgart, Berlin, Köln 1990 (zit.: *Verf.* in: Soergel II [12. Aufl.])
- Bürgerliches Gesetzbuch: mit Einführungsgesetz und Nebengesetzen, Band 4. Schuldrecht, 1. Schuldrecht III/1 (§§ 516-651): Gesetz zur Regelung der Miethöhe; Verbraucherkreditgesetz, 12. Aufl. (Stand Frühjahr 1997), Stuttgart, Berlin, Köln 1998 (zit.: *Verf.* in: Soergel IV/1 [12. Aufl.])
- Bürgerliches Gesetzbuch: mit Einführungsgesetz und Nebengesetzen, Band 2. Allgemeiner Teil, 2. (§§ 104-240), 13. Aufl. (Stand Winter 1998), Stuttgart, Berlin, Köln, Mainz 1999 (zit.: *Verf.* in: Soergel II)

Sodan, Helge: Verfassungsrechtliche Grenzen der Tarifautonomie – Ein Beitrag zur Auslegung des Art. 9 Abs. 3 GG, JZ 1998, S. 421 ff.

Soost, Stefan: Mitbestimmung stärken! Die Reform der Betriebsverfassung, Forum Recht 2000, S. 98 ff.

Spiertz, Hans: Anmerkung zu BAG vom 17.5.1972 – 4 AZR 283/71 in: AP Nr. 52 zu §§ 22, 23 BAT

Spinner, Günter: Mehrgliedrige Haustarifverträge zur Regelung betriebsverfassungsrechtlicher Fragen, ZTR 1999, S. 546 ff.
- Die vereinbarte *Betriebsverfassung*. Ein Vergleich verschiedener Vereinbarungen zur Organisation der Betriebsverfassung, Baden-Baden 2000, zugl. Diss. Freiburg (Breisgau) 2000

Stahlhacke, Eugen: Tarifliche Zulassungsnormen und nachwirkende Tarifverträge, DB 1969, S. 1651 ff.

Stahlhacke, Eugen/*Bachmann*, Bernward/*Bleistein*, Franzjosef/*Berscheid*, Ernst-Dieter: Gemeinschaftskommentar zum Bundesurlaubsgesetz: (GK-BUrlG)/bearbeitet unter Einbeziehung urlaubsrechtlicher Vorschriften aus dem Arbeitsplatzschutzgesetz, Bundeserziehungsgeldgesetz, Eignungsübungsgesetz, Jugendarbeitsschutzgesetz, Mutterschutzgesetz, Schwerbehindertengesetz und dem Seemannsgesetz, 5. Aufl., Neuwied, Berlin, Kriftel 1992 (zit.: *Verf.* in: GK-BurlG)

Stahlhacke, Eugen/*Preis*, Ulrich/*Vossen*, Reinhard: Kündigung und Kündigungsschutz im Arbeitsverhältnis, 8. Aufl., München 2002 (zit.: *Verf.* in: Stahlhacke/Preis/Vossen)

Starck, Martin: *Leistungspflichten* und betriebliche Mitbestimmung, Berlin 1983, zugl. Diss. Mannheim 1982

Staschik, Lothar: *Grundfragen* zur Betriebsvereinbarung, Diss. Köln 1990

Staudingers Kommentar zum Bürgerlichen Gesetzbuch: mit Einführungsgesetz und Nebengesetzen. Buch 1. Allgemeiner Teil. §§ 90-240, 12. Bearbeitung, Berlin 1980 (zit.: *Verf.* in: Staudinger [12. Bearb.])
- Buch 1. Allgemeiner Teil. §§ 134-163, 13. Bearbeitung, Berlin 1996 (zit.: *Verf.* in: Staudinger)
- Buch 2. Recht der Schuldverhältnisse. §§ 397-432, 13. Bearbeitung, Berlin 1999 (zit.: *Verf.* in: Staudinger)
- Buch 2. Recht der Schuldverhältnisse. §§ 611-615, 13. Bearbeitung, Berlin 1999 (zit.: *Verf.* in: Staudinger)
- Buch 2. Recht der Schuldverhältnisse. §§ 255-314, 13. Bearbeitung, Neubearbeitung, Berlin 2001 (zit.: *Verf.* in: Staudinger)
- Buch 2. Recht der Schuldverhältnisse. §§ 315-327, 13. Bearbeitung, Neubearbeitung, Berlin 2001 (zit.: *Verf.* in: Staudinger)

Stebut, Dietrich *von*: Der arbeitsrechtliche Eingliederungsvertrag in: Heinze, Meinhard/Söllner, Alfred (Hrsg.): Arbeitsrecht in der Bewährung. Festschrift für Otto Rudolf Kissel zum 65. Geburtstag, München 1994, S. 1135 ff. (zit.: FS Kissel)

Stein, Axel: *Tarifvertragsrecht*, Stuttgart, Berlin, Köln 1997
- Der Abschluss von Firmentarifverträgen, RdA 2000, S. 129 ff.

Stein, Ekkehart/*Frank*, Götz: *Staatsrecht*, 18. Aufl., Tübingen 2002

Steindorff, Ernst: Anmerkung zu BAG vom 12.6.1975 – 3 ABR 137/73 in: AP Nr. 2 zu § 87 BetrVG 1972 Altersversorgung

Stege, Dieter/*Weinspach*, F.K.: Betriebsverfassungsgesetz: Handkommentar für die betriebliche Praxis, 8. Aufl., Köln 1999 (zit.: Stege/Weinspach [8. Aufl.])

Stege, Dieter/*Weinspach*, F.K./*Schiefer*, Bernd: Betriebsverfassungsgesetz: Handkommentar für die betriebliche Praxis, 9. Aufl., Köln 2002

Stern, Klaus: Das Staatsrecht der Bundesrepublik Deutschland. Band III/1. Allgemeine Lehren der Grundrechte (Grundlagen und Geschichte, nationaler und internationaler Grundrechtskonstitutionalismus, juristische Bedeutung der Grundrechte, Grundrechtsberechtigte, Grundrechtsverpflichtete), München 1988 (zit.: Staatsrecht III/1)
- Das Staatsrecht der Bundesrepublik Deutschland. Band III/2. Allgemeine Lehren der Grundrechte (Grundrechtstatbestand, Grundrechtsbeeinträchtigungen und Grundrechtsbegrenzungen, Grundrechtsverluste und Grundpflichten, Schutz der Grundrechte, Grundrechtskonkurrenzen, Grundrechtssystem), München 1994 (zit.:

Staatsrecht III/2)

Strasser, Rudolf: Die *Betriebsvereinbarung* nach österreichischem und deutschem Recht, Wien 1957

Süsterhenn, Adolf: Das Subsidiaritätsprinzip als Grundlage der vertikalen Gewaltenteilung in: Maunz, Theodor (Hrsg.): Vom Bonner Grundgesetz zur gesamtdeutschen Verfassung. Festschrift zum 75. Geburtstag von Hans Nawiasky, München 1956, S. 141 ff. (zit.: FS Nawiasky)

Sydow, Jörg/*Wirth*, Carsten: Von der Unternehmung zum Unternehmensnetzwerk – Interessenvertretungsfreie Zonen statt Mitbestimmung? in: Müller-Jentsch, Walther (Hrsg.): Konfliktpartnerschaft: Akteure und Institutionen der industriellen Beziehungen, 3. Aufl., München, Mering 1999, S. 157 ff. (zit.: Müller-Jentsch, Konfliktpartnerschaft)

Thelen, Kathleen/*Turner*, Lowell: *German Codetermination* in Comparative Perspective: Expertise für das Projekt „Mitbestimmung und neue Unternehmenskulturen" der Bertelsmann Stiftung und der Hans-Böckler-Stiftung, Gütersloh 1997

Thiele, Wolfgang: Zur gerichtlichen Überprüfung von Tarifverträgen und Betriebsvereinbarungen in: Paulus, Gotthard/Diederichsen, Uwe/Canaris, Claus-Wilhelm (Hrsg.): Festschrift für Karl Larenz zum 70. Geburtstag, München 1973, S. 1043 ff. (zit.: FS Larenz)

Thomanek, Wolfgang: Die *Organstellung* des Betriebsrates, Diss. Köln 1961

Thommen, Jean-Paul: *Betriebswirtschaftslehre*, 5. Aufl., Zürich 2002

Thüsing, Gregor: Die Grenzen der Sperrwirkung des § 77 Abs. 3 BetrVG – Ein Überblick über die aktuelle Diskussion –, ZTR 1996, S. 146 ff.
- Die Erstreikbarkeit von Firmentarifverträgen verbandsangehöriger Arbeitgeber, NZA 1997, S. 294 ff.
- Das Übergangsmandat und das Restmandat des Betriebsrats nach § 21a und § 21b BetrVG, DB 2002, S. 738 ff.

Tomicic, Stefan: *Interessenausgleich* und Sozialplan im Konzern, Diss. München 1981

Tophoven (ohne Vorname): Anmerkung zu BAG vom 19.12.1958 – 1 AZR 109/58 in: AP Nr. 3 zu § 2 TVG

Trappehl, Bernhard/*Lambrich*, Thomas: Unterlassungsanspruch der Gewerkschaft – das Ende für betriebliche „Bündnisse für Arbeit"?, NJW 1999, S. 3217 ff.

Travlos-Tzanetatos, Dimitrios: Die *Regelungsbefugnis* der Betriebspartner und ihre Grenzen zum Einzelarbeitsverhältnis. Zugleich ein Beitrag zu der Problematik der Innenschranken der Betriebsautonomie, Berlin 1974, zugl. Diss. Freie Universität Berlin 1973

Trümner, Ralf: Anwendungs- und Umsetzungsprobleme bei Tarifverträgen über betriebsverfassungsrechtliche Fragen (§ 3 BetrVG), JbArbR 36 (1999), S. 59 ff.
- Sind Betriebe künftig in guter Verfassung? Anmerkungen zum Regierungsentwurf eines BetrVG-Reformgesetzes (RegE), FA 2001, S. 133 ff.

Ulmer, Peter: Aktienrechtliche Beherrschung durch Leistungsaustauschbeziehungen?, ZGR 1978, S. 457 ff.

Ulrich, Gerd J. : Führt das neue Betriebsverfassungsgesetz zu einer Veränderung des Betriebsbegriffs?, FA 2001, S. 137 ff.

Umbach, Dieter C./*Clemens*, Thomas (Hrsg.): Grundgesetz: Mitarbeiterkommentar und Handbuch. Band I, Heidelberg 2002 (zit.: *Verf.* in: MAK-GG)

Umnuß, Karsten: *Organisation der Betriebsverfassung* und Unternehmerautonomie: Grundlegung für die Reform des organisatorischen Teils der Betriebsverfassung, Baden-Baden 1993, zugl. Diss. Freiburg (Breisgau) 1992/1993

Utz, Arthur Fridolin (Hrsg.): *Das Subsidiaritätsprinzip*, Heidelberg 1953

Veit, Barbara: Die funktionelle *Zuständigkeit* des Betriebsrats, München 1998, zugl. Habil. Trier 1995/1996

Vollstädt, Oliver: Die *Beendigung von Arbeitsverhältnissen* durch Vereinbarung einer Altersgrenze, Köln 1997, zugl. Diss. Hagen 1997

Waas, Bernd: *Tarifkonkurrenz und Tarifpluralität*, Baden-Baden 1999
- *Drittwirkungen* der Friedenspflicht: die tarifvertragliche Rechtsstellung des verbandsangehörigen Arbeitgebers im Arbeitskampf, Berlin 2001

Wagenitz, Thomas: Die personellen Grenzen der *Tarifmacht*, Frankfurt a.M. 1972

Walker, Wolf-Dietrich: Zur Zulässigkeit von Betriebsbußen in: Heinze, Meinhard/Söllner, Alfred (Hrsg.): Arbeitsrecht in der Bewährung. Festschrift für Otto Rudolf Kissel zum 65. Geburtstag, München 1994, S. 1205 ff. (zit.: FS Kissel)
- Möglichkeiten und Grenzen einer flexiblen Gestaltung von Arbeitsbedingungen – Das Spannungsverhältnis zwischen Tarifautonomie und Betriebsautonomie –, ZfA 1996, S. 353 ff.

Waltermann, Raimund: Beschäftigungspolitik durch Tarifvertrag?, NZA 1991, S. 754 ff.
- 75 Jahre Betriebsvereinbarung, NZA 1995, S. 1177 ff.
- Gestaltung von Arbeitsbedingungen durch Vereinbarung mit dem Betriebsrat, NZA 1996, S. 357 ff.
- *Rechtsetzung durch Betriebsvereinbarung* zwischen Privatautonomie und Tarifautonomie, Tübingen 1996, zugl. Habil. Münster 1993/1994
- Zuständigkeiten und Regelungsbefugnisse im Spannungsfeld von Tarifautonomie und Betriebsautonomie, RdA 1996, S. 129 ff.
- Zu den Grundlagen der Rechtsetzung durch Tarifvertrag in: Köbler, Gerhard/Heinze, Meinhard/Hromadka, Wolfgang (Hrsg.): Europas universale rechtsordnungspolitische Aufgabe im Recht des dritten Jahrtausends. Festschrift für Alfred Söllner zum 70. Geburtstag, München 2000, S. 1251 ff. (zit.: FS Söllner)
- Zu den Grundlagen der Tarifautonomie, ZfA 2000, S. 53 ff.

Wank, Rolf: Tarifautonomie oder betriebliche Mitbestimmung? Zur Verteidigung der Zwei-Schranken-Theorie, RdA 1991, S. 129 ff.
- Anmerkung zu BVerfG vom 10.1.1995 – 1 BvF 1/90 u. a. in: AP Nr. 76 zu Art. 9 GG
- Anmerkung zu BVerfG vom 14.11.1995 – 1 BvR 601/92 in: JZ 1996, S. 629 ff.
- Empfiehlt es sich, die Regelungsbefugnisse der Tarifparteien im Verhältnis zu den Betriebsparteien neu zu ordnen?, NJW 1996, S. 2273 ff.

Warnecke, Hans-Jürgen: Die *Fraktale Fabrik*: Revolution der Unternehmenskultur, Berlin, Heidelberg, New York, u. a. 1992

Wassermann, Wolfram: Betriebsverfassung vor dem Praxistest, Mitbestimmung 2001, Heft 10, S. 60 ff.

Weber, Hansjörg: Anmerkung zu BAG vom 24.1.2001 – 4 ABR 4/00 in: SAE 2002, S. 92 f.

Weber, Klaus: Das *Erzwingungsverfahren* gegen den Arbeitgeber nach § 23 Abs. 3 BetrVG, Frankfurt a.M. 1979

Weber, Rolf: *Schwerbehindertengesetz*: Kommentar für die Praxis, Band 1, 58. Lfg., Köln 1992

Weber, Werner: *Koalitionsfreiheit* und Tarifautonomie als Verfassungsproblem, Berlin 1965

Weiss, Helmut: *Koalitionsfreiheit* und Betriebsnahe Tarifverträge, Diss. Regensburg 1972

Weiss, Manfred/*Weyand*, Joachim: Betriebsverfassungsgesetz, 3. Aufl., Baden-Baden 1994

Wendeling-Schröder, Ulrike: *Divisionalisierung*, Mitbestimmung und Tarifvertrag: zur Möglichkeit der Mitbestimmungssicherung in divisionalisierten Unternehmen und Konzernen, Köln, Berlin, Bonn, München 1984, zugl. Diss. Bremen 1983

Westermann, Harm Peter (Hrsg.): Erman Bürgerliches Gesetzbuch: Handkommentar mit AGBG, EGBGB, ErbbauVO, HausratsVO, HausTWG, ProdHaftG, SachenRBerG, SchuldRAnpG, VerbrKrG. Band 2, 10. Aufl., Münster, Köln 2000 (zit.: *Verf.* in: Erman)

Wetzling, Frank: Der *Konzernbetriebsrat*: geschichtliche Entwicklung und Kompetenz, Köln 1978

Weyand, Joachim: Möglichkeiten und Grenzen der Verlagerung tariflicher Regelungskompetenzen auf die Betriebsebene (Eine Analyse der aktuellen Tarifpolitik unter Berücksichtigung der Rechtsprechung des BAG), ArbuR 1989, S. 193 ff.
- Die *tarifvertragliche Mitbestimmung* unternehmerischer Personal- und Sachentscheidungen: eine Studie über die Zulässigkeit und die Möglichkeit der Mitbestimmung durch Tarifvertrag unter besonderer Berücksichtigung ihrer historischen Entwicklung, Baden-Baden 1989, zugl. Diss. Frankfurt a.M. 1988

Weyand, Joachim/*Schubert*, Jens: Das neue *Schwerbehindertenrecht*, 2. Aufl., Baden-Baden 2002

Wiedemann, Anton: Die *Bindung der Tarifnormen* an Grundrechte, insbesondere an Art. 12 GG, Heidelberg 1994, zugl. Diss. Regensburg 1993

Wiedemann, Herbert: Anmerkung zu BAG vom 5.6.1964 – 1 ABR 11/63 in: AP Nr. 7 zu § 3 BetrVG
- Die deutschen Gewerkschaften – Mitgliederverband oder Berufsorgan? Gedanken zur Stellung der Gewerkschaften gegenüber der nichtorganisierten Arbeitnehmerschaft, RdA 1969, S. 321 ff.
- Anmerkung zu BAG vom 14.2.1973 – 4 AZR 176/72 in: AP Nr. 6 zu § 4 TVG Nachwirkung
- Anmerkung zu BAG vom 4.12.1974 – 5 AZR 75/74 in: AP Nr. 2 zu § 3 TVG
- Anmerkung zu BAG vom 29.1.1975 – 4 AZR 218/74 in: AP Nr. 8 zu § 4 TVG Nachwirkung
- Zur Tarifzuständigkeit, RdA 1975, S. 78 ff.
- Anmerkung zu BAG vom 18.5.1977 – 4 AZR 47/76 in: AP Nr. 4 zu § 4 BAT
- Anmerkung zu BAG vom 27.6.1978 – 6 AZR 59/77 in: AP Nr. 12 zu § 13 BUrlG
- Anmerkung zu BAG vom 24.1.1979 – 4 AZR 377/77 und BVerfG vom 15.7.1980 – 1 BvR 24/74, 439/79 in: AP Nr. 17 zu § 5 TVG
- Unternehmensautonomie und Tarifvertrag in: Jayme, Erik/Kegel, Gerhard/Lutter, Marcus (Hrsg.): Ius inter nationes. Festschrift für Stefan Riesenfeld aus Anlaß seines 75. Geburtstages, Heidelberg 1983, S. 301 ff. (zit.: FS Riesenfeld)

- Anmerkung zu BAG vom 31.1.1984 – 1 ABR 46/81 in: AP Nr. 3 zu § 87 BetrVG 1972 Tarifvorrang
- Gemeinsame Anmerkung zu BAG vom 28.11.1984 – 5 AZR 123/83, 5 AZR 195/83 in: AP Nr. 1, 2 zu § 4 TVG Bestimmungsrecht
- Unternehmensautonomie und Tarifvertrag, RdA 1986, S. 231 ff.
- Arbeitsrechtliche Probleme der Betriebsausgliederung in: Goerdeler, Reinhard/Hommelhoff, Peter/Lutter, Marcus/Wiedemann, Herbert (Hrsg.): Festschrift für Hans-Joachim Fleck zum 70. Geburtstag am 30. Januar 1988, Berlin, New York 1988, S. 447 ff. (zit.: FS Fleck)
- Die *Unternehmensgruppe* im Privatrecht: methodische und sachliche Probleme des deutschen Konzernrechts, Tübingen 1988
- Tarifautonomie und staatliches Gesetz in: Farthmann, Friedhelm/Hanau, Peter/Isenhardt, Udo/Preis, Ulrich (Hrsg.): Arbeitsgesetzgebung und Arbeitsrechtsprechung: Festschrift zum 70. Geburtstag von Eugen Stahlhacke, Neuwied, Kriftel, Berlin 1995, S. 675 ff. (zit.: FS Stahlhacke)
- Anmerkung zu BAG vom 17.6.1997 – 1 ABR 3/97 in: AP Nr. 2 zu § 3 TVG Betriebsnormen
- (Hrsg.): Tarifvertragsgesetz: mit Durchführungs- und Nebenvorschriften; Kommentar, 6. Aufl., München 1999 (zit.: *Verf.* in: Wiedemann)

Wiedemann, Herbert/*Arnold*, Markus: Anmerkung zu BAG vom 14.6.1989 – 4 AZR 200/89 in: AP Nr. 16 zu § 4 TVG Tarifkonkurrenz
- Anmerkung zu BAG vom 10.10.1989 – 3 AZR 200/88 in: AP Nr. 3 zu § 1 TVG Vorruhestand
- Tarifkonkurrenz und Tarifpluralität in der Rechtsprechung des Bundesarbeitsgerichts (Teil I), ZTR 1994, S. 399 ff.

Wiedemann, Herbert/*Mangen*, Kurt Günter: Anmerkung zu BAG vom 14.12.1982 – 3 AZR 251/80 in: AP Nr. 1 zu § 1 BetrAVG Besitzstand

Wiedemann, Herbert/*Stumpf*, Hermann: Tarifvertragsgesetz: mit Durchführungs- und Nebenvorschriften; Kommentar, 5. Aufl., München 1977

Wiedenfels, Matthias: Öffnung des BetrVG für tarifliche Konzepte?, AuA 2000, S. 318 ff.
- Wirtschaftlicher Wandel und *Organisationsstruktur* der Betriebsverfassung, Regensburg 2000, zugl. Diss. Freiburg (Breisgau) 2000

Wiese, Günther: Die Beschränkung der Sperrwirkung des § 59 BetrVG auf Arbeitsentgelte und sonstige Arbeitsbedingungen, RdA 1968, S. 41 ff.
- Das *Initiativrecht* nach dem Betriebsverfassungsgesetz, Neuwied, Darmstadt 1977
- Zum Gesetzes- und Tarifvorbehalt nach § 87 Abs. 1 BetrVG in: Gamillscheg, Franz/Hueck, Götz/Wiedemann, Herbert (Hrsg.): 25 Jahre Bundesarbeitsgericht, München 1979, S. 661 ff. (zit.: FS 25 Jahre BAG)
- Stellung und Aufgaben des Betriebsrats im Arbeitskampf, NZA 1984, S. 378 ff.
- Anmerkung zu BAG vom 8.8.1989 – 1 ABR 62/88 in: AP Nr. 3 zu § 87 BetrVG 1972 Initiativrecht
- Buchbesprechung Hurlebaus, Günther: Fehlende Mitbestimmung bei § 87 BetrVG, ZfA 1989, S. 645 ff.
- Mehrere Unternehmen als gemeinsamer Betrieb im Sinne des Betriebsverfassungsrechts in: Boewer, Dietrich/Gaul, Björn (Hrsg.): Festschrift für Dieter Gaul zum 70. Geburtstag, Neuwied, Kriftel, Berlin 1992, S. 553 ff. (zit.: FS D. Gaul 1992)
- Zum Zweck des Betriebsverfassungsrechts im Rahmen der Entwicklung des Arbeitsrechts

in: Heinze, Meinhard/Söllner, Alfred (Hrsg.): Arbeitsrecht in der Bewährung. Festschrift für Otto Rudolf Kissel zum 65. Geburtstag, München 1994, S. 1269 ff. (zit.: FS Kissel)
- Der personale Gehalt des Arbeitsverhältnisses, ZfA 1996, S. 439 ff.
- Schutz und Teilhabe als Zwecke notwendiger Mitbestimmung in sozialen Angelegenheiten und deren Rangverhältnis, ZfA 2000, S. 117 ff.

Wiese, Günther/*Starck*, Martin: Anmerkung zu BAG vom 17.1.1978 – 1 ABR 71/76 in: AP Nr. 1 zu § 1 BetrVG 1972

Willemsen, Heinz Josef/*Hohenstatt*, Klaus-Stefan/*Schweibert*, Ulrike (Hrsg.): Umstrukturierung und Übertragung von Unternehmen: arbeitsrechtliches Handbuch, München 1999 (zit.: *Verf.* in: Willemsen/Hohenstatt/Schweibert, Umstrukturierung)

Windbichler, Christine: *Arbeitsrecht im Konzern*, München 1989, zugl. Habil. München 1987
- Arbeitsrecht und Konzernrecht, RdA 1999, S. 146 ff.

Winterfeld, Rosemarie: Einstweiliger Rechtsschutz bei fehlerhafter Betriebsratswahl, NZA 1990, Beilage Nr. 1, S. 20 ff.

Wißmann, Hellmut: Zur Zukunft der Mitbestimmung in Betrieb und Unternehmen, AiB 2000, S. 321 ff.
- Die Suche nach dem Arbeitgeber in der Betriebsverfassung, NZA 2001, S. 409 ff.

Wißmann, Tim: *Tarifvertragliche Gestaltung* der betriebsverfassungsrechtlichen Organisation: Grundlagen und Grenzen der Anpassung gesetzlicher Organisation an veränderte betriebsverfassungsrechtliche Rahmenbedingungen durch Tarifvertrag, Berlin 2000, zugl. Diss. Bonn 1999

Witzig, Andreas: Der Grundsatz der *Tarifeinheit* und die Lösung von Tarifkonkurrenzen, Diss. Kiel 1992

Wlotzke, Otfried: Das *Günstigkeitsprinzip* im Verhältnis des Tarifvertrages zum Einzelarbeitsvertrag und zur Betriebsvereinbarung, Heidelberg 1957
- *Betriebsverfassungsgesetz*, 2. Aufl., München 1992

Wojda, Franz (Hrsg.): Innovative Organisationsformen: Neue Entwicklungen in der Unternehmensorganisation, Stuttgart 2000 (zit.: *Verf.* in: Wojda, Innovative Organisationsformen)

Wolf, Ernst/*Hammen*, Horst: Anmerkung zu BAG vom 9.12.1981 – 5 AZR 549/79 in: SAE 1982, S. 301 ff.

Wolff, Hans J./*Bachof*, Otto/*Stober*, Rolf: Verwaltungsrecht: ein Studienbuch, Band 1, 11. Aufl., München 1999 (zit.: H. J. Wolff/Bachof/Stober, Verwaltungsrecht I)

Wolff, Patrick: *Kollision* tarifvertraglicher Normsetzung und Gesetzgebung am Beispiel der verfassungskonformen Ausgestaltung einer gesetzlichen Härteklausel zugunsten der Betriebsparteien, – Die Grenzen der Tarifautonomie in einem „Zwei-Stufen-Modell" –, Diss. Bonn 1999

Wolmerath, Martin: Virtuelle Unternehmen + Virtuelle Beschäftigte = Virtuelles Arbeitsrecht? in: Klebe, Thomas/Wedde, Peter/Wolmerath, Martin (Hrsg.): Recht und soziale Arbeitswelt: Festschrift für Wolfgang Däubler zum 60. Geburtstag, Frankfurt a.M. 1999, S. 717 ff. (zit.: FS Däubler)

Wonneberger, Wolfgang: Die *Funktionen der Allgemeinverbindlicherklärung* von Tarifverträgen, Heidelberg 1992, zugl. Diss. Köln 1991

Zachert, Ulrich: Für den Erhalt und die Fortentwicklung der Tarifautonomie, ArbuR 1993, S. 97 ff.
– Grenzen für eine gesetzliche Absenkung tariflicher Schutzstandards, NZA 1994, S. 529 ff.

Zentralinstitut für Sprachwissenschaft, Berlin: *Etymologisches Wörterbuch des Deutschen.* A – L. 2. Aufl., Berlin 1993

Zmarzlik, Johannes: Dauer der Arbeitszeit bei Nachwirkung von Tarifverträgen, ArbuR 1962, S. 148 ff.

Zmarzlik, Johannes/*Anzinger*, Rudolf: Kommentar zum Arbeitszeitgesetz, Heidelberg 1995 (zit.: *Verf.* in: Zmarzlik/Anzinger)

Zöllner, Wolfgang: Anmerkung zu LAG Düsseldorf vom 19.9.1960 – 1 Sa 300/60 in: AP Nr. 1 zu § 4 TVG Lehrlingsskalen
– Tarifmacht und Außenseiter, RdA 1962, S. 453 ff.
– Das Wesen der Tarifnormen, RdA 1964, S. 443 ff.
– Die Sperrwirkung des § 59 BetrVG in: Dietz, Rolf/Hübner, Heinz (Hrsg.): Festschrift für Hans Carl Nipperdey zum 70. Geburtstag 21. Januar 1965, Band II, München, Berlin 1965, S. 699 ff. (zit.: FS Nipperdey II)
– Die *Rechtsnatur der Tarifnormen* nach deutschem Recht – Zugleich ein Beitrag zur Abgrenzung von Rechtssetzung und Privatautonomie, Wien 1966
– Die Rechtsprechung des Bundesverfassungsgerichts zu Artikel 9 Abs. 3 GG, AöR 98 (1973), S. 71 ff.
– Flexibilisierung des Arbeitsrechts, ZfA 1988, S. 265 ff.
– (Hrsg.): Kölner Kommentar zum Aktiengesetz, Band 1. §§ 1 – 75 AktG, 2. Aufl., Köln, Berlin, Bonn, München 1988 (zit.: *Verf.* in: Kölner Kommentar)
– Betrieb, Unternehmen, Konzern. Rechtspolitische Überlegungen zum Konzernarbeitsrecht in: Krejci, Heinz/Marhold, Franz/Schrammel, Walter/Schrank, Franz/Winkler, Gottfried (Hrsg.): Rechtsdogmatik und Rechtspolitik im Arbeits- und Sozialrecht: Festschrift Theodor Tomandl zum 65. Geburtstag, Wien 1998, S. 407 ff. (zit.: FS Tomandl)

Zöllner, Wolfgang/*Loritz*, Karl-Georg: *Arbeitsrecht*: ein Studienbuch, 5. Aufl., München 1998

Zwanziger, Bertram: Gerichtliche Eingriffe in laufende Betriebsratswahlen, DB 1999, S. 2264 ff.

Peter Lang · Europäischer Verlag der Wissenschaften

Eva Graune

Nachwirkung betrieblicher und betriebsverfassungsrechtlicher Tarifvertragsnormen

Frankfurt am Main, Berlin, Bern, Bruxelles, New York, Oxford, Wien, 2003.
XIX, 128 S.
Europäische Hochschulschriften: Reihe 2, Rechtswissenschaft. Bd. 3655
ISBN 3-631-51022-5 · br. € 30.20*

Gegenstand dieser Arbeit ist die bislang ungeklärte arbeitsrechtliche Problematik, ob und inwieweit tarifvertragliche Normen über betriebliche und betriebsverfassungsrechtliche Fragen auch nach Ablauf des Tarifvertrages gemäß § 4 Abs. 5 TVG weitergelten. Die Meinungen darüber sind in Rechtsprechung und Schrifttum sehr geteilt. Teilweise wird eine Nachwirkung für derartige Tarifnormen gänzlich verneint, teilweise uneingeschränkt bejaht. In letzterem Fall stellt sich die praxisrelevante und bislang wenig behandelte Frage, wie lange die tarifvertragliche Nachwirkung andauert und auf welchem Weg sie beendet werden kann. Die Arbeit leistet einen Beitrag zur sachgerechten Lösung bestehender Ungereimtheiten des Tarifvertragsrechts und zeigt gangbare Wege für eine Beendigung der Nachwirkung betrieblicher und betriebsverfassungsrechtlicher Tarifvertragsnormen auf.

Aus dem Inhalt: Die Aufnahme der betrieblichen und betriebsverfassungsrechtlichen Normen in den Normenkatalog des § 1 Abs. 1 TVG aus historischer Sicht · Methodische Untersuchung der Geltung des § 4 Abs. 5 TVG für die betrieblichen und betriebsverfassungsrechtlichen Tarifvertragsnormen · Prüfung des Umfangs der Nachwirkung betrieblicher und betriebsverfassungsrechtlicher Tarifvertragsnormen unter eingehender Darstellung bestehender Ablösungsmöglichkeiten · Diskussion vorgeschlagener Ansätze für eine Beendigung der Nachwirkung betrieblicher und betriebsverfassungsrechtlicher Tarifvertragsnormen · Eigener Lösungsansatz

Frankfurt am Main · Berlin · Bern · Bruxelles · New York · Oxford · Wien
Auslieferung: Verlag Peter Lang AG
Moosstr. 1, CH-2542 Pieterlen
Telefax 00 41 (0) 32 / 376 17 27

*inklusive der in Deutschland gültigen Mehrwertsteuer
Preisänderungen vorbehalten

Homepage http://www.peterlang.de

FSC
www.fsc.org
MIX
Papier | Fördert
gute Waldnutzung
FSC® C083411

Kolibri 360 GmbH
Ferdinand-Jühlke-Straße 7
99095 Erfurt, Deutschland
produktsicherheit@kolibri360.de

Druck:
CPI Druckdienstleistungen GmbH
im Auftrag der
Kolibri 360 GmbH
Ferdinand-Jühlke-Str. 7
99095 Erfurt